VICTOR MIRSHAWKA

ENCANTADORAS CIDADES BRASILEIRAS

AS PUJANTES ECONOMIAS ALAVANCADAS PELA VISITABILIDADE

VOLUME II

São Paulo, 2020
www.dvseditora.com.br

ENCANTADORAS CIDADES BRASILEIRAS
AS PUJANTES ECONOMIAS ALAVANCADAS PELA VISITABILIDADE
Volume 2

DVS Editora 2020 - Todos os direitos para a território brasileiro reservados pela editora.

Nenhuma parte deste livro poderá ser reproduzida, armazenada em sistema de recuperação, ou transmitida por qualquer meio, seja na forma eletrônica, mecânica, fotocopiada, gravada ou qualquer outra, sem a autorização por escrito do autor.

Capa e Diagramação: Spazio Publicidade e Propaganda
Fotos: Shutterstock

Dados Internacionais de Catalogação na Publicação (CIP)
(Câmara Brasileira do Livro, SP, Brasil)

```
Mirshawka, Victor
   Encantadoras cidades brasileiras : as pujantes
economias alavancadas pela visitabilidade :
volume II / Victor Mirshawka. -- São Paulo :
DVS Editora, 2020.

   ISBN 978-65-5695-008-2

   1. Cidades - Administração 2. Cidades - Brasil
3. Cidades - Condições econômicas 4. Cidades
criativas 5. Cultura - Aspectos econômicos
6. Desenvolvimento econômico 7. Economia - Brasil
I. Título.
```

20-38572   CDD-363.690981

Índices para catálogo sistemático:

1. Cidades brasileiras : Cultura : Economia criativa
   363.690981

Cibele Maria Dias - Bibliotecária - CRB-8/9427

Índice

Introdução..v

Fortaleza..1
Foz do Iguaçu...73
Goiânia...99
Gramado e Canela...139
João Pessoa..165
Joinville..201
Londrina...243
Maceió..277
Manaus...323
Natal...373
Niterói..425
Ouro Preto...465
Palmas..501
Paraty...529
Parintins...561
Lugares incríveis nas proximidades de
cidades encantadoras ou em outras regiões do País,
que atraem muitos visitantes durante o ano todo.............589

Índice

Introdução
(2ª parte)

O TRABALHO DO FUTURO E O FUTURO DO TRABALHO

O futuro do trabalho está mudando cada vez mais de uma **economia industrial** para uma **fluída, criativa** e **baseada no conhecimento**. Por isso as nossas IEs deveriam preocupar-se cada vez mais em preparar os seus alunos para estarem aptos a trabalhar no mundo digital, cientes das cinco forças anteriores que estão modificando o mercado de trabalho, e cientes de que vai ter um bom emprego quem souber valer-se da sua criatividade, além de saber usar colaborativamente os cérebros dos outros!!!

Naturalmente isso já está sendo feito bastante em muitas partes do mundo como destaquei no livro *Cidades Criativas*, e em muitas cidades do Estado de São Paulo, como descrevi no livro *Cidades Paulistas Inspiradoras* e agora nesse livro, nas nossas **cidades encantadoras**!!!

Vale muito estar atento ao que disse Klaus Schwab, no seu livro *A Quarta Revolução Industrial* (2010), ele que criou a maior reunião de líderes econômicos e políticos do planeta – o Fórum Econômico Mundial, realizado anualmente em janeiro, em Davos na Suíça.

Ele escreveu: "Vivemos numa época em que está ocorrendo uma grande transformação global que se caracteriza pela convergência das tecnologias digitais, físicas e biológicas para sistemas que estão mudando não só o mundo ao nosso redor como o próprio conceito do que significa ser humano!?!?

A evolução da IA e do aprendizado das máquinas está criando grandes mudanças no mercado de trabalho, fazendo com que uma grande gama de empregos se torne vulnerável à automatização e à desintermediação.

O Brasil é um dos muitos países que terão de enfrentar desafios tremendos para garantir a sua prosperidade nessa era.

A IA será uma tecnologia de alcance cada vez maior, com um impacto significativo na vida econômica e social.

Já está ficando difícil saber quando recebemos uma chamada telefônica se estamos falando com um ser humano ou um robô!?!?

Mesmo assim, apesar dessa perplexidade, não devemos olhar o futuro através de uma visão binária, ou seja, ser humano *versus* máquina inteligente.

Precisamos ir nos acostumando a pensar e lidar com as máquinas inteligentes como um complemento para fazer nossos serviços mais facilmente, ou seja, ajudando-nos a construir um mundo mais **próspero**, **inclusivo** e **sustentável**.

A minha principal preocupação é que a **Quarta Revolução Industrial não** seja acompanhada de forma adequada por governos ágeis e valores fortes para lidar com temas importantes como ética, **privacidade** e principalmente com a **criação de novos empregos**.

Precisamos, nesse sentido, de uma **quarta revolução ideológica**, centrada no ser humano, que possibilite encontrar os novos valores que sirvam de base para o nosso futuro coletivo.

E as características dessa revolução ideológica são: maior liberdade individual, mais reponsabilidade perante a sociedade, aprendizado perpétuo, fortalecimento da cultura local e maior respeito à diversidade!!!

Dessa maneira o que surgirá é um novo modelo econômico e político, com foco no **talento** e não no capital!!!

Essas para mim são as bases para uma nova ideologia, especialmente a partir da 3ª década do século XXI.

É o **talentismo** sobrepujando o **capitalismo**..."

Sem dúvida, a melhor forma do ser humano impedir que as máquinas inteligentes o substituam em várias tarefas é ele se dedicar cada vez a ser mais criativo e imaginativo, mais sentimental e empático, mais sensível às emoções etc. competências e atributos que não serão introduzidas nas máquinas apesar da grande evolução da IA.

Estudos recentes da Unctad indicam que em menos de dez anos cada dois em três empregos existentes na América Latina vão desaparecer sob o impacto da **automação**.

Esse estudo baseou-se em dados agregados, sem a preocupação de separá-los por país ou setor, por isso no Brasil, talvez, seja uma pouco diferente, mas não deve fugir muita dessa proporção.

E por automação não se entende apenas a robotização, mas um grande número de novas formas de executar um trabalho qualquer.

Um bom exemplo disso foi o caso das malas que foram dotadas de rodinhas e, com isso, desapareceram centenas de milhares de empregos de carregadores, em aeroportos, estações ferroviárias e rodoviárias e sabe mais onde.

Porém a maneira mais avassaladora como os empregos estão sendo desmontados tem tudo a ver com a revolução produzida pela tecnologia da informação e comunicação (TIC) que inclui toda a **parafernália digital** já conhecida e ainda a ser inventada.

Por enquanto tem tudo a ver com IA, *big data* (grande conjunto de dados), Internet das Coisas (IoT na sigla em inglês), Revolução 4.0, *blockchain* ("o protocolo de segurança") e a profusão de *apps* que qualquer pessoa está sendo levada a usar, alguns com mais vantagens e outros, com menos, porém todos trazendo economia de tempo para os usuários e uma intensa **desintermediação**, com o que somem os empregos das pessoas que faziam a mesma.

Imagine apenas quantos empregos já desapareceram na rede bancária (e quantos vão sumir em breve...) apenas com a disseminação do uso do celular e dos seus *apps* pelo correntista.

Um jeito desastroso de lidar com isso é sair condenando todo esse *tsunami* digital.

Pretender segurar essa pressão em nome da preservação dos empregos não é apenas inútil, como também é uma forma de querer negar e impedir o dinamismo criativo e inventivo da humanidade.

Um jeito alternativo mais eficaz é tentar surfar esse vagalhão, procurando tirar dele todo o proveito possível.

E uma das maneiras é usar esses recursos digitais para criar novas formas de ocupação.

Claro que não serão empregos convencionais.

Têm mais a ver com trabalho independente, "**por conta própria**" buscando envolver-se com o empreendedorismo ou então com outras ocupações cujas especificações nem sempre são evidentes...

O que de fato está acontecendo é o **grande aumento de empregos informais!!!**

Um bom exemplo desse tipo de emprego é o que ocorreu nesses últimos quatro anos no País.

Assim a Uber – dona também de um serviço de *delivery* (entrega) Uber *Eats*, já tinha no início de 2019 cerca de 600 mil motoristas cadastrados no País, atendendo as solicitações de comida de 22 milhões de usuários.

Naturalmente o veículo atualmente mais adequado para a entrega rápida é a motocicleta de baixa cilindrada com o que a sua produção, em 2018, atingiu 824 mil unidades, com um aumento de 17,8% em 2018 e 2019 continuou crescendo em relação a 2018.

Claro que esse tipo de emprego não existia alguns anos atrás, mas com a dificuldade para sair de casa, com a maior oferta de refeições rápidas, nas cidades grandes e médias brasileiras, muitas pessoas têm um novo emprego: **entregador de refeições**, com o qual num dia que está frio ou chovendo, quando ninguém quer sair de casa, pode ganhar algo como R$ 200,00 por dia levando comida!?!?

No mundo inteiro os postos de trabalho não estão migrando apenas da indústria para o setor de serviços.

E exigir, ou até mesmo esperar, que nas atuais circunstâncias, prolifere apenas o **trabalho formal** é de um **irrealismo atroz**.

É óbvio que a disseminação do trabalho autônomo é mais um sério destruidor das finanças dos sistemas de previdência social, se não por outra razão, pelo simples fato de que não há mais emprego que contribua com a sua parte.

As sociedades – incluindo-se aí a brasileira que implementou em 2019 a reforma da sua Previdência -, estão com dificuldades cada vez maiores de conviver com essa situação.

Para lidar de forma inteligente com esse desaparecimento e mutação dos empregos, a estratégia é modificar o ensino formal e os sistemas de treinamento, de maneira a capacitar o futuro profissional para as novas necessidades e para reciclar para novas funções o trabalhador de agora, que está perdendo seu emprego.

A procura por preenchimento de novas vagas de trabalho volta-se em direção às chamadas ocupações de maior qualificação (*high skilled jobs*).

E essa não é apenas uma tendência de longo prazo, mas do que já está acontecendo, pois uma característica das grandes transformações que estão ocorrendo devido aos enormes avanços tecnológicos nessa era digital é que eles estão surgindo com **rapidez estonteante**!!!

Por exemplo, em janeiro de 2019 ocorreu em Las Vegas, nos EUA, a *Spec Mix Bricklayers* 500, a maior competição mundial entre pedreiros.

Pois é, os pedreiros competidores trabalharam com uma eficiência implacável, passando argamassa e posicionando os tijolos bem rapidamente, e ajustando-os para garantir o alinhamento.

E ao fim de uma **hora de trabalho**, diante dos olhos de milhares de espectadores, eles acabaram construindo uma parede com cerca de 700 tijolos que representaria um dia inteiro de esforço, para um trabalhador operando em ritmo normal!!!

De outro lado do pátio de estacionamento em que a competição estava sendo disputada, podia-se também acompanhar o trabalho de um robô assentando tijolos, num ritmo bem mais lento!?!?

Esse robô conhecido como SAM (sigla em inglês para pedreiro semiautomático) se entrasse nessa disputa, certamente perderia, mas nada se pode dizer sobre o que acontecerá no futuro se ele sofrer contínuos aperfeiçoamentos.

O fato é que no início de 2019 esse robô custava cerca de US$ 300 mil e apenas algumas dezenas deles estavam em operação.

O seu custo é proibitivo para os pequenos empreiteiros.

Além disso esses robôs ainda não são capazes de fazer cantos ou curvas, ou de ler as plantas.

Também requerem trabalhadores humanos para reabastecer seu reservatório de argamassa e limpar as junções dos tijolos que eles posicionam!

O que o SAM faz é trabalhar sem ficar cansado, com sede, precisar ir ao banheiro, ficar doente ou entrar em greve!?!?

Por enquanto com a "mão na massa", o pedreiro humano ainda está superando o robô.

Entretanto, apesar dos bons salários que os pedreiros recebem nos EUA (o que aos poucos está também se verificando no Brasil...) há uma escassez cada vez maior daqueles que realmente são qualificados.

Pode demorar de dois a três anos para que uma pessoa ganhe experiência suficiente para trabalhar como um pedreiro eficaz.

Por outro lado, deve-se recordar que a produtividade – número de tijolos que um pedreiro consegue assentar em uma hora de trabalho -, não é muito maior hoje do que há duas décadas.

Por sinal, as ferramentas mais importantes do pedreiro – trolha, balde, barbante e misturador de argamassa – não mudaram muitos nos últimos séculos.

Essas constatações deveriam supostamente colocar esse segmento de trabalho, isto é, o dos pedreiros, em risco pois podem em breve serem substituídos por robôs.

Inovações como essas – os **"robôs-pedreiros"** – poderiam aliviar no futuro bem próximo as pressões de custo de construção civil, inclusive no Brasil, onde continua existindo um grande déficit de moradias dignas (mais de 9 milhões de unidades), com o que a **habitabilidade** continua sendo um grande problema.

Renomados empreendedores da construção civil reconhecem a importância e o papel que esses robôs podem desempenhar, mas afirmam: "As máquinas jamais substituirão os seres humanos em várias tarefas.

Sem dúvida, elas ajudarão e farão com que precisemos de menos trabalhadores qualificados, que já temos agora, isso provavelmente será bem útil.

Porém não se pode esquecer nunca que na colocação de tijolos, existe uma forma de artesanato que só um pedreiro humano é capaz de prover, ou seja, o robô não está apto a executá-lo!!!"

E essa ênfase sobre o lado artesanal do processo ficou bem evidente na *Spec Mix Bricklayers*, pois em contraste com muitas outras feiras artesanais realizadas em Las Vegas, nessa a demonstração de tecnologias ficou em segundo plano em relação à disputa entre os pedreiros!!!

Colocar a quantidade certa de argamassa é essencial, pois se há demais, ela resiste quando o tijolo é colocado e se há de menos, os tijolos ficam perto demais uns dos outros.

Sem dúvida nos trabalhos artesanais de um modo geral há muitos detalhes que os robôs desenvolvidos até agora não têm condições de atender adequadamente!!!

Vivemos numa época em que se utiliza cada vez mais a **computação na nuvem** (do inglês *cloud computing*), que é a possibilidade de acessar arquivos e executar diferentes tarefas pela Internet, sem a necessidade de instalar aplicativos.

No mundo da tecnologia, **nuvem** é a grosso modo, um conjunto de computadores muito potentes, dispostos em grandes *data centers* (centros de dados), cuja capacidade de armazenamento e cálculo é compartilhada por um grande número de pessoas e empresas.

Praticamente pode-se dizer que computação na nuvem é aquela feita num megacomputador de alcance global, que reúne e processa dados vindos de muitos dispositivos como *smartphones*, *tablets*, computadores fixos, equipamentos etc.

Pode-se dizer que a demanda pela computação na nuvem começou a crescer de forma espantosa a partir de 2010, quando a Microsoft lançou o seu sistema Azure, no qual alugava não só espaço para que seus clientes descarregassem e processassem dados de seus *data centers* espalhados por 24 regiões do planeta.

Estima-se que no final de 2020 as empresas de todos os tamanhos estejam gastando algo próximo de US$ 550 bilhões na computação na nuvem!!!

Hoje a gigantesca empresa de tecnologia chinesa Alibaba, com valor de mercado estimado em US$ 476,5 bilhões no 1º semestre de 2019, obteve boa parte da sua receita do *e-commerce* com as companhias Tmall, Aliexpress e Taobao.com – só no **Dia do Solteiro**, comemorado na China, no dia 11 de novembro, faturou com as vendas cerca de US$ 12 bilhões em apenas 24 h – tem uma importante provedora de serviços de nuvem, a Alibaba Cloud, aliás a maior da China.

Claro que ela também ganha bastante dinheiro com as suas unidades voltadas para logística (Cainiao), pagamentos (através do aplicativo Ant Financial que é o mais usado no país), *marketing* (Alimama), mobilidade e transporte (Xiaopeng, uma montadora de carros elétricos, Ofo no compartilhamento de bicicletas, Souche na busca de compra e financiamento de carros elétricos), mídia (Qutoutiao, um aplicativo de recomendação de notícia e Vidooly, *software* de inteligência de vídeo para criadores de conteúdo, marcas e agências de publicidade e propaganda), varejo (Intime, uma rede de varejo físico, procurando reformular o modo de comprar no mundo *off-line*, Lazada de comércio eletrônico atuando na Indonésia, Malásia, Filipinas, Cingapura, Tailândia e Vietnã e Big Basket, um supermercado *on-line* na Índia) e no setor de IoT com a Konux, uma *startup* de IA que desenvolve sistemas baseados em sensores que permitam a manutenção preditiva de plantas industriais.

É vital destacar como um ex-professor conseguiu em apenas duas décadas montar num regime "comunista capitalista" essa empresa que se tornou uma das **mais valiosas do mundo**!!!

Foi o chinês Ma Yun, mais conhecido como Jack Ma, que se tornou famoso pelo seu jeito espontâneo, excêntrico e contraditório, que criou essa empresa!!!

Ele era membro do Partido Comunista chinês, mas também admirava muito os EUA, sendo apaixonado pela sua cultura.

Ao contrário de outros executivos que comandavam as gigantes do setor de tecnologia, Ma não tinha nenhuma formação nessa área.

Ele atuava como professor de inglês no seu país, quando decidiu visitar os EUA pela primeira vez.

Foi quando teve o seu primeiro contato com a Internet e pôde ver como as empresas norte-americanas ensaiavam usar essa tecnologia a seu favor.

Voltou à China com um propósito: convencer o governo de que a Internet era a saída para o país poder aumentar suas exportações.

Ele obteve o aval para abrir um negócio e se tornou assim dono de uma das primeiras empresas *on-line* da China, ou seja, a Alibaba, uma plataforma para facilitar o processo de venda de produtos chineses para o Ocidente.

Essa empresa foi criada na sala da casa de Ma, onde 19 pessoas se debruçaram para encontrar as formas para convencer os habitantes de um país a comprar *on-line* quando a maioria dos chineses sequer tinha um computador em casa.

Outro fator que dificultava a entrada no mundo *on-line*, foi o fato de que os chineses não estavam acostumados com um alfabeto diferente!?!?

Então a forma encontrada por Ma, muito criativa por sinal, foi escolher um endereço numérico para o seu *site*, isto é: **1688**, que ao ser pronunciado em mandarim tem um som semelhante a palavra Alibaba!!!

Jack Ma tornou-se o homem mais rico da China, acumulando uma fortuna de cerca de US$ 40 bilhões e para espanto de muitos comunicou que até o final de 2019 vai deixar o dia a dia do Alibaba, para dedicar-se a educação, para assim realizar novos sonhos...

Se ele conseguir na educação, o que realizou nos seus negócios com a Alibaba, valendo-se da tecnologia digital, vai realmente colocar a China na frente dos outros países nesse setor!!!

Infelizmente, para nós, no que se refere às **comunicações**, no início de 2019, dos 209 milhões de pessoas que viviam no País, para cerca de 55 milhões delas ter rádio ou televisão em casa não significava ter acesso a conteúdo local, principalmente de informação, o que obviamente não acontece para os que vivem nas **cidades encantadoras**.

Tínhamos cerca de 26% da população do País vivendo em municípios sem emissoras locais de radiodifusão (rádio e televisão).

Quando muito, têm retransmissoras do conteúdo de rede nacional ou regional.

E quanto menor for a cidade, maior é a tendência de que não haja jornalismo.

No que se refere ao 4G – a alcunha da quarta geração de tecnologia celular, falando de forma estrita, - ela só chegou ao Brasil em meados de julho de 2013 e também está muito longe de ser realidade no País, com locais que não têm ainda nem boas redes 3G ou qualquer outro tipo de conexão telefônica móvel.

Para uma operadora de telefone poder anunciar que dispõe de uma rede 4G, é necessário que os equipamentos usando o sistema possam atingir velocidade de conexão entre 100 Mbps (100 *megabits* por segundo) e um mínimo aceitável de 1 Mbps!?!?

Enquanto vivemos nessa situação, a era do 5G para *smartphones* começou oficialmente em 3 de abril de 2019, com a Verizon lançando serviços 5G em certas partes das cidades de Chicago e Minneapolis, nos EUA. Pode-se dizer que está começando uma nova revolução no campo das comunicações...

E, também na mesma data, operadores sul-coreanas (!!) estrearam o seu serviço na região metropolitana da sua capital Seul, na qual vive cerca da metade da população do país.

Não ficou claro qual dos dois países colocou primeiro os serviços 5G, mas as duas maiores operadoras sul-coreanas de telefonia móvel, a SKTelecom e a KT, afirmaram que foram elas as que registraram os primeiros assinantes 5G do planeta.

As grandes operadoras de telefonia em todo o mundo estão cientes que ao iniciarem serviços 5G exibem sua competência tecnológica, além de "prometer" facilitar muitas experiências *on-line* que exauririam as redes móveis atuais, com teleconferências com oito participantes, hologramas, encontros virtuais por exemplo, com as estrelas do *K-pop* e *streaming* de eventos esportivos ao **vivo** em telas com resolução três vezes superior à de um filme Imax.

Realmente o setor de telefonia aposta que o 5G, com velocidade até 100 vezes maior do que das redes atuais, acabará tendo um crescimento semelhante ao que aconteceu com o 4G.

E o que se vislumbra é que são essas redes de alta velocidade que permitirão que rodem nas ruas os carros autônomos, as cidades tenham um controle inteligente de suas redes de energia e vivamos cada vez mais imersos no mundo digital com a presença da Internet das Coisas.

Porém, inicialmente, parece que as ofertas 5G se concentrarão em **refinar** alguns nichos de atividade no mundo da tecnologia, como a realidade aumentada e *videogames* de alta potência para aparelhos móveis.

A maioria dos países, entretanto, ainda está criando infraestrutura de redes 5G, que em geral só deverá estar disponível neles em 2021.

Por exemplo para usar a rede 5G, os usuários da Verizon precisarão de um *smartphone* Motorola com um *modem*, que potencializará o serviço de suas redes 4G.

Mas a empresa assegura que até o final de 2019 estará à venda o *smartphone* Samsung Galaxy S10 habilitado para redes 5G.

A adoção de aparelhos 5G deverá ser gradual, e espera-se que por volta de 2023 eles sejam 25% de todos aqueles em uso.

Claro que o ritmo de adoção deve avançar muito a partir de 2020 quando deve ser lançado pela Apple o primeiro *iPhone* com acesso 5G.

Na Coreia do Sul, já conhecida por ter uma Internet de altíssima velocidade, a penetração da telefonia 5G será mais intensa que nos outros países e já no final de 2020 haverá 12% de aparelhos 5G entre os seus celulares!!!

Mas obviamente depois será superada por mercados maiores como os dos EUA, Japão, Reino Unido etc.

Espera-se assim que até o fim de 2020 de 10 a 20 modelos novos de celulares com acesso a redes 5G sejam lançados no mundo.

Resta saber como é que o Brasil vai se comportar para não ficar fora dessa modernização espetacular no campo das comunicações.

Apesar de tudo isso o brasileiro, especialmente aquele que vive nas cidades encantadoras, está pronto para a **revolução digital,** embora o País esteja enfrentando sérios desafios que vão de falta de infraestrutura, baixo investimento no setor de tecnologia e baixa produtividade.

Um relatório elaborado em 2019 pela famosa empresa de consultoria McKinsey, em parceria com o Brazil at Silicon Valley, uma conferência organizada pelos estudantes brasileiros da Universidade de Stanford, na Califórnia (EUA), com a finalidade de usar a inovação e tecnologia para ajudar a aumentar a competitividade do País, revelou que:

1º) O País já tem 68% da população com acesso à Internet, sendo o segundo do mundo que mais usa as redes sociais (o brasileiro fica em média 9h por dia conectado) apesar da velocidade média da Internet ser de 13 Mbps, bem abaixo da média global que é de 31 Mpbs.

2º) Mais de 70% dos brasileiros possuem um *smartphone*.

3º) Embora o País seja o segundo ou o terceiro maior mercado de gigantes como Facebook, Netflix e WhatsApp, tem dificuldade para atrair operações mais robustas de gigantes do *e-commerce*, como a Amazon que está se desenvolvendo lentamente no Brasil. O acesso à Internet está ainda bastante concentrado nas redes sociais e em *sites* de busca.

4º) Lamentavelmente o País está entre os menos favoráveis ou "amigáveis" para a abertura de novos negócios e ocupa a posição 109, no *ranking* elaborado pelo Banco Mundial – apesar de que foram abertas, nos últimos anos, algumas centenas de *fintechs*, tendo esses bancos digitais, em 2019, cerca de 8 milhões de clientes, que abriram contas nessas instituições.

Além disso nasceram no País oito empresas iniciantes (*startups*) que conseguiram transformar-se em **unicórnios** (avaliadas em mais de US$ 1 bilhão cada uma delas).

5º) O número de pessoas formadas no País em ciência, tecnologia, engenharia e matemática, cruciais para se destacar nessa era da revolução digital é de aproximadamente 2 milhões, um número relativamente pequeno ante os 17 milhões que existem nos EUA ou os 22 milhões na China.

6º) Apesar de o Brasil ainda inovar pouco, mesmo com a elevada taxa de conexão da sua população, o perfil altamente digital dos brasileiros é considerado um ponto positivo pelos investidores internacionais.

Nos próximos dez anos, será cada vez mais comum que os locais de trabalham abriguem múltiplos monitores, de diversos tipos e tamanhos, entre os quais telas de computador e de *tablets*, e *displays* que facilitam experiências de realidade **virtual e aumentada**.

E não se deve confundir realidade aumentada com a realidade virtual.

De uma forma simples pode-se dizer que a realidade aumentada é um casamento entre o físico e digital.

Já a realidade virtual é a que tira a pessoa do seu lugar, sendo imersiva e 100% digital. E uma forma para explicá-la é destacando que se alguém empurrar um indivíduo enquanto usa óculos de realidade virtual, ela não vai conseguir se equilibrar e vai cair!?!?

São duas tecnologias em extremos diferentes.

A realidade virtual tem sido intensamente usada no mundo dos *games*, que têm levado os jogadores para mundos diferentes, que não existem, mas enquanto estão neles nada de perigoso deve acontecer com eles...

Uma "brincadeira" interessante com a realidade virtual foi feita em janeiro de 2017, no *Consumer Electronics Show* (CES), uma importante feira de tecnologia em Las Vegas, nos EUA.

Nesse evento, o fabricante de processadores Intel distribuiu óculos de realidade virtual a cerca de 250 pessoas para que pudessem assistir um vídeo da perspectiva de esquiadores que saltavam de um helicóptero.

Todos eles também receberam sacos para náusea, iguais aos que se oferecem nos aviões.

Claro que a Intel distribuiu saquinhos por um excesso de precaução e para poder dar um tom mais misterioso e "brincalhão" ao experimento.

Destaque-se que durante a apresentação e até o seu final ninguém precisou usar os saquinhos, porém isso não quer dizer que todos os que colocaram os óculos não ficaram envolvidos emocionalmente com o que estavam vendo!!!

E assim a realidade virtual, entre outras coisas, já mudou muito a percepção das pessoas sobre essa nova forma de entretenimento, mas ela também é muito útil para muitos outros setores.

Por exemplo, as chamadas "experiências ambientais", nas quais mundos virtuais e físicos se combinam em tempo real por meio de diversos aparelhos e *displays* aos poucos estão se tornando uma norma.

Nos novos locais de trabalho emergirão cada vez mais diversos *displays* múltiplos, telas grandes, panorâmicas, em grande parte porque os dados passam a ser o foco central de todos os setores, o trabalho multitarefas torna-se necessário e os trabalhadores (em sua maioria das gerações Y e Z) exigem os produtos de melhor qualidade nos seus escritórios.

Dessa maneira os *displays* transparentes, bem como os *headsets* (fones de ouvido) de realidade virtual e aumentada (que sobrepõem imagens geradas por computador ao campo visual real do usuário) vão nos próximos anos serem comuns no ambiente de trabalho.

Muitas empresas já começaram a utilizar *headsets* e *tablets* de realidade aumentada, primeiramente para orientar os trabalhadores sobre processos industriais e de manutenção.

Aliás a demanda por *displays* de realidade aumentada já se estendeu também à pesquisa e desenvolvimento e ao *design* de produtos.

A realidade virtual, que envolve o uso de *headsets*, que permitem a interação com representações digitalizadas, mas que parecem reais, está avançando ainda em ritmo relativamente lento na força de trabalho, mas isso vai mudar muito nos próximos anos.

Isso graças aos trabalhadores mais jovens (os Zs e aqueles da geração Alpha, à medida que forem entrando no mercado de trabalho) que abraçarão essas tecnologias e ajudarão a popularizá-las nos locais de trabalho.

E isso vai acontecer enquanto os *headsets* de realidade virtual forem sendo aperfeiçoados.

Como ficam muito perto dos olhos do usuário, a resolução precisa ser maior para oferecer "imagens mais reais".

Note-se que de acordo com a IDC (uma empresa de pesquisa de mercado) em 2019 estimou-se que os dispêndios mundiais em realidade virtual devem chegar a US$ 25 bilhões, mais que o dobro do que foi gasto no ano anterior e nos próximos anos isso aumentará cada vez mais, à medida que for se aperfeiçoando e usando a tecnologia 5G de comunicação.

No Estado de São Paulo, temos agora uma secretaria da Cultura e Economia Criativa, tendo à frente o Sergio Sá Leitão, um gestor totalmente convencido que são as atividades culturais e criativas que serão as que mais devem crescer nos próximos anos, gerando inclusive renda e novos empregos para compensar aqueles perdidos pela presença de robôs e da intensa automatização.

Aliás os *think tanks* mais prestigiados do mundo têm indicado que realmente é nos setores da EC que existe a possibilidade de aumentar o número de empregos para os seres humanos.

Os *think tanks* são organizações cujo objetivo é produzir e difundir conhecimento com impacto político e social.

E a existência dos *think tanks*, ou seja, de organizações intermediárias entre o governo e o cidadão, como veículos para transmissão de ideias, tem sido um fator fundamental para o desenvolvimento de uma sociedade livre e plural.

Think tanks transformaram-se em um importante auxílio para os governos (especialmente o federal), ao contribuírem com as suas ideias para o aprimoramento das políticas públicas, e para o cidadão, por constituírem fontes de informação e análises independentes.

O constante desafio dos *think tanks* é conseguir produzir conteúdo capaz de atingir, no momento certo, os agentes públicos e os formadores de opinião, ou seja, atualmente já não basta a simples produção de conhecimento, sendo necessário fazê-lo chegar oportunamente aos destinatários adequados.

De acordo com a famosa revista inglesa *The Economist*, os bons *think tanks* são as organizações capazes de combinar "profundidade intelectual, influência política, talento para a publicidade, circunstâncias favoráveis e um traço de excentricidade".

A universidade da Pensilvânia (nos EUA) tem feito um relatório anual chamado *Global Go to Think Tank* sendo que no de 2018, mais uma vez a Brookings Institution dos EUA foi eleita com o *think tank* de maior influência mundial e o *think tank* da Fundação Getúlio Vargas apareceu entre os 20 mais importantes do mundo.

Note-se que se estima que nos EUA em 2019 havia cerca de 1850 *think tanks* credenciados enquanto no Brasil eles chegavam apenas a 82.

Como se percebe, no Brasil precisamos percorrer um longo caminho para se ter um número significativo de organizações com capacidade para fazer uma sociedade se organizar e se mobilizar para aprimorar as políticas públicas e produzir informações e análises sobre o **futuro do trabalho** e o **trabalho do futuro**.

Eu particularmente estou convencido que numa época que as pessoas viverão cada vez mais nas cidades, um trabalho cada vez maior será o de torná-las sustentáveis, inteligentes e criativas, o que sem dúvida demandará novos gestores públicos com novas competências!!!

Uma delas é seguramente compreender que a economia das cidades crescerá quanto mais visitantes elas receberam, o que significa que se deve criar nelas atrações e diferenciais que encantem não apenas a vinda de novos moradores para elas, como chamem muitos turistas!!!

Vivemos um novo tempo no Brasil, com a eleição do presidente Jair Bolsonaro e com uma grande renovação no comando dos Estados e dos integrantes do Poder Legislativo, com o que surgiu a possibilidade de nos tornarmos uma **democracia mais vibrante**, que só se desenvolve onde há uma sociedade dinâmica.

E uma sociedade só é vibrante quando predomina nela a presença de pessoas que pensam e que entendem que: "**Quem não quer pensar é um fanático; quem não pode pensar é um idiota; quem não ousa pensar é um covarde!!!**"

Entretanto todos os empresários e inclusive os empreendedores nas suas *startups* (empresas iniciantes) assustados com os encargos que precisam pagar na contratação dos empregados, com os conflitos que eles geram com ações trabalhistas e devido à sua baixa produtividade, acabam partindo para a robotização sempre que ela comprove vantagens em relação ao trabalho humano.

O pior é que essa estratégia está sendo usada cada vez mais pois muitas tarefas e muitos processos produtivos podem ser realizados pelas novas tecnologias que aumentam a eficiência e poupam mão de obra!!!

E com isso, o desemprego dos seres humanos está crescendo, apesar de que em alguns setores os postos de trabalho até estão aumentando, como por exemplo, cuidar de crianças ou de idosos!!!

Os robôs têm sido usados em três ambientes complementares ou substituindo totalmente os seres humanos.

No primeiro, os robôs realizam tarefas simples e repetitivas, como nas linhas de montagem.

No segundo, entram na análise de grandes conjuntos de dados (*"big data"*) e interpretação de textos, pesquisando por exemplo grandes massas de processos judiciais para aí encontrar argumentos e precedentes para uma nova ação.

No terceiro, os robôs operam a chamada IA [em inglês *artificial intelligence* (AI)] que simula a IH (inteligência humana), como por exemplo, tradução simultânea, ou então, a nova forma de interação homem-máquina, através dos assistentes como Cortana, Alexa, Siri e Assistant respectivamente das empresas de tecnologia Microsoft, Amazon, Apple e Google.

Através deles o ser humano livra-se da digitação, da interação normal ou do toque, usando apenas a sua voz.

Nessas últimas décadas houve um **aumento massivo e exponencial da capacidade computacional** (literalmente um crescimento da ordem de 10 bilhões de vezes mais capacidade comparando-se com um computador de 1956 – quando começaram as pesquisas com IA).

Ocorreu também uma evolução na computação e na eletrônica, ou seja, um aumento gigantesco nas informações e conhecimentos que temos agora sobre como o mundo funciona.

Com isto foi possível criar *softwares* e algoritmos de IA que estão sendo capazes de lidar com problemas que antes eram não triviais para computadores, robôs e outras máquinas.

E não está se falando agora de ficção científica e sim de tecnologias que já estão presentes em nossas vidas.

Um exemplo, há pouco citado, é a gigantesca evolução no processamento da linguagem natural (uma das subáreas de IA) que nos permite falar com nossos telefones celulares para solicitar informações, consultar nossas agendas ou disparar mensagens e acionar outros aplicativos.

Outra aplicação, agora já trivial é o uso da **visão computacional** para o reconhecimento facial (outra subárea da IA) para organizar as milhares de fotos que tiramos com nossos celulares todos os dias.

Aliás, a tremenda evolução dos *smartphones* permitiu que possamos carregar nos nossos bolsos todas essas incríveis "vantagens"!!!

Elas estão tornando nossas vidas mais fáceis e divertidas, mas também têm um impacto brutal em muitos negócios, promovendo a **destruição criativa** dos mesmos (diminuição de venda de máquinas fotográficas, rádios, calculadoras, gravadores, relógios etc.) e com isso desempregando muita gente.

É verdade que nos oferecem também muitos benefícios (receber informações, orientar-se no trânsito, fazer compras, efetuar pagamentos etc.) inclusive de realizar também diversos tipos de trabalho!!!

Vive-se numa época assustadora para os seres humanos, que estão sentindo uma invasão cada vez mais intensa de sistemas inteligentes entrando nos seus lares e nas suas vidas, seja na forma de robôs aparentemente simples e inofensivos, como os aspiradores robóticos, ou através de sistemas bem mais sofisticados como os carros sem motorista ou robôs de aplicação industrial ou para fazer companhia para as pessoas.

As máquinas hoje são capazes de "aprender" através de técnicas de computação chamadas de **aprendizado de máquina** (*machine learning*), que incluem o uso de redes neurais artificiais, **aprendizagem profunda** (*deep learning*), sistemas evolutivos e algoritmos genéticos, entre outras técnicas.

Esses sistemas são capazes de "**aprender**" a partir da enorme massa de dados disponíveis (o popular *big data*).

Passamos dos *megabytes* para uma escala de *zettabytes* de dados em poucos anos.

Sob a forma de imagens, áudios e textos digitais, esses dados são o "alimento" que possibilita "ensinar" as máquinas para que sejam capazes de realizar diversas tarefas cada vez mais e melhor!!!

É por isso que, atualmente, os assistentes virtuais já conseguem sintonizar e reconhecer a fala humana, responder a consultas, analisar textos, identificar gostos pessoais, antecipar interesses, reconhecer pessoas, emoções e expressões faciais e até dirigir sozinhos carros e pilotar aviões.

Isso não é mais ficção científica, mas sim uma realidade atual e que só vai se aprimorar no futuro.

Uma revolução tecnológica radical está ocorrendo ao redor das pessoas, e muitos não estão se preparando adequadamente para se adaptar a ela e inclusive utilizá-la em seu proveito.

Empresas como Google, Microsoft, IBM, Amazon e Facebook têm investido pesadamente em **aprendizado de máquina** e na **aprendizagem profunda**.

É verdade que elas também estão preocupadas com temas como o impacto da IA sobre o emprego, o transporte e até a guerra, como foi a ideia do projeto desenvolvido por essas empresas com o título: *One Hundred Years Study on Artificial Intelligence* ("*Um Estudo de 100 Anos sobre a Inteligência Artificial*") no qual se estabeleceu um plano para produzir um estudo detalhado quanto ao impacto da IA sobre a sociedade a cada cinco anos ao longo desse século.

Tudo indica que a intenção básica do projeto é: assegurar que a pesquisa no campo da IA tenha como foco beneficiar as pessoas (!?!?) e não prejudicá-las estabelecendo-se algo como "ética para as **máquinas**".

Dá para acreditar nisso?

O que se está constatando a cada dia que passa é que as **máquinas inteligentes** estão se tornando cada vez mais eficientes e capazes.

Os robôs estão deixando de ser apenas braços manipuladores industriais.

Até pouco tempo atrás, eles eram pesados, ficavam presos a uma base e operavam longe dos seres humanos para evitar acidentes.

Agora, no lugar de ficarem repetindo tarefas "burras", eles estão passando a interagir com os seres humanos, sendo assim chamados de **robôs colaborativos**.

Têm a capacidade para se locomover, ficaram parecidos conosco e – com a ajuda de sensores e de dispositivos que reproduzem a percepção e sentidos humanos – podem interagir e colaborar conosco nas empresas e nas nossas casas, trabalhando como se fizessem parte de uma "verdadeira equipe humana"!!!

Rapidamente, os robôs estão se integrando à nossa sociedade como já ocorreu com outras tecnologias, da TV ou telefone celular.

Tantos avanços podem levantar inclusive questões de segurança como: "**Devemos ter medo da IA**", ou "**É justificável preocupar-se com os robôs e a máquinas que aprendem?**"

Sem dúvida, são perguntas que não devem ter respostas paliativas.

Se os robôs são capazes de aprender, um dia vão perceber que os tratamos como escravos, já que eles trabalham para nós de **graça**, e que vão morrer, ou seja, serem substituídos quando ficarem obsoletos!?!?

Além disso vão descobrir que muitos seres humanos mentem, trapaceiam e não são confiáveis e que somos capazes de matar outras pessoas, de começar grandes guerras.

Bem, caro(a) leitor(a), não precisa no momento entrar em desespero, pois ainda somos capazes de "**desligar os robôs**" já que continuamos sendo mais espertos.

Mas até quando será possível fazer isso?

Sente-se claramente em 2020, a pressão existente sobre todas as organizações para que se tornem empresas que utilizem cada vez mais a IA.

E a partir de agora a empresa que não fizer isso corre o risco de sair do mercado, caso a concorrente o faça e se torne mais competitiva.

Porém para se tornar uma **empresa de IA**, é necessário passar por uma transformação profunda.

Ainda mais, por que até agora no Brasil poucas são as organizações que podem ser consideradas empresas de Internet.

Note-se que se um *shopping center* criou um *site* para vender seus produtos *on-line*, isso não significa que se transformou numa **empresa de Internet**.

As empresas de Internet são aquelas que utilizam todo o potencial da rede em todos os seus processos e negócios.

Chegou um momento que exige uma **mudança radical** para se ter uma empresa de IA, ou seja, não basta implementar só algumas características da nova tecnologia.

Primeiro é preciso colocar em curso uma estratégia permanente de aquisição de dados.

Além disso, lançar apenas produtos que permitam capturar o *feedback* (a realimentação) dos dados sobre o seu uso e consumo.

Também é preciso automatizar o máximo possível de processos.

O que puder ser feito automaticamente, deve ser feito desse jeito (!!!), o que naturalmente elimina postos de trabalho ocupados pelos seres humanos.

Por fim, é preciso redefinir completamente as funções de cada funcionário.

Funções tradicionais como: *designers*, desenvolvedores de produto ou vendedores, terão que se concentrar em resolver problemas derivados da análise de dados.

O negócio todo vai passar a girar em torno da IA.

Vale notar que esse é um desafio não só para as organizações privadas mas também para o próprio governo, especialmente o municipal se quiser que a sua cidade seja inteligente, sustentável, criativa e cada vez mais atraente.

Infelizmente, particularmente no governo federal sob o ponto de vista tecnológico está havendo uma mudança muito lenta, basta exemplificar a medida tomada em 22 de fevereiro de 2019 pelo Conselho Federal de Medicina que revogou a resolução que regulamentava a prática da telemedicina no País, ou seja, a regra que permitia a realização de consultas, exames e até cirurgias à distância.

Não se percebe, especialmente nos ministérios e secretarias mais tecnológicas o lançamento de projetos para que tenhamos mais facilidade em utilizar serviços de nuvem, *big data*, IA, Internet das Coisas e assim por diante no sentido de tornar mais ágeis e eficazes os serviços prestados à população pelas diferentes esferas de governo.

E aí vem a provocação: **mas como é possível dar esse salto, seja no governo seja no setor privado?**

Talvez a melhor sugestão seja a de criar um departamento único especializado em IA que trabalhe de forma matricial com todas as outras divisões das organizações.

Um caminho equivocado é o de adotar um pouco de IA em cada divisão organizacional de forma isolada.

Um dos maiores desafios para trabalhar com esse novo paradigma é atrair **talentos**.

Essas pessoas talentosas devem saber se relacionar, serem proativas, criativas e demonstrarem muita energia na execução das tarefas.

As competências socioemocionais (batizadas em inglês como *soft skills*) são características do comportamento humano que a IA não consegue substituir.

Um estudo da UnB, divulgado em 2019 sobre as profissões, trabalho e emprego no Brasil, revelou que 25 milhões de trabalhadores formais estão ocupando postos de trabalho que têm alta probabilidade de serem automatizados na próxima década!!!

Só como termo de comparação é mais que o dobro do número de desempregados que havia no País no final de 2018.

Um outro estudo recente salientou que o impacto da transformação digital no País será o deslocamento de 14% das atividades de trabalho até 2030.

Deve-se entender o deslocamento, no limite, como sendo a extinção de certas atividades, com o trabalho humano sendo substituído por *software* ou máquina!?!?

O problema é que a velocidade de deslocamento do trabalho em áreas como serviços – nas cidades encantadoras descritas no livro, 70% dos empregos estão nesse setor - será duas vezes maior do que a da transição da agricultura para a indústria no século XX, e várias vezes maior do que a capacidade de reabsorção desse capital humano em algum posto de trabalho.

Portanto a destruição de trabalho pela tecnologia já não é só um **pesadelo**, mas sim uma **triste realidade**!!!

Para aliviar isso um pouco seria desejável ter políticas públicas mais eficazes para lidar com essas mudanças, criando uma maior **empregabilidade** nas cidades, inclusive contratando-se mais gente competente para gerenciá-las no que refere a administrabilidade, habitabilidade, mobilidade, sustentabilidade e visitabilidade, apoiando-se nos avanços tecnológicos.

É relativamente trivial descrever o trabalho que desaparecerá por causa da IA, da automação e das consequências da transformação digital.

Mas por incrível que pareça é mais difícil **imaginar** os novos tipos de trabalho que serão criados.

Sem dúvida, com cada vez mais gente vivendo nas cidades e com as exigências que os seus habitantes farão das prefeituras para que nelas tenham boa qualidade de vida, será necessário ter mais funcionários com competências especiais para solucionar os problemas há pouco citados, sendo o mais importante o da oferta de mais empregos!!!

E isso não será nem um pouco simples!!!

Se fosse possível resumir a crise do futuro do trabalho num parágrafo, seria assim: a introdução de tecnologia para aumentar a produtividade irá "deslocar" o trabalho de muita gente; a automação e os robôs diminuirão a demanda pelo trabalho humano e travarão o crescimento dos salários das pessoas; por um **certo tempo**, o total de vagas será pouco afetado pois as pessoas que perderem o emprego, irão em parte se deslocar para postos de menor produtividade!?!?

A questão complexa é que esse "certo tempo" está ficando cada vez menor.

Também é possível descrever como lidar com a crise do futuro do trabalho da seguinte forma: é preciso incrementar imediatamente muitos ambientes de aprendizado do conhecimento e do ensino e treinamento das habilidades demandadas pelo futuro; criar muitas oportunidades para que as pessoas pudessem se engajar com o que se necessita para ser útil no trabalho do futuro e oferecê-las especialmente para quem já perdeu o seu emprego.

As novas tecnologias têm permitido superar o ser humano em diversas disputas cognitivas.

Assim em 11 de fevereiro de 2019 aconteceu em Nova York o **debate** entre o recordista em vitórias nesse tipo de competição, Harish Natarajan e o sistema de debate acionado por IA, criado pela IBM, apelidado carinhosamente de *Miss Debater*, cujo desenvolvimento começou em 2013.

Depois de 25 min de troca de opiniões sobre subsídios a pré-escolas – durante os quais o sistema de IA com voz de mulher teve momentos de humor muito característicos do *Homo sapiens* – a audiência concedeu a vitória a Harish Natarajan. E a vitória em um debate é concedida para quem se expressa de forma mais emotiva e criativa.

A máquina da IBM abriu a disputa com uma saudação provocante: "Fui informado que você é recordista em vitórias nas competições de debate entre os seres humanos, mas desconfio que nunca tenha enfrentado uma máquina. Bem-vindo ao futuro.

Os dois participantes do evento – que aconteceu diante de centenas de jornalistas, profissionais de tecnologia e engenheiros de *software*, durante a conferência *Think*, no centro de São Francisco (EUA), foram informados sobre o tema, *Deve-se ou não subsidiar pré-escolas*, ao mesmo tempo e tiveram 10 min para resumir seus argumentos a uma fala de 4 min, com 4 min para a refutação e 2 min para o resumo.

A ameaçadora caixa-preta do *Project Debater* da IBM tem a altura de uma pessoa e "**digere**" mais de 10 bilhões de sentenças de artigos noticiosos e publicações científicas.

Diante da máquina, no palco, Natarajan escreveu anotações em uma folha de papel!?!?

Embora a IA tenha sido derrotada, o evento representou uma espécie de culminação para o criador do projeto, Noam Slonim.

Sentado na primeira fila, bem perto do Ginni Rometty, presidente-executiva da IBM, o pesquisador Noam Slonim durante o debate deu risadas e fez caretas de preocupação, pois sabia que a sua máquina ainda era o **azarão**!?!?

Depois ele comentou: "Foi como estar sentado na plateia vendo seu filho no palco competindo contra um pianista de primeira classe e com todo mundo assistindo.

Para se poder debater bem, isso requer estabelecer conexões com as pessoas e convencê-las sobre um ponto de vista.

Nesse sentido a apresentação é crucial, e isso ainda é um território em que o domínio é do ser humano!?!?"

A grande questão é: **até quando?**

O trabalho no Brasil hoje está concentrado principalmente no setor terciário.

Infelizmente, ao longo de 2018 o desemprego no Brasil cresceu, especialmente entre aqueles que trabalhavam com a carteira de trabalho assinada, o que elevou o número daqueles que procuram sobreviver na informalidade com algum trabalho temporário ou então abrindo o seu próprio negócio, inclusive como microempreendedores. Lamentavelmente em 2020 o desemprego no País aumentou enormemente devido a pandemia do coronavírus...

Alguns **otimistas exagerados,** acabaram enxergando uma consequência positiva (!?!?) do desemprego, entendendo que a demissão estimula o espírito empreendedor em muitas pessoas.

O que é óbvio, pois as pessoas procuram obter alguma forma de subsistência.

Um dos obstáculos para se abrir um novo negócio é a falta de recursos, mas na era digital surgiram diversas novas possibilidades para se obter um financiamento que permita transformar uma ideia em produto ou serviço vendável.

Esse foi o caso do Kickstarter, um *site* de financiamento coletivo (*crowdfunding*) lançado em 28 de abril de 2009, nos EUA, por Perry Chen, Yancey Strickler e Charles Addler para projetos criativos, nas áreas de música, filmes, teatro, fotografia, *design*, humor etc., ou seja, envolvendo vários setores da EC.

Kickstarter tornou-se a maior plataforma de financiamento coletiva do mundo e estima-se que ela conseguiu arrecadar cerca de US$ 8 bilhões, o que permitiu que cineastas, fotógrafos, escritores, humoristas, músicos etc. transformassem em realidade os seus projetos com o que algo próximo de 500 mil pessoas obtiveram emprego (em tempo integral e parcial).

Dos recursos arrecadados pelos projetos que atingem sua meta de financiamento a plataforma Kickstarter ficou com 5%, além disso, ela cobrou uma taxa pelo processamento dos pagamentos que variou de 3% e 5%, o que é muito menos do que um empreendedor precisaria destinar para pagar um empréstimo nas instituições financeiras tradicionais, que dessa forma também correm um sério risco de perderem muitos clientes...

Ao terminar 2019, estimou-se que viviam no planeta cerca de 7,6 bilhões de pessoas e de acordo com a Organização Internacional do Trabalho (OIT) havia algo próximo de 310 milhões delas sem emprego formal, colaborando o Brasil com cerca de 11,2 milhões de desempregados.

Ao passar a pandemia do coronavírus em 2020 sem dúvida haverá um número muito maior de desempregados.

E o diagnóstico, no curto prazo, é que as economias dos países não conseguirão gerar empregos suficientes para atender a contínua expansão da força de trabalho!?!?

E no médio prazo, os economistas principalmente advertem que a evolução das tecnologias digitais, só irão agravar ainda mais essa situação, envolvendo tantos desempregados!!!

Nesses últimos anos muitos novos robôs foram produzidos para eliminar os postos de trabalho ocupados pelos seres humanos, como por exemplo o uso a partir de 2014, na Amazon, de um exército de robôs – denominados *Kiva* -, para a coleta de produtos em seus armazéns para serem enviados aos clientes.

Ou então, mais recentemente, a presença em muitos hotéis e empresas de entrega de comida dos chamados **robôs entregadores**, nas suas variadas versões.

Isso indica que mesmo no setor de serviços, nos trabalhos mais simples os seres humanos vão perder empregos.

Um grande abalo deverá vir nos próximos anos quando surgirem os caminhões autônomos o que só no Brasil pode afetar cerca de 1,7 milhão de caminhoneiros, com cortes drásticos, como foram ocorrendo gradualmente no sistema bancário à medida que as instituições financeiras foram introduzindo cada vez mais a tecnologia digital nas suas operações.

E nas profissões liberais (administradores, arquitetos, *designers*, engenheiros, médicos, publicitários etc.) também haverá menor demanda, pois muita coisa poderá ser feita por técnicos ou pessoas sem formação universitária, mas valendo-se da ajuda de máquinas ou *softwares* com IA.

Por exemplo, muitos especialistas em *design* ainda dizem que qualquer pessoa tem a capacidade de discernir o que é uma cadeira independentemente do seu estilo.

De fato, os computadores ou robôs podem ser programados para identificar uma cadeira em suas múltiplas formas – quatro pernas, três pernas, com ou sem encosto e assim por diante -, porém eles estão sujeitos a achar que os vasos sanitários também fazem parte da mesma categoria.

Reconhecer um objeto exige uma ponderação quanto ao seu uso, e não somente ao que ele se assemelha, uma habilidade que as máquinas inteligentes precisam aperfeiçoar muito, de acordo com esses *designers*...

Eu aposto que pelo menos nas próximas duas décadas, mais do que uma substituição em massa dos seres humanos por robôs, ocorrerá uma **intensa complementariedade** entre as habilidades das pessoas e a precisão das máquinas inteligentes.

Um exemplo clássico pode ser o uso de um badalado algoritmo de **reconhecimento facial** (que hoje está acertando com uma eficácia maior que 90%) tanto para as forças policiais como para os que trabalham no recrutamento de novos empregados para identificação não apenas física mas inclusive para descobrir se o que as pessoas dizem corresponde à verdade!!!

O fato é que a partir da 3ª década do século XXI os nossos sistemas educacionais ou os centros de treinamento devem preparar os jovens e os trabalhadores para que eles se tornem **insubstituíveis** e **imprescindíveis** apesar da existência de máquinas inteligentes para fazerem diversas tarefas.

Isso vale não só para quem almeja exercer profissões de alta especialização, mas também para os trabalhadores manuais ou artesanais, que precisam ser mais **criativos** e únicos.

Talvez o mantra que deve orientar todas as pessoas para sobreviver bem no futuro seja o que foi dito pelo filósofo norte-americano Elbert Green Hubbard: **"Uma máquina de fato pode substituir em certas tarefas dezenas ou até centenas de seres humanos.**

Mas nenhuma máquina substituirá um ser humano extraordinário!!!"

Já o economista e consultor Jeremy Rifkin, que ficou famoso em 1995 quando lançou o seu livro *O Futuro do Emprego*, mudou bastante de opinião 20 anos depois quando foi publicado em 2015 o seu livro *A Sociedade do Custo Marginal Zero*, no qual destacava que de agora em diante qualquer pessoa poderá acessar megadados que lhe permitirão desenvolver algoritmos que aumentem a sua produtividade e que possibilitarão reduzir o custo marginal de produção e de distribuição das coisas físicas.

Ressaltou Jeremy Rifkin nesse livro: "As novas gerações crescerão com a ideia de que é importante **acessar as coisas**, e não **ter a propriedade delas!!!**

Dessa forma, quanto mais produtos e serviços forem compartilhados, menos itens precisarão ser fabricados.

Assim um carro compartilhado tem potencial para tirar até outros dez das ruas.

Tudo indica que será um período em que a humanidade fará o uso dos recursos de uma maneira muito mais eficiente.

Creio que esse modelo irá gerar menos riqueza para as pessoas e empresas, mas certamente os **seres humanos terão melhor qualidade de vida!!!**"

O que você acha estimado (a) leitor (a) dessa previsão de Jeremy Rifkin?

Entre as profissões novas que surgiram, uma que tem tudo para se expandir é a de **professor de robô**.

Isso por que por trás de cada *chat* ("bate-papo") de atendimento *on-line* – do chamado *chatbot*, utilizado pelos *sites* de lojas, bancos e até em companhias de energia elétrica e de serviços de telecomunicações – existe sempre uma dupla que irá guiar o rumo dessa conversa entre a empresa e uma pessoa (cliente ou consumidor): o *robô*, ou o *bot* e quem o **treina**!!!

Podem se tornar um **professor de robô**, profissionais de publicidade, letras, jornalismo, administração, análise de sistemas, biblioteconomia etc. que passaram a se chamar *UX writers* (relatores de experiência do usuário), implementadores *content specialists* (especialistas em conteúdo) ou *designers* de conteúdo.

De acordo com o Mapa do Ecossistema Brasileiro de *Bots*, feito pela Mobile Time, uma plataforma que faz a pesquisa da tecnologia, até o fim do 2º semestre de 2019, no Brasil, foram desenvolvidos cerca de 20 mil *bots*. Essa ferramenta aliás já é bem familiar no País.

Em algumas empresas, ganhou até nome feminino e rosto em animação gráfica.

Sempre simpáticos, os *chatbots* aparecem na tela dando "Oi" e reproduzindo a conhecida frase: **"Em que posso ajudar?"**.

E a partir da resposta do usuário (cliente), o diálogo pode seguir diversos caminhos.

Pensar nas expressões mais adequadas e nos roteiros para a conversa é parte do trabalho dos conteudistas.

Assim se o cliente deseja devolver um produto, o robô precisa entender o motivo e ter um repertório para tratar de questões como: "A minha encomenda veio quebrada", "Não gostei do que comprei" ou ainda "Não foi o que pedi..."

O papel dos funcionários na produção de conteúdo, ou seja, dos professores de robôs, é mantê-los atualizados para que possam compreender todas as perguntas feitas a eles e oferecer a melhor opção de resposta.

Um professor de robô, gasta muitas horas de seu trabalho acompanhando se os consumidores estão satisfeitos com as respostas recebidas do robô e se o conteúdo existente é suficiente para responder a tudo o que um cliente pergunta ao sistema inteligente.

Isso obriga analisar todos os diálogos, para poder captar bem as questões feitas pelos clientes e alinhar as intenções de cada palavra dita (escrita) pelos clientes, principalmente em relação aos regionalismos linguísticos, com as reações do robô.

Existem várias maneiras de se perguntar sobre a mesma coisa.

Naturalmente não se pode deixar de levar em conta para que tipo de empresa está se treinando o robô.

Assim se for para um escritório de advocacia, o mais indicado é o robô ter um tom sóbrio, já se for uma agência de turismo ou de intercâmbio de alunos, há espaço para uma maior informalidade.

O *chatbot* precisa entender o contexto da conversa o tempo todo.

Dessa maneira se o cliente falar em ar, ele está falando em ar atmosférico ou em ar-condicionado?

Cabe ao conteudista pensar em todas essas variáveis e por isso (e por muitas outras razões...) o seu trabalho não cessa com a implantação de um primeiro programa, mas continua enquanto o robô estiver funcionando, introduzindo sempre melhorias, em vista de novos *insights*, decorrentes das conversas com os clientes.

O professor de robô é uma atividade nova, ainda em ascensão, mas já surgiram alguns cursos que preparam os *UX writers* se bem que eles acabam se desenvolvendo profissionalmente na área dos *chatbots*, a partir de erros e acertos que estes vão fazendo...

A demanda por "professores de robô" está crescendo muito e o seu salário mensal em outubro de 2019 estava em torno de R$13 mil, que é bem atraente...

Quando se fala das profissões do futuro, é vital pensar sempre além das fronteiras do nosso País, ou seja, deve-se acompanhar o que está acontecendo especialmente nas nações mais avançadas do mundo tecnologicamente.

Isso porque são as inovações surgidas especialmente nos últimos 10 anos que estão mudando os negócios e a sociedade da forma que os conhecíamos, além de estarem decretando o fim de muitos empregos e ao mesmo tempo o surgimento de novas ocupações que certamente serão ocupadas pelos integrantes da geração Alpha.

Note-se que as empresas mais valiosas do mundo surgiram quase todas nas últimas três décadas como foi o caso da Microsoft, Apple, Google, Facebook, Amazon, Alibaba, Tencent, Uber, Airbnb, Baidu etc., graças a revolução digital.

Estão sendo gastos anualmente muitos bilhões de dólares em pesquisa e desenvolvimento de tecnologias que mudarão cada vez mais a forma como as pessoas vão viver, trabalhar, se entreter, se deslocar, comprar, comunicar etc.

Entre elas destacam-se o carro autônomo, a casa totalmente conectada, obtenção de *big data*, a computação na nuvem, a impressão em 3D, a mobilidade nas cidades inteligentes, o pagamento móvel, a realidade virtual e a aumentada, as novas redes de comunicação 5G, a robótica ancorada na IA, serviços sob demanda (*streaming*), ou equipamentos vestíveis.

Ciente de que é muito difícil (para não dizer impossível) adivinhar o que vai acontecer no futuro, mas apoiando-se sobre o que muitos visionários apontam para até o final de 2030, acredito também que surgirão as seguintes profissões novas (entre muitas centenas de outras...).

Creio que haverá trabalho no futuro para aqueles que puderem exercer as funções de:

1º) **Arqueólogo digital**, ou seja, um *expert* em eliminar os rastros digitais de pessoas e empresas.

2º) **Arquivista pessoal**, isto é, a pessoa que organiza e cataloga a vida digital de outras pessoas.

3º) **Agregador de talento**, que ajudará a formar equipes específicas para a execução de determinados projetos.

4º) **Agricultor-*chef***, que é aquele *chef* que cultivará os produtos que usa na cozinha.

5º) **Consultor de sustentabilidade**, sendo aquela pessoa que vai indicar às empresas como ter lucro a partir de ações e políticas amigas do meio ambiente.

6º) **Consultor de privacidade**, que é um especialista que identifica as vulnerabilidades em termos de segurança, tanto física como a virtual.

7º) **Advogado de animais**, que é a pessoa com conhecimentos para defender os animais.

8º) **Escritor *wiki***, que é versátil e rápido (*wikiwiki* é uma expressão havaiana que significa ágil ou rápido) para analisar e tratar as informações e dados de diversas áreas e em vários estilos.

9º) **Arquiteto de realidade virtual e aumentada**, que é um especialista em manter redes de realidade virtual e aumentada.

10º) **Cirurgião de aumento de memória**, ou seja, alguém apto através de uma intervenção cirúrgica para aumentar a memória das pessoas!?!?

11º) **Conselheiro genético**, ou seja, um especialista que ajudará as famílias a prevenir problemas de saúde dos filhos que irão ter!?!?

12º) **Assistente de nutrição**, isto é, o indivíduo capaz de ensinar as pessoas como preparar boas refeições feitas com alimentos adequados com a devida gestão das calorias ingeridas.

13º) **Conselheiro laboral**, que é uma espécie de mentor ou *coach* para evolução profissional.

14º) **Especialista em *crowdfunding***, ou seja, o entendido em obter fundos (recursos) por meio do financiamento coletivo, valendo-se da Internet.

15º) **Especulador de moedas alternativas**, que é um especialista em moedas virtuais como o *bitcoin*.

16º) **Mecânico de robôs**, que será o responsável para fazer a manutenção e reparos, no contingente cada vez maior de robôs.

17º) **Nanomédico**, ou seja, o médico que consegue trabalhar em uma escala quase tão reduzida como a das moléculas.

18º) **Terapeuta respiratório**, que irá ajudar as pessoas a respirar de forma "eficiente", vivendo em cidades com cada vez maior poluição de ar.

19º) **Gestor de nuvens**, isto é, aquele que consegue provocar chuvas ou então afastar as nuvens para deixar o sol passar conforme as necessidades!!!

20º) **Agricultor vertical**, ou seja, uma pessoa capaz de desenvolver espaços para cultivo de produtos nos topos dos prédios das cidades bem como formar jardins nas suas fachadas.

Com todos esses exemplos, já dá para vislumbrar muitas novas ocupações para as pessoas (algumas já em evolução) e outras que talvez venham a existir.

CRESCIMENTO E O PROGRESSO DAS CIDADES POSSIBILITAM O SURGIMENTO DE MUITOS EMPREGOS NOVOS

No mundo todo, e especialmente no Brasil as pessoas querem viver nas cidades, desejando que elas sejam sustentáveis, inteligentes, criativas, inspiradoras e encantadoras.

Naturalmente querem também que nelas as suas autoridades públicas desenvolvam a gestão dentro da legalidade e que sejam eficientes na sua administrabilidade.

Isso obviamente fará com que se voltem para implementar todas as estratégias viáveis para se ter nelas alta empregabilidade o que possibilitará aos seus moradores solucionar o seu problema de habitabilidade.

Obviamente cabe à prefeitura minimizar na cidade os problemas com mobilidade e sustentabilidade (segurança, saúde, educação, saneamento etc.).

Uma coisa, porém, vou repetir muito, cabe à prefeitura incrementar a visitabilidade à cidade, pois isso reflete-se diretamente na empregabilidade. A presença de muitos visitantes não pode, entretanto, diminuir a tranquilidade na cidade encantadora.

Mas o que pode significar uma cidade encantadora?

Inicialmente um lugar ao qual o visitante está ansioso para voltar...

É verdade que existem pessoas que fazem declarações poéticas como: **"Um lugar encantador é aquele que não devemos retornar pois isso pode vir a quebrar todo o encanto!?!?"**

Porém para mim essa ilação é falsa, pois não voltar ao lugar em que se sentiu feliz, alegre e entusiasmado é como **autoexilar-se**.

Além disso o resultado de uma **viagem** é comumente uma confluência poderosa entre o lugar, a companhia [sua (seu) parceira (o), um parente ou qualquer outra pessoa] e as circunstâncias.

Às vezes, quando a companhia é desagradável, o prazer numa viagem pode ser menor, enquanto se ela for ótima, mesmo certas circunstâncias adversas na cidade - greve nos transportes, muito frio ou calor etc. não tirarão a felicidade que se sentirá de passar alguns dias nela.

Dessa maneira é mais do que natural **refazer** uma viagem a uma cidade encantadora, talvez com a mesma companhia, mas em outras circunstâncias e essa nova experiência pode ser igual, pior ou até melhor que a anterior, não é?

O que é fundamental é sempre estar com o espírito preparado para agir de acordo com o que afirmou, um dia, o famoso músico polonês Arthur Rubinstein: "Se você ama a vida, ela vai amá-lo (a) de volta!!!" E dessa forma se você classificou uma cidade como **encantadora**, ou seja, se você ama esse lugar ele vai amá-lo (a) de volta!!!

Poucos países do mundo têm uma vastidão tão grande como o Brasil e em todas as suas regiões há algo incrível nas suas cidades e na natureza que as cerca, como é o caso da encantadora Manaus ou a incrível Goiânia, tão próxima de Caldas Novas ou então aquelas que ficam próximas do mar - um contingente significativo que inclui Fortaleza, Recife, Florianópolis, João Pessoa, Paraty, Natal, Vitória, só para citar algumas - ou então como Foz de Iguaçu tendo ao lado talvez as mais belas cataratas do mundo.

Os brasileiros, são os cidadãos do planeta que antes de quererem conhecer as belas cidades que existem nos outros países deveriam visitar pelo menos as 44 cidades encantadoras citadas nesse livro para sentirem-se orgulhosos da grandiosidade e pujança do País em que nasceram...

Lamentavelmente, segundo o estudo *Top 100 City Destinations 2018*, foi possível constatar que em 2018 nas listadas **100 cidades mais visitadas por estrangeiros no mundo**, não constava nenhuma brasileira(?!?!) e essa situação não mudou em 2020...

O Brasil porém, tem muitas cidades encantadoras, entretanto elas precisam ser reveladas de forma diferente bem como o seu entorno no qual podem existir **maravilhas da natureza**, incríveis como é o caso do rio Amazonas em Manaus ou Belém, ou ainda todo o litoral cearense que se percorre a partir de Fortaleza para chegar a Jericoacara.

Os governantes, especialmente os que estão à frente das prefeituras, precisam de agora em diante pensar cada vez mais em estimular negócios que envolvam festivais; as celebrações desde as religiosas às mais exóticas como homenagens a figuras proeminentes que viveram ou fizeram algo significativo para as cidades; competições esportivas nas mais diversas modalidades, promoção de ciclos de conferências, seminários, congressos; montagem de feiras; visita a museus e pontos pitorescos do município.

Todos esses eventos e outros incrementarão a visitabilidade a uma cidade e isto certamente possibilitará a melhoria da sua economia e como consequência mais gente trabalhando nela, mesmo que seja temporariamente.

Uma das minhas intenções ao escrever esse livro foi mostrar aos gestores públicos de todos os níveis (municipal, estadual e federal) que uma das formas para incrementar a empregabilidade é promovendo a visitabilidade não só nas cidades encantadoras, mas em centenas de lugares (pequenos municípios) em que a natureza do nosso País é tão exuberante, ou desenvolvendo locais incríveis para o entretenimento e o lazer em regiões onde estão os nossos "tesouros" (rios, lagos, mar, cachoeiras, águas termais, montanhas, muita flora e fauna etc.).

Nesse sentido, é mais que importante que sejam atraídos para o setor público para ocuparem cargos de 2º e 3º escalão, profissionais competentes que não estejam aptos apenas a tomarem boas decisões no que se refere à educação, saúde e segurança pública.

É vital que eles saibam estimular através das políticas públicas tanto o turismo doméstico bem como a vinda de milhões de turistas do exterior para visitarem os excelentes locais que existem no nosso País.

Naturalmente ninguém pode desconhecer alguns estudos sobre o futuro do emprego no Brasil, como, por exemplo, a pesquisa recente feita por um grupo da UnB (Universidade de Brasília) que avaliou o risco a que estão submetidas cerca de 2.602 ocupações que existem no País.

Segundo essa pesquisa até 2026 seriam fechados, no Brasil, 30 milhões de vagas com carteira assinada, se todas as empresas decidissem substituir trabalhadores humanos pela tecnologia já disponível.

Embora a precisão desse tipo de trabalho sempre esteja comprometida pelas contingências do futuro, pode-se ter uma indicação segura da tendência geral, isto é: **a substituição, em larga escala, de mão de obra humana por automação.**

O grave é que no início da revolução tecnológica a ameaça existia apenas para pessoas que executavam trabalhos manuais e pouco qualificados, agora o espectro da obsolescência alcança também profissões prestigiadas e bem remuneradas.

Esse é o caso, por exemplo, de algumas especialidades médicas, de setores da engenharia, daqueles que trabalham com finanças e administração etc.

Para calcular a probabilidade de automação num prazo que inclui os próximos dez anos, foram consultados 69 acadêmicos e profissionais de aprendizado de máquina (campo da IA em que computadores descobrem soluções por conta própria depois de analisar decisões prévias).

A partir das avaliações desses especialistas, os pesquisadores do laboratório de Aprendizado de Máquinas em Finanças e Organizações da UnB, usaram técnicas de análise das descrições das ocupações humanas, para associar a elas os riscos, ou seja, a probabilidade de elas serem automatizadas.

Entre as ocupações que estão em grande risco de desaparecerem com probabilidades iguais ou superiores a 0,9 (90%) estão as de coletor de lixo domiciliar, gerente de almoxarifado, leiloeiro, salgador de alimentos, recepcionista de hotel, cobrador em ônibus, torrador de café, carregadores de armazém, árbitros de vôlei, operadores de caixa etc.

Claro que existem pressões políticas para se manter certas tarefas (?!?!) como é o caso no Brasil dos Correios, que em 2018 até cogitaram extinguir um cargo no qual a pessoa verifica manualmente cada pacote ou carta e os separa de acordo com o destino. É o chamado operador de triagem e transbordo.

A automação, já é usada por muitas empresas similares, e ela foi necessária para reduzir custos e manter a competitividade.

Mas os trabalhadores dos Correios em greve pressionaram tanto, que o cargo foi mantido, sem prazo para a extinção (?!?!)

E segundo a empresa, ela acontecerá quando os 14 mil operadores ainda em atividade se aposentarem ou forem migrando para outras atividades compatíveis!?!?

O historiador israelense Yuval Harari alerta em seus livros para o risco de uma distopia, na qual muitos milhões de terráqueos que perderam sua relevância econômica, suas identidades e seus valores se convertam numa **massa de destituídos** cuja existência estaria voltada para consumir drogas cada vez mais poderosas. **Será que isso vai acontecer?**

Para alguns futurólogos, a longo prazo a super automação não é necessariamente tão ruim assim, pois máquinas que produzem sozinhas, podem não ser uma ameaça tão grave mas sim a chegada do sonho da libertação dos seres humanos de certos trabalhos, o que daria para eles a oportunidade de dedicar-se as tarefas que realmente gostassem e nas quais poderiam ser criativos.

O grande problema é a transição do mundo atual para um em que as necessidades materiais da humanidade já não dependeriam tanto do trabalho humano.

Claro que os desafios serão enormes!!!

- **Como se poderia sustentar o exército de gente que vai perder o emprego?**

A **renda mínima universal** dada às pessoas poderia ser a solução, mas para a sua viabilização não há como ignorar os obstáculos no caminho.

- De onde os países retirariam os recursos?
- Que atividades executadas por máquinas deveriam ser tributadas?
- Daria para um país fazer isso sozinho ou teria de haver uma coordenação global?

Porém garantir aos seres humanos uma fonte de renda mínima é apenas uma parte da história.

O trabalho hoje não só garante o salário do mês, mas, em muitos casos, também ajuda a formar a identidade de cada pessoa, dando-lhe inclusive um propósito de vida.

- **Como é que se vai lidar com os aspectos psicológicos quando se estiver vivendo de uma realidade pós-emprego, isto é, com a maior parte das pessoas sem trabalho?**

Na realidade, desde já devemos nos preparar para a vida em que tarefas vão sendo extintas e assumidas por máquinas (robôs), e nesse sentido os seres humanos vão ter que se reinventar continuamente, passando a desempenhar atividades que demandam, entre outras, capacidades de resolução criativa e colaborativa de problemas complexos – como por exemplo, tornar as cidades encantadoras cada vez mais inteligentes –, da reflexão crítica e de uma profundidade de análise, utilizando grandes conjuntos de dados (*big data*).

Os seres humanos terão que recorrer a agências de aconselhamento profissional e deverá existir um ecossistema educacional que inclua modalidades ágeis de cursos para capacitação, recapacitação e requalificação.

Haverá a necessidade nas décadas seguintes de uma certificação de conhecimentos previamente adquiridos e, além disso, de um investimento maior nas escolas técnicas e profissionais que fomentem não só a aquisição das competências exigidas por uma nova profissão específica, demandada, mas também para obter uma outra rapidamente, caso isso seja necessário!!!

Os governantes no Brasil precisam entender que melhor que cuidar bem de quem está doente é cuidar para que o cidadão não adoeça. É isso que é uma cidade encantadora sustentável!!!

Devem ter em mente a mensagem que no Congresso Mundial de Hospitais, realizado em 2013, em Oslo, na Noruega, passou o seu ministro da Saúde, Jonas Gohr Store, quando no seu discurso de saudação destacou: "Quero que todos saibam que como ministro da Saúde, sou responsável por uma pequena parcela da saúde da população.

Na Noruega nós entendemos que quem cuida efetivamente da saúde da população é o ministério da Educação, quando impõe que se ensinem bons hábitos de higiene, alimentação e educação física às crianças em idade escolar; o ministério dos Transportes, quando garante boas condições de trânsito; o ministério da Justiça, quando assegura que os cidadãos não sofrerão violência; o ministério da Fazenda, quando cria as condições para que os cidadãos possam sustentar a si próprios e à família com dignidade.

Mais do que todos esses ministérios, porém, são as famílias, as igrejas, as escolas, os vizinhos e as comunidades saudáveis que criam cidadãos saudáveis!!!"

No Brasil, tudo indica que a visão é ao contrário, ou seja, concentramos todas as nossas demandas, os esforços e anseios não na **saúde**, mas na **doença**!?!?

Percebe-se a aterradora situação da atenção à saúde no País pelas assustadoras notícias nos hospitais sobre as filas constantes, falta de leitos, ausência dos profissionais, estrutura deficiente, medicamentos e equipamentos escassos ou obsoletos.

Porém, as nossas mazelas, entretanto, começam muito antes da porta de um hospital.

Focar na fila do hospital é como se, num navio que teve o casco perfurado por um *iceberg*, focássemos no tamanho do balde que estamos usando para drenar a água ou na técnica que o marinheiro usa para retirá-la.

E aí torna-se evidente que o balde é pequeno ou então que o marinheiro está despreparado para escoar a água!?!?

Porém, nada disso deveria esconder o fato de que o problema real é a grande abertura no casco...

Claro que os hospitais são peças fundamentais para o sistema de saúde, mas se não estiverem integrados a um modelo de assistência voltada para a saúde são simplesmente imensos monumentos dedicados à doença.

Numa perspectiva de modelo assistencial o papel mais importante de um sistema de saúde deve caber à **atenção primária** – a profissionais como o médico de família e uma equipe multiprofissional, incluindo enfermeiros e agentes comunitários de saúde, que devem ser capazes de orientar os cidadãos, ao longo do sistema, em jornadas de saúde efetivas e eficazes.

É na atenção primária que efetivamente se produzem os melhores resultados para a saúde da população.

O artigo 196 da Constituição federal começa dizendo que: **"A saúde é direito de todos e dever do Estado."**

É inegável a conquista da sociedade brasileira no que tange da **universalidade de acesso**, no entanto, tem sido mal aplicada.

Infelizmente, não há – e talvez nunca haja...- recursos públicos para atender a todos nas questões de saúde.

E os problemas de saúde não se limitam ao setor público, pois a mesma desvirtuação de modelo se verifica na **saúde suplementar**.

O setor privado tem mais recursos que o setor público – mas atendendo apenas 25% da população brasileira – tem também filas nos seus pronto-socorros com piso de mármore, e exige muitos exames, recomenda procedimentos, faz cirurgias, entretanto não significa necessariamente que com isso tem garantido saúde melhor para seus beneficiários.

Na verdade, cuidar da saúde exige planejamento, cuidado, atenção e principalmente uma visão de longo prazo.

Para isso é preciso ter **persistência de propósito**, ou seja, tempo suficiente para implementar projetos que estão em desenvolvimento no ministério ou nas secretarias estaduais ou municipais da saúde.

E aí está uma outra grande falha no nosso País, enquanto na Noruega, pouco depois daquele discurso, em outubro de 2013, o seu ministro Jonas Gahr Store, entregou seu posto para Bent Hoie, que estava no cargo no início de 2019, no Brasil nesse período já tivemos sete ocupantes, ou seja, um ministro da Saúde com menos de 1 ano no cargo, tempo insuficiente para a realização de qualquer mudança significativa, especialmente a mudança na forma de pensar sobre a saúde e a doença!!!

Infelizmente em 2020 o mundo foi abalado pela pandemia do novo coronavírus, e isso mostrou como estava deficiente o sistema de saúde do País.

Coronavírus é uma família de vírus que causa infecções respiratórias,

Recebeu esse nome porque as características (a imagem) do vírus se assemelhavam a uma coroa (*corona* em espanhol).

A primeira vez que esse agente foi identificado em humanos e isolado foi em 1937, mas só foi descrito como coronavírus em 1965, quando a análise de perfil na microscopia revelou sua aparência,

O nome oficial adotado pela Organização Mundial de Saúde (OMS) foi *Covid-19*, em referência a 31 de dezembro de 2019, quando foi descoberto e comunicado o coronavírus pela OMS, tendo isso acontecido em Wuhan, na China (tudo indica, entretanto, que os chineses já sabiam disso antes...). *Covid* significa *corona vírus disease* ("doença do coronavírus").

Aliás uns nove dias antes dessa data, a empresa canadense Bluedot fez um alerta sobre isso, ela que é dona de um algoritmo de IA que varre milhares de fontes de dados, de documentos de autoridades a publicações médicas, em busca de informações sobre doenças e sua capacidade de proliferação.

E à medida que essa pandemia do novo coronavírus foi fazendo centenas de milhares de vítimas em praticamente todo o mundo, muitas redes hospitalares tiveram que recorrer a IA para ter um desempenho mais eficiente frente a essa doença.

Ela foi usada para detectar a *Covid-19*, identificar pacientes de alto risco para que os médicos pudessem se antecipar proativamente, rastrear leitos e equipamentos, avaliar respostas a tratamentos experimentais etc.

E, além disso, a IA pode acelerar a criação de remédios e vacinas, prever a evolução da pandemia, mensurar o impacto de políticas públicas e aprimorá-las para nos defender contra os surtos futuros, que com toda probabilidade virão!!! Mas talvez, novamente os nossos gestores públicos não aprendam nada da pandemia do novo coronavírus e não saibam lidar adequadamente com as que virão nos anos vindouros.

Espero também que esse livro ajude bastante para indicar àqueles que trabalham nas diversas esferas da administração pública que não pratiquem a **caquistrocracia**, uma adaptação da palavra inglesa *kakistocracy* que vem do grego que contribui com a palavra *kakistos*, superlativo de *kakos* (que significa mau, ruim) e *kratia* (força, poder, governo).

Como *dêmos* no grego significa povo, daí veio o significado de **democracia**, como governo do povo, já **aristocracia**, etimologicamente é "governo dos melhores", mas na prática o governo exercido pelos nobres e fidalgos.

Nesse caso fica claro que o significado da caquistocracia seria o governo exercido pelos piores indivíduos de uma sociedade, quer seja por falta de preparo para essa tarefa ou o que é pior, com intenções condenáveis de não servir aos cidadãos, mas sim obter apenas vantagens pessoais.

Essa palavra não consta de nenhum dicionário de português que eu conheça, mas talvez devesse constar!?!?

Se **caquistocracia** ainda não se tornou um termo na nossa língua, note-se que temos uma palavra que se aproxima dela, trata-se da expressiva palavra **canalhocracia**, que o dicionário português Cândido de Figueiredo registrou pela primeira vez em 1913.

Canalhocracia não é um bom sinônimo para caquistrocracia, mas também é uma palavra útil para ser usada no nosso País, que nos últimos quatro anos, especialmente, viu serem revelados os "segredos maléficos" de muitos quadros políticos e administrativos que foram parar nas prisões ou deveriam estar nelas num futuro bem próximo.

É evidente que eles praticaram a **caquistocracia** e para escapar deles não é tão difícil assim: basta ser honesto, motivado para servir os brasileiros e saber que a prioridade é dar condições a eles a terem um trabalho digno, para o qual devem receber uma específica educação ou possuir uma particular e desejada habilidade.

Claro que vou repetir tantas vezes quantas puder que o futuro dos empregos está nos muitos setores da EC e as cidades serão cada vez mais pujantes quanto maior for a visitabilidade a elas!!!

Victor Mirshawka
Professor, engenheiro, escritor e gestor educacional

Fortaleza

Vista aérea da praia na cidade de Fortaleza.

PREÂMBULO

Na encantadora Fortaleza, que alguns chamam de "**terra do riso**" – pois os *shows* de humor são uma instituição da cidade – encontrar diversão exige pouco esforço. Os que se divertem fazendo compras, por exemplo, particularmente adquirindo lembrancinhas, devem ir à Feira Noturna ou passear pela avenida Beira-Mar, que encanta mais pela curiosidade que pela variedade (o que, aliás, pode ser compensado no Mercado Municipal).

Já para os que gostam de comer e ouvir música à beira do mar, uma boa pedida é a praia do Futuro, onde estão concentrados os hotéis mais novos da cidade. No local, além das gigantescas barracas que abrigam desde restaurantes até espreguiçadeiras, jardins, *playgrounds*, lojas, e, especialmente às quintas-feiras, o visitante pode curtir um forró "bom demais", que toma conta do lugar.

Quem deseja empreender um passeio cultural deve ir ao Theatro José de Alencar, completamente restaurado e com um jardim projetado por Roberto Burle Marx. Outro espaço incrível é o Centro Cultural Dragão do Mar. Há ainda o Museu do Automóvel e o Museu da Fotografia Fortaleza (inaugurado em 2017) que, entre outras atrações, apresenta a icônica fotografia registrada por Steve McCurry da menina afegã Sharbat Gula em um campo de refugiados no Paquistão. Essa foto estampou a capa da revista *National Geographic* e se tornou admirada no mundo todo.

Já para os que desejam uma refeição no mínimo exótica, o ideal é visitar o Mercado de Peixes, onde se pode comprar frutos do mar fresquinhos e mandá-los para a panela ali mesmo. Afinal, no próprio mercado existem alguns boxes que, por um preço módico, preparam essas delícias para serem degustadas na hora pelo cliente.

Outra atração famosa fica na Região Metropolitana de Fortaleza (RMF), mais precisamente em Aquiraz. Trata-se do Beach Park, um parque aquático que ocupa mais de 200.000 m^2, e conta com dezenas de atrações. Várias delas deixam os visitantes literalmente com as "pernas bambas" quando completam seus passeios nos tobogãs ou nas piscinas de ondas *Maremoto*!!!

Infelizmente, em novembro de 2018, num brinquedo chamado *Vainkará*, houve um acidente com morte durante a descida no toboágua, o que criou um grande "desconforto" sobre a segurança oferecida em diversos equipamentos do parque aquático...

A HISTÓRIA DE FORTALEZA

Situada no nordeste do País, Fortaleza é a capital do Estado do Ceará, e faz limite com Caucaia, Maracanaú, Pacatuba, Itaitinga, Eusébio e Aquiraz, ocupando uma área de 315, 93 km². Estima-se que em 2020 vivessem no município cerca de 2,7 milhão de habitantes, o que tornou essa cidade a quinta mais populosa do Brasil. Aliás, a RMF também é a 6ª mais populosa do País, e a primeira entre as regiões norte e nordeste – estima-se que em 2020 ela abrigasse 4,2 milhões de habitantes.

A cidade de Fortaleza desenvolveu-se às margens do riacho Pajeú, e sua toponímia é uma alusão ao forte Schoonenborch, que deu origem ao município. Ele foi construído pelos holandeses durante sua segunda permanência no local, entre 1649 e 1654. O lema de Fortaleza, presente no seu brasão, é a palavra em latim *Fortitudine*, que, em português, significa: "**Força, valor, coragem**".

Localizada a 5.608 km de Lisboa, capital de Portugal, Fortaleza é a capital estadual brasileira mais próxima da Europa. Isso representa aproximadamente o dobro da distância entre a cidade e a capital federal brasileira, que é de 2.285 km. Acredita-se que o início da ocupação do território que se tornaria Fortaleza tenha se dado entre os anos de 1597 e 1598. Nesse período, um ramo da etnia potiguara (potyguara) que habitava a região ao redor do forte dos Reis Magos migrou e se estabeleceu entre as margens dos rios Cocó e Ceará, que tinha ao fundo as serras da Aratanha e de Maranguape.

A partir de 1603 os portugueses iniciaram as tentativas de conquistar e colonizar o local. Na época, Pero Coelho de Sousa aportou na foz do rio Ceará e, às suas margens ergueu o fortim de São Tiago. O povoado que ali surgiu foi batizado de Nova Lisboa, e a área ao seu redor de Nova Lusitânia. Todavia, em decorrência da grande seca ocorrida entre 1605 e 1607, assim como da resistência indígena, essa primeira tentativa de conquista da então capitania de Siará Grande, fracassou. Em 1613 foi a vez de outro português chegar à região: Martim Soares Moreno. Ele recuperou e ampliou o fortim de São Tiago e rebatizou-o como fortim de São Sebastião.

Então, em 1631, os holandeses tentaram pela primeira vez tomar o forte e, para isso, contaram com a ajuda dos indígenas. Porém, essa ação, conjunta com os índios potiguaras, não foi bem-sucedida. Anos mais tarde, em 1637, os holandeses fizeram uma segunda tentativa, novamente com o auxílio dos índios, e, dessa vez, conseguiram. Entretanto, em 1644 os nativos se rebelaram. O forte de São Sebastião foi destruído por eles e os holandeses expulsos ou mortos. Em 1649 ocorreu o segundo período de domínio holandês da capitania de Siará Grande.

Com uma nova expedição, antes negociada com os indígenas, foi construído no monte Marajaitiba, às margens do riacho Pajeú, o forte Schoonenborch, considerado o marco inicial do desenvolvimento de Fortaleza e de sua história, cujo responsável foi o comandante holandês Matias Beck. Em1654, com a retirada dos batavos, novamente expulsos pelos lusos, esse forte foi rebatizado com o nome de Nossa Senhora da Assunção. Nessa época, Fortaleza era modesta em termos econômicos, e mantida pela pecuária e pelo preparo do charque, atividades que no final do século XVII levaram ao desbravamento dos sertões cearenses. Tais explorações, entretanto, renderam violentos episódios de resistência indígena. Estes, depois de derrotados, eram enviados a aldeamentos, como os de Soure/Caucaia, Arronches/Parangaba, Messejana/Paupina e Monte-Mor-o-Nova da América/Baturité.

Em 13 de abril de 1726 o povoado do forte foi elevado à condição de **vila** e essa data passou a ser considerada como a de fundação de Fortaleza. Vale lembrar que nessa época Aquiraz – que se tornara vila em 1713 – era considerada o centro econômico do Ceará, enquanto Fortaleza era o centro político. Em 1799, a capitania do Ceará foi desmembrada da capitania de Pernambuco, e Fortaleza se tornou sua capital.

Em 1823, no ano seguinte à proclamação da Independência do Brasil, dom Pedro I transformou a vila na **cidade** de Fortaleza de Nova Bragança!!! No século XIX, devido ao seu desenvolvimento, Fortaleza conquistou a liderança urbana no Ceará, ultrapassando Aquiraz e Aracati. Desse modo, já no final do século XIX, ela se tornou um dos oito principais centros urbanos do País, fortalecida pela cultura do algodão, que, no seu auge, foi o principal elemento da evolução econômica do município. O produto foi intensamente explorado para atender as fábricas têxteis, que foram muitos importantes na 2ª Revolução Industrial.

Tendo se tornado prioritária nos investimentos do governo provincial, e ainda com a chegada dos sertanejos do interior (que fugiam das constantes secas), a cidade cresceu rapidamente e dotou-se de progressiva infraestrutura. Ela também passou a assimilar valores, costumes e padrões sociais e estéticos alinhados àqueles das grandes metrópoles ocidentais. Todavia, a cidade também passou a conviver com o aparecimento de subúrbios nos quais viviam pessoas mais carentes, e foi aí que começaram a surgir muitos problemas...

Com a transformação da cidade num centro regional de exportação, e com o aumento das navegações diretas rumo a Europa, ainda em 1812 foi construída a alfândega de Fortaleza. Neste sentido, uma pessoa que teve um papel importante na evolução estrutural da cidade foi o engenheiro militar português Antônio José da Silva Paulet. Ele ergueu obras significativas, como a fortaleza de Nossa Senhora da Assunção, também em 1812, no local do que restou do forte de Nossa Senhora da Assunção, assim como o **passeio público**, em 1820. Silva Paulet também foi o autor do primeiro plano urbanístico da cidade, de 1812.

Em 1824 a cidade de Fortaleza se agitou com os revolucionários da Confederação do Equador, assistindo a episódios sangrentos, com as execuções do padre Mororó e de João de Andrade Pessoa, conhecido como Pessoa Anta, além do enforcamento e fuzilamento de muitos outros revolucionários!!!

Especialmente na segunda metade do século XIX, em decorrência da fértil era do algodão, a cidade viveu um intenso período de desenvolvimento urbano e a construção de equipamentos marcantes, tais como o Liceu do Ceará, o farol do Mucuripe, em 1845, a Santa Casa de Misericórdia, em 1861; o seminário da Prainha, em 1864; o sistema de abastecimento de água em 1866; a Biblioteca Pública, em 1867; a cadeia pública, em 1870; as fábricas têxteis, o porto; os centros intelectuais; a rede de Viação Cearense; os veículos de comunicação etc.

Esse período foi considerado como a *belle époque* (a "bela época") de Fortaleza, representando um tempo de consagração econômica que se refletiu em áreas como arquitetura, cultura e produção intelectual. Para disciplinar o crescimento da cidade, João Adolpho Herbster deu continuidade ao esquema de planejamento urbano concebido por Silva Paulet em 1818, caracterizado pelo traçado de vias em xadrez, e, inspirado pelas reformas operadas em Paris pelo barão Haussmann. Foi ele que desenhou a **planta topográfica** de Fortaleza e de seus subúrbios, em 1875, que se transformou no marco definitivo do urbanismo municipal.

Nas décadas de 1870 e 1880 surgiram, e se fortaleceram, o **movimento abolicionista cearense** e as **ideias republicanas**, que culminaram na libertação dos escravos no Ceará em 25 de março de 1884, ou seja, quatro anos antes da promulgação da Lei Áurea, com a qual escravatura seria abolida no restante do Brasil. Vale recordar que o principal evento da causa abolicionista cearense foi o levante popular ocorrido no período de 27 a 31 de janeiro de 1881, protagonizado pelos jangadeiros. Ele foi liderado por Francisco José do Nascimento, também conhecido como do Dragão o Mar ou Chico da Matilde, que findou com o tráfico de escravos na capital cearense, alimentando dessa maneira o ímpeto libertário estadual e nacional. Mas vale lembrar que os intelectuais do movimento literário da Padaria Espiritual, surgido em 1892, também contribuíram bastante para a difusão dessas ideias progressistas em Fortaleza.

No século XX, Fortaleza continuou a crescer de maneira vertiginosa, tanto em termos estruturais quanto populacionais. Em 1909, criou-se o departamento nacional de **Obras Contra as Secas**, e em 1911 começaram em Fortaleza as obras do primeiro sistema de esgotos, que só começou a funcionar em 1927!?!? Em 1913, teve início o uso de energia elétrica voltada para a iluminação. Também começaram a circular os primeiros bondes elétricos na cidade.

Aliás, um ano antes, ou seja, em 1912, ocorreu a maior revolta popular de Fortaleza, quando houve um forte movimento pela retirada do clã Nogueira Accioly do poder governamental. Este promovera uma grande onda de corrupção e continuava impune de muitos crimes cometidos contra os cidadãos. A população pegou em armas e depois de alguns dias de muita beligerância, Nogueira Accioly renunciou. Em seu lugar assumiu Franco Rabelo, que, aliás, também seria deposto em 1914.

Em 1936 o povo de Fortaleza teve a possibilidade de escolher o governante do município, e optou por Raimundo de Alencar Araripe. Entre 1943 e 1945, no decorrer da 2ª Guerra Mundial, instalaram-se no Estado duas bases das Forças Armadas dos EUA, que também sediou o Serviço Especial de Mobilização de Trabalhadores para a Amazônia.

Em 1954 foi criada a primeira universidade na cidade, a Universidade Federal do Ceará (UFC), então denominada apenas Universidade do Ceará. Também foi inaugurado o porto de Mucuripe. Nas décadas de 1950 e 1960, regiões mais distantes do centro passaram a ser ocupadas de forma massiva e, desse modo, bairros como Jacarecanga deram lugar a Meireles e Aldeota, onde fixaram residência pessoas mais abastadas.

Todavia, o crescimento urbano desordenado, fez com que a ampliação das favelas e a falta de infraestrutura pública para as classes mais pobres também se tornassem cada vez mais visíveis e tristes. A **habitabilidade** nelas, condicionou as pessoas a terem uma péssima qualidade de vida.

Em 1963, construiu-se em Fortaleza a avenida Beira-Mar. Nesse período, essa faixa litorânea da cidade começou a se modernizar, tornando-se um importante espaço para a exploração turística. Bairros como o da Praia de Iracema, dotados de grande infraestrutura cultural, tornaram-se redutos da boemia.

Já no final dos anos 1970, Fortaleza começou a despontar como um dos maiores polos industriais do nordeste, com a implantação do seu **distrito industrial** e uma movimentação maior na zona portuária do Mucuripe, com suas indústrias de pesca, moinhos de trigo, fábricas de asfalto e nas áreas de refino de petróleo.

O período do **regime militar** no Brasil coincidiu com o de crescimento célere e desordenado da cidade que, em 8 de junho de 1973, se tornou centro de uma região metropolitana, constituída por 19 municípios: Aquiraz, Cascavel, Caucaia, Chorozinho, Eusébio, Guaiúba, Horizonte, Itaitinga, Maracanaú, Maranguape, Pacajus, Pacatuba, Paracuru, Paraípaba, Pindoretama, São Gonçalo do Amarante, São Luís do Curu e Trairi e a sede que é Fortaleza.

Nessas últimas quatro décadas, Fortaleza já passou por algumas crises. Uma delas foi a intensa insatisfação popular diante da eclosão de problemas sociais decorrentes do crescimento populacional, o que, com a volta das eleições livres e diretas, resultou na eleição da primeira mulher como prefeita de uma capital estadual: Maria Luiza Menezes Fontenele. Essa também foi a primeira prefeitura comandada por um partido de esquerda no País.

Porém, no final do século XX, foram as administrações dos prefeitos Juraci Magalhães e Antônio Cambraia, que conseguiram realizar grandes e diversas mudanças estruturais na cidade, como a abertura de grandes vias, um significativo investimento em saúde, a construção do novo Mercado Central, a criação de novos espaços culturais e a ponte sobre o rio Ceará, ligando a capital cearense ao município de Caucaia pela via da Costa do Sol Poente.

Já no período da chamada "geração Cambeba" (o governo estadual fez um grande investimento construindo o Centro Administrativo Governador Virgílio Távora, no Cambeba, no qual se concentrou a maioria das secretarias do governo e outras instituições administrativas), capitaneado pelos governadores Tasso Jereissati e Ciro Gomes, fez-se também um pesado investimento na infraestrutura turística, transformando a cidade de Fortaleza e vários locais do Estado em destinos bem demandados pelos visitantes.

Pesquisa e tecnologia a serviço da gestão pública, isso é o que se busca hoje em todo o mundo. Essa é a estratégia que líderes governamentais de praticamente todas as cidades do planeta estão usando para enfrentar os desafios de **servir melhor seus munícipes**. No Brasil, o Estado do Ceará é um dos que resolveram investir nessa frente – e, mais especificamente, na cidade de Fortaleza.

Assim, em 16 de abril de 2018, o governo cearense, por intermédio do Instituto de Pesquisa e Estratégia Econômica do Ceará, órgão vinculado à secretaria estadual de Planejamento e Gestão, lançou o Centro de Análise de Dados e Avaliação de Políticas Públicas e, dentro dele, o projeto do *Big Data* Ceará. Esse programa, inédito no País, atua na coleta de informações de todas as áreas de atuação do governo do Estado e de outras fontes, que passam por um profundo trabalho de análise usando técnicas como IA.

A ideia é que esses dados possam melhor nortear as decisões de gestores públicos nas diversas políticas setoriais, em especial as que precisam ser tomadas para aprimorar a qualidade de vida dos que vivem na capital cearense. Essas iniciativas só foram possíveis porque a Fundação Cearense de Apoio ao Desenvolvimento Científico e Tecnológico (Funcap), deverá ter um orçamento mais robusto – de aproximadamente R$ 2 bilhões, até 2027 – para poder ampliar a sua atuação. Tal medida visou permitir o planejamento de ações que deverão aproximar as IESs aos vários setores da sociedade.

Outra iniciativa possível graças à política de incremento à tecnologia e à pesquisa foi a criação do programa de Inovação em Políticas Públicas. Esses investimentos da Funcap trarão muitos benefícios, dentre os quais destaca-se o incremento à formação de novos pesquisadores por meio de projetos já existentes de concessão de bolsas de iniciação científica, mestrado e doutorado; incentivo à expansão da área de inovação, sobretudo a empresarial; apoio à pesquisa em inovação na esfera pública, como o objetivo de melhorar os serviços oferecidos para a população; e o financiamento de projetos que conectem as universidades e os programas governamentais às necessidades locais e às demandas de desenvolvimento das cidades do Ceará.

De modo mais específico, a prefeitura de Fortaleza também está investindo em tecnologia para facilitar a vida de seus moradores e daqueles que visitam a capital cearense. Assim, também em abril de 2018 foi anunciado o Procedimento de Manifestação de Interesse (PMI), com o qual a banda larga em Fortaleza foi expandida. Aliás, essa ação fez parte do programa

Fortaleza Competitiva, uma iniciativa que engloba um pacote de medidas de estímulo à criação de um cenário qualificado para novos negócios na capital, viabilizando mecanismos para o surgimento e o crescimento de empresas em áreas estratégicas do município, gerando emprego, renda e desenvolvimento.

Deve-se recordar que a partir de 2013 foi feita em Fortaleza uma significativa expansão da infraestrutura de sua rede de fibra ótica e *Wi-Fi* livre, com o objetivo de dar maior velocidade ao tráfego de dados. Ao mesmo tempo, foram desenvolvidos *softwares* e aplicativos para *smartphones* que possibilitassem a divulgação em tempo real de informações de interesse da população, como a localização exata de um ônibus na linha desejada pelo usuário de transporte coletivo.

Atualmente, todas as secretarias municipais, escolas, postos de saúde, hospitais e órgãos públicos estão interligados pelas rede de fibra ótica da própria prefeitura de Fortaleza. Em maio de 2018 a cidade disponibilizava 67 pontos de acesso livre e gratuito à Internet, em 26 localidades, entre praças, terminais de ônibus, mercados públicos, Centros Urbanos de Cultura, Arte, Ciência e Esporte (CUCAs) e a arenas de esportes.

O aplicativo Meu Ônibus, desenvolvido pela prefeitura de Fortaleza, permite que o passageiro tenha acesso à previsão de chegada dos ônibus nos pontos de parada. Isso se tornou possível pelo fato de a frota de veículos estar equipada com aparelhos GPS, o que possibilita a localização de cada ônibus, em tempo real, durante o trajeto.

O meio ambiente de Fortaleza tem características semelhantes às de outras cidades do litoral do Brasil, em especial do nordeste e norte do País. O clima é quente, com uma temperatura anual média de 27°C, o que agrada muito, especialmente aos turistas europeus. É por isso, inclusive, que muitos chamam Fortaleza de "**terra da luz**" ou "**loira desposada do sol**".

O índice pluviométrico anual é superior a 1.600 mm, concentrados entre os meses de fevereiro e maio. A localização de Fortaleza, entre duas serras próximas, faz com que as chuvas de verão se concentrem mais na capital e em seu entorno que no restante do Estado, o que explica o porquê de muitos municípios cearenses sofrerem com as secas.

A vegetação de Fortaleza é tipicamente **litorânea**. As áreas de restinga encontram-se nas regiões de dunas nas proximidades das fozes dos rios Ceará, Cocó e Pacoti, nos leitos dos quais há ainda mata de mangue. Nas demais áreas verdes da cidade já não existe vegetação nativa, constituindo-se de vegetação variada, árvores frutíferas mais comumente.

A cidade abriga sete unidades ambientais de conservação, ou seja, as APAs de Sabiaguaba, do estuário do rio Ceará e do rio Pacoti, e além disso, o parque natural municipal das Dunas, o parque ecológico da lagoa da Maraponga, o parque ecológico do Cocó e o parque estadual marinho da Pedra da Risca do Meio.

Tem-se também a ARIE do sítio Curió que protege o último enclave de mata atlântica na zona urbana.

O rio Cocó (com 50 km de extensão) e seu leito, além de formarem a maior área de mangue de Fortaleza, possibilitaram a instituição do parque ecológico do Cocó, o maior do município. Ele abrange uma área estimada de 1.512,3 ha e está inserido na área de maior sensibilidade ambiental da cidade, na qual é possível identificar formações geoambientais como planícies litorâneas e fluviomarinhas e uma superfície dos tabuleiros litorâneos.

O manguezal do rio Cocó abriga várias espécies de moluscos, crustáceos, peixes, répteis, aves e mamíferos. O parque – que é a mais importante área verde da cidade – conta com uma estrutura para orientar os visitantes, com guias, trilhas ecológicas e eventos de educação ambiental e ecoturismo. O rio Coaçu, afluente do rio Cocó, forma em seu leito a lagoa da Precabura.

A APA do rio Pacoti tem em seu curso de água original o maior rio da Grande Fortaleza, com 150 km. Ele se estende além da capital cearense, alcançando os municípios de Eusébio e Aquiraz. Outro rio de Fortaleza, também integrante da APA, é o rio Ceará, que desemboca na barra do Ceará, na divisa entre a cidade e o município de Caucaia. Já o rio Maranguapinha, maior afluente do rio Ceará, nasce na serra de Maranguape e se estende por 34 km, dos quais 17 km estão em Fortaleza.

O parque da Pedra da Risca do Meio se destaca pelos seus conjuntos de arrecifes, pelas atividades de mergulho e por ser objeto de pesquisas científicas. Além disso, ele é a **única** unidade de conservação marinha do Ceará. Entre as lagoas, as maiores são a da Parangaba, conhecida pela feira de variedades que acontece nas suas imediações, e a da Messejana, onde encontra-se a estátua de Iracema de Fortaleza, cuja altura equivale a de um prédio de quatro andares. Mas existem outras quatro lagoas que merecem ser citadas: Opaia, Maraponga, Porangabussu e Sapiranga, sendo que está última faz parte de uma reserva ecológica e é protegida de forma particular.

Entre os riachos, o mais importante é o Pajeú, que, como já foi dito, margeia a cidade. Os outros dois são o Maceió e o Jacarecanga. Atualmente só restam duas áreas verdes às margens do Pageú: a primeira é o bosque do palácio do Bispo, sede da prefeitura, no centro; a segunda fica no parque Pajeú, também na região central da cidade.

No que se refere a praças, as mais importantes – patrimônios não apenas paisagísticos, mas também culturais – são a praça do Ferreira, considerada o "coração" da cidade, e a praça dos Mártires, repleta de árvores centenárias, como baobás, oiticicas e timboúvas. Ambas já foram palco de muitas manifestações sociais históricas e movimentos intelectuais. Todavia, não se pode esquecer de uma terceira praça histórica da cidade, que é a praça dos Leões. Construída em 1887, além das estátuas de leões (a partir dos quais seu nome certamente foi cunhado), ela abriga palácio da Luz e a igreja do Rosário, o mais antigo templo de Fortaleza, cujas origens datam de 1730.

Outros espaços públicos notáveis da cidade são os parques Rio Banco e da Liberdade, assim como a praça Portugal. Aliás, estima-se que em 2020, além das já citadas, Fortaleza possuísse cerca de 520 praças e aproximadamente 450 espaços públicos que serão transformados em áreas verdes.

O litoral de Fortaleza começa ao norte, na foz do rio Ceará e se estende por 34 km, terminando ao sul, na foz do rio Pacoti. Nesse trajeto existem 15 praias, das quais uma das mais importantes e significativas para a história da cidade é a praia da Barra do Ceará, localizada na foz do rio de mesmo nome. Foi ali que, como já foi dito, o açoriano Pero Coelho de Souza construiu a primeira fortificação da história do município.

Já na praia de Meireles tem-se a avenida Beira-Mar, que se estende até o Mucuripe. Nela concentram-se os principais hotéis de luxo da cidade. Também fica ali o clube Náutico Atlético Cearense, um dos marcos da região, diante do qual acontece todos os dias a famosa Feira de Artesanato da Beira-Mar.

A Volta da Jurema é o local mais nobre de Fortaleza, onde é possível embarcar em passeios de veleiro e iate pelo mar, percorrendo-se pontos importantes da orla, como o cais do porto e o parque eólico da praia Mansa. O bairro do Mucuripe se tornou famoso por sua comunidade de pescadores e pela composição de Belchior (1946-2017), que tem o mesmo nome e retrata o *ethos* do jangadeiro e da jangada como símbolos do Ceará.

Há ainda na região um movimentado mercado de peixes de mariscos, e a mais antiga estátua de Iracema e Martim da cidade, inaugurada em 1965. E logo após a Ponta do Mucuripe está a praia do Titãzinho, que é famoso por ser o principal local para a prática do surfe na cidade. O local é um celeiro de talentos nacionais do esporte, como Tita Tavares, tetracampeã brasileira.

A praia do Futuro é outro ponto famoso da orla de Fortaleza, com uma longa extensão ocupada por uma estrutura turística bem robusta, sobretudo com restaurantes e barracas bem ecléticas, especializadas em frutos do mar. Essa praia, aliás, é considerada **uma das cinco mais movimentadas do Brasil!!!**

Estima-se que em 2020 a população fortalezense fosse composta da seguinte maneira: 34% de brancos; 59% de pardos e 5,5% de negros, sendo que o restante, de 1,5%, sendo formado por indígenas e amarelos. Existe na cidade uma preponderância de mulheres, ou seja, 53,3% da população de Fortaleza é do sexo feminino.

No início do século XX houve um momento marcante no que se refere à imigração estrangeira na cidade, com destaque para os portugueses (que obviamente foram os que mais vieram para Fortaleza nos séculos anteriores...). De fato, muitas famílias de origem sírio-libanesa construíram uma grande comunidade na cidade, assim como os espanhóis, italianos, ingleses e franceses.

Durante a 2ª Guerra Mundial houve na cidade uma significativa presença de militares norte-americanos, sendo que, como já mencionado, os EUA chegaram a estabelecer um comando em Fortaleza. Então, motivados pelo turismo de lazer, grupos de portugueses, italianos, espanhóis e de outros países europeus acabaram migrando para a cidade, abrindo muitos negócios ligados a essa indústria. Aliás, um levantamento feito em 2018 pelo cônsul geral dos EUA no nordeste revelou que, entre todas as cidades brasileiras, é em Fortaleza que se tem o maior número de norte-americanos (entre moradores e visitantes).

Mesmo a cidade tendo surgido a partir da ocupação holandesa (um povo majoritariamente protestante), e sido estabelecida como vila em função de uma fortificação, não de uma missão religiosa, o **catolicismo** tornou-se dominante desde o início de sua história. Estimativas de 2020 apontaram que 66% da população fortalezense seguia o catolicismo apostólico romano; cerca de 23%, eram adeptos do protestantismo e 7,5% não seguiam qualquer religião. O restante dos pesquisados se dividia entre o espiritismo, o judaísmo, o hinduísmo, o islamismo, o budismo, o candomblé, a umbanda etc.

A diocese de Fortaleza foi criada em 1853 por decreto de dom Pedro II, e elevada à condição de arquidiocese em 1915. Hoje ela está organizada em 143 paróquias e áreas pastorais. Recorde-se que o seminário da Prainha foi criado em 1864, tornando-se uma das mais tradicionais instituições da Igreja Católica na cidade. Por ele passaram personalidades como o padre

Cícero, dom Eugênio Sales, dom Helder Câmara e dom José Freire Falcão, dentre outros.

A catedral metropolitana São José, ou catedral metropolitana de Fortaleza, está localizada na praça Pedro II, no centro histórico da cidade. Ela apresenta uma arquitetura eclética, com predominância de elementos góticos e românicos. O templo é um dos maiores do Brasil, com capacidade para cerca de 5.000 pessoas, e demorou aproximadamente **40 anos** para ter sua construção concluída!!! O prédio começou a ser erguido em 1938, no mesmo lugar da antiga igreja da Sé, e foi inaugurado em 1978 por dom Aloísio Lorscheider.

Outro templo de destaque em Fortaleza é a igreja de Nossa Senhora do Líbano, uma das quatro igrejas melquitas no Brasil, construída pela comunidade sírio-libanesa radicada na cidade. Nossa Senhora da Assunção é reconhecida como a padroeira da cidade, razão pela qual o forte e a posterior fortaleza da cidade foram batizados com o seu nome e em sua homenagem.

No início da década de 2000, dentre as capitais estaduais do nordeste, Fortaleza possuía o terceiro maior PIB, sendo superada apenas por Recife e Salvador. Porém, segundo dados do IBGE de 2017, Fortaleza tornou-se o município mais rico do nordeste, com um PIB superior a R$ 61,5 bilhões!!!

A **principal fonte econômica do município** é o **setor terciário**, ou seja, o comércio de bens e a prestação de serviços, contribuindo com **69,2%**. Este é seguido pelo **setor secundário**, com seus complexos industriais, com **16,2%**. A contribuição do **setor primário**, isto é, da agricultura na cidade, é praticamente irrelevante, com **0,1%**. O restante é a contribuição dos impostos sobre os produtos comercializados.

Estima-se que o PIB de Fortaleza em 2019 ficou próximo de R$ 65 bilhões.

No município de Fortaleza praticamente toda a população se concentra na área urbana, o que justifica, portanto, a insignificância do setor agrícola para a economia municipal. Aliás, inexistem na região terras para um plantio significativo. Se no passado houve aí algum esforço neste sentido, com o tempo os agricultores e pecuaristas locais mudaram-se para outros municípios da RMF, onde havia terras disponíveis.

No que se refere a indústria, um destaque em Fortaleza é o grupo Edson Queiroz, um conglomerado com várias empresas nos setores de agroindústria, mineração, bebidas, eletrodomésticos, comunicação e educação. Ele exerce grande influência na economia da cidade e também na RMF como um todo.

Já no segmento naval, a INACE (Indústria Naval do Ceará), sediada em Fortaleza, é uma importante fabricante nacional de embarcações, sobretudo de iates de luxo. A Petrobras é dona da Lubnor (Lubrificantes e Derivados do Nordeste), que também está instalada em Fortaleza. Trata-se da menor refinaria da estatal, porém, seu foco são subprodutos de alto valor agregado, como lubrificantes finos, além de ser uma das líderes nacionais na produção de asfalto.

Dentre as grandes empresas de alimentos do Brasil, as maiores do mercado de massas são de Fortaleza, ou seja, a M. Dias Branco, a maior empresa da América Latina no segmento; a J. Macedo, a quarta maior empresa latina e a Grande Moinho Cearense. Já no ramo de bebidas, estão instaladas na cidade, com atuação nacional, a Café Santa Clara, a Indaiá (de água mineral e bebidas mistas), a Ypióca (de aguardente) e a Solar, uma das dez maiores fabricantes da Coca-Cola no mundo.

Na RMF os avanços na indústria têm sido muito importantes, como é o caso da inauguração em 2016 da Companhia Siderúrgica do Pecém (CSP), uma *joint venture* entre a empresa brasileira Vale e as sul-coreanas Dongkuk e Pesco, que investiram US$ 5,4 bilhões no projeto, incluindo R$ 1 bilhão em equipamentos para a preservação ambiental. Logo no seu primeiro ano de atividade, a siderúrgica produziu 2,3 milhões de toneladas de placas de aço, elevando o PIB cearense em 12%.

Não se pode esquecer que a Zona de Processamento de Exportações (ZPE) foi premiada seguidamente pela Foreign Direct Investment, do jornal inglês *Financial Times*, em duas modalidades: Melhor Zona Franca das Américas e Melhor Zona Franca em Atualização de Infraestrutura. Essa ZPE do Ceará foi inaugurada em 2013 e foi a primeira do gênero no País. Fica ao lado do porto do Pecém e abriga grandes empresas, como CSP, Vale Pecém, White Martins e Phoenix do Pecém.

Sempre confiando na EC, empresários cearenses acreditam que nos próximos cinco anos a **indústria de moda** local deverá sair do quinto lugar e ocupar uma das três primeiras posições na produção de têxteis e confecção de roupas no País – *ranking* composto atualmente pelos Estados de São Paulo, Santa Catarina e Minas Gerais. Vale ressaltar que, de acordo com uma pesquisa do Instituto de Estudos e *Marketing* Industrial, já em 2017, enquanto o País como um todo recuava 4,5% na produção de insumos para a cadeia de moda, o Ceará sozinho avançou 3%. Enquanto isso, no setor de confecção, o Ceará registrou uma queda de apenas 3%, contra um declínio de 8% na média brasileira.

Ivan Bezerra, presidente e dono da TBM Têxtil, uma das maiores fiações do País e localizada em Fortaleza, comentou: "Tem sido difícil sobreviver nesses últimos anos. Vivemos num ambiente em que parece que estamos buscando 'tirar leite de pedra'. Mas não se pode esquecer que temos um ponto muito importante e favorável, que é a **vocação nata** do cearense em tecer e trabalhar com fios. A empresa tem faturado algo próximo de R$ 500 milhões por ano, dos quais 20% são investidos em maquinário novo para garantir maior eficiência na produtividade. Das 2.000 t mensais de fios de algodão que produzimos, 100% abastecem a cadeia nacional, enquanto no ramo da malharia acabada, 80% vão para as confecções do Ceará."

Em Maracanaú, cidade da RMF, fica a fábrica da Delfa, que produz bojos para roupa íntima e abastece 40% de toda a produção de *lingerie* do País. A Delfa libera todos os dias 4.000 bojos para as diversas confecções que apostam nas modelagens da empresa. A diretora comercial da empresa, Diana Murinelly, relatou: "Durante um bom tempo copiamos as modelagens que faziam sucesso nos países europeus e nos EUA. Tivemos aqui a cultura de achar que o que vem de fora é melhor!?!?

Dessa forma, para que funcionassem bem nossos produtos tiveram que ser adaptados. A opção foi assim por oferecer uma ampla gama de tamanhos variados, fruto de pesquisas sobre o corpo da mulher brasileira. Hoje utilizamos um robô que faz a leitura milimétrica das formas testadas na empresa, o que garante precisão matemática na produção dos materiais. Nossa grande mudança ou o grande segredo desnudado foi voltarmos a nos preocupar com o consumidor final, e não apenas com o cliente que confecciona sutiãs. Aí, se a compradora fica feliz, automaticamente a cadeia inteira é beneficiada."

O importante é que o governo estadual elaborou o plano **Ceará2050**, um estudo feito em parceria com a UFC, arquitetos e urbanistas para traçar metas para a indústria cearense se firmar como modelo nacional, sendo a **moda** um dos vetores desse plano.

Élcio Batista, chefe do gabinete do governador cearense Camilo Santana, declarou: "O governo acredita que é vital promover uma integração entre agentes de cultura, empresários e os confeccionistas. Assim, o nosso desafio é criar um ambiente propício para que as pessoas vejam o Estado como um polo de inovação e a EC é um segmento no qual queiram atuar.

Só em cultura, em 2018, investimos quase R$ 400 milhões. E somos o único governo estadual que de fato apoia com verbas eventos de moda, sendo um claro exemplo o importante evento em Fortaleza, o *Dragão Fashion*

Brasil. Estamos assim procurando ter uma distribuição bem balanceada dos investimentos do Estado nos setores sociais, produtivos e criativos."

Como já foi mencionado anteriormente, a prefeitura de Fortaleza vem investindo pesado em tecnologia para facilitar a vida dos seus moradores e das pessoas que visitam a capital cearense. Basta recordar, por exemplo, o projeto de expansão da banda larga, que faz parte do programa Fortaleza Competitiva, o qual possibilita nos últimos anos a ampliação da infraestrutura da rede de fibra ótica, o oferecimento de *Wi-Fi* livre e até mesmo o desenvolvimento de *softwares* e aplicativos para *smartphones* que permitissem o acesso por parte da população a informações de seu interesse.

Outra resolução que transformou Fortaleza em uma cidade mais acessível foi o programa Fortaleza *Online*, da prefeitura, que implantou iniciativas que desburocratizaram a emissão de licenças e alvarás. Com ele foi possível reduzir drasticamente a burocracia envolvida em diversos serviços, mas, ao mesmo tempo, oferecer melhorias no controle urbano-ambiental.

Isso se deve ao fato de o sistema permitir um maior número de autorizações e de emissão de licenças, assim como uma fiscalização mais efetiva. Dessa forma, ocorreu um aumento na arrecadação e a promoção de uma cidade mais inclusiva, produtiva, empreendedora e sustentável. Com o Fortaleza *Online* as autorizações e as licenças passaram a ser expedidas em até 48 h, quando houver a necessidade de pagamento de taxas, e de modo imediato e gratuito, quando não é necessário pagar nada.

O Ceará, e mais especificamente Fortaleza, tem a geografia a seu favor. Isso acontece por conta da proximidade do Estado com a América do Norte, a Europa e a África. A cidade é um *hub* de cabos submarinos que ligam o Brasil ao mundo, e são operados por empresas como a Embratel, a Telecom Itália, a America Movil, entre outras. Atualmente já estão em operação dois importantes cabos submarinos: o cabo Monet, que liga o Brasil aos EUA; e o que conecta Fortaleza a Angola, na África, o South Atlantic Cable System (SACS). Aliás, vale lembrar que em 22 de abril de 2019 a Angola Cables inaugurou o Ango Nap, seu *data center* (centro de dados) em plena praia do Futuro. E com isso Fortaleza se firmou de vez como a grande porta de entrada das telecomunicações no Brasil.

O SACS oferece uma ligação direta com mais velocidade, segurança e economia. No quesito velocidade, é uma questão de milissegundos, mas que fazem muita diferença, principalmente para o mercado financeiro. Com isso o custo deve cair em até 80%. Os cabos são responsáveis atualmente por quase todo o tráfego de dados (Internet, por exemplo) e de voz (telefones fixos e celulares) entre os continentes.

Devido à maior utilização de sistemas de computação e armazenamento em nuvem, à proliferação de *data centers* e à popularização dos serviços de *streaming* (principalmente de vídeos), com um crescimento exponencial, houve a necessidade de implantação de cabos novos e mais modernos. Isso está consolidando Fortaleza como polo tecnológico, que, por sua vez, vem incrementando a qualificação da mão de obra para a nova economia digital. Neste sentido a cidade busca aprimorar não apenas o ensino básico, mas também promover uma a evolução e ampliação do ensino superior e da pós-graduação.

Acredita-se que em breve o padrão econômico da RMF (que atualmente exporta principalmente *commodities* agrícolas, produzidas em outros locais do País, e aço) possa mudar bastante, passando a exportar serviços, um setor cobiçado por todos os países, por agregar muito valor, gerar empregos e não ser poluente.

O comércio e o oferecimento de diversos serviços são os maiores geradores de riqueza da economia de Fortaleza – que, aliás, possui robustos centros de compras. De fato, além de contar com aproximadamente 15 grandes centros comerciais (o que torna a cidade a sexta capital brasileira em área bruta comercial locável), a capital cearense, abriga dois dos dez maiores *shopping centers* do País: o Iguatemi Fortaleza e o *shopping* Rio Mar.

Aí estão alguns detalhes dos mais importantes *shoppings*:

- **Iguatemi** – Seguramente é o melhor da cidade, com uma grande variedade de lojas, boa praça de alimentação, um supermercado Extra, cinemas e ambiente seguro, confortável, bem decorado e sempre limpo. O acesso é fácil, com pontos de ônibus bem próximos. O estacionamento é ótimo. Trata-se também de um importante centro de entretenimento da cidade.

- **RioMar Fortaleza** – Trata-se de um dos mais modernos *shoppings* do País, assim como um dos mais completos. Dispõe de um amplo espaço gastronômico e para entretenimento, assim como de um grande número de lojas conceituadas e variadas. O estacionamento é grande e a localização também é muito boa.

- **Jardins Open *Mall*** – A maioria das lojas é voltada para o público feminino. O *shopping* tem bons restaurantes, com recantos maravilhosos.

- **Reserva Open *Mall*** – Um centro comercial muito bom, com restaurantes de boa qualidade, como o *Casa do Frango*. Oferece lojas bem convenientes, uma boa livraria e supermercado.
- **Bosque Open *Mall*** – Tem várias lojas funcionais, banco, curso de inglês, salão de beleza, lava a jato para automóveis e, inclusive, um *petshop*.
- **Varanda *Mall*** – Tem uma ótima localização. Conta com um posto dos correios, uma boa praça de alimentação, inclusive com temakeria. O estacionamento ocupa dois subsolos, entretanto, é caro.
- **Fontenele *Mall*** – Um ótimo local para se fazer compras. Os preços são atraentes e as lojas oferecem uma grande variedade de produtos de qualidade.
- **Fortaleza Sul** – Dispõe de uma boa variedade de lojas para compras no atacado. Tem tudo em termos de roupas masculinas e femininas, para todos os tamanhos, assim como acessórios.

Além dos centros comerciais já mencionados, vale à pena citar o *North Fortaleza*, o Mapel, o Um, o Molina, o Maio, o *Plaza Tower*, o Aldeota, o Via Sol, o Central, entre outros.

Nesses locais trabalham dezenas de milhares de pessoas que, por sua vez, recebem todos os dias muitas dezenas de milhares de clientes. Desse total, um grande contingente é formado por turistas.

Contudo, historicamente, a principal área de compras de Fortaleza é o centro da cidade, que reúne o maior número de estabelecimentos e é responsável por um grande fluxo de negócios. O local é frequentado diariamente por dezenas de milhares de consumidores, atendidos por muitos milhares de empregados!!!

A avenida Monsenhor Tabosa é um outro corredor comercial bem movimentado, de cunho predominantemente turístico e bastante focado na **moda**. Destaca-se também a área comercial do bairro Montese. As regiões periféricas do município também têm se desenvolvido em termos comerciais e assistido à transformação de bairros predominantemente residenciais em comerciais, sobretudo em decorrência da independência dos setores produtivos dessas regiões e da consequente descentralização econômica.

O Centro de Eventos do Ceará tem impulsionado a economia fortalezense por meio do **turismo de negócios**. Com capacidade para 30 mil pessoas, ele é o segundo maior espaço de eventos do Brasil e da América Latina (o primeiro é o Anhembi, em São Paulo), porém é considerado o **mais moderno!!!**

No segmento de medicamentos, está em Fortaleza a sede das Farmácias Pague Menos, a maior rede de varejo farmacêutico do Brasil, com 1.177 unidades. A cidade abriga também grandes empresas de transporte, como a Transnordestina Logística, controlada pela Companhia Siderúrgica Nacional, e o Expresso Guanabara, uma empresa de viação terrestre de influência regional.

Dentre as empresas que tiveram suas origens na cidade, destaca-se o grupo Jereissati, controlador de uma das redes de *shopping centers* mais sofisticadas do País: a Iguatemi. Ele também controla a rede de telecomunicação Oi e o antigo grupo Severiano Ribeiro, hoje denominado Kinoplex, maior rede de cinemas do Brasil.

No âmbito bancário, a cidade de Fortaleza sedia o Banco do Nordeste, o maior banco de desenvolvimento regional da América Latina. Também fica aí o banco Palmas, o primeiro banco comunitário do Brasil, criado em 1998 no Conjunto Palmeiras (um bairro da periferia de Fortaleza), que desde 2001 emite uma moeda social: a **palma**!!! Há em Fortaleza uma unidade descentralizada do Banco Central do Brasil. Além disso, o Bradesco incorporou vários bancos que existiram na capital cearense, como o Banco do Estado do Ceará e o Banco do Ceará S.A.

No que concerne à **escolarização**, de acordo com o Atlas do Desenvolvimento Humano do Brasil, os índices relativos à população adulta de Fortaleza são bem superiores à média das demais cidades brasileiras. Estima-se que em 2020 cerca de 6,3% dessa população não tenha completado o ensino fundamental ou fossem analfabetas. Por outro lado, 68% dos maiores de idade residentes tinham ensino fundamental completo; 48% possuíam o ensino médio completo e 15,6%, o ensino superior completo.

Também segundo estimativas de 2020, cerca de 810 mil fortalezenses frequentavam desde creches até o ensino médio, sendo que nesse grupo estavam incluídos os matriculados em cursos de alfabetização para jovens e adultos. Já nos cursos superiores de graduação havia algo próximo de 120 mil alunos e aproximadamente 18 mil estudantes cursando doutorado, mestrado e especialização em nível superior.

Existem hoje em Fortaleza mais de seis dezenas de IESs, sendo que a primeira delas foi a Faculdade de Direito do Ceará, criada em 1903. Entre as universidades destacam-se a Universidade Federal do Ceará (UFC), a Universidade Estadual do Ceará (UECE) e a Universidade de Fortaleza (UNIFOR), a melhor entre as IES privadas das regiões norte e nordeste, segundo o *ranking* universitário elaborado em 2019 pelo jornal *Folha de S.Paulo (RUF 2019)*, ocupando a 10ª posição no País.

A UFC é uma IES pública mantida pelo governo federal. Seus três polos urbanos estão distribuídos pela capital, mas existem ainda quatro *campi* no interior do Estado do Ceará, nas cidades de Sobral, Quixadá, Russas e Crateús, além de três fazendas experimentais em Quixadá, Pentecoste e Maracanaú. Em 2017 o *ranking* da Web Universities, elaborado pelo ministério de Educação da Espanha, classificou a UFC como a 10ª melhor universidade do Brasil e a 18ª da América Latina. De acordo com o *RUF 2019* a UFC ocupa a 11ª posição.

A UFC originou-se a partir de 1944, quando o médico Antônio Xavier de Oliveira encaminhou um relatório sobre a refederalização da Faculdade de Direito do Ceará ao então ministério de Educação e Cultura. Nesse documento foi mencionada a ideia de se criar uma universidade com sede em Fortaleza. Assim, em 1947, começou-se a criar uma universidade cearense que, no final, receberia o nome de Universidade do Ceará. O principal interlocutor desse movimento foi Antônio Martins Filho, intelectual que viria a se tornar o primeiro reitor da instituição.

Em 1953, o Conselho Nacional de Educação emitiu parecer favorável à criação da Universidade do Ceará e, naquele mesmo ano, o então presidente Getúlio Vargas enviou ao Poder Legislativo o projeto de lei para a criação da universidade. A leitura da ata de instalação da IES foi feita em junho de 1955. Vale lembrar que inicialmente ela foi constituída por quatro escolas superiores/faculdades, a saber: Escola de Agronomia do Ceará, estabelecida em 1918 (que até então pertencia à superintendência do Ensino Agrícola e Veterinário do ministério da Agricultura); a Faculdade de Direito do Ceará, fundada em 1903 pela Associação Comercial do Ceará (na época, como Faculdade Livre de Direito do Ceará); a Faculdade de Medicina do Ceará (uma IES privada criada em 1948) e a Faculdade de Farmácia e Odontologia do Ceará, instituída em 1916 e federalizada em 1950.

Então, de maneira progressiva, somaram-se a essas unidades iniciais outras, tais como: a Escola de Engenharia, estabelecida em 1955 e instalada em 1956; a Faculdade de Filosofia, Ciências e Letras, instalada em 1961; as Faculdades de Filosofia Dom José e de Ciências Econômicas do Crato (como institutos agregados); a Faculdade de Ciências Econômicas do Ceará, federalizada em 1962; além de diversos outros cursos que sucederam àqueles pioneiros.

Com isso, a Universidade do Ceará passou a desempenhar um papel fundamental na implantação do ensino de nível superior de qualidade no Estado do Ceará. Em 1965, foi instituído o nome atual de UFC, sugerindo a padronização dos nomes das universidades federais de todo o País. No ano seguinte, em 1966, a UFC iniciou seu plano de reestruturação para se adequar às normas editadas pelo governo federal.

Durante esse processo, a Faculdade de Filosofia, Ciências e Letras foi extinta e desmembrada em vários institutos e faculdades. Essa reforma universitária foi concluída em 1973. Daí para frente, nos 47 anos seguintes, a UFC foi se aprimorando e sofrendo ampliações. A IES passou a contar com 37 unidades e órgãos suplementares, com o lema, a ser obedecido por todos, sendo: *Virtus Unita Fortior* ("**A virtude unida é mais forte**").

Estima-se que em seus 108 cursos de graduação e 123 de pós-graduação [58 *lato sensu* (especialização) e 116 *stricto sensu* (mestrado e doutorado)] em 2020, estivessem estudando, respectivamente, 28 mil e 5.300 estudantes. E vale ressaltar que vários cursos de mestrado da UFC receberam nota máxima da CAPES.

Também segundo dados de 2020, trabalhavam nessa IES cerca de 2.200 docentes e 3.600 servidores técnicos administrativos, cujas responsabilidades incluíam cuidar das 16 bibliotecas da universidade. Os equipamentos culturais e o complexo hospitalar administrados pela UFC são igualmente importantes, e incluem:

- **Casa José de Alencar** – Adquirida em 1965, trata-se da residência onde nasceu o renomado escritor cearense. O local abriga um museu, um auditório, uma biblioteca, uma pinacoteca e um centro de treinamento. Estão ali também as ruínas do primeiro engenho a vapor do Ceará. A visitação é gratuita.
- **Museu de Arte da UFC (MAUC)** – Ele foi criado em 1961 e, desde a sua fundação, quando se tornou um importante centro de preservação da cultura artística – quer das expressões mais populares ou de caráter erudito –, se mantém focado no constante desenvolvimento e fortalecimento das artes plásticas no Estado do Ceará. O MAUC conta com cinco salas permanentes, nas quais estão homenageados importantes artistas cearenses, como: Aldemir Martins, Antônio

Bandeira, Chico da Silva, Descartes Gadelha e Raimundo Cela. O museu possui ainda a maior coleção de xilogravuras de cordel do Brasil.

→ **Casa Amarela Eusélio Oliveira** – Ela foi criada em 1972, e no local são oferecidos cursos nas áreas de cinema, fotografia e animação. Desse modo, além de formar profissionais para atuar na EC, existe também um trabalho de difusão da memória do povo cearense. O local abriga um vasto acervo de filmes, vídeos e fotografias, e promove o *Cine Ceará*, considerado o terceiro maior festival de cinema do Brasil. A casa também disponibiliza uma videoteca para estudantes e professores da UFC, bem como para a população em geral. Além disso, ela dispõe de um laboratório de fotografia, de um núcleo de animação, de ilhas de edição, de salas para os cursos e de um cinema – o cine Benjamin Abraão.

→ **Teatro Universitário Paschoal Carlos Magno** – Ele surgiu a partir da compra pela UFC do antigo Teatro Santa Maria, que pertencia ao Educandário Santa Maria. Foi reinaugurado em 1965, como Teatro Universitário, anexo à sede do curso de Arte Dramática da UFC, fundado em 1960.

→ **Rádio Universitária** – Ela foi inaugurada em 1981 e desde então se tornou uma das emissoras públicas de maior prestígio do Ceará. Atualmente é um importante veículo de difusão da cultura musical nordestina e cearense como um todo, sendo responsável por uma programação segmentada, educativa e diversificada, composta de música, conteúdo e informação.

→ **Seara da Ciência** – É um espaço de divulgação científica e tecnológica da UFC. Procura-se aí estimular a curiosidade pela ciência, cultura e tecnologia, mostrando suas relações com o cotidiano e promovendo a interdisciplinaridade entre as várias áreas do conhecimento. Possui laboratórios de pesquisa e salões de exposição dedicados à popularização da ciência e da tecnologia, principalmente entre os estudantes dos ensinos fundamental e médio, aproximando a UFC das IEs.

→ **Imprensa Universitária** – Criada a partir da aquisição da tipografia Lusitana, em 1956, a Imprensa Universitária, além de realizar os serviços relativos à produção de impressos e publicação de informativos, periódicos, revistas e trabalhos especializados e acadêmicos da UFC, também é responsável pela edição de livros didáticos, científicos e literários, assim como pela reedição de obras culturais de grande significado, esgotadas, esquecidas ou ameaçadas de desaparecer no Ceará.

- **Editora da UFC** – Foi criada em 1980 e, desde 2007, opera de forma totalmente desvinculada da Imprensa Universitária. Ao longo dos últimos anos, ela tem procurado utilizar os livros como um canal para a produção intelectual da comunidade universitária, rompendo os umbrais dos *campi* e, desse modo, alcançando o grande público.

Já no que se refere ao complexo hospitalar, a UFC comanda muitas unidades que são usadas pelos cearenses de modo geral e pelos seus próprios alunos, para a realização de estágios e residências. São eles:

- **Hospital Universitário Walter Cantídio** – Inaugurado em 1959, como Hospital das Clínicas, ele se tornou um centro de referência para a formação profissional e o desenvolvimento de pesquisas na área da saúde. Desempenha importante papel na assistência à saúde no Estado do Ceará e está integrado ao SUS. Como um centro de referência no ensino, serve como local de estágio para os alunos de graduação e pós-graduação dos cursos de Medicina, Enfermagem e Farmácia da UFC, recebendo também para esse fim os alunos da área de saúde de outras IESs do Estado. O hospital reúne atualmente muitos profissionais qualificados, e nele são gerados conhecimentos nas áreas de pesquisa clínica, cirúrgica e farmacologia clínica. Ele possui mais de 250 leitos, incluindo os de UTI clínica e pós-operatória, além de 130 consultórios e diversas salas de cirurgia. Trata-se do hospital que mais realiza transplantes de fígado no País.
- **Maternidade-Escola Assis Chateaubriand** – Foi inaugurada em 1965 e é referência na região nordeste no atendimento de gestantes, com especialidade nos serviços de obstetrícia, ginecologia, mastologia e neonatologia, com destaque para o serviço de **parto humanizado!!!**
- **Clínicas odontológicas** – São seis clínicas vinculadas ao curso de Odontologia da Faculdade de Farmácia, Odontologia e Enfermagem, nas quais há dezenas de equipamentos odontológicos. Nelas são realizados atendimentos básicos e especializados. O complexo também conta com uma clínica de radiologia e um centro cirúrgico.

Além disso, a comunidade dispõe de serviço de urgência odontológica operando 24 h por dia, incluindo sábados, domingos e feriados.

→ **Farmácia Escola** – Trata-se de uma unidade de apoio ao ensino farmacêutico nos níveis de graduação e pós-graduação, que permite a formação de recursos humanos qualificados na área de medicamentos, assim como a geração e transferência de conhecimentos técnico-científicos para a sociedade.

→ **Matinha do Pici** – No *campus* do Pici, Professor Prisco Bezerra – o maior dos três *campi* em Fortaleza (com uma área total de 212 ha) existe uma área de relevante interesse ecológico na matinha do Pici, que é cuidada pela UFC. Trata-se de uma importante área verde de 42,62 ha, que engloba ainda o açude Santo Anastácio. No local existe uma importante biodiversidade de fauna e flora. Além disso, a UFC também é responsável por tomar conta do parque Rachel de Queiroz.

Fica claro, portanto, a razão pela qual a UFC se tornou um polo de excelência em desenvolvimento científica, e a mais importante referência no campo da educação nas regiões norte e nordeste do Brasil. Todavia, a UFC também é conhecida internacionalmente por suas importantes pesquisas e descobertas, como no caso dos processos de quimioterapia, com os seus trabalhos sobre a injeção de oxigênio em lagos, açudes e outros reservatórios poluídos por algas e micro-organismos; ou o uso da pele da tilápia no tratamento e na recuperação de pacientes que sofreram queimaduras; e tantos outros avanços científicos.

Não é por acaso que muitas personalidades se formaram na UFC. Esse é o caso dos escritores Moreira Campos, Lira Neto, Tércia Montenegro e Socorro Acioli; dos historiadores Airton de Farias e Raimundo Girão; dos médicos José Sarto Nogueira Moreira, Mão Santa e Roberto Claudio; dos cantores Falcão e Mona Gadelha; dos jornalistas Demócrito Rocha e Nonato Albuquerque; do compositor Fausto Nilo; dos empresários José Dias de Macedo e Edson Queiroz Filho; do professor Artur Branco; do humorista Renato Aragão; do ator Emiliano Queiroz, e de muitos políticos importantes que ocuparam cargos relevantes nos poderes Executivo e Legislativo, como Maria Luiza Fontenele (prefeita de Fortaleza entre 1986 a 1989); Ciro Gomes (prefeito de Sobral entre 1996 e 2003, governador do Estado entre 2006 e 2013 e candidato à presidência em 2018); Cid Gomes (prefeito de Sobral entre 1997 a 2005 e governador do Estado entre 2007 a 2015); Luizianne Lins, Gonzaga Mota, João Alfredo, entre outros.

A UECE é uma IES pública estadual, com atuação no ensino, na pesquisa e na extensão. Ela é mantida pela Fundação Universidade Estadual do Ceará (FUNECE). É uma das três universidades mantidas pelo governo do Estado do Ceará, sendo que as outras são a Universidade Estadual Vale do Acaraú e a Universidade Regional do Cariri.

O principal *campus* da UECE é o que fica no bairro de Itaperi, em Fortaleza, mas a IES conta ainda com outra unidade na capital, no bairro de Fátima, e com *campi* nas cidades de Limoeiro do Norte, Itapipoca, Tauá, Crateús, Quixadá e Iguatu. Além disso, a UECE possui o *campus* de Educação Ambiental e Ecológica de Pacoti, e a fazenda de experimentação agropecuária Dr. Esaú de Accioly de Vasconcelos, em Guaiúba.

A história da UECE começou em 18 de outubro de 1973, com a lei Nº 9.753, que autorizou o Poder Executivo estadual a instituir a FUNEDUCE (que em 1979 passaria a se chamar FUNECE). Em 5 de março de 1975, o Conselho Diretivo da FUNEDUCE criou a UECE, que teve incorporado ao seu patrimônio várias unidades de ensino superior já existentes na época, como: a Escola de Administração do Ceará; a Faculdade de Veterinária do Ceará; a Escola de Serviço Social de Fortaleza; a Escola de Enfermagem São Vicente de Paula; a Faculdade de Filosofia Dom Aureliano Matos; e a Televisão Educativa, o Canal 5 local.

O primeiro reitor da UECE foi Antônio Martins Filho, fundador da UFC. Ele desenvolveu uma gestão bem eficaz. Porém, outro reitor que teve uma gestão administrativa relevante na UECE foi o professor Manassés Claudino Fonteles, que esteve no comando dessa IES de 24 de maio de 1996 a 6 de outubro de 2003. Durante seu reitorado houve várias mudanças na estrutura da universidade, sendo a mais significativa a aprovação pelo Conselho Universitário do novo estatuto FUNECE/UECE, em 23 de novembro de 1999.

Desde 2014, o ingresso nos cursos de graduação da UECE para o 1º semestre letivo é feito através do Enem, quando são ofertadas 50% das vagas pelo sistema de seleção unificada. Os outros 50% são disponibilizados através de um vestibular organizado pela própria universidade, por intermédio da comissão executiva de vestibular. No 2º semestre, a seleção é feita exclusivamente por vestibular tradicional, que consiste em provas objetivas sobre as disciplinas obrigatórias do ensino médio, além de uma redação.

De acordo com o *RUF 2019*, a UECE foi considerada a 7ª melhor **universidade estadual** do Brasil, sendo a melhor das regiões norte, nordeste e centro-oeste. Por esse mesmo *ranking*, ficou em 48º lugar entre todas as universidades brasileiras. Em 2013 foi a IES do Estado mais bem avaliada no Enade. Além disso, seus cursos de Administração, Psicologia e Ciências Contábeis figuraram entre os melhores do País. A UECE é a única universidade brasileira citada no *Bright Green Book*, ou seja, o *Livro Verde do Século XXI*, uma parceria entre o Conselho Euro-Brasileiro de Desenvolvimento Sustentável e a ONU-Habitat, o programa de assentamentos urbanos da ONU.

Atualmente a UECE possui cerca de 19.000 estudantes (aproximadamente 17.200 em cursos de graduação e 1.800 em pós-graduação); 1.100 professores, subdivididos em 12 faculdades e centros. Nesses locais são oferecidos 78 cursos de graduação (entre presenciais e a distância) e 45 cursos de pós-graduação (mestrado e doutorado). São 154 grupos de pesquisa atuantes, distribuídos em 138 laboratórios, além de 57 projetos de extensão sendo realizados. Conhecedores do lema da UECE – *Lumen ad viam* ("Luz para o seu caminho") –, todos os alunos que conseguem ingressar nessa IES sabem desde o início que ali o seu futuro será mais promissor.

A UNIFOR, por sua vez, é uma IES privada filantrópica localizada no bairro Edson Queiroz, em Fortaleza, mais precisamente na avenida Washington Soares. Ela foi criada em 23 de março de 1973 por iniciativa de Edson Queiroz, através do grupo de mesmo nome. A UNIFOR está instalada em um *campus* de 720.000 m² e conta com cerca de 300 salas de aula, mais de 230 laboratórios e auditórios equipados para videoconferência. Possui cobertura de Internet *Wi-Fi* gratuita em todo o *campus*. A IES dispõe de uma excelente infraestrutura, destacando-se:

- **Centro de Convivência** – Esse é o ponto de encontro da comunidade acadêmica, num local que se tem uma praça de alimentação, lojas, salas de projeção de vídeos, gráfica rápida, cybercafé etc. Nesse local acontecem também eventos culturais e acadêmicos.
- **Espaço Cultural** – Existe há mais de 30 anos e ocupa uma área de 1.200 m². Nesse espaço são apresentadas mostras de obras de mestres da arte mundial, como Miró, Rembrandt, Rubens etc., e de artistas de expressão local e nacional. Ali também é desenvolvido o projeto Arte-Educação, no qual jovens e crianças de escolas públicas e par-

ticulares participam de visitas guiadas para admirar as exposições e, assim, adquirir conhecimentos sobre as artes visuais.

- **Teatro Celina Queiroz** – Nele são apresentadas produções locais, nacionais e internacionais de grande expressão, entre espetáculos teatrais, musicais e de dança. O local dispõe de 300 lugares, que a UNIFOR procura manter sempre ocupados. Neste sentido, o projeto Teatro Celina Queiroz Grandes Espetáculos exerce um papel fundamental, pois insere Fortaleza no roteiro dos mais importantes eventos teatrais da cidade.

- **Escritório de Prática Jurídica** – Trata-se de um espaço destinado à prática dos alunos da Faculdade de Direito. Nesse local, a UNIFOR facilita o acesso das pessoas de baixa renda à justiça, oferecendo-lhes de forma gratuita o trabalho realizado pelos alunos do curso, sob a supervisão de seus professores. Além disso, por meio de uma parceria com a Justiça Federal do Ceará, que instalou no local um Juizado Especial Federal e um Juizado Especial Virtual, cerca de 25.000 atendimentos são aí realizados por ano.

- **Complexo Esportivo** – Esse complexo se constitui de um estádio de atletismo (o melhor do País, se comparado aos que existem em qualquer outra IES privada brasileira), um ginásio poliesportivo, uma academia, quatro quadras de tênis, piscina semiolímpica, um campo de futebol oficial e um campo de futebol *society*.

- **Núcleo de Atenção Médica Integrado** – Este setor se tornou uma referência em toda a região por oferecer atendimento médico gratuito de qualidade. Ele realiza por ano mais de 440 mil procedimentos e atende cerca de 50 mil pessoas. Além disso, é um avançado centro de pesquisa e campo de estágio para alunos das áreas de saúde e, mais especificamente, do curso de Psicologia.

- **Clínica Integrada de Odontologia** – Nesse espaço, perfeito para a prática acadêmica dos alunos do curso de Odontologia, existem 100 consultórios, modernos e totalmente equipados, distribuídos em duas clínicas. Nelas são atendidas cerca de 400 pessoas por dia, inclusive pacientes especiais e com necessidade de prótese buco-maxilo-facial.

- **Hospital Veterinário** – Ele ainda está em construção, mas será um grande avanço para o curso de Medicina Veterinária da UNIFOR, que, aliás, já é uma referência nacional e internacional.

- ➤ **Núcleo de Educação a Distância** – Nele são usadas as mais modernas TICs para se oferecer os cursos de EAD, tanto na graduação como na pós-graduação e extensão, ampliando assim atuação da UNIFOR no cenário educacional, conforme as novas tendências do curso superior.
- ➤ **Biblioteca** – Além de possuir um rico acervo, com aproximadamente 200 mil volumes, o local conta com excelente infraestrutura e informatização. Ela também dispõe de uma sala multimidia e de um espaço para estudos individuais e em grupo.
- ➤ **Grupos de Arte** – Mantidos pela UNIFOR, e constituídos por integrantes da comunidade acadêmica, destacando-se o coral, a companhia de dança, o grupo Mirante do Teatro e a camerata.
- ➤ **Programa de Intercâmbio Acadêmico Internacional** – Um setor que possibilita aos alunos da UNIFOR estudar em mais de 130 IESs conveniadas, distribuídas em 23 países. Aliás, a UNIFOR também recebe alunos de IESs estrangeiras.
- ➤ **Setor de Estágio** – A UNIFOR estabeleceu convênios com mais de 4.700 empresas, para garantir aos seus alunos a possibilidade de participarem dos processos de seleção e realizarem estágios nessas organizações – uma porta de entrada para o ingresso deles no mercado de trabalho.

A UNIFOR possui ainda outros núcleos como o de aplicação da TI, o integrado de comunicação, o de tecnologia de combustão. Além disso, ela opera a TV UNIFOR, promove eventos esportivos (como a Corrida de Rua UNIFOR, o Grande Prêmio Sul-Americano de Atletismo Caixa/UNIFOR etc.), mantém empresas juniores e envolve-se em diversos projetos sociais (Jovem Voluntário, Cidadania Ativa, Escola de Aplicação Yolanda Queiroz etc.).

Atualmente a UNIFOR conta com 40 cursos de graduação. Já na pós-graduação, oferece cursos *lato sensu* (especialização e MBA) e *stricto sensu* (mestrado e doutorado). Estima-se que em 2020 estudassem na UNIFOR cerca de 27 mil alunos e trabalhassem ali aproximadamente 1.300 docentes.

A UNIFOR apoia diversas linhas de pesquisa. Nela a ciência e a prática de pesquisas são difundidas com o apoio de um parque gráfico próprio, o que facilita a publicação de livros, teses, dissertações e outras produções intelectuais de professores e pesquisadores do ensino superior. Aliás, a UNIFOR é considerada a melhor IES do nordeste em pesquisa!?!? Com tudo isso, aqueles que não conseguem ingressar na UFC ou na UECE, e dispõem de recursos financeiros, buscam garantir uma vaga na UNIFOR!!!

Outra importante e atuante IES do Estado é o Instituto Federal de Educação, Ciência e Tecnologia do Ceará (IFCE), que atua na educação básica, profissional, superior, pluricurricular e *multicampi*. Com base na conjugação de conhecimentos técnicos e tecnológicos e a prática pedagógica, essa IES especializou-se na oferta do ensino profissional e tecnológico, em suas diferentes modalidades. Com seus 32 *campi*, ele está presente em quase todas as regiões do Estado e atende a mais de 35 mil alunos (ensino médio, técnico, graduação e pós-graduação). No IFCE trabalhavam cerca de 3.500 pessoas, sendo 1.780 docentes e 1720 funcionários técnicos e administrativos.

O IFCE foi criado oficialmente em 29 de dezembro de 2008, pela lei Nº 11.892, sancionada pelo presidente Luiz Inácio Lula da Silva. Nessa oportunidade, ocorreu a junção do CEFET/CE e das Escolas Agrotécnicas Federais dos municípios de Crato e Iguatu. Entretanto, as raízes dessa IES remontam ao começo do século XX, quando o presidente Nilo Peçanha, pelo decreto Nº 7.566, de 23 de setembro de 1909, instituiu as Escolas de Aprendizes Artífices, uma em cada Estado brasileiro.

Ao longo de quase um século de existência essa IE teve a sua denominação alterada algumas vezes. A primeira mudança foi para Liceu Industrial de Fortaleza, em 1937; depois ele se tornou a Escola Industrial do Ceará, em 1942; posteriormente passou a ser chamado de Escola Técnica Federal do Ceará, em 1968. Em 1999, ela recebeu o nome de Centro Federal de Educação Profissional e Tecnológica do Ceará (CEFET/CE), ocasião em que o ensino foi estendido ao nível superior e suas ações acadêmicas acrescidas de atividades de pesquisa e extensão.

Quando as Escolas Agrotécnicas Federais (ambas surgidas na década de 1950) foram incorporadas ao IFCE, elas trouxeram a bagagem do ensino agrícola que já ofertavam por mais de 50 anos e, assim, ampliaram o atendimento sistemático para a interiorização do IES. Quando o IFCE foi de fato criado em 2009, ele já contava com 9 unidades em funcionamento nas cidades de Fortaleza, Crato, Iguatu, Juazeiro do Norte, Cedro, Maracanaú, Quixadá, Sobral e Limoeiro do Norte, e estava se preparando para inaugurar muitas outras unidades.

A arte e a cultura desenvolvidas no IFCE têm uma forte tradição em Fortaleza. O IFCE foi responsável por oferecer os primeiros cursos de nível superior voltados para a formação de atores e artistas plásticos, atividades que movimentam alguns dos setores da EC. Aliás, são os formados nesses cursos que agitam a vida cultural da capital cearense e das cidades do interior do Estado, por meio de sua participação em festivais, eventos artísticos e salões, tais como: o Festival de Teatro de Fortaleza, o Festival Nordestino de Teatro, dentre outros.

Nas artes visuais, vários alunos egressos do IFCE alcançaram destaque em salões nacionais e internacionais, apoiando e organizando eventos no *campus* Fortaleza. Pelo interior, vários *campi* desenvolvem atividades culturais nas áreas de teatro, dança, música e folclore, organizando diversos grupos culturais (formados por alunos e integrantes da comunidade) e integrando-os a projetos de extensão.

No âmbito do esporte, o IFCE tem uma vasta estrutura espalhada por 20 dos 32 *campi*. São 19 ginásios, 7 campos de futebol, 6 piscinas, 5 salas de musculação e 3 pistas de atletismo. De fato, até 2010, o *campus* Fortaleza também contava com uma grande estrutura para a prática esportiva, todavia, parte desse parque teve se ser demolida e substituída por novas salas de aula e laboratórios. Ainda assim, no lugar da pista de atletismo construiu-se um novo ginásio com medidas oficiais e mais salas de ginástica e uma piscina para hidroginástica.

O sistema de incubadoras de empresas do IFCE iniciou suas atividades em 2005 e já saíram daí algumas dezenas de empresas que obtiveram sucesso no mercado. Em 2017, o IFCE estabeleceu uma importante parceria com a Federação das Indústrias do Estado do Ceará, recebendo dela apoio para incubar as ideias de negócios inovadores dos alunos da IES.

Atualmente o IFCE oferece 247 cursos, sendo 133 cursos técnicos (62 subsequentes, 40 concomitantes e 31 integrados), 92 de nível superior (24 bacharelados, 35 licenciaturas e 33 tecnológicas) e 22 de pós-graduação (12 especializações e 10 mestrados). Na EAD são ofertados 13 cursos técnicos, 2 licenciaturas (em Matemática e Educação Profissional Científica e Tecnológica), 1 de tecnólogo em hotelaria e uma especialização em Orientação e Mobilidade.

Na pesquisa o IFCE tem alcançado bons resultados práticos, particularmente nos trabalhos vinculados aos cursos de mestrado. Neste sentido, já surgiram muitas inovações provenientes dos cursos técnicos, como foi o caso de um remédio desenvolvido por um aluno do IFCE para combater a gripe, cuja base é a acerola. O projeto foi inclusive premiado nos EUA.

O ensino no IFCE é de ótima qualidade e, ainda em 2009, ele ficou em primeiro lugar no Ceará no exame do Enem. Essa IES já foi responsável pela formação de vários alunos que colaboraram na transformação da sociedade cearense, cada qual em sua área de atuação. Entre eles destacam-se: o físico Claudio Luiz Cesar, o jornalista Flávio Paiva, o escritor Lira Neto, o ex--senador Inácio Arruda e o ator Jesuíta Barbosa e o cantor Falcão.

Desde 1985, a IES começou a organizar um encontro de ex-alunos para realizar uma confraternização e relembrar os momentos vivenciados por eles durante os estudos. Assim, consagrou-se para essa finalidade o dia 9 de dezembro, quando são feitas homenagens aos egressos que prestaram serviços relevantes para a sociedade fortalezense. Esse, aliás, é um exemplo que todas as IESs de valor deveriam seguir periodicamente e, com isso, enaltecer os alunos ali formados que, com seu trabalho, alcançaram sucesso e se destacaram na sociedade!!!

Além das IESs já mencionadas, não se pode deixar de citar uma importante IE de Fortaleza: o Colégio Militar. Voltado exclusivamente para a instrução daqueles que seguirão carreira nas Forças Armadas Brasileiras, ele se localiza atualmente numa posição limítrofe entre os bairros Centro e Aldeota. O local possui quatro portões, sendo que um deles é reservado apenas para os militares e funcionários.

As raízes históricas desse estabelecimento remontam ao fim do Brasil império, quando foi criado pelo decreto Nº 10.177, em 1º de fevereiro de 1889, como Escola Militar do Ceará. Seu primeiro diretor foi João Nepomuceno de Medeiros Mallet e, ao longo de sua existência, vários de seus professores e instrutores tiveram grande destaque em seus quadros. Entre eles destacam-se: Adolfo Luna Freire, Antônio Augusto de Vasconcelos, Bezerril Fontenele, Joaquim Catunda, Franco Rabelo, Thomaz Pompeu, entre outros.

Mais tarde, em 1919, surgiu o Colégio Militar do Ceará (CMC), que iniciou o ano letivo em 1º de junho daquele ano, data que passou a ser considerada como de sua inauguração. Nesse período destacou-se o general de divisão graduado e reformado, Eudoro Corrêa, que exerceu seu comando entre 1923 e 1936. Por esse motivo, a IE se tornou conhecida como "Casa do Eudoro Corrêa". Ele foi o responsável pelas modificações mais significativas do espaço físico da IE: uma sala para 200 alunos, um almoxarifado geral, uma barbearia, uma rouparia e um depósito de armamentos.

Contudo, o CMC foi extinto em 1938, mas, ao longo do período subsequente continuou funcionando no prédio o Colégio Floriano, uma escola civil mantida pelo governo federal. Vários professores do CMC tiveram grande destaque na sociedade local. Aliás, várias ruas de Fortaleza receberam os nomes dessas figuras, como uma forma de homenageá-las. Dentre elas estão a Beni Carvalho, Guilherme Moreira da Rocha, Mozart Solon, Parsifal Barroso, Raimundo Cela, Alberto Sá, Santana Junior etc.

Em 1942 o ensino militar retornou ao Ceará com a criação da Escola Preparatória de Cadetes de Fortaleza, que se manteve em funcionamento por quase 20 anos, até o surgimento do Colégio Militar de Fortaleza, em 17 de novembro de 1961. Somente muitos anos depois a IE passou a aceitar alunos do sexo feminino, o que aconteceu precisamente a partir de 23 de fevereiro de 1989. Atualmente, desenvolve-se nessa IE um trabalho intenso para que os alunos tenham um bom desempenho no Enem.

Aliás, falando da época de colégio, ou seja, um período que deixou saudades em muita gente, a jornalista Jacqueline Nóbrega elaborou um texto muito interessante no qual citou algumas das escolas tradicionais que até deixaram de existir em solo fortalezense: "Quem não se lembra do Colégio Cearense do Sagrado Coração, que foi fundado pelos padres Missael Gomes, José Quinderé e Climério Alves, em 1913. Ele se tornou referência na cidade, não só pelo ensino, como também pela prática de esportes. Foi dirigido na maior parte do tempo pelos irmãos maristas e passou a se chamar Colégio Marista Cearense, que funcionou na avenida Duque de Caxias, no centro da cidade, e lamentavelmente **fechou suas portas** em 31 de dezembro de 2007.

Nesse mesmo endereço funcionou também durante anos a Faculdade Católica do Ceará, que em 2013, despois de dez anos de existência, encerrou suas atividades. Porém, felizmente, o centenário prédio que abrigou o colégio foi tombado pelo Conselho Estadual de Preservação do Patrimônio.

E quem não se recorda do Colégio de Nossa Senhora do Sagrado Coração, das irmãs Dorotéias, que foi criado em 1915 e funcionou num prédio de linhas arquitetônicas de estilo eclético, surgido na França na metade do século XIX. No início apenas mulheres podiam ser alunas da escola, o que era tradicional entre as famílias de classe média. No entanto, depois o estabelecimento foi transformado em escola mista. Então, após uma grande crise financeira, fechou as portas em 2005.

Pela história que representa para a cidade, e por sua arquitetura, o prédio também foi tombado, dessa vez pelo Conselho de Patrimônio Histórico-Cultural – o que foi um alívio para quem temia que a antiga escola permanecesse somente na memória de seus ex-alunos. O edifício foi então comprado pelo grupo universitário Maurício de Nassau, com sede em Recife e a sua unidade de Fortaleza, localizada na avenida Visconde do Rio Branco, recebeu o nome da tradicional escola, como uma forma de homenageá-la.

Temos agora o Colégio Estadual Liceu do Ceará, que é o 4ª mais antigo do País. Ele foi criado em 1843, pelo marechal e '**engenheiro militar**' José Maria da Silva Bitencourt. Ele foi o 13º presidente do Ceará e comandante de Armas. O primeiro diretor da escola foi o padre dr. Thomaz Pompeu de Souza Brasil. Já o primeiro prédio do Liceu foi inaugurado somente em 1894. Posteriormente passou por diversos prédios públicos e particulares no centro da cidade, até se mudar para o seu atual endereço em 1937, à rua Liberato Barroso, no bairro Jacarecanga.

Hoje o Liceu do Ceará recebe estudantes da rede pública do Estado, sendo uma das escolas mais tradicionais de Fortaleza. Cearenses notáveis estudaram lá, como o historiador e jornalista Raimundo Girão, o médico e escritor Rodolfo Teófilo, o ex-governador César Cals, o jurista e professor Clóvis Beviláqua e o historiador barão de Studart.

Aliás, o ex-governador Lúcio Alcântara, no livro *O Liceu de meu Tempo: 160 Anos de História*, escreveu: 'No Liceu havia muitos estudantes vindos do interior, como poucos recursos, mas com muita vontade de vencer. Eles residiam com parentes ou na Casa do Estudante, e concluíam o curso com enorme sacrifício. Muitos trabalhavam, eram balconistas de lojas, empregados de escritórios, do Exército, da Aeronáutica; outros, como eu, eram o que se conhece como estudantes profissionais, aqueles que viviam para estudar. Nesse ponto, fui privilegiado, mas todos tínhamos um ponto em comum: o orgulho com o que usávamos a tradicional farda cáqui do Liceu e as lembranças que guardaremos dessa escola exemplar.'

Em 1947, o então governador do Ceará, o desembargador Faustino de Albuquerque, decidiu que apenas os homens poderiam frequentar o Liceu. A partir daí, as muitas garotas que estudavam ali passaram a estudar na Escola Normal Justiniano de Serpa (hoje Colégio Estadual Justiniano de Serpa). Recorde-se que a primeira Escola Normal no Brasil foi instituída em 1835, em Niterói, no Rio de Janeiro. Já no Ceará, a intenção de construir uma escola que formasse professores surgiu no governo de José Martiniano Pereira de Alencar, em 1837. Porém, a efetiva criação da Escola Normal do Ceará só aconteceu em 1894, no governo do doutor Sátiro de Oliveira Dias, com o objetivo de formar moças para ingressar no magistério do ensino primário. Foi a partir dessa IE que surgiu a Escola Normal Justiniano de Serpa, que funcionou até 1958...

Não se pode esquecer também do Colégio da Imaculada Conceição, fundado em 1865, com a finalidade de abrigar e educar meninas órfãs que, além da educação, deveriam aprender outras atividades úteis. Em 1867 ele passou a funcionar na avenida Santo Dumont, Nº 55, no centro da cidade, onde permanece até hoje..."

Considerando tudo isso, uma coisa fica clara: poucas são as cidades brasileiras – inclusive dentre as encantadoras mencionadas neste livro – que tiveram tantas IEs criadas no século XIX, ou início do século XX, e nas quais estudaram pessoas tão relevantes para a sociedade, não apenas de Fortaleza, mas de todo o País!!!

Deve-se ressaltar que com o passar do tempo foram surgindo muitas novas IEs e assim em 2020 havia em Fortaleza uma vasta rede de escolas particulares, na rede municipal estavam matriculados cerca de 215 mil alunos e na EJA estavam inscritos aproximadamente 15 mil pessoas, o que mostra que os fortalezenses têm como ter ao menos a educação básica.

Por sua vez a pós-graduação das IESs instaladas em Fortaleza tem sido comparada à das melhores IESs internacionais. Por exemplo, os cursos de Matemática, Física e Engenharia Civil (recursos hídricos) da UFC obtiveram a nota máxima da CAPES e, para isso, os cursos têm de demonstrar alta produtividade e qualidade em várias linhas de pesquisa simultaneamente.

A Funcap destacou que outros nove cursos de pós da UFC, da UECE, e da UNIFOR obtiveram nota 6 pelos critérios da CAPES. A Funcap tem como proposta principal atrair a comunidade científica do Estado para contribuir com a gestão pública. Assim, por meio de um programa de financiamento de projetos de pesquisa, que inclui a concessão de bolsas, cientistas se integraram às secretarias estaduais mais estratégicas para identificar contribuições de **ciência**, **tecnologia** e **inovação** para orientar as opções de políticas públicas e encontrar soluções para problemas da sociedade.

A Funcap em 2018 implementou o **programa Cientista Chefe**, que inicialmente recebeu R$ 8,6 milhões de investimento e que em 2019 subiu para R$ 13 milhões, sem contar com os aportes das secretarias estaduais participantes. Nesse programa, cada equipe é coordenada por um **cientista chefe**, escolhido de acordo com critérios como produção científica, formação e ligação com núcleos de excelência.

O programa se inspirou em experiências bem-sucedidas realizadas em países como Inglaterra, EUA, Austrália, Israel etc., onde já está consolidado o conceito da importância de ciência para decisões estratégicas do governo. Além da relevância para as ações do governo estadual do Ceará, o programa Cientista Chefe teve excelente aceitação na academia pelo fato de dar aos pesquisadores, aos seus colaboradores e aos alunos a oportunidade de direcionar as pesquisas para o enfrentamento de problemas reais da administração pública com a saúde, recursos hídricos, energia, infraestrutura viária, educação, pesquisa e estratégia econômica, segurança e a pesca (por exemplo evitar que ocorra a pesca de lagostas pequenas e jovens...).

Note-se que o Estado do Ceará é o 2º no País com o maior número de **escolas profissionalizantes** – em 2019 eram 727, das quais 252 funcionavam em tempo integral. E não se pode esquecer que de 2008 até 2019, o Ceará saltou de 25 para 122 escolas estaduais de educação profissional, sendo que o governador do Estado, Camilo Santana, prometeu que até o fim do seu mandato em 2022 esse número deve chegar a 140!!!

Em Fortaleza em 2020 havia cerca de 314 IEs que forneciam o ensino médio, das quais 54% pertencentes a rede privada. No total tinham cerca de 128 mil alunos.

No que se refere à **saúde**, os índices da população fortalezense são melhores que a média brasileira, tendo uma taxa de mortalidade infantil de até 1 ano de idade próxima de 14,9 por mil habitantes, com cerca de 92% delas com carteira de vacinação em dia.

Estima-se que em 2020 a cidade tivesse cerca de 635 estabelecimentos de saúde, entre hospitais, prontos-socorros e outras entidades, das quais cerca de 120 eram públicas e as restantes privadas. Além disso, há em Fortaleza cerca de 7.500 leitos hospitalares para internação.

A capital cearense tem hoje aproximadamente quatro dezenas de hospitais gerais, sendo que 60% deles são privados. O total de médicos que atua na rede de saúde do município se aproxima de 14 mil. A cidade também possui cerca de setenta hospitais especializados e policlínicas, além de umas 130 unidades de postos de saúde e algumas UPAs.

Algumas instituições de saúde do município são de responsabilidade dos três níveis de governo: federal, estadual e municipal. Dentre as principais instituições de saúde de caráter público na cidade, destacam-se o Instituto Doutor José Frota, o maior hospital administrado pelo município; o Hospital Geral de Fortaleza, o maior administrado pelo governo estadual;

o Hospital da Mulher; o Hospital Geral Dr. César Cals (que tem excelente estrutura, além de médicos e enfermeiros atenciosos); o Hospital Infantil e o Hospital Nossa Senhora da Conceição. Entre todos o primeiro construído em Fortaleza e, portanto, o mais antigo, fundado em 1861, foi a Santa Casa de Misericórdia.

Já entre as instituições privadas destacam-se: o Hospital Regional Unimed Fortaleza (inaugurado em 1999, com 286 leitos, UTI para adultos, pediátrica, neonatal e coronariana); Hospital Monte Klinikum (com ótima estrutura, bons médicos, mas com alto custo...); Hospital São Mateus (inaugurado em 1993, que já passou por reformas e expansão, tendo boa estrutura física e funcionários atenciosos); Hospital Antônio Prudente (fundado em 1979, passou por várias reformas, que tem o plano de saúde Hapvida); Hospital São Raimundo (bom hospital, mas tem uma estrutura física um pouco acanhada); Hospital São Carlos (com ótimos profissionais, mas às vezes o atendimento é um pouco demorado); Hospital e Maternidade Gastroclínica (os pacientes têm reclamado do seu atendimento...); Hospital SOS (os pacientes reclamam da falta de médicos...); Hospital Batista Memorial (que apesar de viver em uma crise financeira tem médicos e funcionários muito dedicados).

Estão também em Fortaleza o Hospital Infantil Albert Sabin; o Hospital Geral Dr. Waldemar Alcântara; o Hospital Distrital Gonzaga Mota de Messejana, Hospital do Coração de Messejana; Hospital São Camilo Cura d'Ars; Hospital Uniclínic; Hospital OTOclínica; Hospital Fernandes Távora; Hospital e Maternidade Argentina Castelo Branco; Hospital Menino Jesus; Hospital Gênesis, entre outros.

Um dos programas de saúde básica de maior destaque em Fortaleza é o de Saúde da Família, dentro do qual a cidade está na 3ª colocação no País, em extensão de cobertura, com centenas de equipes distribuídas em dezenas de unidades de atendimento. O SAMU, serviço de assistência médica de casos de gravidade no município, atende em média 250 ocorrências por dia.

Como já foi dito, em Fortaleza há vários bons cursos de Medicina e o da UFC é o 13º melhor do País. Aliás, como já foi mencionado, a UFC tem um importante complexo dedicado aos cuidados com a saúde, com destaque para seu Hospital Universitário.

No que concerne à **segurança pública** e **criminalidade**, esses são de fato problemas que preocupam bastante na capital cearense. Para dar conta do recado, a Polícia Militar do Ceará conta com várias companhias e diversos postos de patrulhamento na capital.

A Polícia Civil divide a cidade em 24 distritos policiais e a Guarda Municipal de Fortaleza é a instituição que complementa as atividades de segurança pública na capital cearense. Seu contingente em 2019 era de cerca de 2.600 agentes. Também se encontra em Fortaleza a sede do Centro Integrado de Operações de Segurança, um órgão estadual de vigilância, controle e assistência emergencial, cujo sistema congrega a Polícia Militar, a Polícia Civil, o Corpo de Bombeiros, a Guarda Municipal, a Autarquia Municipal de Trânsito, o SAMU, entre outras instituições.

Tradicionalmente, Fortaleza nunca foi uma das capitais estaduais mais violentas do País, porém, conforme demonstra o *Atlas da Violência* – compilado pelo Fórum Brasileiro de Segurança Pública e pelo Ipea – a criminalidade cresceu vertiginosamente na cidade a partir de meados dos anos 2000, chegando a 7,7 para cada 100 mil habitantes, e se tornando uma das maiores do País. Também se estima que o índice de suicídios na cidade em 2019 tenha sido de aproximadamente 6,5 por 100 mil pessoas.

Em 2005, o assalto ao Banco do Brasil em Fortaleza se tornou **o maior furto a um banco do País,** alcançando o valor de aproximadamente R$ 164,7 milhões. O crime foi até parcialmente solucionado, com a prisão e condenação de uma centena de criminosos e a recuperação de parte do valor roubado. Vale lembrar que esse lamentável evento foi inclusive transformado em 2011 em filme: *Assalto ao Banco Central*.

Infelizmente, de acordo com o *Atlas da Violência, 2019 – Retratos dos Municípios,* constatou-se que o nosso País se tornou recordista mundial em **violência letal**. Há, entretanto, uma interessante indicação de onde se deve concentrar o esforço das autoridades para diminuir o assustador número de homicídios.

Segundo o estudo realizado pelo Ipea, em parceria com o Fórum Brasileira de Segurança Público em **apenas 2,1%** dos municípios brasileiros – há 5.570 no País – aconteceram 50% dos 65.602 homicídios, ou seja, cerca de 32.801 mortes que aconteceram em 2017, foram registradas em 120 cidades, muitas delas classificadas por mim como encantadoras!?!?

O coordenador do *Atlas*, o economista Daniel Cerqueira, comentou: "O Brasil concentrou cerca de 14% dos homicídios do planeta, e acabar com a nossa violência pode até parecer algo inviável... Mas como os focos da violência letal foram identificados, ficou claro que vencer esse desafio depende bastante de uma política focalizada, instruída pela inteligência.

Nos municípios mais violentas do País, verificou-se que aproximadamente metade dos homicídios ocorridos neles estavam concentrados em menos de 10% dos bairros dessas cidades. Dessa maneira, não se deveria falar em municípios mais violentos, mas em **locais com meia dúzia de bairros violentos**.

A cidade mais violenta do Brasil em 2017, de acordo com a *Atlas* foi Maracanaú que está na RMF, onde se registraram, **145,7 homicídios por 100 mil habitantes!!!** Das 20 cidades mais violentas do País, 18 estão localizadas nas regiões norte e nordeste. Aliás, a 2ª e a 3ª cidades mais violentos do Brasil foram Altamira no Pará e São Gonçalo do Amarante, no Rio Grande do Norte, com respectivamente 133,7 e 131,2 homicídios por 100 mil habitantes. O que ficou claro é que existe grande concentração de homicídios nas regiões metropolitanas das capitais estaduais!!!

Outro índice **ruim** na capital cearense é o de mortes no trânsito! Segundo o Relatório de Segurança Viária do Observatório Nacional de Segurança Viária, no início de 2019, Fortaleza ficou em segundo lugar no número de óbitos no País, com 678 (27,1 em cada 100 mil) pessoas.

A **exploração sexual** acabou se tornando um problema recorrente em Fortaleza, sendo divulgada constantemente ao longo das duas últimas décadas pelas mídias local, nacional e até internacional. Infelizmente, várias redes de prostituição – inclusive infantil – se desenvolveram na cidade, tendo como principais clientes os turistas estrangeiros!?!? É bem verdade que, ainda em 2007, o ministério do Turismo, em parceria com a prefeitura, iniciou na cidade ações pioneiras para o combate a esse tipo de delito, mas o fato é que essa prática ainda persiste na capital cearense...

Com o aumento de vários tipos de crimes, Fortaleza até entrou no programa nacional de Segurança Pública com Cidadania, realizado nos municípios e Estados brasileiros em situação agravante de violência. Por isso, já no final de 2007, foi implantado o programa Ronda do Quarteirão, que serviu de apoio à Guarda Municipal, Polícia Militar e Polícia Civil da cidade, por meio do modelo de policiamento comunitário, no qual milhares de policiais se revezaram 24 h na vigilância de 122 áreas estratégicas.

Muitas outras iniciativas foram implementadas, mas parece que a parcela de pessoas que tem enveredado para o crime não está diminuindo. Um exemplo disso foi a chacina ocorrida na periferia de Fortaleza, na cidade de Cajazeiras, em 27 de janeiro de 2018, quando um grupo de criminosos fez um ataque a tiros que deixou 14 mortos e quase duas dezenas de feridos.

Infelizmente, no início de 2019 – entre 2 de janeiro e 4 de fevereiro –, Fortaleza e as cidades que integram a RMF sofreram uma grande retração na sua **visitabilidade**. Isso por conta dos 33 dias consecutivos de ataques perpetrados contra os mais variados bens públicos e privados – ônibus, creches, viadutos, postos de combustível, automóveis etc. Só na capital foram 134 ataques coordenados por diversas facções criminosas. Foi uma retaliação contra declarações e atos do secretário da Administração Penitenciária, Luís Mauro Albuquerque e do governador do Estado, Camilo Santana.

Na época o secretário iniciou um processo para enfraquecer as facções criminosas, enviando os seus líderes para prisões federais e fazendo uma intensa fiscalização nos presídios cearenses, o que resultou inclusive na retirada de milhares de celulares das celas, que estavam na posse dos presos. Também foram eliminadas tomadas para impedir a recarga dos aparelhos.

O fato é que no final de janeiro de 2019 – mês de alta temporada – nunca se viu as praias ou as mesas de muitos restaurantes da cidade tão vazias. A própria ocupação dos hotéis, em especial na capital cearense, caiu para cerca de 80% em janeiro de 2019 e ficou abaixo de 60% no início de fevereiro.

Infelizmente em fevereiro de 2020, mais uma vez o Estado do Ceará, e em especial a RMF, viveu muita **insegurança** e **violência**.

E tudo começou no dia 19 de fevereiro quando integrantes da Polícia Militar entraram em greve reivindicando aumento salarial. Eles tomaram um batalhão na cidade de Sobral e o senador Cid Gomes, cuja família durante muito tempo comanda a cidade, resolveu, dirigindo uma retroescavadeira furar o bloqueio estabelecido pelos amotinados. Ele dirigiu a retroescavadeira contra eles quando levou dois tiros...

Daí para frente, nos últimos 10 dias de fevereiro a greve continuou e aconteceram nesse período cerca de 241 assassinatos no Estado, a maioria deles na RMF, provavelmente facilitados pela paralisação dos policiais.

Para melhorar a vigilância e a segurança, interviram a partir do dia 21 de fevereiro, 150 agentes da Força Nacional, aos quais se juntaram 2.500 homens do Exército de 23 de fevereiro em diante.

Precisou chegar à Fortaleza o ministro da Justiça e Segurança Pública Sérgio Moro, além de outras autoridades federais, para negociar com os grevistas.

Aliás na oportunidade o ministro Sérgio Moro disse: "As forças do governo federal estão atuando aqui com o objetivo específico de servir e proteger a população, bem como acalmar os ânimos, pois sabemos que os policiais do País inteiro, não só do Ceará, são profissionais dedicados que arriscam suas vidas, são profissionais que devem ser valorizados."

Bem, não foi, porém, esse o comportamento de um significativo contingente de PMs do Ceará que circularam encapuzados, ordenaram que os comerciantes fechassem suas lojas (seus negócios), destruíram patrimônio público e se envolveram em um motim inadmissível e ilegal.

Assim, o **turismo** na região, que segundo o governo estadual já representa um pouco mais que 6,5% do PIB do Estado, e que inclusive deveria aumentar nos próximos anos – principalmente considerando o fato de a cidade ter se tornado um *hub* aéreo, contar com mais voos internacionais e poder atrair mais turistas de novos mercados – acabou sendo bastante prejudicado pelo incidente.

Estima-se que em 2019 houvesse em Fortaleza cerca de 760 mil **domicílios**, dos quais aproximadamente 570 mil eram casas, 145 mil apartamentos, e o restante fazia parte de vilas, condomínios ou ainda de habitações em cômodos ou cortiços. Do total desses domicílios, 72% eram próprios, 25% eram alugados e o restantes estava cedido ou ocupado ilegalmente.

Acredita-se que em 2020, cerca de 18% da população fortalezense morasse em favelas, o que decorre das frequentes secas e do êxodo rural do interior do Estado, que contribuiu para o agravamento do problema. Atualmente, há cerca de 600 favelas em Fortaleza. O controle da defesa civil municipal tem se esforçado para definir as chamadas "**áreas de risco**", que são locais propensos a alagamentos, inundações e outras situações críticas, aconselhando aos que vivem nesses locais para se transferirem para outras regiões.

Apesar dessa situação, em 2019 havia em Fortaleza ao menos 90 áreas desse tipo que se transformaram em favelas, e com bastante gente vivendo nelas. O aumento da favelização na capital, está plenamente associado à desigualdade, que, aliás, continua marcante. Segundo estimativas, em 2020, 25% dos mais pobres que viviam na cidade detinham não mais que 2,8% da renda total do município.

Mesmo com essa situação lamentável, a quase totalidade do município conta com **água tratada, esgoto, limpeza urbana, telefonia fixa, telefonia celular e energia elétrica**. Vale lembrar que na cidade há duas unidades de produção de energia elétrica de fontes alternativas, uma de origem eólica e outra de gás natural.

Mas faz-se necessário mencionar que, no que se refere a **habitabilidade**, também estão se desenvolvendo empreendimentos incríveis na RMF. Assim, a partir de 2019, surgiu ali a "**primeira cidade inteligente social**" do País, que fica em São Gonçalo do Amarante, a 20 km do complexo industrial e portuário do Pecém. Trata-se do 2º maior investimento privado na história do Brasil, realizado pela empresa italiana Planet Smart City, que aí construiu a *Smart City Laguna*.

Nela tem-se boa parte das soluções inteligentes adotadas por empreendimentos destinados a classes altas, mas adaptadas para habitações sociais de baixo custo, que inclusive podem ser financiadas pelo programa MCMV. Inicialmente as casas de 55 m^2 a 75 m^2 foram vendidas a partir de R$ 97 mil.

A cofundadora da Planet Smart City, a economista Susanna Marchioni, que nasceu na Itália e vive em Fortaleza desde 2011, explicou: " Constatamos que boa parte dos funcionários que trabalham em Pecém vivem em Fortaleza, e aí todo dia eles perdem horas no trânsito para chegar ao trabalho e voltar para casa (cerca de 110 km, entre ida e volta). Pensamos inicialmente em atrair esse público, mas nos surpreendemos com outras demandas.

Como estamos perto de praias famosas do Ceará, caso de Paracuru, que fica a 30 min do empreendimento, foram vendidos muitas residências e lotes para gente de outros Estados – por exemplo, cerca de 27% das vendas foram para paulistas (que ocuparam o 2º lugar), seguidos pelos mineiros, que pretendem morar aqui apenas nas férias!?!?

Quando tudo estiver concluído, acredito que haverá na *Smart City Laguna* algo próximo de 30 mil moradores, com os primeiros mil já vivendo aqui no 1º semestre de 2019. O empreendimento será 78% residencial, 15% comercial e 7% industrial, isto porque as pessoas buscam cada vez mais morar e trabalhar no mesmo lugar.

Estamos construindo 1.800 residências, de dois e três dormitórios, a partir de 15 opções de projeto. Cada uma delas tem sido concluída em 15 dias – a rapidez vem da produção em escala, como numa linha de montagem – mas é possível erguê-las em até uma semana!!!

Também é possível comprar um lote – 4.200 foram colocados à venda, com metragem entre 150 m^2 a 500 m^2 – e construir por conta própria. Nesse caso, a empresa disponibiliza o projeto gratuitamente para o comprador, caso ele queira. A obra também poderá ser executada por nós ou por qualquer outra empresa.

Quem contratar a Planet Smart City para a construção terá o desconto do valor já pago pelo lote. Nossas casas são personalizáveis, têm varandas e acabamentos bonitos, como cerâmica de mosaico nos banheiros e papel de parede em pontos específicos dos ambientes, com um padrão escolhido pelo cliente. As ruas são largas e arborizadas, há áreas verdes espalhadas por toda a cidade. Temos casas ao redor de um lago. O aspecto geral é semelhante ao de um condomínio fechado de classe média.

A empresa investiu em todo o projeto cerca de R$ 190 milhões, para ter o centro urbano (já em funcionamento), com biblioteca, aulas de inglês, espaço de *coworking* e sala de projeção de filmes. Tudo é público e gratuito, aberto para toda a comunidade, inclusive para quem não mora lá."

Para se ter uma melhor ideia sobre a razão pela qual a *Smart City Laguna* pode ser chamada de uma "**cidade inteligente**", nela existe:

- Videomonitoramento da própria rua em tempo real, com o uso do celular.
- Ruas e ciclovias pavimentadas com piso intertravado permeável à água da chuva, que absorve ruído e reduz o calor em 30%.
- Parques e calçadas 100% acessíveis.
- Cerca de 620.000 m² de áreas verdes.
- Compartilhamento de serviços e produtos entre os moradores, como bicicletas e carros, controlados por aplicativo.
- *Wi-Fi* grátis nas áreas de convivência.
- Iluminação pública de *LED*, que reduz em 70% o consumo de energia.
- Ilhas de coleta seletiva e área de compostagem comunitária.
- Horta e cozinha comunitárias, com aulas sobre culinária saudável.

A Planet Smart City, devido ao sucesso da *Smart City Laguna*, vai construir novas cidades inteligentes em pelo menos 10 cidades brasileiras até 2021, sendo que a próxima está na RMN, na qual há também por coincidência uma cidade com o nome de São Gonçalo do Amarante!!!

Em Fortaleza e em muitos outros lugares do Estado do Ceará existem duas minas de ouro: os **ventos** e o **sol**. E ambos não servem apenas como uma vantagem ou um grande atrativo turístico, mas como motores para o desenvolvimento econômico. Tanto na RMF, como em outros locais do

Estado do Ceará, tem se procurado explorar bastante essas duas riquezas, e a previsão é de que até o final de 2020 mais de 60% da energia elétrica consumida no Ceará venha de fonte limpas e renováveis, como a **eólica** e a **solar**.

A **energia eólica** é a que mais avança, tanto que em abril de 2019 já havia no Estado 79 parques eólicos em operação, e mais de uma dezena em construção. Hoje a energia elétrica oriunda dos ventos é **competitiva**, com a energia elétrica produzida nas usinas hidrelétricas e térmicas, com a previsão que ela fique mais barata no curto prazo.

Os estudos mostram que o Ceará tem potencial de gerar 80 GW de energia eólica, o que é mais do que 60 vezes o que o Estado consome agora, somando-se todas as formas que permitem a geração de energia elétrica. Aliás, no que se refere à geração de energia eólica, a região nordeste é considerada uma verdadeira "**Arábia Saudita**" **dos ventos**. Isso se deve a três características essenciais: **boa velocidade, baixa turbulência** e **uniformidade** dos ventos, o que permite que os aerogeradores nessa região tenham uma capacidade de produção de 41%, enquanto a média mundial é de 25%. Também vale lembrar que a energia eólica tem movimentado no Estado uma grande cadeia econômica, que inclui as empresas que fabricam suas torres, seus aerogeradores e suas pás.

Já no que concerne à energia solar, essa indústria ainda está se desenvolvendo no Ceará. Porém, com o alto índice de insolação em todo o Estado, ao longo do ano, o sol é de fato outro **tesouro** a ser explorado por empresas que fabricam equipamentos geradores de energia elétrica a partir do sol e que queiram investir no Ceará.

Um estudo recente demonstrou que em apenas 1,6% do território cearense, na região árida do sertão dos Inhamuns, seria possível produzir via energia solar, o equivalente ao que seria produzido por seis usinas do porte de Itaipu (14 GW).

Já o fornecimento de água e a coleta de esgoto da cidade são feitos pela Companhia de Água e Esgoto do Ceará e estima-se que em 2019, algo como 98,9% das residências possuíam água encanada e 98,4% tinham coleta de lixo. Aliás, um dado relevante é que 13% desse lixo coletado passava por um processo de reciclagem, com o que Fortaleza entrou no grupo dos municípios cumpridores da meta da Política Nacional de Resíduos Sólidos.

A **dessalinização** da água do mar para fins potáveis, alternativa usada por vários países sob estresse hídrico, como Israel e Austrália, começou agora a ser considerada como uma grande solução para o abastecimento de água nas regiões metropolitanas brasileiras, em especial as da região nordeste.

Fortaleza é no momento a primeira capital estadual com um projeto para produzir **até mil litros de água por segundo** por meio do processo de dessalinização, até 2020, o que ajudaria a dar sobrevida ao açude Castanhão, que abastece a Grande Fortaleza e em maio de 2018 ficou com a sua capacidade **abaixo de 5%**.

O projeto deve ser uma PPP com a empresa escolhida para construir e operar a usina, recebendo a concessão do serviço para um período de até 30 anos. Em outubro de 2017 a Companhia de Água e Esgoto do Ceará recebeu as propostas de manifestação de interesse das empresas para a realização dos estudos sobre a planta de dessalinização e, em 2018, foram entregues as propostas para a construção e operação da usina.

Note-se que em 2018 Fortaleza entrou no sexto ano consecutivo de seca, e por isso o governo do Estado decidiu encontrar outras alternativas para o abastecimento da RMF. Uma unidade de dessalinização que operasse com uma capacidade de mil litros de água por segundo acrescentaria 12% na oferta de água para a RMF, o que seria equivalente ao abastecimento de 720 mil pessoas.

Atualmente Fortaleza e outros cinco municípios da RMF são abastecidos por duas ETAs, que produzem até 15 mil litros de água por segundo. A preocupação do governo cearense é que em uma ou duas décadas a demanda pela água supere a produção atual.

Silvano Porto, gerente de pesquisa, desenvolvimento e inovação da Companhia de Água e Esgoto do Ceará, explicou: "A planta de dessalinização vai trazer um incremento para o abastecimento, porém não nos dará segurança completa. Vamos precisar de outras fontes, como o reuso de água na indústria. É possível produzir mais de mil litros de água por segundo para as indústrias e o porto do Pecém, a partir do tratamento do esgoto da RMF.

No setor das **comunicações**, as duas empresas principais e mais atuantes são: Grupo de Comunicação O Povo e Sistema Verdes Mares. Ambos comandam, respectivamente, os jornais *O Povo* e *Diário do Nordeste*, e estão entre os 50 maiores do Brasil, em volume de circulação.

Outros veículos administrados por esses dois conglomerados são a TV Verdes Mares (afiliada da rede Globo), TV Diário, FM93 e G1 Ceará, por parte do Verdes Mares; e TV O Povo, rádio O Povo CBN e Mucuripe FM, por parte do grupo O Povo.

Tais instituições detêm maior popularidade, sobretudo enquanto entidades de imprensa, porém, outros grupos como o Sistema Jangadeiro, detentor do portal Tribuna do Ceará, TV Jangadeiro (afiliada ao SBT), Nordes TV (afiliada à rede Bandeirantes), a rede Jangadeiro FM – e a sua geradora – e Tribuna Band News FM (afiliada à Band News FM), e o grupo Cidade de Comunicação, detentor da TV Cidade (afiliada à Record TV), a 89 FM, as rádios AM Cidade e Cidade FM, a Jovem Pan FM Fortaleza (afiliada à Jovem Pan FM), Beach Park FM e Atlântico Sul FM, contam com parte considerável da audiência fortalezense.

No tocante ao **transporte**, acredita-se que em 2020 houvesse na cidade uma frota de 1,1 milhão de veículos, dos quais cerca de 650 mil eram automóveis, 315 mil motocicletas e o restante estava distribuído entre caminhões, camionetes, ônibus, motonetas, micro-ônibus, tratores e outros tipos de veículos. A densidade de tráfego em horários de pico na cidade está sendo apontada como a quarta maior do País, com 52% de suas vias congestionadas.

A malha cicloviária de Fortaleza no início de 2019 era composta por 257,5 km, dos quais 105,9 km de ciclovias, 147,5 km de ciclofaixas, 4 km de ciclorrotas e 0,1 km de passeio compartilhado. O município implementou um sistema de bicicletas públicas, o Bicicletar, que em abril de 2015 possuía 40 estações e 400 bicicletas. Nesse mesmo ano a frota de táxis municipal era constituída por 4.886 carros, entre comuns, adaptados e de uso especial.

O acesso terrestre ao município pode ser feito pelas rodovias BR-116, BR-20, BR-222, CE-90, CE-85, CE-65, CE-60, CE-40 e CE-25. O sistema de transporte rodoviário da cidade é regulamentado pela Empresa de Transporte Urbano de Fortaleza, um órgão da prefeitura, enquanto que o trânsito de veículos é fiscalizado pela Autarquia Municipal de Trânsito, Serviços Públicos e Cidadania.

O **transporte coletivo** realizado por ônibus é denominado Sistema Integrado de Transportes (SIT-FOR), cuja operação teve início em 1992. Ele proporciona ao usuário opções de deslocamento e acesso às diferentes zonas da cidade por meio da integração de tarifa única em terminais regionais. Essa rede possui três tipos de linhas: as que fazem integração bairro-terminal; as que integram o terminal ao centro da cidade e as que interligam terminais.

Fortaleza possui sete terminais integrados: Antônio Bezerra, Papicu, Parangaba, Lagoa, Siqueira, Messejana e Conjunto Ceará. Além disso existem dois terminais abertos: Praça Coração de Jesus e Estação João Felipe. Mais de 1,2 milhão de passageiros transitam diariamente pelos terminais fechados utilizando-se 270 linhas de ônibus regulares, que oferecem milhares de combinações de rotas que se distribuem por toda a cidade.

Na capital cearense há cerca de 25 empresas operantes com uma frota de mais de 2.200 ônibus, sem incluir os que circulam na RMF, que realizam algo próximo a 24.000 viagens diariamente. Em 2003 começou a operar na cidade o sistema de bilhete único, que permite ao usuário utilizar ônibus e *vans* com uma tarifa única durante o período de 2 h, sem a necessidade de integração pelos terminais.

Já operam na cidade várias linhas de *BRT*, que fazem parte de um sistema denominado Expresso Fortaleza. A primeira inaugurada foi o corredor expresso Antônio Bezerra/Papicu, mas a cidade já conta com cerca de 150 km de faixas exclusivas para o transporte coletivo. Em abril de 2019, cinco novas linhas passaram a operar somente entre o terminal Messejana e o centro da cidade. Foi em 2015 que teve início o processo de climatização de toda a frota de ônibus do SIT-FOR.

O metrô de Fortaleza é operado pela empresa de capital social Companhia Cearense de Transportes Metropolitanos, fundada em 1997. Ela é responsável pela administração, construção e planejamento metroviários na RMF, e comandada pelo governo estadual. Planejou-se para o metrô fortalezense uma extensão de quase 70 km e 53 estações distribuídas em cinco linhas. As operações assistidas tiveram início em 2012, mas o sistema só passou a operar comercialmente em 1º de outubro de 2014.

A linha Sul é a que tem atualmente o maior número de estações em funcionamento, porém, muitas estão em construção ou, pelo menos, sendo projetadas. O sistema metroviário foi concebido para integrar-se a dois dos sete terminais rodoviários da cidade, Parangaba e Papicu e para conectar-se ao terminal de passageiros do porto do Mucuripe e ao aeroporto internacional da cidade. Estima-se que em 2020 o metrô transporte diariamente cerca de 55 mil passageiros. Aliás, nessa época estava sendo realizada uma nova licitação para as obras de expansão do sistema metroviário da cidade.

No dia 30 de maio de 2019, ocorreu em São Paulo o evento *Summit Mobilidade 2019*, promovido pelo jornal *O Estado de S.Paulo*. Dele participou o prefeito de Fortaleza, Roberto Cláudio Rodrigues Bezerra, que destacou: "Em quatro anos conseguimos reduzir em 40% o número de mortes no trânsito na cidade. E com esse feito a capital cearense virou um exemplo de avanço em políticas públicas de **mobilidade urbana**, ao melhorar as condições para quem não tem carro.

Hoje a cidade tem o melhor índice de uso de bicicletas compartilhadas no País, e também está à frente quanto ao número de pessoas morando a até 300 m de uma estrutura cicloviária. Os terminais contam com bicicletas que têm integração ao transporte público, ou seja, elas estão inclusas na passagem.

Agora a cidade se prepara para receber os patinetes, mas a prefeitura está exigindo uma contrapartida das empresas que vão oferecer esse serviço, ou seja, elas precisam construir as calçadas para acomodá-los!!! A quilometragem de faixas exclusivas para ônibus também aumentou de 3 km em 2014 para 110 km no fim de 2018. Tenho plena convicção de que políticas públicas que têm longevidade, que mobilizam e engajam as pessoas e que sobrevivem às mudanças de governo são aquelas que mexem com o comportamento e com a atitude da população."

Nesse evento foram divulgadas as conclusões do estudo *Como o brasileiro entende o transporte urbano*, inédito no País, realizado pela empresa 99 em parceria com o Instituto Ipsos. Nele descobriu-se que três em cada quatro brasileiros não sabem quanto gastam com transporte!?!? E, o pior: entre os entrevistados que eram proprietários de automóveis, percebeu-se que estes citaram valores mensais para a manutenção dos veículos bem **inferiores** àqueles realmente despendidos.

Vivemos numa época em que os brasileiros que residem nas capitais e regiões metropolitanas estão experimentando novos modais. Assim, 14% são usuários de carros por aplicativo e também se locomovem a pé por distâncias maiores que 500 m; 10% combinam carro por aplicativo com ônibus municipal e 9% usam o automóvel como passageiros.

Além disso, três em cada dez pessoas estão predispostos a abrir mão do veículo próprio para utilizar outros meios de transporte. De fato, a tendência de reduzir o uso de carros próprios nos grandes centros é clara. A **integração** de vários modais – ônibus, bicicletas, trens e metrôs, carros por aplicativos e até a realização de parte do trajeto a pé – é a opção que mais está atraindo os que vivem nas capitais estaduais e nas regiões metropolitanas.

Aliás, os moradores desses centros urbanos gastam em média 127 min por dia para se deslocar, o que equivale a dizer que passam mais de 1 mês por ano no trânsito!

O atual aeroporto internacional Paulo Martins, situado no centro geográfico de Fortaleza, fica a 15 min de carro das principais zonas de serviços e da orla da capital cearense. Ele foi construído entre 1996 e 1998, quando passou a ser classificado como internacional.

O aeroporto passou por um grande processo de ampliação, a partir do qual o número de pontes de embarque subiu de **6** para **16**, e o terminal de passageiros aumentou de 38.000 m² para 133.000 m². Assim, se em 2014 ele já tinha capacidade para atender a 6,2 milhões de passageiros por ano, após essa ampliação sua capacidade praticamente dobrou, sendo agora de 11,2 milhões de usuários.

O aeroporto internacional Pinto Martins tornou-se **o terceiro mais movimentado** da região nordeste, e também um dos bem movimentados do País. Até 2017, ele recebia cerca de 1.500 aeronaves internacionais e 65.000 aeronaves domésticas por ano. O número de passageiros em 2019 foi de aproximadamente 7,41 milhões.

Foi no final de setembro de 2017 que os cearenses receberam uma boa notícia: eles ficaram mais próximos do mundo, pois as companhias aéreas Air France-KLM e Gol haviam escolhido Fortaleza como principal *hub* da região nordeste. Assim, a partir do ano seguinte – 2018 – a cidade passou a receber vários voos oriundos da Europa.

O anúncio aconteceu alguns dias depois da oficialização da concessão do aeroporto internacional Pinto Martins para o grupo alemão Fraport, gestor do aeroporto de Frankfurt na Alemanha, e responsável pela operação de 24 terminais espalhados pela Europa, Ásia e América do Sul. Em 16 de março de 2017 a companhia conquistou a concessão por um período de 30 anos, pagando por isso R$ 1,5 bilhão. Com isso ela comprometeu-se a investir R$ 2 bilhões numa nova ampliação e modernização do aeroporto cearense.

Na apresentação do novo plano de gerenciamento do aeroporto, representantes da Fraport revelaram que a meta é dobrar o número de passageiros que passam por ele anualmente. Um dos destaques desse plano é a ampliação do terminal, incluindo a extensão da pista, o que deve consumir R$ 600 milhões em investimentos em sua primeira fase. A proposta é que esse terminal passe a contar com sete pontes adicionais e mais vagas para estacionamento de aeronaves.

O diretor executivo da Fraport, Stefan Schulte, afirmou: "Vamos transformar esse aeroporto numa referência na América Latina. Estamos há mais de 80 anos no mercado e queremos um aeroporto maior e melhor. Estamos aqui porque é isso que sabemos fazer!!!"

Não foram apenas a localização geográfica estratégica e o potencial turístico que influenciaram a Fraport, a Gol, a Air France-KLM a investirem no Estado do Ceará! O fato é que esse Estado oferece educação de qualidade para seus jovens, tem uma ampla infraestrutura logística e é o que apresenta melhor situação fiscal do País!!! Todos esses quesitos foram importantes na decisão dessas empresas de investirem no aeroporto Pinto Martins.

Aliás, Celso Ferrer, vice-presidente de planejamento da Gol, explicou: "O estabelecimento do nosso *hub* em Fortaleza foi o passo mais importante na parceria de cerca de três anos que já temos com a Air France-KLM. Com certeza, essa nossa maior presença atenderá melhor a muitos turistas e a clientes corporativos, gerando ainda mais negócios e desenvolvimento para a região.

Claro que a criação desse *hub* e a concessão do aeroporto devem trazer benefícios que vão além do turismo. Estudos comprovam a transformação ocorrida nessa cidade com o início dos voos da empresa aérea portuguesa TAP entre Fortaleza e Lisboa. Em 1998, quando foram iniciados, com uma frequência de duas vezes por semana, havia 220 empresas com participação estrangeira no Estado do Ceará. Em 2003 esse número subiu para 720 e, em 2016, já com voos diários entre ambas as cidades, o total alcançou 4.772.

Sem dúvida foram esses voos que permitiram que, além dos turistas, mais investidores chegassem rapidamente ao Ceará. Naturalmente, a expectativa agora é de que as conexões diretas com a Holanda e a França impulsionem ainda mais essas cifras, uma vez que esse *hub* inicialmente movimenta 10 voos semanais: a KLM, operando três voos para Amsterdã; a Joon, uma nova companhia da Air France, com dois voos por semana até Paris. Por sua vez, a Gol ampliou seus voos entre Fortaleza e Natal, Belém, Manaus, Recife e Salvador."

Mas os benefícios não deverão vir somente daí. Um estudo que já havia sido encomendado em 2015 pela Latam a Oxford, revelou que a instalação desse *hub* no nordeste exerceria um efeito multiplicador não apenas para a economia da RMF, mas para toda a região nordeste!!! Essa pesquisa apontou que cada dólar investido na iniciativa, ou seja, na melhoria do aeroporto – transformando Fortaleza numa aerotrópole – poderia geral entre U$ 5,20 a U$ 5,80 em novas atividades econômicas.

Com isso, um *hub* poderia promover um crescimento adicional entre U$ 374 milhões a U$ 520 milhões anuais para o PIB da região. Isso representaria um acréscimo de R$ 7 bilhões a R$ 9 bilhões em um intervalo de cinco anos. Para o mesmo período, a análise apontava um potencial de geração de empregos estimado entre 34 a 42 mil.

A esses números deve-se somar a ampliação da **competitividade** da região, que viria da aceleração do desenvolvimento econômico, da melhoria do acesso a mercados estrangeiros por meio de exportações, da movimentação de mão de obra e, é claro, da atração de investimentos externos. E sem dúvida ocorrerá também um aprimoramento na área de transporte de carga, o que permitirá o escoamento mais eficiente de produtos perecíveis no Estado, como flores, frutas e pescados.

Há planos de que se tenha em breve outro aeroporto na RMF, mais precisamente na zona do Pecém. Claro que agora, com a entrada da Fraport, esse movimento diminuiu um pouco, mas não deve ser descartado. Afinal, a RMF é bastante pujante e com certeza em breve será preciso distribuir alguns voos para outros aeroportos para evitar congestionamentos no aeroporto internacional Pinto Martins.

Também não se pode esquecer da importância do **transporte hidroviário** na capital fortalezense. Com a construção do forte Schoonenborch pelos holandeses, em 1649, nas proximidades do riacho Pajeú, pretendia-se que, posteriormente, houvesse uma grande estrutura de atracação num porto. Esta vem sendo desenvolvida ao longo dos últimos 371 anos!!! Assim, construções como as pontes Metálica e dos Ingleses fazem parte desse objetivo.

O primeiro porto de Fortaleza funcionou na região da então Prainha, hoje praia de Iracema. Porém, a estrutura portuária da capital só se desenvolveu de fato com a construção, ainda na década de 1940, do porto de Mucuripe, o que transformou radicalmente a cidade. Ele conta com um cais de 1.054 m de extensão, plataforma de atracação exclusiva para navios petrolíferos, área de armazéns de 6.000 m^2 e quase 200.000 m^2 de pátio para contêineres. O local possui ainda três moinhos de trigo e está interligado ao sistema ferroviário por um extenso pátio de manobras.

Todavia, existe atualmente na RMF, mais especificamente em São Gonçalo do Amarante, outro terminal portuário, ou, mais simplesmente, o porto de Pecém. Por sua localização geográfica esse porto oferece o menor ETS (*estimated time of sailing* ou "tempo estimado de navegação") entre Brasil e EUA/Brasil e Europa, com média de seis e sete dias, respectivamente. Isso o coloca em posição estratégica no cenário nacional.

No Estado do Ceará está em processo de configuração um polo de desenvolvimento dos segmentos petrolífero, químico e metalmecânico, dentre outros ramos industriais, que compõe o Complexo Industrial e Portuário do Pecém, do qual, obviamente, o porto faz parte.

No que se refere à **cultura**, inicialmente deve-se ressaltar que Fortaleza é cidade-irmã de Ferreira do Alentejo, Valongo e Lisboa, em Portugal; de Praia e Ilha do Sal, em Cabo Verde; de Miami Beach e Racine, nos EUA; de Montese, na Itália; e de Natal, capital do Rio Grande do Norte. Naturalmente esses acordos foram assinados com vários objetivos, sendo um deles o de incrementar o intercâmbio cultural.

No caso de Cabo Verde, por exemplo, isso tornou muito mais e os que vivem nesse pequeno país, que já foi colônia portuguesa, costumam vir pelo menos uma vez por ano para Fortaleza, de navio, para se abastecerem de muitos produtos, especialmente artigos de vestuário...

De acordo com o Plano Diretor de Fortaleza, as Zonas Especiais de Preservação do Patrimônio Paisagístico, Histórico, Cultural e Arqueológico são as regiões do centro, Parangaba, Alagadiço Novo/José de Alencar, Benfica, Porangabuçu e Praia de Iracema, que abrigam 1.186 imóveis de interesse de preservação. Entretanto, o patrimônio arquitetônico de Fortaleza na forma de bens tombados está predominantemente concentrado no **centro da cidade**. Alguns desses "**tesouros**", como o farol do Mucuripe, estão infelizmente em ruínas...

O Estado do Ceará e, mais especificamente Fortaleza, fizeram parte do grupo pioneiro de Estados e cidades a adotarem políticas públicas de proteção ao patrimônio imaterial vivo de sua cultura, por meio do programa Mestres da Cultura. A vida cultural da capital cearense é diversificada e fecunda. Muitos artistas, entre escritores, pintores e cantores, utilizaram os palcos e as praças mais movimentadas da cidade para estimular a cultura regional.

Dentre os teatros, os maiores e mais populares são o Teatro São José; o Cine-Teatro São Luiz; o Teatro Rio Mar, o Teatro Via Sul e, principalmente, o Theatro José de Alencar, palco dos principais espetáculos e apresentações da cultura local, nacional e mundial (alguns gratuitos). Seu prédio, que comporta 778 pessoas, foi erguido em 1910, em estilo *art noveau*, fachada frontal (onde fica a bilheteria) neoclássica, e vitrais e teto pintados de forma alusiva às obras do autor.

O Museu do Ceará ocupa um palacete tombado e abriga um acervo permanente sobre a história do Estado. Nele estão guardados numerosos artefatos da memória fortalezense, entre peças de paleontologia, arqueologia e antropologia indígena; mobiliário; itens relativos às lutas e revoltas populares; os referentes à religiosidade local; e sobre produção intelectual e irreverência do povo cearense. O destaque, entretanto, são os itens do movimento abolicionista.

Outros exemplos de construções históricas e notórias de Fortaleza são o prédio da alfândega, onde está localizado o espaço Caixa Cultural (que recentemente abrigou as exposições *Imensurável*, do carioca Felippe Moraes, e *Francisco Brennand – Mestre dos Sonhos*, com as obras do artista pernambucano); o sobrado do dr. José Lourenço, onde está localizado um centro cultural especializado em artes visuais; e o prédio da estação João Felipe, ponto de partida da estrada de ferro construída em 1877, hoje desativada, com planos de uso de suas dependências para a instalação da Pinacoteca do Ceará.

Tais equipamentos **localizam-se** no entorno de uma das áreas de fundação de Fortaleza, com um patrimônio arquitetônico ainda preservado, onde predomina o estilo neoclássico, remanescente da era da economia do algodão dos tempos da *belle époque* fortalezense.

Apesar de distante do centro histórico, a Casa de José Alencar foi o primeiro imóvel tombado em Fortaleza, o que ocorreu em 1964. O local abriga coleções de arte, a atual pinacoteca, uma biblioteca e as ruínas do primeiro engenho a vapor do Ceará, que data de 1830, e representa um marco da industrialização no Estado. Há ainda o Museu da Fotografia, aberto em 2017, que fica na Varjota, um bairro gastronômico. O prédio, que ostenta uma fachada de concreto e metal perfurado, é administrado pelo Instituto Paula e Silvio Frota e guarda a coleção do casal, com imagens históricas, documentais e artísticas. Ele tem dois pisos, e no térreo são apresentadas mostras temporárias.

Nas diferentes SERs (Secretarias Executivas Regionais) da cidade, estão espalhados os complexos da rede CUCA, que são grandes instalações voltadas para a arte, o lazer e a educação, sobretudo para jovens. Fortaleza foi assim cada vez mais no sentido de se tornar uma **cidade criativa**, o que acabou se tornando realidade...

No dia 30 de outubro de 2019 a diretora geral da Unesco Andrey Azoulay comunicou que Fortaleza foi incluída n RCC, na categoria *design*.

A candidatura de Fortaleza foi um dos projetos incluídos no portfólio do Masterplan de EC, elaborado pelo Observatório da Indústria da Federação das Indústrias do Estado do Ceará, contando também com o apoio do Museu da Indústria (um equipamento do Sesi), do curso de *Design* da UFC, do Centro Dragão do Mar de Arte e Cultura, da Vila das Artes entre outras entidades.

Ao avaliar a candidatura de Fortaleza, os membros da comissão da Unesco ficaram impressionados com a evolução de vários setores da EC – mais especificamente do *design* – nos vários projetos da cidade, a sua relação com os objetivos do desenvolvimento sustentável e o seu interesse de cooperar com as outras cidades que fazer parte da RCC.

Para receber o título de **cidade criativa** foram levadas em conta as diversas ações no *design* urbano facilitando a acessibilidade dos fortalezenses, bem como o seu envolvimento na busca de soluções criativas para contornar ou solucionar os vários problemas com os quais convivem os habitantes da cidade.

Foi importante o fato de que nos últimos anos surgiu um grande número de pessoas se capacitando em faculdades com cursos de Arquitetura e *Design* nos quais aprenderam as técnicas e as artes, por exemplo de restauração de prédios e outros objetos de valor histórico e cultural.

O prof. Leonardo Buggy que coordenou na UFC o dossiê de apresentação do município para a candidatura ressaltou: "O título de cidade criativa para Fortaleza nos trouxe grande alegria, mas pouca surpresa!!! Isso porque a forma como a cidade desenvolveu-se na área de *design* na última década foi notável, havendo nela muitos eventos e ações de fomento, inclusive por parte do governo. Claro que essa conquista irá também incrementar em Fortaleza a presença de turistas que quererão apreciar a sua vida cultural e social."

Já o secretário municipal de Turismo, Alexandre Pereira destacou: "A nossa cidade merecia essa láurea, pois é a quarta capital do País em número de estabelecimentos com vínculos com o *design*, depois de São Paulo, Rio de Janeiro e Curitiba e ocupa a terceira posição entre as capitais brasileiras em número de empregos formais no setor de EC. A cidade é um polo da indústria têxtil e mantém uma área bem ativa na produção de moda. Todos já conheciam no mundo a encantadora Fortaleza como uma cidade **afetiva** e **cordial** e agora é também **criativa**!!!"

Fortaleza possui locais incríveis para atuar na EC. Esse é o caso do Centro Dragão do Mar de Arte e Cultura (seu nome é uma homenagem ao lendário jangadeiro Chico da Matilde) que foi entregue a população pelo governador Tasso Jereissati em 28 de abril de 1999. É um dos maiores centros culturais do Brasil com cerca de 30.000 m^2 de área dedicada à arte e à cultura com atrações como o Museu de Cultura Cearense, o Museu de Arte Contemporânea do Ceará, o Planetário Rubens de Azevedo, o Teatro Dragão do Mar, as salas de cinema do Dragão, o anfiteatro Sérgio Mota, o espaço Rogaciano Leite Filho, a biblioteca Lenilson, auditório, multigalerias e espaços para exposições itinerantes e a praça Verde, que abriga mais de 4.000 pessoas, para apreciar grandes *shows* nacionais e internacionais.

O Instituto Dragão do Mar é a organização social responsável pela gestão e execução das políticas públicas do Centro Dragão do Mar de Arte e Cultura e outras dez instituições de cultura, esportes e gastronomia do Ceará.

São elas: Escola Porto Iracema das Artes; Escola de Artes e Ofícios Thomaz Pompeu Sobrinho; Centro Cultural Grande Bom Jardim; Cine Teatro São Luiz; Teatro José de Alencar; Escola de Gastronomia Social Ivens Dias Branco; Escola de Hotelaria e Gastronomia da Estação das Artes; Casa de Saberes Cego Aderaldo; Vila da Música e Centro de Formação Olímpica.

E não se pode esquecer da Vila das Artes, um equipamento cultural da prefeitura de Fortaleza que foi inaugurado em 19 de setembro de 2008. Ela atua na formação em artes e difusão cultural sediando várias IEs públicas voltadas para setores da EC.

A Vila das Artes tornou-se uma referência para as artes no Estado do Ceará e um patrimônio de Fortaleza.

Para além das manifestações culturais de cunho artístico, na sociedade fortalezense também está presente a **maçonaria**, representada regionalmente por meio de duas obediências do Brasil: a Grande Loja Maçônica do Ceará e o Grande Oriente Estadual do Ceará.

O **artesanato cearense** tem em Fortaleza seu principal mercado e sua mais importante vitrine. Na cidade existem vários lugares específicos para o comércio de produtos artesanais, tais como: a Central de Artesanato do Ceará; o Centro de Turismo do Ceará, localizado na construção histórica onde funcionou a Cadeia Pública de Fortaleza; a Feira de Artesanato da Beira-Mar; o Mercado Central e o Polo Comercial da avenida Monsenhor Tabosa.

É bem grande a diversidade do artesanato encontrado em Fortaleza, sendo que os artigos mais característicos são aqueles oriundos do couro, da argila, do cipó e da madeira, os manufaturados com a fibra de algodão, as cerâmicas, a cestaria, os trançados com palha de carnaúba, as rendas de bilros, os bordados, os crochês, entre outros itens.

A principal **manifestação literária** da história fortalezense surgiu no final do século XIX, nos cafés da praça do Ferreira, e foi conhecida como Padaria Espiritual, um movimento pioneiro na divulgação de ideias modernas na literatura brasileira que somente seriam adotadas nacionalmente no século XX, na **Semana de 22**.

As principais entidades históricas de alta cultura ainda existentes na cidade são: o Instituto do Ceará, fundado em 1887, que revelou importantes nomes da historiografia e filosofia nacionais, como Farias Brito e Capistrano de Abreu; e a Academia Cearense de Letras (ACL), a **primeira academia de letras criada no Brasil**, em 1894. Entre os escritores fortalezenses ligados a ACL, que ocuparam cadeiras ABL, estão: Gustavo Barroso, Araripe Júnior, José de Alencar, Heráclito Graça, Franklin Távora, Clóvis Beviláqua e Rachel de Queiroz, a primeira mulher a fazer parte da ABL.

A Casa de Juvenal Galeno, um dos maiores poetas nascidos na cidade, é uma histórica edificação cultural de Fortaleza. Nesse espaço cultural, o também poeta Carneiro Portela criou em 1969 o Clube dos Poetas Cearenses. A casa se tornou famosa pelos festivais de poesia, seminários e saraus promovidos nela pelos jovens intelectuais fortalezenses.

No **cinema**, o nome mais tradicional de Fortaleza é o de Zelito Viana, diretor de filmes como *Villa Lobos – Uma Vida de Paixão* e *Morte e Vida Severina*. Na atualidade destacam-se nacionalmente Karim Aïnouz, responsável pela direção de *Madame Satã*, *O Céu de Suely* e *Praia do Futuro*, e também pelo roteiro de *Cidade Baixa*, *Cinema, Aspirinas, Urubus* e *Abril Despedaçado*, além de ter filmes seus exibidos em eventos como o Festival de Cannes, Festival de Veneza e na mostra competitiva pelo Urso de Ouro do Festival de Berlim. Outro atual expoente do cinema nascido em Fortaleza é Halder Gomes, diretor e roteirista de *Cine Holliúdy*.

Outros cineastas da cidade têm ganhado espaço nos últimos anos em exibições de destaque, como o Festival do Rio de Janeiro. O mais tradicional evento de cinema de Fortaleza é o Cine Ceará (Festival Ibero-Americano de Cinema), considerado um dos principais festivais do País, que acontece no Cine-Teatro São Luiz.

No âmbito da **moda**, o principal nome na cidade é o de Lino Villaventura, que, a partir de Fortaleza, projetou-se nacional e internacionalmente. Hoje ele é um dos principais nomes do *São Paulo Fashion Week*, além de ter sido um dos estilistas fundadores dessa semana de moda.

Na capital do Ceará acontecem grandes eventos do setor, como o *Festival da Moda de Fortaleza*, o *Fortaleza Fashion Week* e o *Dragão Fashion Brasil*, considerado o maior evento de moda do nordeste e o terceiro maior do País. O centro comercial Maraponga Mart Moda é referência nas regiões norte e nordeste em moda autoral, além de abrigar eventos como o *Ceará Summer Fashion* e o *Maraponga 40 Graus*.

É para Fortaleza que escoa grande parte do que é produzido em vestuário no Estado, que, por sua vez, é reconhecido como um dos mais importantes polos têxteis do País, fazendo com que a indústria de confecção tenha um grande peso na economia da RMF. Marcas da cidade como a Santana Textiles e sedes de marcas como Esplanada e Otoch detêm considerável influência regional.

Produtos de couro e de renda são elementos centrais da moda local e possuem grande tradição e valor cultural. A moda praia é uma das tendências mais importantes no vestuário do cidadão fortalezense, em função da grande valorização do litoral da cidade e do fato de o Ceará ser um importante destino turístico praiano.

No quesito **humor**, Fortaleza contribuiu muito para o divertimento de cidadãos cearenses e brasileiros como um todo, com os seus talentosos humoristas. Aliás, no imaginário coletivo das pessoas, o humor na identidade do cearense remonta ao fim do século XIX, quando surgiu a expressão "**Ceará moleque**", cunhada por Adolfo Ferreira dos Santos Caminha e Manuel de Oliveira Paiva, em alusão às brincadeiras e provocações sociais e políticas da população, como a criação do Festival de Mentiras do 1º de Abril, que premiava, no "**Cajueiro da Mentira**" (na praça do Ferreira) o maior contador de lorotas do Ceará!!!

Outro símbolo da verve fortalezense é o **bode Ioiô**. O animal ganhou fama na década de 1920, por "frequentar" lugares públicos, beber cachaça e, além disso, ter se tornado candidato a vereador da cidade. Após sua morte, o caprino foi empalhado e até hoje está exposto no Museu do Ceará, porém, em 1996 seu rabo foi roubado. Acontecimentos históricos desse tipo, assim como a tradição construída por Caminha e Paiva, ajudaram a desenvolver uma **indústria do humor** na cidade.

Bares, restaurantes e casas especializadas passaram a servir de palco para os humoristas mais aclamados pelo público, e as praças se tornaram também espaços para a apresentação de palhaços e outros artistas do riso. Desse modo, Fortaleza passou também a ser conhecida como a "**capital do humor**" do País. Os *shows* humorísticos da cidade são hoje um dos seus mais importantes eventos de apelo turístico, movimentando algo próximo de 3,2 milhões de espectadores por ano!!!

Referências da atualidades no humor, como Tom Cavalcante e Francisco Wellington de Moura Muniz, que fazem grande sucesso nacionalmente, nasceram em Fortaleza. Outro humorista cearense de grande destaque e que iniciou carreira em Fortaleza foi Falcão, que ganhou notoriedade nacional ao aliar humor à música brega e, em decorrência disso, passou a ser considerado um dos maiores ícones desse estilo musical.

Já na RMF, ou seja, mais precisamente em Maranguape, nasceu Chico Anysio, que se tornou o maior comediante brasileiro de todos os tempos. Humoristas de outras cidades e Estado também fizeram carreira na capital cearense, como foi o caso de Renato Aragão e de Tiririca.

Quando o assunto é **música**, o **forró** é o gênero musical mais popular na cidade, sendo apresentado e executado em várias casas de *shows* especializadas e formador de uma **robusta indústria de entretenimento** em todo o Estado. Bandas originadas em Fortaleza, como Mastruz com Leite e Aviões do Forró, foram precursoras e responsáveis pela popularização do forró eletrônico, que promoveu a revalorização da sanfona no gênero e o aproximou da música *pop*.

O forró pé-de-serra, entretanto, ainda detém grande influência cultural, sendo assim um destaque comercial na cidade. Já os estilos musicais como *rock* e outras ramificações, como samba, *jazz*, *blues*, *hip-hop*, entre outras vertentes contemporâneas, também fazem parte da produção musical de Fortaleza e são frequentes no que se apresenta nas casas noturnas da cidade. Bandas fortalezenses como Selvagens à Procura de Lei e Cidadão Instigado, ganharam certa notoriedade ao se apresentarem em festivais como o *Rock in Rio* e *Lollapalooza*.

Outro ritmo musical identitário do fortalezense é a **lambada**, que obteve bastante sucesso na cidade no final da década de 1980. Na MPB, alguns dos nomes que desenvolveram carreira em Fortaleza foram Fagner, Ednardo, Belchior, Amelinha, entre outros artistas do movimento Massafeira Livre. A tradição musical de Fortaleza, no entanto, remonta ao compositor Alberto Nepomuceno, um dos maiores nomes da música erudita do Brasil, pioneiro no desenvolvimento do nacionalismo musical no País e, por isso, considerado por alguns como o "**fundador da música brasileira**".

Tem-se em Fortaleza uma importante escola de música que é o Conservatório Alberto Nepomuceno.

O *rapper* Carlos Gallo (o mais conhecido como Nego Gallo), que com o grupo Costa e Costa marcou época no *rap* nacional, com o *mixtape* (uma compilação) *Dinheiro, Sexo, Drogas e Violência de Costa a Costa* em 2007, nas primeiras semanas de 2019 lançou a *mixtape Veterano*, no qual fala diretamente sobre os desafios de se viver nas ruas da capital cearense.

Nego Gallo explicou: "Fiz esse disco numa casa dentro da favela, em volta da qual muitas pessoas morreram de forma trágica e nas várias faixas dele contei histórias de ruas, crimes, mas também causos, reflexões e contos de amor. Micha ideia foi de fazer um disco para Fortaleza, com a música que paira por aqui, ou seja, o *reggae* (marca mais forte do disco), o brega, o passinho e a cumbia *villera* (um ritmo criado nas quebradas argentinas).

Fortaleza tem uma ligação intensa com o *reggae*, sendo um lugar para a juventude através do ritmo poder se expressar e se encontrar nas praças. Ou seja, é uma válvula de escape para fugir da atuação do crime, de um lado, e da polícia opressora, do outro!!!"

No que se refere a **turismo**, Fortaleza é um dos mais importantes destinos do País. De acordo com o ministério do Turismo, a capital cearense é o segundo local mais desejado do Brasil, e o quarto que mais recebe visitantes.

Grandes portais internacionais de viagens e turismo, como o Trip Advisor, assim como diversas entidades nacionais, como a Associação Brasileira de Agências de Viagens (ABAV), têm realmente apontado a **encantadora Fortaleza** como uma das melhores e mais procuradas cidades do País pelos viajantes.

Essa vocação turística da cidade tem estimulado o crescimento de uma robusta estrutura hoteleira e, principalmente, do entretenimento, com destaque para as barracas de praia, lojas de artesanato, parques aquáticos, clubes, boates e casas de *shows*.

Atrações como o parque temático Beach Park, que fica na praia de Porto das Dunas, em Aquiraz que faz parte da RMF, no qual estão muitos bares, restaurantes e clubes de música, as praias do Futuro e Iracema e o *Bar do Pirata* (um enorme bar local), têm colocado a capital cearense entre os destinos brasileiros preferidos pelos turistas estrangeiros, que chegam, principalmente, da Itália, dos EUA, da Alemanha, da França e de Portugal. Por essa razão a cidade dispõe de dezenas de consulados e representações diplomáticas para dar assistência aos visitantes de fora do País.

Fortaleza tem se desenvolvido ainda como emergente eixo de **turismo de eventos e negócios**. Equipamentos como o Centro de Convenções de Fortaleza e o Centro de Eventos do Ceará, segundo maior do Brasil e da América Latina, têm possibilitado um novo destaque à cidade por meio da atração de grandes feiras, congressos, conferências, palestras, seminários, exposições, *shows* e encontros nacionais e internacionais.

Por exemplo, Fortaleza sediou a 6ª Cúpula dos países em desenvolvimento BRICS (Brasil, Rússia, Índia, China e África do Sul), ocorrida em julho de 2014, quando se reuniram na capital cearense os presidentes desses países.

Porém, o desenvolvimento turístico de Fortaleza tem ocorrido não apenas pela atração de seus eventos, mas também pela consolidação da agenda de acontecimentos e festividades da cidade, como o Carnaval e seus cortejos de Maracatu (ocorre no dia 25 de março, na mesma data que aconteceu a libertação dos escravos no Ceará, mas em 1884...), as festas juninas, o Fortal, considerada a maior micareta *indoor* e a maior festa de Carnaval fora de época do País e o *Ceará Music*.

Mas não é somente a dinâmica capital do Ceará que atrai os turistas. Com 640 km de praias e sol brilhando quase o ano todo, o Estado do Ceará como um todo é sem dúvida um dos destinos mais desejados pelos turistas brasileiros e estrangeiros e vem colhendo massivos recordes no setor turístico, mesmo nos últimos anos, quando o País vem enfrentando uma séria crise econômica. De fato, os visitantes, particularmente os que chegam a Fortaleza, já ultrapassam os 3,3 milhões por ano.

Com isso, em 2016 a renda gerada pela **movimentação turística** ultrapassou R$ 12 bilhões e, com isso, a sua contribuição no PIB estadual superou um pouco os **12%**. Esses resultados consolidam especialmente o projeto que começou a ser implementado em 2007, que priorizou o turismo como fator de desenvolvimento econômico e social.

Não se pode esquecer que alguns eventos esportivos ajudaram também a atrair mais turistas e a receber mais verbas para aprimorar o atendimento aos visitantes, como a melhoria da infraestrutura de transporte, a hospedagem e a realização de muitos eventos.

Dos recursos recebidos da União, do ministério do Turismo, do BNDES, de três bancos de fomento internacional, entre os quais o Banco Mundial, o Estado do Ceará ergueu o mais moderno Centro de Eventos do País (inaugurado em 30 de junho de 2012), que comporta 30 mil pessoas e custou R$ 486,51 milhões.

Também foram construídos túneis, rotatórias e remodeladas as avenidas da capital; implantados aeroportos nas badaladas praias de Canoa Quebrada e Jericoacoara e duplicados trechos de rodovias estaduais.

Em Fortaleza foram realizados seis jogos da Copa do Mundo de Futebol de 2014. Antes disso, em dezembro de 2012, foram concluídas as obras para a reinauguração da Arena Castelão, com capacidade de 63.903 mil lugares, onde foram realizadas algumas partidas da Copa das Confederações, ocorrida em 2013, quando foram disputadas três partidas no local. O Castelão consumiu R$ 547,5 milhões dos cofres cearenses, previstos na sua remodelação, o que foi praticamente uma proeza inédita diante do festival de orçamentos estourados nas obras dos demais estádios brasileiros. Dito isso, só o pré-mundial injetou na economia de Fortaleza R$ 146 milhões, além dos R$ 54 milhões recebidos na forma de tributos e impostos.

Para a Copa do Mundo de Futebol de 2014, foi necessário providenciar também uma ampliação do terminal de passageiros do aeroporto internacional Pinto Martins, uma obra que, a despeito de alguns percalços, foi finalizada.

Uma outra obra que está rendendo bons frutos é a do Centro de Eventos do Ceará – algo que nas cidades norte-americanas é visto como prioritário –, que tem recebido mais de 150 encontros de negócios por ano, o que vem transformando Fortaleza na capital nordestina mais procurada para a realização de feiras e congressos, ultrapassando Recife e Salvador.

E o **turismo de negócios** está crescendo numa velocidade maior que o próprio turismo de lazer, o que impulsiona fortemente a economia local, pois os visitantes com compromissos corporativos consomem duas vezes mais que aqueles interessados apenas em sol e praia.

Um levantamento feito em 2016 pelo Instituto de Pesquisa e Estratégia Econômica do Ceará, mostrou que o Centro de Eventos gerou mais de 100 mil postos de trabalho em Fortaleza, em diversas atividades, desde as diretamente ligadas ao que acontece nesse local como as voltadas ao atendimento dos visitantes (participantes) em seus passeios e andanças fora dos congressos, das exposições e reuniões que acontecem no local.

O melhor termômetro disso está no índice de ocupação dos hotéis de Fortaleza, que melhorou muito, sobretudo entre os meses de março e maio, bem como entre agosto e outubro, quando muitos deles ficavam com a ocupação muito baixa. Ou seja, dos 34 mil leitos disponíveis na rede hoteleira, a atual ocupação média mensal é de 70%. Fortaleza, portanto, está se destacando por reunir dentro de seus limites e também nos municípios vizinhos um **formidável** – e **diversificado** – conjunto de atrações.

Na capital cearense as praias de Iracema, Meireles e Mucuripe, próximas do centro histórico, concentram os melhores programas noturnos, que vão desde *happy hours* nos muitos barzinhos da orla – com direito a acompanhar o pôr do sol –, até a última rodada do forró. Nesse trecho acontece a Feira Noturna de Artesanato.

Durante o dia, a praia mais concorrida é a do Futuro, localizada a cerca de 10 km do centro, que ostenta as águas mais limpas da região, assim como barracas que são verdadeiros parques de diversão para os banhistas, seduzindo-os com massagens, piscinas, música e até toboáguas.

A capital cearense tem ainda duas peculiaridades especiais que agradam aos visitantes. A primeira é a sua **vocação festeira**, que desconhece folga semanal!!! Assim, às segundas-feiras, quando o mundo inteiro vai dormir mais cedo, o forró no *Bar do Pirata* atravessa a madrugada na praia de Iracema. Nas terças, o agito é no *Forró Arre-Égua* (no bairro Varjota); nas quartas, no *Boteco Praia* (no Meireles); às quintas, nas barracas da praia do Futuro.

Já nas noites de sexta-feira e sábado, as baladas são curtidas no *Mucuripe Club* (no centro) e no *Órbita Bar* (na praia de Iracema), e são embaladas por *rock* e música eletrônica. No domingo, a noite é do *Forrozim* (no bairro de Porangaba).

Na vizinha cidade de Aquiraz, o Beach Park, que se tornou o maior parque aquático do País – que recebeu mais de 1,2 milhão de visitantes em 2019 – e transformou-se agora no maior complexo de lazer da costa brasileira, com dezenas de brinquedos alucinantes. Entre eles estão: um toboágua de 41 m de altura, no qual quem se lança atinge uma velocidade de 105 km/h, e quatro *resorts*.

No litoral oeste do Estado, a joia mais valorizada é Jericoacoara, a 300 km da capital. Trata-se de uma antiga aldeia de pescadores cercada de dunas que há um bom tempo deixou de ser anônima ou desconhecida, principalmente depois que alguns anos atrás ela ter sido classificada pelo jornal *The Washington Post* como **uma das praias mais lindas do mundo!!!**

Jericoacoara já possui um aeroporto, mas para chegar até as pousadas é preciso um translado em veículo com tração nas quatro rodas, para vencer o areal que a cerca. Já no sentido leste, a estrela é Canoa Quebrada, a 180 km da capital, com suas falésias vermelhas e um astral que já foi de inspiração *hippie*, mas hoje é **rústico-chique**.

Claro que o salto no turismo cearense acabou se viabilizando com as novas conexões que o aeroporto de Fortaleza tem conseguido, em especial com as mais diversos voos internacionais, embora o aeroporto Pinto Martins ainda esteja bem longe de ser uma **aerotrópole**.

Essa é a meta que o governo estadual deve buscar nos próximos anos, ou seja, instalando aí muitas empresas e ofertando muitos eventos bem perto do aeroporto, que com isso incrementará mais ainda a visitabilidade a Fortaleza e a outras cidades e povoados do Estado do Ceará!!!

Esse é o caso daqueles que desejam ir a Juazeiro do Norte – que possui seu próprio aeroporto – a cidade do padre Cícero Romão Batista, que recebe cerca de 2,3 milhões de romeiros por ano, se bem que a maioria deles, entretanto, chega no local para agradecer e renovar votos ao Padim Ciço, utilizando ônibus, carros e outros veículos automotivos.

Quando o Pinto Martins se tornar uma aerotrópole, o Ceará poderá exportar cada vez mais as suas belíssimas rosas, suas frutas (maçã, melão, maracujá etc.), as amêndoas de castanhas-de-caju, o camarão, a lagosta e o mel natural para o resto do mundo, que vive cada vez mais com os clientes querendo tudo o mais depressa possível, em qualquer lugar do planeta e com excelente qualidade.

Em 2019, lamentavelmente ainda encontrava-se paralisada na cidade uma obra espetacular, que poderia incrementar o turismo na cidade em até 1 milhão de visitantes por ano. Trata-se do aquário na praia de Iracema, uma das mais frequentadas da capital cearense. Ele foi idealizado em 2008 pelo então governador Cid Gomes a um custo estimado de U$$ 150 milhões. Sua construção foi iniciada em 2012 e a obra estava prevista para durar dois anos. Porém, a construção foi interrompida em 2015 na gestão de Camilo Sobreira de Santana, com 75% da estrutura de concreto concluída, mas apenas 25% do previsto em termos de equipamentos e acabamentos, tendo já gerado um custo para os cofres estaduais de R$ 130 milhões.

O Acquário do Ceará – como deverá se chamar – prevê uma área construída de 21.500 m^2 para comportar 38 tanques que, somados, consumirão 15 milhões de litros de água. Nele viverão 35 mil animais marinhos de 500 espécies. O tanque principal deverá reproduzir o fundo do mar e ter até mesmo uma réplica de um navio afundado. Também haverá nele um tanque exclusivo para tubarões, três cinemas e um auditório para palestras.

Não há dúvida de que as autoridades públicas cearenses deveriam conseguir rapidamente parceiros privados para financiar o término desse oceanário, pois a economia da cidade receberia uma grande injeção de dinheiro por parte dos turistas que viriam admirar tudo o que seria exibido nesse enorme aquário.

Quando será que no Brasil aprenderemos a não interromper obras que realmente trarão benefícios, deixando-as incompletas depois de consumirem – e se desperdiçarem – gigantescas somas!?!? Note-se que não é somente em Fortaleza que uma atração turística desse porte ficou pela metade!?!?

Em outra cidade encantadora, Campo Grande, também foi projetado o Aquário do Pantanal, que seria o **maior de água doce do mundo**, com 22.000 m^2 e 32 tanques para peixes. Iniciada em 2011, até sua paralisação em 2016 já haviam sido gastos R$ 200 milhões. A interrupção se deu por suspeitas de superfaturamento. Todavia, o que se deve fazer nesses casos é punir rapidamente os envolvidos nessas fraudes e, paralelamente, concluir a obra, **não é mesmo?** É isso o que se espera que aconteça tanto em Campo Grande quanto em Fortaleza (onde, aliás, também há suspeitas de irregularidades na contratação dos responsáveis pela obra do aquário).

A boa notícia é que em 14 de novembro de 2019 foram retomadas as obras no Aquário Pantanal...

Mas além das atrações, da praia e do sol, outra coisa que os turistas que vão a Fortaleza apreciam muito é a sua **gastronomia**, bastante próxima da culinária típica nordestina. Localmente destacam-se pratos tradicionais, como o **baião de dois**, geralmente acompanhado por churrasco de carneiro ou carne de sol.

Os frutos do mar são outro ingrediente de pratos típicos da cozinha fortalezense, tais como a moqueca de arraia e as peixadas de cavala e pargo. Dizem que, popularmente, o objetivo original desse prato era recuperar as forças dos jangadeiros que voltavam do alto-mar.

O fruto do mar identitário do litoral cearense é o **caranguejo**. Todas as quartas-feiras acontece a tradicional "caranguejada", um evento no qual os restaurantes, os bares e as barracas de todo o litoral da cidade servem pratos derivados desse crustáceo, degustado com a ajuda de um martelinho. O camarão e a lagosta também são iguarias bastante utilizadas nos pratos, como o arroz de camarão ou o bobó de camarão.

No Mercado dos Peixes, no Mucuripe, é sempre possível comprar uma grande variedade de pescados. É aliás, onde os restaurantes da cidade se abastecem e aí se oferece aos clientes, entre outras opções, o requisitado **camarão ao alho e óleo**!!! Contudo, uma forte tradição de Fortaleza é o consumo do camarão no entardecer e nos finais de semana, diretamente no local em que chegam os jangadeiros após o dia de pesca. A iguaria é preparada e servida ali mesmo, na praia!!!

Os polos gastronômicos do bairro da Varjota, da praia de Iracema e da avenida Beira-Mar são os de maior diversidade no que se refere a restaurantes especializados em pratos internacionais, com ênfase para as cozinhas árabe, francesa, chinesa, japonesa, italiana, alemã, portuguesa, espanhola e suíça. Também ficam ali boas *pizzarias* e casas que servem pratos mais contemporâneos e regionais. Existe outro polo gastronômico na cidade, localizado na região sul, na divisa com o município de Eusébio. Trata-se de uma região chamada de "Tapioqueiras", ou seja, um local que reúne restaurantes especializados no preparo da **tapioca**, outra iguaria da culinária local.

Atualmente existe no Ceará uma cozinha apelidada de D.O.C., ou seja, "**com denominação de origem cearense**", que passou a ser sustentada por produtos regionais, como forma de expressão e exaltação do local. Desse modo, ingredientes como peixes, carne de bode, a rapadura, as frutas tropicais, a pimenta-de-cheiro, o feijão-verde, a manteiga de garrafa, entre outros, foram submetidos a técnicas mais modernas e apuradas, sem que com isso perdessem o que lhes é **essencial**: o **sabor** que identifica sua origem.

O Ceará é um Estado cuja cozinha conjuga influências do mar, da serra e do sertão, e que, embora marcada pela escassez, sabe exibi-la de maneira rica, colorida e perfumada. No Ceará, em especial em Fortaleza, surgiu um esforço coletivo por parte de cozinheiros, acadêmicos, pesquisadores e órgãos públicos no sentido de identificar o que é genuinamente cearense.

Inspirado em modelos bem-sucedidos, como o do Peru, país eleito pelo sexto ano consecutivo como o **melhor destino culinário** pelo World Travel Awards, os governos estadual e municipal procuraram estimular a cadeia da gastronomia, de ponta a ponta, de modo a torná-la cada vez mais atraente para os visitantes. A partir daí, desenvolveu-se um esforço para caracterizar o Ceará a partir de sua comida, dos ingrediente ali valorizados e dos modos de preparo regionais.

Além disso, buscou-se também inserir a **criatividade** nos pratos, sem, entretanto, desrespeitar sua história. Isso é o que acontece no restaurante *O Mar Menino*, do *chef* Leo Gonçalves, que comentou: "Ganhei muitos prêmios nesses últimos três anos com uma cozinha moderna, brasileira, nordestina e cearense. Assim, a rapadura preta – que é a borra do tacho do caldo de cana – faz a base para o molho que besunta o meu cupim de sol, servido com vinagrete de maxixe grelhado, amendoim e farofa.

Faço torresmo de polvo com a cabeça do animal, que antes era dispensada, e que obviamente passa por desidratação, defumação e fritadeira.

Quando não tenho vieira, uso a bochecha do sirigado (um peixe da região, de carne branca e estruturada), que tem textura semelhante. Faltava para os cozinheiros daqui um olhar diferente e novo para alguns alimentos... Busco sempre o reforço de sabor e os sabores referenciais do Ceará."

O português Marco Gil, oferece no seu restaurante *Quintal* uma cozinha rústica, embora bem-acabada, bonita, fresca e delicada, apoiando-se, porém, no seu *background* lusitano. Assim, ele prepara para os clientes um molho romesco tradicional espanhol – numa versão que combina castanha-de-caju, tomate e pimentão plantados na serra ou então a vieira acomodada sobre "falso leite de tigre".

Aliás, o leite de tigre é oferecido bem regionalizado, com suco de cajá, que tem boa acidez, pimenta-de-cheiro, manga e maracujá, para dar um frescor." E para terminar o *chef* faz uma brincadeira, dizendo: "No meu restaurante busco oferecer uma *fusion food* (cozinha de fusão), não uma *confusion food* (cozinha de confusão)!!!"

A seguir, algumas sugestões de bons restaurantes de Fortaleza, todos bem avaliados e recomendados pelos clientes:

- → *Mandir* – Um lugar cujo ambiente é informal, com temas voltados para a espiritualidade. Serve cozinha natural, com menu vegetariano e vegano.
- → *Cabana del Primo* – Ambiente chique, intimista e que convida o comensal a permanecer longos períodos na casa. Oferece uma gastronomia requintada, baseada em carnes nobres argentinas – *parrilla* é excelente. Quem não aprecia carne bovina pode provar o delicioso salmão *al negro*.
- → *Cantinho do Frango* – O local está sempre lotado e por isso é um pouco barulhento. Serve um excelente frango desossado, além de outras carnes grelhadas, com bons acompanhamentos. Sua principal sobremesa é o incrível sorvete de queijo com goiabada. Oferece serviço de entrega.
- → *Moleskine Gastrobar* – Trata-se de um premiado gastrobar, cujo ambiente é elegante, moderno e intimista, e tem as paredes decoradas com poemas. Além da ótima comida, oferece uma boa carta de cervejas, mas os preços são elevados...
- → *L'Ô* – É um restaurante elegante com jardim e bar ao ar livre. A culinária é contemporânea, com toques franceses e italianos.

- *Coco Bambu* – Restaurante pertencente à rede especializada em pratos brasileiros de pescados, servidos em um salão tropical, com *playground*. Há vários restaurantes da rede em Fortaleza.
- *Cosa Nostra* – É uma cantina italiana, com uma decoração que une sobriedade e charme. Seu cardápio inclui diversas massas, molhos e acompanhamentos, saladas variadas e bebidas para acompanhar as refeições.
- *Marquês de Varjota* – O ambiente da casa lembra uma estalagem e o local é climatizado. O foco é a comida portuguesa – em especial o risoto de bacalhau –, mas oferece opções de pratos brasileiros.
- *Jardim do Alchymist* – Uma casa elegante e descontraída, com jardim. Nele se tem uma fusão de receitas italianas e cearenses, utilizando-se bastante os produtos locais.
- *Misaki* – Um ótimo restaurante japonês, cuja proposta é servir pratos mais contemporâneos. É uma excelente experiência gastronômica. Vale a pena apreciar os combinados do *chef*, entre eles a tilápia com risoto de beterraba.
- *Tilápia* – Restaurante contemporâneo e casual, que também oferece um espaço infantil. Há quem diga que aí se come a melhor lagosta de Fortaleza, mas no seu cardápio há peixes, crustáceos e carnes bovinas.
- *Marcel* – Trata-se do melhor restaurante francês de Fortaleza. Ocupa uma casa bem elegante, onde o atendimento é ótimo, a iluminação é aconchegante e os pratos – *souffles*, filé ao *roquefort* e outras receitas clássicas francesas – são bem elaborados. Além disso, disponibiliza uma boa carta de vinhos.
- *La Pasta Gialla* – Com uma ambientação aconchegante que lembra a Toscana, esse restaurante italiano serve pratos finos da cozinha requintada do *chef* Sergio Arno, e oferece uma excelente carta de vinhos.
- *Quintal do Varjota* – Trata-se de um restaurante de decoração elegante e clima descontraído. O menu é internacional e inclui pratos clássicos nacionais, como a feijoada e os pastéis.

Claro que há outros bons restaurantes em Fortaleza, mas sem dúvida o(a) leitor(a) visitante já tem na relação apresentada várias opções para garantir excelentes refeições.

Para quem visita Fortaleza, vale ressaltar que a rede hoteleira da cidade é bem ampla, com hotéis para todos os gostos e bolsos!!! Eis vão alguns deles:

- **Seara Praia** – É um hotel 5 estrelas que ocupa um arranha-céu moderno, com fachada de vidro e piscina externa. Fica bem de frente para a praia de Iracema, a 4 km do parque ecológico do Cocó e a 5 km do centro da cidade.
- **Othon Palace Fortaleza** – Ótimo hotel 5 estrelas localizado de frente para a praia, a 3 min do ponto de ônibus e a apenas 11 min a pé dos *shows* do Teatro do Humor Cearense. Oferece café da manhã, estacionamento e *Wi-Fi* gratuitos. Sua piscina é externa.
- **Ponta Mar** – Excelente hotel 4 estrelas para se passar as férias. É moderno e conta com ótimos atendentes e bom serviço de quarto. Possui dois restaurantes, área de ginástica e piscina externa. Além da vista para o mar, oferece *Wi-Fi*, café da manhã e estacionamento gratuitos.
- **Praiano** – Um refúgio à beira-mar, com suítes e apartamentos aconchegantes, além de *spa*, restaurante (com ótima comida e *pizzas* deliciosas) e piscina externa. Está localizado de frente para a praia, a 2,9 km do Centro Dragão do Mar de Arte e Cultura, e a 3,5 km catedral de Fortaleza. Classificado como 4 estrelas, oferece *Wi-Fi*, café da manhã e estacionamento gratuitos.
- **Oásis Fortaleza** – É um hotel de luxo, 4 estrelas, que oferece café da manhã e *Wi-Fi* gratuitos, além de salas para conferências, restaurantes e piscina externa no terraço. Está localizado num complexo comercial moderno e conectado a um centro de convenções de frente para a praia.
- **Portal da Praia** – Uma opção costeira e classificado como 3 estrelas, com piscina externa e terraço com jardim. Dispõe de quartos casuais e oferece café da manhã gratuito.
- **Brasil Tropical** – Trata-se de um *apart-hotel* dentro de um arranha-céu moderno. Fica a uma quadra da praia, a apenas 1 min a pé do Teatro do Humor Cearense e a 4,1 km da estação de metrô João Felipe. Apesar da classificação 3 estrelas, o local é bem sofisticado. Os apartamentos são arejados, possuem uma minicozinha e sacada, além de uma opção moderna com piscina à sombra na cobertura. Além disso dispõe de um ótimo restaurante, no qual a comida é excelente.

- **Comfort** – Um hotel moderno 3 estrelas, localizado a 3 min a pé da praia mais próxima. Dispõe de quartos e suítes, além de restaurante, piscina e *spa*. Oferece café da manhã, *Wi-Fi* e estacionamento gratuitos.
- **Holiday Inn** – Hotel moderno 3 estrelas, localizado à beira-mar. Dispõe de acomodações contemporâneas, piscina e dois restaurantes. Oferece café da manhã, *Wi-Fi* e estacionamento gratuitos.
- **Diogo** – O hotel está localizado a 2 min a pé da praia de Meireles, e é uma boa opção para quem deseja tranquilidade. Além de quartos bem amplos, dispõe de duas piscinas externas, um restaurante discreto, academia de ginástica e bar no *lobby*. Oferece café da manhã, *Wi-Fi* e estacionamento gratuitos.

Além desses, quem visita a capital cearense também poderá se hospedar no Fortaleza Inn, Ibis Fortaleza, Vila Galé Fortaleza, Gran Mareiro, Bristol Jangada, Mercure Fortaleza, entre outros.

Quando o assunto é **esporte**, o mais popular na cidade é o **futebol**!!! O Campeonato Cearense de Futebol, que é disputado desde 1914, tem seus principais jogos na capital. Os times mais importantes de Fortaleza são o Ceará Sporting Club, o Fortaleza Esporte Clube e o Ferroviário Atlético Clube.

Em 2018, cada um dos times disputou uma série diferente do Campeonato Brasileiro. O Ferroviário, que detém nove taças estaduais, estava na Série C, o Fortaleza disputava a Série B, enquanto o Ceará participava da Série A. Sempre que o Fortaleza e o Ceará se enfrentam eles são protagonistas do que os fortalezenses se acostumaram a chamar de "**clássico-rei**", um dérbi que atrai milhares de torcedores de toda a RMF, inclusive de outras cidades do Estado.

Até 2018, o Ceará Sporting Club já conquistou o Campeonato Cearense 45 vezes, contra 41 vezes do seu maior rival, o Fortaleza Esporte Clube, que, aliás, contratou em 2017 o famoso ex-goleiro Rogério Ceni como técnico, que levou a equipe a conquistar o título da Série B do Campeonato Brasileiro em 2018, e a tornar-se campeão estadual e da Copa do Nordeste em 2019.

O técnico Rogério Ceni, apesar de ter assinado com o Fortaleza um contrato até dezembro de 2020, acabou saindo do clube e começou a trabalhar no Cruzeiro de BH, em 13 de agosto de 2019. Porém, ao chegar ao Cruzeiro ele encontrou um ambiente conturbado, pois nos últimos 19 jogos a equipe mineira só ganhou um e, por sinal, do arquirrival Atlético, tendo dívidas superiores a R$ 500 milhões. Rogério Ceni não resistiu a turbulência no clube e aos desentendimentos com a equipe e foi demitido do Cruzeiro em 27 de setembro de 2019. Mas dois dias depois foi recontratado pelo Fortaleza, conseguindo levar a equipe a terminar a Série A em 2019 no 9º lugar, com o que pela primeira vez na história do clube participará em 2020 de uma competição internacional, ou seja, a Copa Sul-Americana.

Em competições nacionais os clubes alencarinos (apelido dos fortalezenses por causa do escritor José de Alencar e a cidade, por sua vez, é chamada de "**capital alencarina**"), já se destacaram, e entre as principais campanhas estão o vice-campeonato da Copa do Brasil, conquistado pelo Ceará em 1994, e os vice-campeonatos do Brasileirão, em 1960 e 1968, conquistados pelo Fortaleza (competição da qual a equipe já participou 20 vezes).

O Ceará Sporting Club é o único time do Estado – e um dos poucos do Brasil – que nunca participou da Série C do Campeonato Brasileiro, embora, seja o clube nacional com o maior número de participações na Série B (esteve presente em 30 edições da 2ª divisão até 2017, com acessos em 1992, 2009 e 2017), o que lhe permitiu ficar na Série A em 23 edições. A equipe foi fundada em 1914 e a sua mascote é o "**vovô**" – não por ser o mais antigo, mas pelo fato de o seu fundador, Meton de Alencar Pinto, chamar os atletas juvenis de um clube concorrente de "netinhos"!?!? O Ceará Sporting Club também tem tradição no futebol de salão, tendo vencido algumas vezes o Campeonato Cearense.

O Fortaleza Esporte Clube – cuja mascote é um **leão** – já participou 14 vezes da Série C (tendo sido vice-campeão em 2017); 18 vezes da Série B (com títulos em 2002 e 2004) e 21 vezes da Série A. Fundado em 1918, o Fortaleza é um clube poliesportivo. Já obteve títulos de campeão brasileiro adulto de handebol feminino, em 2001, e masculino, em 2004. Também foi campeão nordestino de basquete em 2001 e 2003, e ganhou vários títulos no nordeste e norte do País com seu time de futebol de salão.

Fortaleza possui três estádios credenciados pela CBF: o estádio Governador Plácido Castelo, mais conhecido como "Castelão" (com capacidade para 63.903 pessoas), cujo proprietário é o Estado; o estádio Presidente Vargas, de propriedade da prefeitura, com capacidade para 20.268 pessoas; e o estádio Alcides Santos, de propriedade do Fortaleza Esporte Clube, com capacidade para 8.500 pessoas.

No futebol de salão, a cidade abriga a sede da Confederação Brasileira de Futsal. O clube fortalezense de futebol de salão Sumov Atlético Clube, fundado em 12 de agosto de 1965, foi hexacampeão da Taça Brasil e bicampeão sul-americano, mas infelizmente deixou de receber patrocínio da prefeitura e atualmente participa apenas do Campeonato Cearense de Futsal e vive das suas categorias de base, formando novos talentos para essa modalidade esportiva...

A maioria dos clubes mantém o futebol como principal atividade esportiva, mas apoia e desenvolve outras modalidade, como o futsal, o voleibol, basquetebol, entre outras. Nesse sentido deve-se ressaltar a fundação do time de Basquete Cearense em 23 de junho de 2012, que se tornou a primeira equipe do nordeste a entrar na elite do basquete nacional ao disputar a partir desse ano até 2020 inclusive, todas as edições do NBB. Esportes menos populares têm também ganhado notoriedade na cidade de Fortaleza, como é o caso do críquete, do golfe e, sobretudo, o rúgbi.

Os esportes náuticos e praianos, por sua vez, também são amplamente praticados, possuindo notável tradição na capital. Isso acontece com o surfe, *windsurf*, *sandboard*, *kite-surf*, a vela, o triatlo e o mergulho, por exemplo. Muitas etapas e competições nacionais e internacionais dessas modalidades acontecem em Fortaleza. Vale ressaltar que a atividade jangadeira é considerada uma prática esportiva de competição na cidade. A enseada do Mucuripe e a praia do Náutico recebem anualmente as corridas do Circuito Cearense de Jangadas.

Há também em Fortaleza uma grande variedade de escolas e academias de lutas e artes marciais. O automobilismo é praticado em pistas de *kart* espalhadas pelo município e também no autódromo internacional Virgílio Távora, na RMF. Além disso, a cidade sediou em 2008 o primeiro Red Bull Soapbox do Brasil, uma corrida com "carrinhos exóticos sem fonte de energia", promovida pela Red Bull.

Alguns dos eventos de atletismo mais importantes do município, que contam com grande participação popular, são a Maratona Pão de Açúcar de Revezamento, o Circuito de Corridas Pague Menos e a Meia Maratona Internacional de Fortaleza, que acontece sempre no dia 13 de abril, em comemoração ao aniversário da cidade. Esta última é a mais importante meia maratona do norte e nordeste do País, e reúne corredores de países como Portugal, Espanha, França, Quênia, Tanzânia, Marrocos etc.

Em Fortaleza localiza-se o Centro de Formação Olímpica do Nordeste. Como parte da Rede Nacional de Treinamento do Ministério do Esporte, e criado para ser um legado dos Jogos Olímpicos de 2016 (disputados no Rio de Janeiro), esse centro é responsável pela formação e pelo desenvolvimento esportivo de alto rendimento dos atletas. Fica anexo à Arena Castelão, e constitui o maior complexo esportivo do País, com 313.000 m² dedicados a 26 modalidades esportivas. Além disso, a estrutura abriga a **maior arena indoor** do País, com capacidade para 21.000 pessoas!!!

Lamentavelmente o ano de 2020 foi muito ruim para o turismo (e muitos outros setores) e não só em Fortaleza, mas em todos os outros locais atraentes do Estado do Ceará, visto que todo o País foi abalado pela terrível pandemia do novo coronavírus.

Essa doença infectou mais de 95 mil cearenses e houve mais de 5.500 mortos (até o fim de junho de 2020) apesar das medidas restritivas e sanitárias tomadas pelas autoridades governamentais.

Em 19 de março de 2020, o governo estadual mandou fechar bares, restaurantes, parte do comércio, proibiu eventos que criassem aglomerações, impediu acesso às praias e solicitou o isolamento social até pelo menos 20 de maio de 2020.

A maior atração da RMF, o Beach Park (em Aquiraz) obviamente deixou de funcionar!!!

Naturalmente com tal situação os turistas desapareceram e os hotéis e pousadas passaram a viver num **estado de desocupação** e os poucos hóspedes que tinham, estavam neles, principalmente pela dificuldade para sair de Fortaleza, pois inclusive a maior parte dos voos foi cancelada.

Se no Carnaval de 2020, que ocorreu em fevereiro, Fortaleza recebeu 12% mais de visitantes que em 2019, o que representou uma injeção na economia da cidade de cerca de R$ 460 milhões, mas a partir de março de 2020 o turismo de todos os tipos foi seriamente abalado e talvez não consiga se recuperar até o final desse ano.

Infelizmente, até o final de junho de 2020 em Fortaleza, o número de óbitos pela *Covid-19* ultrapassou 3.300.

Foz do Iguaçu

Turistas nas cataratas do Iguaçu, uma das grandes maravilhas naturais do mundo, na fronteira entre Brasil e Argentina.

PREÂMBULO

Foz do Iguaçu, cidade a que muitos chamam apenas de Foz – ou mais carinhosamente de a "**terra das cataratas**", por conta desse e de outros "tesouros" naturais e os construídos na região –, tornou-se um local muito visitado no Brasil. De fato, estima-se que em 2019 a cidade tenha recebido quase 2,6 milhões de turistas. A maioria desses visitantes teve a oportunidade de ver de perto as famosas quedas d'água da região, que, aliás, tornaram-se **patrimônio mundial da natureza** pela Unesco.

Mas, além dessa visão magnífica, os turistas que adentram o Parque Nacional de Foz do Iguaçu também podem participar do Macuco Safari, que leva os mais corajosos bem pertinho das cachoeiras. Nessa expedição, os aventureiros percorrem uma curta trilha para embarcar rumo às enormes quedas d'água. Parece inacreditável, mas o barco chega tão próximo do paredão de água que todos a bordo terminam o passeio encharcados – e com a adrenalina nas alturas, é claro.

Bem próximo desse parque há um outro local imperdível. Trata-se do Parque das Aves (criado em 1994), que abriga mais de 150 espécies em viveiros gigantes e encanta adultos e crianças!!! Também é possível cruzar a fronteira com a Argentina e conhecer um outro parque da região, onde o turista poderá fazer um passeio num trenzinho de circulação interna e avistar outras paisagens maravilhosas e bem diferentes das visualizadas do lado brasileiro. Na volta dessa expedição, poucos resistem a uma visita à loja *duty free* (livre de impostos), onde podem adquirir alguns produtos estrangeiros por preços mais acessíveis, como perfumes, bebidas etc.

Outro local que não pode ser menosprezado é a usina hidrelétrica binacional de Itaipu, onde também existem várias atrações!!! Aliás, vale ressaltar que a própria cidade de Foz do Iguaçu não para de criar novos locais de entretenimento para os turistas, como restaurantes de comida deliciosa e música ao vivo!!!

A HISTÓRIA DE FOZ DO IGUAÇU

Foz do Iguaçu é um município paranaense que ocupa uma área de 617,70km^2, dos quais cerca de 63 km^2 estão no perímetro urbano. No lado brasileiro, os municípios limítrofes são Santa Terezinha de Itaipu, São Miguel do Iguaçu e Itaipulândia. No Paraguai ficam Ciudad del Este, Presidente Franco e Hernandarias, enquanto na Argentina está Puerto Iguazú.

Estima-se que em 2020 vivessem em Foz do Iguaçu cerca de 275 mil pessoas, mas o município integra uma área urbana com mais de 760 mil habitantes, se forem incluídas principalmente as cidades estrangeiras de Ciudad del Este e Puerto Iguazú.

Foz tornou-se internacionalmente famosa por abrigar as cataratas do Iguaçu – patrimônio natural da humanidade da Unesco desde 1986 e que foram uma das vencedoras do concurso **Sete Novas Maravilhas da Natureza**, em 2011 – e a segunda maior usina hidrelétrica do mundo em tamanho e a primeira em geração de energia elétrica – que já havia sido considerada uma das **Sete Maravilhas do Mundo Moderno** pela Sociedade Americana de Engenheiros Civis, em 1996.

Iguaçu é um topônimo indígena formado, originalmente, pela letra *y* (água) e pela palavra *guazú* (grande), e que posteriormente ganhou a forma atual. Os moradores de Foz do Iguaçu são chamados de **iguaçuenses**.

Sua história começa em 1542, quando, guiado por índios caingangues, o espanhol Álvar Núñez Cabeza de Vaca chegou ao rio Iguaçu e atingiu as cataratas, e batizou o Paraguai. Assim, ele passou para a história como o "descobridor" das cataratas. Somente em 1881 o local que deu origem a Foz do Iguaçu recebeu seus dois primeiros habitantes: o brasileiro Pedro Martins da Silva e o espanhol Manuel González. Pouco tempo depois chegaram ali os irmãos Goycochéa, que iniciaram a exploração da erva-mate.

Oito anos se passaram até a fundação de uma colônia militar na fronteira, marco do início da ocupação efetiva do local pelos brasileiros. Isso se deu com a chegada, em julho de 1889, da expedição do engenheiro e tenente José Joaquim Firmino, que na época fez um levantamento dos que ali viviam e identificou 324 pessoas, paraguaios e argentinos em sua maioria. Mas havia também espanhóis e ingleses na região, que se dedicavam à extração da erva-mate e madeira, que eram exportadas por via fluvial, ou seja, pelo rio Paraná.

Em 22 de novembro de 1889, o tenente Antônio Batista da Costa Júnior e o sargento José Maria de Brito, fundaram a **Colônia Militar**, cuja competência era distribuir terras para os colonos interessados. No ano de 1897 criou-se a **agência fiscal**, chefiada pelo capital Lindolfo Siqueira Bastos, que na época registrou a existência na região de apenas 13 casas e alguns ranchos de palha!!!

Nos primeiros anos do século XX a população de Foz do Iguaçu chegou a aproximadamente 2 mil pessoas e o vilarejo dispunha de uma hospedaria, quatro mercearias, um quartel militar rústico, uma estação telegráfica, engenhos de açúcar e cachaça, e uma agricultura de subsistência. Então, em 1910, a Colônia Militar alcançou a condição de Vila Iguassu, um distrito do município de Guarapuava.

Em 1912, o ministro da Guerra emancipou a Colônia Militar, transformando-a num povoamento civil. Este foi entregue aos cuidados do governo do Estado do Paraná, que em seguida criou a coletoria estadual da Vila. Dois anos mais tarde, em 14 de março de 1914, foi criado o município de Vila Iguassu, pela lei Nº 1.383. Sua instalação efetiva, entretanto, só aconteceu em 10 de junho do mesmo ano, com a posse do primeiro prefeito (Jorge Schimmelpfeng) e da primeira Câmara de Vereadores. Em 1918 o município passou a chamar-se Foz do Iguaçu.

A estrada de ferro que ligou Foz do Iguaçu a Curitiba ganhou seu primeiro formato em 1920, mas, na época, era tão precária e cheia de obstáculos que não permitia um uso eficiente. Na segunda metade da década de 1950 iniciou-se o asfaltamento da estrada que cortaria o Estado do Paraná de leste a oeste, ligando Foz do Iguaçu ao porto de Paranaguá, mas a rodovia só foi inaugurada em 1969!?!?

Não se pode esquecer que em 1924 os revoltosos da Coluna Prestes saíram da capital paulista e iniciaram sua marcha pelo interior do Estado de São Paulo, no sentido sudoeste. Ao ingressar no Estado do Paraná, conquistaram muitas cidades fronteiriças ao Paraguai e estabeleceram seu quartel-general em Foz do Iguaçu. Eles permaneceram ali até 1925, quando atravessaram o rio Paraná, penetrando no Paraguai rumo ao Estado de Mato Grosso.

Deve-se recordar que a Coluna Prestes foi um movimento político-militar brasileiro que se desenvolveu no período de 1925 a 1927, e esteve ligado ao tenentismo. Na realidade esse movimento contou com lideranças das mais diversas correntes políticas, porém, em sua maior parte era composto por capitães e tenentes de classe média, de onde originou-se o ideal do "**soldado cidadão**".

O movimento, que se deslocou pelo interior do País, pregava reformas políticas e sociais (como a exigência do voto secreto, um melhor ensino público, a obrigatoriedade do ensino médio para toda a população etc.) e combatia o governo do então presidente Artur Bernardes, e mais tarde também o de Washington Luís.

Sob o comando principal de Luís Carlos Prestes (chefe do Estado-Maior), a Coluna Prestes enfrentou as tropas regulares do Exército ao lado de forças policiais de vários Estados, além de tropas de jagunços estimulados por promessas oficiais de anistia. Partindo do município gaúcho de Santo Ângelo, que hoje abriga o memorial da Coluna Prestes, o movimento percorreu 25.000 km pelo interior do Brasil, durante dois anos e meio.

Apesar de todos os esforços, a Coluna Prestes não conseguiu a adesão da população. A longa marcha foi concluída em fevereiro de 1927, na Bolívia, perto da nossa fronteira, sem alcançar seu objetivo: **disseminar a revolução no Brasil!?!?** Vale ressaltar que poucas vezes ao longo da marcha a Coluna Prestes enfrentou grandes efetivos do governo, em geral valendo-se de táticas de despistamento para confundir as tropas legalistas.

Todavia, o movimento liderado por Luís Carlos Prestes contribuiu para revelar e disseminar os problemas intrínsecos ao poder concentrador oligárquico da República Velha, o que culminaria na Revolução de 1930. Ele também projetou a figura de Luís Carlos Prestes, que posteriormente integraria o Partido Comunista Brasileiro (PCB).

Por causa dessa sua marcha, Prestes acabou ganhando o apelido de "**cavaleiro da esperança**" na luta contra os poderes dominadores da burocracia e dos setores elitistas.

Outro fato memorável sobre a região foi o modo como surgiu o **Parque Nacional do Iguaçu**. A história teve início em 1916, quando Alberto Santos Dumont – o **"pai da aviação"** – passou por Foz do Iguaçu. Essa área pertencia ao uruguaio Jesus Val, entretanto, Santos Dumont intercedeu junto ao presidente do Estado do Paraná, Affonso Alves de Camargo, para que ela fosse **desapropriada e transformada num patrimônio público!!!**

No dia 28 de julho de 1916, por meio do decreto Nº 63, a área 1.008 ha, na época, foi declarada como de utilidade pública. Contudo, em 10 de janeiro de 1939, por meio do decreto-lei Nº 1.035, ela foi tremendamente expandida, passando a ocupar 156.235,77 ha, dessa vez pelo então presidente Getúlio Vargas.

Em 1994, os decretos Nº 6500, de 17 de maio, e Nº 6587, de 14 de junho, consolidaram e ampliaram ainda mais a área do parque nacional, atribuindo--lhe na época os novos limites propostos pelo chefe da seção de parques nacionais. Hoje o parque ocupa uma área total de 185.000 ha.

Dois fatos muito importantes aconteceram em 1965: a inauguração da ponte internacional da Amizade (que liga o Brasil ao Paraguai) e a abertura da BR-277, que conectou Foz do Iguaçu a Curitiba (e a partir de 1969, com o litoral). Com isso o comércio – principalmente com a cidade paraguaia de Ciudad del Este – se tornou mais intenso, o que permitiu que a cidade alcançasse um crescimento acelerado.

A construção da usina hidrelétrica de Itaipu, iniciada na década de 1970, causou fortes impactos em toda a região, aumentando consideravelmente o contingente populacional do município nessa época, que passou de 34 mil habitantes (em 1970) para 137 mil habitantes em 1980, registrando em apenas uma década um crescimento de 385%.

Foz do Iguaçu é o município mais a oeste do Estado do Paraná. Seu relevo é suavemente ondulado, com uma atitude variando em torno de 200 m, o que contribuiu muito para o desenvolvimento da agricultura. A oeste do município corre o rio Paraná, ao sul o rio Iguaçu, ao norte fica o lago de Itaipu e a sudeste está o Parque Nacional do Iguaçu, uma das últimas reservas de mata nativa intacta existentes no Paraná. No sudoeste do município os rios Iguaçu e Paraná se unem, formando a **tríplice fronteira entre Brasil, Argentina e Paraguai.**

O clima em Foz do Iguaçu é subtropical úmido, mas ocorrem grandes amplitudes térmicas na região. A diferença média entre o verão e o inverno é de 14ºC, o que se deve a uma **menor** influência da maritimidade em relação a outros municípios paranaenses. Os verões costumam ser bem quentes, com médias máximas em torno de 33ºC. Porém, a sensação térmica alcança aproximadamente 40ºC.

Os invernos, em contrapartida, apesar de na média serem considerados amenos, propiciam quedas bruscas de temperatura, que pode ficar abaixo de 0ºC durante a passagem de frentes frias com massa de ar polar na retaguarda. As chuvas costumam ser bem distribuídas durante o ano, com uma pequena redução no inverno. A precipitação anual é de aproximadamente 1.900 mm.

Foz do Iguaçu é considerado um dos municípios mais multiculturais do Brasil, uma vez que aí estão presentes mais de 72 grupos étnicos provenientes de diversas partes do mundo. Assim, tem-se na cidade descendentes de italianos, alemães, hispânicos (argentinos e uruguaios), chineses, ucranianos, japoneses etc. Porém, a comunidade que mais se destaca em Foz do Iguaçu é a libanesa, sendo a segunda maior do País. Aliás, em termos proporcionais, aí está também a maior comunidade islâmica do Brasil.

Por causa de sua localização fronteiriça com o Paraguai e a Argentina, Foz do Iguaçu apresenta uma grande circulação de mercadorias contrabandeadas, drogas e armas, o que tem gerado diversos problemas sociais, principalmente no que se refere a **violência**. Dessa maneira, a taxa de homicídios no município é proporcionalmente bem alta em relação ao número de habitantes. Inclusive, Foz do Iguaçu tem ocupado uma posição de destaque negativo no *ranking* de homicídios entre adolescentes no País.

Estima-se que em 2020, o depósito da Receita Federal em Foz do Iguaçu abrigasse mais de R$ 440 milhões em mercadorias apreendidas nos últimos anos, o que representa um verdadeiro *"shopping center"* do contrabando!!! Em seus corredores há milhares de caixas que guardam os resultados de operações de apreensão da polícia no entorno da tríplice fronteira.

De acordo com o Instituto de Desenvolvimento Econômico e Social de Fronteira, os medicamentos são o produto contrabandeado com maior rentabilidade para os criminosos, com ao menos 740% de lucro em relação ao valor pago no país vizinho: o Paraguai. Assim, nesse *"shopping do crime"* encontram-se muitos milhares de comprimidos de sibutramina (um emagrecedor) e genéricos do Viagra (para disfunção erétil), os mais apreendidos pelos agentes federais.

Os demais itens que geram lucratividade bastante elevada são brinquedos (270%), óculos (200%) e cigarros (180%). Aliás, os cigarros têm inclusive um espaço próprio do lado de fora do depósito, onde são destruídos por uma máquina implementada em 2015, especificamente para essa função. Segundo as autoridades, 48% do mercado nacional de cigarros já é dominado por marcas ilegais, de origem paraguaia!?!? Os maços ilegais chegam a custar metade do preço praticado no País.

Os produtos apreendidos podem ser doados, incorporados ao patrimônio da União, leiloados ou destruídos. Por exemplo, as bebidas alcoólicas apreendidas, sejam originais ou falsificadas, são enviadas para uma universidade paranaense que as transforma em álcool gel.

No tocante à **religião**, Foz do Iguaçu é conhecida por ser uma das cidades brasileiras com maior **diversidade** no País. Segundo estimativas, em 2020, 57% da população do município era católica romana, 28,5% eram evangélicos, 7% não seguiam nenhuma religião, 2,3% fossem islâmicos e o restante estivesse dividido entre espíritas, budistas e outras crenças cristãs.

Aliás, o templo budista da cidade se tornou um dos lugares mais visitados pelos turistas. Ele fica num ponto alto de Foz do Iguaçu, na rua Dr. Josivalter Vila Nova, Nº 99, no bairro de Porto Belo, e conta com um lindo jardim com mais de uma centena de estátuas douradas, todas voltadas para o poente, além de um Buda com 7 m de altura.

No tocante a **educação**, o município tem se destacado no cenário nacional, tendo já conquistado a melhor média do Ideb do País. Ele também tem mantido boas classificações no Enem, entre os municípios com mais de 200 mil habitantes. Uma das mais tradicionais IEs de Foz do Iguaçu é o Colégio Estadual Bartolomeu Mitre, fundado em 1927.

Um motivo de orgulho para a cidade foi o fato de ela ter sido escolhida como sede da Universidade Federal da Integração Latino-Americana (Unila), que foi criada pela lei Nº 12.189 em 12 de janeiro de 2010 (durante o mandato do presidente Luís Inácio Lula da Silva), com o objetivo de estabelecer um ambiente multicultural e interdisciplinar capaz de produzir profissionais e pesquisadores voltados para o desenvolvimento econômico, social, cultural e político da região, num espírito de igualdades entre todos os povos e todas as culturas do continente.

A universidade é um projeto único na história do ensino superior público na América Latina. Sua vocação é a de contribuir para o desenvolvimento e a integração latino-americana, com ênfase no Mercosul, utilizando-se do conhecimento humanístico, científico e tecnológico e da cooperação solidária entre as universidades e os organismos governamentais e internacionais.

A primeira turma dessa IES começou em agosto de 2010, e contava com brasileiros, paraguaios, uruguaios e argentinos. O portentoso projeto de seus edifícios é de autoria do famoso arquiteto Oscar Niemeyer. Quando estiver totalmente implantada, o ministério da Educação planeja oferecer na Unila cursos de graduação, mestrado e doutorado para cerca de 10 mil estudantes, e emprego para aproximadamente 500 docentes. Cerca de 50% do total de alunos selecionados seriam oriundos de vários países latino-americanos e caribenhos; a outra metade seria formada por brasileiros.

Estima-se que em 2020 estudassem na Unila cerca de 3.300 alunos, nos 29 cursos de graduação; cerca de 720 nos de pós-graduação e especialização, com 5 e 6 cursos respectivamente. Também segundo estimativas, em 2020 trabalhavam aí 375 profissionais. A Unila tem diversos institutos nos quais estão localizados os centros interdisciplinares. O mais destacado é o Instituto Mercosul de Estudos Avançados, que conta atualmente com 12 programas de cátedras. Cada uma delas tem duração de 12 h de aula ministradas pelo professor fundador (catedrático) e mais 3 h de estudo com o auxílio de um professor-tutor.

Cada cátedra leva o nome de uma importante personalidade que tenha contribuído significativamente para o desenvolvimento da América Latina, cada qual em sua área de atuação. Esse é o caso, por exemplo, da cátedra Celso Furtado, voltada para a Economia e o Desenvolvimento, que foi fundada por Aldo Ferrer, professor emérito da Universidad de Buenos Aires.

Além desse instituto, a Unila possui outros quatro, que abrangem as áreas de arte, cultura e ciências; economia, sociedade e política; ciências da vida e natureza e tecnologia, infraestrutura e território. Como se nota, trata-se de um projeto educacional extraordinário, que deve crescer principalmente se puder manter um certo equilíbrio para se evitar o direcionamento político!!!

No ensino superior público, a cidade conta ainda com a presença da Universidade Estadual do Oeste do Paraná, do Centro de Ensino Superior de Foz do Iguaçu, da Faculdade União das Américas e das Faculdades Unificadas de Foz do Iguaçu, com o que os iguaçuenses têm a oportunidade de formar-se em um dos muitos campos promissores ofertados por esses cursos.

Atualmente os educadores, ou seja, os professores, precisam estar cientes de que transmitir conhecimentos é uma tarefa bem distinta de apenas fazer com que os alunos memorizem muitos dados e informações pontuais. Não se pode esquecer que utilizar-se de um recurso externo para lembrar-se de algo **não é exatamente uma técnica nova**.

Hoje, entretanto, quando informações cruciais são confiadas ao mundo digital, há uma grande diferença na maneira como os jovens podem acessá-las. Antigamente, para se achar uma informação específica, era preciso primeiramente saber em qual livro procurá-la, então lê-lo por completo até encontrar o que se estava buscando. Era um trabalho bastante demorado e, por isso, muitas vezes os alunos tentavam memorizar os dados logo da primeira vez e, assim, não ter de buscar uma segunda vez pela informação.

Na Internet, porém, basta um clique para que milhares de informações sejam rapidamente acessadas, o que permite ao aluno alcançar as respostas desejadas de forma muito rápida. Isso, por sua vez, provocou o "**efeito Google**", que mudou a forma como os seres humanos estão utilizando sua memória!!! De repente elas passaram a acreditar que sabem não apenas o que já está no próprio cérebro, mas também o que os outros sabem (!?!?), recorrendo para isso ao que conseguem extrair na Internet.

A Internet passou a ser o "**grande amigo inteligente**" que sabe tudo e está acessível para todo mundo. As pessoas passaram a utilizá-la como um espaço de armazenamento e, por conta disso, não se preocupam mais em memorizar ou guardar dados, informações, textos etc., o que gerou uma certa "**amnésia digital**". Sofrer de amnésia significa esquecer-se de algo que já foi aprendido. Na amnésia digital, entretanto, a pessoa nem chega a aprender, portanto, não tem como esquecer de algo que escolheu não se lembrar!?!? Vivemos numa época em que se necessitamos de uma frase dita por alguém famoso, basta um clique para que livros pertinentes sejam vasculhados e, em segundos, essa "informação" seja revelada.

Além disso, com a evolução de tantos assistentes pessoais e de posse de um bom *smartphone*, basta dizer o que se deseja e o aparelho rapidamente exibe – e até lê – para você a informação desejada. O "efeito Google" passou a ser sentido especialmente nas salas de aula, ao provocar mudanças na forma como crianças e adolescentes aprendem. Por isso, tem se tornado cada vez mais difícil convencer os estudantes de que eles precisam **memorizar** certos dados, pois hoje a informação se transformou em *commodity* (mercadoria) que pode ser encontrada em qualquer lugar.

Agora, os pesquisadores no campo das neurociências recomendam aos professores que se concentrem mais em fazer com que seus alunos trabalhem na "**solução de problemas**", pois isso fará com que eles aprendam a relacionar as informações e, ao mesmo tempo, a se conectar mais com elas.

No passado, o melhor aluno da escola costumava ser com frequência aquele que sabia mais coisas de cor!!! Hoje, entretanto, não há necessidade de se saber tantas coisas, mas de **relacionar** os fatos. A nova inteligência, em especial da chamada **geração Alpha** (dos nascidos após 2010), deve ser desenvolvida encorajando essas pessoas para a elucidação de problemas. Assim, elas compreenderão melhor os acontecimentos e se engajarão mais com as informações e os dados, inclusive memorizando-os!?!?

Hoje, jovens a partir dos 16 anos que chegam ao mercado de trabalho têm como um de seus principais trunfos a capacidade de encontrar informações de forma rápida. A despeito disso, essa mesma geração tem baixa profundidade na hora de elaborar suas decisões, um problema que decorre não apenas do "efeito Google", mas também da baixa qualidade do ensino fundamental e médio no País, de modo geral.

Os professores têm, portanto, a obrigação de salientar para seus alunos que, para desenvolver-se e encontrar soluções para problemas mais complexos – como, por exemplo, transformar uma cidade que já é encantadora em inteligente e sustentável – eles precisam ter no cérebro muitas informações e muitos dados.

Uma boa maneira para se treinar a **retenção** de informações é ler ou então jogar xadrez, pois isso faz com que nossa memória seja exercitada. Aliás, a leitura também é importante para o desenvolvimento da criatividade, em especial se essa leitura oferecer surpresas constantes, ou o surgimento de situações curiosas. Outro fator crucial é o uso de um vocabulário rico, que amplie o repertório do leitor e facilite a exposição de suas ideias.

Outra forma de um indivíduo engajar-se com as informações é, sempre que possível, fazer resumos ou escrever sobre algum tema, o que as pessoas fazem tanto agora ao enviar suas mensagens via *WhatsApp*. Por fim, um método radical para se aprender a reter dados é deixando o *smartphone* de lado por pelo menos um dia durante a semana (o que é um **sofrimento**, não é?), quando o indivíduo se torna totalmente dependente de sua memória!!!

De fato, as pessoas no século XXI têm todo o direito de acreditar que muitos dados que estão na Internet são uma extensão de sua memória. Porém, ainda é necessário que muitas dessas informações se mantenham também armazenadas no cérebro, e saber que outras terão de ser buscados com a ajuda do Google (ou alguma outra ferramenta de busca). Isso permitirá que uma pessoa desenvolva de forma adequada sua capacidade de reflexão e, ao mesmo tempo, que tome decisões mais acertadas sobre os mais diversos aspectos da vida, principalmente numa época cada vez mais apoiada por máquinas que, inclusive, já conseguem "**pensar**".

Com uma área de 54.000 m², que reúne três universidades e 55 laboratórios e centros de pesquisa, o Parque Tecnológico de Itaipu (PTI) está servindo, entre outras coisas, como um **núcleo para inovação nas cidades inteligentes!!!** Nesse espaço da cidade de Foz do Iguaçu, por onde passam aproximadamente 7.000 pessoas por dia, são agora testadas várias tecnologias desenvolvidas pelos próprios engenheiros da fundação ligada ao parque.

Eles estão desenvolvendo tecnologias para a usina de Itaipu e para a economia das cidades próximas, por meio das *startups* ali incubadas e por intermédio de outras companhias tecnológicas. Em janeiro de 2019 já se podia no PTI valer-se do compartilhamento de bicicletas e carros elétricos; tinha-se o uso de luminárias inteligentes (com *Wi-Fi* e sensores para identificar tiros e outros incidentes) e *drones* para o monitoramento das obras. E existe uma sala de controle no PTI ,onde os visitantes podem observar os vários dados fornecidos por essas tecnologias dentro do espaço do parque, como a quantidade de quilômetros percorridos pelas bicicletas ou o modo como se pode intervir no funcionamento das luminárias, controlando o nível de iluminação de cada uma delas!!!

O PTI tem uma parceria com a Agência Brasileira de Desenvolvimento Industrial (ABDI), ligada ao ministério da Economia. O gestor do programa de desenvolvimento de negócios, Pedro Sella, comentou: "Recentemente foram investidos R$ 500 mil que serviram para a compra de 45 luminárias inteligentes da fabricante israelense Juganu e dos *drones*. Estamos pouco a pouco buscando tornar o PTI uma cidade simulada, na qual seja possível canalizar o funcionamento de ferramentas que permitam solucionar desafios enfrentados nas cidades reais, tornando-as cada vez mais inteligentes. Novas tecnologias vão ser trazidas ou desenvolvidas continuamente nesse espaço."

Já Tiago Faierstein, especialista em cidades inteligentes da ABDI, declarou: "Esperamos difundir o que está acontecendo no PTI pelos outros parques tecnológicos existentes no País, para que se transformem em laboratórios de inovações e estas possam ser usadas em outras cidades brasileiras. Queremos, principalmente, convencer os prefeitos de que essas tecnologias existem, já foram testadas, são confiáveis e que, portanto, é preciso recorrer à segurança cibernética, pois ela é mais eficiente que a convencional!!!"

E por falar na usina hidrelétrica de Itaipu, ela foi inaugurada em 5 de maio de 1984 e tem uma capacidade instalada de 14.000 MW.

É operada pela Itaipu Binacional, ou seja, é administrada pelo Brasil e Paraguai, de acordo com o que foi estabelecido no tratado de Itaipu segundo o qual as direções do dois países têm autonomia nas relações de trabalho com os empregados até por conta da diferença que existe nas leis trabalhistas de cada nação.

Isso permitiu que trabalhem na usina brasileiros recebendo altos salários e vantagens que não têm os funcionários que estão lotados em outras empresas com gestão governamental!?!?

Infelizmente, nota-se que o governo federal tem utilizado bastante a possibilidade para colocar na usina diversas pessoas que por um motivo ou outro "precisaram deixar" cargos em ministérios ou outros órgãos importantes.

Isso acaba gerando grandes insatisfações, não só dos políticos mas da sociedade como um todo, quando se vive numa época na qual é bem difícil ter um emprego bem remunerado...

No âmbito da **saúde**, claro que apesar de a cidade dispor de um serviço público de assistência aos iguaçuenses, ou seja, prontos-socorros, UPAs etc., o que é relevante é a quantidade de hospitais que existem em Foz do Iguaçu, onde inclusive são atendidos os visitantes que, circunstancialmente, sofram algum mal-estar. Os mais recomendados são:

- **Hospital Municipal Padre Germano Lauck** onde a despeito de sempre haver filas, as pessoas quando direcionadas para os setores adequados sempre são atendidas por profissionais competentes.
- **Hospital Dra. Marta T. Schwarz** que é sempre destacado pelos turistas pelo bom atendimento.
- **Hospital Ministro Costa Cavalcanti** no qual o atendimento por parte de todos os funcionários é considerado amável e cordial.
- **Instituto de Cirurgia** que é especializado em clínicas gerais.

Há ainda o Hospital Cataratas (no qual os enfermeiros são bastante atenciosos e os preços são compatíveis com o atendimento); o Hospital Unimed (inaugurado em 2001, e que dispõe de apenas 19 leitos); o Santa Luzia Saúde e Segurança Ocupacional; o Vita.Imagem (com boa organização, ambiente limpo e funcionários eficientes, educados e respeitosos) e o Hospital da Cidade, dentre outros.

Quando o assunto é **esporte**, vale lembrar que no passado a cidade possuíu algumas equipes que disputavam o Campeonato Paranaense de Futebol, como o Itaipu Esporte Clube, o Foz do Iguaçu Esporte Clube, o Flamengo e o Cataratas Esporte Clube. Hoje, no futebol, o município é representado pelo Iguaçu Futebol Clube, que joga na primeira divisão paranaense e, em 2016, disputou a Série D do Campeonato Brasileiro.

No futsal, existem o Foz Cataratas Futsal e o Foz Futsal. O primeiro é conhecido apenas por Foz Cataratas e foi fundado em 2010. Trata-se de um clube profissional de futebol de salão, que disputa o Campeonato Paranaense de Futsal da Chave Ouro e a Liga Nacional de Futsal. Atualmente ele é mantido com o apoio dos pais dos atletas e por um conglomerado de esportistas e patrocinadores locais.

O Foz Cataratas e o Foz Futsal protagonizam a principal disputa local, quando disputam o "**clássico da fronteira**", como é conhecido o dérbi da cidade. É disputado desde 2011 no complexo esportivo Costa Cavalcanti, cuja capacidade é para 4.500 espectadores, quando o local fica superlotado. Em 1997 a cidade de Foz do Iguaçu sediou os **Jogos Mundiais da Natureza**. Em 2013, foi a vez de uma etapa do *XGames*. De fato, a cidade deveria tentar atrair mais eventos desse tipo para o município, para aumentar ainda mais a sua visitabilidade.

No que concerne a **fontes de renda**, as principais de Foz do Iguaçu são o **turismo**, que, por sua vez, alavanca também o **comércio** e a **prestação de serviços** na região, e a **geração de energia elétrica** pela usina de Itaipu.

No âmbito comercial, Foz do Iguaçu possui bons supermercados, como o Muffato, por exemplo (que recebe muitos compradores das cidades mais próximas tanto do Paraguai quanto da Argentina, uma vez que na maioria das vezes os produtos alimentícios brasileiros são mais baratos que nesses países vizinhos...) e alguns centros de compras, dentre os quais destacam-se:

- **Cataratas JL** – Dispõe de uma grande variedade de lojas, e, além disso, é uma boa opção no que concerne a vários serviços no centro de Foz. O local oferece ainda uma ótima praça de alimentação, a despeito de o acesso e a saída dos automóveis serem ruins e precisarem ser aprimorados.
- **Catuai Palladium** – A localização é privilegiada, podendo-se chegar até ele com transporte público. Dispõe de um amplo estacionamento, cinemas novos, boa variedade de lojas e agradáveis lugares para comer. O *shopping* também é bem limpo e oferece boa sinalização. Nele o acesso para idosos e deficientes é facilitado por meio de rampas e amplos elevadores.

Porém, há diversos outros lugares em Foz do Iguaçu que podem ser recomendados para quem deseja ir às compras, como: Mundo do Futebol (especialmente para quem estiver atrás de boas chuteiras); Centro Executivo Municipal (um *minishopping* com estacionamento próprio gratuito, uma razoável quantidade de lojas e um restaurante principal, que serve comida boa e barata); Jin Jin (no qual se tem um excelente restaurante) etc.

Foz do Iguaçu se tornou conhecida internacionalmente por suas atrações turísticas, que têm atraído visitantes de todas as partes do Brasil e do mundo todo. De fato, o município é atualmente o segundo maior destino de turistas estrangeiros no País, e o primeiro da região sul.

Aliás, as pessoas sempre se perguntam: **quais são as mais belas cataratas das Américas**, Iguaçu, na fronteira da Argentina com o Brasil, ou Niágara, entre os EUA e o Canadá? No meio desse debate sobre essas grandes cachoeiras do continente, uma frase entrou para o anedotário. Em suposta visita ao rio Iguaçu, na primeira metade do século XX, a então primeira dama dos EUA, Eleanor Roosevelt, teria exclamado: "*Poor Niagara!*" ("Pobre Niágara!")

É claro que esse comentário jocoso atribuído à primeira dama norte-americana se espalhou pelas revistas especializadas em turismo, com o intuito de demonstrar a superioridade de Iguaçu sobre Niágara. Mas teria Eleonor Roosevelt de fato dito essa frase? Pesquisadores têm buscado, em vão, encontrar a data e as circunstâncias em que ele teria dito isso!?!?

A bem da verdade, as cataratas do Iguaçu – constituídas de mais de 275 quedas de água – não precisam do endosso de Eleanor Roosevelt. Tendo sido escolhidas em 1984 pela Unesco como **patrimônio da humanidade**, as cataratas do Iguaçu são um espetáculo assombroso, como quase todos os brasileiros já sabem, em especial os que já tiveram a oportunidade de apreciá-las.

O que mal se fala no Brasil, entretanto, é que dois terços das famosas quedas d'água ficam em território argentino, e apenas 20% dos brasileiros que visitam nossa porção das cataratas se deslocam até o parque no país vizinho. Esse baixo índice é reforçado pela configuração dos pacotes de viagens das empresas nacionais, que costumam oferecer visitação apenas do lado brasileiro!?!?

Porém, engana-se o visitante que acredita que basta ver uma das faces para contemplar toda a dimensão da paisagem. Na verdade, ambos os passeios são complementares. O trecho brasileiro oferece um número relativamente pequeno de trilhas, sendo a mais popular a das cataratas, com 1,2 km. Seu percurso inclui subida e descida, ambas moderadas. E quem já fez o passeio entende muito bem o significado da expressão "*gran finale*" ("grande final").

Depois de se molhar muitas vezes ao longo da passarela (sempre é conveniente levar uma capa de chuva), o visitante chega finalmente ao último mirante, localizado bem em frente da Garganta do Diabo, o ponto que separa o Brasil da Argentina. Em formato de U invertido, é a mais potente das quedas d'água, com 80 m de profundidade e 150 m de largura.

A visão mais sublime fica por conta da imensa nuvem de vapor que se forma com o impacto da queda de cerca de 1.500 m³ por segundo sobre o cânion. Para efeitos de comparação, a islandesa Dettifoss, uma das mais famosas cataratas do mundo, registra apenas 193 m³ por segundo, o equivalente a 13% da Garganta do Diabo. Mas esse passeio não se resume à observação dessa queda, que é um dos trunfos do parque nacional. É esse lado que oferece a melhor vista panorâmica dos 2,7 km pelos quais se estendem as cataratas. Estima-se que o parque nacional tenha recebido em 2019 cerca de 1,84 milhão de visitantes, batendo o recorde de público.

Na Argentina, o Parque Iguazú também alcançou um grande número de turistas em 2019, com 1,42 milhão de visitantes. Entre as principais vantagens do lado argentino estão a incidência menor de aglomerações humanas, a proximidade entre as passarelas e as cachoeiras e a extensão e a variedade de trilhas. A vista da Garganta do Diabo do lado argentino também é fascinante. Porém, há uma diferença expressiva em relação ao parque brasileiro: o mirante do país vizinho fica em uma posição mais alta, o que permite, por exemplo, uma boa observação das centenas de pássaros que, em grande velocidade, atravessam as cascatas. Aliás, em se tratando de animais, o Parque Nacional de Iguaçu contabiliza 257 espécies de borboletas, 18 de peixes, 12 de anfíbios e 45 de mamíferos (incluindo a onça pintada, o maior felino das Américas, com até 1,90m de comprimento e 80 cm de altura).

Voltando a Argentina, distante apenas 17 km do parque onde ficam as cataratas, está a cidade de Puerto Iguazú, com pouco mais de 85 mil habitantes, sendo uma excelente opção para quem deseja sossego. Todavia, o que realmente atrai os turistas para esse local, em especial os brasileiros, são as atrações gastronômicas, ou seja, suas lojas de conservas e vinhos, e seus restaurantes.

Nesse último caso, uma ótima sugestão é o *Jungle*, comandado pelo *chef* Javier Sanchez, que já esteve à frente de cozinhas de grandes hotéis do país portenho. No *Jungle* há bons pratos com carnes, mas os melhores são aqueles com peixe dos rios da região, como o surubim, o pacu e o dourado. Outras sugestões em termos de restaurantes são o *Aqua* (onde os peixes também se sobressaem) e o *La Rueda* (para quem não abre mão das carnes assadas).

Em se tratando de vinho, a cidade argentina tem diversas lojas com uma variedade de rótulos, em particular na **Vinoteca Don Jorge**, localizada na avenida Brasil, no centro de Puerto Iguazú. E no final dessa via fica a Feirinha Puerto Iguazú, um símbolo da vocação da cidade para os bons pratos e quitutes. Quase simplório, o lugar é um desses ambientes raros em que a comida e o barulho conseguem conviver bem.

Essa feira abriga pequenas lojas que comercializam vinhos, presuntos, queijos e toda a sorte de condimentos, além de doces – como os *alfajores*, é claro. Já o centro da cidade não se restringe a ofertas de comida e bebida. Lojas de artesanato espalham-se por avenidas, como Missiones e Córdoba, e tudo pode ser visitado a pé.

Dependendo da disponibilidade do turista, a hidrelétrica binacional de Itaipu pode ser uma visita de um dia inteiro. De fato, há muita coisa para ser vista, mas um ponto fica bem distante dos demais e, por isso, os trajetos são feitos de ônibus. É possível combinar as atrações que se deseja ver entrando em contato com a "consultoria" do atendimento ao turista no local e também no *site* da usina.

Uma ótima opção é visitar o refúgio biológico (com suas onças-pintadas soltas na floresta), o polo astronômico e o Ecomuseu. O turista também pode fazer um passeio de catamarã no lago de Itaipu (aliás, ao pôr do sol, a sensação é incrível e a iluminação noturna da barragem é maravilhosa).

No chamado circuito especial ou técnico (que custava em 2019 R$ 128,00 por pessoa), o visitante, munido de capacete (também é preciso estar de calças compridas e sapatos fechados), pode conhecer o interior da usina, no qual acaba se sentindo minúsculo diante das imensas paredes de concreto no subsolo. Ali, na sala de comando, brasileiros e paraguaios dividem as tarefas, separados apenas por uma fronteira simbólica e, portanto, é possível para o turista ficar com um pé no Brasil e outro no Paraguai.

Para ultrapassar a marca de 1 milhão de visitantes em 2019 (em 2018 haviam sido cerca de 990 mil turistas), a usina ofereceu um novo espetáculo de luzes e um teleférico sobre o lago...

E não se pode esquecer da atração que é o Parque das Aves (onde é possível para o turista aproximar-se bastante delas), que fica de frente para o Parque Nacional do Iguaçu. A visitação pode ser programada quando do passeio às cataratas, principalmente por aqueles que têm pouco tempo para permanecer na cidade, e disposição para andar muito num só dia. Se esse não for o caso, será melhor o visitante reservar uma manhã ou uma tarde inteira nesse refúgio de mata atlântica com diferentes animais, como os guarás, os tucanos, as araras, as borboletas, os jacarés, as cobras, os flamingos etc.

E por falar no Parque Nacional do Iguaçu a boa notícia é que nesses últimos anos cresceu nele o número de onças-pintadas.

Aliás, Yara Barros, coordenadora executiva do projeto Onças do Iguaçu explicou: "Hoje na mata atlântica do parque estima-se que existam cerca de 300 onças-pintadas, sendo o único lugar do País em que comprovadamente a sua população está crescendo. Esse é o bom resultado da luta de todo mundo, que envolveu o combate ao desmatamento e ativamente eliminar a caça dos animais.

Por sinal, há um bom tempo uma pesquisa comprovou que matar onças-pintadas que atacam o gado na região do Pantanal era uma péssima ideia do ponto de vista econômico, visto que o ecoturismo de observação desses animais rendia algo como US$ 8 milhões por ano, só em um pedaço do bioma, sem considerar itens como as refeições dos turistas nos restaurantes da região ou seus gastos com deslocamento.

Não se pode esquecer que os parques nacionais do Iguaçu (Brasil) e Iguazú (Argentina) formam a maior área protegida contínua no centro-sul do continente e abrigam espécies vulneráveis ou ameaçadas de extinção, como o jacaré-de-papo-amarelo e o puma.

E no nosso parque aumentou também muito o número de antas, cotias, catetos, queixadas – que chegaram a ser tidas como extintas – e veados."

A partir de 2016 foram abertos para os visitantes o "berçário" e outras duas atrações: a *Forest Experience*, um encontro no pôr do sol com índios guaranis, e a *Backstage Experience*, para se conhecer os bastidores e poder alimentar os filhotes de animais que vivem nesse parque.

E quem vier a Foz do Iguaçu não pode deixar de tirar uma foto no **marco da Três Fronteiras**!!! Localizado às margens dos rios Iguaçu e Paraná, o local foi reaberto em 2016, e abriga um mirante de onde se avista a Argentina e o Paraguai, e se contempla um belíssimo pôr do sol.

Ele tem hoje uma reprodução das missões jesuíticas do século XVI, um parquinho para as crianças, uma fonte luminosa que envolve o obelisco com as cores do Brasil e se apresenta um espetáculo de dança. O visitante assiste a um vídeo que conta a história do primeiro explorador da região, o espanhol Cabeza de Vaca, que é também o nome do restaurante local. Esse passeio integra o chamado passaporte Três Maravilhas, que inclui ainda uma visita panorâmica à usina de Itaipu e a entrada para as cataratas brasileiras. E para os turistas desejosos de emoções mais fortes, há também a possibilidade de avistar a Garganta do Diabo, de dentro de um helicóptero. Neste caso, partindo do heliporto localizado no Parque Nacional do Iguaçu, o turista poderá optar por passeios mais curtos (10 min), somente das cataratas, ou mais longos (30 min), que também incluirão os rios Paraná e Iguaçu, o marco das Três Fronteiras e a usina de Itaipu.

Em Foz do Iguaçu também há um Museu de Cera, o *Dreamland*, embora a qualidade das esculturas possa decepcionar um pouco, em especial os turistas que já tenham visitado museus desse tipo no exterior. Em contrapartida, será difícil achar em qualquer outro lugar um boneco que seja a cara do famoso humorista brasileiro Mussum para se fazer uma *selfie*.

Se houver crianças no grupo, a visita poderá ser combinada com um passeio ao Vale dos Dinossauros, localizado bem ao lado, e à exposição *Maravilhas do Mundo*, que engloba miniaturas de monumentos como o Cristo Redentor, a estátua da Liberdade e o palácio Taj Mahal, entre outras.

Claro que, como já mencionado, uma grande atração para os turistas que visitam Foz do Iguaçu é a possibilidade de comprar presentes por preços reduzidos na vizinha Ciudad del Este, bastando para isso atravessar a ponte internacional da Amizade. Localizada no Paraguai, a cidade tem hoje cerca de 400 mil habitantes e ali existem muitas lojas grandes e camelôs que vendem produtos de marcas famosas e caras (porém nem sempre "confiáveis"), pagando-se preços bem menores que os praticados no Brasil.

Foz do Iguaçu é uma das "**mercocidades**" nacionais. Assim, durante o ano todo é grande o fluxo de "sacoleiros" (como são conhecidas as pessoas que compram em grandes quantidades no Paraguai para revender os produtos no Brasil) que atravessam a ponte apenas para comprar, uma vez que, em geral, passam somente uma noite na cidade brasileira.

Alguns turistas do Brasil também fazem suas compras na Argentina, onde certos produtos são mais baratos que em nosso País. No caso, eles atravessam a ponte da Fraternidade – oficialmente, ponte Tancredo Neves –, que é a divisa entre os dois países. Juntamente com a paraguaia Ciudad del Este e argentina Puerto Iguazú, as três juntas formam a já mencionada **tríplice fronteira**, um formação urbana conhecida na região como "tri-cidades".

Em 24 de abril de 2012 a cidade de Foz do Iguaçu firmou um convênio com a cidade de Jericó, na Palestina, para se tornarem **cidades-irmãs**(!!!), o que porém é muito pouco para quem quer se internacionalizar...

Foz do Iguaçu conta com o aeroporto internacional Cataratas, que foi inaugurado em 7 de janeiro de 1974. Durante o período de 2012 até o primeiro semestre de 2014, o terminal de passageiros passou por obras de reforma e ampliação para atender melhor aos passageiros, esperando principalmente um aumento de movimento por causa da realização em 2014 da Copa do Mundo da FIFA no Brasil. E de fato naquele ano ele bateu sua marca histórica, registrando 1.880.620 viajantes – número que, aliás, já foi superado, visto que em 2017 o aeroporto recebeu 2.413.965 de passageiros e 405 t de carga.

Também em 2017, ele se tornou o 2º aeroporto não localizado em capital com o maior movimentação do País, perdendo apenas para o de Campinas. Ele é servido pelas principais companhias aéreas nacionais e algumas internacionais.

E no início de 2020 saiu no *Diário Oficial da União* o comunicado que o aeroporto de Foz de Iguaçu se tornará o primeiro "aeroporto sustentável" do País, o que significa que terá painéis para gerar a própria energia, infraestrutura para tratar os resíduos sólidos, um sistema para captar água de chuva e eletroposto.

Tudo isso após passar por uma reforma que consumirá cerca de um ano e meio.

Foz do Iguaçu conta com um dos maiores parques hoteleiros do Brasil, sendo que alguns oferecem todo o conforto a seus hóspedes, sendo bem sofisticados. Outros, entretanto, são bem simples e utilizados principalmente pelos "sacoleiros" que dormem apenas uma noite na cidade, e então retornam a seus locais de origem após suas compras na Ciudad del Este.

Em Foz do Iguaçu existem dois incríveis hotéis cinco estrelas. Um deles é o Belmond Hotel das Cataratas, uma verdadeira joia localizada bem ao lado das cataratas do Iguaçu, rodeado por uma exuberante floresta tropical. Trata-se de um estabelecimento que oferece a seus hóspedes acesso exclusivo ao parque, antes mesmo do horário normal estabelecido para os demais visitantes. Assim, é possível para os usuários do hotel ficar longe das multidões.

Os quartos, projetados para oferecer espaço e serenidade, são luxuosamente decorados com móveis em estilo colonial, em madeira escura e tecidos artesanais. Além disso, o hóspede pode também apreciar a beleza dos trópicos a partir da tranquilidade de sua varanda privada ou relaxar à beira de uma linda piscina. Em seguida, ele tem a oportunidade de apreciar as delícias da cozinha sul-americana, seja no restaurante *Ipê Grill*, onde são servidas carnes macias ao melhor estilo gaúcho, ou no *Itaipu*, onde há um menu de fusão de pratos brasileiros.

O outro hotel que precisa ser mencionado é o Wish Resort e Golf Convention, cuja área total é de 200 ha, incluindo um campo de golfe. Seus quartos são bastante refinados, além de uma infraestrutura fabulosa: excelente restaurante, onde é servido um delicioso *sushi*; atraentes piscinas externas, sauna, academia, quadras de tênis e futebol, trilhas para caminhada e atividades para crianças. Além disso, os seus funcionários são bastante prestativos.

Além desses, são recomendados os seguintes hotéis em Foz do Iguaçu:

- **Nadai Confort** – Localizado no centro da cidade, ele ocupa um edifício moderno e com fachada colonial, a 11 min a pé do Zoológico Bosque Guarani. Oferece aos visitantes bom café da manhã, estacionamento e *Wi-Fi* gratuitos, além de cama confortável e ótima higiene nos quartos.

- **Golden Park Internacional Foz** – Estabelecimento de luxo localizado a 7 km das lojas *duty-free* existentes na tríplice fronteira. O hóspede tem acesso a dois restaurantes, dois bares, academia e piscina externa. Além disso, o café da manhã e o *Wi-Fi* são gratuitos.

- **Foz Presidente** – Um local refinado a 5 km da ponte da Amizade e a 26 km das cataratas. O prédio tem piscina, e os quartos são bons e possuem ar-condicionado e frigobar. O café da manhã servido no *buffet* é gratuito, e a comida de seu restaurante é de primeira qualidade!!!

- **Bella Italia** – Situado numa rua movimentada do centro, o ambiente no hotel é tranquilo. Oferece piscina externa e em seu restaurante a culinária é italiana, com boa variedade de queijos e massas. A música de fundo também é focadas em canções italianas. O atendimento é considerado ótimo e o café da manhã e o *Wi-Fi* são gratuitos.

- **Windham** – Estabelecimento moderno e sofisticado que oferece café da manhã e *Wi-Fi* gratuitos, além de possuir um bom serviço de restaurante. Suas acomodações são arejadas, com ar-condicionado e uma boa piscina externa. Os funcionários são muito atenciosos.

- **Foz do Iguaçu** – Estabelecimento arejado, com quartos funcionais e suítes de luxo. Dispõe de restaurante casual, piscina externa e academia. Oferece café da manhã, *Wi-Fi* e estacionamento gratuitos.

- **Bogari** – Situado numa área comercial, a 1 km do rio Paraná e a 7 km do marco das Três Fronteiras. Dispõe de restaurante internacional, bar e um deque na cobertura, com banheiras de hidromassagem.

- **Tarobá** – Estabelecimento bem moderno, com ótima localização. Conta com salão de jogos e *lounge* para coquetéis, e oferece café da manhã, *Wi-Fi* e estacionamento gratuitos.
- **Del Rey** – Localizado a 27 km das cataratas, a 15 km da usina hidrelétrica de Itaipu, e a apenas 3,6 km do mercado Muffato, esse estabelecimento está classificado entre os 10% melhores na categoria três estrelas na cidade. Ele ocupa um prédio simples, com quartos tranquilos, piscina externa e academia. Oferece café da manhã, *Wi-Fi* e estacionamento gratuitos.
- **Águas do Iguaçu** – Fica a 1,2 km do *shopping* Cataratas JL e a 6 min de caminhada do Zoológico Bosque Guarani. Possui quartos bem práticos e oferece café da manhã, *Wi-Fi* e estacionamento gratuitos.
- **Foz Plaza** – Estabelecimento bem despojado e com piscina externa. Oferece café da manhã, *Wi-Fi* e estacionamento gratuitos.
- **Dan Inn** – Localizado a 13 km da barragem de Itaipu e a 1,1 km da BR-277, esse hotel dispõe de quartos aconchegantes, piscina externa, sauna e sala de jogos. Oferece café da manhã e estacionamento gratuitos.
- **San Juan** – Situado numa rua arborizada, o estabelecimento é bem informal, com quartos casuais, restaurante, bar, piscina externa. É um ótimo lugar para turistas que tem como objetivo principal fazer compras em Ciudad del Este. Oferece café da manhã gratuito.
- **San Rafael** – Localizado no centro, é um local bem descontraído e dispõe de restaurante *self-service*, dois bares e piscina externa. Oferece café da manhã gratuito.
- **Pietro Angelo** – Localizado numa rua movimentada do centro da cidade, dispõe de quartos acolhedores, restaurante e piscina coberta. Oferece café da manhã, *Wi-Fi* e estacionamento gratuitos.
- **Candeias Foz** – Dispõe de bons quartos, piscina, sala de jogos, banheiro espaçoso e bom chuveiro. Oferece café da manhã, *Wi-Fi* e estacionamento gratuitos.
- **Foz Presidente** – Estabelecimento agradável, com quartos espaçosos e, salão de jogos e piscina externa. Oferece *buffet* de café da manhã, *Wi-Fi* e estacionamento gratuitos.

- **Mirante Foz do Iguaçu** – Hotel bem discreto que dispõe de piscina externa e sala de jogos. Oferece café da manhã, *Wi-Fi* e estacionamento gratuitos.
- **Flôr Foz do Iguaçu** – Estabelecimento bem modesto, mas com bom custo-benefício. Dispõe de funcionários bastante atenciosos e oferece café da manhã, *Wi-Fi* e estacionamento gratuitos.
- **Rafain Palace Hotel & Convention Center** – Estabelecimento tradicional que dispõe de um amplo espaço para a realização de congressos, seminários ou conferências. O local também possui piscina ao ar livre aberta o ano todo e churrasqueira, e conta com um parquinho infantil, sauna, academia, quadra de tênis e salão de jogos.

    O café da manhã servido no restaurante *Itamuri* é classificado como "fabuloso" pelos hóspedes, e nele há serviço *à la carte* para almoço e jantar, com culinária nacional e internacional. Há também um *american bar* para bebidas, lanches e sorvetes. O hóspede pode utilizar o estacionamento e o *Wi-Fi* de forma gratuita.

    O hotel fica próximo ao Country Clube (5,9 km), do *shopping* Mercosul (6,1 km), do cassino Iguazu (11,7 km), da Unioeste (5,2 km), do parque Monjolo (5 km), do mesquita Omar Ibn Al-Khatab (4,6 km), do terminal rodoviário internacional (3,3 km); Hospital da Cidade (4,4 km) entre outros locais de interesse.
- **Rafain Centro** – Ele foi construído em 1980 e recebeu uma classificação de 3,5 estrelas. Apesar de estar no centro da cidade, é um hotel familiar que tem sala de jogos, academia, piscina com um bar próximo, restaurante. Oferece estacionamento, *Wi-Fi* e *buffet* de café da manhã gratuitos.

Os turistas que visitam Foz do Iguaçu acabam se encantando com a **gastronomia** da cidade. A comida típica é o **pirá de Foz**, porém, o dourado (peixe de escamas encontrado no rio Paraná) assado, também é muito apreciado. Aliás, na cidade acontece anualmente o concurso do Dourado Assado, que atrai milhares de pessoas das cidades vizinhas.

A culinária libanesa também conquistou bastante destaque em Foz do Iguaçu, que possui vários estabelecimentos típicos, com realce para o *shawarma*, um sanduíche a base de carne ou frango, muito apreciado por iguaçuenses e visitantes. Mas os turistas que passam alguns dias em Foz têm na realidade muitas outras opções gastronômicas, inclusive no que se refere aos tradicionais restaurantes *fast-food* (de comida rápida), destacando-se:

- *Castelo Libanês* – Serve uma série de pratos típicos deliciosos (esfirras, quibes, arroz com cordeiro etc.). Cada opção é uma verdadeira explosão de sabores, e a apresentação é impecável.
- *Hokila* – Serve gastronomia chinesa clássica, como a carne de porco doce, tanto no sistema *à la carte* quanto *self-service*. O ambiente é acolhedor, despretensioso e familiar.
- *Sushi Hokkai* – Oferece em seu cardápio diversos *temakis* e combinados de *sushis*, além de *yakissobas* e tempurás, em um ambiente descontraído e moderno. Excelente escolha para quem é fã da culinária japonesa.
- *Miyoko* – Serve um cardápio de *sushis*, sopas, tempurás e grelhados, além de caixinhas bentô, tudo servido num espaço com decoração em estilo nipônico tradicional. Para alguns que já se refastelaram no restaurante, trata-se da "melhor experiência gastronômica da cozinha ambiental no Brasil, com destaque para o *nikiyaki-teishoku*!!!"
- *La Mafia Trattoria* – Restaurante italiano (inaugurado em 30 de junho de 2013) com decoração divertida e temática focada na máfia (Cosa Nostra) e garçons vestidos à caráter. O atendimento é cordial e simpático, a comida é bem preparada e os preços são medianos para a região. O ambiente simula um camarim, com fantasias penduradas, e é adequado para se tirar boas fotografias.
- *Noite Italiana Bella Italia* – Serve o jantar temático, com um cardápio repleto de massas, antepastos, saladas e molhos italianos. Oferece também uma boa carta de vinhos e música ao vivo no período noturno. Conta também com o serviço de rodízio e mesa de queijos. Sem dúvida, pode-se comer aí o melhor da gastronomia italiana.
- *Vó Bertila* – Oferece a tradicional comida italiana, com massas variadas e *pizzas* fartas a preços acessíveis. Além disso, o cliente tem a oportunidade de tomar um bom vinho e escutar a deliciosa música italiana num ambiente simples e familiar.
- *Vô Luiz* – Delicioso lugar para um almoço saboroso, com várias opções de comida servida por quilo. Os clientes consideram os pratos deliciosos, em especial algumas das *pizzas* da casa...

- *Bel Viale* – Trata-se de um espaço moderno com varanda, que no almoço serve *buffet* de comida caseira e, à noite, pratos italianos e mexicanos. A *pizza* de chocolate com muçarela, canela e banana é simplesmente fantástica!!!
- *Porto Canoas* – Especializado em culinária brasileira fina, com opções em *buffet* mediterrâneo e brasileiro com ilhas de massas e grelhados. O local é lindo e espaçoso, tendo muitos lugares internos (com ar-condicionado) quanto na área externa, onde a vista é linda.
- *Barracão* – Local lindamente decorado e com uma incrível variedade de pratos no *buffet*. Os preços também são muito bons. O lugar onde fica o restaurante remete os clientes à história dos trabalhadores que ali viveram e que dedicaram suas vidas à construção da usina hidrelétrica binacional de Itaipu, que mudaria para sempre suas vidas.
- *Zaragoza* – Serve uma gastronomia casual, com especialidades espanholas tradicionais, no sistema *self-service* e num elegante ambiente familiar. O cliente tem à disposição excelentes pratos com peixes e frutos do mar. A comida é muito boa e tem preços ótimos no almoço e nos dias de semana.
- *Terramar* – Oferece gastronomia refinada – o salmão com maracujá é uma delícia – voltada para peixes grelhados, com opções de carnes nobres e guarnições diversas. Para os pedidos de reserva feitos por pessoas hospedadas em hotéis próximos ao estabelecimento, um carro é enviado para buscar e levar o cliente sem custo adicional!!!
- *Churrascaria do Gaúcho* – No local naturalmente são servidas carnes no espeto, com um *buffet* de acompanhamentos, tudo num ambiente climatizado.
- *Madero Steak House* – Local bastante elegante que para muitos serve o **melhor hamburguer do Brasil**, com pão crocante, carne temperada e um extra *bacon*.
- *Empório com Arte* – Local extremamente agradável, com ótimo atendimento e preços muito bons. O ambiente é repleto de maravilhosos objetos de decoração que podem ser adquiridos pelos clientes. As opções gastronômicas não são muito variadas, porém, são bastante saborosas. Tudo é feito e servido com muito amor e delicadeza, como é o caso da excepcional sobremesa da casa: o merengue da Ana!!!

- ⇝ *City Beer Petiscaria* – Oferece uma comida maravilhosa, ótimos petiscos, atendimento de primeira e preços bem acessíveis.
- ⇝ *Panificadora Doce Pão* – Excelente local para um café da manhã, com pães e doces saborosos. No local pode-se ainda optar por um bom almoço e ou jantar a preços justos.
- ⇝ *Tempero da Bahia* – Oferece a culinária da Bahia, de frutos do mar e peixes diversos. Possui uma varanda, o ambiente é com temas naúticos e a música é boa.
- ⇝ *Trapiche* – Cardápio de frutos do mar, com moquecas, bacalhau, *sushi* e ostras, em uma casa de tijolo e madeira aparente.

Bem, com essas sugestões (e poderiam ser citadas muitas outras) o visitante não tem do que se queixar no que se refere a alimentação em Foz do Iguaçu, não é mesmo?

Em tempo, cabe citar que em 2020 Foz do Iguaçu viveu uma situação insólita e incomum!!!

Assim em 17 de março de 2020, devido a pandemia do novo coronavírus, para evitar a sua propagação, o governo municipal estabeleceu várias proibições, entre elas a visitação às suas atrações, incluindo-se aí, obviamente, o Parque Nacional do Iguaçu.

Alguns dias depois o presidente do paraguaio Mario Abdo Benítez mandou bloquear a passagem pela ponte internacional da Amizade e em seguida as autoridades argentinas impediram a entrada a Puerto Iguazu utilizando-se a ponte internacional da Fraternidade (ou seja, a ponte Tancredo Neves).

Claro que essas ações forçando o isolamento (e outras...) fizeram com que se reduzisse drasticamente o número de visitantes à Foz do Iguaçu.

Porém, uma atitude elogiável, tomaram cerca de 230 empresas que lidam com o turismo em Foz do Iguaçu (hotéis, restaurantes, locais de entretenimento etc.) que se comprometeram em não demitir cerca de 3.400 funcionários que trabalham nas mesmas!!!

Claro que isso, entretanto não poderia ser mantido por tempo indeterminado, **não é**?

Felizmente, a partir de 10 de junho de 2020 algumas atrações como o Parque Nacional de Foz do Iguaçu, a Itaipu Binacional e hotéis e *resorts*, foram reabrindo, obedecendo várias medidas restritivas.

Goiânia

A mensagem de amor pela cidade de Goiânia, em uma das praças do centro.

PREÂMBULO

Muitos turistas chegam a Goiânia não apenas para conhecê-la, mas também para visitar outras cidades interessantes do Estado de Goiás. Uma delas é Trindade, situada a exatos a 21 km da capital goiana. Ali acontece anualmente, no período de 22 de junho a 1º de julho, o segundo maior evento religioso do País: a romaria católica do Divino Pai Eterno. Nessa ocasião, cerca de 2,5 milhões de fiéis chegam a essa igreja.

Essa celebração teve início ainda no século XIX, mais precisamente na década de 1840, quando um casal encontrou um medalhão de barro caído na beira de um riacho. A peça, que estampava a imagem da Santíssima Trindade coroando Maria, foi replicada e se tornou um objeto de devoção para os católicos. A partir daí teve início a romaria do Divino Pai Eterno. Uma vez por ano os romeiros percorrem um percurso de 18 km, pela rodovia GO-60, que vai de Goiânia até o Santuário Basílica, localizado no centro de Trindade. Durante o evento são celebradas cerca de 121 missas, e a prefeitura local também organiza *shows* sertanejos para animar a festa.

Outra região bastante visitada pelos turistas é Caldas Novas, no sul do Estado, a quase 170 km de Goiânia. Considerado o maior manancial hidrotermal do mundo, o local concentra parques aquáticos, piscinas hidrotermais e uma ampla rede hoteleira, e recebe anualmente mais de 2 milhões de turistas. A cerca de 30 km de Caldas Novas fica o município de Rio Quente, que se transformou num dos principais destinos turísticos brasileiros por abrigar o maior *resort* de águas termais do País, com praia artificial e outras atrações aquáticas.

A histórica cidade de Pirenópolis, a 129 km da capital, também atrai muita gente, em especial por suas famosas casinhas cuidadosamente pintadas de branco, cujos detalhes sempre aparecem em cores contrastantes como o azul, o vermelho etc. Aliás, como certa vez escreveu a poeta goiana Cora Coralina (1889-1985), nativa de Goiás, essas casinhas – tombadas pelo patrimônio histórico – "parecem cochichar umas com as outras". Porém, as atrações de Pirenópolis vão além desse interessante conjunto arquitetônico – formado por mais de 700 casinhas. A região abriga dezenas de cachoeiras e também outras opções para quem gosta de aventura e contato com a natureza.

A HISTÓRIA DE GOIÂNIA

Com uma área de 728,84 km^2 e uma população estimada em 2020 de 1,58 milhão de pessoas – concentradas numa área urbana de 258 km^2 –, Goiânia é a capital do Estado de Goiás. A cidade ocupa uma posição central dentro dele e encontra-se a uma distância de 290 km da capital nacional, Brasília. Os municípios limítrofes são: Abadia de Goiás, Aragoiânia, Aparecida de Goiânia, Goianápolis, Goianira, Nerópolis, Santo Antônio de Goiás, Senador Canedo e Trindade.

A cidade foi planejada e construída para ser a capital política e administrativa de Goiás, sob a influência da **Marcha para o Oeste**, uma política desenvolvida pelo governo Getúlio Vargas para acelerar o desenvolvimento e incentivar a ocupação do centro-oeste brasileiro. Neste sentido, os estreitos laços de amizade e as composições políticas entre o então presidente da República e Pedro Ludovico Teixeira contribuíram bastante para que essa empreitada tivesse sucesso.

Goiânia passou por um acelerado crescimento populacional desde a década de 1960 – época da inauguração de Brasília – e já em 1966 alcançou uma população de 1 milhão de habitantes. Desde o seu início sua arquitetura teve influência do estilo *art déco*, que definiu a fisionomia dos primeiros prédios da cidade.

O nome da cidade teria surgido de uma adaptação ortográfica – e possivelmente fonética – do *Goyania*, a primeira publicação literária cuja temática girava em torno de Goiás. Na realidade, trata-se de um poema épico do escritor Manoel Lopes de Carvalho Ramos, publicado em 1896, na cidade de Porto, em Portugal. Todavia, também é considerada a hipótese de que o nome tenha sido escolhido numa evocação à pedra Goyania, na serra Dourada, cujo nome emana do poema.

A colonização de origem europeia de Goiânia teve origem em 1735, com as primeiras propostas de mudança da capital da capitania de Goiás. Na época, o então governante da província, Marcos José de Noronha e Brito, ambicionava transferir a sede administrativa de Vila Boa para Meia Ponte. Quase cem anos mais tarde, em 1830, Miguel Lino de Morais (segundo governante da província de Goiás durante o império no Brasil) propôs mais uma vez que a capital fosse transferida, dessa vez para a região onde hoje se localiza o Estado de Tocantins, próximo ao município de Niquelândia.

Em 1863, foi a vez de José Vieira Couto de Magalhães (que também governou a província de Goiás) retomar a proposta em seu livro *Primeira Viagem ao Rio Araguaia*, no qual descreveu a decadente situação de Vila Boa. Na verdade, os debates sobre a necessidade de se transferir a capital prosseguiram até a proclamação da República.

A primeira Constituição do Estado do Goiás, promulgada em 1º de junho de 1891, previa a transferência da sede do governo em seu artigo 5º – artigo este que seria mantido nas constituições seguintes de 1898 e 1918. Depois de sua fundação (em 24 de outubro de 1933), o município de Goiânia continuou sendo citado nos documentos oficiais como "**futura capital**", "**nova capital**" ou simplesmente "**nova cidade**" ainda por dois anos. Isso significa que, no âmbito legal, o município permaneceu inominado por todo esse tempo, até que em 2 de agosto de 1935, atribui-se a ele a denominação de Goiânia, conforme o disposto no artigo 1º do decreto estadual Nº 327.

A proposta de transferir a capital de Goiás permaneceu em latência até a Revolução de 1930, quando Pedro Ludovico Teixeira foi nomeado interventor federal por Getúlio Vargas. No final de 1932, Pedro Ludovico tomou as primeiras providências para que a Goiânia fosse construída. Assim, a proposta de transferir a capital, que àquela altura já durava mais de 180 anos finalmente encontrou campo fértil na política do governo federal.

O sucesso da Marcha para o Oeste dependia da implantação de uma infraestrutura básica que possibilitasse a migração das pessoas do sul e sudeste do País. Desse modo, Pedro Ludovico Teixeira, promoveu, além da mudança da capital, a construção de rodovias e o desenvolvimento de uma reforma agrária.

Em 20 de dezembro de 1932, por força do acordo estadual Nº 2737, Pedro Ludovico Teixeira criou uma comissão encarregada de escolher o local onde seria construída a nova capital. Os trabalhos desse grupo, presidido por dom Emanuel Gomes de Oliveira, então bispo de Goiás, tiveram início em 3 de junho de 1933. Na ocasião, um de seus membros, o coronel Antônio Pirineus de Souza, sugeriu o nome de três técnicos – os engenheiros João Argenta e Jerônimo Fleury Curado, e o médico Laudelino Gomes de Almeida – para a realização dos estudos topográficos, hidrológicos e climáticos das localidades de Bonfim (atual Silvânia), Pires do Rio Ubatan (atual vila de Egerineu Teixeira, em Orizona) e Campinas (atual bairro de Campinas).

O relatório final dessa comissão apontou uma fazenda localizada nas proximidades do povoado de Campinas como o local ideal para a edificação da futura capital. Então, depois que o documento foi submetido ao parecer dos engenheiros Armando de Godoy, Benedito Neto de Velasco e Américo de Carvalho Ramos, ele foi encaminhado a Pedro Ludovico Teixeira.

Apesar da forte campanha antimudancista, o interventor decidiu que a capital seria de fato construída na região de Campinas. Então, por meio do decreto estadual Nº 3359, de 18 de maio de 1933, determinou-se a escolha da região às margens do córrego Botafogo, compreendida entre as fazendas Criméia, Vaca Brava e Botafogo, no então município de Campinas, para a edificação da nova capital de Goiás.

Em 6 de julho do mesmo ano, Pedro Ludovico Teixeira assinou um decreto encarregando o arquiteto e urbanista Attílio Corrêa Lima da elaboração do projeto da nova capital em estilo *art déco*. Esse projeto, entretanto, seria mais tarde reformulado por Armando de Godoy, que inseriu nele o parcelamento do bairro Oeste. Também foram feitas muitas mudanças no arruamento do bairro Sul, sob forte inspiração do **movimento das cidades-jardim**, uma técnica que fora concebida e desenvolvida pelo urbanista Ebenezer Howard.

Em 1935, Armando de Godoy apresentou o Plano Diretor de Goiânia. Ele foi executado pelos engenheiros Jerônimo e Abelardo Coimbra Bueno, e segundo o qual foram abertas três avenidas principais – Goiás, Araguaia e Tocantins – as quais confluíam para a parte mais elevada do terreno do centro da cidade, onde por sua vez foi erigido o palácio das Esmeraldas, sede do governo estadual. Uma quarta avenida principal – Parnaíba – foi aberta perpendicularmente às três avenidas mencionadas, conectando o parque Botafogo ao antigo aeroporto (localizado no atual bairro Aeroporto).

Em outubro de1933, o jornal *O Social* realizou um concurso cultural com seus leitores para escolher o nome da nova capital do Estado de Goiás. Em 16 de novembro de1933 o jornal divulgou a apuração dos votos: "Petrônia", que fora sugerido pelo juiz de direito da cidade de Pires do Rio, Léo Lynce, para homenagear Pedro Ludovico Teixeira, recebeu 105 votos. Por outro lado, "Goiânia", nome sugerido pelo professor Alfredo de Faria Castro, obteve apenas 9 votos.

Apesar do resultado, Pedro Ludovico Teixeira deixou claro que o resultado do concurso pouco importava para ele e, ao assinar o decreto de 2 de agosto de 1935, deu à nova capital a denominação de Goiânia. Entretanto, ele nunca revelou o motivo para tal escolha, que **permanece desconhecido até hoje!!!**

No decreto, Pedro Ludovico Teixeira manifestou-se de maneira objetiva: "Ficam fundidos em um único os atuais municípios de Campinas, Hidrolândia e parte dos territórios de Anápolis, Bela Vista e Trindade, que passarão a constituir o município de Goiânia...". Em 20 de novembro de 1935 finalmente instalou-se o município e, em 13 de dezembro do mesmo ano, foi assinado o decreto determinando a transferência da secretaria geral, da secretaria de Governo e da Casa Militar para a cidade.

Posteriormente, foram transferidas a diretoria geral da Segurança Pública e a Companhia da Polícia Militar. Em 1936 foi a vez da diretoria geral da Fazenda e, em 1937, foi oficializada a transferência da capital pelo decreto Nº 1816.

Contudo, a inauguração oficial de Goiânia só aconteceria em 5 de julho de 1942 (!?!?), quando foi realizado, no Teatro Goiânia, o batismo cultural da nova capital de Goiás. Aliás, no período de 1º a 11 de julho de 1942, a cidade viveu um clima de euforia, sendo palco de festas, discursos de políticos vindos de todo o País, sessões solenes, congressos, bailes e diversas inaugurações de obras.

Em 1950, o centro de Goiânia já contava com vários prédios públicos, construídos no estilo *art déco*, que juntos constituíam um significativo acervo da arquitetura brasileira. Por esse motivo, em 18 de novembro de 2003, um conjunto de 22 prédios e monumentos públicos localizados no núcleo central da capital goiana e do bairro de Campinas, foi incorporado oficialmente ao patrimônio histórico e artístico nacional.

Entre as décadas de 1940 e 1950, a nova capital de Goiás registrou um crescimento pouco superior ao inicialmente planejado (de 50 mil habitantes). De uma população de mais de 53 mil pessoas nos anos 1950, cerca de 40 mil viviam em território urbano, formado basicamente pelos bairros Centro, Norte, Sul, Oeste e Cidade Satélite.

Até 1955, o aumento populacional se manteve moderado para uma cidade recém-implantada. Porém, o crescimento demográfico aumentou de maneira considerável por conta de uma série de fatores, tais como: a chegada da estrada de ferro (em 1950), a retomada da política de interiorização de Getúlio Vargos (entre 1951 e 1954), a inauguração da usina do Rochedo (em 1955), a construção de Brasília (entre 1956 e 1960), as obras viárias que possibilitaram a ligação do Planalto Central com o resto do País e uma das leis aprovadas por Eurico Viana, então prefeito da cidade.

Essa lei consistia em **não obrigar** os donos de loteamentos a oferecer estrutura urbana nos novos bairros, o que "causou" o surgimento de cerca de 100 novos assentamentos na cidade, em locais bem distantes, como: Jardim Balneário Meia Ponte, Coimbra, Universitário, Norte Ferroviário, Sul, Oeste, Fama, Aeroporto e Pedro Ludovico. Nessa década a capital goiana ganhou mais de 125 bairros e em 1960 sua população já superava os 150 mil habitantes.

A década de 1960 foi crucial para a definição de Goiânia como uma das metrópoles brasileiras. Esses novos bairros mudaram a fisionomia da cidade, que passou a necessitar de uma melhor infraestrutura, de mais escolas, de transporte e energia. Surgiram ainda nessa época as Universidades Federal e Católica, o que fez com que os jovens que buscavam formação acadêmica viessem de fora e permanecessem um bom tempo em Goiânia, muitos deles inclusive radicando-se na cidade.

Naturalmente, a proximidade com a capital federal ajudou muito a impulsionar o desenvolvimento da capital goiana. Os voos para Goiânia aumentaram e o aeroporto foi transferido para o bairro Santa Genoveva. Além disso, na década de 1970, à medida em que a população mais que dobrou em relação à década anterior, o trânsito goianiense também ganhou o acréscimo de muitos milhares de veículos.

Surgiram na cidade três emissoras de televisão, três jornais diários e foi erguido o estádio Serra Dourada, na época um dos mais modernos do País. A partir de 1970, Goiânia expandiu significativamente seus loteamentos urbanos, mantendo um alto ritmo de crescimento populacional, o que fez com que a cidade chegasse à década de 1980 com mais de 700 mil habitantes, dos quais 98% viviam em área urbana.

Esse aumento demográfico provocou o surgimento de um grande número de loteamentos voltados para as classes de renda mais baixa em cidades vizinhas. Esse foi o caso de Aparecida de Goiânia, que apesar de encontrar-se em franca expansão, contava com uma infraestrutura urbana bastante precária.

A partir desse ápice, o ritmo de crescimento demográfico desacelerou um pouco. Mesmo assim, no final da década de 1990, ao contrário do que aconteceu nos anos 1970 e 1980, Goiânia recebeu um grande número de famílias carentes oriundas do nordeste e norte do País. Nessa época, com a expansão do agronegócio, o centro-oeste do País tornara-se uma nova **fronteira de oportunidades**. Na década de 2000, a classe média goianiense experimentou um forte incremento na área habitacional, com o surgimento dos condomínios horizontais.

Em 13 de setembro de 1987, Goiânia foi palco do mais grave acidente radioativo já ocorrido no continente americano – e o maior do mundo em área urbana –, quando mais de 1.100 pessoas foram expostas à radiação. Na época, dois catadores de recicláveis encontraram um aparelho de radioterapia abandonado no antigo Instituto Goiano de Radioterapia, que estava desativado há dois anos. Eles resolveram desmontá-la, encontrando em seu interior uma cápsula com a substância radioativa, cloreto de césio – o césio 137. Para conseguir algum dinheiro, eles a venderam para o dono de um ferro velho, Devair Ferreira, que ficou impressionado com o brilho azul que emanava dela. Porém, ele não tinha a menor noção do perigo que corria: a cápsula continha radioisótopos usados na destruição de células cancerosas.

O fato é que, quando uma pessoa tem contato direto com uma fonte radioativa por tempo superior ao máximo permitido durante o tratamento, isso acaba provocando lesões graves e, inclusive, levando à morte. Por conta desse ato impensado, mais de 40 familiares do dono do ferro velho foram afetados, sendo que duas das vítimas fatais foram a filha de seis anos de seu irmão e uma tia dela.

Somente duas semanas depois que a cápsula foi manipulada por várias pessoas é que as autoridades tomaram conhecimento da gravidade dessa exposição. Iniciou-se a partir daí um trabalho cuidadoso no sentido de detectar o grau de contaminação. Das 112 mil pessoas testadas, 129 apresentaram contaminação e foram isoladas em barracas no estádio olímpico, onde foram monitoradas e receberam tratamento conforme a gravidade da situação.

Para limpar a área afetada foi necessário retirar cerca de 3.500 m^3 de resíduos, ou seja, o equivalente à carga de 275 caminhões. Tudo isso por causa de apenas 93 g de cloreto de césio!!! Os resíduos foram levados para o município de Abadia de Goiás, a 23 km da capital. O espaço abriga uma unidade da Comissão Nacional de Energia Nuclear, que monitora a radiação. Tanto o lote onde fora inicialmente desmontado o aparelho de radioterapia onde estava a capsula de césio, como o ferro velho dos irmãos Devair e Odesson Alves Ferreira, foram cobertos com um piso de concreto. Ambos os locais seguem sem qualquer tipo de construção e devidamente monitorados.

Essa tragédia em Goiânia registrou até agora mais de uma centena de vítimas fatais. Além disso, cerca de 2.250 vítimas não fatais recebem pensão vitalícia do governo. Muitas delas ainda são atendidas pelo Centro de Assistência aos Radioacidentados e integram a Associação das Vítimas do Césio-137. Quanto aos maiores responsáveis pelo incidente, em 1996 o Estado de Goiás condenou cinco pessoas ligadas à clínica a três anos e dois meses de prisão **por homicídio** (pena posteriormente convertida em serviços comunitários).

Esse acidente com o césio-137 manchou muito a imagem de Goiânia, o que assustou muita gente que desejava mudar-se para a capital goiana. Com o tempo, entretanto, ele foi esquecido e Goiânia voltou a se expandir.

Apesar da ocupação desordenada que ainda se mantém em certas regiões do município, particularmente nas zonas noroeste e sudoeste da cidade (que apresentaram entre 1991 e 2000 taxas de crescimento populacional de 9% e 14,5%, respectivamente), Goiânia conseguiu se tornar **uma referência em qualidade de vida em relação às demais capitais estaduais**.

Isso fez com que a cidade recebesse vários empreendimentos imobiliários e inclusive se tornasse alvo de forte especulação imobiliária. Mesmo assim, desde 2005 Goiânia voltou a experimentar um significativo aumento na qualidade de vida. Os bairros mais afastados começaram a receber asfalto, serviços de saneamento e esgoto, iluminação e novas áreas de lazer. A cidade também passou a ostentar o título de capital com a maior **concentração de área verde** por habitante.

Apesar disso, por conta do seu crescimento populacional desordenado, a cidade enfrenta atualmente problemas crônicos com engarrafamentos diários – Goiânia registra uma das maiores médias de veículos por habitante no Brasil – e precário atendimento na área da saúde, com sobrecarga de pacientes vindos do interior do Estado e de outros Estados da União – apesar de a cidade ser uma referência em vários tipos de tratamento.

Desde 1999, por conta do intenso processo de conurbação que se desenvolveu na chamada Grande Goiânia, criou-se a Região Metropolitana de Goiânia (RMG). Esta, além da capital goiana, inclui outros 19 municípios: Abadia de Goiás, Aparecida de Goiânia, Aragoiânia, Bela Vista de Goiás, Bonfinópolis, Brazabrantes, Caldazinha, Caturaí, Goianópolis, Goianira, Guapó, Hidrolândia, Inhumas, Nerópolis, Nova Veneza, Santo Antônio de Goiás, Senador Canedo, Terezópolis de Goiás e Trindade. No início de 2020 a RMG contava com uma população de cerca de 2,54 milhões de habitantes, o que a tornava a 10ª maior aglomeração urbana do Brasil, e seu PIB (estimado em R$ 51 bilhões em 2020) representa aproximadamente 42% de todo o Estado de Goiás.

Goiânia fica a uma altitude de 749 m em relação ao nível do mar. Mesmo com uma topografia majoritariamente plana – uma característica das regiões do Planalto Central brasileiro –, a cidade abriga também áreas mais baixas e outras mais elevadas, como, por exemplo, o morro da Serrinha, com 816 m de altura. Outro ainda mais alto é o morro do Mendanha, com 841 m de altitude, onde, aliás, estão localizadas as torres das emissoras de TV locais.

Um dado triste sobre Goiânia diz respeito ao número de favelas nela existentes, o que a transforma na metrópole brasileira com o maior número no País. A bem da verdade, as autoridades locais preferem não usar o termo favela, uma vez que não existem muitos morros na região. No final de 2019 estimou-se a existência de 170 áreas irregulares, chamadas de **invasões**.

Segundo especialistas, tal situação é, entretanto, bem "maquiada" em Goiânia, uma vez que as famílias que moram nesses locais são frequentemente retiradas e realocadas nas periferias da cidade!?!? Na capital goiana, o coeficiente de Gini (que mede a desigualdade social numa escala de 0, a melhor, até 1, a pior) é de 0,42. Com isso, Goiânia é uma das capitais estaduais mais **desiguais** do País.

Isso se deve ao fato de que a região central do Brasil, que compreende Goiânia e Brasília, foi alvo de um elevado fluxo migratório de populações de baixa renda e baixa escolaridade, principalmente advindas das regiões norte e nordeste do País. De acordo com estudos do Observatório das Metrópoles, a história da desigualdade social na cidade é antiga e começou já no início do povoamento, nas mais diferentes regiões.

Um exemplo típico foi a formação da região noroeste da cidade, que surgiu após três invasões na fazenda Caveiras. Na primeira originou-se o bairro Jardim Nova Esperança e, posteriormente, surgiram outros bairros. A população de baixa renda é predominante nessa região. Vale lembrar que tal ocupação gerou uma série de conflitos sociais, políticos e militares.

Em outros pontos isolados de Goiânia, como o Jardim Goiás, a desigualdade é mais perceptível ainda, pois aí tem-se grandes construções verticais resultantes de intensa competição e especulação imobiliária. Junto a essas edificações há muitas casas bem simples que não contam sequer com infraestrutura digna. Outra região da cidade onde a situação é lamentável é a noroeste.

De fato, as regiões sul e sudeste são as mais desenvolvidas da cidade, mas existem bairros próximos com características sociais diferentes em várias regiões de Goiânia, como: Alto da Boa Vista e Jardim Primavera (região noroeste); Aldeia do Vale e Vale dos Sonhos (região norte) e os bairros de Madre Germana 2 e Grajaí, nos quais o espaço é compartilhado essa região com condomínios horizontais de luxo.

A cidade de Goiânia é conhecida como a "**capital do cerrado**". Ela está localizada num Estado onde o **cerrado** é a vegetação predominante em 70% do território, porém, esse é justamente um dos biomas mais devastados do Brasil. De fato, na RMG a vegetação original foi bem pouco preservado. Além disso, para agravar a situação do meio ambiente, a cidade tem sofrido muito com o aumento da **poluição do ar**, que está diretamente relacionado à queima de combustíveis fósseis no uso de automóveis.

Em 16 de novembro de 2018, o Conselho Nacional do Meio Ambiente (Conama) estabeleceu em 160 mg/m^3 o padrão máximo de emissão de poluentes por ano. Porém, esse índice na capital goiana já ultrapassou 255 mg/m^3 (!?!?), de forma que a qualidade do ar na região é bem ruim. E isso acontece mesmo com a cidade se esforçando para manter uma grande quantidade de áreas verdes.

Realmente há 92 m^2 de área verde por habitante na capital goiana, um índice que a aproxima da campeã mundial, a cidade canadense de Edmonton, com 100 m^2 de área verde por habitante, e lhe permite superar Curitiba, que aparece com 45 m^2 por habitante. Ou seja, Goiânia apresenta um índice 7,6 vezes maior que os 12 m^2 por habitante recomendados pela ONU. Goiânia é a capital estadual mais arborizada do País, o que fez com que ela recebesse o título de "**capital verde do Brasil**" e fosse considerada como a cidade de melhor qualidade de vida!?!?

Através do maior programa de plantio voluntário do planeta, intitulado **Plante a Vida**, realizado pela prefeitura da cidade, foram distribuídas mais de 1 milhão de mudas de plantas nativas do cerrado à população da capital goiana. Estima-se que atualmente existam quase 1 milhão de árvores plantadas somente em vias públicas. No que se refere a parques, se no início de 2005 a cidade possuía seis, em 2010 esse número mais que **quadruplicou**!!! Hoje a cidade conta com 28 parques e bosques.

O Lago das Rosas é o mais antigo parque da cidade, inaugurado em 30 de novembro de 1971, mas que começou a ser construído desde a década de 1940. Com um área de 315.000 m^2, sua arquitetura segue o estilo *art déco*. Outro parque importante é o Vaca Brava, localizado na região sul da cidade, e cuja área é de quase 80.000 m^2, com diversos espaços para práticas esportivas.

Muitos dos parques de Goiânia são de responsabilidade do governo municipal, enquanto as praças ficam sob a guarda da Companhia de Urbanização de Goiânia. Em 2007, a prefeitura criou a Agência Municipal de Meio Ambiente, cuja principal atribuição é administrar a política ambiental do município. Isso inclui a implementação e a coordenação de ações que garantam o desenvolvimento sustentável de todo o território.

No âmbito climático, as temperaturas mais baixas em Goiânia são registradas no inverno, sendo que o recorde foi verificado em 10 de julho de 1944, quando os termômetros marcaram 2,6ºC. As temperaturas mais elevadas acontecem na primavera e, nesse caso, a maior já registrada foi de 40,4ºC, em 17 de outubro de 2015. Há duas estações bem definidas na região: a **chuvosa**, de outubro a abril; e a **seca**, de maio a setembro. O índice pluviométrico anual geralmente supera os 1.600 mm, sendo que só em dezembro a precipitação costuma chegar a 300 mm.

Goiânia é uma cidade **multirracial**, fruto da intensa migração. O povoamento da região está intimamente associado àquele do centro-oeste do País, que aconteceu de forma gradual, atraindo não apenas pessoas do interior do próprio Estado, mas de outros Estados e regiões do País – e, consequentemente, das mais diversas origens. Isso contribuiu para que a população de Goiânia fosse bastante miscigenada, embora ainda composta majoritariamente por brancos (47%) e pardos (45%). O restante dos locais se divide entre pretos (6,1%), amarelos (1,8%) e indígenas (0,1%).

Como já mencionado, a criação de Goiânia foi decisiva para o crescimento populacional do Estado como um todo, uma vez que Vila Boa, a antiga capital, encontrava-se em decadência e se revelava inadequada para ocupar tal posição. Aliás, a fundação da atual capital goiana é considerada um caso bem-sucedido no processo de povoamento do interior do País.

Hoje, a população de Goiânia não oriunda do Estado de Goiás se constitui predominantemente daqueles que vieram de Minas Gerais, Bahia, Tocantins, Maranhão, São Paulo e Pará, ordenados conforme o tamanho do contingente migratório – embora outros Estados também tenham contribuído.

No que concerne a **religião**, existe uma boa variedade delas em Goiânia. Segundo estimativas no início de 2020, a maioria dos goianienses seguia a religião católica (49,5%), vindo depois os evangélicos (34%), pelos que não seguiam nenhuma religião (9,2%) e pelo grupo restante, formado por espíritas, testemunhas de Jeová, mórmons, budistas etc. A padroeira de Goiânia é Nossa Senhora de Auxiliadora.

Vale lembrar que o Brasil é a nação mais católica do mundo em números absolutos. A Igreja Católica teve seu estatuto jurídico reconhecido pelo governo federal em outubro de 2009, ainda que o Brasil seja atualmente um País oficialmente **laico**.

A **influência** de Goiânia é percebida em cerca de 400 cidades dos Estados de Tocantins, Pará, Maranhão, Piauí e Mato Grosso, o que significa que a cidade faz jus ao seu lema: "**Pela grandeza da Pátria.**"

Até a década de 1970 a economia de Goiânia se manteve focada no **setor primário**, principalmente pela influência agropecuária do Estado, mas no século XXI ele foi se tornando irrelevante. Atualmente a cidade possui uma pequena bovinocultura e avicultura, mas tem uma boa produção leiteira, consumida na própria cidade.

O **setor secundário**, em contrapartida, é mais relevante. Destacam-se na cidade as indústrias produtoras de alimentos (arroz, temperos etc.), os frigoríficos, os laticínios e as empresas farmacêuticas. Aliás, entre Goiânia e Anápolis há algumas dezenas delas, que juntas empregam mais de 7.500 trabalhadores.

Outro setor industrial de peso é o da **moda**. Goiânia é o quarto maior polo confeccionista nacional. Mais de 65 mil pessoas trabalham nas cerca de 3.200 confecções espalhadas pela RMG que, por sua vez, abriga 60% das empresas de moda de todo o Estado de Goiás.

Estima-se que em 2020 houvesse na capital goiana cerca de 8.100 indústrias desse setor, das quais 74% eram de transformação. Em seguida vinham as ligadas à construção civil. Outros setores industriais que gozam de certo destaque são o de fundição, beneficiamento de algodão, gráfico, produção de óleos vegetais, cerâmica, bebidas e moveleiro.

Goiânia é um dos maiores centros financeiros do Brasil. Sua economia se caracteriza pela predominância do **setor terciário**, que é bastante dinâmico, concentra mais de 81% da economia do município e gera mais empregos, desde os mais básicos aos que demandam alta tecnologia. Os setores de maior destaque são o comércio, a saúde, os transportes, a educação, as atividades imobiliárias, a hospitalidade e a administração pública.

Estima-se que em 2020 trabalhassem no setor terciário goianiense cerca de 385.000 pessoas. Isso significa que elas ocupam mais de 80% das vagas de emprego disponíveis na capital do Estado de Goiás. Dentre as cerca de 34 mil empresas do setor terciário, a maioria delas está vinculada ao comércio atacadista e varejista (52%), vindo a seguir os setores: imobiliário (16%); saúde e serviços sociais (9,7%); hotelaria e alimentação (8,3%) entre outros.

A cidade de Goiânia possui vários *shopping centers*, que juntos recebem diariamente dezenas de milhares de clientes. Nesses locais também trabalham muitos milhares de atendentes. Entre os principais da região, destacam-se:

- **Flamboyant** – É o centro comercial mais antigo de Goiânia e sem dúvida o melhor e maior *shopping* da cidade. Ele conta com uma gama bem grande e variada de lojas, e vende produtos para todos os públicos.
- **Buriti** – Um lugar tranquilo, com amplo estacionamento, grande variedade de lojas, praça de alimentação, supermercado, cinema e ótimas opções de lazer. Atende bem às necessidades de compra de roupas, calçados e alimentos.
- **Goiás *Center* Modas** – O melhor lugar de Goiânia para comprar moda no atacado e varejo, porém, os preços dos artigos em algumas de suas lojas são bem elevados.
- **Bougainville** – Possui uma boa praça de alimentação e bons cinemas (que fazem promoção em alguns dias da semana, cobrando só meia-entrada...). É um lugar sossegado para se fazer reuniões de negócios.
- **Alpha *Mall*** – O cliente encontra aí restaurantes, farmácia, panificadora, boa loja de chocolates e boas opções para outras compras. O local se transformou num ponto de encontro para momentos de lazer entre os moradores de Alphaville, Portal do Sul e Jardins.
- **Portal** – Dispõe de boas lojas, banco, correios, cinema etc. e, além disso, oferece estacionamento gratuito. Em certos dias o local promove festivais, como o Dia da Criança, com eventos (oficinas culinárias com as princesas da Disney...)
- **Multicine Cinemas Cidade Jardim** – Bem localizado, conta com várias salas de cinema, lojas em geral e um boa praça de alimentação.
- **Portal Sul** – É um *shopping* pequeno, mesmo assim tem uma área para *shows* ao vivo, algumas lojas novas, um barzinho simpático e cinema. Oferece estacionamento gratuito.
- **América** – Dispõe de um amplo estacionamento, bom supermercado, pequenos quiosques de lazer e alimentos, porém, não tem muitas lojas.

Há outros *shoppings centers* na cidade (como o Cerrado, o Perimetral *Open Mall*, o Passeio das Águas, o Galeria Milão, o Tamandaré, o Araguaia etc.), porém, eles têm enfrentado dificuldades nesses últimos quatro anos de recessão e, por conta disso, viram muitas de suas lojas fecharem.

No final de 2019 estima-se que o PIB de Goiânia estava próximo de R$ 54 bilhões.

No tocante a **saúde**, estima-se que em 2020 houvesse em Goiânia cerca de 950 estabelecimentos de saúde, dos quais uns 14% fossem públicos e o restante privados. Juntos eles dispõem de algo próximo a 6.900 leitos, dos quais 80% eram privados!?!? A cidade também conta com atendimento médico ambulatorial em especialidades básicas; atendimento odontológico, e alguns de seus hospitais prestam serviço ao SUS.

Em 6 de julho de 2015 foi inaugurado em Goiânia o Hospital Estadual de Urgências Governador Otávio Lage da Siqueira (Hugol), que se tornou o maior hospital público da região centro-oeste do País, com 71.165 m² de área construída e planos de ampliações futuras para 100.000 m².

Na inauguração o governador do Estado, Marconi Perillo, detalhou: "Quem for atendido aqui não notará aquela imagem com paredes brancas ou cinzas do ambiente hospitalar tradicional. O Hugol é cheio de espaços acolhedores, de jardins de inverno entre os seus blocos e conta com uma capela ecumênica com painel de vitrais doado pelo artista plástico goianiense Duda Badan.

A enfermaria pediátrica, no primeiro andar da unidade, tem paredes cobertas por desenhos infantis e coloridos. As crianças contam com uma UTI específica, com iluminação natural para que o paciente internado tenha noção se é dia ou noite. Outro diferencial são as dezenas de carrinhos térmicos com os quais os alimentos são levados e distribuídos pelos seis andares do hospital, e entregues aos pacientes internados na temperatura correta. Assim, o que deve ser ingerido quente permanecerá quente, e o que é frio continuará frio até chegar ao último paciente. São os pequenos detalhes que fazem a grande diferença nos hospitais que oferecem serviços de qualidade."

No seu início no Hugol existiam 510 leitos, sendo 360 de internação (enfermaria); 86 leitos de UTI (20 pediátricos e 7 queimados). Há dois blocos de emergência (44 leitos de observação e 14 leitos ou boxes de atendimento); 21 consultórios médicos; um complexo cirúrgico com 21 salas de cirurgia (usadas 24 h por dia); refeitório para 190 pessoas; auditório com 192 lugares; central de esterilização de materiais; laboratório de análises clínicas, imagem, diagnóstico e tratamento; uma área verde com irrigação automatizada; heliporto e um estacionamento com cerca de 1.000 vagas.

O Hugol foi construído em tempo recorde – 25 meses – e com um custo relativamente baixo de construção por metro quadrado, ou seja, menor que o de muitos prédios de apartamento e bem inferior ao de obras similares na área da saúde. Além do atendimento de urgência e emergência, o Hugol tem consultórios para 16 especialidades. Na área de cirurgias, ele contava inicialmente com oito especialidades: geral, pediátrica, bucomaxilofacial, torácica, plástica (para o centro de queimados), neurológica, vascular e ortopédica/traumatológica.

Já na clínica médica são nove especialidades: clínica geral, pediátrica, cardiológica, gastroenterologia, urológica, neurológica, pneumológica, nefrológica e hematológica. O Hugol tem ainda Banco de Sangue próprio, essencial para o atendimento e para sua missão de salvar vidas, com previsão de realizar até 2.000 transfusões por mês. O hospital ocupa um prédio inteligente e nele os chuveiros têm água aquecida com energia solar. Os resíduos são tratados dentro do hospital para que possam ser descartados como lixo comum. O sistema de ar-condicionado é central e o hospital tem um grupo de geradores que permite que o Hugol possa funcionar mesmo em períodos de quedas prolongadas de energia elétrica.

O hospital começou a operar com cerca de 2.000 funcionários e 497 médicos, mas esses números já subiram para 3.000 e 560 respectivamente. Tudo isso para poder atender bem a uma movimentação diária de 10.000 pessoas aproximadamente. Um dos grandes objetivos do Hugol é o de oferecer ao público um atendimento humanizado.

Pois bem, até agora o Hugol tem mantido um ótimo atendimento, obtendo dos que o utilizam comentários do tipo: "Nem parece um hospital público. Fica-se abismado com a higiene e, particularmente, com os enfermeiros, muito dedicados e dispostos a prestar cuidados aos pacientes!!!"

Há outros hospitais de Goiânia, embora quase todos tenham merecido alguma ressalva por parte dos pacientes, sejam públicos ou privados, indicando que precisam melhorar em algum aspecto, como é o caso dos seguintes: Hospital Materno Infantil; Santa Casa de Misericórdia, Hospital do Câncer, Hospital Jacob Facuri, Hospital do Rim, Hospital do Coração, Hospital do Coração Anis Rossi, Hospital Buriti, Hospital São Francisco de Assis, Hospital e Maternidade Vila Nova, Hospital Unique, Hospital Samaritano, Hospital Goiânia Leste, Hospital Adonai, Hospital São Domingos, Hospital Amparo, entre outros.

Entre 1991 e 2000, Goiânia apresentou uma evolução na área de saúde pública, sendo até considerada como referência para o interior do Estado e inclusive para todo o País. Porém, desde 2012 a cidade começou a sofrer um declínio por conta da saturação no atendimento, apresentando hospitais lotados, falta de remédios e inclusive de médicos.

Contudo, em 2017 foi inaugurado na capital goiana o primeiro centro médico especializado em diabetes no Brasil: o Centro de Apoio ao Portador de Diabetes. Em 2020 havia em Goiânia cerca de 14 mil profissionais de saúde (cirurgiões gerais, anestesistas, médicos de família, pediatras, psicólogos e psiquiatras, gineco-obstetras, clínicos gerais, radiologistas, fonoaudiólogos, enfermeiros, técnicos de enfermagem etc.).

Em prontos-socorros de seis hospitais públicos das encantadoras cidades de Goiânia, Florianópolis, BH, Fortaleza e Palmas, assim como da criativa São Paulo, o ministério da Saúde está agora aplicando o projeto *Lean* (enxuto) com o qual houve uma redução em até 50% no tempo de atendimento. Esse projeto, que se baseia num método criado no Japão – mais precisamente na fábrica de carros Toyota – em meados da década de 1940, com o objetivo de aumentar a produtividade e a eficiência e, ao mesmo tempo, evitar desperdícios e organizar fluxos internos, foi implantado nas emergências dos hospitais.

No Brasil ele foi desenvolvido inicialmente pelo ministério da Saúde em parceria com o Hospital Sírio-Libanês, de São Paulo, e a expectativa é de que até o fim de 2021 ele esteja implantado em mais de 100 hospitais públicos brasileiros. No SUS ele pode ser empregado, por exemplo, na organização do fluxo de pacientes, separando os de maior e menor gravidade já na sala de espera.

Assim, já após o primeiro atendimento, os de baixo risco são encaminhados para a atenção básica, capaz de responder por 80% dos casos. Enquanto isso, os casos mais graves seguem diretamente para a internação ou realização de exames e outros procedimentos. Esse passo simples agiliza o atendimento e faz com que a pessoa doente sinta que está amparada e não apenas esquecida numa sala de espera.

No Hugol, utilizando-se esse método, foi possível reduzir o tempo médio de atendimento na urgência em 55%, ou seja, de 7,35 h para 3,27 h, apenas seis meses depois de sua implementação. Welfane Cordeiro Júnior, coordenador médico do projeto *Lean* no Hugol, explicou: "Aqui no Hugol foi criada uma unidade de decisão clínica e em no máximo 4 h o médico do pronto-socorro tem que decidir se o paciente deve ser internado ou liberado. Há uma funcionaria na equipe para monitorar esse procedimento. Assim, se houver algum atraso ela providenciará para que seja tomada uma decisão adequada.

Outra mudança foi evitar que o paciente ficasse se deslocando de sala em sala. O médico e a enfermeira é que vão até ele!!! O maior desafio, entretanto, ainda são aqueles que precisam de cirurgia e que às vezes passam dias numa maca no corredor à espera de um leito, por causa da superlotação no hospital. Os prontos-socorros de quase todos os hospitais públicos viraram enfermarias e isso não pode continuar... Com mais de 12 h internado num pronto-socorro, aumenta o risco de mortalidade por infecções. De qualquer modo, com o projeto *Lean*, estamos mudando a cultura no Hugol, conseguindo ter fluxos mais organizados e padronizados, e dando uma assistência mais eficaz ao paciente!!!"

Quanto à **educação**, esse fator no cálculo do IDH da capital goiana já atingiu a marca de 0,933, um patamar consideravelmente elevado, em conformidade aos padrões do PNUD, ao passo que a **taxa de analfabetismo** mais recente indicada pelo IBGE para Goiânia estava próxima de 3%, um nível bem baixo. Goiânia tem um vasto sistema de ensino primário e secundário, público e privado, além de algumas escolas técnicas. Estima-se que em 2020 houvesse na cidade cerca de 540 escolas entre públicas e privadas (abrangendo a pré-escola, o ensino fundamental e o ensino médio) nas quais estavam matriculados cerca de 320 mil crianças e jovens e nesse sistema de ensino trabalhavam uns 16.800 docentes registrados.

No ensino superior, estão na cidade importantes universidades públicos e privadas, algumas delas consideradas centros de referência em determinadas áreas. Entre essas IESs destacam-se em Goiânia a Universidade Federal de Goiás (UFG); o Instituto Federal de Educação, Ciência e Tecnologia de Goiás (IFG), a Universidade Estadual de Goiás (UEG); a Pontifícia Universidade Católica de Goiás (PUC-Goiás) e a Faculdade Alves Faria.

Na classificação geral do Enem de 2014, duas escolas particulares da cidade figuraram entre as 50 melhores do *ranking*, ou seja, os colégios Olimpo e WR que foram, respectivamente, o 3º e 40º colocados. Enquanto isso, a única IE pública dentre as melhores foi o IFG, que segundo as avaliações socioeconômicas do Inep, é frequentado por estudantes que pertencem, em sua maioria, a famílias de alta classe social!!!

Infelizmente a **violência** está ameaçando muito a qualidade da educação em Goiânia, impondo certas barreiras ao aproveitamento escolar, constituindo-se em uma das causas preponderantes da evasão ou do ensino e aprendizado deficientes, que está atingindo alunos e professores. Segundo um levantamento feito entre 2014 e 2015, a violência nas escolas estaduais da cidade era observada em mais de 90% delas.

A secretaria de Educação, Cultura e Esporte de Goiás, a professora Raquel Teixeira, em julho de 2015, declarou: "Em **educação** é impossível separar **quantidade** de **qualidade**. Estamos buscando aumentar o tempo que as crianças fiquem em sala de aula, ou seja, é inevitável pensar numa educação em **tempo integral**, em que o aluno passa dois termos na escola.

O ensino em tempo integral já é normal em muitos países. O problema é que ele é mais caro e temos recursos escassos... Note-se que aqui em Goiânia e em outras cidades do Estado, os professores costumam ter dois empregos (ou até três...). Sem dúvida que eles desejariam ter somente **um emprego** em tempo integral, não é? **Claro que sim**!!! Mas além disso precisamos capacitar e aperfeiçoar os nossos professores para as demandas da educação nesse final da 2ª década do século XXI.

Não estamos procurando algo que resolva tudo imediatamente, ou seja, uma 'bala de prata', até porque em educação ela não existe... Aqui em Goiás, e especificamente nas escolas públicas de Goiânia o desempenho escolar, na última década, apesar de todos os problemas têm melhorado bastante e mais rapidamente que nos outros Estados brasileiros."

Entre alguns bons colégios estaduais que estão em Goiânia deve-se citar: Jayme Câmara, Olavo Bilac, Cora Coralina, Presidente Dutra, Major Alberto Nóbrega, Jardim Vila Boa; Ary Ribeiro Valadão Filho; Pedro Xavier Pereira (muito bem avaliado); Bandeirante; Amália Hermano Teixeira (bem avaliado); Doutor Antônio Ramos Gomes Frota (muito bem avaliado); Irmã Gabriela (bem avaliado).

Naturalmente existem muitas escolas municipais, como é o caso da Jardim América e Honestino Guimarães, que são muito bem avaliadas também. Além disso, o que também se tem em Goiânia são diversas escolas infantis e colégios privados, frequentados por crianças e jovens de famílias com recursos para pagar por esse ensino considerado de qualidade superior àquele oferecido nas públicas.

Entre essas escolas particulares estão: Cantinho da Emília (com mais de 46 anos de tradição, ela conta com um estrutura completa para o bem estar das crianças); Silvia Bueno (com um projeto educacional muito bom); São José; Imaculada (uma IE católica, com uma enorme área verde, professores focados e preocupados com o aprendizado coletivo e individual, e interessada em promover muitos eventos e atividades extracurriculares focadas na família e religiosidade); Primeira Infância; Nova Opção/Gotinhas do Saber (uma IE bem avaliada, pautada nos princípios cristãos, com ótimas instalações e bons professores); Videira (voltada para educação cristã); Piaget (com um excelente projeto pedagógico e ótimos profissionais); Internacional (é blíngue sendo considerada entre as melhores da cidade, há 23 anos ela prepara as crianças para que no futuro elas consigam se formar em carreiras promissoras).

Entre os colégios particulares, há pelo menos algumas dezenas deles que são bem avaliados, como: Marista (que em seu projeto pedagógico valoriza muito o aprendizado do inglês); Santa Clara (no qual se tem um ambiente vivo, orgânico e no qual o aluno é incentivado a empenhar-se nos estudos); Logosófico (um dos melhores da cidade, que oferece uma educação na qual prioriza-se o cultivo de elevados valores mentais, morais e espirituais); Centro Educacional Mabel; Agostiniano Nossa Senhora de Fátima (com um ensino pautado na pedagogia contemporânea); Sistema Educacional de Goiânia (no qual os professores buscam desenvolver no aluno o espírito crítico, responsável e atuante).

Em uma sociedade cada vez mais complexa, a **educação** não pode se limitar a **caixinhas de conteúdo**. Os problemas reais transpassam as divisões em matérias e um dos principais desafios dos educadores é formar pessoas capazes de trazer soluções efetivas. Nesse contexto contemporâneo, uma abordagem educacional tem ganhado ênfase: o *STEAM*, sigla em inglês que contempla ciência, tecnologia, engenharia, artes e matemática (*science, technology, engineering, arts and mathematics*).

Essas são as áreas de conhecimento que de acordo com essa metodologia devem ter prioridade na formação educacional, e que precisam ser ensinadas conjuntamente. No Brasil, um dos principais expoentes dessa **estratégia de ensino** é a rede do Serviço Social da Indústria (Sesi). Para preparar os alunos para a indústria e os empregos do futuro, a rede Sesi viu na abordagem *STEAM* um caminho eficiente e, há mais de um década, vem aprimorando a aplicação desse método nas suas 389 escolas espalhadas por todo o País. Atualmente, 198 mil alunos têm contato com o ensino agregado desses conteúdos.

O gerente-executivo de Educação do Sesi, Sérgio Gotti, comentou: "O ponto central do *STEAM* é a ênfase nas ciências naturais e na matemática e não nas disciplinas humanísticas, como história, geografia, sociologia etc. Esse método é comum nos EUA e se tornou mais popular a partir de 2013, quando o então presidente Barack Obama declarou o modelo como prioridade nacional e investiu em medidas para formar professores.

Essa abordagem é diferente da escola tradicional brasileira, que parte dos princípios humanísticos para poder alcançar outros elementos. A questão é que aí as ciências exatas acabam ficando em segundo plano. No caso específico da matemática, os alunos começam a achar que é difícil porque eles não conseguem ver que existe uma prática por trás da teoria. Dessa forma, o conceito *STEAM* é uma "**mão na massa**". Nele busca-se ter um projeto, resolver um problema, conseguir aplicar as matérias estudadas em casos reais. Com isso, despertamos o pensamento crítico em cima do raciocínio lógico."

Bem, a robótica é um claro exemplo da implementação do *STEAM* nas escolas do Sesi. Assim, durante as aulas, os alunos são desafiados com uma situação-problema. Com a sua missão conhecida, eles devem pesquisar soluções, construir robôs utilizando peças de Lego e programá-los para a execução das tarefas. Além de sala de aula, os estudantes têm a possibilidade de participar de torneios de robótica, sejam estaduais, nacionais ou até internacionais. E um bom exemplo disso acontece na escola do Sesi da Vila Canaã, em Goiânia, uma das pioneiras do projeto *STEAM*.

Nessa IE goiana, 40 estudantes compõem a turma que aprende de forma integrada, unindo ciências, matemática e as linguagens com a arte. Uma das atividades recentes foi o convite feito ao artista plástico goiano Carlos Catini, que se uniu aos professores da escola na missão de integrar essas diferentes áreas de conhecimento e expressão artística.

Assim, num primeiro momento, os alunos foram levados para a sala de aula e, com o material em mãos, aprenderam sobre as propriedades químicas da tinta *spray* e a líquida. Eles também analisaram a reação da tinta ao atingir a superfície do carro, que, no caso, foi o objeto escolhido para ser pintado naquela ocasião. Paralelamente, os estudantes também aprenderam sobre geometria ao fazerem os moldes para a pintura do veículo. Num segundo momento, um grupo de alunos foi levado para um galpão e começou a pintar o carro, usando para isso os moldes, os *sprays* e as técnicas aprendidas.

Caro(a) leitor(a), você não acha que esse tipo de aula é mais atraente e emocionante que aquelas nas quais os alunos ficam cerca de 5 h sentados, calados e apenas prestando atenção ao que é dito? O fato é que, ao se aplicar a metodologia *STEAM* na escola Sesi da Vila Canaã, observou-se nos alunos o seguinte:

1º) Melhoria no seu desempenho escolar.
2º) Surgimento de um maior interesse por matemática, ciências, tecnologia e engenharia.
3º) Conexão do currículo com as transformações tecno-científicas.
4º) Aparecimento de um vínculo óbvio com a indústria 4.0 e as profissões do futuro.
5º) Um melhor preparo dos estudantes para o mercado de trabalho.

Realmente, os alunos dessa turma da escola Sesi Vila Canaã (assim como de outras escolas que utilizam essa metodologia) não se mostram mais dispersos nem desinteressados. Aliás, uma pesquisa de percepção realizada na rede Sesi em 2019 demonstrou que 94% dos alunos declararam-se mais atraídos pelas matérias de exatas a partir da oportunidade de participar de atividades, como a robótica, por exemplo; 76% afirmaram que houve uma melhoria em sua capacidade de inovação, e 50% declararam ter obtido notas melhores nos últimos 12 meses.

Bem, os que concluem o ensino médio têm algumas boas alternativas para continuarem estudando numa IES. Assim, depois do vestibular, eles podem ingressar na UFG, a maior do Estado e uma das principais da região centro-oeste do País. Seu principal *campus* está localizado em Goiânia, todavia a UFG conta ainda com outros *campi* espalhados por outras cidades do Estado, como Aparecida de Goiânia e Cidade de Goiás.

A UFG foi fundada em 14 de dezembro de 1960, após a fusão de cinco faculdades previamente existentes. Hoje a UFG é um importante centro de educação superior e pesquisa. Ela já recebeu muitas avaliações positivas, como por exemplo da revista *Guia do Estudante*. No caso, seus 29 cursos de graduação foram classificados como bom, muito bom ou excelente.

Atualmente existem na UFG 33 programas de pós-graduação, sendo que 13 deles conferem aos concluintes o título de doutor. Estima-se que no início de 2020 estivessem matriculados nessa IES cerca de 27.000 alunos, sendo 24.000 em cursos de graduação e o restante nos de pós-graduação. Além disso, trabalham na UFG aproximadamente 3.000 docentes. A UFG possui diversos órgãos importantes para a cidade, destacando-se entre eles:

o Museu Antropológico, o planetário, o Colégio Aplicação, o Centro de Recursos Computacionais, seu conjunto de bibliotecas e, especialmente, o Hospital das Clínicas.

Destaque-se que a UFG, levando em conta as demandas dos vários setores que usam a IA a partir de março de 2020 estará oferecendo o seu primeiro curso na área de IA (uma disciplina que já era oferecida em especializações e módulos de curta duração).

A UFG investiu alguns milhões de reais em um supercomputador com capacidade de processamento de dados equivalente a 2.000 máquinas convencionais.

Ele é capaz de processar milhões de dados simultaneamente, algo fundamental considerando o aumento do volume de dados e a evolução das tecnologias.

Sem dúvida, foi mais que oportuno a UFG oferecer um curso para formar especialistas em IA, que é um ramo da própria Ciência da Computação que se ocupa em desenvolver mecanismos e dispositivos tecnológicos que simulam a inteligência ou o raciocínio dos seres humanos, através de algoritmos, ou seja, uma sequência de regras ou operações, que aplicada a certos dados, possibilita solucionar os mais variados problemas.

A IA possibilita que máquinas identifiquem e aprendam com padrões, sem interferência humana. Essa tecnologia, ou seja, a IA, é muito útil para desenvolver soluções inteligentes e automatizadas em diversas áreas permitindo aprimorar processos de administração, *marketing*, saúde, segurança, agronegócio etc.

Grandes empresas norte-americanas como Microsoft e Google usando supercomputadores e valendo-se da IA têm analisado milhares de artigos médicos relacionados a *Covid-19*, selecionando que há de mais útil para combater o novo coronavírus, acumulando um conhecimento que nenhum médico pode ter!!!

Aliás, em 2020, na China, a gigante empresa Alibaba, desenvolveu um algoritmo de IA capaz de analisar a imagem de tomografia de pulmões, tendo a "inteligência" para em 20s identificar a presença ou não do novo coronavírus, com **96% de acerto!!!**

Na UFG, o curso terá um tempo mínimo de quatro anos. Nos dois primeiros, a grade curricular prevê formação sólida em computação e nos dois últimos, as aulas têm foco em conteúdos específicos de IA, com os alunos desenvolvendo projetos como *chatbots* (simulação de um humano na conversação com pessoas de tal forma que elas tenham a impressão de estar conversando com outra pessoa e não um programa de computador), robôs que interagem com os internautas ou sistemas de automação de tarefas, como agendamento de exames médicos.

No *RUF 2019* a UFG apareceu na 18ª posição no País.

A UEG é uma outra IES na qual os goianos de modo geral podem estudar gratuitamente. Ela está dispersa por 39 cidades do Estado e possui 42 *campi*. Essa IES foi fundada em 16 de abril de 1999 pelo decreto lei Nº 13.456, pelo então governador Marconi Perillo. Nessa época, houve a fusão de diversas IESs isoladas que haviam sido criadas anteriormente pelos governadores Íris Rezende Machado e Henrique Antônio Santillo.

Atualmente a UEG oferece 52 cursos espalhados por 39 cidades goianas, perfazendo um total de 150 cursos de graduação, nos quais estavam estudando no início de 2020 cerca de 21 mil alunos. Com tamanha infraestrutura, o grande mérito da UEG é permitir que os jovens tenham a oportunidade de se dedicar aos estudos para alcançar a carreira desejada sem, obrigatoriamente, ficar muito longe da própria residência. Diminui-se, assim, a "visitabilidade", excetuando-se evidentemente o caso em que o curso desejado não esteja disponível na cidade onde vive o aluno...

A UEG entretanto tem muita coisa para melhorar pois na *RUF 2019* apareceu na 70ª posição.

O IFG, por sua vez, desempenha um papel social diferenciado, tendo como responsabilidade ofertar pelo menos 50% de suas vagas para o **ensino médio**!!! Assim, ele garante educação pública, gratuita e de qualidade para jovens e trabalhadores do Estado. Essa IES foi criada em 29 de dezembro de 2008, pela transformação do CEFET de Goiás, uma autarquia com *campi* em Goiânia (sede da reitoria), Águas Lindas, Anápolis, Aparecida de Goiânia, Cidade de Goiás, Formosa, Inhumas, Itumbiara, Jataí, Luziânia, Uruaçu e Valparaiso de Goiás.

Hoje o IFG oferece educação integrada desde o ensino médio até a pós-graduação, com ênfase para o ensino técnico integrado ou ensino médio, para os cursos superiores de tecnologia, para as engenharias e também para as licenciaturas nas áreas das ciências-naturais e disciplinas técnicas e/ou profissionalizantes.

No que se refere a IESs privadas, uma das mais importantes em Goiânia é a PUC-Goiás, que é comunitária e pluridisciplinar. Essa IES, é a mais antiga do Estado. Originalmente ela foi reconhecida pelo governo estadual pelo decreto Nº 47.041, de 17 de outubro de 1959, ainda com o nome Universidade de Goiás, mas, posteriormente a razão social foi alterada por meio do decreto Nº 68.917, de 15 de julho de 1971.

Em 8 de setembro de 2009, o cardeal polonês Zenon Grocholewski, prefeito da Congregação para a Educação Católica no Vaticano, reconheceu a Universidade Católica de Goiás como Pontifícia Universidade Católica de Goiás, que se tornou a 7ª no Brasil e a 19ª no mundo com esse título. Atualmente a PUC-Goiás dispõe de cursos diversificados, sendo que 55 deles são de graduação e, os demais, de especialização, mestrado e doutorado. Estima-se que em 2020 estudassem em seus 6 *campi* cerca de 27 mil alunos, e trabalhassem aproximadamente 1.900 docentes. De acordo com o *Guia de Estudantes*, essa IES goza de boas avaliações e no *RUF 2019* ocupou o 38º lugar.

A PUC-Goiás conta com um sistema de bibliotecas cujo acervo é de mais de 400 mil livros. A IES possui ainda um centro de idiomas, um canal de TV aberta (PUC TV Goiás), quatro centros de pesquisa, duas estações-ciência, cerca de 460 ambientes laboratoriais, quatro clínicas-escola na área de saúde, dois museus e um complexo poliesportivo de padrão internacional. Estre as instituições afiliadas a PUC-Goiás, destaca-se o **Memorial do Cerrado.**

Localizado em Goiânia, esse Memorial é um complexo cultural da própria PUC-Goiás, composto de quatro partes: Museu de História Natural, Vila Cenográfica, Quilombo e Aldeia Indígena Timbira. O ambiente do museu é mantido pela Fundação Aroeira em coparceria com a universidade. Nele é exibida a origem do planeta Terra até a chegada dos portugueses no Brasil. Escolas e grupos podem agendar visitas no local e contar com a ajuda de um monitor do próprio Memorial para fornecer-lhes explicações didáticas a respeito das características do ambiente.

As demais entidades importantes afiliadas a PUC-Goiás são o Instituto de Pesquisa do Trópico Subúmido, o Instituto de Pesquisas e Estudos Históricos do Brasil Central, a Clínica-Escola Vida, a Santa Casa de Misericórdia de Goiânia, o Núcleo de Prática Jurídica e o Instituto Goiano de Pré-História e Antropologia.

No tocante ao **transporte**, ele é administrado em Goiânia pela secretaria de Trânsito, Transportes e Mobilidade. O sistema de transporte coletivo de ônibus transporta diariamente algumas centenas de milhares de pessoas em toda a RMG e, em 2019, havia 270 linhas em operação. Elas são exploradas por cinco empresas unidas em um consórcio denominado Rede Metropolitana de Transporte Coletivo. Todavia, essas linhas já eram consideradas insuficientes, em especial pelos goianienses, quando o preço da passagem foi elevado para R$ 4,60, no início de 2020. Vale ressaltar que essa tarifa é uma das mais altas entre as capitais estaduais.

A cidade também conta com o *Citybus*, um serviço de micro-ônibus que tem como objetivo proporcionar conforto diferenciado aos passageiros. Todavia, o preço da passagem é mais elevado que o convencional. Além disso, há também o **eixo Anhanguera**, um sistema de *BRT* que funciona na avenida Anhanguera, e é administrado pela estatal Metrobus. Essa linha, cujo trajeto se estende por 13,5 km (entre as regiões leste e oeste da cidade), é a mais extensa e mais barata da cidade, e transporta diariamente uma média de 260 mil passageiros.

Estima-se que em 2020 a frota de taxis de Goiânia fosse composta de 1.500 veículos, todos padronizados na cor branca. Também há o serviço de mototáxi, que complementa as outras formas de transporte público na cidade. Infelizmente, Goiânia não conta com metrô, apesar da demanda existente desde a década de 1960.

A capital goiana está situada num importante entroncamento rodoviário. Assim, a BR-153 passa nos arredores da cidade, conectando-a ao norte e ao sul do País. Além disso, ela se encontra com a BR-160, que de um lado liga a cidade a Brasília e, no outro extremo, a Campo Grande, prosseguindo até a fronteira entre Brasil e Paraguai.

No que se refere a **veículos particulares**, de acordo com estimativas do Departamento Nacional de Trânsito (DENATRAN), em 2020 havia em Goiânia uma frota de 1,25 milhão de automóveis. Porém, esse número vem aumentando anualmente, com um grande crescimento na quantidade de motos na capital – elas já chegam a 300 mil. O município também possui algumas ciclovias, concentradas principalmente nos bairros das regiões Sul, Centro e Norte, onde há um maior número de estudantes universitários.

Apesar de a cidade já dispor de algumas vias de circulação rápida, como as marginais Botafogo e Cascavel, e a perimetral Norte, entre outras grandes vias, o trânsito é bastante difícil em várias regiões da capital goiana, em especial nos horários de pico.

O transporte rodoviário intermunicipal é feito principalmente a partir do terminal rodoviário de Goiânia, situado no centro e integrado ao *shop-*

ping center Araguaia desde 2001. Em 2019 o terminal recebeu cerca de 4,5 milhões de passageiros.

Na região norte da cidade está localizado o aeroporto internacional Santa Genoveva, que fica a 8 km do centro. Atualmente ele conta com um novo terminal e dali partem voos regulares para diversas cidades importantes do País. Segundo estimativas, em 2019 o número de viajantes que passaram pelo aeroporto Santa Genoveva chegou a 3.4 milhões.

Algo que tem preocupado muito os que vivem em Goiânia é a **violência** e a **criminalidade**. Isso significa que, para fazer jus ao título pleno de encantadora, a cidade ainda precisa melhorar muito no âmbito da **segurança**. Recentemente, Goiânia chegou a registrar 40,7 mortes por 100 mil habitantes, algo considerado triplamente crítico pela OMS.

Embora tenha registrado uma queda de 8,36% em relação ao ano anterior, o número de óbitos causados por acidentes de trânsito na capital goiana também é bastante elevado. Só entre janeiro e abril de 2018 foram 303 mortes, sendo que 70% delas envolveram motociclistas.

Quando o assunto é **habitabilidade**, a capital possuía em 2020 algo próximo de 480 mil domicílios, entre casas, apartamentos e cômodos. Desses, 60% eram imóveis próprios. Grande parte do município conta com água tratada, energia elétrica, esgoto, limpeza urbana e serviço de telefonia fixa e de celular.

Segundo estimativas em 2020, cerca de 97% dos domicílios eram atendidos pela rede geral de abastecimento de água, um serviço fornecido pela empresa de Saneamento de Goiás; 99,83% das moradias contavam com coleta de lixo, que posteriormente é depositado no aterro sanitário de Goiânia, no km 3 da GO-60 (na saída para o município de Trindade, na RMG); e 97,8% das residências possuíam escoadouro sanitário. Já o serviço de fornecimento de energia elétrica é feito pela Enel Distribuição Goiás, conhecida anteriormente como Companhia Energética de Goiás.

No campo da **comunicação**, hoje o acesso a Internet é bom e gratuito em praticamente toda a cidade, uma vez que, desde 2010, a prefeitura vem instalando redes *wireless* nos principais pontos da capital. Goiânia tem ainda vários jornais, destacando-se entre eles o *O Popular*, que já esteve listado como um dos dez de maior circulação no País.

Também existem na cidade mais de uma dezena de rádios AM e FM, sendo que nessa última categoria estão a Fonte, a Sara Brasil, a Difusora etc.

Sediadas na cidade estão ainda diversas emissoras de TV, como a Anhanguera, Serra Dourada, Record TV Goiás, TV Brasil Central, TVUFG, Fonte TV e a PUC TV Goiás.

No âmbito **esportivo**, existem em Goiânia três clubes de futebol que são reconhecidos nacionalmente: o Atlético Goianiense, o Vila Nova Futebol Clube e o Goiás Esporte Clube, sendo que em 2019 os dois primeiros disputaram a Série B do Campeonato Brasileiro, e o Goiás Esporte Clube, na Série A. Além desses, há ainda o Monte Cristo Esporte Clube (vivendo com sérias dificuldades...) e o Goiânia Esporte Clube.

O Atlético Goianiense foi fundado em 2 de abril de 1937, com raízes no bairro de Campinas, tendo o **dragão** como mascote. Foi o pioneiro do futebol de Goiânia e o primeiro clube a conquistar o título estadual em 1944.

O Vila Nova foi fundado em 29 de julho de 1943 e já conquistou 15 títulos estaduais. Suas cores tradicionais são o vermelho e o branco e o alvirrubro é também conhecido como **"time do povo"**, **"colorado"** ou **"tigrão"**, aliás a sua mascote é o tigre. O Vila Nova é um clube multiesportivo e destacou-se muito no basquete no cenário nacional na década de 1970.

Já o Goiás Esporte Clube, que foi fundado em 6 de abril de 1943, conquistou até agora 28 títulos estaduais (é o maior vencedor) e em 1967 disputou o Campeonato Brasileiro pela primeira vez.

As suas cores são o verde e a mascote é o **periquito**. É o clube com maior torcida em Goiânia, no Estado e na região centro-oeste, que comparece em massa para as suas partidas, especialmente quando é contra o Vila Nova, para ver o chamado "*derby* do cerrado".

Infelizmente o Vila Nova em 2020 vai disputar a Série C, mas o Atlético Goianiense conseguiu voltar para a Séria A, um grande feito pois dessa forma haverá de novo na cidade o grande clássico contra o "verdão da Serra" (o Goiás Esporte Clube) na divisão de elite do futebol brasileiro.

E agora a cidade conta também com algumas equipes de **futebol norte-americano**, um esporte que está crescendo em várias cidades do País, tendo como principal representante local o time Goiânia *Rednecks*.

Quanto aos estádios, há vários na capital goiana, como o Serra Dourada, com capacidade para 42.049 espectadores, e onde já aconteceram muitos jogos importantes nacionalmente. Os outros estádios da cidade são o Onésio Brasileiro Alvarenga, o Antônio Acioly (do Atlético Goianiense) e o Hailé Pinheiro (que pertence ao Goiás Esporte Clube), cada qual com capacidade para cerca de 8.000 pessoas. Além desse, em 2016 foi inaugurado em Goiânia o estádio olímpico Pedro Ludovico. Na capital também há vários ginásios esportivos, como o Rio Vermelho, para 4.500 pessoas, e o Goiânia Arena, utilizado principalmente para *shows* e outros eventos.

A capital goiana não sedia nenhuma prova terrestre ou maratona de forma regular, mas, às vezes, eventos desse tipo acontecem na cidade, sendo promovidos por associações ou pela própria prefeitura. Bons exemplos de importantes eventos esportivos são os torneios envolvendo a seleção de futebol de salão masculina e as seleções brasileiras de voleibol masculina e feminina. Aliás, o time de voleibol da Associação Atlética Banco do Brasil foi o primeiro de Goiânia a disputar a Superliga Feminina de Vôlei de 2009, um projeto que infelizmente foi descontinuado...

O município também tem sediado vários eventos em outras modalidades, como por exemplo o turfe, praticado no hipódromo da Lagoinha, conhecido como Jóquei Clube de Goiás. O local funciona desde 1960, sendo o único de sua categoria em atividade no centro-oeste do Brasil.

Goiânia também recebe muitos visitantes que adoram ver competições entre veículos automotores. A cidade possui o autódromo internacional Ayrton Senna, cuja pista tem 3.835 m de extensão. Ele foi inaugurado em 1974 e está localizado no km 4 da rodovia estadual GO-20. O local recebe diversas competições automobilísticas, como *Stock Car*, *Fórmula Truck*, Brasileiro de Marcas, GT3, Campeonato Centro-Oeste de Marcas e Pilotos, entre outras. Aliás, também acontecem aí eventos de motociclismo e dentro do complexo há inclusive um kartódromo. O importante é que o calendário de eventos nesse autódromo acaba trazendo muita gente para Goiânia!!!

De fato, a cidade de Goiânia possui muitos atrativos para os turistas, como seu **grande acervo arquitetônico**, seus lindos parques e sua boa gastronomia. Tudo isso atrai muitos os turistas, inclusive aqueles que vem para a cidade a negócios. Um dado interessante, entretanto, é que, ao contrário de muitas cidades em todo o Brasil, **a capital goiana não possui uma tradição carnavalesca**. Aliás, quando chega o Carnaval, a cidade costuma ficar vazia e boa parte de sua população se desloca para o interior do Estado, rumo a cidades como Caldas Novas, Goianésia e Jaraguá.

Por se tratar de uma cidade mais jovem em comparação com a maioria das capitais brasileiras, o cenário musical goiano despontou tardiamente. Um dos músicos locais pioneiros a se destacar nacionalmente foi Leo Jaime, que na época integrava o João Penca e Seus Miquinhos Amestrados. Mais tarde, no anos 1980, ele se lançou em carreira solo.

O Conservatório Goiano de Música tornou-se um espaço de revelação de artistas. Ele realiza anualmente, desde 1968, o Festival Nacional de Música, organizado pela UFG. A iniciativa se deu com a participação de vários musicistas, como a pianista Belkiss Spenciére Carneiro de Mendonça, que ao lado de outros pioneiros, inaugurou o conservatório dentro da universidade. Por intermédio dessa instituição é que a capital goiana desenvolveu sua principal influência na produção e execução de música clássica. E falando nesse estilo musical, Goiânia também conta com uma orquestra sinfônica. Ela foi fundada em 1993 e é composta por 62 músicos e um coro de 48 membros.

Outros músicos naturais da cidade são os cantores Marcelo Barra e Carlinhos Veiga, com influências da música regional; o cantor de *rock* Luciano Manga; o *rapper* Túlio Dek e a artista Wanessa Camargo. Alguns grupos musicais que se destacaram na cidade foram Testemunha Ocular; os religiosos Milad e Koinonya; e os grupos de *rock* e *pop* Mr. Gyn, Boogarins e Pedra Letícia, cujo vocalista é o também goiano e humorista Fabiano Cambota.

Ao mesmo tempo, Goiânia é conhecida por ser uma capital estadual com forte presença de cantores e duplas sertanejas, como: Chrystian & Ralf, Zezé Di Camargo & Luciano; Leandro & Leonardo; Guilherme & Santiago; Bruno & Marrone, Maiara e Maraisa, Israel e Rodolffo, Gusttavo Lima, Eduardo Costa, Joelma, entre outros, muitos dos quais são goianienses, enquanto outros optaram por morar na capital do Estado. E é claro que os *shows* dessas estrelas na cidade sempre atraem dezenas de milhares de fãs.

Atualmente quem lida com a **indústria da música sertaneja** tem que saber superar pelos menos três "desafios". O primeiro é a **liberação**. Assim, atualmente, para gravar uma música de um estúdio, um cantor precisa pagar uma média de R$ 5.000,00, para os compositores que gozem de um certo renome. Em certos casos alguns desses compositores famosos até cobram um pouco menos, caso o cantor iniciante apresente algum potencial para alcançar sucesso!!!

O segunda desafio, que nem sempre é respeitado, diz respeito a **exclusividade**. Assim, enquanto a liberação garante o direito de gravar e trabalhar uma composição, a exclusividade garante que ninguém mais fará isso com uma determinada música, pelo menos por um determinado tempo – um ano, geralmente. O preço disso pode girar em torno de quatro ou cinco vezes o preço da liberação.

O terceiro desafio é o **recebimento de direitos autorais**, algo que nem sempre ocorre de maneira simples – embora exista no País o Escritório Central de Arrecadação (Ecad). O Ecad é um órgão privado fundado em 1976, para arrecadar e transferir para os artistas os direitos autorais correspondentes a cada música deles que estiver "em execução pública" no Brasil, seja ela nacional ou internacional. Ele é bem grande, possuindo 26 unidades arrecadadoras, cerca de 800 funcionários e umas cinco dezenas de advogados.

Mas a arrecadação não acontece somente em cima das músicas executadas no rádio, na TV e nos *shows*, mas também nos bares, nas academias, nos consultórios médicos, em carros de som, em terminais de transporte e até mesmo em festas de casamento e de aniversário, nos "arraiás" e nas quermesses. É claro que nesses lugares não é possível aferir a quantidade de música tocada, assim, o cálculo se dá sobre a receita bruta obtida, pela área física do local (como é o caso de bares e lojas), ou, no caso de hospedagens, pelo número de quartos existentes no local!?!?

Não é nada fácil realizar esse tipo de monitoramento!?!? Para isso o Ecad se utiliza de antenas instaladas no alto de prédios com o objetivo de captar o que é tocado. No caso dos *shows*, entretanto, o trabalho é manual: os fiscais vão até o lugar e, munidos de papel e caneta, anotam tudo o que foi tocado para saber quanto terá de ser cobrado. Já no caso do YouTube, o órgão possui uma regra para saber o quanto cada compositor deverá receber pelas visualizações na plataforma.

Vale lembrar, entretanto, que a lei de direito autoral no Brasil data de 1998, quando a Internet estava começando a se popularizar no País e o YouTube sequer existia. Assim, com todas as dificuldades existentes para cobrar os direitos autorais, só os compositores de grandes sucessos (*hits*) conseguem receber quantias significativas que permitam a eles viver confortavelmente.

Um dado interessante sobre Goiânia é que, além de ser uma cidade onde vivem muitos dos mais importantes cantores sertanejos, ela também é atualmente a **capital brasileira das composições** musicais. Hoje, quando algum cantor famoso, como Gusttavo Lima ou Wesley Safadão, estiver montando o repertório de um novo disco, ele em geral ruma para a capital goiana. O objetivo é realizar audições nas quais estarão reunidos cantores, agentes e compositores, e, assim, **caçar novos futuros sucessos**.

Muitos cantores recorrem a grupos como o Single Hits, que apesar de em 2019 ter completado apenas três anos de vida, já produziu sucessos como

Homem de Família, de Gusttavo Lima, e *Ciumeira*, de Marília Mendonça. Aliás, entre maio e julho de 2019, as cinco músicas que mais renderam direitos autorais no País foram **sertanejas** e de compositores que viviam em Goiânia, sendo uma delas justamente *Ciumeira*.

Everton Mattos, um dos cabeças do grupo Single Hits, comentou: "Os nossos seis integrantes trabalham numa casa com sinuca, piscina, churrasqueira e, claro, um estúdio. Todos os dias o Single Hits faz de seis a dez canções, mas aproveita menos de 5% deles!?!? Quando o clima criativo não está bom, o músico pode relaxar na piscina ou jogar uma sinuquinha.

A questão é que para se obter uma música boa, impreterivelmente dezenas de ruins acabam sendo feitas. Somente quando alguém se convence de que uma canção é realmente boa é que se vai fazer a guia. A partir daí acontece a gravação, a inserção da voz, o processo de afinação e separação das melhores canções. Também é feita a escolha dos artistas com os quais as músicas combinam e, só então, elas são enviadas para eles.

Daí para frente é uma questão de o artista que recebe a música gostar dela, de o empresário estar disposto a apostar na composição e de o produtor acertar a mão em seu trabalho. Como se nota, portanto, é necessário que aconteça um "alinhamento de planetas" para que uma música dê certo."

O fato é que nesses últimos anos diversos compositores que trabalham em Goiânia alcançaram muito sucesso. Esse foi o caso de *Jenifer*, um fruto do trabalho colaborativo de oito compositores, entre os quais Thales Gui, Junior Lobo e Fred Willian.

A cidade também é reconhecida por ter uma das cenas independentes de *rock* mais fortes do País, e alguns dos melhores festivais nacionais de música, como o *Goiânia Noise Festival*, de *rock*; o *Vaca Amarela*, de música independente e o *Villa Mix*, de música sertaneja e outros gêneros populares, que também atraem milhares de visitantes para a capital goiana. Aliás, no passado já houve diversos festivais importantes na cidade que, infelizmente foram descontinuados, como o *Festival Comunicasom* (um dos primeiros), o *Micarê Goiânia*, o *Cerrado Rock Festival* e o *Goiânia Rodeo Festival*.

Em 2019, um ano nada fácil para alguns festivais de música, aconteceu em Goiânia, a 21ª edição do **Festival Bananada**, entre 12 a 18 de agosto. Ao todo foram mais de 100 atrações que se apresentaram em boates, bares, teatros e, inclusive, na arena do evento – o estacionamento do *shopping center* Passeio das Águas.

Estima-se que cerca de 30 mil pessoas tenham se divertido com as apresentações de artistas como Pitty, Black Alien, Duda Beat, Mariana Froes, João Donato, Ariel Tulipa Ruiz, Drik Barbosa, Felipe Cordeiro, entre outros. O **Festival Bananada** tem como principais características o apoio ao cenário independente da música brasileira e, ao mesmo tempo, a promoção dos artistas goianos, que são parte significativa do elenco do festival. Além disso, vale lembrar que esse evento gerou cerca de 1.000 empregos temporários.

Cumpre também ressaltar que, num País como o Brasil, onde grande parte dos "empreendimentos" não dura sequer dois anos, qualquer negócio que tenha mais de 20 anos nas costas (e, nesse caso, a 22ª edição do festival já está confirmada...) merece aplausos. Agora, se o objeto dessa iniciativa é de caráter cultural, sem dúvida ela merece mais que aplausos, sendo até mesmo digna de comendas e referências!!!

No que concerne ao **entretenimento cinemagráfico**, o primeiro cinema da capital goiana foi o Cine-Teatro Campinas, inaugurado em 13 de junho de 1936. Mais tarde, em 1942, surgiu o Cine-Teatro Goiânia, na avenida Tocantins. Porém, a partir da década de 1960, a cidade infelizmente testemunhou o fechamento de suas salas de cinema, que se transformaram em igrejas evangélicas, supermercados, restaurantes, entre outros estabelecimentos. Atualmente, os cinéfilos da cidade podem assistir seus filmes nos cinemas localizados majoritariamente nos *shopping centers*.

Quanto à produção local, são poucos os filmes realizados na cidade. Na maioria das vezes são curtas-metragens de produtores e gravadoras de Goiânia. Mesmo assim, o Goiânia Mostra Curtas se tornou um evento bem popular na cidade, e nele são exibidos filmes de curta duração.

Já no campo das **artes cênicas**, existem alguns teatros nos quais são apresentadas peças que exibem um pouco da cultura goianiense. Um deles é o Teatro Goiânia, construído na década de 1940, que ocupa um dos prédios mais antigos da capital goiana. Atualmente o prédio ostenta o título de patrimônio histórico e artístico nacional.

Por sua vez, no Centro Cultural Martim Cererê, próximo à praça Cívica, são realizados vários tipos de eventos, como musicais, peças teatrais, lançamentos de obras literárias, dentre outras festividades. Goiânia tem também um amplo Centro de Convenções, onde está localizado o Teatro Rio Vermelho, com capacidade para mais de duas mil pessoas. Nele acontecem vários tipos de eventos. Mas existem também outros teatros na cidade...

Goiânia possui também vários museus, dentre os quais o Museu de Arte Contemporânea. Inaugurado em 1988, seu acervo abriga cerca de 550 obras, que estimulam a criação desse estilo de arte na cidade. Nele também são apresentadas mostras temporárias e alguns eventos de âmbito local.

O primeiro museu público municipal de artes plásticas da cidade foi o Museu de Arte de Goiânia, criado em 1969, que atualmente faz parte do bosque dos Buritis. Por sua vez, o antigo lar do interventor da cidade se tornou, desde 1987, o Museu Pedro Ludovico Teixeira, hoje tombado pelo patrimônio histórico estadual. Dentro dele estão documentos originais, vestimentas e outros objetos, além da biblioteca particular do antigo morador.

O município também possui algumas esculturas ao ar livre, que representam um pouco da história da cidade, como o monumento às Três Raças, um dos principais cartões-postais de Goiânia. Ao projetá-lo, a artista plástica Neusa Moraes procurou simbolizar a miscigenação das três raças: branca, negra e indígena.

O monumento à Paz Mundial, em contrapartida, é uma ampulheta de 5 m de altura e 500 t, que abriga terras de vários países, construído pelo artista Siron Franco. Há também o Relógio da avenida Goiás, que foi inaugurado em 1942 e se tornou um dos primeiros pontos de referência da capital goiana. Além desses, existem diversas outras esculturas e monumentos relevantes na cidade.

Como já foi dito, nos prédios espalhados pela cidade, principalmente no bairro Centro, o estilo *art-déco* que inspirou muitos arquitetos de países europeus, também influenciou os construtores de Goiânia. As edificações nesse estilo na cidade se tornaram patrimônios tombados pelo IPHAN em 2003, mas nota-se atualmente que na região central de Goiânia a maioria desses prédios antigos está em situação de abandono...

Uma das principais atrações da capital goiana são as suas feiras. Espalhadas por diversos bairros e realizadas em diversos dias, elas movimentam as vendas na cidade. A principal delas é a *Hippie*, a maior feira a céu aberto do Brasil, que é realizada nos domingos há mais de 46 anos. Nela se tem mais de 6.000 expositores (vendedores), com vários tipos de produtos, que atraem pessoas do Brasil inteiro, principalmente das regiões do norte e nordeste.

A *Feira da Lua* foi criada em 1993, e está voltada mais para a população com maior poder aquisitivo, em especial por estar localizada no bairro Oeste, um dos mais nobres de Goiânia. O número médio de visitantes por sábado é de 11 mil pessoas.

A política de cidades-irmãs defendida pela capital goiana, procurou justamente incentivar o intercâmbio entre cidades que possuem algo em comum com Goiânia. A responsável pelo setor cultural da prefeitura é a sua secretaria de Cultura, cujo objetivo é planejar e executar a política cultural do município por meio da elaboração de programas, projetos e atividades que visem ao desenvolvimento cultural.

Um deles inclui o estabelecimento de acordos entre cidades-irmãs, que buscam também a troca de informações bem como o aumento do turismo e comércio entre elas, tornando-as bem mais próximas. As cidades-irmãs brasileiras de Goiânia são Uberaba, Manaus e Belém. Entre as internacionais, temos: Grotte di Castro (na Itália); Idar-Oberstein (na Alemanha); Barquisimeto (na Venezuela); Guadalajara (no México); Seattle (nos EUA) e Paris (na França). O que falta agora é Goiânia promover mais eventos culturais conjuntos com essas cidades, para assim aumentar a sua visitabilidade.

Note-se que as noites goianienses são muito concorridas, o que significa a presença de muita gente em seus bares e restaurantes, suas praças e seus espaços de lazer e entretenimento. Vários dos bairros da cidade têm hoje vários tipos de estabelecimentos com atividades noturnas e cafés, casas de espetáculo, danceterias etc., que atendem aos mais diversos públicos, desde os mais conservadores até os mais vanguardistas e irreverentes.

A culinária goianiense possui as mesmas características encontradas em todo o Estado. Assim, há uma forte ligação com as cozinhas mineira e baiana. O uso de pequi e o da guariroba são comuns no arroz. A pamonha, a galinhada e o empadão goiano são alguns dos pratos típicos da capital goiana. Os cafés da manhã têm sempre o pão de queijo, o cuscuz, os biscoitos fritos, entre os alimentos consumidos.

Já o destaque entre as sobremesas está no uso de frutas, como a mangaba, o jenipapo, jaca e manga. Os doces são feitos predominantemente à base de leite. E sem dúvida, uma das coisas que faz com que o visitante queira retornar a uma cidade é se ele teve uma boa experiência gastronômica nela. E em Goiânia há atualmente uma boa variedade de restaurantes, entre os quais:

- *Panela Mágica* – Oferece um *buffet* de antepastos, saladas e pratos quentes em uma casa elegante com jardinzinho, deque e um clima sossegado.
- *Carne de Sol 1008* – Restaurante nordestino de clima descontraído, onde é servida a chamada carne de sol, o feijão verde e a paçoca, além de bebidas e doces. Uma das melhores opções de Goiânia.

- *Bartolomeu* – Serve carnes assadas no forno a lenha, incluindo leitão à pururuca. A casa, de ambiente acolhedor, também oferece *buffet* gastronômico. Os pratos são preparados com capricho e a carta de vinhos é muito boa.
- *Moony* – Uma mistura de bistrô contemporâneo e bar de coquetéis, tudo num espaço descolado com arte nas paredes e na área externa. O ambiente é fantástico, com boa música, ótimos *drinks*, boa comida, excelente atendimento e estacionamento na porta.
- *Chão Nativo* – Restaurante goiano com temas rurais, onde é servida uma variedade de opções caseiras da cozinha familiar de fazenda. É um lugar bem agradável, no qual se pode comer galinhada, feijão tropeiro, frango com pequi, torresmo.... Na sobremesa as opções são frutas em calda, doce de leite etc.
- *Thiosti* – Pode-se dizer que é um boteco casual, com um ambiente bem aconchegante. A comida é deliciosa e há petiscos seletos e variados, além de uma boa carta de cervejas e vinhos. A feijoada é incrível, mas tem dia certo. Um detalhe importante é que os preços são bons.
- *Tribo* – Uma casa de açaí requintada, com pratos de cozinha *fusion* e bebidas naturais. O clima é sofisticado, mas descontraído. O ambiente é agradável, com boa música e muita gente bonita entre os clientes. O que assusta um pouco são os preços dos pratos...
- *Contemporane* – A casa tem um ambiente bem elegante e serve carnes, risotos, frutos do mar, massas e boas sobremesas, ou seja, ninguém pode dizer que não existam opções para todos os gostos. Além disso, há uma brinquedoteca com monitor para atender aos adultos que levam crianças.
- *Popular* – Uma comida deliciosa, com tempero perfeito. As opções de pratos típicos são muitas. Quem for a esse restaurante jamais esquecerá os doces em compota e a ambrosia.
- *Cateretê* – Oferece carnes grelhadas e diversos acompanhamentos tradicionais, num espaço rústico e descontraído, com *playground* para as crianças.
- *Grego* – É a cozinha dos sonhos para qualquer visitante, inclusive para os goianos. A comida é ótima, com carnes especiais, além de frutos do mar nos fins de semana. Tudo isso num salão informal com muitas fotos da Grécia. O atendimento é maravilhoso.

- *Obelisque* – Oferece a gastronomia tradicional de Portugal, servida em ambientes descontraídos e elegantes, com terraço coberto. Houve época em que se dizia que a casa servia o melhor bacalhau de Goiânia... Mas quem for aí não se decepciona com as batatas ao murro, o bolinho de bacalhau, o pastel de Belém etc.
- *L'Etoile D'Argent* – Decoração linda, ambiente maravilhoso, música esplêndida e a comida francesa com menu executivo de entrada, prato principal e sobremesa, tudo num espaço clássico e sofisticado.
- *Hakone* – Serve menu japonês contemporâneo, em ambiente bem sofisticado.
- *Bahrem* – Um lugar apropriado para ir com os amigos, escutar boa música sertaneja e tomar muita cerveja gelada. Um ambiente elegante, com atendimento impecável, porções e pratos variados e tudo num preço justo.
- *Zen* – É um ótimo lugar para levar quem se ama, pois oferece boa comida, tem bons vinhos e ótimo atendimento. O local é amplo; o *buffet* é farto, variado e à vontade. As mesas ficam num jardim e, no jantar, são iluminadas à luz de velas. Os pratos são ótimos, pois a culinária é de alto padrão.
- *Cantinho Frio* – Serve carnes nobres, *pizzas*, petiscos, panelinhas, espetinhos, pratos *à la carte* e destaque para os caldos, tudo num clima intimista e cordial.
- *Meze* – Oferece pratos criativos e refinados, com ingredientes e influências de diversas regiões do mundo, tudo num espaço elegante. Se alguém quer impressionar sua amada, com um jantarzinho incrível, esse é o local para onde deverá levá-la.
- *CasaOliva* – É um local muito aconchegante, focado na gastronomia italiana, com uma grande variedade de pratos, massas e *pizzas*. Possui uma decoração moderna em vidro e madeira, e um ambiente bem acolhedor.

Bem, dá para perceber que em Goiânia quem tiver um pouco de dinheiro pode gastá-lo de forma bem produtiva, alimentando-se bem em alguns desses (e de outros) restaurantes da cidade!!! E é claro que, antes de curtir uma refeição, o visitante terá primeiramente que se hospedar. Nesse caso, ele poderá gozar de uma ótima estada se escolher ficar num dos muitos hotéis confortáveis de Goiânia, entre os quais:

- **Castro's Park** – Sem dúvida este é o hotel mais refinado de Goiânia, com quartos e suítes luxuosas, localizado a 10 min de caminhada do Museu de Arte e a 12 min do Teatro Goiânia. Todas as vezes que estive em Goiânia hospedei-me nesse excelente hotel, que dispõe de duas piscinas externas, bom atendimento, *Wi-Fi*, café da manhã e estacionamento gratuitos.

- **Mercure** – Trata-se de um hotel quatro estrelas moderno, uma opção moderna no centro de cidade. Ocupa um prédio de vários andares, a 1,9 km da catedral metropolitana. Tem quartos e suítes casuais, além de sauna e academia.

- **Vivence Suítes** – Hotel quatro estrelas, somente com suítes modernas, localizado a 15 min de caminhada do Parque Zoológico de Goiânia. Conta com piscina externa e oferece café da manhã e estacionamento com manobrista gratuitos.

- **San Marino Suite** – Hotel quatro estrelas *all-suites*, tendo um bom restaurante, com piscina externa, sala de ginástica e café da manhã gratuito. Fica a 1,8 km da catedral metropolitana de Goiânia.

- **Hilton Garden Inn** – Trata-se de um lindo hotel quatro estrelas, bem informal, localizado em uma rua bem movimentada, repleta de lojas e restaurantes no centro da cidade. Fica a 2 km da rodovia federal BR-60 e a 4 km do estádio Serra Dourada. Tem um restaurante simples, piscina de borda infinita e academia. O café da manhã (de ótima qualidade), o *Wi-Fi* e o estacionamento são gratuitos.

- **Plaza Inn Executive** – Hotel quatro estrelas bem moderno localizado a 1 min de caminhada de um ponto de ônibus e a 2,7 km do parque Vaca Brava. Possui um restaurante em estilo *buffet* e piscina externa, e seus quartos são ótimos. *Wi-Fi*, café da manhã e estacionamento são gratuitos.

- **Papillon** – Trata-se de um hotel discreto, com quartos simples, no centro da cidade. Possui piscina na cobertura, sala de ginástica, sauna e seis salas para conferências ou aulas. Sua classificação é quatro estrelas e oferece *Wi-Fi*, café da manhã e estacionamento gratuitos.

- **Golden Tulip** – Ocupa um arranha-céu contemporâneo. Sua categoria é quatro estrelas, e dispõe de quartos e suítes simples, e piscina externa. *Wi-Fi* e café da manhã são gratuitos.
- **Crystal Plaza** – Hotel quatro estrelas de construção moderna e boa localização. Fica a 4 min de caminhada do palácio Pedro Ludovico Teixeira e a 9 min do Museu de Arte. Dispõe de um restaurante internacional e oferece serviço de quarto 24 h. *Wi-Fi*, café da manhã e estacionamento gratuitos.
- **Comfort** – Trata-se de um hotel três estrelas de negócios, bem moderno, localizado a 6 min de caminhada do Centro de Cultura e Convenções de Goiânia e a 2,1 km da praça Cívica. Também fica próximo de padarias, restaurantes e mercados. Possui quatro salas para conferências, academia, bar e restaurante. Nele o café da manhã é gratuito.
- **Ibis** – Hotel três estrelas, econômico, com quartos discretos e bar aberto 24 h. Fica a 9 km do aeroporto de Goiânia. O serviço de *Wi-Fi* é gratuito.
- **CCO** – Hotel três estrelas com ótima localização para quem deseja comprar roupas. Os preços são acessíveis, porém, os quartos são bem simples, mas com ar-condicionado e têm TV de tela plana e banheiro privativo. Fica a 400 m da rodoviária de Goiânia.
- **Augustus Plaza Inn** – Hotel três estrelas instalado em um edifício discreto. Os quartos são despojados. Dispõe de restaurante e piscina externa. *Wi-Fi*, café da manhã e estacionamento são gratuitos.
- **Umuarama** – Hotel três estrelas com quartos e suítes despojados. Indicado para quem vem a Goiânia a negócios e deseja um local simples. Está localizado em um bairro comercial bem movimentado, com muitas lojas. Fica a 11 min de caminhada do Centro de de Convenções Goiânia. Possui restaurante/bar e oferece café da manhã gratuito.
- **Go Inn Estação Goiânia** – Hotel três estrelas bem funcional. Ocupa um prédio baixo e moderno e faz parte do *shopping* Estação Goiânia. Fica de frente para a estação de ônibus de Goiânia, e a 1,8 km do Teatro Goiânia. Seus quartos são discretos, mas possuem cofre. Ele possui academia, restaurante e oferece *Wi-Fi* e café da manhã gratuitamente.

→ **Oft San Conrado** – Hotel tranquilo localizado próximo da rodovia federal BR-60 e a 1,8 km da praça Almirante Tamandaré. Possui restaurante, sala de ginástica, sauna úmida e permite animais de estimação. Oferece café da manhã gratuitamente.

Bem, essa lista não esgota todos os hotéis de Goiânia, mas já serve de referência para visitantes que têm assim diversas opções para se hospedar de forma confortável na cidade, **não é**?

Em tempo, Goiânia e outras cidades do Estado de Goiás não foram impactadas tão severamente como muitas do País, tendo até o final de junho de 2020 cerca de 25.000 pessoas infectadas com a *Covid-19* e algo como 400 óbitos (152 em Goiânia).

Gramado e Canela

Uma rua de Gramado com casas com arquitetura bem característica, inspirada nas edificações da Europa.

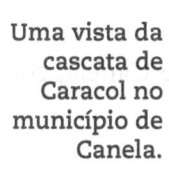

Uma vista da cascata de Caracol no município de Canela.

PREÂMBULO

A qualquer tempo durante o ano, quem for a Gramado e Canela poderá visitar museus dedicados aos grandes clássicos da indústria automobilística. Aí, por exemplo, em Gramado encontra-se o *Hollywood Dream Cars*, voltado para os carros norte-americanos dos anos 1950, com destaque para o *Cadillac Eldorado Biarritz 1957*, cor-de-rosa. O veículo é o único no País, e um entre as poucas dezenas que restaram no mundo. Além dele, outros nove *Cadillacs* estão no acervo de 28 automóveis expostos no local. A mostra retrata a chamada "**época de ouro**" dos carrões norte-americanos, como muitas referências ao cantor Elvis Presley.

Já em Canela, mais precisamente na praça das Nações Nº 281, está localizado o Museu do Automóvel, cujo ponto forte são os modelos raros. De fato, o local abriga 43 preciosidades, dentre os quais alguns clássicos nacionais – como um protótipo do Democrata, projeto que jamais chegou a ser produzido. Outros grandes destaques da casa são: o Ford T 1928; o Mercedes-Benz 300 SL, de 1955; o Dodge Dart V8, de 1972, o Simca Esplanada GTX, de 1968; o Willys Itamaraty Executivo (igual àqueles que serviram à presidência da República nos anos 1960); o *Bianco* e o raro *Hoffstetter*, de 1987 (com suas marcantes portas do tipo asas de gaivota); e o *MP Lafer LL*, de 1978 (que teve apenas cinco unidades produzidas).

Porém, se a época escolhida para a visita for a Páscoa, os turistas poderão apreciar, na avenida Borges de Medeiros, em Gramado, a *Parada da Páscoa*, que anima adultos e crianças. Na ocasião todos têm a oportunidade de se recordar dos clássicos infantis cujo tema, é claro, é o **chocolate**. Já o aspecto religioso da festa está presente no espetáculo *Gramado Aleluia*, no qual quase 500 artistas trabalham duro e esbanjam no uso de luzes e sons.

Por sua vez em Canela, mais precisamente na praça João Correia no centro da cidade, acontecem nessa mesma época vários eventos interessantes, como: o Teatro de Bonecos, a *Parada do Coelho* (em que o personagem principal e sua trupe desfilam pelas ruas interagindo com o público), *shows* e apresentações do coral Bocalis, entre outros...

Claro que há muito mais para se fazer em Gramado e Canela, como, aliás, será descrito a seguir...

AS HISTÓRIAS DE GRAMADO E CANELA

Gramado é um município do Estado do Rio Grande do Sul, localizado na Serra Gaúcha, mais precisamente na região das Hortênsias, a uma altitude de 830 m. Ele possui uma área de 237,83 km^2 e tem como municípios limítrofes Canela, Caxias do Sul, Nova Petrópolis, Santa Maria do Herval e Três Coroas.

A cidade de Gramado fica a 115 km da capital gaúcha, Porto Alegre, e estima-se que no início de 2020, vivessem nela 36 mil pessoas (cerca de 85% delas em área urbana). O município de Gramado foi criado em 15 de dezembro de 1954, pela lei Nº 2.522, após ser emancipado da cidade de Taquara.

Desde os tempos imemoriais, a Serra Gaúcha foi habitada por índios caingangues. Nos séculos XVIII e XIX, a região de Gramado foi desbravada por descendentes de açorianos, os chamados "tropeiros", que, na época, utilizavam a região apenas para o descanso do gado. Os primeiros moradores se estabeleceram ali por volta de 1875, e não eram estrangeiros.

Por volta de 1913, colonos descendentes de imigrantes alemães e italianos começaram a se estabelecer na região, dando início a um povoamento mais intenso. Depois vieram os sírios e libaneses, assim como os descendentes de portugueses. O nome da cidade parece ter sua origem num pequeno campo que ali havia, e que servia de local de repouso para quem passava.

O município faz parte das bacias dos rios dos Sinos e Caí, e é entrecortado por vários riachos e lagos, assim como por diversas nascentes e cascatas. Ele possui uma vegetação ainda densa de araucárias e outras árvores nativas. No verão a temperatura em Gramado é amena, ou seja, em torno de 22ºC, com alguns dias mais quentes. As noites são sempre agradáveis e moderados, isso por causa do ar das montanhas e dos bosques. Já os invernos podem ser rigorosos, com temperaturas abaixo de 0ºC, com fortes geadas e até mesmo nevadas ocasionais.

O brasão de Gramado é formado por um escudo português. Em sua parte superior, ele traz o desenho de um vale e uma araucária, enquanto na inferior, sobre um fundo vermelho, há uma edificação em estilo alemão. Sobre o fundo azul, há ferramentas que evidenciam o trabalho e a riqueza da cidade, e nas laterais ficam os ramos de **hortênsias**, flor **símbolo da cidade** (e da região). Por sinal, pela lei municipal de 1990, 7 de julho, tornou-se o **Dia Oficial da Hortênsia** na cidade. Aliás, sob o brasão, há uma faixa amarela que faz uma homenagem a ela, trazendo a inscrição "**Gramado, jardim das hortênsias**" em letras pretas. Acima do escudo há ainda uma coroa amarela. A bandeira de Gramado, por sua vez, é composta por três faixas verticais nas cores azul, amarelo e verde, e ostenta no centro o brasão de Gramado. O hino da cidade foi composto (letra e música) pelo padre José Scholl.

Desde 3 de novembro de 1991 Gramado começou a firmar acordos de irmandade com várias cidades. O primeiro deles foi com Puerto Varas (no Chile), e em então surgiram outros com Maldonado (no Uruguai, 5 de maio de 1994); Angra do Heroísmo (em Portugal, em 9 de março de 2004); Óbidos (também em Portugal, em 21 de novembro de 2007) e Levico Terme (na Itália, em 28 de agosto de 2011). Naturalmente, o objetivo da prefeitura de Gramado com esses acordos é o de manter um intercâmbio cultural mais intenso com essas cidades-irmãs estrangeiras e, assim, promover mais ainda o turismo na cidade.

Aliás, a economia de Gramado está praticamente toda voltada para o **turismo**, sendo que mais de 90% de sua receita atual provém dessa atividade. Para se ter uma ideia, em 2019, Gramado foi visitada por cerca de **6,3 milhões de turistas**!!! Conforme os dados do Instituto Brasileiro de Turismo, enquanto o turista doméstico gasta em torno de US$ 51 por dia na cidade, os que chegam de fora dispendem em torno de US$ 88 por dia.

Mas além do turismo a cidade também conta com várias indústrias. De fato, existem hoje em Gramado mais de 100 empresas no setor moveleiro, outras 100 de construção civil – um dos setores mais rentáveis do município –, 30 fábricas de chocolate e dezenas de malharias.

A agroindústria também tem um grande destaque na economia local, uma vez que emprega famílias inteiras – de descendentes de imigrantes italianos e alemães, em sua maioria – nas mais de 75 empresas artesanais ou semiartesanais de produtos alimentícios típicos da região (mel, geleia, vinho, queijo, grapa, pães caseiros e cucas).

Um detalhe relevante da atividade econômica local é que ela se utiliza bastante da matéria prima regional, como a madeira, o couro e produtos coloniais. Mais de 340 artesãos fazem parte da associação municipal da classe, e cerca de 100 famílias dependem exclusivamente dessa atividade econômica para subsistência.

Para escoar esses e outros produtos, a cidade conta com diversas lojas de artes, artesanato, artigos de decoração; calçados, bolsas, itens de couro e peles; malharia e vestuário de modo geral, chocolates caseiros e outros produtos típicos, flores, móveis, equipamentos musicais etc.

E se a ideia é comprar, os visitantes adoram se reunir no Largo do Borges, um centro comercial localizado na avenida Borges de Medeiros. Trata-se de uma espécie de galeria coberta, com ótimas opções de compras, restaurantes, cervejarias quase em frente da Rua Coberta. É também um espaço para exposições (veículos antigos, por exemplo). Além disso, é um lugar bem gostoso, limpo e agradável para caminhar (mesmo nos dias chuvosos) ou tomar um chimarrão – bebida típica do sul do País – com os amigos e familiares.

Os turistas também gostam de passear no *shopping* da Serra, onde podem adquirir boas botas e dar uma passadinha numa das mais tradicionais lojas da cidade, a Monrow, com mais de 20 anos. Também fica nele a galeria *Via San Marco*, que oferece boas opções de lanche, além de *Wi-Fi* gratuito. Outra boa opção é a loja de conveniência *Tea Shop*, que oferece uma boa diversidade de chás, infusões e acessórios para o preparo de uma boa bebida (quente ou gelada). O atendimento é excelente e os clientes ainda têm a oportunidade de assistir a uma miniaula sobre chás, infusões e afins.

Agora, se a ideia for comer a *fondue*, Gramado é o local perfeito para isso, principalmente se a estação for o inverno. Não se sabe dizer exatamente onde surgiu a *fondue*, essa iguaria saborosa – e bastante calórica –, porém, diversas teorias apontam para a fronteira franco-suíça, ou, de modo mais específico, para a região de Jura/Savoie, ou para as vilas ao redor de La Gruyère, no cantão suíço de Freiburg. Dizem que o prato pode ter surgido do reaproveitamento pelos pobres de cascas secas de queijo, apanhadas do lixo dos abastados e então derretidas em casa.

Há também quem diga que a *fondue* teria sido criado durante a 2ª Guerra Mundial, quando os camponeses produtores de leite nos Alpes suíços precisaram se alimentar de sua produção de queijos, derretendo-o e comendo-o com pão, o que acabou se tornando uma refeição calórica que usava pouco queijo...

Com uma coisa, entretanto, todos concordam: a receita mais antiga de uma *fondue* da qual se tem notícia encontra-se em um livro de culinária escrito em Zurique (Suíça) em 1699!!! Na década de 1950 a *fondue* entrou nas cozinhas do exército suíço, tornando-se conhecido dos soldados que, posteriormente, levaram a receita para suas casas. Tanto que, até hoje, o preparo da *fondue* é considerado na Suíça como tradicionalmente uma "**coisa de homem**"!

Foi também nos anos 1950 que a *fondue* ganhou o mundo, após o *chef* Conrad Egli, do famoso restaurante novaiorquino *Chalet Suisse*, ter passado a servi-lo. Na época a novidade causou um verdadeiro furor nos comensais e também nos outros *chefs*!!! Os italianos, por exemplo, criaram sua própria variação, a *fonduta*.

Na Suíça, dependendo da região encontra-se um tipo diferente de *fondue*. No centro, por exemplo, utiliza-se o *gruyère* misturado ao queijo *emmental*, aquele grande e tradicional, cheio de buracos... No norte do país há a *fondue* de *appenzeller*, que é a base do delicioso e pungente queijo da região suíça-alemã de Appenzell (servido juntamente com um licor forte, doce e exótico, elaborado com 26 ervas). Também existe ali uma outra variação, a *bleu fondue*, que leva na mistura o queijo *roquefort*, que dá ao prato um sabor mais marcante e um aspecto azulado. Porém, é no sul da Suíça que se encontra a receita mais tradicional, feita com uma combinação dos queijos *gruyère* e *vacherin fribourgeois*, ou então com apenas um deles.

Com o tempo a arte de espetar o pão mergulhado no queijo derretido ganhou outros elementos e sabores. Nas várias regiões da Suíça, no lado dos acompanhamentos clássicos de pão e batatinhas cozidas, as *fondues* são apreciados com uma variedade de acompanhamentos, tais como cogumelos frescos ou salteados, nacos de pera, brócolis e tomate. Geralmente as *fondues* vão bem com os vinhos brancos.

A despeito da falta dos queijos suíços, é possível apreciar *fondues* irresistíveis nos diversos restaurantes de Gramado (e também em Canela). Além disso, durante a comilança, são oferecidas nessas cidades possibilidades de preparo que os suíços jamais imaginaram, como também comer carnes e camarões feitos em panelas com óleo fervente bem ao lado da principal, na qual está o queijo derretido!!!

E aí vão alguns dos bons restaurantes de Gramado que oferecem incríveis *fondues*, além de outros pratos:

- → ***Le Chalet de La Fondue*** – Restaurante refinado numa acolhedora e aconchegante casa de madeira. Seu menu europeu inclui deliciosas *fondues*. Oferece também uma ótima carta de vinhos.
- → ***Maison de La Fondue*** – Espaço clássico, especializado em comida tradicional suíça, e um dos poucos restaurantes do País que mantém a tradicional receita de *fondue* de carne no óleo de coco. Todavia, a casa também serve deliciosas trutas.

- *Doce Gastronomia* – Outro restaurantes especializado em *fondues*, sendo que especialmente as de queijo e chocolate são maravilhosas.
- *Château Allemand* – Trata-se da "casa de *fondue*", um lugar aconchegante e com excelente atendimento. Todos as receitas servidas são ótimas, mas o grande destaque são os molhos doces que acompanham a carne suína!!!
- *Carlito's* – O restaurante ocupa um chalé com lareira e também é especializado na culinária europeia. Seu menu oferece *fondues* de vários tipos, além de carnes na pedra quente.
- *St. Gallen* – Oferece um rodízio *à la carte* de *fondues* variados de queijo, carnes e frutas, além de frutos do mar, tudo isso num ambiente bem romântico.
- *Vale Quanto Pesa* – Dispõe de *buffet* a quilo, com grande variedade de saladas, pratos quentes e carnes. Além disso prepara excelentes *pizzas* artesanais. O ambiente é bem familiar. O espaço é bastante aconchegante e possui varanda.
- *La Caceria* – Nesse espaço elegante e acolhedor é possível provar carnes mais raras, como de javali, por exemplo, ou optar por perdiz, faisão ou truta. Porém, o prato mais consumido pelos turistas é a iguaria gramadense, as *fondues*, que nesse local podem ser acompanhados de deliciosos vinhos!!! Além disso, as crianças contam com um espaço reservado só para elas, e sob os cuidados de uma monitora.
- *Ita Brasil* – Esse restaurante parece ter um magnetismo que atrai uma freguesia constante e volumosa. Seu *buffet* e as carnes assadas são simplesmente deliciosas e fazem com que os clientes sintam água na boca.
- *Alecrim Santo* – Serve comida brasileira simples, porém muito gostosa, com diversas opções de carnes bem temperadas. Recomenda-se optar pelo *buffet*, onde o cliente paga uma única vez, mas pode servir-se quantas vezes desejar.
- *El Cordero* – Trata-se de um chalé montanhês, com ambiente à luz de velas e som de violinos (ao vivo). A gastronomia é voltada para aves, carnes, massas e pescados, mas, como o próprio nome já diz, um dos destaques é o cordeiro.

- *Aquecee* – Esse espaço descolado e com luz natural fica entre Gramado e Canela. É um delicioso lugar para se estar no inverno, quando as lareiras são acesas, e aí existem diversas opções, desde hambúrgueres e outros sanduíches até sopas, *pizzas* e pratos executivos. E o melhor: os preços são justos.
- *Casa DiPaolo* – O restaurante ocupa uma casa rústica, com mesas espalhadas pelo jardim. A comida servida é a típica da serra gaúcha, e inclui sopas de *capeletti*, polenta e galetos, além de outros pratos da culinária italiana.
- *Colosseo* – Conta com um ambiente requintado, com adega farta, e oferece um cardápio de carnes exóticas, *fondues*, massas, frutos do mar e risotos.
- *Pastasciutta* – É uma cantina com ambiente rústico, decorado com as cores da bandeira italiana. Serve massas, filés e frangos.
- *Florence* – Localizado na pequena rua Wilma Dinnebier, é um dos mais novos recantos gastronômicos da cidade de Gramado, porém, um dos mais procurados. Serve uma mescla das culinárias italianas clássica e contemporânea.
- *Malbec* – Esse restaurante conta com um ambiente rústico, porém, elegante. Serve carnes nobres na *parrilla*, além de peixes, comida italiana e doces argentinos.
- *Höppner* – Oferece uma sequência de pratos da culinária alemã, muito bem preparados. As sobremesas são finas, e perfeitas para encerrar a permanência do comensal nesse espaço requintado.
- *Josephina* – Localizado no centro de Gramado, numa casinha dos anos 1950, trata-se na verdade de um café-restaurante. É um ótimo ambiente para se almoçar, jantar ou até mesmo tomar um café ou chá da tarde. Seu filé com molho de frutas vermelhas e risoto é espetacular! Além disso, na parte externa há uma lojinha que vende geleias e outros quitutes.

Como se nota, em Gramado uma coisa que não falta são bons restaurantes para os visitantes se alimentarem bem!!!

Gramado é uma cidade marcada por muitas belezas, o que a torna merecedora do título de **cidade encantadora**. Ela possui riquezas naturais exuberantes, o que lhe garante o posto de **maior polo turístico** do Estado do Rio Grande do Sul, e um dos mais importantes do Brasil.

A cidade se destaca atualmente como um centro de grandes eventos (congressos, seminários e encontros), além de sediar anualmente um dos mais tradicionais festivais de cinema da América Latina: o Festival Brasileiro e Latino de Cinema, durante o qual são distribuídos os prêmios *Kikito*.

Aliás de 16 a 24 de agosto de 2019 aconteceu a sua 47ª edição quando o longa *Pacarrete*, de Allan Deberton foi o grande vencedor levando oito *Kikitos*.

Outros eventos importantes e que atraem centenas de milhares de turistas para a cidades são os festival natalino, conhecido como o *Natal Luz*, e a Festa da Colônia, que é uma das festividades mais integradoras dos grupos que colonizaram a região – açorianos, alemães e italianos.

O *Natal Luz* tem uma história tão bonita quanto é o próprio evento. Assim em 1986, um morador de Gramado chamado Luciano Peccin fez uma viagem de recreio à Disney nos EUA. Ele ficou impressionado com a quantidade de miniluzes e aquela magia que deixava adultos e crianças encantados.

Na época ele era o secretário de Turismo de Gramado e **achou** que a cidade também ficaria muito linda se fosse iluminada daquela maneira no Natal. Na volta conseguiu convencer e mobilizar muitas pessoas com a sua ideia.

Com o passar do tempo, outros moradores, artistas influentes da cidade e comerciantes se juntaram e assim foi possível organizar a 1ª edição do *Natal Luz* em 1986 que teve como pontos de destaque um passeio pela principal avenida da cidade – a Borges de Medeiros – toda enfeitada com diversos corais com velas acesas cantando músicas de Natal e um grande concerto com temas natalinos sob a regência do maestro Eleazar de Carvalho de Porto Alegre.

Quem deseja saber detalhes sobre como surgiu e foi evoluindo o *Natal Luz* deve ler o livro de Luciano Peccin, *A Luz que Transformou uma Cidade*, que ele lançou em outubro de 2018.

Gramado com o seu *Natal Luz* tornou-se na realidade o principal destino turístico de comemorações natalinas do País.

A sua 34ª edição do *Natal Luz* que aconteceu de 24 de outubro de 2019 a 12 de janeiro de 2020, recebeu cerca de 2,5 milhões de turistas. O diretor artístico desse evento desde 2015, Edson Erdmann tem feito reformulações a cada nova edição, trazendo grandes novidades, com apresentações de *shows* incríveis.

Assim nos 81 dias de comemorações na 34ª edição, as ruas da cidade receberam mais de 500 apresentações, entre as peças de teatro, desfiles e musicais. Aproximadamente 2.000 bailarinos, atores, músicos, produtores e diretores constituíram a equipe artística do evento.

Na sua programação houve atrações pagas e gratuitas. Um dos espetáculos grátis foi o *Show de Acendimento*, que aconteceu todos os dias, às 20h em frente ao palácio dos Festivais, no centro da cidade. Nessa apresentação, um Papai Noel leu a carta de uma menina que, em vez de brinquedo, pedia um *show* de luzes. O bom velhinho atende o pedido e milhões de lâmpadas se acendem na cidade!!!

Outro destaque gratuito foi a *Trupe de Natal* na qual seis personagens desfilaram pelas ruas cantando e recitando poesias. Um dos pontos de parada dos artistas foi na casa de Papai Noel, na Vila de Natal, localizada na praça das Etnias, onde uma personagem recebeu crianças para ouvir seus pedidos...

Três atrações pagas, com ingressos a partir de R$ 170,00 receberam grandes públicos!!! Esse foi o caso do *Ilumination*, que foi apresentado no lago Joaquina Rita Bier para cerca de 6.000 pessoas e teve águas dançantes, fogos de artifício e músicos interpretando clássicos natalinos. No decorrer do espetáculo ouvia-se uma narrativa, na voz de Cid Moreira, contando a criação do mundo, o nascimento de Jesus e o verdadeiro sentido do Natal,

No centro de convenções Expo Gramado, aconteceram o *Desfile – A Magia de Noel* com apresentações de acrobatas, malabaristas, palhaços, músicos etc. e a *Lenda do Bosque de Natal*, uma apresentação teatral que envolveu os participantes em uma caçada num bosque de pinheiros.

Na 34ª edição do *Natal Luz* o investimento feito foi de R$ 27 milhões, principalmente na decoração das ruas nas quais forma instaladas algo próximo de 2,3 milhões de lâmpadas LED, além das árvores de Natal e bonecos de neve.

Você já imaginou, porém, quantos milhões de reais foram injetados na economia da cidade durante o *Natal Luz*?

Já na vizinha Canela, em 2019 ocorreu a 32ª edição do *Sonho de Natal*, quando se teve na cidade uma iluminação especial e uma incrível decoração nos pontos turísticos, criando um caminho encantadoramente natalino. Foi uma obra do diretor artístico Elias da Rosa e do cenógrafo Leandro Ataídes.

Agora, se algum visitante quiser esticar sua viagem até Bento Gonçalves, (localizada a 2 h de carro de Gramado), também poderá participar do Natal sobre Trilhos. Nesse passeio, que parte do parque temático Epopeia Italiana, o turista viaja dentro de uma Maria Fumaça e tem a oportunidade de apreciar um verdadeiro espetáculo noturno, com fogos de artifício. Durante o trajeto de 90 min, que passa por Garibaldi e termina em Carlos Barbosa, também é possível conviver com personagens lúdicos, assistir às suas performances e também a um *show* musical. E tudo isso enquanto se degusta frios, vinho, suco de uva e espumante.

Entre as atrações mais visitadas pelos turistas em Gramado estão: o Museu de Cera *Dreamland* (inaugurado em 2009), o *Harley Motor Show*, o *Hollywood Dream Cars*, o Salão Super Carros, o mirante Vale do Quilombo, os lagos Negro e Joaquina Rita Bier, o pórtico de entrada via Taquara, o pórtico de entrada via Nova Petrópolis, o parque Mini Mundo, a cascata Véu de Noiva, a Aldeia do Papai Noel, o parque Knorr, o palácio dos Festivais, a praça das Bandeiras, a rua Madre Verônica (que transformou-se na Rua Coberta), a praça Major Nicoletti, a igreja São Pedro, o Centro de Cultura, o Museu dos Festivais de Cinema, a igreja luterana, as fábricas de chocolate, entre outras.

Deve-se recordar que o antigo Cine Embaixador (inaugurado em 1966) passou a ser chamado de **palácio dos Festivais** por sediar já por mais de 47 anos um dos maiores festivais do cinema do Brasil e da América Latina.

Ele tem hoje capacidade para receber 1.100 pessoas e conta um uma programação semanal de filmes em exibição. Serve também de bilheteria para espetáculos do *Natal Luz* e o *Korvatunturi* (um espetáculo mágico e sensorial sobre os verdadeiros valores da vida, sendo uma explosiva fusão de teatro, dança, técnicas circenses e cenários virtuais que emociona pessoas de todas as idades) e atrações como o *Snowland*.

Devido a sua excelente localização e estrutura confiável, também costuma sediar eventos privados, especialmente palestras.

Ir a Gramado sem passar pela Rua Coberta é o mesmo que não ter ido até lá... Localizada bem no centro da cidade, a via não tem mais do que 100 m de comprimento e é recoberta por um telhado de vidro que não apenas garante o charme e a singularidade ao espaço, mas protege os turistas que procuram seus movimentados restaurantes.

Durante eventos como o *Natal Luz*, a Rua Coberta serve de palco para importantes apresentações ao ar livre, como a da Orquestra de Violões, da

Orquestra Sinfônica etc. Já na Páscoa, as mesinhas dos bares e restaurantes são bastante disputadas, dividindo o local com o Espaço *Kids*.

Qualquer que seja a época em que o turista chegue a Gramado ou Canela, suas fábricas e lojas de chocolate estarão sempre de portas abertas. Assim todos poderão experimentar os diversos produtos vendidos ali – nos formatos mais inusitados – e, inclusive, aproveitar para conhecer algumas atrações bem interessantes, como é o caso do Mundo do Chocolate, da marca Lugano, um museu de esculturas feitas em chocolate maciço. O local contém cerca de 200 peças, que incluem réplicas da torre Eiffel, da Esfinge e das pirâmides do Egito, da Muralha da China, do carro do mr. Bean etc.

Já a Florybal, em Canela, promove um *tour* do chocolate que passa pela fábrica, loja e pelo parque de diversão do grupo – a Terra Mágica Florybal – com um cinema 7D (no qual se nevar, você fica com frio e se chover, é certo que vai se molhar!!!), teatro de bonecos, simulador de montanha russa e outros brinquedos em meio à natureza.

Também não se pode esquecer de uma das mais novas atrações em Gramado: o parque temático *Snowland*, o primeiro parque *indoor* das Américas (existem outros em países como Dubai, China, Holanda, Nova Zelândia, Alemanha etc.). Esse parque possui uma área total de 16.000 m², sendo 14.800 m² de área coberta, com temperatura interna controlada entre -2,5ºC e -2ºC.

Apesar disso, os que adquirem ingresso para o *Snowland* não precisam se preocupar com o frio, uma vez que são disponibilizadas roupas, luvas e capacetes para que os turistas suportem bem o frio e possam se divertir como se estivessem de fato em Bariloche, na Argentina, ou até mesmo nos Alpes suíços.

No local é possível brincar de fazer bonecos de neve ou participar de "guerras de bolinhas de neve", em qualquer estação do ano, com chuva ou sol. Também se pode curtir os esportes de inverno, como esqui e *snowboard*, pois há uma rampa de 15 m de altura e 120 m de extensão, que permite que o visitante leve alguns tombos "emocionantes", sem grandes danos físicos. Aliás, para os interessados, são oferecidas aulas básicas de patinação, esqui e *snowboard*.

Inaugurado em 2014, o *Snowland* recebeu ao longo de seu primeiro ano de existência algumas dezenas de milhares de pessoas. Desde então, o número de turistas só vem crescendo – **e muito!** –, afinal, muita gente não vê a hora de curtir a neve. Que tal você programar pelo menos uma semana de descanso em Gramado, e dedicar um dia ao *Snowland*? Já pensou em como seria deslizar por uma pista de 330 m num *snowmobile* (moto para neve)? Certamente será uma semana inolvidável, viu?

Outro local que merece uma visita é o Museu Medieval, situado num castelo em estilo medieval (que vem sendo construído nas últimas três décadas, exclusivamente por seu único proprietário), onde são exibidos brasões e armas medievais. O lugar também abriga o único Museu de Cutelaria do Brasil, exibindo facas, espadas, adagas etc., de todas as partes do mundo.

Além do turismo familiar e de grupos, Gramado se tornou também uma referência no turismo de negócios. De fato, em função desse novo nicho, a cidade construiu e equipou duas estruturas para atender adequadamente a todas as necessidades desses eventos: o Gramado-Serra Park e a Expo Gramado. Juntos esses espaços somam 35.000 m² de área e são capazes de receber grandes feiras.

O centro de exposições e congressos Expo Gramado foi inaugurado em 1999 para aliar negócios e turismo. Tem uma localização privilegiada pois está a 5 min a pé da Rua Coberta, possuindo uma estrutura versátil que integra auditórios, salas e pavilhões que podem ser adaptados para cada porte de evento, chegando a acomodar até 2.500 pessoas. Possui ainda uma área verde e um bom estacionamento.

E quem participa desses eventos precisa de bons locais para se hospedar. Neste sentido, Gramado dispõe de ótimas opções. Veja algumas delas na lista a seguir:

→ **Serra Azul** – Hotel quatro estrelas localizado na região central da cidade, a 3 min a pé da histórica Rua Coberta, e a 13 min do parque temático Mini Mundo. O prédio em tijolos, rodeado por floreiras, conta com piscinas interna e externa e oferece *Wi-Fi*, estacionamento e café da manhã gratuitos. O local é equipado para receber conferências, debates e painéis.

→ **Wish Serrano Resort & Convention** – Tem suítes e quartos sofisticados em um refúgio requintado com cinco restaurantes nos quais os hóspedes têm as suas melhores experiências gastronômicas, *spa*, duas piscinas e academia. Está inserido em um complexo cercado por araucárias típicas da região e já foi considerado o melhor hotel de montanha do País. À noite os hóspedes podem ouvir nele boa música ao vivo.. Esse hotel também possui ótima infraestrutura para receber conferências, debates e painéis.

- **Casa da Montanha** – É um hotel cinco estrelas bastante elegante e bem localizado, na movimentada avenida Borges de Medeiros, Nº 3.166, à beira da rodovia regional RS 235 e a 2,6 km do lago Negro. Considerado por muitos como o melhor de Gramado, apresenta uma construção em estilo chalé, com restaurante e bar sofisticados, *spa*, academia e piscina coberta. Oferece *Wi-Fi*, estacionamento e café da manhã gratuitos.
- **Alpestre** – É um hotel quatro estrelas localizado a 5 km do *Snowland* e a 6 km do Museu de Cera *Dreamland*. Possui quartos decorados em estilo tradicional e conta com duas piscinas (interna e externa). Também oferece *Wi-Fi* e café da manhã gratuitos.
- **Renascença** – Também é um hotel quatro estrelas, localizado a 1,4 km do lago Negro, a 2,7 km da histórica praça Major Nicoletti e a 3,1 km do parque temático Aldeia do Papai Noel. Nesse local de atmosfera bem caseira há quartos acolhedores, piscina coberta aquecida, sala de jogos e sala de ginástica. Oferece *Wi-Fi*, café da manhã e estacionamento gratuitos.
- **Master** – Outro hotel quatro estrelas, localizado a 5 min a pé da estação rodoviária intermunicipal e a 7 min do lago Joaquina Rita Bier, com seu lindo jardim. O edifício é moderno, com vista para o vale do Quilombo. Dispõe de quartos tranquilos, restaurante, piscinas interna e externa, e academia. Oferece *Wi-Fi* e café da manhã gratuitos, mas o estacionamento é pago.
- **Bavaria Sport** – Hotel quatro estrelas localizado num ambiente bem arborizado a dois quarteirões da rodovia regional RS-235. Dispõe de quartos casuais, piscinas interna (coberta) e externa, restaurante, bar e minigolfe. Oferece *Wi-Fi*, café da manhã e estacionamento gratuitos.
- **Sossego do Major** – Hotel três estrelas, com boa localização. Dispõe de bons quartos, piscinas interna e externa e restaurante. Oferece café da manhã e estacionamento gratuitos.
- **Galo Vermelho** – Hotel três estrelas localizado à beira da rodovia RS-235, a 6 min a pé do Museu *Hollywood Dream Cars* e a 2,5 km do centro de Gramado. Sua fachada diferenciada é vermelha e o local dispõe de um ambiente bem tranquilo, piscinas externa e coberta, área de *spa* com sauna e restaurante que serve comida saborosa. Oferece *Wi-Fi*, bom café da manhã e estacionamento gratuitos.

- **Quero Quero** – Hotel discreto categoria três estrelas, em local rodeado por montanhas e um jardim que ocupa um hectare. Fica a 5 min a pé do Museus *Hollywood Dream Cars*. Possui quartos acolhedores, duas piscinas cobertas, sauna, academia e um parquinho infantil. Permite a presença de animais de estimação (*pet-friendly*). Oferece *Wi-Fi*, café da manhã e estacionamento gratuitos.
- **Prodigy** – Esse hotel ocupa uma propriedade de luxo e sua construção é bem moderna, com detalhes em madeira escura. Sua localização é ótima, bem próximo da Rua Coberta, e seu ambiente é bem requintado. Possui boa infraestrutura, com quartos aconchegantes, piscina externa, restaurante e bar. Oferece *Wi-Fi*, café da manhã e estacionamento gratuitos.
- **Klein Ville** – Hotel simples categoria três estrelas e vista para um lago. Fica a 4 min a pé do Super Carros. Além dos bons quartos, dispõe de piscina térmica, *jacuzzi*, restaurante e parquinho infantil. Bom custo-benefício, pois também oferece *Wi-Fi*, bom café da manhã e estacionamento gratuitos.
- **Querência** – Trata-se na verdade de uma pousada três estrelas, localizada a 1 km do palácio dos Festivais, e a 4 km da rodovia RS-235. O local é bastante moderno e confortável. Dispõe de suítes e quartos arejados, e piscina externa. Oferece *Wi-Fi*, café da manhã e estacionamento gratuitos.
- **Gramado** – É um estabelecimento de categoria uma estrela, do tipo albergue da juventude *(hostel)*. Tem dormitórios bem simples e quartos privativos caseiros. É bastante recomendado para quem deseja economizar. Oferece *Wi-Fi*, café da manhã e estacionamento gratuitamente.

Em Gramado atualmente há vários hotéis da rede Laghetto, que inclusive nasceu na cidade. Entre eles destacam-se:
- **Laghetto Gramado** – Trata-se de um hotel sofisticado quatro estrelas, com vista para o lago Joaquina Rita Bier. Possui quartos clássicos, piscinas, banheiras de hidromassagem, academia e restaurante que serve comida deliciosa. Oferece *Wi-Fi* e café da manhã gratuitos. Esse foi o primeiro hotel da rede, inaugurado em 1989.

- **Laghetto Vivace Premium** – Outro hotel encantador, quatro estrelas, com telhado íngreme e frente arredondada. Está localizado a 8 min de caminhada do parque temático *Mini Mundo* e a 11 min a pé do parque do lago Negro. Oferece *Wi-Fi* e farto café da manhã gratuitos.
- **Laghetto Siena** – Hotel quatro estrelas bem aconchegante, mas seus quartos são discretos. Dispõe de cinema e piscina coberta. Oferece *Wi-Fi* e café da manhã gratuitos.
- **Laghetto Pedras Altas** – Hotel quatro estrelas, mas com suítes e quartos discretos. Dispõe de piscina coberta, academia, sauna e restaurante. Oferece *Wi-Fi* e excelente café da manhã gratuitamente.
- **Laghetto Stilo** – Hotel quatro estrelas, bem moderno, com exterior em madeira e tijolos vermelhos. Está localizado no centro da cidade, a 12 min a pé do parque temático Mini Mundo. Também oferece *Wi-Fi* e café da manhã gratuitamente.
- **Laghetto Toscana** – Esse hotel três estrelas fica a 2,4 km do parque do lago Negro e a 10 km do *Snowland*. Possui quartos confortáveis, uma vista para o vale e oferece *Wi-Fi* e café da manhã gratuitos.

Claro que isso é apenas uma amostra dos hotéis que existem em Gramado e só na categoria **cinco estrelas**, tem-se o Modevie, o Windham Gramado Termas Resort & Spa, o Kurotel - Centro Contemporâneo de Saúde e Bem Estar, Varanda das Bromélias, Ritta Höppner e dezenas de outros um pouco menos sofisticados e mais baratos.

Como se nota, quem vai a Gramado certamente não ficará sem um bom lugar para se hospedar e relaxar, não é mesmo?

Como já mencionado, diversos eventos e festivais acontecem em Gramado ao longo de todo o ano, sendo que os principais destaques são a Festa das Hortênsias (completaria 62 anos em dezembro de 2020), a Chocofest (em abril), a Feira Nacional da Indústria da Moda, realizada em duas ocasiões (janeiro e junho), o Festival Internacional de Publicidade (geralmente em junho); o Estação Gramado (em julho) e o Festival de Cinema de Gramado (em agosto) e o *Natal Luz* (de outubro a janeiro).

Alguns desses eventos acontecem na Universidade do Rio Grande do Sul (UFRGS), que possui um *campus* em Gramado, e construiu na cidade o seu Centro de Eventos e Treinamentos. Além dele, não se pode esquecer que no palácio dos Festivais também existe um excelente auditório.

No âmbito da **educação**, vale ressaltar que Gramado possui 17 EMEFs e 14 escolas de educação infantil (creches). Junto às escolas existem 13 ginásios de esportes. Em 2019, estavam matriculados nesses estabelecimentos cerca de 4.200 alunos.

Algumas das EMEFs mais destacadas são: Senador Salgado Filho (muito bem avaliada); Henrique Bertoluci Sobrinho (ótima avaliação); Doutor Carlos Nelz (que também oferece educação infantil); Maximiliano Hahn; Presidente Vargas; Pedro Zucolotto (bem avaliada); Moses Bezzi (também com boa avaliação).

No que se refere ao ensino médio, os jovens gramadenses têm, entre outras opções, os colégios estaduais Santos Dumont e Boaventura Ramos Pacheco, assim como o Colégio Cenecista Visconde de Mauá, cuja proposta educacional é bem interessante. Existem outras IEs, e, neste sentido, a prefeitura de Gramado pode se orgulhar de estar prestando um bom atendimento às crianças da cidade, ajudando-as a obter as primeiras noções em diversas áreas de conhecimento, em especial no domínio da língua portuguesa e da matemática.

A Biblioteca Municipal de Gramado é uma das atrações do turismo cultural do município. Ela foi criada em 8 de novembro de 1968 pela lei municipal Nº 263 e seu acervo conta atualmente com 60 mil títulos.

No campo da **saúde**, Gramado conta com o Hospital Arcanjo São Miguel, que dispõe de serviço de emergência 24 h. Trata-se de um hospital geral de médio porte e caráter filantrópico, que atende pacientes particulares e do SUS. Há também na cidade o Hospital Santa Rita de Cássia, que é particular; o Centro Municipal de Saúde e o Hospital Unimed Encosta da Serra, que, aliás, conta com pronto-atendimento, laboratório e centro de diagnóstico por imagem.

A secretaria municipal da Saúde coordena os sete postos de saúde da cidade e, através deles, atende os usuários do SUS nas especialidades de clínica geral, pediatria, ginecologia, obstetrícia e odontologia. Também oferece serviços de fisioterapia, nutrição, psiquiatria e encaminha pacientes para clínicas especializadas. O órgão também planeja e executa programas de vacinação para crianças, gestantes e idosos; promove transporte de doentes para outras cidade e realiza ações e eventos que visam a prevenção de doenças. O Ipea já colocou Gramado entre as vinte melhores cidades do País para se **viver**, com base na análise dos **índices** de **mortalidade infantil** até 1 ano, **óbitos** até cinco anos e **probabilidade de vida** até os 60.

Quando o assunto é **trânsito**, em Gramado ele é controlado pelas várias rótulas distribuídas entre as duas principais avenidas da cidade – a das Hortênsias e a Borges de Medeiros – e a rua São Pedro. Já no quesito **mobilidade**, não existe fácil acesso ao transporte público entre os bairros, que, aliás, fica concentrado na rodoviária. Assim, é necessário caminhar até a estação, ou então pegar um táxi ou Uber. De qualquer modo, o principal acesso a Gramado se dá pela RS-115, embora também seja possível chegar até a cidade pelas rodovias R$-235 e RS-373.

Canela por sua vez é um município do Estado do Rio Grande do Sul localizado na região das Hortênsias, a apenas 6 km da cidade de Gramado – e praticamente conurbada com ela –, o que permite, aliás, que muitos turistas que vêm à região visitem ambas. Os seus demais municípios limítrofes são, Caxias do Sul, São Francisco de Paula e Três Coroas. A distância entre Canela e Porto Alegre é de 123 km. A área total do município é de 254,58 km², sua altitude é de 837 m e estima-se que no início de 2020 vivessem nela aproximadamente 44 mil pessoas.

A região de Canela também foi desbravada por descendentes de açorianos, e teve seu primeiro núcleo formado em 1903, quando o coronel João Ferreira Corrêa da Silva se instalou no local. Foi então sob a organização dele que se construiu a estrada para Taquara, de cujo território Canela fazia parte. Também foi graças ao trabalho desse coronel que surgiram no povoado os principais serviços públicos. Assim, não é por acaso que a principal praça de Canela tenha o nome desse desbravador, em uma justa homenagem.

Antes mesmo de se tornar um município, ainda na década de 1930 e, em especial, a partir dos anos 1940, o clima saudável e as belezas naturais já davam sustentação para que Canela fosse procurada por muita gente. Foi nessa época também que surgiu o movimento emancipacionista liderado por Pedro Sander, Nagibe da Rosa, Danton Corrêa da Silva, Athilio Zugno e Pedro Oscar Selbach. O município foi criado em 28 de dezembro de 1944, pela lei estadual Nº 717, e em seguida instalado, em 1º de janeiro de 1945.

Tanto a estrada de ferro quanto as usinas hidrelétrica de Canastra e Bugres, que forneciam energia elétrica para toda a região, colaboraram muito para consolidar a importância de Canela. Afinal, a combinação entre relevo bastante acidentado e hidrografia abundante garantiu a Canela várias cascatas – como a do Caracol, por exemplo – e diversos vales, como o do Quilombo e daquele que abriga o parque da Ferradura.

O município é cortado pelos rios Paranhana e Santa Cruz, assim como por vários riachos e possui diversas nascentes (inclusive a do rio Paranhana). Ambas as usinas hidrelétricas (Canastra, de 44 MW, e Bugres, de 11,5 MW) encontram-se instaladas no curso do rio Paranhana, mas também contam com as águas do rio Santa Cruz, desviado desde a barragem do Salto, em São Francisco de Paula, por um túnel de 2.080 m de comprimento e 2,2 m de diâmetro. Mas também existem no local vários lagos artificiais e açudes, utilizados para a irrigação das lavouras, áreas de pesca e pontos turísticos.

A vegetação típica de Canela é a **mata atlântica**, com grandes bosques de araucária. No verão a temperatura é amena, girando em torno de 20ºC. Alguns dias são mais quentes, mas as noites são sempre bem agradáveis, moderadas pelo ar das montanhas e dos bosques. Os invernos, assim como em Gramado, podem ser bem rigorosos, com temperaturas abaixo de 0ºC, fortes geadas e ocasionais nevadas.

Canela também é um dos principais destinos turísticos brasileiros, e, assim como a vizinha Gramado, conta com uma ampla rede hoteleira – desde hospedarias mais simples até hotéis bem confortáveis e sofisticados. O mesmo acontece com os restaurantes. A cidade começou a despontar para o turismo com a abertura de um cassino, no Palace Hotel, em 1944, atraindo visitantes do centro do País e das nações vizinhas.

Porém, em 1945, com a proibição do jogo de azar no Brasil, o turismo em Canela sofreu um duro golpe, reduzindo-se significativamente. Cinquenta anos mais tarde, especialmente a partir do século XXI, algumas medidas foram tomadas no sentido de estimular o turismo na região das Hortênsias de forma bem organizada. Assim, em 2004 foi criado o Grupo de Pousadas da Serra Gaúcha, uma iniciativa capitaneada pelo Sebrae com o intuito de fortalecer os hotéis e as pousadas na região, melhorar seus serviços e a qualificação de seus colaboradores.

Esse grupo conseguiu reunir 14 pousadas das regiões de Canela, Gramado e Nova Petrópolis, facilitando promoções conjuntas, permitindo assim um planejamento e uma racionalização na divulgação do calendário de eventos de cada município e o oferecimento de vantagens para os hóspedes, como um cartão chamado de **hóspede *Vip***, que permitia descontos em vários estabelecimentos da região.

Daí em diante aumentou muito a divulgação inteligente de Canela (e Gramado), com o que a economia da cidade passou a girar praticamente em torno do **turismo**. Atualmente a cidade possui uma excelente infraestrutura hoteleira (hotéis, *flats*, pousadas e albergues). Estima-se que no total o município tenha em 2020 cerca de 10.000 leitos. Entre os hotéis que estão em Canela destacam-se:

→ **Encantos** – Esse hotel tradicional com categoria cinco estrelas ocupa 5 ha de floresta nos arredores da cidade, sendo ideal para famílias com crianças. Está localizado a 1,4 km do parque Terra Mágica Florybal e a 2 km do Mundo a Vapor. Dispõe de três piscinas, *spa* e bar, além de um bom restaurante. Oferece café da manhã gratuito.

→ **Klein Ville Canela** – Hotel quatro estrelas localizado a 4 min a pé da estação rodoviária e a 1,6 km do parque do Lago. Dispõe de alojamentos casuais, alguns com lareiras e cozinha (o que é ideal para quem tem crianças). Além disso tem bar, piscina coberta e hidromassagem externa. O estacionamento e o café da manhã são gratuitos.

→ **Serra Nevada** – Trata-se de um hotel quatro estrelas localizado a 8 km da cascata do Caracol (uma cachoeira com observatório) e a 15 min a pé da catedral Nossa Senhora de Lourdes. O prédio é elegante e sofisticado, em estilo antigo, com espaços luxuosos e aconchegantes. Dispõe de lareira no *lobby*, piscina coberta, sauna e sala de jogos. Oferece *Wi-Fi*, café da manhã e estacionamento gratuitos.

→ **Laghetto Vivace** – Esse hotel traz a assinatura da já mencionada rede Laghetto. Os quartos são excelentes e o café da manhã é nota dez.

→ **Carpevita** – Localizado bem próximo do centro da cidade, num bairro e numa rua bem tranquilos.

→ **Vila Suzana Parque** – Hotel categoria três estrelas, com um serviço de recepção bastante prestativo. Seus chalés são amplos e possuem lareira na sala, além de quarto e banheiro. Oferece um ótimo café da manhã, gratuito.

→ **Alto da Serra** – Hotel básico três estrelas localizado em área residencial, a 1,1 km do parque do Lago e a 3,5 km do parque Alpen, com rápido acesso ao centro, aos mercados e ao terminal de ônibus. Seus chalés são simples, com TV no *lounge* e lareira. Oferece café da manhã e *Wi-Fi* gratuitos.

→ **Grande Hotel** – Apesar de sua categoria três estrelas, esse hotel à beira de um lago é bem sofisticado e sua arquitetura ostenta estilo alemão. Dispõe de *lounge* com lareira, piscina coberta e quadras de tênis. Oferece *Wi-Fi*, café da manhã e estacionamento gratuitos.

→ **Tissiani** – Hotel discreto categoria três estrelas, decorado em estilo alemão, que, além dos quartos aconchegantes, dispõe de bar e café. Oferece *Wi-Fi*, café da manhã e estacionamento gratuitos.

Caso prefira, o visitante também poderá optar por uma pousada, entre as quais:

→ **Encantos da Terra** – Trata-se de uma pousada categoria três estrelas, bem simples, situada em uma área residencial bem arborizada. Fica à beira da rodovia estadual RS-235, a 16 min a pé de lojas e excelentes restaurantes, com muitas opções gastronômicas. Oferece *Wi-Fi*, café da manhã e estacionamento gratuitos.

→ *Pier* **704** – Instalação charmosa e decorada com objetos de antiquário. Dispõe de bar com cervejas especiais e cardápio variado. Além disso, no local há uma feirinha de produtos orgânicos e artesanais.

→ **Jardim Azul** – Nessa pousada singular, com jardins e terraço, os quartos e as suítes exibem um estilo campestre. Fica a 1 km da rodovia RS-235, a 7 km da cascata do Caracol e a 9 km do parque do Lago Negro. Oferece *Wi-Fi*, café da manhã e estacionamento gratuitos.

→ **Cammino Della Serra** – Entre os que já se hospedaram ali o comentário é sempre o mesmo: "Com certeza a melhor pousada da região!!!". Oferece *Wi-Fi*, café da manhã e estacionamento gratuitos.

→ **Magias da Serra** – Boa hospedaria, com ambiente agradável e ótima recepção.

→ **Casa Amarela** – Local bem limpo e atendimento cordial.

→ **Green Hause** – Localizado no centro da cidade, bem perto da catedral de Pedra.

→ **Henck House** – Espaço bem simples, limpo, organizado e com decoração sóbria e agradável. Bom custo-benefício.

→ **Quinta dos Marques** – Uma pousada quatro estrelas, com ambiente decorado com extremo bom gosto. O local é aconchegante, familiar e o hóspede se sente em casa.

Em Canela há também bons locais para se hospedar com preços ainda mais módicos, como é o caso dos chalés Araucarias da Serra (com cabanas bem simples, cozinha completa, tudo bem novo e um proprietário bem prestativo) ou o *hostel* Scheckinah (local agradável, com preço bom e proprietários muito atenciosos).

E aí vão cerca de duas dezenas de sugestões de restaurantes em Canela:

- *Magnolia Cine Gastro Bar* – Ocupa um casarão retrô e oferece uma gastronomia contemporânea, *brunch* e drinques. Dispõe de minicinema, área infantil (*playground*) e DJs.
- *Paradouro Rural* – Lugar simples que serve comida caseira deliciosa, com destaque para o churrasco. O atendimento é maravilhoso.
- *Lá em Casa* – Um ótimo restaurante que serve comida caseira feita no fogão à lenha. Os pratos quentes, as carnes, as saladas e as sobremesas exibem um excelente padrão em sua confecção.
- *Maria Bonita* – Comida muito boa, feita em panela de ferro e que mantém a temperatura. O churrasco também é muito bom.
- *Estação Mineira* – Lugar simples e acolhedor que oferece *buffet* à vontade, com ótimo custo-benefício.
- *Tempero Caseiro* – Localizado no centro de Canela, oferece um ambiente agradável e caseiro. O *buffet* é simples, com grelhados bem macios.
- *Tucano* – Lugar aconchegante, com boa música e ótimo atendimento. Serve uma deliciosa sopa de *capeletti*, mas existem outras opções. O *penne* ao molho de queijo com cubos de filé também é excepcional.
- *Estação* – Serviço *à la carte* ou *buffet*, com rodízio de carnes e massas a preço fixo.
- *Empório Canela* – Trata-se de um ambiente misto – e um pouco confuso – que abriga restaurante, loja e livraria. Oferece uma boa diversidade de pratos, comida excelente, preços bons e ótimo atendimento. Uma ótima pedida é o risoto de cogumelos frescos. É uma delícia!!!
- *Sabor de Casa* – Fica no centro de Canela, oferece no almoço *buffet* por quilo. A comida é boa e com diversas opções de bifes, sobremesas deliciosas e variadas.

- *Olímpia* – Talvez um dos melhores restaurantes de Canela. A comida é boa, farta e com ótima variedade no *buffet*. O foco são os grelhados da gastronomia brasileira.
- *Dile Valduga* – Restaurante italiano com ambiente rústico e acolhedor. Oferece *buffet* de massas e saladas, além de frango, polenta e filés, tudo no sistema *self-service*.
- *Casa da Serra* – Ambiente refinado e intimista. No menu italiano constam massas artesanais, *pizzas* tradicionais e especiais.
- *Dalmer* – Ocupa uma casa no estilo alpino e bem acolhedora. Serve *buffet* e seu cardápio contém pratos italianos, com massas artesanais, queijos e sopas.
- *Serramanna* – O restaurante fica numa casa um pouco "escondida", na avenida Dom Luiz Guanella, no meio de uma floresta de araucárias, de frente para o Mundo a Vapor. Porém, quem gosta de comida italiana de qualidade precisa visitá-lo. Uma ótima recomendação é a massa recheada com abóbora ao molho de tomate italiano, nata e queijo parmesão.
- *Schnitzelstubb* – Lembra uma casa de alguma família alemã, e oferece ótimas comidas e boa cerveja. O seu *schnitzel* (filé a milanesa) é inesquecível, porém o preço é um pouco elevado...
- *Bistrô da Lú* – Esse local intimista com cozinha aberta está localizado fora das rotas abarrotadas de turistas. Fica logo depois do Museu do Automóvel de Canela, na estrada que leva ao parque Laje de Pedra. Nele há uma fusão de ingredientes brasileiros e técnicas francesas, além de bons vinhos.
- *Chez Lyz Blanc* – Um restaurante de muita classe, com variadas opções na carta de vinhos. A sequência de *fondues* é sensacional e o atendimento é dos melhores.
- *Piccolo Paradiso do Xico* – Ocupa uma casa com arquitetura germânica. O menu inclui massas, carnes, peixes e saladas, mas o destaque são as *fondues* (de queijo é uma delícia; de chocolate é maravilhoso; e no de carne, a matéria-prima é super macia). O atendimento é muito bom e há um espaço para as crianças brincarem, com monitoria.

→ *Galangal* – Um estabelecimento de nível internacional. A casa, é aconchegante e bem decorada, fazendo com que os clientes queiram permanecer no local. O menu inclui pratos japoneses, tailandeses e chineses, mas também há opções de pratos da Índia e da Indonésia.

No que se refere a **educação**, em 2020 havia em Canela cerca de 48 IEs, incluindo os ensinos pré-escolar, fundamental e médio. Entre as EMEFs, vale a pena destacar a Prof. Luciano Augusto Canellas (primeira de período integral na cidade, e cujas atividades iniciaram em 2009); Santa Terezinha (que também oferece educação infantil) e Bertholdo Oppitz.

Os canelenses podem cursar o ensino médio de forma gratuita na IE estadual Danton Corrêa da Silva, que oferece ensino de qualidade, ou então optar por uma IE paga, como o Colégio Marista Maria Imaculada, que atende crianças e jovens desde a educação infantil até o ensino médio.

Os jovens canelenses que desejam ingressar num curso superior têm várias opções, uma delas é a UCS, que possui uma unidade local, mas existem várias outras universidades na região, como: Feevale, Anhanguera, BrazCubas, Uniasselvi, Unopar, São Luís etc. Outra boa alternativa, para quem aprecia o setor hoteleiro, é o curso de Hotelaria da Castelli Escola Superior de Hotelaria.

No âmbito da **saúde**, o município possui hospital, posto de saúde e clínicas, como a Cardiocor – Clínica do Coração, que, apesar do nome, atende a diversas especialidades. Seus atendentes são bastante profissionais e atenciosos. Além disso, vários convênios e planos de saúde são aceitos no local.

Há também o Centro de Especialidades Médicas e o Centro Municipal de Saúde. O Hospital Filantrópico de Canela possui cerca de 75 leitos para internação pelo SUS, mas também atende planos de saúde e convênios. Ele possui um centro cirúrgico, um centro obstétrico e um ambulatório.

Quanto ao **transporte**, deve-se salientar que a cidade é cortada pela RS-235, que a conecta a Gramado, ao sul, e a São Francisco de Paula, a nordeste. Também no município estão as rodovias RS-466, que liga a cidade ao parque estadual do Caracol, e a RS-476, que conecta o bairro de Saiqui ao distrito de Cazuza Ferreira, pertencente a São Francisco de Paula. Há outras vias de menor importância, que ligam Canela aos municípios vizinhos, em especial à encantadora Caxias do Sul, e até mesmo a locais mais distantes. Essa malha rodoviária explica a existência de um grande número de ruas e avenidas importantes na zona urbana canelense.

O município também possui o único aeroporto da região, localizado às margens da RS-235 e próximo à divisa com Gramado. Ele possui uma única pista asfaltada, com 1.260 m de comprimento e cabeceiras de 6 m por 24 m. Ele não opera rotas comerciais, atendendo, portanto, apenas a voos fretados, particulares e turísticos.

Canela possui uma estação ferroviária, pertencente à ferrovia São Leopoldo-Canela. Essa parada começou a ser construída em 1922 e foi inaugurada em 14 de agosto de 1924. Porém, o trecho foi desativado em 1963, juntamente com o restante da ferrovia. Essa edificação foi transformada num centro cultural em homenagem ao trem.

Em Canela há alguns locais muito interessantes para se fazer compras. Esse é o caso do edifício *Canela Boulevard*, que está muito bem localizado. Ele conta com uma boa variedade de lojas – entre elas uma das mais queridas do Brasil, a *Alemdalenda*, onde é possível adquirir artigos de decoração e presentes que parecem carregar consigo uma energia positiva. Além disso, há outras lojas especializadas em artigos esportivos, vestuário, chocolate, produtos naturais, vinhos etc. No local também é possível fazer uma boa refeição.

Em geral, as pessoas que vem a Canela, Gramado e região não estão buscando atividades tão prosaicas como "fazer compras". O que elas buscam é um maior contato com a natureza. Assim, elas optam por visitar a cascata do Caracol, fazer um sobrevoo sobre a região partindo do aeroporto de Canela, curtir os carros antigos no Museu do Automóvel.

Como já foi dito, todo ano há uma extensa programação natalina em Canela. Assim, em 2019 aconteceu a 32ª edição do *Sonho de Natal*, quando os destaques foram a Casa do Papai Noel, onde o "bom velhinho" deu expediente todos os dias para ouvir os pedidos das crianças. Os turistas também puderam apreciar a Paradinha de Natal – que sai da catedral de Pedra e desfila pela cidade com personagens animados e uma bandinha.

Renato Borghetti, um ícone da música instrumental gaúcha, reconhecido internacionalmente, foi aplaudido intensamente pelo público.

Já no *Auto de Natal*, uma espécie de presépio vivo, encenou-se o nascimento de Jesus Cristo, bem em frente da catedral de Pedra. Aliás, é nessa catedral que também aconteceu durante todas as noites de dezembro o belíssimo espetáculo de luzes, com muita criatividade. O mais interessante é que, como já se sabe, tudo isso irá se repetir no final desse e dos próximos anos, garantindo para Canela e Gramado uma ótima receita.

As outras **cidades encantadoras** deveriam aprender com essas belas cidades gaúchas como atrair mais e mais turistas, e criar calendários dinâmicos e seus próprios eventos inspirados no Natal, não é?

Infelizmente, especialmente no caso de Gramado – que deveria ser vista como modelo de como alavancar a economia de uma cidade através da **visitabilidade** – ela passou a ser criticada e alvo de comentários depreciadores e invejosos, para não dizer maldosos!?!?

Eles passaram a divulgar na Internet notícias que a cidade é *fake*, ou seja, é artificial, sendo uma imitação pobre de algum local da Bavária (ou Baviera) onde o chocolate produzido é indigesto e muito açucarado, na qual se tem um trânsito caótico (pior que em São Paulo nas horas de pico), os ingressos nos museus são muito caros e não é nela que o visitante **vai ver neve**, pois não é um lugar com condições naturais para isso!?!?

Pior, fazem escárnio até das hortênsias, dizendo que a flor símbolo *(Hydrangea macrophylla)* é uma planta nativa da China e Japão, que agora é cultivada em regiões temperadas e subtropicais.

Para finalizar enfatizam: **"O melhor de quem vai a Gramado é que vai poder conhecer Canela!?!?"**

Tudo isso é muito lamentável e o que o futuro turista deve saber é que ao chegar a Gramado ficará extasiado ao observar a beleza das suas flores – cerca de 600 mil mudas de flores são plantadas todos os anos – e ao encontrar nela mensagens do tipo: "Está comprovado que o abraço emagrece!!!", perceberá que isso cria aí um sentimento de proximidade, solidariedade e intimidade entre os que visitam a cidade, fazendo-os quererem voltar à mesma!!!

Devido a pandemia provocada pelo novo coronavírus em 2020, a prefeitura de Gramado, no dia 20 de março de 2020, fechou a cidade por 60 dias (e algo similar ocorreu em Canela), com o que foi proibida a entrada de ônibus de turismo e cancelados todos os eventos programados e fechados os parques e outras atrações.

Estima-se que em 2019 o PIB de Gramado somado ao de Canela alcançou R$ 2,5 bilhões e com essa interrupção, como 80% a 90% desse PIB, depende do turismo, essas cidades vão perder juntas algo já próximo de R$ 180 milhões por mês, com o que o 1º semestre de 2020 foi um verdadeiro desastre econômico!!! Felizmente a partir de maio de 2020 começaram a ocorrer certas flexibilizações.

João Pessoa

SHUTTERSTOCK - VINICIUS BACARIN

Em João Pessoa, uma vista da praia do Bessa, tendo ao fundo os edifícios à beira-mar.

PREÂMBULO

João Pessoa é a capital da Paraíba. A cidade também é conhecida como "**extremo oriental**" ou, carinhosamente, pelos apelidos "**jampa**" ou "**jota pê**". Todo visitante que chega em João Pessoa que não deseja se preocupar com os horários das marés ou quer alongar ao máximo sua permanência nas piscinas naturais – repletas de corais e peixes –, deve ir à praia do Cabo Branco, provavelmente a mais popular da capital paraibana. De lá é possível avistar a ponta do Seixas e o litoral da praia do Bessa (cujo apelido é "Caribessa").

Visitar o farol do Cabo Branco para avistar a ponta do Seixas é um programa feito por dez em cada dez turistas que chegam a João Pessoa. Lá de cima, ou mais especificamente do farol do Cabo Branco, o cenário avistado é paradisíaco, deixando pouco para a imaginação. O que se vê são praias extremamente claras, areias brancas e coqueiros balançando ao vento. No local o turista pode também saborear um delicioso sorvete de caipirinha, que o faz sentir-se como se estivesse num sonho... Já para o visitante que adora uma boa caminhada ou curte a oportunidade de pedalar nos fins de tarde, a recomendação é a praia de Manaíra, onde existe uma ciclovia externa e um calçadão repleto de quiosques.

Outro local repleto de turistas é a praia da Penha, cujo acesso é feito por uma pracinha onde está localizado o santuário de nossa Senhora da Penha, construído em 1763. O templo é famoso por receber objetos – fotos, instrumentos musicais e miniaturas de coisas – que representam os supostos milagres atribuídos ao padre Cícero, e conquistados pelos fiéis.

Os turistas também não deixam de visitar o Mercado de Artesanato Paraibano, no qual estão várias lojas que comercializam suvenires produzidos por artesãos de todo Estado. Entre esses produtos estão os famosos bonecos de Caruaru e as roupas de algodão colorido, assim como outros artigos e até comidinhas típicas da cultura regional. E quem for a João Pessoa não pode deixar de fazer um passeio de catamarã, que leva o turista até as piscinas naturais de Picãozinho, saindo da praia de Tambaú.

A HISTÓRIA DE JOÃO PESSOA

João Pessoa é o principal centro financeiro e econômico do Estado da Paraíba. Estima se que no início de 2020 sua população tenha ultrapassado os 830.000 habitantes, sendo ela a oitava cidade mais populosa da região nordeste. Os municípios limítrofes de João Pessoa, são: Cabedelo, Conde, Bayeux e Santa Rita.

O município de João Pessoa ocupa uma área dia 211,48 km², e a região metropolitana de João Pessoa, a RMJP, é formada pela capital paraibana e por mais 11 municípios: Bayeux, Cabedelo, Alhandra, Pitimbu, Caaporã, Conde, Pedras de Fogo, Cruz do Espírito Santo, Lucena, Rio Tinto e Santa Rita.

Na RMJP viviam em 2020 cerca de 1,35 milhão de habitantes.

A cidade de João Pessoa já foi considerada pela organização Internacional Living como uma das **melhores cidades do mundo** para se desfrutar **a aposentadoria**. Isso provocou uma grande **visitabilidade** à cidade, e acabou se transformando numa mudança no estilo de vida para muitas pessoas idosas... Aliás, no *ranking* anual feito por essa organização, João Pessoa já apareceu ao lado de cidades como Montevidéu, Colônia do Sacramento e Punta del Este – todas no Uruguai – e Fortaleza, capital do Ceará, como uma das 5 cidades da América do Sul onde a **aposentadoria pode ser desfrutada de maneira excelente**.

No século XVI, quando os primeiros europeus chegaram à região em que hoje se localiza João Pessoa, a cidade constituía a fronteira entre os territórios das tribos tupis dos potiguaras (que se localizavam ao norte e eram ferrenhos adversários dos portugueses) e tabajaras (ao sul, que se aliaram a esses colonizadores europeus).

No dia 5 de agosto de 1585, os portugueses fundaram a **Cidade Real de Nossa Senhora das Neves**, numa colina às margens do rio Sanhauá, um afluente do rio Paraíba, a 18 km acima de sua foz. Em 1588, a cidade passou a se chamar Filipeia de Nossa Senhora das Neves, em homenagem ao rei Filipe, que na época acumulava os tronos da Espanha é de Portugal.

A partir de 1634, logo após a sua conquista pelos Países Baixos (Holanda), a cidade passou a se chamar Frederikstad. Nessa época ela era considerada como uma das duas principais cidades da Nova Holanda, junto com Mauritsstadt (atual Recife). Assim, constituiu-se aí um vasto patrimônio histórico, similar ao de Olinda. Entretanto, depois do declínio de Nova

Holanda, e também com a saída dos neerlandeses do Brasil, a cidade passou a se denominar Cidade da Paraíhba, em 1654.

A denominação atual, de João Pessoa, é uma homenagem ao político paraibano João Pessoa Cavalcanti de Albuquerque, assassinado na cidade do Recife quando era o presidente do Estado e ele concorria à vice-presidência da República pela chapa de Getúlio Vargas. Esse fato causou uma grande comoção popular, servindo como estopim para a Revolução de 1930. Ainda se discute se, de fato, houve motivação política no ato. O que se sabe, entretanto, é que ele foi executado por João Duarte Dantas, advogado cujo escritório fora certa vez invadido por tropas governamentais. Vale lembrar que, nessa época, a invasão trouxe a público diversas cartas trocadas entre ele e a professora Anayde Beiriz, o que pode ter levado a um crime passional.

De fato, a Assembleia Legislativa estadual aprovou a mudança de nome em 4 de setembro de 1930. Todavia, já a algum tempo um grande número de cidadãos pessoenses discutem a possibilidade de se rever tal homenagem, substituindo o nome da cidade por outro. Entre as possibilidades figuram Paraíba, Filipéia e Cabo Branco. Vale lembrar que alguns movimentos até já manifestaram apoio à ideia de um plebiscito para a definição de um novo nome. Outra possibilidade seria a realização de uma consulta popular, como, aliás, já fez o Coletivo Cultural Anayde Beiriz, num projeto em andamento do movimento Paraíba-capital Parahyba.

Entre os argumentos, alega-se que a mudança do nome (bem como a alteração da bandeira estadual), em 1930, foi realizada num momento de comoção e instabilidade social, quando vários adversários políticos de João Pessoa Cavalcanti de Albuquerque foram presos e mortos. A isso acrescenta-se o fato de que as virtudes de João Pessoa de Albuquerque, em especial como gestor público, não são um consenso e não conferiram mérito ao então ex-presidente da Paraíba (na época, denominação para o cargo de governador) para o recebimento dessa homenagem. Em contrapartida, os defensores da manutenção do atual nome argumentam que João Pessoa de Albuquerque foi um político exemplar, que combateu o coronelismo e as oligarquias.

De qualquer modo, o município de João Pessoa foi se desenvolvendo e subindo as ladeiras rumo ao que é hoje o centro da cidade, uma expansão urbana que acabou ocupando a antiga área rural pessoense. Então, a partir da segunda metade da década de 1960, com a ocupação da orla marítima, a região central foi perdendo bastante a sua importância econômica, uma vez que seus hotéis, restaurantes e centros comerciais pouco a pouco se transferiam para bem mais perto da praia...

No que diz respeito à **arquitetura**, é nos bairros do centro que está a maior parte dos edifícios tombados pelos órgãos de proteção ao patrimônio. Entre eles estão os localizados no centro histórico, os da rua das Trincheiras e aqueles nas proximidades da rua Odon Bezerra, no bairro de Tambiá. Vale lembrar ainda que no município está localizada a porção mais oriental do Brasil e, inclusive, das Américas, ou seja, num lugar denominado como a **"ponta do Seixas"**, que tem se tornado conhecido como a **"porta do sol"**, ou seja, o **"lugar onde o sol nasce primeiro nas Américas"**.

A altitude média de João Pessoa, em relação ao nível do mar, é de apenas 37 metros, com uma altitude máxima de 74 metros nas proximidades do rio Mumbaba. Portanto, predominam na região urbana da cidade as terras planas. No município de João Pessoa existem 12 rios. Um deles é o rio Jaguaribe, que nasce no conjunto Esplanada, cruza o Jardim Botânico Benjamin Maranhão, no meio da mata do Buraquinho e desemboca no oceano Atlântico, na divisa com o município de Cabedelo.

A água para o abastecimento das casas de João Pessoa é retirada do sistema dos rios Gramame e Mumbaba, pela Companhia de Água e Esgotos de Paraíba. Todavia, historicamente, o rio mais importante da região é o Sanhauá, em cujas margens, como já foi dito, nasceu a cidade e foram construídas as primeiras casas. Destaque-se também a lagoa que existe no parque Sólon de Lucena, no centro da cidade. Ela já foi o principal ponto turístico da cidade, em especial durante a época em que a maior parte dela se encontrava longe das praias. Em 2010, entretanto, para dar um maior brilho às comemorações de Natal, a lagoa passou por uma revitalização. Nessa época, foram criadas ali várias atrações, inclusive com a apresentação de música ambiente.

A capital paraibana conta com um litoral de 24 km de extensão, ao longo do qual existem nove praias (somente no município): Bessa, Cabo Branco, Seixas, Penha, Sol, das Barras de Gramame Norte e Sul, Jacarapé, Manaíra e Tambaú. Um local incrível em João Pessoa é a praia de Cabo Branco, que fica no centro nervoso do turismo da cidade. Perto dela há uma grande concentração de hotéis, restaurantes e locadoras de automóveis. Essa praia conta com 5 km de extensão e é considerada uma das orlas mais bonitas da cidade, sobre falésias e em uma área de mata atlântica preservada. Há cerca de 2 anos, o bairro em que fica a praia ganhou o parque Cabo Branco, um espaço ao ar livre com mais de 40 opções gastronômicas disponíveis em *food-trucks*, contêineres e *food-bikes*.

Outro destaque é a Barra de Gramame, que fica a 25 km da orla urbana da capital paraibana. No local, um banco de areia separa essa extensa praia de ondas fortes do rio que dá nome ao local. No verão, os barrancos arenosos que surgem em suas aguas claras, de acordo com a maré, costumam ganhar mesas e cadeiras de plástico para serem usadas pelos visitantes.

Caiaques e pranchas de *stand-up-paddle* podem ser alugados ali mesmo, especialmente nos fins de semana. No local também são encontradas barracas rústicas que oferecem alguns serviços, como os passeios de barco em águas fluviais. Mas a versão mais selvagem de Gramame fica à direita da praia, na direção das falésias alaranjadas que se debruçam sobre o mar, numa das praias mais cênicas do litoral pessoense, já no limite com o município de Conde. Vale ressaltar que alguns dos turistas que visitam a Barra de Gramame costumam chegar em passeios privativos dirigindo *buggies*. Os quem chegam por conta própria utilizam a PB-8, no sentido de Conde, no litoral sul da Paraíba.

Mas além da Barra de Gramame, também existem as praias da RMJP, especialmente as de Cabedelo e Lucena, além daquelas no distrito de Jacumã, no município de Conde, onde se localiza a praia naturista de Tambaba. Um fato interessante a respeito das praias de João Pessoa é que todas possuem areias brancas e águas cristalinas. Muitas abrigam ainda a mata atlântica, e se revelam ótimas para o banho graças a uma barreira natural de cerca os 6 km da costa, que protege grande parte do litoral pessoense e de Cabedelo, permitindo que as crianças brinquem em águas bem tranquilas.

As praias mais frequentadas da cidade são a de Tambaú, com seus 8km de extensão, areia batida e fina, e água verde-azulada; e a já citada e bastante urbana praia de Manaíra, cujas águas são bem claras e no verão e apresentam ondas fracas, por conta dos recifes. Na orla de ambas existem vários quiosques, bares e quadras esportivas.

Um dado interessante sobre João Pessoa diz respeito ao desenvolvimento do projeto Tartarugas Urbanas, que atua particularmente nas praias do Bessa e Intermares. Nessas áreas acontece a desova da tartaruga-de-pente, sendo preciso a manutenção de um rígido trabalho de preservação ambiental.

Em algumas praias os visitantes de João Pessoa podem praticar o surfe. O clima da capital paraibana é tropical úmido, com índices relativamente elevados de umidade do ar, temperaturas médias anuais em torno dos 27°C (com a máxima podendo chegar à 34°C, e a mínima ficando por volta dos 15,5°C). O índice pluviométrico anual é superior a 1.900 mm, concentrados entre os meses de abril e julho.

João Pessoa já foi considerada a **"segunda capital mais verde do mundo"**, com mais de 7 m² de floresta por habitante. Na verdade, ela só ficava atrás da capital francesa, Paris. Tal distinção lhe foi atribuída em 1992, durante a Conferência das Nações Unidas sobre o Meio Ambiente e o Desenvolvimento.

A capital paraibana possui duas grandes reservas de mata atlântica, que, além de mitigar o avanço da poluição local, funcionam como verdadeiros "pulmões" para se ter um melhor ambiente na cidade. A primeira delas fica no bairro central de Roger, e é chamada de parque Arruda Câmara, ou simplesmente Bica – como é popularmente conhecido, devido à existência ali da fonte Tambiá. A Bica é na verdade um misto de jardim zoológico e reserva florestal, e abriga exemplares da fauna e flora brasileiras, assim como animais de outros continentes.

A outra reserva florestal importante é a mata do Buraquinho, da qual uma parte foi recentemente transformada no Jardim Botânico Benjamin Maranhão. Ela conta com cerca de 515 ha de mata virgem, e é cortada por riachos e fontes naturais. Aí está situado um dos maiores reservatórios de água para o abastecimento da cidade. Vale ressaltar que a mata do Buraquinho umidifica o clima de João Pessoa e mantém sua temperatura mais estável é branda, mesmo no verão.

Com o objetivo de protegê-la de depredação, essa mata é preservada e cercada. Afinal, esse local é um ponto de estudo para pesquisadores que se preocupam com a preservação da qualidade do meio ambiente. Mesmo assim, são visíveis as invasões às margens da reserva, tanto que diversos casos já foram registrados. Esse é o caso da favela Paulo Afonso e também de diversos comércios clandestinos que surgiram no local, como a já conhecida "sucata do italiano", no bairro de Jaguaribe. Mas não se pode esquecer de outras áreas verdes existentes em João Pessoa, como os parques Parahyba e Sólon de Lucena, bem como do complexo natural da ilha da Restinga.

De acordo com os últimos levantamentos do IBGE, a maior parte da **população pessoense** é constituída por pardos (cerca de 49%). Os brancos representam 47%, os negros são 3%; e o restante é composto por amarelos e indígenas. Já em relação à **religiosidade**, tem-se na cidade o domínio majoritário de católicos, ou seja, 64% da população. Em seguida vêm os evangélicos, com 23,5%; os sem religião (ateus, agnósticos, deístas), que somam 7,6%; e os adeptos de outras crenças (espiritas, mórmons, muçulmanos e religiões afro-brasileiras etc.).

Por conta de sua importância histórica, muitas das igrejas católicas de João Pessoa foram tombadas pelo IPHAN. Entre elas estão: a da Ordem Terceira de São Francisco; a do Carmo; a da Misericórdia; a de São Bento; a de Santa Teresa de Jesus; e a catedral basílica de Nossa Senhora das Neves. Além dessas há ainda as igrejas de Santo Antônio; de São Frei Pedro Gonçalves, a de Nossa Senhora de Lourdes e a de Nossa Senhora do Rosário.

Estimava-se que em 2020 houvesse em João Pessoa algo próximo de 260.000 famílias, o que dá uma média de 3,2 pessoas por domicílio. Isso representa uma diminuição no tamanho da família média pessoense. De acordo com os censos mais recentes, essa queda se deve ao rápido e intenso processo de diminuição da fecundidade da mulher nas últimas duas décadas, assim como ao aumento da parcela de domicílios que são mantidos financeiramente pelas mulheres.

Na década de 1970, a família pessoense contava em média com pouco mais de 5 membros. Em 2020, entretanto, a composição tradicional da família passou a ser "pai, mãe e uma criança" – praticamente o número que se procura impor na China... Também segundo estimativas, em 2020, cerca de 74% dos pessoenses residiam em domicílios próprios e 21% em imóveis alugados. Os 5% restantes ocupavam locais cedidos!?!?

Mas apesar de tantas famílias viverem em seus próprios domicílios, nota-se ainda um grande desequilíbrio no setor imobiliário. Já é muito grande – e continua aumentando – o número de famílias (geralmente bem numerosas) que vivem em domicílios bem pequenos, em comparação àquelas que ocupam residências ou apartamentos amplos. A cidade vem passando por um intenso processo de verticalização, mas as unidades habitacionais contam com uma metragem cada vez menor, a maioria com menos de 40 m².

Apesar disso, no quesito renda, João Pessoa está logo atrás de Recife e Aracaju no que se refere ao número de famílias pertencendo à classe A. Em contrapartida, de acordo com o Ipea, João Pessoa é a capital estadual **menos desigual** do nordeste, com um coeficiente de Gini de 0,63, considerado muito alto pela ONU.

No tocante a **economia**, João Pessoa tem o maior PIB do Estado, um total estimado em R$ 20 bilhões, em 2019. Trata-se de praticamente o dobro do registrado pela encantadora Campina Grande, a segunda cidade mais populosa da Paraíba. A capital paraibana possui dois **distritos industriais** em desenvolvimento: um localizado na BR-101 (sul); o outro fica no bairro de Mangabeira.

O **parque industrial** de João Pessoa é bem complexo, constituído por vários segmentos, como: alimentício, automobilístico (fabricação de "bugres"), metalúrgico, moveleiro, cerâmico, químico, têxtil, papeleiro e ótico. Também são produzidos ali bebidas, cimento, concreto, couro, entre outras coisas. Em termos de tamanho, a capital paraibana possui o maior parque industrial do Estado da Paraíba, destacando-se aí algumas indústrias de renome internacional, como: Ambev, Coca-Cola, Suggar Eletrodomésticos, Euroflex, Vijai Elétrica, Coteminas, British American Tobacco, Paraí etc.

Mas, sem dúvida, os grandes produtores de renda e geradores de empregos na capital paraibana são o **turismo**, em primeiro lugar, e o **comércio**, que também possui grande participação na economia da cidade. Aliás, no que se refere aos centros comerciais, há pelo menos uma dezena deles na capital paraibana, nos quais trabalham milhares de pessoas. Eles são todos bem movimentados, e recebem diariamente algumas dezenas de milhares de consumidores. Entre esses *shoppings* se destacam:

- **Manaíra** – Localizado no bairro de mesmo nome, ele foi inaugurado em 1989, sendo o maior centro comercial do Estado e um dos maiores do Brasil. Durante um bom tempo esse centro ocupou a posição de segundo maior *shopping* do nordeste do País. Ele conta com boa variedade de lojas, praça de alimentação com todo o tipo de comida e preço, boas salas de cinema (onze no total, algumas com tecnologia 3D). Porém, ele precisa de melhorias no seu estacionamento. É um ótimo lugar para se ver muita gente bonita!!!
- **Mag** – Possui um ambiente agradável, com boa variedade de lojas, bancos, etc., além de ser um excelente lugar para passeios e encontros para refeições.
- **Mangabeira** – uma excelente opção de centro comercial, com muita gente bonita circulando. Tem boas lojas, praça de alimentação, e ótimas salas de cinema (inclusive, com 3D) e um estacionamento bem amplo.
- **Tambiá** – Localizado no centro da cidade, dispõe de uma boa variedade de lojas, praça de alimentação com muitas opções de chope e petiscos a preços acessíveis. É um lugar ótimo para se assistir filmes

(conta com 6 cinemas, incluindo salas 3D). Os clientes, porém, reclamam do preço que se deve pagar no estacionamento...

- **Praia** – É um *shopping* pequeno, tipo galeria, mas o ambiente é ótimo. Também é bastante arejado, com boa estrutura para se ter aí escritórios diversos!!!
- **Sul** – Bastante parecido com uma galeria, o local é bem prático para certas compras e almoços nos finais de semana etc. O lugar é bem calmo, oferece variedade gastronômica, música ao vivo e ambiente bem familiar. Infelizmente ele não possui salas de cinema, o que sem dúvida atrairia mais gente.
- **Center Sul** – Trata-se de um bom centro comercial, mas, por causa do seu pequeno tamanho, não dispõe de uma boa quantidade de lojas. É ótimo no que se refere à praça de alimentação, sendo, inclusive, um excelente lugar para almoços e *happy hours*, servindo deliciosos petiscos.
- **Sebrae** – Conta com uma boa variedade de lojas e um bom estacionamento. O local também disponibiliza diversos bons cursos voltados para o empreendedorismo.
- **Lagoa** – Apresenta pouca variedade em termos de lojas, mas o ambiente é bom para passeios e encontros, pois fica no centro da cidade, no parque Sólon de Lucena.
- **Moriah** – Está muito bem localizado, mas oferece poucas opções de lojas. Todavia, é um excelente lugar para se saborear um delicioso almoço, em especial no terraço Moriah, onde são preparados pratos excelentes.
- **Bessa** – Nesse lugar, bem de frente para o mar, além de restaurantes há diversas opções de lanchonete que servem hamburgueres, empadas, cachorro-quente, *pizza* e comida japonesa. Às vezes também há música ao vivo e, em certas ocasiões, são montadas áreas de recreação para o público infantil.
- **Cidade** – Trata-se de um mini-*shopping* localizado no centro de João Pessoa, próximo da lagoa do parque Sólon de Lucena. Há pouca variedade de lojas e produtos, mas há algumas boas opções de restaurantes bem em conta, no sistema *self-service*.

Já no que se refere a **artesanato**, há dois locais na cidade que estão sempre repletos, especialmente de turistas: a Feirinha Turística e o Mercado de Artesanato Paraibano. E, vale ressaltar que, a despeito da grande crise econômica enfrentada pelo País nesses últimos 4 anos, há planos para a abertura de novos centros comerciais na capital paraibana.

Outro grande empregador em João Pessoa é o **setor imobiliário**, até porque nesses últimos 15 anos a cidade sofreu uma intensa expansão, tornando-se um verdadeiro canteiro de obras. O grande destaque é o número de empreendimentos nos segmentos empresarial e residencial que têm sido erguidos. Na verdade, muitos prédios e arranha-céus de altíssimo luxo vêm surgindo na cidade.

De fato, João Pessoa já é considerada a capital do nordeste com o maior número de arranha-céus, e a quarta capital mais verticalizada do Brasil. A cidade possui 5 entre os 6 edifícios mais altos do nordeste!!! Um deles é o *Tour Geneve*, que acabou de ser concluído. Esse edifício tem 183 m de altura – sendo um dos mais altos do País –, conta com 54 andares e está dividido em três conceitos: residencial, empresarial e comercial.

A alta demanda por apartamentos tanto pelos brasileiros como por estrangeiros (principalmente europeus) causou em João Pessoa uma elevadíssima especulação imobiliária e comercial. Isso transformou a capital paraibana numa das mais caras para se adquirir moradia. Na zona leste da cidade, mais especificamente no bairro Altiplano, tem-se o *skyline* (linha do horizonte definida por prédios) mais alto da região, visível a dezenas de quilômetros. No bairro de Manaíra, verifica-se a maior densidade demográfica, e no bairro Bessa concentra-se a maior área verticalizada de toda a cidade. Vale ressaltar que prédios acima de três andares são proibidos por lei estadual – a popularmente conhecida "**lei do espigão**" – ao longo de toda a orla da cidade.

No que se refere à **saúde**, segundo o IBGE, a expectativa de vida dos pessoenses ao nascer é de 73,6 anos, enquanto a mortalidade infantil na cidade é da ordem de 11,3 por 1.000 nascidos vivos, precisando ser reduzida. Ambos os índices precisam ser aprimorados. No âmbito do atendimento médico, os pessoenses tem uma avaliação bem parecida com o que foi divulgado em junho de 2018 pela pesquisa Datafolha, encomendada pelo Conselho Federal de Medicina (CFM). Segundo ela, a maioria dos brasileiros (55%) avaliam esse quesito na cidade como **ruim** ou **péssimo**. Outros 34% consideram o sistema **regular**, enquanto apenas 10% o avaliam como **bom**. É importante ressaltar que tais resultados se referem tanto aos serviços públicos quanto aos privados.

Entre os entrevistados, 97% afirmaram que tiveram de recorrer a algum serviço público na área da saúde nos últimos 2 anos, para si mesmos ou para alguém da família. Os principais serviços foram vacinação e atendimento em postos de saúde, nos quais o tempo de espera foi bem longo. Já nos hospitais, as maiores reclamações incluíam a falta de recursos, a má gestão e o atendimento inadequado no que concerne a exames, cirurgias e consultas.

Ainda por causa da longeva crise econômica vivenciada no País, milhares de pessoas passaram a não ter condições de pagar planos de saúde que lhes permitissem atendimento em hospitais particulares. Isso, é claro, resultou num aumento dramático da demanda na rede pública, onde já faltam médicos para atender tanta gente. Tal situação dificulta e muito para os doentes o agendamento de consultas e de outros procedimentos, que incluem desde exames até cirurgias!?!?

Naturalmente, os maiores problemas de saúde dos pessoenses precisam ser resolvidos nos hospitais da cidade. Em relação aos que existem em João Pessoa, sejam públicos ou privados, permanecem entre os moradores queixas quanto ao atendimento recebido. João Pessoa dispõe de vários hospitais, dentre os quais estão:

- **Hospital Geral Santa Isabel** – É bem organizado e não deixa nada a desejar nos quesitos higiene/limpeza/atendimento (recepção e clínico) e tratamento de diversas especialidades
- **Hospital Municipal Valentina** – Apesar de possuir um bom corpo médico, precisa melhorar muito sua gestão.
- **Hospital Napoleão Laureano** – Trata-se de um hospital de referência na cidade, com profissionais dedicados e competentes.
- **Hospital Universitário Lauro Wanderley da Universidade Federal da Paraíba (UFPB)** – Possui excelente estrutura e atendimento relativamente bom, levando-se em conta a enorme demanda e a qualidade da assistência em muitos outros nosocômios.
- **Hospital da Polícia Militar General Edson Ramalho** – Nele o atendimento pelos médicos e enfermeiras é muito bom, mas o local precisa de uma grande reforma, a começar pelo setor de emergência, que é muito apertado. Também são necessários reparos nas instalações, em especial nas salas de espera, que não possuem assentos suficientes...

- **Hospital da Guarnição** – É um dos hospitais militares do País, administrado pela Sétima Divisão do Exército/Comando Militar do Nordeste, com sede em Recife. Os que recorrem a ele têm um tratamento correto, recebem informações precisas, mas, ainda assim, sofrem bastante para marcar consultas.
- **Hospital Nossa Senhora das Neves** – Possui boa estrutura física e uma equipe eficaz, com profissionais qualificados. Ele também conta com os mais modernos é inovadores sistemas tecnológicos para os cuidados com a saúde, porém, precisa agilizar seu atendimento.
- **Hospital João Paulo II** – Trata-se de uma boa maternidade, com assistência eficiente. Porém, é preciso melhorar a qualidade do serviço oferecido, em especial na recepção.
- **Maternidade Cândida Vargas** – É uma excelente maternidade, com boa estrutura e profissionais de saúde excelentes.
- **Complexo Hospitalar de Doenças Infecto-Contagiosas Clementino Fraga** – Estabelecimento muito bem avaliado pelas pessoas que já estiveram internadas nele, particularmente no que se refere ao atendimento e aos cuidados ostensivos para preservar a vida dos pacientes.
- **Hospital de Traumatologia e Ortopedia da Paraíba** – De modo geral, os pacientes são atendidos de maneira satisfatória.
- **Clim Hospital e Maternidade** – Conta com profissionais excelentes, o que inclui equipe médica, de enfermagem e de outras áreas. Foi fundado em 29 de dezembro de 1999 por um grupo de médicos.
- **Hospital Memorial São Francisco** – Dispõe de poucos médicos e funcionários e, embora eles sejam atenciosos e o hospital seja bem limpo, prevalece uma certa demora no atendimento – consultas, exames, administração de medicamentos – e na resolução dos problemas
- **Hospital Residencial** – Para muitos pacientes é uma dos melhores hospitais da cidade, nas suas diversas especialidades. O atendimento é considerado rápido e seguro.
- **Hospital Moacir Dantas da Unimed** – Inaugurado em 2013, oferece excelente atendimento e, o melhor de tudo, é rápido e eficaz. Possui 31 leitos para internação e instalações modernas e confortáveis para os pacientes.

- **Hospital Alberto Urquiza Wanderley da Unimed** – Inaugurado em 1999, esse hospital é bem avaliado pelos pacientes, tanto pelo trabalho dedicado realizado pelos médicos e fisioterapeutas, como pelo atendimento do seu quadro de funcionários. Ele possui 143 leitos, sendo que na UTI a distribuição é a seguinte: 22 para adultos; 5 pediátricos; 6 neonatais; 5 coronarianos e 6 de cuidados semi-intensivos. O atendimento acontece nas áreas de clínica geral, pediatria, ortopedia/reumatologia e ginecologia/obstetrícia.
- **Hospital São Vicente de Paula** – O atendimento oferecido aos pacientes, tanto por médicos quanto por enfermeiros, é elogiável. Todavia, esse nosocômio precisa melhorar os seus canais para atendimento para os que necessitam de internação ou desejam marcar consultas pós-operatórias.
- **Hospital Hapvida** – Trata-se, na realidade, de um centro médico com bons profissionais e atendimento médico de boa qualidade. Porém, precisa melhorar bastante o atendimento em sua recepção.

Já que o assunto é a **saúde das pessoas**, deve-se destacar que vivemos em uma época de grandes rupturas de paradigmas. E um dos assuntos que mais tem despertado interesse está associado à **legalização da maconha** (que pode ser obtida de uma planta denominada *Cannabis sativa*) para fins medicinais.

Como se sabe, a maconha é uma droga bastante popular e utilizada de forma recreativa por muita gente. Estudos científicos demonstraram que o seu efeito é bem menos mortal do que aquele provocado pelo álcool, pela heroína, pela cocaína, pelo tabaco, pelo *ecstasy* e pelas metanfetaminas. Aliás, dentre todos esses, o mais letal é o álcool, ou seja, **114 vezes mais mortal que a maconha**.

A lei Nº 11.343, de 2006, proibiu que no Brasil fossem feitos o plantio e a colheita da *Cannabis sativa*. Porém, essa mesma lei prevê que ambos os processos sejam permitidos, desde que sejam comprovadamente para fins medicinais e científicos, por prazo determinado, sob fiscalização adequada e mediante autorização legal específica.

Da *Cannabis* é possível retirar o canabidiol (CBD), um componente que já se mostrou eficaz para atenuar crises epiléticas e convulsivas, esclerose múltipla, dores associadas a doenças que acometem o sistema nervoso etc., apesar da inexistência de comprovação científica bem consolidada!?!?

Assim, o CFM autorizou os médicos a prescreverem o CBD, porém, somente para pacientes com epilepsia e que não tenham conseguido sucesso com outros tratamentos. Katiele Fischer foi a primeira brasileira que, em 2014, ganhou na justiça o direito de importar a substância para o tratamento de sua filha, Anny Fischer.

O processo funciona da seguinte forma: de posse de laudo e receita médica, o paciente solicita à Anvisa uma autorização para a importação do produto, sendo que cada caso é avaliado individualmente. Se aprovado, o CBD pode ser importado, por exemplo, dos EUA. A Anvisa já autorizou no País o uso do Mevatyl, à base do CBD (que é produzido no exterior).

E foi em João Pessoa que foi dado o passo mais concreto para que os brasileiros pudessem ter acesso ao uso medicinal da *Cannabis*. Na cidade existe uma associação de pacientes chamada Abrace Esperança que, até o final de 2019, era a única com autorização judicial no País para o **cultivo da maconha para fins medicinais**!!! Os produtos ali cultivados são fornecidos aos pacientes mediante a prescrição fornecida por um médico (em João Pessoa já há mais de centena de médicos que prescrevem a *Cannabis*).

A Abrace está localizada no bairro dos Ipês, na zona norte de João Pessoa. Ela ocupa um sobrado, onde existem cerca de 2.500 plantas de maconha crescendo em estufas. Depois de colhidas, suas flores são transformadas em óleos, *sprays* e pomadas à base de dois tipos de canabióides: o THC (tetra-hidrocanabiol) e o CBD.

De 2017 até o final de 2019, a associação viu o número de pacientes por ela atendidos crescer de algumas centenas para quase 3.000 (sendo que já existem mais de 1.000 pessoas na fila de espera...). Cada um paga uma anuidade de R$ 350,00, e valores que variam de R$ 150,00 a R$ 200,00 pelo óleo. O preço não chega a ser 10% do valor que teria de ser pago pelo produto importado!!!

Embora a produção seja contínua, ela já não dá mais conta do número de interessados, e a demanda é crescente. Cassiano Teixeira, diretor e fundador da Abrace, relatou: "A nossa meta é fornecer produtos à base de *Cannabis* para 10.000 pacientes até 2022, quando uma segunda unidade da associação já estiver funcionando, em Campina Grande.

Vale ressaltar que, a partir de 2020, a UFPB passou a oferecer em sua grade dos cursos de Medicina, Biomedicina e Farmácia, uma disciplina sobre a *Cannabis* medicinal. Cada vez mais os médicos prescrevem esse óleo até para casos clínicos que extrapolam a recomendação do CFM, que, se restringe à epilepsia refratária.

Felizmente em João Pessoa, juízes, procuradores, políticos, médicos, empresários, artistas locais, etc., apoiam a nossa causa, assim como as vantagens desse tratamento alternativo para a saúde das pessoas, ou seja, o uso do óleo de *Cannabis*!!! Criou-se inclusive uma situação propícia para a construção de um laboratório estadual para a fabricação do óleo no futuro."

Até 30 de outubro de 2019, a Anvisa não tinha ainda liberado o plantio da *Cannabis* no restante do País, seja para pesquisa ou produção de medicamentos a partir das folhas dessa planta. Todavia, no final de 2019, só no Estado de São Paulo, o número de ações judiciais que obrigavam o governo a fornecer remédios e produtos derivados da *Cannabis* cresceu mais de 20 vezes, comparado ao que se verificou em 2015.

Ao longo desse período de 4 anos a Anvisa precisou autorizar aproximadamente 8.000 pacientes a importar medicamentos à base de *Cannabis*. Somente assim eles poderiam tratar-se das doenças indicadas nos laudos médicos como epilepsia, autismo, dor crônica, doença de Parkinson etc.

No término de 2019, no que se refere ao comportamento dos nossos médicos, havia aqueles que seguiam estritamente a orientação da CFM, de somente prescrever produtos à base de *Cannabis* nos casos autorizados (como epilepsia refratária aos tratamentos convencionais). Havia também os que, com cautela, ampliaram o escopo de suas prescrições, à medida que foram surgindo novos estudos sobre o assunto, a despeito da **ainda inexistente evidência científica robusta**... Também tinha-se aqueles que, no outro extremo, se diziam convencidos dos benefícios e da segurança da substância (CBD) e já ampliaram suas prescrições para casos que nem se configuram como doenças!?!?

Segundo estimativas, no início de 2020 havia cerca de 460.000 médicos atuando no País e, entre eles, aproximadamente 2.000 eram prescritores da *Cannabis* medicinal. E tudo indica que esse número de médicos irá crescer muito nos próximos anos... Note-se que em 23 de abril de 2020, a Anvisa liberou o óleo composto por CBD para ser vendido em farmácias.

Quando o assunto é **educação**, vale lembrar que em nosso País já há muitos anos havia uma tentativa de se construir a nova Base Nacional Comum Curricular (BNCC), algo que está previsto na Constituição brasileira, na Lei de Diretrizes e Bases, e também no Plano Nacional de Educação. Finalmente, em 2018, ela foi elaborada e aprovada, e, embora não tenha ficado perfeita, representa um consenso do que foi possível alcançar nesse momento.

Agora os Estados, em colaboração com suas principais cidades, estão tentando traduzir a parte dessa BNCC que diz respeito ao **ensino fundamental**, inserindo-a em seus currículos municipais e estaduais. O objetivo é preparar os materiais que apoiarão os professores em sua prática dentro da sala de aula e, ao mesmo tempo, formar os profissionais para o processo de ensino de seus currículos. Já no que se refere ao **ensino médio**, ainda é necessário que a lei seja aperfeiçoada, visto que uma parte dela ainda está sendo elaborada...

Lamentavelmente, não temos no Brasil a quantidade necessária de bons professores e, o que é pior, são poucos os jovens que desejam seguir a docência como profissão. Isso acontece pelo fato de os professores receberem salários não condizentes com o trabalho que executam e, portanto, não dignos!!! Assim, além de rever tal situação, seria necessário promover uma **cultura de gratidão** para com aqueles que se decidiram pelo magistério.

Todos os professores deveriam ter **orgulho de sua profissão**, uma vez que ela é absolutamente relevante em termos sociais. Ela é única e decisiva para o futuro das pessoas, considerando que são os professores que educam e orientam as crianças para que sejam capazes de seguir adiante e se formarem nas **profissões do futuro!!!**

Vale ressaltar que em João Pessoa já acontece na rede pública municipal um intenso trabalho no sentido de aplicar corretamente essa BNCC. E, de fato, existem hoje na cidade diversas boas IEs, sendo que várias delas também oferecem o ensino infantil, como: Dr. João Santa Cruz de Oliveira (ensino infantil e fundamental); Afonso Pereira da Silva (com boa avaliação); David Trindade (bom ensino, mas com instalações precárias); General Rodrigo Otávio; Dom Hélder Câmara (dispõe de laboratório de informática e ginásio para práticas esportivas); Carlos Neves de Franca; Francisco Edward de Aguiar (com excelente avaliação); Zumbi dos Palmares (com excelente avaliação); Comendador Cícero Leite; Ubirajara Targino Botto, entre outras.

Entre as escolas estaduais, muitas das quais oferecem também o ensino fundamental, tem-se: Professora Argentina Pereira Gomes (com excelente avaliação e ensino fundamental); Dr. João Navarro Filho; Professor Celestin Malzac (com excelentes professores e ensino fundamental); Pedro Lins Vieira de Melo (com ensino fundamental); Cônego Luiz Gonzaga de Oliveira (com boa avaliação); Centro Estadual de Ensino – Aprendizagem Sesquicentenário (bem avaliada e com acesso difícil para novos alunos obterem vaga nele).

Na rede privada também existem IEs dedicadas à educação infantil e ao ensino fundamental. Entre as opções para os "pequeninos", estão: a Escola Carrossel Prisma (talvez a melhor de João Pessoa); o Anglo Júnior ou a Escola Apoio (que também oferece ensino fundamental, e é muito bem avaliada).

Já no ensino médio existem diversas escolas particulares à disposição dos pessoenses, como: a Escola Internacional Cidade Viva (oferece o padrão de ensino médio norte-americano); o Colégio Polígono (excelente qualidade de ensino e oferta de ensinos fundamental e infantil); Colégio Colibri Athenas (muito bem avaliado); Colégio Kairós (também oferece ensinos infantil e fundamental); Colégio Século (atende desde o berçário até o ensino médio); Colégio Pio XI; Colégio Meta; Colégio Evolução, entre outras IEs. Entre os colégios que estão focados no ensino médio e, especialmente, em preparar os alunos do terceiro ano para ingressarem numa boa universidade, estão: o Anglo; João Machado; Via Medicina, entre outros.

O que realmente tem dado orgulho aos professores de João Pessoa são os avanços conseguidos no campo da robótica, tanto que em agosto de 2012, a cidade sediou a 6ª edição da Olimpíada Brasileira de Robótica (etapa regional). O evento contou com uma grande participação das escolas da rede pública de todo o Estado da Paraíba e, nessa mesma época, João Pessoa foi escolhida para sediar a Copa do Mundo de Robótica (a *RoboCup 2014*), um dos mais importantes eventos do segmento em todo o mundo. Ele foi criado em 1997, no Japão, com o objetivo de construir um time de robôs que fosse capaz de ganhar uma partida contra a seleção vencedora da Copa do Mundo da FIFA. A previsão é de que esse objetivo seja alcançado até 2050!?!?

Embora tenha concorrido com diversas outras candidatas, inclusive cidades importantes de países asiáticos, João Pessoa acabou sendo a escolhida. Entre outras razões, essa escolha se deu pelo fato de a cidade ter comprovado o quanto havia evoluído no ensino dessa matéria dentro do ensino público, e ter oferecido todas as condições para a realização do evento, contando inclusive com um excelente espaço: o Centro de Convenções Poeta Ronaldo Cunha Lima (inaugurado em 26 de agosto de 2012 pelo governo estadual para comportar grandes eventos).

A abertura da *RoboCup 2014* aconteceu no dia 19 de julho de 2014, com a presença de aproximadamente 8.000 pessoas. Também esteve presente o então governador do Estado, Ricardo Coutinho. Participaram 400 times, com um total de 4.000 inscritos oriundos de 45 países. Além dos competidores, a cidade recebeu cerca de 60.000 visitantes, que ocuparam aproximadamente 85% de todos os leitos da rede hoteleira de João Pessoa.

Os estudantes de João Pessoa também têm participado de diversos torneios de robótica fora do País, sendo que um dos mais destacados foi o de Hefei, capital da província de Anhui, na China, ocorrido em julho de 2015. Nessa oportunidade, a equipe Robô Apolo, formada por alunos das EMEFs Apolônio Sales e Moema Tinoco Cunha Lima, acompanhados de quatro professores, conquistaram o primeiro lugar no evento *RoboCup Júnior Dance Primary*.

O grupo levou para a China a apresentação denominada **Brasil: Festa e Alegria no Rio 2016**, utilizando 5 robôs que representaram a águia da escola de samba Portela, um jogador de futebol, um robô atleta, um robô bola e um elemento surpresa. Vale salientar que a EMEF Moema Tinoco Cunha Lima (que também oferece ensino infantil) tem evoluído de forma brilhante nas notas alcançadas no Ideb, sendo que para 2021 sua meta é alcançar 5,2 pontos. E parece que ela já está bem perto disso.

Por sua vez, a diretora dessa EMEF, Maria Elisabeth Rodrigues, afirmou: "Fizemos uma grande festa na recepção destes alunos, que tiveram esse incrível desempenho na *RoboCup*. Eles deixaram todos os nossos professores muito orgulhosos, pois são uma prova de que os alunos de uma escola pública têm a oportunidade de desenvolver e utilizar todo o seu potencial. Esses meninos comprovaram que ao contrário do que se pensa, o seu potencial está sendo reconhecido, e que aqui já estão sendo oferecidas a eles oportunidades para exibi-lo!!!"

No **ensino superior**, o destaque em João Pessoa vai para a UFPB, com sede em João Pessoa, no bairro do Castelo Branco. Ela possui três *campi* no interior do Estado, mas precisamente nas cidades de Areia, Bananeiras e no litoral norte, nas cidades de Rio Tinto e Mamanguape. Deve-se recordar que a Universidade da Paraíba, de responsabilidade estadual, fundada por iniciativa de José Américo de Almeida, a partir da reunião de 11 cursos de nível superior que já existiam no Estado (entre eles estava o curso de Agronomia), foi que deu origem à UFPB, inicialmente por intermédio da lei estadual Nº 1.366, de 2 de dezembro de 1955.

Cinco anos depois, em 13 de dezembro, a lei Nº 3.835 federalizou a então chamada Universidade da Paraíba, quando surgiu a sua denominação atual. Em 2002, a UFPB, então formada pelos *campi* de João Pessoa, Bananeiras,

Areia, Campina Grande, Patos, Cajazeiras e Sousa, foi desmembrada para a formação da Universidade Federal de Campina Grande (UFCG), que a partir de então abrangeu os *campi* de Campina Grande, Patos, Souza e Cajazeiras, ao passo que a UFPB ficou com os *campi* de João Pessoa, Areia e Bananeiras. Posteriormente foi criado o *campus* do litoral norte, com estrutura em duas cidades (Mamanguape e Rio Tinto) e as unidades de Mangabeira e Santa Rita, ambas na Grande João Pessoa.

Através do Reuni, um programa do governo federal de apoio a planos de reestruturação e expansão das universidades federais, a UFPB, desde 2008, tem buscado ampliar o número de vagas, criando dezenas de novos cursos. Entre eles estão os de psicopedagogia, engenharia química, engenharia de computação, cinema e audiovisual, entre outros. Em seu relatório de gestão de 2016, a UFPB contava com:

- 16 centros de ensino (sendo 13 em João Pessoa, um em Areia, um em Bananeiras e um no litoral norte).
- 57 centros e departamentos acadêmicos.
- 123 cursos de graduação (sendo 112 presenciais e 11 a distância).
- 12 cursos de especialização.
- 60 cursos de mestrado acadêmico.
- 10 cursos de mestrado profissional.
- 38 cursos de doutorado.
- 2.637 professores e 3.584 funcionários técnico-administrativos.
- 39.283 alunos matriculados, sendo 29.753 na graduação presencial, 3.238 na graduação a distância e 6.292 na pós-graduação (4.730 deles no *stricto sensu* e 1.562 no *latu sensu*).

A UFPB mantém duas escolas de ensino médio e profissionalizante: a Escola Técnica de Saúde e o Colégio Agrícola Vidal de Negreiros. A IES também conta com cerca de 513 laboratórios, uma biblioteca central e 14 setoriais, uma TV universitária, uma editora, um hospital universitário, um hospital veterinário, 4 restaurantes, 6 residências, 2 teatros, uma sala de cinema e o Instituto UFPB de Desenvolvimento da Paraíba.

Essa universidade é atualmente reconhecida pela sua excelência no ensino e também pelas pesquisas tecnológicas ali realizadas. Ela encontra-se listada entre as melhores universidades da América Latina, sendo destacada nos *rankings* universitários. No *RUF 2019* figurou na 28ª posição entre as universidades públicas do País. A IES também tem recebido prêmios pelos projetos nela desenvolvidos.

A Universidade Estadual da Paraíba (UEPB), por sua vez, tem a sua sede na encantadora Campina Grande, mas também possui *campi* nas cidades de João Pessoa, Lagoa Seca, Guarabira, Catolé do Rocha, Patos, Monteiro e Araruna. Ela foi criada pela lei municipal Nº 23, de 15 de março de 1966, como Universidade Regional do Nordeste. Essa IES funcionou inicialmente como autarquia, até que em 11 de outubro de 1987 ela foi estadualizada pela lei Nº 4.977, sancionada pelo então governador Tarcísio Burity.

O *campus* V da UEPB encontra-se localizado na cidade de João Pessoa e abriga o Centro de Ciências Biológicas Sociais Aplicadas, que foi inaugurado em 28 de agosto de 2006, e funcionou inicialmente nas dependências da Escola de Serviço Público da Paraíba.

Em 2008 foi criada a unidade 2 da UEPB em João Pessoa, que funcionou na avenida Epitácio Pessoa, e para aonde foi transferido apenas o curso de Relações Internacionais. Até 2010 o *campus* ficou centralizado em uma unidade na avenida Monsenhor Walfredo Lins, no bairro de Tambiá, mas atualmente ele se encontra na antiga Escola Estadual de Ensino Fundamental e Médio Escritor José Lins do Rego, situada na rua Horácio Trajano de Oliveira, no bairro do Cristo Redentor.

Além do ensino superior, também é oferecido na UEPB de João Pessoa, no período da tarde, o ensino médio. Assim, muitos jovens que estudam ali de forma gratuita têm a possibilidade de, após a conclusão do curso, adentrarem o curso superior. Atualmente em todos os *campi* da UEPB estudam cerca de 21.000 alunos (cerca de 18.700 na graduação; 1.200 na pós-graduação; e algo como 610 no ensino técnico). Além disso, trabalham na UEPB aproximadamente 1.320 docentes.

O Instituto Federal de Educação Ciência e Tecnologia da Paraíba (IFPB) foi criado em 29 de dezembro de 2008, mediante a integração do CEFET--PB e da Escola Agrotécnica Federal de Sousa. O IFPB oferece cursos de educação superior e educação profissional técnica de nível médio. Ao todo, são 38 cursos superiores e 106 técnicos, divididos pelos 26 *campi* da IES. Já a reitoria encontra-se instalada em João Pessoa. No ensino superior, o IFPB oferece cursos de bacharelado, licenciatura e de tecnologia, sendo que o ingresso nesse cursos se dá através do Enem. O ensino técnico no IFPB é desenvolvido de três formas: integrada, concomitante e subsequente ao ensino médio. O ingresso nesses cursos acontece pelo processo seletivo dos cursos técnicos, no qual é usado o método de análise do histórico escolar.

Em João Pessoa existem também diversas IESs particulares que complementam de forma adequada o ensino superior para os alunos que não conseguem ingressar nas IESs públicas. Entre elas destacam-se as seguintes: Centro Universitário João Pessoa (UNIPÊ); Faculdade de Ensino Superior da Paraíba; Faculdade Maurício de Nassau; Faculdade Brasileira de Ensino, Pesquisa e Extensão; Faculdade de Ciências Médicas da Paraíba; Faculdade de Medicina Nova Esperança; Faculdade de Enfermagem Nova Esperança; Faculdade Asper; Faculdade Internacional da Paraíba e Faculdade Santa Emília de Rodat.

Note-se que o UNIPÊ foi considerado pelo ministério da Educação como o melhor centro universitário privado da Paraíba, assim como um dos cinco melhores das regiões norte e nordeste. No segundo semestre de 2018 ele se uniu as IESs que integram o grupo Cruzeiro do Sul Educacional. O UNIPÊ é composto por uma comunidade acadêmica de mais de 18.000 pessoas, entre estudantes, professores e funcionários, sendo uma marca líder, tradicional e extremamente forte regionalmente.

E agora que faz parte da Cruzeiro do Sul Educacional, ele integra uma comunidade de 250.000 alunos e mais de 7.000 colaboradores, distribuídos em 16 entidades educacionais presenciais que engloba deste a educação infantil até os programas de doutorado, e consolida sua atuação em todos os Estados do Brasil com mais de 500 polos de EAD. Aliás, estão proliferando em João Pessoa os polos de EAD de diversas IESs particulares já bastante renomadas no País.

No tocante ao **transporte público**, os pessoenses utilizam muito as linhas de ônibus, sendo João Pessoa a capital nordestina com a maior frota desse tipo de veículo coletivo. Pesquisas feitas pelo projeto Despoluir apontam que a média de aprovação da frota de ônibus de João Pessoa é de 92,5%, ou seja, bem superior àquela registrada nacionalmente, de 87%.

Os motivos são claros: a disponibilidade de equipamentos de acessibilidade na maioria dos coletivos; a idade média dos veículos, que é inferior à de outras capitais estaduais; a disponibilidade do Sistema de Bilhetagem Eletrônica, com o cartão "Passe Legal" – João Pessoa foi a primeira cidade da região a implantar esse sistema – e, por fim, o uso de um sistema de rastreamento por satélite, instalado em toda a frota local. O fato é que as empresas que operam o transporte público pessoense buscam continuamente superar as metas de desempenho acordadas com a prefeitura.

Outro dado interessante sobre a **mobilidade** em João Pessoa é o fato de ser possível se chegar a qualquer lugar da cidade pagando-se apenas uma tarifa!!! As conexões podem ser feitas através do terminal de integração do Varadouro, mas o passageiro também pode optar por descer e pegar um novo ônibus, utilizando para isso um Sistema de Integração Temporal. Recentemente, foram inaugurados outros terminais de integração. As principais empresas de ônibus que atuam na cidade são a Unitrans (Transnacional e Reunidas) e o Consórcio Navegantes.

A rodoviária da cidade, utilizada para o transporte municipal, também se localiza no bairro do Varadouro, e permite a conexão por meio de ônibus com outras cidades do Estado e do País. Ela é bem movimentada, principalmente nos fins de semana e feriados. Também existe na capital paraibana uma linha de trem da Companhia Brasileira de Trens Urbanos (CBTU), circulação diária. Com uma extensão de 30km e nove estações, ela cobre uma boa parte da RMJP, fazendo a ligação entre as diversas cidades. São cerca de 25 viagens diárias, transportando aproximadamente 16.000 passageiros por dia.

A cidade também é dotada de um sistema de VLT, ou seja, um pequeno trem urbano movido a eletricidade – uma espécie de "bonde moderno". Esse foi um projeto do governo federal, que pretendeu modernizar as nove estações de trem urbano existentes e, ao mesmo tempo, possibilitar a expansão da rede com a construção de mais estações. Aliás essa é, sem dúvida, uma boa alternativa em transporte público, em especial nas cidades de médio porte.

Já a frota de veículos particulares de João Pessoa tem crescido muito e demasiadamente rápido, ou seja, quatro vezes mais rápido que a população da cidade!?!? Segundo estimativas do IBGE, a taxa de crescimento da população da capital paraibana nos últimos anos têm sido de 2% ao ano, enquanto a frota de veículos tem aumentado a um ritmo de 8% ao ano!!! Mas existe um dado positivo: a frota de veículos de João Pessoa é a mais nova do País. Porém, além do aumento de automóveis, também se registra na cidade um crescimento explosivo no número de motocicletas. No Estado da Paraíba, em 90% de suas maiores cidades, existem hoje mais motos do que automóveis.

E justamente por conta do crescente número de veículos, a cidade tem convivido com diversos problemas no trânsito. Assim, encontra-se em desenvolvimento um programa que visa melhorar bastante a **mobilidade** na capital paraibana, que inclui a construção de faixas e semáforos exclusivos para ônibus biarticulados (*BRT*). A ideia é criar algo similar ao que já existe há muito tempo em Curitiba, porém, tudo isso está evoluindo muito devagar. Em novembro de 2017 foi lançado o edital para a realização do procedimento de licitação para a implantação de um corredor *BRT* na avenida Pedro II, e espera-se que as suas obras estejam em andamento em 2020... Também estão sendo construídas novas ciclovias e promovidas diversas alterações no sistema viário.

João Pessoa foi a primeira capital nordestina (e a terceira cidade do País) a ter um sistema de bicicletas públicas. O "**Pedala João Pessoa**" é um sistema de locação de bicicletas que começou com 4 estações. Inicialmente, elas foram instaladas na orla da capital paraibana, com o objetivo de oferecer um meio de transporte mais saudável e ecológico aos pessoenses e aos turistas. Esse mesmo projeto já havia sido implantado anteriormente – e com sucesso – no Rio de Janeiro e em Blumenau. Para maior segurança, as "*bikes*" são dotadas de dispositivos eletromecânicos de travamento e liberação, lâmpadas de sinalização, e *chips* de identificação. Existem atualmente na cidade diversas ciclovias, inclusive na orla, onde está instalada a base do sistema de bicicletas públicas. Um evento que atrai hoje muita gente em João Pessoa é o passeio *Vou de Bike!!!*

O porto de João Pessoa fica na RMJP, ou seja, em Cabedelo. Ele é bastante utilizado para o transporte de mercadorias, mas também possui um terminal de passageiros onde atracam navios de médio porte, cruzeiros e vários outros tipos de embarcação. Em Cabedelo também existe um transporte de balsa que faz a travessia do estuário do rio Paraíba, permitindo a ligação com o município de Lucena. Há também as chamadas "ônibus-lancha", cuja rota é a mesma.

A cidade de João Pessoa é atendida pelo aeroporto internacional Presidente Castro Pinto, localizado na cidade limítrofe de Bayeux, na RMJP. Ele dista 13 km do centro de João Pessoa e oferece cerca de duas dezenas de voos, com rotas nacionais e internacionais diariamente. Nesses últimos cinco anos o fluxo médio te passageiros foi de 2,5 milhões por ano, incluindo-se aí os voos extras da alta estação. Operam nesse aeroporto as companhias aéreas Azul, Gol e Latam. Todavia, para os voos de menor escala, a cidade conta com um aeroclube no bairro de Bessa, que conta com uma pista bem sinalizada e recebe apenas aviões e jatinhos particulares.

Entre os jornais impressos que ainda circulam em João Pessoa têm-se: *Correio da Paraíba, A Página, Jornal da Paraíba e o União*. Mas existem diversos jornais *on-line* bem como *blogs* de jornalismo.

Quando o assunto é telefonia móvel, a região é coberta pelas empresas Oi, TIM, Vivo e Claro, que também atuam na telefonia fixa ao lado de outras duas companhias. João Pessoa foi uma das primeiras grandes cidades do nordeste a contar com um serviço de cobertura *Wi-Fi* gratuito em vários pontos de seu território, em especial na orla. Isso lhe rendeu o apelido de "Jampa digital" e, atualmente, é possível afirmar que cerca de 90% do território de João Pessoa está inserido nesse projeto...

No âmbito **esportivo**, assim como acontece em outras cidades do Brasil, o esporte mais apreciado é o **futebol**. Entre os clubes profissionais da cidade destacam-se:

- **Botafogo Futebol Clube** – Fundado em 28 de setembro de 1931, ele é o maior vencedor do Campeonato Paraibano, com 30 títulos, além do único time do Estado, a conquistar a Série D, em 2013. Entre os torcedores a equipe é conhecida como o **"belo"**, e tem como mascote um xerife. Suas cores são o preto e o branco e, em 2020, o time disputou a Série C do Campeonato Brasileiro.

- **Auto Esporte Clube** – Fundado em 7 de setembro de 1936, ele é conhecido como **"clube do povo"** e detém seis títulos estaduais. Seu mascote é um macaco e suas cores são o vermelho e o branco. Atualmente a equipe disputa a 1ª divisão do Campeonato Paraibano.

- **Centro Sportivo Paraibano** – Tem como mascote o **tigre**, e seu único título foi obtido na 2ª divisão do Campeonato Paraibano, em 2010. Suas cores são o azul e o branco. A equipe disputou em 2019 a 1ª divisão do Campeonato Paraibano.

- **Femar Futebol Clube** – Essa equipe foi fundada em 2008 e é chamada pelos seus fãs de **"águia pessoense"**. Seu uniforme utiliza as cores azul-celeste, preto e vermelho e, eventualmente, a equipe disputa a 2ª divisão do Campeonato Paraibano.

- **Spartax João Pessoa Futebol Clube** – A equipe foi fundada em 2011, e seus torcedores chamam os jogadores do time de **"guerreiros valentes"**. O uniforme ostenta as cores branco, vermelho e amarelo-ouro. A equipe eventualmente disputa a 2ª divisão do Campeonato Paraibano.

Vale lembrar que em João Pessoa já existiram ainda o Esporte Clube Cabo Branco, o Clube Astréa e o Estrela do Mar Esporte Clube, sendo que os dois primeiros encerraram suas atividades na década de 1940, e o último em 2000.

O maior é mais importante estádio de João Pessoa é o José Américo de Almeida Filho (o "Almeidão"). Ele está localizado no bairro do Cristo Redentor, sendo a casa do Botafogo Futebol Clube e do Auto Esporte Clube. Foi inaugurado em 9 de março de 1975 e tem capacidade para 25.770 espectadores. Outros estádios importantes são o Leonardo Vinagre da Silveira (conhecido como "estádio da Graça"), no bairro Cruz das Armas; o Evandro Lélis ("Mangabeirão"), em Mangabeira e o Centro de Treinamento Ivan Tomaz (o "Tomazão"), no Valentina Figueiredo. Há também um campo de futebol na Vila Olímpica Parahiba, local do antigo estádio olímpico José Américo de Almeida.

Para os pessoenses que desejam praticar esportes de forma descontraída, existe a possibilidade de frequentarem vários clubes recreativos, voltados especificamente para o **lazer**. Esse é o caso do Esporte Clube Cabo Branco, do Clube dos Oficiais da Polícia Militar e dos Bombeiros do Estado da Paraíba, da Vila Olímpica Parahyba, da Vila Olímpica Ivan Tomaz, do Centro Hípico da Paraíba, do Centro de Turismo e Lazer do Sesc Cabo Branco, da Associação do Pessoal da Caixa Econômica Federal, do Sesc Gravatá e do Aeroclube da Paraíba.

Uma curiosidade é a presença em João Pessoa de uma excelente equipe de futebol norte-americano. Trata-se do João Pessoa Espectros, que foi fundado em 2007 e logo se transformou numa potência do futebol norte-americano no nordeste, sendo heptacampeão nordestino. Seu prestígio nacional cresceu após ter conquistado o campeonato brasileiro da modalidade em 2015, depois de ter disputado as finais nos dois anos anteriores. Ele voltou a ganhar o troféu de campeão brasileiro de futebol norte-americano ao vencer o Timbó Rex por 45 a 21 na cidade de Blumenau em 14 de dezembro de 2019.

Finalmente, existem diversos ginásios poliesportivos em João Pessoa, onde se pode jogar futebol de salão, basquete, voleibol, handebol e praticar outros esportes. Entre os locais mais completos estão os ginásios poliesportivos Odilon Ribeiro Coutinho e Ronaldo Cunha Lima (o "Ronaldão"), e as instalações mais modestas, como aquelas da UFPB, da UNIPÊ, do Colégio Marista Pio X, da Vila Olímpica Parahyba e de Hermes Taurino.

No que concerne ao **turismo**, João Pessoa emergiu como um demandado destino no nordeste do País, em especial nessa última década. A conquista de um espaço significativo no disputado *ranking* turístico brasileiro fez com que a prefeitura da cidade investisse bastante na qualidade de vida na cidade, com o intuito de criar um diferencial e tornar isso um grande atrativo para o visitante. Neste sentido, a prefeitura implementou vários programas para garantir o bem-estar não apenas para os turistas, mas também para seus moradores!!!

Além disso, procurou-se também cuidar melhor dos diversos pontos turísticos já existentes, para que o acesso a eles fosse conservado e os próprios locais se mantivessem em melhor estado. É por isso que atualmente é possível para os turistas visitarem a Casa da Pólvora, o Casarão 34 e o Casarão dos Azulejos. As pessoas também vão às fontes do Tambiá, localizada no parque Arruda Câmara, e a de Santo Antônio, localizada no conjunto São Francisco. Os turistas também já podem fazer belas fotos tendo como pano de fundo os coretos das praças Venâncio Neiva e da Independência, ou nas balaustradas da praça Aristides Lobo, na avenida João de Mato. Outras opções para os turistas são percorrer os palácios da Redenção e o Episcopal (da arquidiocese da Paraíba); a fábrica de vinho de caju Tito Silva & Cia (tombada pelo IPHAN), além de outros lugares bem conservados.

Além dos já mencionados, João Pessoa possui diversos espaços que abrigam centros culturais, destacando-se entre eles:

- Espaço Cultural José Lins do Rego.
- Espaço e Centro de Cultura Zarinha.
- Espaço Cultural UNIPÊ.
- Estação Cabo Branco de Ciência, Cultura e Arte.
- Casa de Musicultura.
- Imaginária Criativa.
- Centro Cultural de Mangabeira.
- Sala de Concertos Maestro José Siqueira, que fica no Espaço José Lins do Rego.
- Sala de Concertos Maestro Radegundis Feitosa, na UFPB.

É importante destacar que em João Pessoa há mais de uma dezena de teatros, nos quais, entre outras coisas, as pessoas têm a oportunidade de entrar em contato com as artes cênicas. Entre esse teatros destacam-se: Santa Rosa; Pedra do Reino (localizado no centro de convenções); Lima Penante; Ednaldo do Egypto; Celso Furtado (no Tribunal de Contas); Ariano Suassuna (no Colégio Marista Pio X); Cidade Vida; Piollin; TV Master; do Sesi; da Estação Ciência, da Sala de Cultura (dentro do *shopping center* Sul), e Paulo Pontes (no Espaço Cultural José Lins do Rego).

Há também diversos locais em João Pessoa em que moradores e visitantes podem apreciar as **artes visuais**. Esse é o caso dos seguintes museus: Fotográfico Walfrêdo Rodrigues; José Lins do Rego; da Terra e do Homem (na UNIPÊ); Cultural do Centro São Francisco; da Estação-Ciência e aquele da Casa José Américo de Almeida.

Mas além desses locais há também o Arquivo Histórico do Estado da Paraíba; a Pinacoteca da UFPB; o Museu e Cripta do Presidente Epitácio Pessoa, no subsolo do palácio da Justiça; a Casa do Artista Popular; o Espaço Energisa; o Arquivo dos Governadores e o memorial de João Pessoa que está nos jardins do palácio da Redenção. Na cidade existem ainda algumas galerias de arte e até um núcleo de arte contemporânea.

No que se refere aos "**tesouros**" históricos de João Pessoa, não se pode esquecer dos monumentos existentes na capital paraibana. Esse é o caso do que foi erguido em homenagem a Tamandaré, ao Augusto dos Anjos e a Livardo Alves, bem como o Obelisco da cidade, localizado na praça da Independência.

Quando o assunto é **entretenimento**, na 13ª edição do *Fest Aruanda de Audiovisual Brasileiro*, que aconteceu em João Pessoa no período de 6 a 12 de dezembro de 2018, notou-se o surgimento de um novo cinema da Paraíba, bastante ousado e criativo. Isso se aplica especialmente à programação do evento, intitulada *Sob o Céu Nordestino*. A edição em questão foi preenchida integralmente por longas-metragens paraibanos, a saber: *Beira de Estrada*, de Eliézer Rolim; *Estrangeiro*, de Edson Lemos Akatoy; *O Seu Amor de Volta (Mesmo que Ela Não Queira)*, de Bertrand Lira; *Rebento*, de André Morais; *Sol Alegria*, de Tavinho Teixeira, e *Ambiente Familiar*, de Torquato Joel.

Além disso, houve um fato marcante nesse evento, ou seja, a presença de filmes de curta e média metragens advindos dos cursos de cinema da UFPB. Um deles (*Estrangeiro*) inclusive já tinha circulado em mostras de cinco países. Foi muito bom observar esse *boom* do cinema paraibano, depois da evolução que tem sido observada também nos próprios cineastas pernambucanos, mineiros e cearenses. Em 2019, de 28 de novembro a 4 de dezembro, ocorreu a 14ª edição do *Fest Aruanda*, tendo sido um grande sucesso.

No que se refere a **música**, um fato de destaque foi o incrível sucesso da plataforma nacional e gratuita de música, **Sua Música**, responsável pelo lançamento de muitos *hits* do último verão. Ela inclusive ficou à frente de concorrentes poderosos, como Spotify, Deezer e Tidal. O Sua Música surgiu em 2011, em formato de *blog*, com conteúdo cedido por artistas que entendiam o que fazia bombar as caixas de som, embora fossem até o momento desconhecidos (entre eles um moço de olhos verdes e cabelos compridos, chamado Wesley Safadão).

Sem investimento, o paraibano Éder Rocha Bezerra, coordenava o *site* de sua casa, com a ajuda de mais dois amigos. Era apenas um passatempo, mas que possibilita reunir em apenas um dia 80 mil usuários!!! Hoje o Sua Música conta com mais de 1,1 milhão de acessos únicos por dia, sendo um dos 60 aplicativos mais baixados no País. A diferença entre o Sua Música e as demais plataformas é que nela não existem planos de assinatura nem repasse de direitos autorais. O objetivo dela é viralizar as canções. Foi assim, aliás, que, em 2017, a canção *Amor Falso*, a grande aposta do cantor e compositor Aldair Brito da Silva – mais conhecido hoje como Aldair *Playboy*, natural de João Pessoa –, se tornou uma das mais tocadas em 2018, após ser disponibilizada na plataforma Sua Música.

O sucesso alcançado por Sua Música – uma conquista 100% nacional – se deu graças ao seu catálogo, dedicado quase que exclusivamente aos ritmos que fazem a cabeça na região, ou seja, o **batidão romântico** da Paraíba, a **arrochadeira** (ou **swingueira**, para alguns) da Bahia ou o **forró** do Ceará. O paraibano Éder Rocha Bezerra já vendeu o Sua Música para os sócios e foi atrás do seu próprios sonho: **empresariar bandas de forró!!!**

E, falando em música popular brasileira, os pessoenses – assim como o restante do Brasil – ficaram bastante entristecidos com o acidente de avião ocorrido em 27 de maio de 2019, no povoado de Porto do Mato, em Sergipe. Nele faleceram três pessoas, entre elas o cantor Gabriel Diniz (o GD), de 28 anos. Apesar de ter nascido em Campo Grande, GD morou em João Pessoa desde sua adolescência e sempre sonhou em alcançar sucesso com a música. Ainda na escola, ele formou uma banda que inclusive alcançou certo sucesso entre a juventude local.

Entre 2010 e 2011, enquanto cursava engenharia elétrica na faculdade, José Gabriel de Souza Diniz começou a cantar nas bandas Forró na Farra e Cavaleiros do Forró. Então, em 2015, GD conseguiu lançar seu primeiro *single*: *Tá online, tá solteira*. Daí em diante ele interpretou outras canções nas quais investiu na irreverência para tratar dos relacionamentos contemporâneos, como se nota no seu primeiro *CD* e no álbum *GD Verão*, lançado em 2016.

O cantor fez diversas parcerias com Cristiano Araújo (que faleceu em 2015, num acidente de automóvel em Goiás), Gusttavo Lima, Leo Santana, Jorge e Mateus e Wesley Safadão, este último com a canção *Acabou, acabou*.

Em 2017, ele já havia alcançado bastante sucesso à frente do forró eletrônico, e embalava os **paredões** nordestinos (festas de rua com potentes equipamentos de som) com seu **forrónejo** bem-humorado.

Em 2019 surgiu seu maior sucesso, *Jenifer*, que superou as 70 milhões de audições no Spotify, e alcançou mais de 220 milhões de visualizações no YouTube. Composta por um grupo de oito compositores sertanejos conhecidos como Big Johws, a canção *Jenifer* trata de um história banal, de alguém que explica com quem está saindo para uma ex-namorada ciumenta, dizendo: *"O nome dela é Jenifer / Eu encontrei ela no Tinder / Não é minha namorada, mas poderia ser."*

GD foi muito popular não só em João Pessoa, mas em toda a Paraíba. Por isso, em abril de 2019, foi outorgado a ele o título de **cidadão paraibano** pela Assembleia Legislativa da Paraíba. O corpo do cantor foi velado no ginásio de esportes Ronaldão, no bairro Cristo Redentor, ao qual compareceram dezenas de milhares de fãs para prestar-lhe a última homenagem...

No âmbito da criatividade, vale lembrar que em 31 de outubro de 2017 a Unesco outorgou a João Pessoa o título de **cidade criativa**, na categoria **artesanato** e **arte popular** (*"craft and folk art"*), o que a tornou a única cidade brasileira da RCC reconhecida nessa categoria. Aliás, um fato indiscutível sobre João Pessoa é que nesses últimos anos a capital paraibana tem se consolidado como um **modelo em gestão criativa**. Nela foi criado o Celeiro Espaço Criativo, um espaço de exposição e comercialização do artesanato paraibano. Também foi implantado o programa Anima Centro, através do qual ocorreu a ocupação cultural do centro histórico, que contemplou seis polos distintos: o parque da Lagoa, a praça da Independência, o hotel Globo, a Casa da Pólvora, o Centro Cultural Pavilhão do Chá e o *Casarão 34*.

O objetivo desse programa foi o de fortalecer atividades bastante concorridas, como o Sabadinho Bom, por exemplo. Tal iniciativa deu mais vida a um conjunto de espaços históricos que foram resgatados e revitalizados na região onde a cidade nasceu. Além disso, realizou-se no início de 2018 em João Pessoa o 1º Encontro de Cidades Criativas da Unesco no Brasil (eram oito na época) e, em novembro de 2019 aconteceu a Feira Internacional da EC. Com todos esses eventos, tudo indica que a **visitabilidade** à João Pessoa irá aumentar daqui para frente, cada vez mais.

Aliás, o prefeito Luciano Cartaxo, que se envolveu bastante no projeto para tornar João Pessoa uma cidade criativa, afirmou: "Foi muito gratificante para a gente ver João Pessoa ser incluída pela Unesco na seleta lista RCC.

Sempre acreditei na criatividade e no talento dos artistas paraibanos. Essa confiança no artesanato produzido na capital paraibana foi o pontapé inicial para que a prefeitura pudesse desenvolver uma política eficaz de incentivo a estes profissionais e implementar outras ações voltadas para a EC.

Isso se evidencia no programa João Pessoa Artesã, que é coordenado por minha esposa, Maísa Cartaxo, com o qual se percebe claramente de que maneira a criatividade tem sido um fator determinante para o desenvolvimento local. Num outro projeto, denominado Sereias da Penha, também se comprovou a importância do artesanato pessoense. Nele, donas de casa da praia da Penha, conseguiram transformar escamas de peixe em artesanato e essa criatividade possibilitou a geração de renda. Pouco a pouco elas viram as peças que produziram se tornarem itens em coleções importantes, com a assinatura do renomado estilista Ronaldo Fraga, que participou ativamente da capacitação dessas artesãs.

Hoje em dia as 'sereias da Penha' possuem uma loja própria, na qual vendem suas peças (colares, brincos, anéis e itens para decoração). Por outro lado, o título de cidade criativa, além de tornar João Pessoa mais encantadora, também a fez mais atraente. E é cada vez maior o número de trabalhos de artistas e artesãos paraibanos que chega ao Celeiro Espaço Criativo, no qual se pode estocar de forma eficiente a rica produção artesanal local."

No quesito **gastronomia**, quem visita João Pessoa fica admirado com a quantidade de excelentes restaurantes que existem na cidade, em especial aqueles que se concentram nos frutos do mar. Aí vão algumas sugestões de locais onde se pode comer de forma inesquecível – o que, aliás, faz com que o visitante queira retornar à cidade:

- *Cozinha Roccia* – Serve pratos da alta gastronomia, contemporâneos e com sabores internacionais, além de vinhos e drinques, tudo em um ambiente moderno e refinado, mas com preços acessíveis. Para muitos dos que já visitaram João Pessoa é o **melhor restaurante da cidade**. Ele é comandado pelo *chef* paraibano Onildo Rocha, e as especialidades são a carne curada com mil folhas de macaxeira e a *fondue* de queijos nordestinos, com picles de macaxeira.
- *Estaleiro* – Esse restaurante oferece culinária regional, com diferentes pescados e carnes. O ambiente praiano é acolhedor, e o atendimento é muito bom. A especialidade da casa é a peixada paraibana, considerada excelente.

- *Olho de Lula* – Serve comida boa, com ótimas opções de peixes assados. Sua carta de vinhos é razoável. Embora o preço seja relativamente alto, os pratos são executados de maneira primorosa, com ingredientes de alta qualidade. O churrasco de peixe é maravilhoso!
- *Nau Frutos do Mar* – Oferece uma culinária contemporânea, composta de frutos do mar, carnes e sobremesas. O ambiente é requintado, ostentando um ar intimista. Uma boa pedida é a entrada de polvo, seguida de um risoto de camarão.
- *The W* – Restaurante bem moderno, localizado na orla marítima. Serve pratos de gastronomia internacional, incluindo frutos do mar, carnes e massas.
- *Canoa dos Camarões* – Especializado em porções e pratos com frutos do mar e peixes, que podem ser acompanhados por cervejas e outros drinques. O clima é descontraído e o local conta com música ao vivo. Uma opção excelente é o peixe assado com purê de batatas e arroz branco, além, obviamente, do imperdível rodízio de camarão.
- *Gulliver* – Em seu menu *à la carte*, o destaque é para os pratos com frutos do mar, e a casa também serve bons vinhos para acompanhá-los. O ambiente é bem elegante, com uma decoração sóbria. Uma boa pedida é o filé de peixe com crosta de amêndoas e alho-poró, acompanhado de purê de mandioquinha. Sem dúvida é um dos melhores restaurantes de João Pessoa.
- *Pontal do Cabo* – É um restaurante com vista para o mar e num lugar lindo. O ambiente é agradável e conta com música ao vivo. A comida é deliciosa! Entre suas especialidades estão os bolinhos, os espetinhos de camarão, as moquecas etc., tudo servido num espaço rústico e descontraído.
- *Casa do Bacalhau* – Trata-se de um restaurante português, com destaque para os diversos preparos do bacalhau, embora também sirva o famoso pastel de Belém e outras iguarias lusitanas. As garçonetes se vestem a caráter e o clima é muito aconchegante.
- *Famiglia Muccini* – Esse é um restaurante italiano especializado em pratos clássicos, com diversas massas e molhos. Apresenta uma boa mesa de frios, e suas *pizzas* fazem sucesso, pois são finas e deliciosas. Serve também ótimas sobremesas e bebidas, sendo que a carta de vinhos é ampla. O ambiente é aconchegante e o clima familiar.

- *Divina Itália* – Restaurante italiano descolado. Serve pratos artesanais, como *pizzas* e massas com frutos do mar, além de sobremesas finas. Quem frequenta esse estabelecimento, além de degustar boa comida, passa por momentos muito agradáveis, inclusive pela atenção dada aos clientes pelo proprietário e pelo *chef* da casa.
- *Mangai* – Trata-se de um restaurante intimista, especializado em pratos da gastronomia brasileira, porém repaginados e feitos de forma criativa. O menu é bem diversificado e inclui ótimas opções, como cuscuz, tapiocas, canjicas e bolos. Uma reclamação, entretanto, diz respeito aos preços cobrados no sistema *self-service*.
- *Golfinho* – Esse bar e restaurante serve pratos típicos e variados da cozinha regional, sendo sua especialidade os pratos e petiscos preparados com frutos do mar. O local é bem descontraído e fica de frente para a praia.
- *Le Víssimo* – Nele servem-se desde massas rusticas, crepes, grelhados até pratos mais *light*, como saladas e sucos naturais. A comida é sempre deliciosa e nutritiva, e cada prato do menu vem acompanhado com o número dos macronutrientes.
- *Sal e Brasa* – Esse restaurante serve um ótimo rodízio de carnes assadas, além de *buffet* de saladas, massas, frutos do mar e *sushis*. O ambiente é bem familiar e o atendimento é ótimo.
- *Tábua de Carne* – Restaurante com ambiente familiar. Serve especialidades regionais *à la carte*, lanches caseiros e guarnições. Entre as opções destaca-se o feijão verde preparado na manteiga da terra, acompanhado de farofa de água, pirão de queijo, arroz de leite etc. Para sobremesa, uma ótima pedida é o *petit gateau* de rapadura, servido com sorvete de tapioca – uma exclusividade da casa que vale a pena ser provada.
- *Crustáceos Delivery e Conveniência* – Restaurante informal especializado em pratos típicos do nordeste. Seu menu inclui carne de sol, camarões e peixes. O local é informal e conta também com uma lojinha.
- *Cannelle* – Na verdade é um misto de restaurante, conveniência e padaria. O ambiente é bem agradável e os funcionários são atenciosos e educados. A comida é excelente, com destaque para o molho de mostarda e o queijo de coalho com mel de engenho, ambos imperdíveis.

Naturalmente, há outros locais em João Pessoa onde o visitante poderá fazer boas refeições, mas com essa lista já dá para perceber que a capital paraibana não deixa nada a desejar no campo da gastronomia, não é mesmo?

E fora os restaurantes, o que também não falta em João Pessoa são bons hotéis para acomodar bem os visitantes. O maior destaque vai para o Tropical Hotel Tambaú, classificado como **5 estrelas**. Ele ocupa um prédio com arquitetura moderna e dispõe de quartos e suítes modernos, de frente para o mar. Fica a 7 km do Parque Zoológico e Botânico Arruda Câmara. Nele o hóspede dispõe de uma piscina, *spa* e redes para relaxar. O café da manhã e o *Wi-Fi* são oferecidos gratuitamente.

E aí vai uma expressiva relação de confortáveis hotéis classificados como quatro estrelas:

- **Intercity** – Hotel litorâneo, com quartos e suítes refinados, piscina externa, lanchonete e restaurante descontraído. Fica de frente para a praia de Manaíra, a 8 km da catedral Basílica de Nossa Senhora das Neves, e a 9 km do farol do Cabo Branco. Oferece gratuitamente *Wi-Fi* e café da manhã.
- **Littoral** – Ocupa um edifício moderno à beira mar, com vista para a praia de Tambaú. Seus quartos são simples. O hotel possui restaurante, bar no terraço e piscinas externa e interna. Café da manhã e *Wi-Fi* são oferecidos de forma gratuita.
- **Verdegreen** – Hotel contemporâneo, com quartos e suítes refinados, elementos de arte moderna, jardim na cobertura, restaurante-bar etc. Oferece gratuitamente *Wi-Fi*, estacionamento e café da manhã (bem variado, diga-se de passagem, e com uma tapioca espetacular).
- **Village Premium** – Hotel com quartos bem sofisticados, restaurante, piscina externa e academia. Oferece gratuitamente o *Wi-Fi* e o café da manhã. Está localizado a 7 min de caminhada da praia de Manaíra, a 6 min do busto de Tamandaré e a 11 min da praia de Tambaú.
- **Nord** – Na verdade são três hotéis, o primeiro localizado no bairro de Cabo Branco (o Luxxor) e o outros dois em Tambaú (o Class e o Luxxor). Ambos oferecem quartos modernos, piscina externa e restaurante refinado. Estacionamento, *Wi-Fi* e café da manhã são oferecidos gratuitamente.
- **Laguna Praia** – O seu prédio é moderno e possui quartos simples, academia e piscina na cobertura, além de restaurante que serve

refeições casuais. Fica de frente para a praia de Tambaú, a 9 km do Centro Cultural São Francisco. Oferece gratuitamente *Wi-Fi*, estacionamento e café da manhã.

→ **Cabo Branco Atlântico** – Trata-se de um hotel moderno com vista para o mar. Dispõe de restaurante, piscina e *spa*, e oferece gratuitamente aos hóspedes estacionamento, *Wi-Fi* e café da manhã.

→ **Caiçara** – Hotel sofisticado e com estilo moderno, com vista para o mar. Dispõe de quartos bem arejados e restaurante com terraço da cobertura. Está localizado a 5 min de oceano Atlântico e a 10 min a pé da vida noturna, dos restaurantes e das compras na praia de Tambaú. Oferece gratuitamente *Wi-Fi*, estacionamento e café da manhã

Já para os visitantes que veem o hotel apenas como um lugar para dormir, recarregar as baterias e se preparar para um dia seguinte repleto de diversão e aventura, existem na cidade diversos locais para se hospedar classificados como 3 estrelas, cujos preços são bem menores em comparação ao dos hotéis mencionados anteriormente:

→ **Xenius** – Esse hotel ocupa um edifício moderno, em estilo *art déco* contemporâneo. Possui suítes casuais e com varanda, dois restaurantes, uma lanchonete e piscina na cobertura. Está localizado a **um minuto** de caminhada da praia de Cabo Branco, a 6 km do farol de Cabo Branco e a 7 km da estação ferroviária de Mandacaru. Oferece gratuitamente *Wi-Fi*, estacionamento e café da manhã.

→ **Corais de Tambaú** – Hotel tranquilo, com quartos mobiliados de forma simples, piscina na cobertura e vista panorâmica para a praia. Aliás, por estar na orla, permite ao hóspede fazer boas caminhadas e frequentar a feirinha de gastronomia e artesanato, localizada nas proximidades. Todavia, ele fica a 22 km do aeroporto internacional Presidente Castro Pinto. Nele estacionamento, *Wi-Fi* e café da manhã não são cobrados.

→ **Costa do Atlântico** – Este hotel está entre os 10% mais bem classificados nessa categoria. O prédio dispõe de quartos simples, mas tranquilos, e piscina com espreguiçadeiras na cobertura. Fica de frente para a praia do Tambaú, e a 6 min a pé da feirinha de artesanato do bairro. Oferece gratuitamente aos hóspedes um café da manhã bem servido.

- **Atlântico Praia** – É um hotel moderno e discreto a 8 min a pé da estátua de Tamandaré. Nele, o hóspede tem a disposição um restaurante refinado e piscina.
- **Ibis** – Hotel econômico e simples, com quartos despojados e com vista para o mar. Dispõe de um bar que funciona 24 h. O prédio fica de frente para a praia de Cabo Branco, a 2 km do farol do Cabo Branco e a 9 km das exposições de artesanato do Museu Casa do Artista Popular. Ele permite a presença de animais e oferece gratuitamente aos hóspedes *Wi-Fi*, estacionamento e café da manhã.
- **Val Atlantic** – Esse hotel dispõe de boas acomodações, excelente serviço de quarto e piscina externa. Como diferencial, ele disponibiliza cadeiras, toalhas e até guarda-sol para que os hóspedes possam levá-los para a praia. Oferece *Wi-Fi*, estacionamento e café da manhã gratuitamente.
- **Village *Confort*** – Trata-se de um hotel refinado e com vista para o oceano Atlântico. Dispõe de piscina na cobertura e banheira de hidromassagem. Está localizado a 3 min a pé da praia de Manaíra. Oferece um ótimo serviço, com café da manhã gratuito.
- **Hardman Praia** – Esse prédio, de frente para a praia de Manaíra, possui quartos modernos, restaurante, bar e piscina. Está localizado a 9 min a pé da praça Alcides Carneiro. Oferece gratuitamente aos hóspedes os serviços de *Wi-Fi*, estacionamento e café da manhã.
- **Bessa *Beach*** – Este é um hotel arejado, com piscina externa, restaurante e bar. Oferece café da manhã, *Wi-Fi* e estacionamento gratuitamente.
- **Littoral Tambaú *Flat*** – Hotel descontraído e quartos simples, alguns deles com vista para o mar. Também dispõe de restaurante, piscina e sauna. Os serviços de *Wi-Fi*, estacionamento e café da manhã são gratuitos.

Bem, o visitante pode até optar por hospedar-se em outros hotéis, mas o sugeridos aqui já representam um bom começo, **não é?**

Infelizmente houve grande propagação da *Covid-19* em algumas cidades do RMJP (em especial em João Pessoa) e por isso elas foram submetidas a um rígido isolamento social de 1º a 14 de junho de 2020, isso porque a ocupação dos leitos de UTI chegou aos alarmantes 91%. No dia 16 de junho de 2020, João Pessoa contabilizou 234 mortes pela *Covid-19*.

Joinville

SHUTTERSTOCK - CRISTIAN FELDES

O portal pelo qual passa o visitante ao chegar por rodovia à cidade de Joinville.

PREÂMBULO

Um dos mais importantes eventos de Joinville é o *Festival de Dança de Joinville*. E para se ter uma ideia de sua grandiosidade, basta verificar o que aconteceu em sua 35ª edição, realizada entre os dias 18 e 29 de julho de 2017. O evento foi aberto com a apresentação do espetáculo *Cão sem Plumas*, da Cia. Deborah Colker, unindo poesia, cinema, música e dança.

A respeito do evento, a própria coreógrafa Deborah Colker comentou: "Transpor um poema de João Cabral de Melo Neto para movimentos no palco foi um dos maiores desafios da minha carreira. Quando decidi lidar com esse poema tomei vária surras. Como traduzo o rio? Como algo tão sólido como o corpo vai virar líquido? Como vou trazer a cidade, e que cidade é essa? Precisei desenvolver um processo longo e profundo."

No evento como um todo foram oferecidas 240h de espetáculos, sendo que 200 h de forma gratuita. Mais de 7.000 pessoas participaram do evento de alguma forma, seja como bailarinos e professores, ou como estudantes e convidados. Ao longo dos 12 dias do evento, foram 97 cursos – com mais de 3.000 inscritos – ministrados por 44 professores. Os temas abrangeram: Danças Urbanas, Preparação Física para Bailarinos, Teatro Musical e Mercado de Trabalho (com palestras do ator e diretor Miguel Falabella) etc. Isso custou a cada participante R$ 205,00.

O orçamento para o festival foi de apenas R$ 4,8 milhões (oriundos do governo e de patrocínio), o que fez com que os organizadores partissem para alternativas que permitissem torná-lo cada vez mais independente das verbas públicas. Neste sentido, inaugurou-se a Feira da Sapatilha, um espaço com 2.300 m² e 115 estandes, voltado especificamente para a comercialização de produtos para a dança. Juntamente com a venda dos ingressos, essa feira se tornou uma grande fonte de receita do festival.

Estima-se que nos 12 dias do evento ele tenha recebido um público de 4,5 milhões de pessoas, sendo que a grande maioria dessas pessoas eram de fora da cidade, o que movimentou intensamente a economia local. Por causa disso, muitos espaços ficaram lotados, em especial o Centreventos Cau Hansen, o Teatro Juarez Machado, o Centro de Convenções Alfredo Salfer e a Escola de Teatro Bolshoi do Brasil.

O Festival de Dança de Joinville se tornou um grande revelador de talentos!!!

A HISTÓRIA DE JOINVILLE

Joinville é um município catarinense que, em tamanho, supera a própria capital do Estado, Florianópolis, sendo a maior cidade do Estado de Santa Catarina. Segundo estimativas, no início de 2020 viviam aí cerca de 600 mil habitantes.

O município ocupa uma área de 1.126,1 km², e os seus municípios limítrofes são Araguari, Campo Alegre, Garuva, Guaramirim, Jaraguá do Sul, São Francisco do Sul e Schroeder. Joinville é a sede da Região Metropolitana do Norte/Nordeste Catarinense (RMNNC), cuja população em 2020 foi estimada em 1,45 milhão de pessoas.

O primeiro nome de Joinville foi Colônia Dona Francisca. Sua história iniciou-se quando a princesa Francisca de Bragança, irmã de Pedro II do Brasil, se casou em 1843 com o príncipe francês Francisco Fernando de Orléans, que, por conta disso, recebeu o título de **príncipe de Joinville**. Assim, o nome da cidade foi mudado para Joinville em homenagem ao príncipe que havia recebido aquelas terras como dote.

Em 1848, o casal negociou as terras, pelo menos em parte, com a Sociedade Colonizadora Hamburguesa, pois o pai de Francisco, Luis Filipe I, o então rei da França abdicou do trono naquele mesmo ano, deixando sua família em dificuldades financeiras.

Foi o empreendedorismo dos imigrantes alemães, suíços e noruegueses que construiu depois o crescimento da cidade, o que acabou transformando-a na **encantadora Joinville**, uma das mais importantes cidades do País. Bem antes disso, entretanto – ainda no século XVIII, quando os índios tupis-guaranis habitavam as cercanias de onde fica hoje a cidade de Joinville – as primeiras famílias a chegarem na região foram de portugueses.

Oriundas provavelmente da capitania de São Vicente (hoje o Estado de São Paulo), elas trouxeram consigo seus escravos negros. Uma vez aí, essas pessoas adquiriram lotes de terra (sesmarias) nas regiões de Cubatão, Bucarein, Boa Vista, Itaum e Morro do Amaral etc., e aí passaram a cultivar mandioca, cana-de-açúcar, arroz e milho, entre outros produtos.

Porém, Joinville realmente começou a evoluir quando o príncipe de Joinville e o senador Christian Mathias Schroeder – que ganhara de presente do príncipe uma grande quantidade das terras que pertenciam a ele e a sua esposa –, resolveram colonizar a região. A ideia era trazer imigrantes de países europeus e, para isso, eles contaram com a ajuda de muitas pessoas, entre as quais: Léonce Aubé, Jerônimo Francisco Coelho, João Otto, Ottokar Doerffel e Frederico Brustlein.

Assim, a partir de 1851 começaram a chegar os imigrantes (quase todos agricultores) que deram um grande impulso no desenvolvimento da região... Foi o navio *Colon* que trouxe para o Brasil os primeiros 191 imigrantes, a maioria de suíços, além de alemães e noruegueses.

De acordo com o historiador Apolinário Ternes, esse projeto iniciou-se um pouco antes da chegada do barco *Colon*, que partiu de Hamburgo em 1851. Em 1850, o vice-cônsul francês, Léonce Aubé, veio ao País acompanhado de duas famílias de trabalhadores braçais. Também estava com ele o engenheiro responsável pelas primeiras benfeitorias e demarcações do que viria a se tornar a nova colônia. Outro que o acompanhou na viagem foi o cozinheiro franco-suíço Louis Duvoisin, que já havia estado anteriormente no Brasil, em 1842, integrando a expedição de Benoît Jules Mure que visava instalar o Falanstério do Saí (uma comunidade de imigrantes).

O navio *Colon* chegou ao Brasil em 9 de março de 1851, e então a Colônia Dona Francisca (atual Joinville) foi fundada. Sua população foi reforçada com a posterior chegada do barca *Emma & Louise*, que transportou outros 114 imigrantes. Então, em 1852, decidiu-se que a Colônia passaria a se chamar Joinville, em homenagem ao príncipe Francisco Fernando de Orleans.

Na época, os responsáveis por administrar os bens do príncipe de Joinville foram alocados numa residência construída especificamente para essa função. O belo imóvel, cuja entrada contava com um espetacular caminho de palmeiras, se tornaria mais tarde o Museu Nacional de Imigração e Colonização. O caminho de palmeiras é até hoje um atrativo turístico na cidade.

Embora a **malária**, uma doença desconhecida na Europa, tenha sido a causa da morte de muitos dos imigrantes, o fluxo imigratório continuou. Assim, a despeito da gravidade da doença, novas levas de alemães desembarcaram na cidade, e Joinville progrediu muito por causa disso, sendo inclusive elevada à categoria de **freguesia** em 1858.

A criação do município ocorreu por meio da lei Nº 566, de 15 de março de 1866, com o nome de São Francisco Xavier de Joinville. Posteriormente ele foi reduzido para Joinville. A instalação do município aconteceu três anos mais tarde, em 1869.

No que se refere a **economia**, se nos primórdios de Joinville a **agricultura** predominava, a partir do início do século XX as indústrias começaram a ser instaladas no município. Atualmente, elas são mais de 400, e representam a principal atividade econômica da cidade.

Embora existam morros circundando o município – como a Serra Queimada, cujo pico fica a 1.325 m de altura –, as pequenas elevações registradas dentro da cidade ficam a uma certa distância do oceano Atlântico. A altitude média da sede é de 4,5 m em relação ao nível do mar, porém, na parte central a altitude é de **apenas** 4 cm (!?!?), o que faz com que em dias de maré muito alta a região seja afetada por **alagamentos**.

O centro de Joinville é cortado pelo rio Cachoeira, que desemboca na baia da Babitonga, uma das atrações naturais da região. Em sua maior parte, a cidade é bem plana e caracterizada por extensas áreas de manguezais. A vegetação ao redor da cidade e nos morros (em sua área urbana) é constituída por remanescentes da mata atlântica, sendo que a região próxima do rio Cachoeira está quase toda urbanizada.

O clima na cidade de Joinville é **subtropical**, entretanto, por causa de sua baixa altitude média, a temperatura média é mais elevada que no interior catarinense, em especial nas regiões do Estado com maior altitude. O mês mais quente é janeiro, quando a temperatura média gira em torno de 25ºC; o mês mais frio é julho, com uma média de 17ºC.

As precipitações são abundantes na cidade de Joinville, principalmente no verão, com o total anual chegando a 1.706 mm. Por conta disso, já ocorreram na cidade algumas grandes enchentes, destacando-se as de 2008 e 2011, ambas com graves consequências. A neve no município é uma ocorrência considerada bastante rara, porém, de acordo com a Empresa de Pesquisa Agropecuária e Extensão Rural de Santa Catarina, esse fenômeno foi registrado na cidade em 23 de julho de 2013.

No âmbito das **tradições**, em Joinville ainda é possível conviver com algumas de origem portuguesa, como o boi-de-mamão e o terno-de-reis. Ambas são consideradas manifestações autênticas e acontecem em diversos bairros do município, como Morro do Amaral, onde vivem muitos descendentes de portugueses. Vale lembrar que essa região pertencera ao município de São Francisco do Sul, e, portanto, já possuía moradores antes mesmo da fundação da cidade.

Uma curiosidade é que Joinville é a cidade de Santa Catarina com a maior população de afrodescendentes, ou seja, algo próximo de 18% de todos os moradores do município são da etnia negra. Essas pessoas migraram para lá principalmente a partir da década de 1960.

No decorrer do tempo, a cidade ganhou diversos títulos, dentre os quais estão o de "**Manchester catarinense**", "**cidade das flores**" e "**cidade das bicicletas**". Além disso, por causa do já mencionado *Festival de Dança de Joinville* – considerado por alguns o **maior festival de dança do mundo** –, e também por abrigar a Escola de Teatro Bolshoi – a única unidade no mundo fora da Rússia –, Joinville também é chamada de "**cidade da dança**".

Porém, a cidade recebeu também a classificação mais almejada que uma urbe poderia desejar: de ser **um excelente lugar para se viver**!!! O IDH de Joinville é bastante elevado, ou seja, de 0,809, numa escala de 0 a 1. Isso faz jus ao seu lema, que é "*Mea autem Brasiliae magnitudo*" ("A minha grandeza se identifica com a grandeza do Brasil"). Tudo isso faz com que ela sirva de inspiração para que muitas outras cidades se empenhem em alcançar índices parecidos, o mesmo *status* e, consequentemente, ajudem o País a ocupar a posição de destaque que lhe cabe no mundo.

Buscando um maior intercâmbio com o mundo, Joinville assinou acordos de cidade-irmã com as cidades de Joinville-le-Pont (na França), Schaffhausen (Suíça), Langehagen (na Alemanha), Spisska Nova Ves (na Eslováquia), Zhengshou (na China) e Chesapeake (nos EUA).

Sabe-se que o ensino superior exige cada vez mais intercâmbio de alunos, compartilhamento de conhecimentos e uma formação mais cosmopolita, todavia, as IESs de Joinville (assim como de quase todas as outras cidades do Brasil) ainda não conseguiram implementar eficientes **programas de internacionalização**.

Em 2020, os estudantes estrangeiros representavam menos de 1% do total do corpo discente dos cursos de graduação e pós-graduação em nossas universidades federais. Até mesmo nas importantes universidades públicas paulistas – as que mais têm conseguido atrair alunos de fora por meio de programas de intercâmbio – esse percentual girava em torno de 3,5%. E vale lembrar que a maioria dos alunos estrangeiros vêm de países da própria América Latina (Bolívia, Chile, Colômbia, Peru, Argentina, México etc.) e da África (Angola).

A **globalização** é necessária e, neste sentido, o Brasil precisa "**aprender**" com os países da Europa, Ásia, Oceania e América do Norte! Nos programas de intercâmbio sempre são estabelecidas condições interessantes para ambos os lados. Uma delas é a **reciprocidade**, que permite que alunos brasileiros – nesse caso, os joinvilenses – viagem a outros países, conheçam sua cultura, adquiram certa proficiência no idioma e, principalmente, assimilem o que cada uma dessas nações faz de melhor nas mais diversas áreas, em especial para garantir uma boa qualidade de vida para seus habitantes.

O motivo principal para recebermos tão poucos alunos de fora em nossas universidades é simples. As IESs brasileiras oferecem poucas disciplinas lecionadas na língua universal no planeta: o **inglês**. A necessidade de aprender o **português** para compreender as aulas ministradas desestimula (e muito...) a vinda de estudantes de outros países.

Porém, o idioma não é tudo. Para que sejam atraentes para alunos de fora, não se pode deixar de lado a excelência do ensino. Lamentavelmente, entretanto, no *ranking* sobre qualidade do ensino superior elaborado pela Quacquarelli Symond, a única IES brasileira que aparece entre as 200 melhores do mundo é a USP (em 118º lugar em 2019). Já no *ranking* da consultoria Times Higher Education, não há nenhuma IES brasileira entre as primeiras 250!?!?

Aí, portanto, estão duas grandes tarefas para o País: 1ª: **erradicar** o **analfabetismo**; e 2ª **melhorar** substancialmente a **educação** em todos os níveis, desde o ensino infantil até o superior, passando pelo fundamental e médio.

Está mais do que na hora de revertermos esse quadro em nosso País, inspirando-se principalmente no que já foi feito em países de língua inglesa. Vale ressaltar que os EUA, o Canadá, o Reino Unido, a Austrália e a Nova Zelândia conseguiram incrementar bastante seus PIBs com a vinda de centenas de milhares de alunos estrangeiros para suas IESs.

E por falar em PIB, estima-se que no final de 2019 o de Joinville – que depende muito do setor secundário – tenha chegado a R$ 29 bilhões. A abastada classe industrial da região criou logo no início do século XX a Associação Comercial e Industrial de Joinville (atual Associação Empresarial de Joinville). Atualmente, na RMNNC é que se produz cerca de **28%** do PIB total do Estado de Santa Catarina.

Joinville é cortada por várias rodovias e uma linha férrea. Essa malha rodoviária e a ferrovia contribuíram muito para que a RMNNC se tornasse o 3º maior polo industrial da região sul do País. E a atividade industrial continua com grande relevância na cidade, embora nessas últimas três décadas tenha havido um progressivo crescimento do setor terciário, em especial no centro da cidade. A importância do setor secundário se dá por conta da presença de grandes conglomerados dos setores metal-mecânico – lembrando que Joinville é o **maior polo metalúrgico do Brasil** –, químico, plástico, têxtil e de **desenvolvimento de** *softwares*. Aliás, Joinville se tornou também um grande polo dessa tecnologia.

Encontram-se instaladas em Joinville empresas como Cipla, Buschle & Lepper, Amanco (antiga Akros), Schulz S.A., Franklin Electric (Schneider), Neogrid, Docol, Döhler, Embraco, Ciser, Lepper, Tigre, Krona, Totvs, Britânia, Ka Vo Dental, Krona, General Motors, Whirlpool, Wetzel, Laboratório Catarinense, Siemens, Tupy – a maior metalúrgica no mundo –, entre outras.

Muitas dessas empresas têm histórias incríveis, como é o caso da Docol. Foram os irmãos Edmundo e Egon Doubrawa e Amandus Colia, que batizaram a companhia com a junção das letras iniciais de seus sobrenomes. Juntos, em 1956, em Joinville, eles abriram uma tornearia e oficina de consertos gerais. Em seguida, passaram a desenvolver artigos dentários e perceberam desde o início que o *design*, a qualidade e a precisão eram fundamentais no setor industrial.

Em 1958, a Docol começou a fabricar válvulas de sucção. Com o sucesso do produto, incorporou novos itens à linha de produção: torneiras e registros de gaveta. Foi em 1973 que a Docol desenvolveu a **primeira válvula de descarga nacional sem o golpe de aríete** (um fechamento brusco de fluxo de água que danifica a tubulação).

Ainda em 1976, em parceria com uma empresa alemã, a Docol desenvolveu **uma válvula com garantia de dez anos** (!!!), fato inédito no mercado. Em 1980 ocorreu a associação da Docol com a empresa argentina FVSA, e aí ela passou a produzir peças com ouro e torneiras com cartucho cerâmico, o que garantia alta resistência. Também lançou a **linha Valentino**, assinada pelo estilista italiano Valentino. A Docol foi a **primeira** empresa brasileira a produzir metais de alto padrão.

Em 1986 a empresa desenvolveu **acessórios para banheiros** e em 1989 inaugurou no distrito industrial de Pirabeiraba, localizado em Joinville, seu novo parque fabril, depois de três anos de processo de transferência. Em 1991, aconteceu o lançamento da **linha Docol Matic**, composta por chuveiros, torneiras, mictórios e registros reguladores de vazão. Com fechamento automático, essas peças tinham como diferenciais a higiene e a economia de água de até 77% em relação às torneiras comuns. No ano de 1993, a grande novidade foi o lançamento dos **metais sanitários antivandalismo** e da **torneira com acionamento restrito**.

Sempre voltada para a inovação e modernização de seu parque industrial, em 1996 a empresa instalou a galvanização automatizada, como o que reduziu substancialmente o uso de água no processo produtivo. Tendo alcançado excelente desempenho na sua produção, a empresa recebeu em 1997 o certificado de conformidade com a norma NBR ISO 9002 para a fabricação de válvulas de descarga, concedido pela empresa de consultoria alemã BRTÜV.

Em 1998, nasceu a Docol Metais Sanitários, um resultado da união com a empresa argentina FVSA e, nesse mesmo ano, aconteceu a nacionalização do sensor infravermelho, com o lançamento da **linha Zenit** (o produto foi pioneiro no Brasil). Na década de 2000, a Docol lançou (em 2005) a torneira *Docol Electric On/Off*, que revolucionou o mercado com um sensor lateral e se tornou pioneira em soluções que permitem reduzir o consumo de água em residências e espaços comerciais.

Em 2008, a empresa lançou o programa Maison Docol, para profissionais de arquitetura, decoração e *design* de interiores, e começou a ser editada a *Docol Magazine*, a primeira revista publicada por uma empresa de metais sanitários do País. Finalmente, a década de 2010 foi repleta de muitas realizações e mudanças na empresa. Assim em 2010, aconteceu o lançamento da primeira torneira *flex* do mercado brasileiro – a *OásisFlex* – que permitia tanto o acionamento automático quanto o normal.

Por sua vez, em 2013, aconteceu o lançamento da primeira torneira que possibilitava o acionamento **sem contato físico**, feita com tecnologia 100% brasileira – a *Docol Galaxi*. No ano seguinte a Docol apresentou uma nova linha inspirada em grandes nomes da arquitetura contemporânea, resultado de um processo produtivo de alta tecnologia, com as curvas da **linha ONI**, remetendo a elementos da natureza!!!

De forma ousada, em 2015 a Docol lançou a **Garantia Toda Vida**, ou seja, dando **garantia permanente** a seus produtos. Nesse ano a empresa foi premiada no respeitado *Red Dot Awards*, pela sua tecnologia *bactéria-free*, que possibilitava eliminar mais de 99% das bactérias dos metais sanitários.

Para celebrar seus 60 anos, a Docol em 2016 apresentou a instalação Sinfonia do Futuro, criada pelo *designer* Marko Brajovic. Outras ações inovadoras incluíram o lançamento do *Docol Vitalis*, o primeiro purificador da empresa e da linha industrial inspirada na estética dos *lofts* nova-iorquinos.

Já tendo se tornado a maior exportadora de metais sanitários da América Latina (aliás, a empresa exporta seus produtos para cerca de 40 países), em 2019 a Docol estabeleceu uma sociedade com a Mekal – líder no País no segmento de pias de cozinha *premium* (de aço inoxidável).

Pois é, está em Joinville a Docol, a empresa e líder no Brasil na fabricação de produtos que permitem o **uso consciente da água**. Aliás, isso foi muito bem expresso pelo presidente da empresa, Guilherme F. Bertani, na edição especial da *Docol Magazine*, em comemoração aos 60 anos da empresa. Ele salientou: " A Docol procura ajudar as pessoas a preservarem o planeta. É esta a missão que move a Docol. Ao comemorar nossos 60 anos de existência, queremos reafirmar nosso compromisso com o futuro do planeta. Para nós, não existe atitude mais decisiva para garantir a preservação da vida na Terra do que usar racionalmente a água. Afinal, ela é tão primordial quanto o ar que respiramos. Sem ela, não há vida.

É por isso que, há tantas décadas, a Docol se dedicou incansavelmente à pesquisa e ao desenvolvimento de tecnologias e produtos que permitam às pessoas darem sua contribuição, sem precisarem abrir mão do bem-estar, da praticidade e do *design*. Desde os primeiros esboços até os últimos protótipos, todos os nossos produtos são pensados como ferramentas que devem ser capazes de garantir o uso inteligente da água, com conforto, beleza, simplicidade e praticidade."

Outra empresa com uma história de muito sucesso é a Tupy, uma multinacional brasileira que foi fundada em 9 de março de 1938, na cidade de Joinville. Seus idealizadores foram Albano Schmidt, Hermann Metz e Arno Schwarz, todos descendentes de imigrantes europeus que ajudaram a colonizar a cidade. A fundição foi instalada inicialmente no centro da cidade e produzia conexões em ferro fundido, um produto que até então tinha de ser importado!!!

Albano Schmidt morreu em 1958 e a presidência da empresa foi ocupada por seu filho Hans Dieter Schmidt, na época com 26 anos. Após sua morte em 1981, outros membros da família Schmidt ocuparam a presidência da empresa, até o início da gestão profissionalizada que começou em 1991.

Com o estabelecimento da indústria automobilística no Brasil, a empresa se transformou progressivamente em fornecedora de componentes automotivos. Estes, aliás, se tornaram o principal negócio da companhia entre os anos de 1980 e 1990. Foi em 1975, com a construção de mais uma unidade fabril no parque industrial de Joinville, que a Tupy deu início à manufatura de blocos de motor em ferro fundido.

Em 1995 o controle acionário passou das mãos da família Schmidt para os fundos de pensão e bancos nacionais. Na mesma época, a empresa adquiriu da Mercedes-Benz do Brasil a Sociedade Técnica de Fundições Gerais

S.A. Então, em 1998 a Tupy comprou a unidade de fundição da Cofap, na cidade de Mauá, no Estado de São Paulo.

Nos anos seguintes, essa planta recebeu investimentos que a tornaram especializada na produção de blocos e cabeçotes em ferro fundido, para os segmentos comercial (caminhões leves e pesados) e *off-road* (máquinas agrícolas e de construção). Em 2001 a companhia iniciou o desenvolvimento de blocos de motor em **ferro vermicular**, culminando na produção em escala industrial, pela primeira vez no País, de blocos de motores com esse material.

O ferro vermicular é uma liga metálica que contribui significativamente para o aumento da resistência e a redução do peso do motor. Com propriedades mecânicas superiores às dos materiais convencionais, o ferro vermicular trouxe como resultado produtos menores, mais leves e mais duráveis.

Em 16 de abril de 2012, a companhia concluiu a aquisição de duas plantas produtoras de blocos e cabeçotes de motores de ferro fundido no México, localizadas nas cidades de Ramos Arizpe e Saltillo, no Estado de Coahuila. Essas aquisições totalizaram US$ 497,9 milhões e marcaram o início da internacionalização da manufatura de blocos e cabeçotes de motores em ferro fundido.

Em outubro de 2013 a Tupy realizou uma **oferta pública de ações**, acompanhada de entrada no novo mercado da BM&F Bovespa. Em 2014, seu presidente era Fernando Cestari de Rizzo, quando tinha cerca de 13 mil funcionários, atuava em cerca de 40 países, as vendas para o mercado externo correspondiam a 72,6% da receita total que foi de R$ 3,114 bilhões. Nessa época ela fabricava componentes em ferro fundido para a indústria automotiva e também itens para aplicação industrial e na construção civil, como conexões de ferro maleável, perfis contínuos e granalhas de aço. Estima-se que em 2018 o faturamento da companhia tenha atingido cerca de R$ 4,8 bilhões, o maior valor da sua história.

Mas vale ressaltar que, além do polo metalúrgico, a cidade também abriga o maior **polo industrial de ferramentaria** do País. Após enfrentar a queda no número de empregos, por conta da crise econômica que se abateu sobre o País, parece que em 2018 Joinville finalmente começou a experimentar a volta dos empregos no setor industrial. A empresa Copper, por exemplo, que importa cobre do Chile e do Peru e faz o processamento para que o material seja usado por outras indústrias, possuía em 2017 apenas 90 funcionários. Esse número quase dobrou em 2018, chegando a 160 empregados.

Isso se deu graças ao fato de a indústria automotiva estar se recuperando, principalmente a partir das exportações. Assim, o setor voltou a ter bons níveis de produção. Aliás, em fevereiro de 2018 a General Motors (GM) anunciou que investiria R$ 1,9 bilhão na sua fábrica de motores para automóveis na cidade. Além disso, as vendas de eletrodomésticos, que também utilizam insumos da Copper, também estão em alta e essa indústria vem nacionalizando cada vez mais seus processos para inclusive poder lidar melhor com a elevação do dólar.

A Copper é uma das 220 empresas que ficam dentro do Perini Business Park, o maior parque industrial do País, com 305.000 m^2 de área construída e no qual circulam diariamente cerca de 10 mil pessoas. Essa mudança na economia da cidade foi sentida no próprio condomínio industrial e, neste sentido, Marcelo Hack, presidente do grupo Perini explicou: "Entre 2015 e 2017 não havia praticamente nenhuma empresa querendo se instalar aqui. Pelo contrário, o que se recebia eram ligações de empresas querendo deixar o local... Em 2018, em contrapartida, só nos seis primeiros meses foi possível alugar cerca de 25.000 m^2."

É importante destacar ainda que a Fundição Tupy, que já empregava 8.500 pessoas na cidade, contratou só em 2018 cerca de 750 funcionários. A esse respeito, o presidente da Fundição Tupy Fernando de Rizzo, explicou: "Nossa empresa está produzindo principalmente para exportação e se beneficiando bastante com a melhoria da economia no cenário global, além da própria recuperação nacional.

Joinville, além disso, tem uma vantagem geográfica para as empresas exportadoras, ou seja, sua proximidade de portos como os de Itajaí, Itapoá, Navegantes e São Francisco, todos no Estado de Santa Catarina. Mas, para mim, os principais fatores para o bom desempenho industrial da cidade é a consolidação de nossa **cultura** para o setor e a existência de boas escolas para a formação de mão de obra."

Entretanto, essa vocação industrial tem mudado nos últimos tempos, com o surgimento de várias *startups* na cidade. Esse é o caso, por exemplo, da Conta Azul, uma empresa de contabilidade que tem sido apontada como um dos potenciais unicórnios (empresa avaliada em mais de US$ 1 bilhão) do município.

E para conquistar essa nova identidade, desde 28 de março de 2019, o município conta com um lugar próprio para receber as novas empresas iniciantes: o **Ágora Tech Park**. Esse espaço de 140.000 m^2, que contou com um investimento de R$ 120 milhões, pretende funcionar como o centro do ecossistema da cidade, abrigando a nova sede da Conta Azul. Além disso, também ficarão no local um *campus* da UFSC e o Ágora *Hub*, uma área de convivência e desenvolvimento para novas *startups* no setor de tecnologia, com cerca de 7.000 m².

Mais do que apenas um condomínio, o Ágora Tech Park é o local que faltava para transformar a vocação da cidade e, nesse aspecto, o diretor presidente do Instituto Ágora de Ciência e Tecnologia, Emerson Edel, explicou: "A indústria brasileira possui ainda um baixo nível de inovação. Entretanto, ela tem poder econômico para investir nas *startups*, algo imprescindível para que elas possam sobreviver.

Com a inauguração do Ágora Tech Park poderemos fazer a combinação de ambos os fatores: a criatividade das *startups* e os recursos econômicos do polo industrial da cidade. Isso acabará sendo o grande trunfo para que a economia de Joinville evolua de maneira significativa."

Atualmente, apostar no empreendedorismo digital em Joinville é bem adequado, pois empresas tradicionais de *software* abriram caminhos para essa tecnologia. Recorde-se que a Datasul foi fundada na cidade por Miguel Abuhab em 1978 e se tornou uma empresa especializada em *softwares* de gestão empresarial. Trinta anos depois ela foi vendida para a Totus, por R$ 700 milhões.

A Datasul procurou fomentar a criação de cursos de computação nas IESs da região e Miguel Abuhab doou muitos computadores para elas, com a condição de que nessas faculdades fossem ensinadas as linguagens de programação usadas na empresa. Piero Contezini, que nos anos 2000 foi o dono da fábrica de *softwares* Informant, criou em 2011 a Conta Azul. Hoje ela é liderada por Vinícius Roveda, atende a milhares de clientes no País e fechou 2019 com 470 funcionários, sendo que boa parte desse contingente já estava trabalhando nos 9.000 m² ocupados pela empresa no Ágora Tech Park.

Depois de deixar a Conta Azul, Piero Contezini abriu a Asaas, em 2014, uma *startup* especializada no gerenciamento de boletos bancários para profissionais liberais e pequenas empresas. Ele conseguiu levantar R$ 11 milhões em rodadas de financiamento e na metade de 2019 já atendia a cerca de 16 mil clientes em todo o País.

Em 2017, outros três ex-funcionários da Conta Azul criaram outra *startup*, a Transfeera, voltada para a gestão e o processamento de pagamentos automatizados. O cofundador da Transfeera, Guilherme Verdasca, relatou:

"Foi vital para o nosso desenvolvimento a captação inicial de R$ 250 mil. Agora chegamos ao final de 2019 com mais de 100 clientes, sendo que a maioria deles são empresas locais."

De acordo com a Associação Brasileira de Startups (ABStartups), em agosto de 2019 havia em Joinville cerca de 75 empresas iniciantes, enquanto que na capital catarinense, Florianópolis, elas eram 254. Agora, com a abertura do parque tecnológico Ágora, os empreendedores de Joinville acreditam que em no máximo cinco anos conseguirão se aproximar bastante do número de *startups* de Floripa e, inclusive, superá-lo!?!?

Mas além do contingente de joinvilenses que trabalha setor industrial há muitos que estão no **setor terciário**, especialmente no comércio. Essas pessoas estão também empregadas nos hospitais, nas clínicas, nos consultórios, nas escolas (de todos os níveis), nos hotéis, nos restaurantes, nos transportes e em diversos outras áreas prestadoras de serviços.

E no que se refere aos *shoppings*, em Joinville destacam-se os seguintes:

- **Garten** – Esse *shopping* conta com uma boa variedade de lojas, boas salas de cinema, uma boa praça de alimentação (com ótimas opções de *buffet* por quilo para o almoço), todavia, precisaria de um estacionamento maior.

- **Müeller** – Localizado no centro da cidade, é um lugar ótimo para se fazer compras, pois possui uma boa variedade de lojas. Também é um excelente espaço para os jovens se encontrarem, embora a reclamação mais frequente seja a falta de lugar para os ciclistas estacionarem suas *bikes* – isso apesar de Joinville ser chamada de "**cidade de ciclistas**".

- **Cidade das Flores** – Fica bem localizado e, além de cinema, conta com uma boa praça de alimentação (inclusive com um ótimo restaurante árabe). Porém, não dispõe de muitas lojas e seu estacionamento é um tanto precário.

- **BIG Americanas** – Esse foi o primeiro *shopping* de Joinville e, na verdade, é mais um hipermercado. Possui uma galeria de lojas e uma boa praça de alimentação, na qual existem ótimas opções para refeições.

- **Direto** – Além de um excelente restaurante, o local possui boas lojas, inclusive uma para venda e concerto de celulares.

→ **Tuiti** – Trata-se, na verdade, de uma galeria de lojas. O local é bem conveniente, pois aí é sempre possível encontrar o que se procura, principalmente numa situação de emergência, quando não se tem tempo de procurar outra opção.

Apesar de esses *shoppings* empregarem muita gente, e receberem diariamente alguns milhares de clientes, todos têm passado por grandes dificuldades. Tanto que nos últimos três anos o fluxo de visitantes vem diminuindo, o que fez com que muitas de suas lojas fechassem as portas.

De fato, a Associação Brasileira de *Shopping Centers* (Abrasce) divulgou que em 2017, os 571 *shoppings centers* existentes no País possuíam cerca de 102,3 mil lojas que, por sua vez, empregavam mais de **1 milhão de pessoas**. Nessa época, o faturamento nesses *shoppings* foi de R$ 167,75 bilhões, registrando um aumento de 6,2% em comparação com 2016.

Já em 2018, quando a previsão era de que fossem inaugurados 23 novos *shoppings* no País, não houve um incremento significativo em termos de receita em relação ao ano anterior. Na Páscoa de 2018, por exemplo, uma das datas mais importantes para o varejo, o movimento foi menor do que em 2017 e houve uma terrível queda nas vendas ao longo dos 11 dias de paralisação provocada pela greve dos caminhoneiros (que começou em 21 de maio). O movimento das lojas também diminuiu consideravelmente durante os cinco dias em que a seleção brasileira de futebol jogou pela Copa do Mundo de 2018, realizada na Rússia!!!

O segundo semestre do ano é normalmente melhor para os *shoppings*, mas as incertezas desencadeadas pelas eleições de outubro de 2018 também influenciaram o comportamento de lojistas e consumidores. Por isso foi necessário que os lojistas se empenhassem em realizar intensas ações de *marketing* no 4º trimestre, embora no final isso pouco tenha adiantado.

Em Joinville, não se pode esquecer do seu Mercado Público Municipal, que tem mais de 100 anos de história. O atual prédio, construído em 1982 para substituir o original, de 1907, já funcionou como entreposto comercial de diversos produtos, como frutas, verduras, hortaliças e artesanato, com destaque para pescados e mate.

Hoje, além de operar como um centro de comércio para diversos tipos de mercadoria, o local se destaca como espaço cultural e gastronômico, sendo que aos sábados acontecem nele apresentações de música ao vivo, que atraem grandes públicos.

No campo da **educação** pública, Joinville orgulha-se de ter **a melhor** do Estado de Santa Catarina, fato reconhecido pelo próprio ministério da Educação. Em geral, suas escolas possuem boa infraestrutura, com exceção das estaduais, que convivem com dois problemas crônicos, ambos relativos à falta de estrutura do governo estadual: 1ª)- a desvalorização dos professores, revelada na situação salarial vivida por esses profissionais; e 2ª)- o sistema de seleção dos diretores das escolas, que prevê indicação política, o que dificulta o diálogo entre os cidadãos e as IEs.

Mesmo assim, por dois anos consecutivos (2010 e 2011) os primeiros colocados gerais no vestibular da UFSC estudaram na "cidade dos príncipes". Além disso, por quatro anos também consecutivos, as escolas da cidade de Joinville registraram o melhor desempenho escolar no Enem de Santa Catarina.

Entre as escolas de educação básica destacam-se em Joinville as seguintes: Gustavo Augusto Gonzaga (com excelente avaliação); Hans Müller (com grande envolvimento de professores e pais); Plácido Xavier Vieira; Prof. Germano Timm; Professora Laura Andrade; Professora Maria Amin Ghanem; Professora Zulma do Rosário Miranda; João Martins Veras; Arnaldo Moreira Douat; Deputado Nagib Zattar; Osvaldo Aranha; Eng. Annes Gualberto; Eladir Skibinski; Profa. Antônia Alpaides Cardoso dos Santos; Prof. João Rocha; Professora Alícia Bittencourt Ferreira, entre outras.

Em Joinville a **educação infantil** não tem ainda o apoio que deveria por parte da prefeitura. Por isso, surgiram diversas escolas particulares que atuam nesse setor, como é o caso de o Centro de Educação Infantil Educar, que oferece inclusive atividades extras para os alunos (judô, balé, inglês, música etc.); Aldeia do Sol, que também disponibiliza o nível fundamental; a Peteleko, que também oferece ensino fundamental.

Claro que existem algumas boas escolas particulares, como é o caso da Nova Geração ou das Escolas Adventistas (que possuem excelentes profissionais e tratam os alunos com muito carinho, e onde é possível conseguir bolsas bem generosas, de até 100%...).

Como já foi dito, os colégios estaduais não têm a mesma qualidade do ensino das escolas municipais de ensino fundamental, porém, há exceções. Esse é o caso do Colégio Estadual Dr. Tufi Dippe. Porém, são os excelentes colégios particulares, como o Bom Jesus IELUSC, que obtém os melhores resultados no Enem. O mesmo acontece com o Colégio Oficina Joinville, que é considerado bastante organizado em todos os setores; o Colégio Santos Anjos, visto por alguns como o melhor da cidade; Colégio Machado de Assis, no qual o aluno é visto como protagonista do desenvolvimento de suas habilidades e competências (a escola, nesse caso, é a corresponsável pela aprendizagem); os colégios adventistas localizados em Saguaçu e Costa e Silva, entre outros.

Já no ensino superior, predominam na cidade os cursos de engenharia, em especial nas unidades da UDESC e UFSC, em Joinville. Isso acontece por causa das empresas de bens de consumo ali localizadas. Entretanto, a cidade carece de cursos voltados para outras áreas, incluindo os de licenciatura, o que obriga muitos joinvilenses a irem estudar na capital Florianópolis ou até mesmo em cidades de outros Estados.

Ainda assim, claro que existem algumas IESs que se fixaram em Joinville, como é o caso do Instituto de Ensino Superior Santo Antônio (Inesa), que foi criado em 2004 e possui cursos de Administração, Pedagogia e Ciências Contábeis. Essa IES também possui um colégio, voltado ao ensino médio, que é muito bem avaliado.

Há também a Universidade da Região de Joinville (Univille), uma IES privada comunitária, fundada em 1967. Ela é mantida pela Fundação Educacional da Região de Joinville (FURJ), uma entidade de direito privado, sem fins lucrativos, com autonomia didático-científica, administrativa, financeira e disciplinar, exercida na forma da lei e dos seus estatutos. Ela atua nos processos de ensino, pesquisa e extensão, com sedes em Joinville, São Bento do Sul e São Francisco do Sul.

Além de seus cursos de graduação (cerca de 39, nas três cidades), ela oferece dezenas de cursos de especialização, cinco programas de mestrado e um de doutorado. Essa IES mantém o Colégio Univille, que oferece educação infantil e ensinos fundamental e médio.

Dentro de sua estrutura, destacam-se os centros de Arte e *Design* (com laboratórios de gravura, escultura, pintura, tecelagem e um teatro); Cirúrgico Experimental; de Gastronomia; de Especialidades Odontológicas; de Estudos e Pesquisas Ambientais (em São Bento do Sul e São Francisco do Sul); de Visitantes (na unidade de São Francisco do Sul); de Atividades Físicas (com piscina e academia).

Na Univille também há espaços de integração e convivência para os estudantes, como o escritório modelo de Direito; o Espaço Ambiental Babitonga, a Estação Metereológica e Salarimétrica, que é automatizada;

uma farmácia-escola, o jardim botânico; o Juizado de Pequenas Causas e o Núcleo de Práticas Jurídicas.

Além disso, ela também possui um **parque de inovação tecnológica**; uma marina para barcos (na unidade São Francisco do Sul); um ginásio, quadras poliesportivas e uma pista de atletismo; um restaurante-escola e restaurantes e cantinas para quem frequenta a universidade, e, finalmente, o ambulatório universitário (na unidade do centro), destinado ao atendimento da comunidade.

Diretamente voltada para o ensino e a pesquisa, a Univille conta atualmente com cerca de 140 laboratórios, 180 salas de aula climatizadas e com equipamentos de multimídia, além de auditório, anfiteatros e centro de convenções. Há também uma biblioteca, cujo acervo é de mais de 180 mil volumes. Com tudo isso, pode-se dizer que a Univille está muito bem estruturada para promover o ensino e os trabalhos de pesquisa.

Outra IES importante de Joinville é o Centro Universitário-Católico de Santa Catarina. Essa IES privada surgiu em 31 de agosto de 1973, com duas unidades, a de Jaraguá do Sul e a de Joinville. Seu objetivo é atender às demandas regionais e às necessidades contínuas de formação de profissionais e, neste sentido, ela atua nas áreas de ensino, pesquisa e extensão, oferecendo cerca de 17 cursos de graduação em seus centros de Tecnologia e Artes, Saúde e Ciências Sociais Aplicadas e Jurídica. Destacam-se ainda os que fazem parte dos setores da EC, como arquitetura e urbanismo, *design*, moda, sistemas de informação, *marketing*, nutrição etc.

Estima-se que em 2020 estudassem nessa IES cerca de 9.500 alunos, sendo que uma parte desse contingente cursava diversos programas de pós-graduação *lato sensu* e *stricto sensu*. Nesses últimos anos essa IES também tem oferecido vários cursos na modalidade EAD.

Apesar da situação razoável que se verifica em Joinville no âmbito da educação, de um modo geral ela vai muito mal no Brasil. Todavia, é importante lembrar que nosso País jamais se tornará realmente desenvolvido se tal realidade não se modificar.

Em julho de 2018, o jornal *O Estado de S.Paulo* divulgou uma reportagem de Isabela Palhares com os dados levantados pela OCDE. Segundo essa organização, apenas **2,4%** dos jovens brasileiros pensavam em **se tornar professores** no futuro, o que é lamentável!?!? Vale ressaltar que em 2008 esse percentual era de 7,5%, mas despencou. Tudo indica que, se essa tendência se mantiver, no ano de 2028 o Brasil precisará **importar professores** para educar suas crianças!!!

Os motivos para tal desinteresse, embora bastante conhecidos, não são combatidos. Um deles é o fato de que atualmente o professor trabalha num ambiente inseguro, correndo o risco de ser **agredido fisicamente** pelos alunos do ensino médio. Isso acontece especialmente nas cidades de grande--porte (inclusive em muitas das cidades encantadoras descritas nesse livro) e, particularmente, nas escolas públicas.

De modo geral, os alunos dessas IEs dominam a sala de aula, não atendem nem prestam atenção ao que o professor diz e passam a maior parte do tempo olhando para o celular!?!? E no que se refere à rede privada, o comportamento é similar, e, nesse caso, os alunos sabem que não sofrerão penalidades, uma vez que essas IEs não querem correr o risco de perder as matrículas.

Mas existem outros motivos para o desinteresse pela profissão de professor, como: os **baixos salários** e a **falta de reconhecimento social**. O piso fixado pelo ministério de Educação para os profissionais que lecionam 40 horas semanais – 8 h por dia durante cinco dias por semana – é de R$ 2.455,35, sendo que muitas IEs da rede privada sequer pagam esse mínimo obrigatório!?!?

Contudo, se somarmos a essas 40 h o tempo gasto na preparação de aulas e na correção de provas e trabalhos, não sobra muito tempo para que um professor consiga complementar seu salário. Sendo assim, de que forma ele comprará livros ou conseguirá investir em seu próprio aperfeiçoamento?

Quanto ao reconhecimento, foi-se o tempo em que a nobreza da profissão – que, afinal, é responsável por formar todos os demais profissionais – era **valorizada**!!! Tanto que, atualmente, os primeiros a desencorajarem os jovens a lecionar são os próprios professores. Afinal, sendo o professor a pessoa com a qual o aluno tem mais contato, ao escutar desse profissional uma opinião negativa a respeito da profissão que exerce, é natural que o estudante busque outra carreira, **não é mesmo?**

Desde a minha juventude, eu sempre achei que só havia uma coisa mais bonita do que aprender: o ato de **ensinar**!!! Depois de ter trabalhado como professor por mais de 50 anos, continuo tendo a mesma opinião, porém, isso não é o suficiente. Os tempos são outros. Com o advento da EAD – e da tecnologia na sala de aula – é possível até que os professores **desapareçam por completo**. Nesse caso, muitos postos de trabalho deixarão de existir, até mesmo para os que, de fato, sonham em se tornar professores. **Isso será terrível!?!?**

Não acredito que isso aconteça brevemente, em especial por conta do crescimento da educação infantil em nosso País, que, afinal, não pode ser desenvolvida apenas com máquinas e IA. Por outro lado, nos demais níveis, necessitamos de professores com novas competências. Entretanto, pelos motivos já demonstrados, tais profissionais somente surgirão caso a aversão por essa bela profissão seja dissipada...

No que se refere a **transporte**, Joinville tem uma movimentada rodoviária chamada Harold Nielsen, que opera oficialmente desde 9 de março de 1974. O prédio já passou por diversas reformas e foi reinaugurado, de uma maneira pomposa, em 2001. Porém, com o passar do tempo o local ficou um tanto abandonado, principalmente entre os anos de 2007 e 2009.

A partir de 2010, a Companhia de Desenvolvimento e Urbanização de Joinville, se ofereceu para administrá-la. A partir dessa nova administração a rodoviária ganhou um grande estacionamento para veículos, carros, motos, táxis e ônibus. Além disso, o sistema de segurança e as instalações também foram aprimorados, de modo que, atualmente, o prédio de dois andares – hoje administrado pela secretaria municipal de Infraestrutura Urbana – é dotado de duas amplas salas de espera (que juntas têm capacidade para acomodar cerca de 210 passageiros), praça de alimentação (com diversas lanchonetes), revistaria, lojas de presentes e de artesanatos, sanitários etc.

O local também possui um circuito interno de TV e *Wi-Fi* para que os passageiros possam distrair-se e acessar seus celulares e computadores. Operam nessa rodoviária 18 companhias, cujos percursos são diários e de caráter intermunicipal e interestadual. O tráfego de passageiros acontece 24 h por dia, com a venda de passagens variando de empresa para empresa. Já no que tange ao transporte público dentro da cidade, Joinville conta com um sistema integrado de dez terminais espalhados pela cidade.

Todavia, muita gente chega à "cidade das flores", por via aérea. Nesse caso, o aeroporto local é o Lauro Carneiro de Loyola, localizado a 12 km do centro da cidade e bem próximo de três outros importantes aeroportos da região: o de Navegantes (a 75 km), de Curitiba (a 110 km) e de Florianópolis (a 163 km).

Em 8 de março de 2004, em meio às comemorações de 153 anos da cidade, o aeroporto inaugurou seu novo terminal, de 4.000 m². Também foram construídos um prédio administrativo e uma torre de controle. O aeroporto também se adequou ao conceito de *aeroshopping*, implementado pela Infraero em todos os aeroportos por ela administrados, de modo que atualmente ele conta agora com quase trinta lojas. Isso, sem dúvida, aumentou em 40% o número de empregos no local e, além disso, proporcionou bem-estar a todos os frequentadores.

Vale ressaltar que o movimento no aeroporto de Joinville é considerável. Estima-se que em 2019 o montante de passageiros tenha chegado a 650 mil pessoas, e tenham sido registrados 13.500 pousos e decolagens. Atualmente ele opera voos diários para os Estados de São Paulo (Congonhas e Guarulhos, em São Paulo, e Viracopos, em Campinas) e Rio Grande do Sul (Porto Alegre), por meio de empresas como Gol, Latam e Azul.

A Águas de Joinville – companhia de saneamento de capital misto, mas que pertence majoritariamente à prefeitura da cidade – é a responsável por administrar o tratamento de água e esgoto da cidade desde 2005, ano em que a concessão mudou de estadual para municipal. Hoje a empresa se utiliza de cerca de 13 reservatórios e possui duas ETAs (Cubatão e Pirai), com capacidade para abastecer 99% dos que vivem no município. Além disso, a empresa também administra quatro ETEs (Jarivatuba, Profipo, Morro do Amaral e Espinheiros), com o que os joinvilenses podem gabar-se de ter uma boa qualidade de vida, no que se refere ao saneamento.

E por falar nisso, no que se refere especificamente a **saúde**, é importante lembrar que a rede municipal da cidade abriga vários hospitais, cerca de 700 consultórios médicos, mais de uma centena de consultórios odontológicos, um número superior a 170 farmácias, dezenas de postos de saúde, alguns prontos-socorros e um serviço de atendimento e transporte com dezenas de ambulâncias.

Entre os hospitais localizados na cidade, é preciso citar o Regional Hans Dieter Schmidt (que possui ótimos profissionais, mas precisa melhorar sua infraestrutura); o Hospital Municipal São José (cujo atendimento médico é ótimo, mas cuja estrutura demanda maior atenção por parte da prefeitura); a Maternidade Darcy Vargas (com ótimo atendimento e equipe médica de primeira, se comparado aos recursos de que dispõe); Hospital Infantil Dr. Jeser Amarante Faria (um bom exemplo de que a saúde pública funciona bem em muitos estabelecimentos); o Instituto Pró-Rim (uma referência no País); o Hospital de Olhos Sadalla Amin Ghanem; Incor; ARCD Joinville (um centro de referência para deficientes especiais); Hospital Bethseda (com boa estrutura, além de corpo médico e de enfermagem bastante atenciosos); o Hospital e Maternidade Dona Helena, mantido pela Associação Beneficente Evangélica de Joinville (onde os pacientes são cuidados com respeito e carinho, e a equipe médica e os técnicos de enfermagem são muito bons) e o Centro de Atenção Psicossocial 24 h Caps III Dê Lírios (mantido pela prefeitura).

Fora esses há também o Hospital da Unimed Joinville, inaugurado em 2001. Trata-se de um hospital geral com especialidades em clínica médica, pediatria, ortopedia, cirurgia geral, ginecologia/obstetrícia e neurologia. Ele dispõe de 165 leitos normais, além de uma UTI com 10 vagas para adultos, 4 para pacientes pediátricos, 9 neonatais e 9 cardíaco-vasculares. Também existe nele um laboratório de análises clínicas, um núcleo de atendimento terapêutico e outro de atenção a saúde mental.

Infelizmente, a partir de outubro de 2019, um jornal semanal *A Notícia* em formato de revista que foi fundado em 24 de fevereiro de 1923, deixou de circular na forma impressa em Joinville e está agora no formato digital. No âmbito da mídia televisiva, existem na região duas emissoras comerciais: a RBSTV Joinville (afiliada a rede Globo) e a RIC TV Joinville (afiliada à Record). Mas há também a TV Brasil Esperança, uma emissora educativa de caráter comunitário; e duas emissoras de TV comercial no sistema a cabo, ou seja, a TV Cidade e a TV Babitonga. Agora há na cidade cerca de 12 emissoras de rádio, sendo quatro delas AM e as oito restantes FM.

Em Joinville ocorrem vários eventos importantes, sendo um deles a Festa das Flores (daí o fato de muitos se referirem a ela como "cidade das flores"). Aliás, em novembro de 2019, celebrou-se a 81ª edição dessa que é considerada a mais antiga festa desse gênero no País. Todos os anos a cidade se rende aos encantos das mais belas flores e atrai muitas dezenas de milhares de turistas, entre orquidófilos e amantes de flores e da natureza, que chegam de todo o Brasil – e até mesmo do exterior – para visitar a cidade e descobrir a beleza das orquídeas e de outras espécies. No evento são reunidas várias atividades, como: exposição de flores, concurso de orquídeas, mercado de plantas, oficinas de cultivo, mostra de paisagismo e feira de artesanato, além, é claro, de várias atrações culturais e gastronômicas.

Em 2019, entre os dias 16 e 27 de julho, também aconteceu na cidade a 37ª edição do *Festival de Dança de Joinville*. O evento é reconhecido como o maior do mundo em seus gênero e, inclusive, consta do livro de recordes *Guinness Book*. Anualmente esse festival reúne milhares de bailarinos e centenas de milhares de amantes da dança, oriundos não apenas da própria cidade, mas de todo o País e do exterior. O objetivo dessas pessoas é apreciar as diversas atividades que acontecem por toda a cidade. Entre elas estão competições de dança, como a Mostras Competitiva, a Meia Ponta e o Palco Aberto, nas quais as coreografias são divididas em oito gêneros, que, por sua vez, são subdivididos em subgêneros. Mas também é possível envolver-se com temas cujo foco central são as atividades didáticas para a implantação da dança.

O espetáculo de abertura de 2019 contou com a apoteótica apresentação do *Musical dos Musicais*, produzido especialmente para o festival pela coreógrafa Fernanda Chamma. A peça reuniu trechos de outros famosos espetáculos musicais, como: *Fantasma da Ópera, Annie, Wicked, Hello Dolly* etc. Quem teve a oportunidade de participar dessa edição saiu de Joinville convicto de que a cidade se tornou de fato a "Disney do *ballet*" no mundo!!!

Lamentavelmente o *Festival de Dança de Joinville* de 2020, por causa da pandemia do novo coronavírus foi adiado e isso seguramente provocará um grande prejuizo para a economia da cidade.

Um evento cultural – a Coletiva de Artistas de Joinville, que foi criada em 1971 – atrai todos os anos muitos visitantes para a cidade e, em especial, os que apreciam artes visuais. No dia 15 de junho de 2019 foi aberta na Casa da Cultura a 46ª Coletiva de Artistas, com uma exposição que teve como essência dar visibilidade ao trabalho de artistas locais. Mais recentemente a cidade passou a sediar também um festival de música instrumental, o *Joinville Jazz Festival*.

A cidade também evoluiu muito na **dança** quando aí se instalou uma escola de renome internacional: a Escola de Teatro Bolshoi no Brasil (ETBB). Trata-se de uma tradicional IE de balé na cidade de Joinville. Ela foi fundada em 15 de março de 2000, sendo a única extensão estrangeira do Teatro Bolshoi de Moscou. A escola atinge as mais diversas classes sociais do Brasil. Sua missão é formar artistas cidadãos, promover e defender a arte-educação.

Na verdade, ela foi criada com o objetivo de atuar na formação de artistas da dança, lecionando a técnica de balé através da metodologia Vaganova, dança contemporânea e disciplinas complementares. Estima-se que em 2020 a ETBB tivesse cerca de 270 alunos matriculados em seus cursos técnicos e básicos. Esses estudantes vieram de 21 Estados brasileiros e eram todos bolsistas integrais.

A ETBB é uma entidade privada, sem fins lucrativos, cujos mantenedores são o governo do Estado de Santa Catarina e os Amigos do Bolshoi, um grupo constituído de empresas e pessoas físicas que apoiam o projeto. Ele opera por meio de serviços prestados *pro bono* e patrocínios obtidos através de leis de incentivo à cultura municipal, estadual e federal. A escola – que conta com três professores russos, um ucraniano e dez brasileiros – forma bailarinos com a mesma precisão, técnica e qualidade artística daqueles que estudam na Rússia, e engloba as áreas de dança e preparação física.

Além do ensino gratuito, os alunos da ETBB também têm acesso a benefícios opcionais, conforme os recursos financeiros da escola. Esses benefícios englobam alimentação, transporte, uniformes, figurinos e orientação pedagógica e assistência social. Além disso, a escola também oferece assistência odontológica preventiva; atendimento fisioterápico; orientação nutricional e assistência médica de emergência/urgência e pré-hospitalar.

Todavia, para terem direito a tudo isso e, inclusive, manter suas bolsas de estudos, além de apresentarem um bom rendimento na própria ETBB, os alunos também precisam obter boas notas no ensino regular (fundamental e médio). Ou seja, os alunos da ETBB têm o privilégio de receber educação, aprender uma profissão e, ao mesmo tempo, de exercer responsabilidade e construir cidadania. A seleção de alunos ocorre anualmente e compreende etapas que vão do despertar de crianças e jovens para o mundo das artes até avaliações médicas e artísticas específicas.

O complexo escolar ocupa um espaço de cerca de 6.000 m², com infraestrutura de alta qualidade para os alunos. Suas instalações compreendem: 12 salas de aula de balé, todas com piso especial para a dança; 10 estúdios de piano e percussão; duas salas para aulas teóricas; sala de ginástica; seis vestiários; laboratório cênico Agrippina Vaganova; biblioteca com laboratório de informática; ateliê; núcleo de saúde; três espaços culturais; cantina e espaços administrativos.

Em 2008 a ETBB sentiu a necessidade de criar uma Companhia Jovem, para colher os frutos dos talentos desenvolvidos em seus cursos. A consolidação desse projeto respondeu à demanda para o crescimento e desenvolvimento da dança no País. O padrão de excelência demonstrado pelos bailarinos da Companhia Jovem da ETBB os tornou reconhecidos num dos mais importantes setores da EC – as **artes cênicas**!!!

A proposta da Companhia Jovem é manter-se ativa, com apresentações públicas constantes. De fato, seus artistas devem atuar como agentes formadores de plateia e incentivadores para o surgimento de novos talentos na dança. Atualmente, além dos cursos já mencionados, a ETBB também oferece cursos técnicos de nível médio, ou seja, de dança clássica e dança contemporânea. A matriz curricular é constituída de: dança clássica; prática cênica; ginástica específica; ginástica acrobática; dança popular histórica;

educação musical e rítmica; repertório; folclore brasileiro; dança a caráter; dança contemporânea; teatro; piano; história da arte; literatura musical, dueto e história da dança. Vale lembrar que a ETBB está aberta aos visitantes, sendo possível conhecer sua história em passeios monitorados por todos os espaços da escola.

A sede da ETBB está localizada dentro do Centreventos Cau Hansen. Nesse espaço encontram-se também a secretaria de Cultura e Turismo de Joinville e o Instituto Festival de Dança. Ele foi inaugurado em 1998 para abrigar eventos de grande porte, como o já citado *Festival de Dança de Joinville*.

Na cidade as produções artísticas são apresentadas nos centro culturais, nos museus, nas casas de cultura, nos centros de eventos, no mercado público, em teatros, na Cidadela Cultural Antarctica (uma antiga fábrica de cerveja) e também nas escolas, nas IESs, nas associações de moradores, nas igrejas e nas praças públicas.

A Joinville contemporânea se caracteriza pela rica diversidade cultural de seu povo. Aliás, no que se refere a idiomas, além do **português** e de outras línguas de origem europeia, também são falados por alguns moradores e integrantes da população joinvilense (em geral pelos mais idosos) o **alemão** e o **italiano**. Esse aspecto pluralista permite que em Joinville ocorram as mais diferentes expressões, das mais diversas culturas e etnias formadoras da dança do estilo clássico ao *hip hop*, da música clássica ao chorinho, do *pop rock* à música sertaneja e a gauchesca.

Dois bons exemplos dessa grande diversidade estão, de um lado, na **suavidade** da música instrumental do músico carioca (filho de joinvilenses) Mú Carvalho (tecladista do grupo A Cor do Som), que emprestou o nome da cidade a uma das belas composições que compõem seus *CDs* solo, *Óleo sobre Tela* e *Ao Vivo*. E do outro, no resgate a partir de 2005 do Carnaval de rua de Joinville, que está aberto a todos e, a cada ano, atrai dezenas de milhares de foliões.

Já no âmbito da **alimentação**, vale ressaltar que a rua Visconde de Taunay se tornou uma verdadeira **via gastronômica** da cidade, além de um ponto de encontro obrigatório para quem deseja viver momentos especiais, saboreando comida de alta qualidade em ambientes charmosos e descolados. Isso acontece por conta do grande movimento noturno na região e também pela quantidade de bares e restaurantes existentes ali e em seus arredores. Aliás, a cidade de Joinville possui diversos locais voltados para o **entretenimento gastronômico**, sendo que alguns deles são bem fora do comum!?!?

Um deles é o bistrô *Terroir*, com os pratos exóticos e criativos preparados pelo *chef* Willian Vieira, inspirados não apenas no que ele aprendeu com seus fornecedores à beira mar, mas também no trabalho do biólogo Claudio Tureck, doutor em aquicultura (ciência que estuda o cultivo de plantas e animais aquáticos). As pesquisas de Tureck envolvem o produto da pesca obtida no litoral catarinense, e lhe permitiram estudar o que ele chamou de **animais marinhos não convencionais**. Aliás, as suas descobertas viraram conteúdo da disciplina Matérias-Primas, que ele leciona para os alunos de Gastronomia da Univille.

Claudio Tureck comentou: "A cultura caiçara nos ajuda a determinar o que é comestível, assim como o histórico de consumo em outros países. Muitos animais marinhos desconhecidos foram levados para o laboratório da Univille para que se pudesse analisá-los e avaliar se poderiam ser consumidos por seres humanos. Não se pode esquecer que aquilo que não é convencional num determinado local pode ser típico em outro!!!"

Sempre que pode, uma vez que a disponibilidade dos pescados depende da maré e do que as redes conseguem arrastar, o *chef* do *Terroir* prepara a deliciosa arraia defumada na lenha de goiabeira. Os ouriços, típicos na culinária japonesa, e cuja fama ruim deriva de seus espinhos, aparecem frescos em pratos acompanhados de pupunha e vinagrete de pera.

Aliás, segundo o próprio *chef*, sempre que ele sai para catar ouriços nos costões joinvilenses ele também aproveita para colher algumas PANCs (plantas alimentícias não convencionais praianas). Seu objetivo é dar um toque de maresia aos seus pratos e, nesse caso, suas espécies favoritas são a erva capitão (parente da salsinha), a orquídea da praia (que tem gosto de pepino), a erva-baleeira (repleta de umami, um dos cinco gostos do paladar como ácido, doce, amargo e salgado), o bredo-da-praia (cujo gosto é da água do mar e, portanto, é bem salgado), e o espinafre da areia (mais amargo que o tradicional).

Como é, ficou animado para saborear uma refeição no exótico *Terroir* quando vier a Joinville? De qualquer modo, opções não faltam! Como já foi dito, visitantes e joinvilenses têm à sua disposição na cidade ótimos lugares para se alimentar. Aí vão algumas sugestões:

→ *Deco* – Oferece a gastronomia do dia a dia, no sistema *buffet*. As opções são diversificadas e apuradas, e servidas num ambiente bem decorado. O atendimento oferecido é excelente.

- *Peía Chopp & Grill* – Um restaurante com diversas opções de comida, destacando-se os hambúrgueres, as *pizzas* e muitos tipos de cerveja.
- *Hübener* – Nesse restaurante/lanchonete nota-se que a tradição está sempre presente. Ele é comandado com maestria pelas irmãs Rita e Mirta Hübener que, em seu excelente e diversificado *buffet* de comida típica alemã, oferecem aos clientes um misto de qualidade, atenção, respeito e, sobretudo, diversas "gostosuras".
- *Adamo Gastronomia* – Ele está localizado no Parque Hansen, área recreativa da empresa Tigre, composta ainda por quiosques, quadras de tênis etc. O restaurante, de ambiente agradável e bonito para a realização de festas e eventos, serve uma comida deliciosa e sua equipe é treinada para atender muito bem aos clientes. O local também conta com bom estacionamento (com preço justo).
- *Leaves* – A sua gastronomia é balanceada e suas receitas arrojadas. Entre os ingredientes estão vegetais e folhas, o que torna o restaurante um excelente lugar para se fazer uma refeição saudável, com opções sem glúten ou lactose. Aliás, uma boa pedida é o *penne caprese*!!! O espaço é contemporâneo e acolhedor.
- *Romi* – Restaurante com serviço *self-service* que oferece diversas saladas, carnes e pratos caseiros. O local conta também com serviço de entrega.
- *Giuseppe* – Uma *pizzaria* refinada, com *lounge* e adega com uma coleção única de saca-rolhas. A especialidade da casa são suas *pizzas* clássicas e seletas, mas quem aprecia massas também tem uma variedade de opções.
- *Nego* – Além de *buffet* no almoço e jantar, a casa oferece *pizzas*, lanches e porções, tudo num ambiente amplo e familiar.
- *Zezinho* – Um lugar ótimo para se almoçar ou jantar, mas também adequado para se reunir algumas dezenas de pessoas para comemorações. Há uma boa variedade de pratos e, mais especificamente, de carnes.
- *Angelico's* – Com ambiente espaçoso e familiar, esse restaurante está bem localizado. Embora esteja próximo do centro da cidade, a vegetação preservada dá ao comensal a impressão de estar numa ilha de tranquilidade. O local oferece uma gastronomia casual, com

pratos do dia em seu *buffet*. A comida é ótima, mas o estacionamento poderia ser maior. Ele tem dois salões com capacidade para 300 e 100 pessoas, com o que neles podem ser feitas festas de casamento e outras recepções.

→ *Pinus* – O ambiente é germânico, o atendimento oferecido por seus funcionários é muito cortês e os preços são justos. O local conta com estacionamento próprio e oferece comida caseira, sendo que no almoço o *buffet*, com preço fixo. Seu filé *mignon* ao molho madeira é maravilhoso!!!

→ *Paiol Tropeiro* – O aclamado rodízio desse restaurante de ambiente familiar serve, entre outras opções, o galeto, a costela e a picanha. As sobremesas também são boas.

→ *Gloria* – É um espaço com salões modernos e bem organizados, usado como restaurante e também para festas e casamentos. Os funcionários são bem-educados, rápidos e prestativos. Serve pratos caseiros brasileiros e germânicos, tudo no sistema *self-service*. Possui um estacionamento bem grande.

→ *Rosti Haus* – É especialista em batatas *rosti*, mas serve também excelentes *bruschettas*, além de bons filés. A casa é aconchegante, com sofá, música e atendimento nota 10.

→ *Gute Küche* – Para muita gente, esse é o melhor restaurante da RM-NNC. Seu almoço, no sistema *buffet*, é composto de grelhados e pratos germânicos. Nas tardes de quinta-feira à domingo a casa oferece um incrível café colonial. Seu ambiente é rústico e bem familiar.

→ *O Fornão* – Esse restaurante é considerado pelos apreciadores da boa comida italiana como um dos melhores de Jonville. Seu menu italiano é composto de *pizzas*, massas caseiras e carnes, mas também serve deliciosas saladas que agradam muito aos clientes. O ambiente é clássico e conta com uma varanda coberta. Às sextas-feiras a casa oferece um rodízio de massas chamado de *Mangiare*, o que atrai sempre muita gente.

→ *Virado no Alho* – A casa oferece tanto o sistema de *buffet* como o de rodízio, que aliás é bem farto, incluindo carnes variadas e camarão. Ele dispõe de um espaço reservado para as crianças brincarem, além de amplo estacionamento. Em geral os comensais consideram a comida deliciosa. Os que forem aí almoçar ou jantar, após se alimentarem disseram: **"*Show* de bola, nota 10!!!"**

- *Polinésia* – Esse restaurante ocupa um espaço rústico sobre um lago e conta ainda com parque infantil e redes para os comilões descansarem. Ele serve um rodízio diferenciado, composto de linguado, casquinha de siri, ostras, moqueca, sopa de peixe etc.
- *Niu Sushi* – Cozinha japonesa e ambiente familiar, com espaço para crianças e sala intimista com tatame. Seu menu inclui *sashimi* e *temaki* à vontade para quem optar pelo sistema *buffet*.

Bem, há outros bons locais para se ter uma boa refeição em Joinville, mas essa lista já mostra que o turista não irá se queixar de não ter onde comer na cidade!!! Aliás, deve-se ressaltar que é nesses restaurantes, bares, lanchonetes, padarias, quiosques etc., que trabalham alguns milhares de pessoas que vivem em Joinville.

Os visitantes têm também à sua disposição um boa rede hoteleira na cidade. Entre os locais classificados como quatro estrelas estão:

- **Tannenhof** – Um moderno hotel decorado em estilo alpino, com quartos elegantes. Nele o hóspede tem à sua disposição piscina, academia, restaurante para jantares informais e uma sala de estar onde poderá tomar um café e ler revistas e jornais. Ele está localizado a 6 min a pé do *shopping* Müeller, que oferece opções de compras e divertimento no período noturno. Além disso, ele fica a 11 min do passeio pela rua das Palmeiras.
- **Bourbon** – Possui quartos e suítes descontraídos, sendo um hotel de negócios informal com dois restaurantes e acesso direto ao *shopping* Müeller. Fica a 2 km do Centreventos Cau Hansen, e a 12 km do aeroporto Lauro Carneiro de Loyola.
- **Blue Tree Towers** – Está localizado no centro dinâmico da cidade, sendo um hotel moderno e sofisticado, com quartos elegantes, um restaurante, um bar e duas saunas. Fica a 5 min a pé do Museu Nacional da Imigração e Colonização.
- **Mercure Joinville Prinz** – Hotel bastante sofisticado, cercado por palmeiras e uma fonte. Conta com piscina externa, academia, restaurante e dois bares.

Nesses quatro hotéis citados, o café da manhã é excelente e oferecido de maneira gratuita ao hóspede. Aliás, o serviço de *Wi-Fi* também é de graça.

A cidade também possui um bom contingente de hotéis classificados como três estrelas, entre os quais destacam-se:

- **Ibis** – Trata-se de uma propriedade tranquila, com quartos confortáveis e com um bar aberto 24h, além de restaurante italiano. Fica a 10 min a pé do Museu de Arte de Joinville e a 7 min a pé do *shopping* Müeller. Permite a presença de animais de estimação.
- **Príncipe** – Situado em uma rua movimentada, no centro da cidade, este hotel possui quartos tradicionais e restaurante. O serviço *Wi-Fi* e o café da manhã (de ótima qualidade) são gratuitos. Ele está localizado a 1,3 km das exposições do Museu de Arte de Joinville, a 2,5 km da Arena Joinville e a 2,6 km da rodoviária.
- **Comfort** – Local discreto e localizado no centro da cidade. Dispõe de quartos confortáveis, academia e café da manhã gratuito no sistema *buffet*. Fica a 1,7 km do centro de Artes Cênicas da prefeitura e a 4 min a pé do *shopping* Müeller.
- **Sabrina** – Trata-se de um hotel modesto, porém com quartos bem arejados. Ele oferece gratuitamente o serviço de *Wi-Fi*, estacionamento e café da manhã (de ótima qualidade)!!! Fica de frente para o Mercado Municipal da cidade, bem próximo do centro, a 1,8 km da Arena Joinville e a 2,6 km da rodoviária.
- **Slaviero Slim** – É um hotel moderno localizado no centro da cidade, a 2 km da Arena Joinville, a 2 min a pé do Museu do Imigrante e a 6 km das trilhas de bicicleta do parque de exposições Expoville. Seus quartos e suítes são coloridos e limpos. Dispõe ainda de um restaurante contemporâneo e de uma piscina na cobertura, e oferece gratuitamente serviço de *Wi-Fi*, estacionamento e um café da manhã saboroso.
- **Colon Palace** – Este hotel confortável dispõe de quartos tranquilos, duas piscinas e sala de jogos. O serviço de *Wi-Fi* e o café da manhã são gratuitos. Está situado entre lojas e restaurantes, na movimentada área central da cidade, a 11 min a pé do Museu Arqueológico Sambaqui e a 2,9 km da Arena Joinville.
- **Ibis Styles** – Este moderno hotel dispõe de quartos bem arejados, restaurante, bar 24 h e academia. Oferece *Wi-Fi*, estacionamento e café da manhã gratuitamente. Está localizado no centro da cidade, a 10 min a pé do Museu de Arte e a 12 min a pé dos museus Nacional da Imigração e Colonização e Arqueológico Sambaqui.

- **Joinvillense** – Está situado e frente do Mercado Municipal e a 3 km da Arena Joinville. É um hotel econômico, com piscina externa e banheira de hidromassagem na cobertura. Oferece *Wi-Fi*, estacionamento e café da manhã gratuitamente.
- **Le Canard** – Embora moderno e ocupando um edifício contemporâneo, trata-se de um hotel simples, com quartos modestos e academia. Oferece *Wi-Fi* e café da manhã gratuitos. Fica a 10 min a pé do Museu de Arte, a 3,9 km do parque Expoville, e a 4,7 km da Arena Joinville.
- **10** – Trata-se de um hotel descontraído, com atmosfera contemporânea. Possui uma loja de conveniência e oferece *Wi-Fi*, estacionamento e café da manhã gratuitamente. Está localizado no centro do distrito industrial, à margem da rodovia BR-201. Fica a 2 min a pé do Grêmio Whirlpool e a 3,7 km do *shopping* Garten.
- **Trocadero** – Está rodeado por restaurantes e fica ao lado do *shopping* Müeller, sendo um hotel com preço bem acessível, que está a 1 km do Museu de Arte e a 4 km da Arena Joinville. Nele o hóspede tem *Wi-Fi*, estacionamento e café da manhã gratuitamente, além de um excelente atendimento.
- **Alven Palace** – É um hotel bem elegante e moderno, com decoração em estilo alpino. Ele dispõe de piscina interna e externa, academia e bar, e oferece *Wi-Fi* e café da manhã gratuitos. Está localizado a 6 min a pé do Museu Nacional da Imigração e Colonização e a 3 km da Arena Joinville.
- **Holz** – Trata-se de um hotel bastante charmoso num edifício de madeira em estilo europeu. Ele dispõe de quartos simples, restaurante e bar. Oferece café da manhã (muito bom), *Wi-Fi* e estacionamento gratuitos, e permite a presença de animais de estimação. Fica a 7 min de caminhada do parque Expoville.
- **Avenida Palace** – É um hotel descontraído num edifício de cor bege, com quartos básicos. Dispõe de sala de jantar e de TV. Oferece gratuitamente os serviços de *Wi-Fi* e café da manhã no sistema *buffet*. Fica a 2,1 km da Arena Joinville, a 3 km do pórtico turístico Joinville.
- **Dois H** – É um hotel discreto, com quartos comuns, salão de festas, sala de TV elegante e café da manhã gratuito. Está localizado a 3,5 km da BR-101, e rodeado por estabelecimentos comerciais (farmácia, padaria, restaurantes etc.).

Existem ainda na cidade alguns hotéis com classificação duas estrelas. Entre eles está o Mattes, um hotel simples e discreto, com quartos modestos, sala de jantar informal, piscina e salão aconchegante. Oferece *Wi-Fi*, estacionamento e café da manhã gratuitamente.

O **patrimônio cultural** de Joinville ainda se encontra bem preservado, permitindo assim uma convivência harmoniosa entre o passado e o presente. No que se refere a edificações, destacam-se em seu **patrimônio arquitetônico** as que mesclam a influência dos imigrantes, com as devidas adaptações que se fizeram necessárias ao longo do tempo.

Desse modo, construções centenárias e originais em **enxaimel** ainda podem ser vistas no centro, nos bairros e também na área rural. Casarões do início do século XX chamam a atenção pela angulação de seus telhados. Antigas fábricas ainda preservam suas grandes chaminés, como marcos do desenvolvimento de uma cidade cuja vocação sempre foi industrial.

Entre os cartões postais arquitetônicos de Joinville estão primeiramente o pórtico e o moinho da rua XV de Novembro, ambos em estilo germânico, que saúdam os visitantes que chegam à cidade pelo acesso principal.

Outra edificação importante da região é a *Casa Krüger*, uma construção histórica tombada pelo patrimônio cultural do Estado de Santa Catarina, que traduz a cultura da região rural e da serra de Joinville. Ela está localizada às margens da rodovia BR-101 e início da rodovia SC-418, e abriga a Casa da Memória e a Central de Atendimento ao Turista. No local acontece aos domingos uma feira de artesanato e o comércio de produtos coloniais.

Há também em Joinville duas obras incríveis em homenagem aos imigrantes que chegaram à cidade. A primeira é o monumento ao Imigrante, inaugurado em 1951 em comemoração ao centenário da cidade. Ele está localizado na praça da Bandeira – um dos principais pontos de encontro da comunidade joinvilense e palco das principais manifestações públicas do município –, e é considerado como a mais destacada obra do artista Fritz Alt.

Já a segunda é o monumento denominado A barca *Colon*, criado pelos irmãos César e Cícero Dobner, e inaugurada em 2001 em comemoração aos 150 anos de Joinville. Executado em concreto armado, o monumento pesa aproximadamente 75t e se apoia num único pilar central. Ele simboliza e homenageia os primeiros imigrantes alemães, suíços e noruegueses que desembarcaram na cidade em 1851.

Nessa barca estilizada encontram-se imagens em relevo de diversos ícones de Joinville, dentre os quais a rua das Palmeiras (alameda formada por 52 palmeiras centenárias) e a Estação Ferroviária (onde fica o Museu da Bicicleta e o Museu do Ferro de Passar).

Também não se pode esquecer do mirante de Joinville, localizado no ponto mais alto do morro da Boa Vista. Quem chega até ele, depois de percorrer uma trilha em meio à mata atlântica, consegue visualizar uma boa parte da zona urbana da cidade, assim como a baía da Babitonga. O acesso pode ser feito a pé, de bicicleta ou por linhas exclusivas de ônibus, todavia, não é permitido o uso de veículos particulares, como automóveis e motocicletas.

O mesmo caminho que leva ao **mirante** também é usado para se chegar ao parque Zoobotânico da cidade (local onde anteriormente funcionou o *Camping Club* de Joinville), inaugurado em 1995. Aí, além de belas trilhas e um *playground*, o visitante pode vislumbrar mais de 100 espécies de animais.

Outro edifício singular da cidade é o do Centro Cultural Deutsche Schule, que foi construído pela comunidade luterana em 1866, logo após a fundação de Joinville. Nele funcionou entre 1876 e 1939 a antiga Escola Alemã (Deutsche Schule), até que ela foi fechada durante a campanha de nacionalização promovida pelo Estado Novo de Getúlio Vargas. A partir dessa época o prédio foi alugado para o Instituto Bom Jesus.

Em 2006 teve início o processo de restauro e reabilitação do espaço, que em 2010 foi reinaugurado como Centro Cultural Deutsche Schule. Aliás, nesse mesmo local funciona hoje a igreja da Paz, um templo luterano cuja construção foi iniciada em 1857. Essa igreja foi inaugurada em 1864, consolidada com a edificação de sua torre em 1892 e, totalmente finalizada com a implantação de um relógio, em 1908. Em seu interior há um órgão de tubos alemão, datado de 1911, que recentemente foi restaurado e encontra-se em perfeito funcionamento.

Outra construção de imponente beleza arquitetônica é a catedral diocesana, uma obra modernista construída na década de 1960. Dentre as principais características dessa obra estão o seu interior, que abriga um conjunto de 20 vitrais retratando a **teologia da evolução**, e sua cobertura, dotada de duas cúpulas grandes representando a proteção das mãos de Deus!!!

A Fundação Cultural de Joinville mantém vários museus. O mais famoso dentre eles é o Museu Nacional de Imigração e Colonização, criado pela lei federal Nº 3188, de 2 de julho de 1957, que conta um pouco da história dos primeiros imigrantes da cidade. Também está nele *O Casarão*, também conhecido como *Maison de Joinville*, cuja construção data de 1867. Ele ficou fechado para visitação a partir de fevereiro de 2018 para um grande restauro, porém, não havia verba disponível para as obras...

Outro local importante é o Museu de Arte de Joinville, localizado numa das mais antigas construções da cidade, e cujo acervo inclui obras locais, estaduais e nacionais. Em seu jardim são realizados eventos culturais e nele encontram-se peças de artistas contemporâneos. O local conta ainda com um biblioteca especializada em arte.

Construída na década de 1940, a antiga casa de Fritz Alt, um importante artista plástico de Joinville, foi transformada em museu no ano de 1975 e hoje abriga peças de seu antigo morador. Sua localização privilegiada permite aos visitantes um incrível vista panorâmica da cidade, assim como a integração com a paisagem natural do morro da Boa Vista.

O Museu da Bicicleta de Joinville, tem um acervo de mais de 16 mil peças, sendo o único do gênero de toda a América Latina. Nesses últimos anos ele tem passado por várias reformas, o que exigiu que o prédio se mantivesse fechado durante alguns períodos.

O patrimônio arqueológico é outro destaque de Joinville, sendo que o Museu Arqueológico de Sambaqui se tornou uma referência internacional no assunto, uma vez que abriga em seu acervo mais de 20 mil peças. Um sambaqui é um monumento arqueológico erigido por tribos indígenas ainda no período pré-histórico. Ele é composto pelo acúmulo de conchas, esqueletos, utensílios gerais e cascas de ostras.

Existem registrados no município 41 sambaquis, dos quais dez estão na área urbana da cidade (alguns deles com mais de 25 m de altura). Aliás, um sambaqui bem preservado pode ser visitado no parque municipal da Caieira, uma APA localizada na baía da Babitonga, que abriga manguezais, mata atlântica, sítios arqueológicos e ruínas de uma antiga fábrica de cal, que utilizava os "casqueiros" dos sambaquis como matéria-prima.

Também ficam em Joinville a **Casa da Memória** e a **Galeria Municipal de Arte Victor Kursancew**. A primeira foi criada em 1984, após a aquisição pela prefeitura da casa que servira de residência para o coveiro do antigo cemitério protestante, ou Cemitério do Imigrante de Joinville, tombado pelo IPHAN em 1962. Essa instituição, que é administrada diretamente pela gerência de patrimônio cultural do município, tem como objetivo promover reflexões sobre as memórias da cidade e a importância da preservação do patrimônio cemiterial.

Já a Galeria Municipal de Arte Victor Kursancew foi criada pelo decreto Nº 4.461, de 17 de fevereiro de 1982, e tem como sede permanente a Casa da Cultura Fausto Rocha Junior. No local de aproximadamente 130 m² são promovidas exposições periódicas e, dentre os projetos facilitados pela galeria, destacam-se o Salão dos Novos de Joinville, um evento reconhecido nacionalmente para promover a exibição pública de novos artistas. Além de receber nomes que são referência na área, o principal objetivo desse espaço é proporcionar uma maior interação com a formação artística, servindo como plataforma para a exibição dos trabalhos realizados pelos alunos da Escola de Artes Fritz Alt.

Também é muito importante na cidade o Museu Nacional do Bombeiro, um espaço dedicado à preservação da história bombeiril. Localizado no interior da **mais antiga corporação de bombeiros** voluntários do Brasil, o local reúne um acervo de cerca de 170 preciosidades, dentre as quais o primeiro caminhão usado no combate ao fogo na cidade (um Chevrolet 1923) e uma bomba manual de 1892, que operava com a força física de 10 homens voluntários.

Além desse museu, o internacionalmente conhecido artista plástico joinvilense Juarez Machado, transformou a antiga residência da família em um centro de arte e cultura. Seu objetivo foi estimular a consciência das pessoas em relação às artes em sua cidade. Em 2014, foi inaugurado o Instituto Internacional Juarez Machado, que se transformou em um espaço para pensar, aprender, apreciar ou expor trabalhos artísticos.

Nele, além de exposições, também acontecem atualmente diversas atividades, como cursos, palestras e debates. Aliás, também estão expostas obras dos 50 anos da carreira do próprio Juarez Machado e são comercializadas peças com a grife do artista. Iniciativas desse tipo permitiram que muita gente – moradores e visitantes – tivessem mais acesso à cultura, o que sem dúvida interessa a todos.

A bucólica e agradável área rural de Joinville convida também o visitante a permanecer mais tempo na cidade e conhecer os encantos das principais regiões. Neste sentido, um lindo passeio pode ser feito nas proximidades do rio Piraí. Aí tem-se montanhas, cachoeiras, rios e vastos arrozais, sendo um lugar perfeito para relaxar.

O cenário se completa com os recantos de lazer, os parques aquáticos e os "pesque-pague" disponíveis na região, sem contar os chalés e o delicioso café rural. Já para os que curtem passeios de bicicletas, o roteiro de cicloturismo oferece 39 km de belas paisagens, e um percurso diversificado. Também existem as incríveis regiões acessadas pelos roteiros das **quatro estradas**, a saber:

> **Quiriri** – Esse roteiro segue através da mata atlântica e leva a lindas quedas de água, cercadas por orquídeas e pássaros. O turista pode renovar suas energias com um banho nos rios Quiriri e Cubatão, além de aproveitar a paisagem e conhecer as casas em estilo europeu.

> **Bonita** – O nome já diz tudo, pois essa estrada passa por uma região de belíssima paisagem campestre. São 5 km de belezas naturais, trilhas, riachos e rica gastronomia. As propriedades rurais oferecem produtos caseiros e café colonial e nos restaurantes locais é possível saborear a culinária típica de influência alemã. É, de fato, um lugar perfeito para o turismo rural.

> **Da Ilha** – A região onde passa essa estrada – distrito de Pirabeiraba – é reconhecida pela beleza dos coloridos campos de flores. No trajeto concentram-se diversas propriedades de criadores de cavalos e organizadores de eventos crioulos. O Roteiro das Flores e as delícias coloniais completam as atrações.

> **Dona Francisca** – Ao percorrer essa estrada o visitante poderá saborear os ícones da culinária local, como por exemplo o marreco recheado. Também será possível adquirir produtos coloniais e ter acesso a diversas opções de trilhas e recantos. As paisagens bucólicas e as propriedades decoradas com belos jardins formam o cenário que leva à serra do Mar.

O projeto Viva Ciranda, voltado para o **turismo rural pedagógico**, transformou a área rural de Joinville num cenário que permite ao visitante desfrutar de novas experiências. Nas regiões há pouco citadas, diversas propriedades abriram suas portas para que estudantes e turistas de todas as cidades possam conhecer melhor a vida no campo e ter contato com a natureza.

De fato, além de tudo o que já foi mencionado, o turista poderá fazer um inolvidável passeio pela baía de Babitonga, a bordo do iate turístico *Príncipe*. Durante o trajeto os passageiros desfrutam de música ao vivo, de um *show* humorístico e de um excelente almoço. No final é feita uma parada em São Francisco do Sul, para que os turistas possam visitar o centro histórico e o

Museu do Mar. O trajeto todo dura cerca de 4 h 30 min, mas o tempo passa bem depressa... Aliás, para quem gosta de passeios marítimos, também é possível fazer a travessia entre Joinville e Vila da Glória – uma encantadora comunidade de pescadores em São Francisco do Sul – utilizando o *ferry boat Vigorelli*.

Um acontecimento importante na cidade foi a recente criação da **Rota Turística de Pedestres**, pelo secretaria municipal de Cultura e Turismo de Joinville. Essa rota foi estruturada com o objetivo de integrar os pontos turísticos da região central da cidade e, ao mesmo tempo, permitir aos visitantes contemplar os espaços que são referências históricas e culturais do município. Ao longo de um trajeto de 5.250 m, o participante pode observar edifícios representativos, visitar museus e exposições, e vivenciar um pouco o cotidiano de Joinville.

Toda cidade que deseja encantar seus visitantes deveria ter uma excelente Rota de Pedestres, **não é mesmo?**

No que se refere a **patrimônio imaterial**, ou seja, aquele que celebra os saberes e fazeres de um povo, o destaque vai para a **culinária**. Neste sentido, a cachaça, o melado, os produtos coloniais e a cozinha colonial típica – principalmente as de origem suíça e alemã – ainda resistem aos processos de industrialização. Em Joinville acontecem dois tradicionais festivais gastronômicos, sendo um no verão (em janeiro) e outro no inverno (em agosto), ambos regados a cerveja!

E por falar nessa bebida, as cervejarias joinvilenses abrigam espaços temáticos onde é possível saborear e adquirir diferentes tipos da bebida, todos artesanais. Aliás, no mês de outubro acontece na cidade a festa oficial dedicada à cerveja, a Bierville, que atrai os amantes da bebida.

As confeitarias da cidade, que representam também uma atração cultural à parte, são reconhecidas por suas tortas, suas cucas e pelo *apfelstrudel*, a típica torta de maçã alemã. Na praça dos Suíços, que recebeu esse nome em homenagem à expressiva imigração de pessoas oriundas da Suíça, estão instaladas várias fábricas de chocolate caseiro.

O **artesanato** local é simples. Ele ostenta uma forte predominância de artigos confeccionados com tecidos e roupas feitos à mão, pintados ou bordados. Mais recentemente um outro tipo de artesanato tem se desenvolvido na região: com fibra de bananeira, uma cultura agrícola ainda abundante no meio rural. Aliás, todo mês de abril acontece na cidade a Festa da Banana.

Quando o assunto é **esporte**, a cidade costuma atrair muita gente para assistir as competições. As modalidades pioneiras da cidade foram o tiro ao alvo e a ginástica, praticadas pelos imigrantes. Outra modalidade bastante praticada anteriormente, em especial no rio Cachoeira, foi o remo. Porém, ao longo do tempo, vários clubes dedicados a esse esporte lamentavelmente desapareceram.

A partir do início do século XX o **futebol** se tornou o esporte de maior popularidade entre os joinvilenses, sendo que hoje o grande clube desportivo em atividade é o Joinville Esporte Clube. No passado houve outro grande clube na cidade, o Caxias Futebol Clube, mas que infelizmente foi extinto.

O Joinville Esporte Clube, mais conhecido pelo seu acrônimo JEC – ou pelas diversas alcunhas atribuídas pelos seus torcedores, como "tricolor", "nasceu campeão", "tricolor da Manchester" e "catarinense" –, é um dos cinco grandes clubes do Estado de Santa Catarina, ao lado do Avaí, do Chapecoense, do Criciúma e do Figueirense.

O JEC foi fundado em 29 de janeiro de 1976, a partir da união dos departamentos de futebol do América e do Caxias, que, na época, eram os dois clubes profissionais da cidade, e os mais tradicionais adversários no esporte. Ambos enfrentavam massivas crises financeiras, então, por meio de uma parceria, teve início a história do JEC.

Para tentar remediar a situação, pelo menos momentaneamente, a solução encontrada por um dos dirigentes do Caxias foi convidar para a presidência da nova equipe o industrial João Hansen Júnior, da empresa Tubos e Conexões Tigre. A partir daí, o processo para a criação do JEC precisou enfrentar a difícil tarefa de conseguir a aprovação de torcedores caxienses e americanos. A despeito das diferenças, prevaleceu o bom senso e, em 1976, foi criada a nova agremiação: o JEC. Nessa mesma ocasião, constituiu-se também a primeira diretoria do time, presidida por Waldomiro Schützler.

O maior rival do JEC é o Criciúma, com quem a equipe protagoniza o chamado "**clássico do interior**" (ou "**clássico norte-sul**"). A rivalidade entre esses dois times se acirrou a partir do final da década de 1970, mas também existem rixas entre o JEC e as equipes do Avaí, do Figueirense e do Chapecoense.

No que se refere ao número de conquistas de Campeonato Catarinense de Futebol, o JEC aparece em 3º lugar, com 12 títulos. Porém, o clube detém o recorde de títulos consecutivos no Estado (oito, entre 1978 e 1985).

Na década de 1980, a equipe se tornou conhecida por fazer frente a outras equipes grandes do País no Campeonato Brasileiro, principalmente quando jogava em seu estádio, o velho "Ernestão".

O JEC participou 13 vezes do Campeonato Brasileiro, disputou 20 vezes a Série B, sendo campeão em 2014. A equipe também disputou 8 vezes a Série C, quando foi campeã em 2011, e duas vezes da Série D. Isso indica que seu desempenho em alguns anos foi bastante sofrível.

A equipe foi a primeira catarinense a construir seu próprio Centro de Treinamento (CT), inaugurado em 1995. Ele está localizado no bairro Morro do Meio, na zona oeste, num terreno doado por um ex-presidente, Wilson Florêncio. Em 2011 o local foi ampliado, o que permitiu ao clube reestruturar suas categorias de base (com as quais já conquistou muitos títulos), e criar um projeto bem consistente de formação de atletas. A equipe principal também passou a aproveitar o espaço para concentração em dias de treinos em período integral e vésperas de partidas.

Ainda em 2004, percebendo a necessidade de um espaço mais moderno para atender à grande torcida tricolor (muitos desses torcedores vinham de outras cidades próximas de Joinville) a prefeitura inaugurou a Arena Joinville, inicialmente com capacidade para 15 mil espectadores. Em meados de 2007, o estádio passou por obras de ampliação, tendo sua capacidade expandida para 22.100 espectadores.

No final da Série C do Campeonato Brasileiro de 2011, na goleada do JEC sobre o CRB por 4 a 0, a Arena Joinville obteve seu recorde de público, quando 19.631 pessoas assistiram ao jogo. Até 1998, nas partidas mais importantes a torcida do JEC escutava apenas o hino da cidade, mas, a partir de novembro daquele ano, um belo hino foi composto para o clube pela compositora paranaense Jeanine de Bona, com o arranjo musical de Luciano Koenig de Castro. Daí em diante, passou-se a ouvir o hino da própria equipe.

As quedas sucessivas foi o que levou o time à ruína!!! Note-se que em 2015 o JEC chegou a ser o clube da moda, após ter obtido três acessos em quatro anos, saindo da Série D e chegando à Série A do Campeonato Brasileiro. O crescimento foi tão consistente que o clube recebeu o prêmio Pluri, de **eficiência na gestão de futebol**.

O presidente do clube, Vilfred Shapitz, comentou: "Quando subimos para a Série A, os funcionários receberam um aumento de salário que dava para pagar, pois só pelos direitos de transmissão pela TV na Série A recebemos R$ 20 milhões. Porém, quando o clube caiu para a Série B esses gastos começaram a pesar e por isso foi preciso demitir muitos funcionários.

Quando um time cai, precisa imediatamente fazer ajuste financeiros, que não foram previstos... Durante o ano de 2015, quando o clube disputou a Série A, tínhamos três ações trabalhistas e em 2018 elas subiram para 66. Na campanha de 2015 na primeira divisão tínhamos 12 mil sócios pagantes, e em 2018 essas mensalidades pagas caíram para 2.800, sendo essa a nossa principal fonte de renda agora.

A verdade é que desde de 2013 o clube vinha se endividando, e mesmo na época de 'vacas gordas' o Joinville dependia muito dos recursos injetados nele pelo empresário Nereu Antônio Martinelli, que assumiu a presidência em 2008. Infelizmente, ele se afastou da gestão do clube em 2016, permanecendo apenas como conselheiro.

Na Série C, em 2018, as contas bancárias do clube estavam bloqueadas. Nosso faturamento foi de R$ 167 mil por mês, enquanto as despesas somavam cerca de R$ 1 milhão no mesmo período. Lamentavelmente, muito do dinheiro arrecadado em 2015 acabou se esvaindo na contratação de reforços entre 2015 e 2018, que, aliás, não garantiram ao clube o desempenho esperado.

Na Série C, tivemos ao longo do ano um prejuízo de mais de R$ 13 milhões, enquanto na Série B faturávamos R$ 28 milhões. Temos, entretanto, convivido com custos bem grandes com as recisões contratuais. Agora em 2018 fomos novamente rebaixados para a Série D e as nossas dívidas subiram para R$ 42 milhões."

Vamos torcer para que o JEC consiga acertar sua situação financeira e consiga ter um bom desempenho na Copa Santa Catarina, um torneio que garante ao campeão uma vaga na Copa do Brasil. Esperamos que com isso ele volte a empolgar não apenas os seus torcedores, mas todos aqueles que gostam de futebol, para que essas pessoas venham a Joinville acompanhar seus jogos. Isso, aliás, já está acontecendo com a espetacular equipe de futebol de salão da cidade.

Existem em Joinville muitos clubes de menor dimensão dedicados ao futebol amador, que certamente cumprem uma importante função social em seus bairros. Há também diversos clubes recreativos, como o América Futebol Clube, por exemplo. Eles possuem boa estrutura esportiva e oferecem aos usuários a oportunidade de praticarem esportes variados, como: futebol de salão, futebol norte-americano (com destaque para as equipes

Red Lions e Jonville Gladiators), handebol, judô, natação, tênis, voleibol, basquete, ginástica artística, ginástica rítmica, entre outros.

Note-se que o campeão da Liga Nacional de Futsal (LNF) de 2017 foi a equipe de Joinville (antigamente foi conhecida como Krona Futsal), que continua sendo uma das equipes mais fortes do País. Os jogos da equipe no Centreventos Cau Hansen, com capacidade para 4.000 espectadores, têm atraído muita gente, lotando o espaço em diversas ocasiões.

Também não se pode deixar de mencionar o Joinville Basquete Associados, que surgiu em 2008 (a partir de uma equipe que foi criada antes...) e, naquele mesmo ano chegou à 4ª colocação no Campeonato Brasileiro, recebendo inclusive um convite para participar do Sul-Americano de Clubes, disputa em que alcançou o 3º lugar.

No início a equipe conseguiu garantir um sólido patrocínio e realizar a 2ª melhor campanha em jogos disputados "em casa" pelo NBB. Os jogos realizados no ginásio municipal Ivan Rodrigues registraram lotação em praticamente todas as partidas. Infelizmente a equipe acabou sendo extinta em 2014. Na temporada de 2017/2018 do NBB houve a participação de uma outra equipe de basquete de Joinville que se resumiu porém, a essa edição!?!?

Nos **esportes individuais**, alguns atletas joinvilenses conseguiram destaque internacional ao longo das últimas três décadas. Esse foi o caso dos nadadores Eduardo Fisher, Daniel Orzechowski e Talisson Glock; do piloto de Fórmula 1, Maurício Gugelmin; de Márcia Narloch, no atletismo; do lutador de artes marciais mistas, Vitor Miranda (nas competições *Ultimate Fighting Championship*).

Mais recentemente o grande destaque de Joinville foi o jogador de basquete Tiago Splitter, que além de defender a seleção brasileira, também disputou jogos em equipes da liga profissional dos EUA, a *NBA*.

Para fechar, convém ressaltar que no tocante a pandemia causada pelo novo coronavírus, até o dia 5 de junho de 2020 o número de óbitos em Joinville chegou a 23 – um número considerado pequeno pelo tamanho da população – mas era o maior entre as outras cidades encantadoras do Estado de Santa Catarina citadas nesse livro (Balneário Camboriú, Blumenau e Florianópolis).

Londrina

SHUTTERSTOCK · VINICIUS BACARIN

Uma vista do Museu Histórico de Londrina no qual está preservada a história do transporte ferroviário.

PREÂMBULO

Londrina tornou-se conhecida como a **"capital do café"** graças à terra produtiva – **"terra roxa"** – do município e do entorno. Por causa disso, a cidade é considerada como porta de entrada para a chamada **"Rota do Café"**, que passa por outras pequenas cidades vizinhas.

Por se tratar de uma fotografia histórica de um Brasil que deu certo, a Rota do Café vem atraindo cada vez mais curiosos, apaixonados por história, alunos universitários e outros visitantes que se deleitam com a diversidade apresentada pelo grão do café...

Quem vai a Londrina deve visitar obrigatoriamente o Jardim Botânico (uma das maiores unidades de pesquisa e conservação de espécies exóticas do Estado do Paraná), que fica na avenida dos Expedicionários Nº 200, no conjunto Vivendas do Arvoredo.

Já para que gosta de compras, um local recomendado em Londrina é o Mercado Municipal Shangri-lá, no qual estão à venda muitos artigos relativos à cultura oriental, além de frutas e verduras, e é possível almoçar muito bem!!! Aliás, a cidade de Londrina consegue surpreender e encantar o visitante com muitas opções de lazer, cultura, diversão e uma gastronomia toda especial.

Muitos estudantes também são atraídos para a cidade, em especial para a Universidade Estadual de Londrina (UEL), onde, ainda na década de 1990, tive a oportunidade de ministrar algumas palestras, e atestar sua excelência como IES. Além disso, não se pode esquecer que Londrina é também muito procurada pelos **"viajantes de negócios"**!!!

Claro que o turista não pode esquecer de ver os lagos Cabrinha, Igapó e Norte, passear pelo bosque municipal Marechal Cândido Rondon (ao lado da catedral metropolitana e com boa estrutura para a prática de esportes), e nos parques Arthur Thomas (com uma bonita cachoeira) e Mata dos Godoy (que tem muitas espécies de aves, mamíferos e plantas raras) e tirar algumas fotos na praça Tomi Nakagawa, inaugurada em 2008 para celebrar os 100 anos de imigração japonesa!!!

A HISTÓRIA DE LONDRINA

Londrina é um município do Estado do Paraná localizado a 381 km da encantadora capital paranaense, Curitiba. No início de 2020 a cidade contava com uma população estimada em 580.000 habitantes, sendo a segunda mais populosa do Estado e a quarta da região sul do País, atrás apenas de Curitiba Porto Alegre e Joinville.

A cidade de Londrina ocupa uma área de 1.653,075 km², e tem como municípios limítrofes: Marilândia do Sul, Apucarana, Arapongas, Assaí, Cambé, Ibiporã, São Jerônimo da Serra, Sertanópolis e Tamarana.

Ela é hoje um destacado polo de desenvolvimento estadual e regional, além de um importante ponto de ligação entre o sul e o sudeste do País. A cidade é também um pujante centro urbano, econômico, industrial, financeiro administrativo e cultural do norte do Paraná. É sede da Região Metropolitana de Londrina (RML) – formada pelos municípios de Pitangueiras, Ibiporã, Cambé, Bela Vista do Paraíso, Primeiro de Maio, Rolândia, Sabáudia, Sertanópolis, Tamarana, Porecatu, Assaí, Jataizinho, Alvorada do Sul, Jaguapitã, Florestópolis e Arapongas –, e segundo maior aglomerado urbano do Estado. Segundo estimativas, no início de 2020 viviam na RML cerca de 1,25 milhão de habitantes.

No que se refere à sua história, antes da colonização extensiva do norte do Paraná, havia entre seus moradores, além dos índios caingangues, uma população pobre instalada na floresta e que, para garantir o próprio sustento, já havia derrubado parte dela para a criação de animais e o plantio de produtos agrícolas. Mas juntamente com cidadãos nessa situação, na década de 1920, havia também os proprietários de terras, que iniciaram a abertura e a formação de grandes fazendas.

Na época Londrina era um espaço pertencente ao município de Jataizinho, conhecido como gleba Três Bocas, e ficava no trajeto da ferrovia Ourinhos-Foz do Iguaçu. Em 1924, o inglês Simon Joseph Fraser, mais conhecido como *lord* Lovat, veio ao Brasil e visitou o norte do Paraná. Na oportunidade verificou que não havia nenhum exagero no que ouvira falar a respeito dessa região, especialmente sobre as suas boas terras.

Então, em 1925, ele retornou, e dessa vez acompanhado de outras pessoas, com as quais criou a Companhia de Terras Norte do Paraná, diretamente autorizada pelo governo paranaense. Essa companhia iniciou seu trabalho de colonização conforme as orientações dos ingleses. Estes, por sua vez, ao observarem a névoa característica que se formava nos vales e na mata da região, perceberam uma semelhança com a neblina da capital da Inglaterra, Londres. Então, para homenagear suas origens, chamaram a comarca de "**Londrina**", cujo significado é "**pequena Londres**".

Londrina foi fundada em 10 de dezembro de 1934, com um traçado urbanístico modernista inicialmente planejado pelo urbanista Jorge Macedo Vieira, mas seguindo o princípio de **cidade-jardim**, de Ebenezer Howard. A Companhia de Terras Norte do Paraná foi um tipo de loteadora, que, após comprar as terras, derrubou parte da floresta, abriu estradas e organizou a divisão do espaço entre lotes urbanos e rurais, que então foram vendidos!!!

Entre as pessoas que participaram dessa organização estavam Antônio Moraes de Barros, João Sampaio e Arthur Thomas, que fizeram parte do início dos trabalhos. A propaganda por eles utilizada para atrair os compradores destacava a qualidade da terra da região, e dizendo coisas do tipo: "**terra sem saúva**" e "**terra roxa**".

Toda essa publicidade atraente, aliada a outros motivos – como a pobreza e a esperança de uma vida melhor –, fizeram com que muitas pessoas de todo o Brasil (principalmente paulistas, gaúchos e mineiros) adquirissem ou procurassem trabalho no norte do Paraná. Porém, além dos brasileiros também vieram pessoas da Alemanha, Itália, Lituânia, Japão e outros países.

Em bem pouco tempo, nas décadas de 1950 e 1960, Londrina obteve um desenvolvimento econômico impressionante, sobretudo com o plantio do café. No ano de 1961, estima-se que a RML e seus arredores tenham sido responsáveis por cerca de 51% do café produzido em todo o mundo. Isso rendeu a Londrina o apelido de "**capital mundial do café**", que mais tarde seria reduzido para "**capital do café**". Nessa época, fazendeiros e proprietários de grandes extensões de terra, construíram casarões e ficaram conhecidos como os "**barões do café**". Os grãos da planta, por sua vez, passaram a ser chamados de "**ouro verde**".

Entretanto, em 1975, houve a ocorrência de uma intensa geada, na época chamada de "**geada negra**", que atingiu todo o norte do Paraná, arruinando suas plantações de café. Apesar das perdas, alguns dos fazendeiros insistiram e voltaram a se concentrar na plantação do café, enquanto outros optaram por investir em outros negócios!?!?

O problema é que, após o plantio das mudas de café, seriam necessários dois anos aproximadamente para o início das primeiras colheitas e, com isso,

Londrina acabou perdendo o posto de grande produtor de café. Todavia, a essa altura, a cidade por sorte já havia desenvolvido um crescimento urbano razoável, e já contava com muitas indústrias, universidades e um setor terciário como um todo, em grande expansão (comércio e prestação de serviços).

Foi em 1977 que Antônio Casemiro Belinati foi eleito prefeito de Londrina, quando a riqueza do café no município já estava se esvaindo. Nas décadas seguintes ele foi reeleito, mas em 22 de junho de 2000, já em seu terceiro mandato, acabou sendo cassado pela Câmara dos Vereadores e, inclusive preso, em 2001.

Nas eleições seguintes ele voltou a se candidatar e chegou até a ser eleito para o que seria o seu quarto mandato, em 26 de agosto de 2008, mas teve a sua candidatura impugnada pelo Tribunal Superior Eleitoral (TSE). Então, em 29 de março de 2009 houve uma nova eleição e para o cargo foi eleito Homero Barbosa Neto, que contava com o apoio do próprio Antônio Belinati. Lamentavelmente, em 30 de julho de 2012, a Câmara de Vereadores de Londrina também cassou o mandato desse prefeito, que teve de ser substituído pelo então vice-prefeito, José Joaquim Ribeiro. Este, por sua vez, também foi cassado pouco tempo depois, em 20 de setembro de 2012. O cargo finalmente foi assumido, de modo interino, pelo vereador Gerson Araújo, que também era pastor.

Com todo esse histórico de cassações, e também por ser o berço de várias pessoas envolvidas em escândalos monumentais, a cidade de Londrina infelizmente adquiriu a pecha de **cidade da corrupção!?!?** Então, em 20 de outubro de 2012, Alexandre Kireeff decidiu se candidatar para o cargo...

Oriundo de uma família empresária no ramo de bioenergia e agronegócio, ele entrou na disputa pela prefeitura com menos de 5% das intenções de voto, mas conseguiu vencer, embora de forma apertada (com 50,53% dos votos válidos) a Marcelo Belinati (apoiado por uma coligação de 17 partidos), sobrinho de Antônio Belinati!?!?

Após três anos de mandato, em 2015, Alexandre Kireeff explicou: "Realizei uma campanha sem cabo eleitoral, sem placa na rua, sem bandeira. A primeira vez que subi em um carro de som foi no dia em que soube que ganhei... O custeio da minha campanha foi feito com poucos recursos e não aceitei coligação com outros partidos.

Naturalmente, os constantes episódios de corrupção atrasaram muito a cidade, e ela perdeu fôlego em relação às cidades de porte similar, como Maringá, Blumenau, Uberlândia etc. Porém, aos poucos foi possível reverter muitas situações deficitárias e refazer todas as licitações irregulares. Percebi que em meu trabalho eu tive apoio de muita gente, em especial dos meus quase 45.000 seguidores no Facebook.

Recebi apoio em relação às medidas de transparência que implementei, como por exemplo, de reverter a imagem da prefeitura, com a instalação de uma sala de vidro logo na entrada do prédio, para abrigar nela os processos de licitação. Eles passaram a ser transmitidos ao vivo pela Internet. Acredito que Londrina já fez sua lição de casa e que não haja mais espaço para retrocessos. No futuro, ninguém mais poderá impedir que as contas públicas, aquisições e pagamentos feitos pela prefeitura sejam transparentes para os munícipes!!!"

De fato, as ações tomadas pelo prefeito Alexandre Kireeff – que nunca imaginou que um dia ocuparia esse cargo na encantadora Londrina –, servem de exemplo para os que comandam outras cidades brasileiras. Infelizmente ele decidiu não se candidatar à reeleição e, então, o vencedor de 2016 foi Marcelo Belinati, que se tornou o prefeito de Londrina para o período de 2017-2020. Ele ganhou com 51,57% (136.360 votos) sobre o segundo candidato, Walter Orsi, que conseguiu 35,33% dos votos.

Marcelo Belinati conseguiu ser prefeito de Londrina, porém, deve-se destacar que ele possui uma longa carreira política, já tendo servido como vereador da cidade (entre 2005 e 2013) e deputado federal (de 2015 a 2016). Ele é advogado e médico, e está administrando a cidade com bastante dedicação!?!? Tudo indica que a sua gestão será bem profícua, apesar das dificuldades pelas quais passa a nossa Nação.

Aliás foi merecedora de elogios e admiração de outros prefeitos, a forma como ele gerenciou a cidade durante a pandemia do novo coronavírus e os embates que teve com a Justiça para conseguir que fossem retomadas em Londrina as atividades produtivas e o entretenimento.

No que se refere à **topografia** da região, o ponto mais alto do município de Londrina tem uma altitude que varia entre 820 m e 844 m, e fica próximo do distrito de Lerroville.

No município, são poucas as áreas remanescentes da formação vegetal natural (mata pluvial tropical e subtropical) que recobria a região. A mata dos Godoy (uma reserva florestal estadual) e a reserva indígena do Apucaraninha são formações florestais que demonstram a variedade de gêneros e espécies de vegetação que já existiram na região.

Quanto ao sistema hidrográfico do Paraná, por conta da declividade do relevo no sentido oeste, a maior parte da água é drenada para esse lado, formando assim a bacia do Paraná. Esta, por sua vez, se interliga com a bacia do Prata. Porém, o subsistema hidrográfico do município de Londrina corre no sentido predominantemente leste, uma vez que o relevo está genericamente inclinando da região de Londrina para o rio Tibagi, que tem um sentido sul-norte, desaguando no rio Paranapanema, um dos tributários do rio Paraná.

Os principais rios que passam no município de Londrina são o Taquara, Apucarana e Tibagi, sendo este último com grande potencialidade hídrica. Ele percorre uma extensão de 69,25 km dentro do município. Os principais ribeirões da cidade são: Apertados, Cafezal, Apucaraninha, Jacutinga, Cambezinho, Bom Retiro e Quati.

O clima de Londrina é classificado como **subtropical**, com chuvas o ano todo, porém, mais frequentes no verão. A precipitação pluviométrica média anual é de 1.583 mm. Segundo dados do Instituto Nacional de Meteorologia (INMET), a maior temperatura já registrada em Londrina foi de 39,3°C, em 23 de dezembro de 1975, enquanto a menor, num dia de "geada negra", em 18 de julho de 1975, foi de -3,5°C.

Estima-se que no início de 2020 houvesse em Londrina algo como 7,75 milhões de metros quadrados de área verde, o que seria quase o dobro recomendado pela ONU em metros quadrados por habitante. A cidade possui cerca de 270 praças públicas, sendo que as principais são: a da Bandeira, a Tomi Nakagawa, Rocha Pombo (na região central da cidade) e a Nishinomiya, próxima do aeroporto.

Em Londrina tem-se um esplendoroso lago chamado Igapó, que na língua tupi significa transbordamento de rios. Esse lago foi projetado em 1957, na gestão do então prefeito Antônio Fernandes Sobrinho. Na época foi uma solução para o problema de drenagem do ribeirão Cambezinho, que era dificultada pela existência de uma barragem natural de pedras. Inicialmente pensou-se em dinamitar essa barragem, mas prevaleceu a ideia de formar um lago no local.

O lago Igapó foi inaugurado em 10 de dezembro de 1959, em celebração ao Jubileu de Prata de Londrina, juntamente com uma estação de saneamento. Depois disso, entretanto, o local passou por um período de certo abandono, até que finalmente foi elaborado um plano de revitalização, na gestão do prefeito Dalton Paranaguá. Ele englobava um projeto paisagístico de Roberto Burle Marx, que incluía um jardim com 187 espécies de plantas nativas.

Além do lago Igapó, tem-se na cidade o lago Norte, localizado nas proximidades do terminal Milton Gavetti. Também é bastante usada pelos londrinenses (e pelos visitantes) a **área de lazer** Luigi Borghesi, que é também conhecida como "Zerão", por causa do formato de sua pista de corrida (um grande zero), cuja extensão é de 1.050 m. Na área interna dessa pista há um grande gramado, quadras esportivas e um *playground*.

Anexas a esse parque existem várias outras benfeitorias, como: um anfiteatro com capacidade para 15.000 pessoas, bebedouros, chuveiros e um estacionamento com algumas centenas de vagas. No Zerão também são realizadas manifestações artísticas, culturais e esportivas da comunidade, como o projeto Brisa, que apresenta ações do Festival Internacional de Londrina, do Festival de Música de Londrina, e diversos campeonatos de ginástica aeróbica.

Existem diversos grupos imigratórios menores que vieram para Londrina, como os árabes, judeus, britânicos, chineses, argentinos, holandeses, poloneses, ucranianos, tchecos e húngaros. Todavia, os principais são: os italianos, seguidos pelos portugueses, japoneses, alemães e espanhóis. E no que se refere aos italianos, o consulado desse país em Londrina estima que **mais de um terço** da população do norte do Paraná seja descendente de italianos, e que, individualmente, esse seja o maior grupo étnico da região.

A comunidade japonesa de Londrina soma cerca de 26.000 pessoas (entre nacionais e descendentes), sendo a 2ª maior do Brasil e uma das maiores do mundo fora do Japão. Estima-se que em 2020 a população do município de Londrina fosse composta majoritariamente por brancos (71%), pardos (22%), negros (3,8%), amarelos (3,1%) e indígenas (0,1%).

Já no que tange a **religião**, em Londrina há templos de diversos credos, entre eles: católico, evangélico, budista, muçulmano, espírita etc. No âmbito arquitetônico, os maiores destaques são os seguintes tempos: a catedral metropolitana de Londrina; as igrejas presbiteriana e metodista (as mais antigas da cidade, datadas de 4 de dezembro de 1933, quando Londrina ainda nem era cidade). Esses dois templos são construções em estilo inglês, e foram ambos tombados pelo patrimônio histórico e cultural da cidade. Há também a mesquita muçulmana Rei Faiçal; o templo budista Honganji, a igreja Nova Aliança e a igreja adventista central.

A história da catedral de Londrina é bem interessante. Ela foi a segunda igreja erguida na cidade e, inicialmente, foi construída em madeira, no ponto mais alto das terras destinadas a abrigar a cidade de Londrina, com base nos desenhos do engenheiro Willie Davids. Ela foi inaugurada em 19 de agosto de 1934.

Em 1937 foi elaborado um novo projeto em estilo neogótico pelo engenheiro Fristch e, em 1938, teve início a sua construção, com o lançamento da pedra fundamental. Em 1941 ela foi terminada, sendo que o último acréscimo foi executado em 1957, com a instalação do relógio da torre, em 1953.

Todavia, por causa da necessidade de ampliá-la, foi encomendado ao engenheiro alemão Freckmann, uma nova igreja, cujas obras iniciaram em 1954. Entretanto, em 1962 essas obras foram paralisadas por questões financeiras e somente retomadas em 1966, já obedecendo a um novo projeto, dessa vez dos arquitetos Eduardo Rosso e Yoshimasi Kimati. O templo foi inaugurado em 17 de dezembro de 1972. Recorde-se que, antes disso, em 1967, Londrina foi elevada à categoria de diocese, tendo como seu primeiro bispo dom Geraldo Fernandes Bijos.

No tocante a **economia**, estima-se que no final de 2019 o PIB de Londrina tenha alcançado aproximadamente R$ 21 bilhões, o que a colocou entre as 50 cidades mais ricas do País. Esse PIB se compõe majoritariamente pelo setor terciário, ou seja, comércio e prestação de serviços, que responde por quase 73% do seu total. Em seguida vêm o setor secundário (a indústria), com algo próximo de 19% e, por fim, o setor primário (o agrícola).

Já o IDH de Londrina tem ficado próximo de 0,825, o que é considerado bem elevado.

Segundo estimativas de 2020, o complexo industrial londrinense é constituído por cerca de 4.900 empresas, e engloba indústrias de diversos setores. No setor de comércio, Londrina possui excelentes *shopping centers*, nos quais trabalham milhares de pessoas. Aliás, diariamente esses locais são visitados por dezenas de milhares de consumidores. Entre os mais destacados centros comerciais, estão:

- **Catuai** – É o maior *shopping* de Londrina e conta com boa variedade de lojas em diversos segmentos (calçados, roupas, decoração, perfumaria, cosméticos, eletrodomésticos, móveis etc.), com duas praças de alimentação, hipermercado, sete cinemas e outros locais para entretenimento, como o salão de boliche e parque de diversões. É frequentado por cerca de 1.000.000 de pessoas por mês.
- **Boulevard** – É um excelente centro comercial, e o segundo maior da cidade, com uma estética bem bonita e temática. Foi inaugurado

em 2013 e possui uma área bruta locável de 47.800 m². É um ótimo lugar para um passeio com a família, com sete salas de cinema, boliche, boa praça de alimentação, grande variedade de lojas e a organização de eventos em um amplo espaço. O estacionamento é coberto e gratuito durante a semana, e nele cabem 1.800 automóveis.

- **Norte** – Foi inaugurado em 2012 e conta com boas lojas, praça de alimentação, seis salas de cinema, bom estacionamento, espaço para crianças brincarem e, atualmente, possui uma loja Muffatto, com preços muito bons
- **Jardim Mall** – É muito bem avaliado por aqueles que já fizeram compras nele. Dispõe de um local para se deixar os animais domésticos...
- **Com-Tour** – É um bom lugar para se fazer compras fora do centro da cidade, com boas lojas, ótimo supermercado e praça de alimentação (onde a tapioca é deliciosa). Ocupa um piso só, em um grande terreno.
- **Armazém da Moda** – Trata-se de um centro comercial bonito e bom. Oferece boa variedade de lojas e bons preços, além de estacionamento gratuito, espaço para crianças e um restaurante com comida gostosa.
- **Planet** – Tem várias lojas com preços bem acessíveis, porém, dispõe de poucos lugares para o visitante comer ou fazer um lanche. Nele ainda existem muitos espaços desocupados, aguardando para serem alugados.
- **Aurora** – Com uma boa variedade de lojas, cinemas que oferecem meia entrada para todos durante os dias da semana, ótimas opções de alimentação e mercado *gourmet* (onde se vende tudo de bom).
- **Royal Plaza** – Foi inaugurado em 2000 e possui ótimas salas de cinema, uma boa praça de alimentação e parque de diversões, porém, dispõe de poucas lojas.

Merecem também alguma destaque os seguintes *shoppings*: **Canadá** (com uma excelente loja de tênis); **Quintino** (com boa praça de alimentação, com sorveteria e doces de Portugal); **Saul Elkind** (em prédio novo, com boas opções de compras e lazer); **Via Pio XII** (boas lojas especializada em malhas de marca) e **Topázio**.

De fato, o setor de serviços se destaca bastante na economia londrinense, onde o comércio tradicional é forte e diversificado, há diversos hospitais, assim como uma vasta rede de escolas públicas e privadas de todos os níveis, um bom e bem desenvolvido sistema de transporte, diversos hotéis e restaurantes etc.

Infelizmente, ao longo desses últimos quatro anos da crise econômica vivenciada por todo o País, a situação se tornou preocupante em vários setores de serviços e, em especial, nos *shoppings* abertos depois de 2013. Em relação a isso, um estudo realizado pela empresa Ibope Inteligência a respeito da vacância nos centros comerciais revelou que, em 2017, naqueles consolidados e construídos antes de 2012, somente 8,5% das lojas estavam vagas, enquanto em 2018 esse percentual caia para 7,9%. Já nos *shoppings* abertos a partir de 2013, a vacância no número de lojas atingiu seu pico de 46% em 2017, recuando para 41% em 2018.

A Abrasce (Associação Brasileira de *Shoppings Centers*) divulgou que em 2017 deveriam ter sido abertos 23 novos centros comerciais no País, porém, foram inaugurados somente doze, o que representa o menor número desde 2012. Considerando que poucos centros comerciais foram construídos ou ampliados em 2018, serão necessários pelo menos quatro anos para que todo o espaço vazio nos empreendimentos existentes no País seja totalmente ocupado.

No âmbito da **informação**, o cidadão londrinense tem várias formas de acessá-la e também de se comunicar. A cidade possui ainda diversos jornais (destacando-se a *Folha de Londrina*), revistas, emissoras de rádio e televisão, além, obviamente, de serviços de telefonia fixa e móvel, e de Internet. Vale destacar que em 1996 o empresário Pedro Muffato, adquiriu a TV Folha de Londrina, que passou a se chamar TV Taroba Londrina, filiada à rede Bandeirantes, e cuja programação é vasta. Já no que se refere a jornal impresso, o mais destacado da cidade é a *Folha de Londrina* (que foi criada em 1948).

A *Folha de Londrina* é um jornal com impressão diária, que foi fundado, em Londrina em 1948, por João Milanez tendo uma tiragem diária média de 40 mil exemplares, circulando em mais de 300 municípios dos 399 do Estado do Paraná.

Em 15 de junho de 2020 na *Folha de Londrina* publicou-se que o número de óbitos na cidade pela *Covid-19* chegou a 45.

No mundo digital, já há um bom tempo a cidade tem acesso à Internet sem fio (*Wi-Fi*). E isso inclui várias praças, pontos turísticos, locais públicos e até mesmo em academias ao ar livre. Isso somente é possível graças ao programa Sercomtel ao Ar Livre, promovido pela empresa de Serviços de Comunicações Telefônicas de Londrina (Sercomtel), que instalou uma extensa rede de banda larga na cidade, cobrindo tanto a zona urbana quanto rural.

Atualmente a Sercomtel é uma empresa que opera os serviços de telefonia fixa, celular e Internet rápida e de alta velocidade. Foi por iniciativa do prefeito de Londrina, Hosken de Novaes, que a Câmara de Vereadores aprovou em outubro de 1964, por meio da lei Nº 934, a criação de uma operadora de telefonia para os londrinenses. Assim surgiu a Sercomtel, como um departamento da prefeitura.

Todavia, pouco tempo depois, em 1º de janeiro de 1966, a lei Nº 1.058, converteu a Sercomtel em uma autarquia municipal. Esta foi inaugurada oficialmente no dia 6 de julho de 1968 e acabou se expandindo rapidamente, sendo que em 1976 já contava com 22.800 terminais. Então, em 1985, a empresa anunciou uma nova expansão, garantindo ainda mais acesso aos serviços de telefonia à população londrinense e também aos distritos vizinhos. Tal expansão desenvolveu-se em três fases, sendo que a última foi concluída no final de 1989 e início de 1990, quando Londrina passou a contar com 70.997 terminais telefônicos, atingindo uma média de 19,45 aparelhos para cada 100 habitantes. Essa era uma média excepcional e, inclusive, a mais elevada do País naquela época!!!

Em 26 de novembro de 1992, a Sercomtel ativou na cidade, em caráter experimental, o serviço de telefonia móvel celular, tornando-se a primeira cidade do interior a oferecê-lo. Londrina também foi a primeira operadora de telefonia do Brasil a vender o serviço de Internet. O lançamento do serviço aconteceu em 5 de março de 1996, o que tornou a Sercomtel **a segunda empresa a oferecer esse serviço no País**, quando ainda estava totalmente nebuloso de que maneira as operadoras poderiam comercializá-lo.

Na metade da década de 1990, a Sercomtel foi transformada em sociedade anônima de economia mista, deixando assim de ser uma autarquia municipal. Já em 1998, a Companhia Paranaense de Energia (Copel) se tornou acionista, ao adquirir 45% das ações. Em 1999 as duas empresas criaram outro provedor, o Onda, que passou a ser o maior provedor do Estado, cobrindo, 10 cidades. Todavia, em 2001, o operador da Sercomtel voltou a operar sozinho em Londrina, usando o próprio nome.

Já no final da década de 1990, a Sercomtel se dividiu em duas empresas: a Sercomtel S/A – Telecomunicações, que congregava a telefonia fixa e outros serviços; e a Sercomtel Celular S/A, que respondia pela telefonia celular e banda larga nos municípios de Londrina e Tamarana. Em 2003, a Sercomtel Celular colocou em operação a sua rede *GSM (Global System for Mobile Communications)*, ou seja, uma tecnologia para telefones celulares, e cinco anos mais tarde entrou em operação comercial a rede de terceira geração (3G) da empresa.

Nessa época a operadora fixa também iniciou a sua política de expansão, passando a oferecer serviços em diversas cidades do norte do Estado, como Cambé, Ibiporã, Arapongas, Rolândia, Apucarana e Maringá, sendo que nessa última havia uma parceria com a Copel, uma de suas acionistas. Em 2010, a Sercomtel lançou o seu primeiro serviço de Internet rápida para linhas fixas pré-pagas do País, batizado de Internet e-conômica. Em dezembro de 2011, a Sercomtel Celular ganhou a licitação para radiofrequência, promovida pela Agência Nacional de Telecomunicações (Anatel). Em 2015 ela foi avaliada como uma das melhores operadoras dos serviços de telefonia fixa e telefonia móvel pré-paga do Brasil.

Quanto ao **transporte** londrinense, logo de início é importante mencionar que o projeto arquitetônico do terminal rodoviário José Garcia Villar foi elaborado pelo famoso arquiteto Oscar Niemeyer. Na época de sua construção, em 25 de junho de 1988, ele sofreu algumas modificações, implementadas pelo então prefeito da cidade, Wilson Moreira.

A cobertura da construção é toda feita de zinco. O formato do terminal é redondo e, internamente há um jardim circular e descoberto. No interior dessa construção há guichês, lojas de lembranças, farmácias, lanchonetes, caixas eletrônicos e outras conveniências, além, é claro, dos acessos às plataformas de embarque e desembarque, que ficam na parte externa do círculo. O transporte público na cidade é fornecido por empresas de ônibus locais e metropolitanas, que oferecem serviços nas modalidades convencional e **psiu** (na qual os veículos possuem ar condicionado e rodam em linhas estratégicas).

O aeroporto de Londrina Governador José Richa teve suas origens no período pós-2ª Guerra Mundial, que terminou em 1945. Todavia, a base do atual terminal foi construída na década de 1950, durante o auge da produção de café na região, quando o aeroporto chegou a ser o **terceiro mais movimentado do País**. Hoje, entretanto, ele está apenas entre os trinta mais movimentados do País!?!?

Localizado a menos de 5 km do centro da cidade, sua infraestrutura é adequada para operar aeronaves de médio porte, como os *Boeings*-737 ou os aviões produzidos pela Embraer. A Infraero controla o aeroporto desde 1980, tendo feito diversas melhorias no terminal, como a de 1995, quando a pista de pouso foi recapeada. O atual prédio possui dois pavimentos, sendo o segundo bastante modesto. Possui cinco posições de balcões de *check-in*.

Além disso, após um trabalho de reorganização seu pátio passou a abrigar até 5 aeronaves de médio porte simultaneamente, além de duas outras áreas para aeronaves de pequeno porte. Os principais destinos diretos atendidos a partir do aeroporto de Londrina são: Curitiba, São Paulo (Congonhas e Guarulhos), Rio de Janeiro (Santos Dumont), Campinas, Brasília, Maringá, Campo Grande, Cuiabá e Porto Alegre.

A cidade tem registrado um grande aumento no número de automóveis. Estima-se que no início de 2020 a frota de veículos de Londrina tenha chegado a 300 mil veículos. Além disso, deve-se levar em conta a intensa movimentação na cidade de veículos emplacados nos municípios que compõem a RML.

O resultado de tudo isso é um aumento nos congestionamentos, principalmente nos horários de pico (entre 7 h e 8 h e 17 h e 19 h). Os trechos mais problemáticos são nas avenidas Rio Branco, Arcebispo Dom Geraldo Fernandes, Madre Leônia Milito e Higienópolis, bem como os das ruas Benjamin Constant e Sergipe.

Entre as principais rodovias que cortam Londrina está a BR-369, que corta o município de leste a oeste e a liga às cidades de Cambé, Ibiporã, Arapongas, Apucarana entre outras. A PR-445 atravessa o município de norte a sul, e liga Londrina a Primeiro de Maio e a Curitiba. Outras rodovias importantes são a PR-538, a PR-323, a PR-545 e a PR-218.

Já no que se refere a **educação**, há no município de Londrina cerca de 300 pré-escolas, 230 escolas de ensino fundamental e 75 de nível médio, entre as da rede pública e privada. Entre as EMEFs, muitas das quais também oferecem educação infantil, destacam-se as seguintes: Carlos Kraemer (bem avaliada); João XXIII (bem avaliada); Carlos Dietz (bem avaliada); Arthur Thomas (bem avaliada); Nara Manela; Eurides Cunha (com alta avaliação); Santos Dumont (bem avaliada); Irene Vicentini Theodoro (com alta avaliação); Haydee Colli Monteiro; Maestro Andréa Nuzzi; Professor Moacyr Teixeira etc.

Há também algumas IEs estaduais que oferecem ensino fundamental, como: Jardim Eldorado (com alta avaliação); Nossa Senhora de Lourdes (com boa avaliação); Professor João Rodrigues; Conjunto Habitacional Farid Libos (com professores dedicados e bons índices no Ideb, além de um histórico de inovação em sua busca contínua por aprimoramento, etc.).

Naturalmente, há vários colégios estaduais em Londrina que oferecem o ensino médio, destacando entre eles o Marcelino Champagnat (provavelmente o melhor colégio estadual da cidade, no qual trabalham excelentes professores, que sabem desenvolver os talentos dos alunos); e o Antônio dê Moraes Barros (uma IE muito boa, com excelente equipe pedagógica e alunos bem preparados para ingressar em faculdades).

A rede de ensino privada também oferece boa qualidade em todos os níveis, ou seja, na educação infantil e nos ensinos fundamental e médio. Aí vão algumas boas IEs particulares:

- **O Peixinho** – Uma escola ótima para as crianças, pois elas recebem aí uma excelente formação.
- **Alfa** – Possui uma proposta pedagógica bem diferenciada e já conta com uma tradição de cerca de 24 anos, apresentando uma excelente avaliação.
- **Alternativa** – Seus professores são muito bem avaliados e a escola é considerada maravilhosa.
- **Instituto Pedagógico da Criança** – O ensino nessa escola é bem avaliado (berçario, educação infantil e ensino fundamental).
- **Fase** – Uma ótima escola, comprometida de fato com o ensino de seus alunos.
- **Das Américas** – Possui bons professores, funcionários e diretoria, todos trabalhando unidos para que seus alunos sejam bem preparados e educados.
- **Pio XII** – É muito bem avaliada por conta do bom desempenho de seu corpo docente e de seus funcionários.
- **CECA** – Essa sigla significa "centro educacional da criança e do adolescente", e nessa IE garante-se aos alunos um misto de conhecimento, autonomia e cooperação. Nela se percebe que de fato os estudantes participam ativamente das aulas.
- *Maestral Bilingual Education* – Nessa IE se dá muita atenção à parceria entre escola e família. Assim, o que se ensina na escola, com certeza cria um diferencial na vida das crianças. Foi uma das primeiras a oferecer educação infantil e ensino fundamental bilíngue em Londrina.
- **Educar** – Nessa IE se oferece a educação infantil, o ensino fundamental e o ensino médio, sendo que todos os níveis contam com boa avaliação.

- **Mãe de Deus** – É um colégio gerido por irmãs religiosas e está comprometido com o futuro dos alunos. Seguramente é uma das melhores IEs de Londrina.
- **Adventista** – Trata-se de um ótimo colégio, cujo método de ensino e aprendizagem é bastante eficaz.
- **ATOPP Brasil** – Atua no ensino médio e também no nicho de cursos pré-vestibulares, preparando alunos para o ingresso nos cursos superiores e para a prova do Enem.

Essa, obviamente, não é uma lista exaustiva, mas permite perceber que os londrinenses têm à sua disposição diversas opções para a conclusão das primeiras etapas de seus estudos e o preparo para adentrarem o ensino superior.

Aliás, por falar em ensino superior, na cidade estão instaladas várias IESs, públicas e privadas, que dão aos londrinenses condições de concluir o nível terciário e se formar numa ampla gama de profissões. Mas também proliferou na cidade a instalação de polos de EAD das mais importantes IESs do País. Entre as IESs destacam-se: Universidade Estadual de Londrina (UEL), Universidade Tecnológica Federal do Paraná (UTFPR), Instituto Federal do Paraná, Pontifícia Universidade Católica do Paraná (PUC-PR), Universidade Norte do Paraná (Unopar), Faculdade Norte Paranaense (Uninorte), Faculdade de Tecnologia do Senai e Faculdade do Senac, entre outras.

A UEL foi criada em 28 de janeiro de 1970, pelo decreto Nº 18.110, quando houve a junção de cinco faculdades estaduais que existiam em Londrina: Direito (inaugurada em 1958); Filosofia e Letras (que funcionou a partir de 1958); Odontologia (criada em 1962); Medicina (que funcionou em 1968) e Ciências, Economia e Contábeis (que funcionou em 1968).

Ela, entretanto, somente foi reconhecida como universidade em 6 de outubro de 1975, pelo decreto federal Nº 69.224/75. E apenas em 1984 é que foi instaurada a gratuidade dos cursos da UEL, e em 1991, ela se transformou em uma autarquia estadual. A IES se tornou famosa pela sua **qualidade de ensino**, sendo agora uma das principais universidades estaduais do Brasil, atraindo hoje estudantes de todas as partes do País.

Chegando a meio século de existência, a UEL é atualmente formada por uma comunidade universitária de cerca de 27.000 pessoas, entre docentes, estudantes e servidores técnico-administrativos. Estima-se que no início de 2020 estivessem matriculados nela cerca de 22.500 alunos, dos quais aproximadamente 16.300 cursavam graduação e 6.200 estavam em cursos de pós-graduação.

A UEL está atualmente dividida em nove centros que oferecem 68 cursos de graduação e cerca de 220 cursos de pós-graduação. Ela possui uma área construída de 210.000 m^2, ocupada por salas de aula, laboratórios, bibliotecas, restaurante, cantinas, área esportiva e de lazer, além de outras estruturas de ensino que visam proporcionar aos seus milhares de estudantes um ambiente acadêmico produtivo, confortável, crítico e prazeroso. Seu objetivo é possibilitar a correta formação de futuros profissionais, para que estejam aptos a obter sucesso profissional e se tornarem cidadãos competentes e éticos.

Em 2013, a UEL foi classificada pelo *Webometrics Ranking of World Universities* entre as 30 melhores universidades do País. Ela também ficou entre as 50 melhores da América Latina e as 1.000 melhores do mundo!!! Já o *QS World University Ranking*, publicado pela *Times Higher Education*, classificou a UEL como a quinta melhor IES estadual do Brasil e, evidentemente, a melhor do Paraná!!! No *RUF 2019* ela apareceu na 21ª posição.

Como já foi dito, a UTFPR tem sua sede em Curitiba, mas possui *campi* em mais 12 cidades paranaenses, sendo Londrina uma delas.

A Unopar, por sua vez, foi criada em 17 de fevereiro de 1972, e credenciada como universidade em 3 de julho de 1997, pelo decreto federal Nº 126. Em dezembro de 2011, ela foi adquirida pela empresa Kroton Educacional SA, tornando-se parte do grupo gerenciado pela Advent International, do qual já fazem parte diversas outras IESs.

Londrina possui diversas cidades irmãs, como Guimarães (em Portugal); Modena (na Itália); Toledo (nos EUA); Leon (na Nicarágua) e Nishinomiya e Nago (no Japão), o que lhe permite, entre outras coisas, promover alguns eventos culturais e facilitar o intercâmbio, em especial para estudantes dos seus cursos superiores.

No setor da **saúde pública**, existem em Londrina várias unidades de saúde distribuídas nos seus distritos (nove no total), porém, o que é importante é o fato de haver também na cidade muitos consultórios médicos, clínicas odontológicas e, principalmente, mais de duas dezenas de hospitais de todos os tipos e especialidades.

A Unimed, por exemplo, possui em Londrina um pronto-atendimento voltado especificamente para clínica-médica, pediatria e oncologia. Além disso ela também disponibiliza um centro para aplicação de medicamentos, um serviço de atendimento domiciliar, uma clínica de vacinação e um ambulatório de atendimento multiprofissional. E aí vão mais alguns hospitais onde os londrinenses podem ir para tratar de sua saúde:

- **Hospital Zona Sul,** ou seja, o **Hospital Dr. Eulalino Ignácio de Andrade** – Conta com médicos e equipe de enfermagem bem qualificados.
- **Hospital Zona Norte** – Tem uma equipe médica e demais profissionais da saúde bem qualificados, porém, o atendimento é demorado e a recepção necessita de aprimoramentos. Ele foi inaugurado em 18 de março de 1988 com o nome de Hospital Dr. Anísio Figueiredo.
- **Hospital Universitário** – É o maior da região e atende pessoas de várias partes do Estado do Paraná, além dos londrinenses. Ele foi ativado em 1º de agosto de 1971, sendo o único hospital de grande porte no norte do Estado do Paraná. É uma unidade da UEL.
- **Maternidade Municipal Lucilla Ballalai** - As pacientes recebem um atendimento satisfatório, mas o local precisa melhorar bastante em termos de infraestrutura (um bom exemplo disso são os banheiros utilizados pelas gestantes). A partir de 2018 ela passou por reformas e ampliação.
- **Hospital Evangélico** – Os pacientes são bem tratados, mas o atendimento é demorado, mesmo para quem tem plano de saúde.
- **Santa Casa** – Possui médicos e enfermeiros capacitados e atenciosos, ambiente limpo, medicamentos de qualidade e atenção com os pacientes do princípio ao fim do processo. O atendimento é rápido na recepção e na triagem.
- **Instituto do Câncer** – É uma referência no Estado nos cuidados com o paciente portador de câncer e tem recebido ótimas avaliações dos pacientes.
- **Hospital do Câncer** – Também é bem avaliado pelos pacientes, embora necessite de mais funcionários para oferecer serviços mais ágeis e eficientes.
- **Hemocentro Regional** – É um hospital universitário, vinculado a UEL, que oferece tratamento excelente, em especial para os hemofílicos.

- **Hospital Infantil Sagrada Família** – Apesar do atendimento ser demorado, os pacientes atestam a qualidade do atendimento desde a recepção até os consultórios médicos, passando pela enfermaria.
- **Irmandade Santa Casa** – Conta com boa avaliação dos pacientes e oferece bom atendimento.
- **Ambulatório Hospital das Clínicas (AHC)** – É um hospital-ambulatório que não deixa nada a desejar em relação a qualquer outro. Aliás, o atendimento nesse hospital-escola da UEL é especializado e, inclusive, já se tornou uma referência na região.
- **Hospital Araucária** – Possui convênio com diversos planos de saúde (Unimed, Bradesco, Amil etc.). Seus funcionários e suas equipes médicas são competentes.
- **Hospital Otocentro** – Local limpo, organizado, com acomodações confortáveis e atendimento médico de qualidade. É muito bem avaliado pelos pacientes.
- **Gastroclínica** – Oferece excelente atendimento, com médicos muito competentes, mas com pouca qualidade no serviço de recepção.
- **Hospital Mater Dei** – O atendimento oferecido é bom e nele são feitos procedimentos complexos, como transplantes de rim.
- **Hoftalon** – **Centro de Estudo e Pesquisa da Visão** – Trata-se de uma boa clínica e um centro de estudos e pesquisa oftalmológica. O local é higiênico e seus funcionários são competentes e simpáticos.
- **Hospital do Coração** – As equipes médica e de enfermagem são competentes e dedicadas, mas o atendimento é relativamente demorado.

Nos últimos tempos, em especial nas últimas quatro décadas, a **medicina moderna** revolucionou a **saúde**, ampliando naturalmente a **expectativa de vida** dos seres humanos. Vacinas, antibióticos, quimioterápicos, procedimentos cirúrgicos, entre tantos outros, são alguns dos exemplos de medicamentos e tratamentos que permitem a cura e o controle de doenças que no passado se mostraram incapacitantes ou até fatais!!!

Antes do desenvolvimento científico, a medicina costumava se basear em práticas que usavam o "**equilíbrio das energias do corpo**". Esse, entretanto, era um conceito ainda pouco definido, que, aliás, se procurava atingir com procedimentos potencialmente perigosos, como a sangria, o uso de sanguessugas ou a ingestão de metais pesados. Não havia nessa época conhecimentos consolidados sobre os agentes infecciosos, tampouco a respeito da fisiologia humana.

Infelizmente, algumas técnicas ditas curativas – e que ignoravam os avanços da ciência – ainda são reverenciadas na atualidade, como a **homeopatia** e a **acupuntura**. Elas são inclusive socialmente aceitas sob o rótulo de "**medicina alternativa**" e, o pior, elas foram recentemente rebatizadas como "práticas integradas e complementares" (PICs).

Então, para assombro das comunidades científica, a homeopatia e a acupuntura, assim como outras PICs bastante questionáveis – como a dança circular, o termalismo e a arteterapia – entraram no SUS a partir de 2006. Posteriormente, e agravando ainda mais essa esdrúxula decisão, em 2018, outras dez PICs foram também incorporadas, incluindo a aromaterapia, a cromoterapia, a imposição de mãos, a terapia de florais e a geoterapia.

Vale lembrar que nenhuma dessas terapias têm **eficácia** cientificamente comprovada. Para ser considerado eficaz, um medicamento ou tratamento deve passar por uma extensa série de rigorosos testes clínicos que garantam sua segurança e funcionalidade, e quando se diz que não há evidências científicas de que as terapias previamente mencionas e recém incorporadas ao SUS funcionam, isso significa que elas falharam nos testes clínicos ou, o que é pior, sequer foram submetidas a eles.

Aí vem a questão crucial: **"Por que muitas pessoas insistem teimosamente em afirmar que essas práticas funcionam?"**

Certamente o principal responsável por essa convicção é o **efeito placebo**. Isso pode ser explicado pela autossugestão ao se receber um tratamento falso por meio de uma simples pílula de açúcar. Aliás, a palavra **placebo** vem do latim e significa "**agradar**". Assim, de uma forma mais precisa, o efeito placebo representa qualquer sensação positiva atribuída a uma pílula ou procedimento e que não deriva de sua ação farmacológica ou suas propriedades específicas.

Na verdade, qualquer tipo de tratamento pode agir como um placebo. O efeito placebo é determinado pela resposta positiva de um indivíduo a esse tipo de intervenção. Claro que o efeito placebo pode confundir o usuário das pseudociências, dando-lhe a falsa impressão de que um dado tratamento é eficaz.

Além disso, há outros fatores a se considerar, como, por exemplo, a "**cura espontânea**" de várias doenças que são cíclicas. Muitos pacientes somente buscam tratamento quando os sintomas estão no auge. Todavia, como a tendência natural da doença é que os sintomas regridam com a ação que o próprio corpo humano desenvolve, o **crédito** acaba ficando para o **tratamento alternativo!?!?**

A cura espontânea é fruto do trabalho do nosso sistema imunológico, como é comum nos resfriados. A ciência costuma dizer, de uma forma bastante irônica, que: "Uma gripe costuma terminar em 7 dias, mas, se você se utilizar da homeopatia, os sintomas dela desapareceram em apenas uma semana!?!?"

Fora isso, existem doenças típicas de certas fases da vida, assim, uma doença da infância pode simplesmente desaparecer na puberdade. A ciência usa ferramentas como as metanálises e as revisões sistemáticas para analisar todos os trabalhos publicados sobre um determinado assunto e então chegar a um resultado a respeito de todos eles, sempre com o cuidado de incluir somente os que seguiram o método científico. Graças a essas metanálises e revisões, a homeopatia, por exemplo, foi banida da rede pública da saúde na Austrália, no Reino Unido e na Espanha, e a mesma decisão deve ser tomada em outros países. Isso se deve a extensos trabalhos conduzidos por organizações independentes, que concluíram que esse método de tratamento não funciona melhor que um placebo.

Nos EUA, por exemplo, remédios homeopáticos apresentam em suas bulas um alerta sobre a falta de comprovação científica, enquanto no Brasil a homeopatia é endossada pelo CFM e, inclusive, figura como disciplina obrigatória em algumas universidades!?!?

Recorde-se que a homeopatia foi criada pelo médico alemão Samuel Hahnemann (1755-1843). Vale lembrar que, naquela época, o conhecimento disponível sobre a natureza humana era muito menor do que é hoje e, portanto, as ideias em questão até soavam razoáveis. Além disso, os tratamentos convencionais eram frequentemente mais perigosos do que as doenças que pretendiam curar, e os remédios homeopáticos, mais suaves, conquistaram assim grande sucesso em muitas partes do mundo...

A doutora em microbiologia e presidente do Instituto Questão de Ciência, Natália Pasternak, e o professor emérito da Universidade de Exeter, no Reino Unido, e ex-homeopata, Edzard Ernst, escreveram um artigo muito interessante que foi publicado em 24 de novembro de 2018 no jornal *Folha de S.Paulo*, no qual explicaram: "Essa '**suavidade**', porém, era – e é – causada pelo fato de que os remédios homeopáticos quase sempre não continham nada além de água, álcool ou açúcar. O fato é que preparados homeopáticos costumam ser tão diluídos que não contêm sequer uma única molécula da substância anunciada no rótulo.

Uma diluição homeopática muito comum é a C30, que significa uma sequência de 30 diluições consecutivas, à taxa de uma parte de princípio ativo por 100 partes de solvente. Isso significa que uma gota do material original é dissolvida em 1.000 000 000 000 000 000 000 000 000 000 000 000 000 000 000 000 000 000 000 gotas de diluente (água, por exemplo). Isso equivale a menos de uma molécula da substância original em meio a todas as moléculas do universo!?!? Esse fato, por si só, já demonstra que é muito pouco razoável que os medicamentos homeopáticos tenham algum efeito concreto.

Além disso, constatar que um medicamento é eficaz e que um paciente teve melhora depois de ingeri-lo não é algo assim tão fácil. Mais difícil ainda é comprovar tudo isso. Vários elementos precisam ser considerados, como: se a melhora representa um efeito específico da ingestão do medicamento A ou B; se a população testada é suficientemente grande; se não existe outro fator em ação nessa população (como um efeito placebo, por exemplo, que possa provocar situações de autossugestão no paciente); se não se trata de uma doença em que possa ocorrer uma regressão natural etc.

Como em toda atividade humana, pesquisas médicas podem ser realizadas de modo equivocado e/ou provocar erros, por mero acidente. Por essa razão, as melhores conclusões sempre são retiradas do todo, ou seja, da reunião de diversos trabalhos. Esse conjunto de trabalhos é chamado de '**revisões sistemáticas**'. Existem diversas revisões sobre homeopatia, e, à medida que a qualidade dos estudos melhorou ao longo dos anos, os resultados se mostraram cada vez mais negativos, levando a uma conclusão clara: **os efeitos da homeopatia não são melhores que os dos placebos!?!?**"

Aliás, até mesmo as revisões compiladas num dossiê publicado em 2017 pela revista brasileira *Homeopatia*, que traz o que os homeopatas nacionais consideram seu melhor argumento científico, estão repletas de ressalvas. Uma delas diz, na conclusão, que: "A evidência a favor da homeopatia não é convincente!!!"

Vale a pena, porém, refletir sobre a posição do médico homeopata, Marcus Zulian Teixeira, coordenador da disciplina Fundamentos da Homeopatia, da Universidade de São Paulo, com doutorado e pós-doutorado, quando ele afirma: "Com frequência as pessoas reagem com desconfiança à homeopatia, questionando sua comprovação científica e eficácia clínica. A falácia de que '**não existem evidências científicas**', proclamada reiteradamente, acaba se incorporando ao inconsciente coletivo, servindo como estratégia para aumentar preconceitos contra essa especialidade médica.

Fruto da desinformação ou negação acerca das evidências científicas existentes, essa postura dogmática se retroalimenta com reportagens depreciativas, publicadas em diferentes veículos de comunicação, especialmente nas redes sociais, que, infelizmente, raramente divulgam os trabalhos favoráveis à homeopatia."

Como se nota, temos duas vertentes bem antagônicas, compostas por pessoas bem cultas, mas que defendem posições opostas: os que são contra e os que são a favor da homeopatia. Além disso, temos o paciente, que em geral é totalmente ignorante em relação ao significado de tudo isso e fica totalmente perdido e confuso sobre o que deve seguir ou fazer para se curar mais rápido.

Já no caso da acupuntura, seus defensores afirmam que as aplicações das agulhas em pontos específicos transportam **energia pelo corpo**. Todavia, esse mecanismo nunca foi demonstrado. A cura por meio dessa prática é oriunda da antiguidade e de uma suposta "**sabedoria oriental**".

Da forma como as coisas vão indo, é bem possível que outras pseudociências também se valorizem e que muito em breve tenhamos em nossas universidades aulas de apioterapia (terapia de picadas de abelha); aromaterapia, cromoterapia etc. Isso geraria uma grande indignação entre aqueles que integram as sociedades científicas.

Vale lembrar que o SUS já não dispõe de recursos físicos, humanos e financeiros adequados, e, com a alocação de recursos nas PICs, sem dúvida sobrará ainda menos dinheiro para vacinas, exames de mamografia, cirurgias etc. No artigo *O SUS contra a ciência*, escrito por Natália Pasternak Taschner e Alícia Kowaltowski, publicado no jornal *O Estado de S.Paulo*, em 12 de julho de 2018, elas destacaram: "Se pacientes informados ainda caem nas mãos de charlatões, o que dizer dos mais pobres, carentes de educação formal e da atenção do Estado!?!?"

O público majoritário do SUS é constituído pelos que estão na larguíssima base da pirâmide social e, em parte considerável, não tiveram acesso sequer aos bancos de escola, muito menos aos conhecimentos básicos da iniciação científica para saber escolher entre ciência e magia.

Oferecer as PICs no SUS serve apenas para enganar de modo populista as camadas sociais mais pobres. São procedimentos antiéticos e perigosos, e ainda podem adiar diagnósticos e tratamentos necessários. O silêncio e a omissão da comunidade científica em relação a esses temas não podem continuar, pois isso poderá ceifar milhares (ou milhões) de vidas, enquanto essa situação persistir!!!

Mas, como uma forma de provocação, deixo aqui uma questão: será que a assistência à saúde nas cidades encantadoras como Londrina – e tantas outras pelo País – não seria bem melhor para os moradores se não se gastasse tanto com essas PICs?

Não seria melhor gastar esses recursos na chamada **medicina de precisão,** como no **projeto DNA do Brasil,** que usa dados do DNA da nossa população (tão miscigenada, na qual índios, africanos, europeus e asiáticos se misturaram dando origem ao brasileiro atual) para poder melhorar a prevenção e tratamentos de doenças como hipertensão, diabetes e câncer!?!?

É verdade que falar de medicina de precisão quando boa parte de nossa população não tem saneamento básico pode parecer um delírio!!!

Entretanto, se fôssemos esperar resolver todas as questões básicas para então passarmos para as complexas, o País ainda estaria na era das sangrias, se bem que lamentavelmente continuamos privilegiando as PICs e em particular a homeopatia!?!?

No campo da **cultura,** deve-se destacar a existência de alguns bons museus em Londrina. Esse é o caso do Museu Histórico Padre Carlos Weiss (que foi seu criador, em de julho de 1935, e também seu primeiro diretor), um órgão suplementar da UEL localizado no centro da cidade, no prédio da antiga **estação ferroviária**. Há também o Museu de Arte de Londrina, que foi criado pelo decreto Nº 172, em 12 de maio de 1993, mesma data em que foi inaugurado. Vale lembrar que a exposição inaugural exibiu a famosa escultura *A Eterna Primavera*, de Auguste Rodin, além de obras dos artistas Victor Brecheret e Menotti del Picchia.

O prédio que abriga este museu fica na região central de Londrina, ou seja, na rua Sergipe, Nº 640, e foi tombado pelo patrimônio histórico artístico e cultural da cidade. Ele foi construído em 1952, com um projeto do arquiteto João Batista Vilanova Artigas. Até 1998 serviu como terminal rodoviário da cidade, até que o novo terminal fosse inaugurado.

Londrina é uma cidade que recebe muitas convenções e encontros universitários, sendo que entre os principais espaços culturais da cidade estão o Cine Teatro Ouro Verde, o Teatro Zaqueu de Melo, e a Concha Acústica. Já entre os principais eventos que acontecem em Londrina, e que atraem milhares de visitantes, estão: a *Expo Londrina*, uma das maiores feiras agropecuárias do Brasil; o *Festival Internacional de Londrina*, um importante evento anual de teatro; o *Festival Demo Sul*, um festival de música independente; o *Festival de Música de Londrina*; o *Londrina Jazz Festival*; o *Londrina Matsuri*, um evento japonês, em comemoração à chegada da primavera; a *Metamorfose*, considerada **a maior festa de fantasia do mundo** (!?!?), e em 2019 aconteceu a sua 24ª edição!!!

Claro que muita gente vem a Londrina para acompanhar aí as competições esportivas. Existem na cidade vários clubes e agremiações esportivas que participam de campeonatos regionais e nacionais, e em várias modalidades. Mas, naturalmente, o que mais chama atenção é o **futebol**, com o Londrina Esporte Clube (o LEC), cujo principal rival na cidade é a Associação Portuguesa Londrinense, bem como o Grêmio Maringá, da vizinha Maringá.

A história da fundação do LEC é bastante curiosa!!! Antes de se mudar para Londrina, José Luciano de Andrade viveu em Rolândia, onde, juntamente com o seu irmão Luíz, fundou um dos primeiros clubes profissionais de futebol do norte do Paraná, o Nacional de Rolândia. Um dia, quando soube que o time de Rolândia enfrentaria o Vasco da Gama do Rio de Janeiro, ele não vacilou. foi ver o jogo que, aliás, o Nacional venceu por 3 a 2.

Quando retornou a Londrina, ao lado do médico Wallid Kauss, surgiu a discussão: "Se Rolândia pode ter uma equipe capaz de enfrentar e vencer o Vasco da Gama, porque não poderia haver um time do mesmo porte em Londrina?". A ideia era fascinante e merecia ser debatida, portanto, nada melhor do que fazê-lo ao redor de uma mesa. Assim eles decidiram se reunir num restaurante. O grupo não poderia ter feito escolha mais feliz, pois tão logo ficou sabendo do assunto, o proprietário do estabelecimento, Pietro Calloni, italiano fanático por futebol, juntou-se ao médico e aos advogados mulatos – José Luciano de Andrade e Doan Alvarez Gomes.

Alguns dias depois, uma quinta cadeira ao redor da mesa foi ocupada, dessa vez pelo gerente da agência do Banco do Brasil na cidade, Paulo Schmidt, um avalista de peso, que sugeriu inicialmente o nome Londrina Futebol Clube.

A ideia parecia tão boa que nas semanas seguintes duas mesas do restaurante tinham de ser reservadas para aqueles "malucos" que estavam fundando um clube de futebol, ou seja: o médico Oswaldo Palhares, o juiz Ismael

Dornelles de Freitas, o professor Silveira Santos, além de Camilo Simões, Fioravante Bordin, Nicola Pagan, Algacir Penteado e Francisco Arrabal.

Em Londrina, a história parecia estar apressada... Nela já havia 25 times registrados na liga regional de futebol (amador), quando numa quinta-feira, 5 de abril de 1956, um número considerável de esportistas compareceu ao salão nobre do hotel Monções para eleger a primeira diretoria do novo clube de futebol profissional e demais esportes da cidade, que recebeu o nome de Londrina Esporte Clube (LEC).

O prefeito da cidade, Antônio Fernandes Sobrinho, e o secretário municipal, Mário Cunha, prestigiaram essa cerimônia e o LEC fez o seu primeiro jogo em 24 de junho de 1956, quando enfrentou a Portuguesa Londrinense, um dos melhores times amadores da cidade, e venceu pelo placar de 4 a 1, vestindo seu uniforme titular, cuja camisa ostenta listras azuis e brancas.

Em 1962, o LEC se tornou pela primeira vez campeão paranaense e, depois disso, ficou quase 19 anos sem conquistar um título, até 1981, quando em 29 de novembro daquele ano, no estádio do Café, tomado por 43.412 pagantes – e diga-se de passagem que, segundo outras estimativas, havia cerca de 2.000 penetras naquele dia, sendo que a capacidade do estádio era de, no máximo, 40.000 mil lugares – a equipe derrotou o Grêmio Maringá por 2 a 1.

Recorde-se que Londrina já estava em festa na véspera, ou seja, de sábado (dia 28), para domingo, poucos dormiram em paz. As buzinas e os tamborins soaram sem parar durante a madrugada. Nas lojas, esgotaram-se os tecidos azuis e brancos. No domingo cedo começou a chover, **mas e daí?** Ao meio-dia o estádio já se mostrava lotado de torcedores "**tubarões de barbatana**" (uma vez que a mascote do LEC é o tubarão) bem antes do jogo, todos preparados para a celebração!

E quando a partida terminou, muitos milhares de torcedores invadiram o gramado, de onde todos os jogadores fugiram assustados, exceto o Paulinho, que marcara o primeiro gol. Pobre Paulinho!!! No afã de conseguir uma lembrança do seu herói, os torcedores levaram tudo: tiraram-lhe a camisa, as chuteiras, as meias, as ataduras e até o calção, quase o obrigando a sair do campo como veio ao mundo....

Foi o jornalista Víctor Grein Neto que, inspirado no filme *Tubarão*, começou a chamar o LEC por esse nome. Naquela temporada a equipe estava "engolindo" seus adversários. Já o radialista Rubens Fernando Cabral alega que foi ele o dono da ideia e quem deu o apelido após uma série de vitórias consecutivas e acachapantes. Como na época ele trabalhava na rádio Clube, mandou fazer muitas camisetas com um simpático tubarão nelas e distribuiu para os ouvintes da emissora...

Já pelos documentos mostrados por Grein e a convicção de Cabral, o jornalista J. Mateus, em seu livro *Londrina Esporte Clube – 40 Anos – Do Caçula Gigante ao Tubarão*, preferiu fazer um julgamento nos padrões salomônicos e escreveu: "Victor Grein Neto é, de fato, o '**pai**' da mascote. Já Rubens Fernando Cabral é o verdadeiro '**padrinho do tubarão**'"

O LEC lutou muito para ter um estádio próprio. A equipe queria o estádio Vitorino Gonçalves Dias (VGD), que fora construído pela prefeitura em 1947 e passara por várias reformas, porém, somente com a construção do estádio do Café, inaugurado em 1976, no dia 22 de agosto, é que o LEC fortaleceu seu movimento para ganhar o VGD.

Foi em 6 de setembro de 1990 que o prefeito Antônio Belinati sancionou a lei Nº 4.312, que tornou o estádio uma propriedade do LEC. Em seguida muitas outras reformas foram realizadas nele, dando-lhe um novo visual e ampliando sua capacidade para 12.000 espectadores. Foi aí que o clube fez boa parte de seus jogos do Campeonato Paranaense.

Atualmente o VGD é muito usado para os treinos das categorias de base, que têm obtido muitas vitórias, além de formar atletas para a equipe principal. Aliás, no centro de treinamento da SMS Esportes, empresa que administra o clube, os meninos oriundos de outras cidades fixam moradia, enquanto treinam e jogam pelo LEC.

Recorde-se que o estádio municipal Comendador Jacy Scaff, popularmente chamado de estádio do Café, foi construído às pressas para o LEC pelo fato de o clube ter entrado no grupo de elite do futebol brasileiro, uma vez que se confirmara sua participação no Campeonato Nacional de 1976. Ele está localizado a 4 km do centro da cidade, no setor norte, próximo ao parque Ouro Verde, ao lado do autódromo internacional Ayrton Senna, sendo o maior estádio do interior do Estado do Paraná, com capacidade para aproximadamente 40 mil torcedores. O local possui ainda um amplo espaço para estacionamento de veículos.

O LEC possui atualmente uma grande torcida e há quem diga que é o clube com a maior torcida organizada fora de uma capital estadual. O fato é que muita gente já deixou seu nome marcado na história do LEC e, no que se refere aos seus dirigentes, dois conquistaram incrível relevância, como: o grande e eterno presidente Carlos Antonio Franchelo e o presidente Jacy Skaff, que no período de 1976 a 1977, colocou o LEC no Campeonato Nacional.

Antes disso Jacy Skaff ocupara outros cargos diretivos na equipe e foi ele que implantou uma nova mentalidade no clube, com a contratação de grandes jogadores, a ampliação da sede campestre e a efetivação do crescimento do número de sócios. Seu sonho sempre foi transformar o LEC no maior clube do Paraná. Ele foi o diretor de futebol no biênio 1980/1981, e voltou à presidência na gestão de 1983/1984. Infelizmente, Jacy Scaff morreu em 1986, deixando uma grande lacuna não apenas no LEC, mas em todo o meio esportivo paranaense.

Entre as importantes participações do LEC, deve-se citar que a equipe disputou até agora 60 temporadas do Campeonato Paranaense Série Ouro, sendo campeão 4 vezes; por sete vezes ele disputou o Campeonato Brasileiro, 24 vezes na Série B (sendo campeão em 1980 e disputando-a em 2019 e sendo rebaixado para a série C); duas vezes a Série C e três vezes a Série D do Campeonato Nacional.

Londrina dispõe de diversas áreas para a realização de práticas desportivas, destacando-se entre elas: o autódromo internacional **Ayrton Senna**, que foi projetado e construído pelo piloto londrinense Carlos Alberto (Beto) Colli Monteiro, com o apoio dos clubes e uma centena de companheiros e pilotos da região e recursos vindos dos governos municipal, estadual e também da Petrobrás Distribuidora.

Sua história começou em 1964, mas a inauguração somente ocorreu em 23 de agosto de 1992, sendo que em junho de 1994 seu nome foi modificado para homenagear o notável piloto brasileiro Ayrton Senna. O autódromo, atualmente, sedia provas da Fórmula 3, Fórmula Ford, Stock Car, Fórmula Truck, Trofeo Maserati, Speed Fusca, motociclismo, arrancadas, entre outras competições. Ele possui uma pista principal asfaltada, com 3.146 m de extensão, tem capacidade para 35.000 pessoas nas arquibancadas e é operado pela Fundação de Esportes de Londrina.

O ginásio de esportes **Professor Darcy Cortês** – mais conhecido como "**Moringão**" – é um ginásio poliesportivo localizado na região central da cidade. Ele tem capacidade para 13.000 espectadores e foi inaugurado em 1º de outubro de 1972. O local passou por grandes reformas entre 1994 e 1995, e hoje serve também para eventos, como *shows* e formaturas!!!

Há várias décadas, a já mencionada empresa de telefonia Sercomtel vem apoiando diversas modalidades esportivas e patrocinando equipes de vários esportes, como o voleibol Londrina/Sercomtel, o futsal Londrina/Sercomtel, o handebol Unopar/Londrina/Sercomtel, o atletismo FEL/Sercomtel/Caixa e o Paraná Soccer Technical Center. Os esportes de equipe frequentemente fazem seus jogos no Moringão, que recebe boas plateias.

No âmbito **gastronômico** quem visita Londrina não pode se queixar da falta de boas opções de restaurantes. Aí vai uma boa lista para satisfazer a todos os gostos, e bolsos:

- *Serafinni* – Apresenta uma culinária contemporânea, com pescados e carnes, tudo servido com muito requinte. A casa é bem sofisticada e possui uma excelente adega. Oferece almoço executivo a um preço bastante acessível.

- *Paulo's* – Serve um cardápio bem requintado, pratos quentes e carnes assadas na brasa (churrasco, carneiro, camarão, bacalhau etc.), tudo acompanhado de saladas e seguido por excelentes sobremesas. O ambiente é bem sossegado, e há inclusive um jardim interno.

- *Sabor Caseiro* – Serve comida brasileira e conta com serviço de *buffet self-service*. Sua comida é deliciosa, o preço é acessível, as sobremesas são finas e o pessoal do restaurante é muito gentil. O ambiente é bem tranquilo, os móveis são de madeira e as paredes decoradas com tijolos aparentes.

- *Toninho* – A gastronomia é variada, com pratos brasileiros regionais consagrados, servidos em um espaço descontraído com uma bela e grande varanda.

- *Silvan Cult* – Serve carnes assadas na brasa acompanhadas de bons vinhos e ótimas cervejas. As especialidades da casa são a picanha e o filé *mignon*. A decoração do estabelecimento é rústica.

- *O Casarão* – Este restaurante serve pratos variados que incluem desde massas e carnes até saladas, tudo *à la carte*. Possui uma boa carta de vinhos, e o ambiente é muito elegante. Também vale a pena servir-se do seu *buffet* por quilo durante o almoço, quando a casa serve ótima comida com preços excelentes.

- *Norte-Sul 24 Horas* – Restaurante/lanchonete localizado na rodoviária da cidade. Ele permanece aberto 24 h por dia e serve grelhados, caldinhos quentes, lanches e bebidas.

- *Dá Licença* – Esse restaurante *self-service* tem vários estabelecimentos na cidade e oferece uma grande variedade de opções. O lugar é bem limpo, seus funcionários são bem treinados e o ambiente é agradável.

- *La Gondola* – A gastronomia é variada e requintada. O local realmente tem um pé na Itália, pois conta com uma boa carta de vinhos e o ambiente é aconchegante e elegante.
- *Barolo* – Este consagrado restaurante serve menu italiano *à la carte*, com vinhos e sobremesas seletas. Nele o comensal tem uma excelente experiência gastronômica, como o *risotto al funghi*.
- *Bollogna* – Oferece um excelente rodízio de massas artesanais, além de carne na brasa e um *buffet* variado, tudo num amplo espaço familiar.
- *Guanciale* – É um restaurante italiano, com cozinha contemporânea. O cardápio inclui massas, obviamente, mas serve também grelhados e lanches, tudo num espaço iluminado com velas e paredes de tijolos aparentes. Para entrada, a sugestão é o *arancino* (um pastel tradicional da Sicília), cujo tempero é muito bom. Já como prato principal, o *penne* com salmão ao molho é bem leve, e delicioso. Para sobremesa uma boa pedida é o *brownie* com *bacon* (!?!?) e sorvete artesanal de baunilha. Com certeza essa é uma experiência inolvidável!!!
- *Villa Itália* – O tempero da comida é muito bom. Os garçons são bem atenciosos e o do local é muito aconchegante.
- *Minato* – Esse restaurante oferece uma combinação entre as culinárias tradicionais chinesa é japonesa. O local é amplo e climatizado, com capacidade para até 200 pessoas.
- *Taiwan* – Nesse restaurante serve-se a cozinha clássica chinesa, com pratos fumegantes. O local é bem decorado e espaçoso, com ambiente familiar.
- *Dachô Sushi* – O ambiente é bem descontraído e especializado em rodízio de comida japonesa, que inclui diversos tipos de *sushis*, além de pratos quentes. O restaurante também faz entregas.
- *Kozan Sushi* – Esse restaurante serve comida japonesa tanto no sistema rodízio (à vontade) como *à la carte*, com pratos quentes e frios. Ele também possui um sistema de *delivery*. Nele é possível tomar café da manhã.
- *Kiberama* – Serve culinária libanesa no sistema buffet, com opções de pratos quentes e frios. No balcão ficam as esfihas, os quiches e várias outras tentações alimentícias...

- *H2Chopp* – Serve comida árabe deliciosa, como charutos de uva incríveis. Mas aí também se preparam filés muito gostosos.
- *O Espanhol* – Servia muitos pratos brasileiros e mediterrâneos, preparados com bacalhau, cação e outros frutos do mar. A *paella* é ótima! Foi um lugar perfeito para uma refeição noturna. Infelizmente no dia 25 de março de 2020, devido as dificuldades financeiras que foram agravadas pelo novo coronavírus, esse restaurante fechou as suas portas, depois de ter funcionado 38 anos, e colocado à venda... Aliás isso aconteceu também com o *Bar Vilão* que foi inaugurado em 1972 e deve ocorrer com vários outros restaurantes londrinenses, lamentavelmente...

Pois é, quem for passear em Londrina, uma das coisas que vai lembrar aí é dos bons restaurantes, não é mesmo? Mas é claro que na cidade também existem excelentes hotéis 4 estrelas e algumas dezenas deles classificados como 3 estrelas. Entre os classificados com 4 estrelas estão:

- **Bourbon Londrina Business** – Trata-se de uma hospedagem moderna com quartos despojados, muito elegantes, ótimo restaurante, academia e *Wi-Fi* e café da manhã gratuitos, porém, o estacionamento é pago. O hotel fica a 5 min de caminhada do Museu de Arte de Londrina e a 3,3 km do aeroporto Governador José Richa.
- **Boulevard Residence** – É um hotel que ocupa um arranha-céu no centro da cidade, com estúdios e suítes casuais, restaurante e bar no *lobby* e piscina na cobertura. Tem bons espaços no térreo para uso dos hóspedes e recepção de seus conhecidos. Fica num local rodeado por muitas lojas.
- **Blue Tree Premium** – É um hotel moderno é elegante, que ocupa um edifício impressionante, com arquitetura arrojada, a 4,3 km da UEL. Possui suítes e quartos bem arejados, com *Wi-Fi* e café da manhã gratuitos, mas o estacionamento é pago. Além disso, tem um bom restaurante, piscinas interna e externa, sauna e *spa*.
- **Bristol** – Está situado numa torre bem alta, com uma incrível vista panorâmica para a cidade. Seus quartos e suítes são bem claros e amplos. Possui um restaurante, piscinas interna e externa, e sauna, e oferece café da manhã e *Wi-Fi* gratuitamente, mas o estacionamento é cobrado.

- **Crystal** – Fica no centro da cidade, e ocupa um edifício envidraçado e bem despojado, com quartos bastante descontraídos e um bom restaurante italiano. Oferece café da manhã gratuito. Está localizado a 9 min de caminhada da catedral metropolitana, de vários restaurantes e de um *shopping center*.

Entre os vários hotéis 3 estrelas os melhores são:
- **Cedro** – É um hotel prático, que possui um restaurante casual e um bar, além de uma sala de ginástica e sauna. oferece *Wi-Fi* e café da manhã gratuitamente, mas o estacionamento é pago.
- **Golden Blue** – É um hotel refinado, com quartos e suítes elegantes, em um ambiente moderno. Conta com piscina e oferece *Wi-Fi*, ótimo café da manhã e estacionamento gratuitos.
- **Ibis** – É um hotel econômico e moderno, com quartos claros, restaurante e bar. Oferece *Wi-Fi* e estacionamento gratuitamente, e permite a presença de animais de estimação.
- **Thomasi** – Trata-se de um hotel bem simples, que ocupa um edifício geométrico bem impressionante. Possui quartos e suítes casuais, restaurante e bar, além de uma piscina externa, academia e salão para eventos climatizado e bem equipado. O café da manhã é gratuito. Fica numa área comercial bem movimentada, a 2 min a pé do ponto de ônibus mais próximo e a 4 km do Museu Histórico de Londrina.
- **London** – É um hotel contemporâneo com suítes e quartos modernos, além de ter uma sala de TV e uma sala para reuniões. Oferece *Wi-Fi*, estacionamento e café da manhã gratuitos e, além disso, permite a presença de animais de estimação.
- **Comfort Suítes** – Este moderno hotel fica na saída da rodovia PR-445, a 4 min de caminhada do *shopping* Catuaí, a 4 km do Jardim Botânico e a 4,2 km do Centro de Eventos da cidade. Seus quartos são sofisticados e ele possui restaurante, piscina externa e duas salas de conferências. Oferece café da manhã gratuito.
- **Sumatra** – Hotel moderno situado na rua senador Souza Neves, Nº 803, um endereço bastante movimentado. Possui quartos sofisticados, academia, bar e um lindo terraço. Dispõe de centro de convenções e oferece o *Wi-Fi*, estacionamento e café da manhã gratuitamente para os hóspedes. Está localizado a 3 min de caminhada do cemitério São Pedro, e a 1 km da catedral metropolitana.

- **Ideal Plaza** – Este hotel está numa torre moderna, a 0,8 km da Concha Acústica, um teatro ao ar livre, e a 1,1 km do Museu de Arte. Seus quartos são modestos, e ele oferece café da manhã gratuitamente.
- **Princetel Palace** – Está localizado no centro da cidade, sendo uma boa opção para hospedagem em viagens a trabalho. Os quartos são funcionais, com TV a cabo e oferece um *buffet* no café da manhã.
- **Igapó** – É um hotel modesto localizado em um edifício despretensioso, a 10 min de caminhada do centro de recreação e lazer Luigi Borghesi, e a 1,3 km da catedral metropolitana. Seus quartos são claros e práticos, com um frigobar. O hotel também dispõe de sala de ginástica e oferece *Wi-Fi* e café da manhã gratuitamente.
- **AeroPark** – Este hotel em estilo *art déco* fica a 500 m do aeroporto e a 2,4 km da Concha Acústica. Além dos quartos aconchegantes, conta com piscina, churrasqueira e oferece estacionamento gratuito.
- **Londri Star** – É um hotel bem modesto, a 2 km da UEL e a 1,8 km do *shopping* Catuaí. Seus quartos são individuais, duplos e triplos e o hotel ainda dispõe de restaurante e uma piscina externa, e oferece *Wi-Fi*, estacionamento e café da manhã gratuitamente. Tem uma estrutura completa para eventos com 5 salas no prédio principal e 3 salas no centro de convenções.
- **Villalba** – Trata-se de um hotel bem simples, mas com quartos bons, restaurante, bar e loja de conveniência. Oferece *Wi-Fi* e café da manhã gratuitamente.
- **Harbor Inn** – É um hotel bem simples localizado nos limites da cidade. Está situado a 5 km do aeroporto e a 3 min de caminhada do lago Igapó. Possui restaurante e oferece café da manhã, *Wi-Fi* e estacionamento gratuitamente.
- **Londres Royal** – Dispõe de bons quartos e, apesar de estar na região central da cidade, é bem tranquilo. Nele o serviço de *Wi-Fi*, o estacionamento e o café da manhã são gratuitos para os hóspedes.

Maceió

SHUTTERSTOCK - LUCAS NISHIMOTO

Quem visitar Maceió, certamente poderá conviver bastante com o oceano Atlântico.

PREÂMBULO

História, cultura e muito lazer! É isso o que faz de Maceió uma cidade repleta de programas, seja durante o dia ou a noite, e atraí para lá cerca de 2 milhões de turistas a cada ano – como, aliás, aconteceu em 2019. Nas praias, as formações de recifes criam belas piscinas naturais de águas cristalinas, repletas de peixinhos coloridos. Entre as mais famosas da região estão a de Pajuçara e Paripueira.

O passeio às piscinas de Pajuçara é feito por meio de rústicas jangadas, que levam apenas 10 min para atravessar os 2 km entre as praias e os recifes. Vale lembrar que esses aquários naturais se formam apenas na maré baixa, mas, durante esse período os visitantes podem desfrutar também da própria estrutura das jangadas-restaurantes que servem lagostas, camarões, peixes e caipirinhas de frutas típicas. Já as piscinas de Paripueira estão localizadas numa praia a 33 km do centro da cidade, e a 2,5 km da costa, sendo, portanto, um pouco menos concorridas que as de Pajuçara. O passeio, que é feito em lanchas e dura cerca de 2 h, inclui mergulho com *snorkel*.

Outra atração que nenhum visitante pode deixar de conhecer é a Feira de Artesanato de Pajuçara, localizada à beira-mar. Ela dispõe de uma grande estrutura, com cerca de 200 barracas, onde são comercializados artigos locais e regionais, cujas cores e formas diversas dão vida a várias matérias-primas (palha, madeira, cerâmica, fibra de coqueiro, couro e barro). E no fim do dia o turista ainda pode apreciar um forró!!! Produtos similares também podem ser encontrados no centro da cidade, no Mercado do Artesanato, que abriga cerca de 250 lojas repletas de artigos regionais.

Outro passeio imperdível na capital alagoana é visitar a lagoa Mundaú, cuja superfície se estende por 23 km^2. Trata-se de um dos maiores ecossistemas do Estado, e nele é possível observar interessantes aspectos históricos, culturais, sociais e econômicos da região. O fato é que somente quem passar alguns dias em Maceió entenderá plenamente o porquê de a cidade ter apelidos como "**cidade sorriso**", "**cidade restinga**", "**paraíso das águas**" e, inclusive, "**Caribe brasileira**".

Infelizmente devido a pandemia do novo coronavírus ocorreu uma dramática redução de turistas em Maceió no 1º semestre de 2020, a partir de março. Estima-se que até o fim do ano, de acordo com o Maceió Convention & Visitors Bureau, o prejuízo para a economia da cidade será da ordem de R$ 2 bilhões, além das grandes dificuldades para sobreviver daquelas empresas que prestam serviços aos visitantes!!!

A HISTÓRIA DE MACEIÓ

Maceió é a capital do Estado de Alagoas. No início de 2020 ela contava com uma população estimada em 1,05 milhão de habitantes, o que a tornava a 14ª capital estadual a ultrapassar a barreira de 1 milhão de moradores. Além da capital, a região metropolitana de Maceió (RMM) é constituída por outros 10 municípios. Sua área total é de 509,55 km² (dos quais cerca de 230 km² compõem a área urbana), e a população total estimada em 2020 era de 1,46 milhão de habitantes.

Os municípios que fazem parte da RMM são: Barra de Santo Antônio, Paripueira, Rio Largo, Santa Luzia do Norte, Coqueiro Seco, Satuba, Marechal Deodoro, Messias (que também são limítrofes de Maceió), Pilar e Barra de São Miguel. A RMM foi criada pela lei complementar estadual Nº 18, de 19 de novembro de 1998. Os municípios de Flexeiras e São Luís do Quitunde fazem divisa com Maceió, mas não estão incluídos na RMM.

Atualmente a área de influência da RMM avançou além do território do Estado de Alagoas, chegando ao norte do Estado de Sergipe e ao sul do Estado de Pernambuco. Hoje, uma grande dificuldade das autoridades públicas é a de integrar o transporte público na RMM, seja por via lacustre, rodoviária e/ou ferroviária.

A palavra "Maceió", ou "*maçaio-k*", significa "**aquilo que tapa o alagadiço**". Já no dicionário *Aurélio*, explica-se que o termo Maceió designa uma lagoa temporária e cíclica, localizada à beira do mar, na foz de um curso de água pequeno o suficiente para ser interrompido por uma barra de silicato. Isso pelo menos até que a maré alta abra temporariamente o caminho, de modo cíclico, relacionado a uma estação do ano, à vazão do rio, às estações lunares etc.

No século XVI, quando chegaram os primeiros europeus à região atualmente conhecida como Maceió, a mesmo estava ocupada por um dos povos tupis: o dos **caetés**. Já no século XVII, e com o início da colonização portuguesa, os navios portugueses atracaram onde hoje está o porto de bairro do Jaraguá, local em que eram carregados com as madeiras extraídas das florestas litorâneas. Vale lembrar que esse porto também serviria mais tarde para o embarque do açúcar produzido pelos engenhos locais.

Antes da fundação de Maceió, ocorrida em 1609, Manoel Antônio Duro viveu no local atualmente conhecido como bairro de Pajuçara. Na época, ele recebeu do alcaide-mor de Santa Maria Madalena, Diego Soares, uma sesmaria. Porém, mais tarde, em 1673, às terras mudaram de dono, quando o rei de Portugal determinou ao visconde de Barbacena que construísse um forte no bairro de Jaraguá. Com isso houve um grande desenvolvimento na região, e o pequeno povoado recebeu uma capelinha dedicada a Nossa Senhora dos Prazeres, hoje padroeira da cidade.

No dia 5 de dezembro de 1815 (data que ainda hoje é considerada como de sua fundação), a vila de Maceió foi **desmembrada** da então vila de Santa Maria Madalena da Alagoa do Sul – ou simplesmente vila de Alagoas –, atual cidade de Marechal Deodoro. Mais tarde, em 9 de dezembro de 1839, ocorreu sua elevação à condição de **cidade**, principalmente por causa de todo o desenvolvimento advindo da operação do porto de Jaraguá, um porto natural que facilitava o atracamento das embarcações que eram carregadas com açúcar, tabaco, coco e especiarias.

Em 16 de dezembro de 1839, ocorreu a inauguração do município de Maceió, ocasião em que Augustinho da Silva Neves foi apontado para o cargo de intendente. Com a emancipação política de Alagoas, o novo governador da capitania, Sebastião Francisco de Melo e Póvoas, iniciou a transferência da capital para a cidade de Maceió.

Porém, isso provocou resistência por parte dos homens da Câmara e de diversas figuras públicas. Então, naquele mesmo dia – 16 de dezembro de 1839 –, foram enviados para Maceió destacamentos militares dos Estados de Pernambuco e da Bahia, com o objetivo de garantir a ordem e efetivar a transferência do governo para a cidade.

Posteriormente, no dia 4 de outubro de 1844, e ainda por conta da mudança da capital para Maceió, a cidade foi invadida por tropas guerrilheiras comandadas por José Thomaz da Costa, pelo padre Calheiros e pelo advogado Lúcio, da Vila do Norte. Na época, Sousa Franco, o presidente da província contra-atacou utilizando as tropas existentes na nova capital. Entretanto, no dia seguinte (5 de outubro de 1844), outras tropas guerrilheiras atacaram a capital alagoana, invadindo as ruas da cidade e fazendo exigências ao presidente.

As demandas, porém, não foram aceitas, e o contra-ataque fez com que as tropas invasoras – as chamadas **tropas dos cabanos** – recuassem. Tal recuo fez com que Vicente de Paula assumisse o comando das mesmas e, em seguida, conseguisse reorganizar novos contingentes de cabanos que atacariam Maceió na manhã de 21 de outubro de 1844.

Na época, as tropas em questão invadiram o consulado britânico e prenderam o vice-cônsul Diogo Burnett. Esse ataque acabou causando repercussão na capital do império, ou seja, no Rio de Janeiro. Isso, por sua vez, fez com que o imperador enviasse para Maceió o major Sérgio Tertuliano, que estava em Pernambuco, com o objetivo de reforçar a defesa de Maceió.

Em seu relatório para o imperador, o major destacou que havia pânico entre a população maceioense e bloqueio das estradas na cidade. Porém, com o novo contra-ataque foi possível derrotar as tropas cabanas, inclusive fazendo com que seus principais líderes fossem mortos. Maceió foi visitada em 1859 pelo imperador dom Pedro II, que na ocasião participou de várias festas na capital alagoana, antes de seguir viagem para outras cidades.

Em 1º de fevereiro de 1912 aconteceu um outro conflito bem sério em Maceió, ou seja, a **quebra do Xangô**. Vale ressaltar que esse dia turbulento na capital alagoana também ficou conhecido por outros nomes, como: "**Quebra-quebra**" e "**Dia do Quebra**". Porém, historiadores e estudiosos desse evento preferem chamar a ocorrência de "**Quebra de 1912**", quando houve a destruição de todas as casas de culto afro-brasileiro existentes na capital.

As referências historiográficas sobre o fato foram publicadas no já extinto *Jornal de Alagoas*, nos artigos escritos na seção *Bruxaria*, por Oseas Rosas. Na época, terrenos foram invadidos e objetos sagrados retirados e queimados em praça pública. Fora isso, registrou-se também outro fato deplorável: o espancamento público de pais e mães de santo. É importante lembrar que, nessa época, preponderavam na capital alagoana os seguidores do **catolicismo**. Nunca ficou claro, entretanto, quem foram os responsáveis diretos pelo grande número de terreiros destruídos e pessoas assassinadas... O que é indiscutível é o fato de o movimento ter sido insuflado pela Liga dos Republicanos Combatentes, que na época era uma entidade civil que cometia muitos atos ilegais, tais como intimidação, invasão de residências, tiroteios etc.

Com o passar dos anos do século XX, o **turismo** em Maceió desenvolveu-se bastante, tornando-se inclusive a principal fonte de renda de todo o município. E isso não se deu por acaso. Além de belas praias de águas cristalinas e repletas de coqueiros, o município de Maceió dispunha de uma rica gastronomia; possuía numerosos monumentos e edifícios culturais, e seu povo era extremamente amável e a cidade contava com uma boa infraestrutura (incluindo-se aí hotéis e restaurantes). Tudo isso sem dúvida atrai muitos visitantes.

Um dos pontos turísticos mais conhecidos de Maceió localizou-se na praia de Ponta Verde. Tratava-se na realidade de um coqueiro que nascera à beira-mar, bem na curva da praia, e fora apelidado de **Gogó da Ema**. O nome foi dado porque a árvore era naturalmente torta e, assim, ostentava a forma do pescoço de uma ema. Tal característica especial serviu de inspiração para diversos fotógrafos e desenhistas. Infelizmente essa árvore foi derrubada pelo avanço do mar, ainda na década de 1960, mas só depois de servir de cenário para encontros entre namorados, especialmente nas décadas de 1950 e 1960. Hoje nesse local funciona o Alagoas Iate Clube, conhecido como Alagoinha, ponto de divisa entre as praias da Ponta Verde e dos Sete Coqueiros.

Ainda na década de 1930, Maceió chamou a atenção de todo o País – e também do exterior – pelo grande movimento literário que ali ocorreu nessa época, e que, aliás, contou com a participação de José Lins do Rego, Rachel de Queiroz, Graciliano Ramos, entre outros.

Depois disso, Maceió consolidou seu desenvolvimento administrativo e político, dando início a uma nova fase em termos de comércio e industrialização. Na década de 1950, foi construído na praia de Pajuçara o Iate Clube Pajussara, um clube recreativo e de treinamentos náuticos. Na ocasião, Odorico Maciel, um de seus sócios-fundadores, era também um dos mais renomados professores do Estado. No clube aconteciam os grandes bailes de formatura e carnavalescos da cidade. Além disso, toda a elite da cidade e do Estado costumava se reunir aí.

Em 17 de julho de 1997, Maceió foi palco de lamentáveis distúrbios, quando milhares de servidores públicos protestaram junto ao então governador Divaldo Suruagy contra a desvalorização deles como trabalhadores. Na época, os servidores reivindicavam melhorias nas condições de trabalho nas repartições públicas, assim como o pagamento dos salários atrasados. Deve-se recordar que nessa época, muitos servidores desesperados por conta do atraso de 6 meses no salário, cometeram suicídio. Por causa disso, militares e servidores uniram-se em um combate armado nas proximidades da Assembleia Legislativa de Alagoas, que se encontrava protegida pelas tropas do Exército. Depois de um quebra-quebra nas ruas, finalmente o governador foi tirado do cargo, um fato que ficou conhecido como "**a queda de Suruagy**".

Em 2002, depois de concorrer com outras nove finalistas, a cidade de Maceió foi escolhida por um júri internacional como **capital americana da cultura**, tornando-se a primeira cidade do Brasil a ganhar este título.

Nessas duas últimas décadas, o que tem preocupado muito as autoridades públicas maceioenses, são as ondas de violência que vem abalando a tranquilidade da capital alagoana. Assim, por exemplo, a partir de 14 de dezembro de 2011 a região vivenciou momentos de terror, em especial no centro da cidade. Aconteceram arrastões (algo que foi descrito como sendo "boatos" pela polícia e pelo governo estadual), assassinatos de comerciantes e, além disso, foram incendiados vários ônibus, em ações ordenadas por líderes da facção criminosa Primeiro Comando da Capital (PCC), que estavam encarcerados em presídios...

O arrastão ocorrido às 11 h da manhã do dia 18 de dezembro de 2011, no centro, fez com que as lojas fechassem as portas em plena semana de Natal. De acordo com a população, naquela ocasião, quinze homens armados circularam pelo comércio promovendo assaltos, e, inclusive, fizeram disparos dentro das lojas.

Após o tumulto, cerca de 50 militares apareceram e iniciaram as buscas pelos criminosos, mas **ninguém foi encontrado!?!?** O pior de tudo é que a Associação Aliança Comercial de Maceió negou que tivesse havido uma ação no centro da cidade!?!? Acredita-se que, com toda a insegurança registrada, as vendas durante a semana de Natal nas lojas do centro da cidade tenham caído mais de 15% em relação ao que fora registrado no ano anterior.

Ainda no âmbito da violência, Maceió já foi a capital estadual com a maior média de adolescentes assassinados no País (entre 12 e 18 anos), segundo índice verificado em 2007. Então, com o objetivo de melhorar a qualidade de vida das pessoas que viviam em situação de vulnerabilidade social, a prefeitura, juntamente com o governo do Estado, desenvolveu um projeto integrado de combate à pobreza. As ações foram articuladas entre o poder público, a sociedade civil e as entidades privadas.

A partir de 2011, Maceió passou a ser patrulhada por um helicóptero da polícia militar e foram instaladas centenas de câmeras de vigilância nas áreas de maior movimento, como por exemplo na avenida Fernandes Lima, na região da orla da cidade, e na via expressa. Isso sem dúvida ajudou muito a polícia a combater a criminalidade na região.

Todas essas ações, além de outras, acabaram dando resultado e em 2015 Maceió se tornou a capital estadual que **mais reduzira a violência em todo o País**. De fato, a segurança pública em Maceió passa por um período bem auspicioso, obtendo bons resultados. Isso é fruto de um trabalho desenvolvido de forma conjunta em todo o Estado de Alagoas!!!

No que se refere à região ocupada por Maceió, ao longo de centenas de anos, formaram-se aí terrenos alagadiços. Isso se deu por conta do acúmulo de sedimentos oriundos dos rios Mandaú e Paraíba do Meio. O mar também contribuiu com sedimentos, fechando as fozes desses rios e formando dessa maneira o que hoje se conhece na capital alagoana como as lagoas Mundaú e Manguaba, que juntas constituem um dos maiores complexos estuários do País.

Foi sobre esses alagadiços e essa restinga que Maceió se desenvolveu. Atualmente, dois bairros abrigam pouco menos da metade da população de Maceió: Jacintinho e Benedito Bentes, cada qual com aproximadamente 235.000 habitantes. Jacintinho é um bairro bem próximo do centro da cidade. Ele é cercado por grotas e, apesar de ser vizinho da área mais valorizada de Maceió, a maioria de seus habitantes tem baixa renda. Benedito Bentes, por sua vez, é um conjunto habitacional criado há mais de 25 anos. Hoje o bairro possui muitos empreendimentos ao seu redor. Assim, juntamente com as favelas e grotas, o bairro se tornou bastante populoso. Vale ressaltar que já tramitou na Câmara dos Vereadores de Maceió uma proposta para o desmembramento de Benedito Bentes do município, transformando-o em uma nova cidade. Porém, essa iniciativa não alcançou sucesso.

Maceió possui um arquipélago fluvio-marítimo localizado na lagoa Mandaú, formado por nove ilhas: Irineu, Almirante, Cabras, Bora Bora, Fogo, Um Coqueiro Só, Santa Rita, Santa Marta e Andorinhas. Em algumas delas existem complexos hoteleiros, que são atrações maceioenses. Todas essas ilhas se formaram por sedimentos deixados pelos rios Mundaú e Paraíba do Meio.

Maceió tem um clima quente e úmido, caracterizado por grandes oscilações térmicas. A temperatura mínima de 15°C foi registrada em 31 de julho de 2005, e a máxima de 36,4°C ocorreu em 5 de maio de 1998. A precipitação pluviométrica se concentra no outono e inverno, em especial entre os meses de abril e julho, com o total anual alcançando 1.867 mm. O maior volume mensal observado até hoje foi registrado em maio de 2017, quando choveu 813,2 mm. Vale ressaltar que no município de Maceió tem-se, além de mata atlântica, uma vegetação herbácea (gramíneas) e arbustiva (com poucas árvores e espaçadas).

A cidade possui um vasto parque municipal, que foi inaugurado em 1978 e ocupa uma área de 82,4 ha. Ele está localizado entre os bairros de Bebedouro e Tabuleiro do Martins, dentro da cidade. Trata-se de uma área de preservação ambiental, com segurança para os animais e para a própria mata atlântica. Nele há cinco trilhas acessíveis ao público: Principal, Aventura, Paz, Pau Brasil e Mata. É possível observar e beber a água que brota do solo em diversas partes desse parque, e o local é monitorado 24 h por guardas municipais e fiscais ambientais, que percorrem as trilhas a pé ou em quadriciclos, mantendo contato direto com o batalhão da polícia ambiental.

Existem outros parques florestais espalhados por toda a cidade, como o do **cinturão verde** (no Pontal da Barra) e a **reserva florestal** do Instituto Brasileiro do Meio Ambiente e dos Recursos Naturais Renováveis (no bairro Gruta de Lourdes). Além dos parques, Maceió é uma cidade relativamente arborizada, possuindo algumas áreas com muitas árvores. As áreas mais arborizadas da capital alagoana são:

- **As orlas de Jatiúca, Ponta Verde e Pajuçara** – Estes são locais que abrigam muitos coqueiros, principalmente a Ponta Verde, onde há um canteiro central com cerca de 1 km de extensão e centenas de coqueiros plantados. Na orla de Pajuçara, foi onde foram plantadas mais árvores (como o oiti, que produz frutas comestíveis e o coqueiro).

- **Ao redor das avenidas mais movimentadas da cidade** – Para diminuir a intensa poluição causada pelos automóveis, e principalmente pelos ônibus e caminhões, a prefeitura tem plantado muitas árvores (como o ipê rosa, o ipê amarelo, a espirradeira, a buganvília etc.). Isso pode ser observado especialmente nos canteiros centrais das principais avenidas, como por exemplo na Fernandes Lima, na Durval de Góes Monteiro (que corta praticamente toda a cidade), na Doutor Antônio Gomes de Barros, na Sandoval Arroxelas e na Senador Rui Palmeira.

Na maioria das praças da capital alagoana há muitas árvores, como se pode notar nas praças Dom Pedro, Sinimbu, Centenário, Gogó da Ema e dos Martírios e no corredor Vera Arruda.

Já com relação às **piscinas naturais**, há algum tempo havia nelas muito lixo gerado pelos barcos-restaurantes que serviam comida naqueles locais. Isso persistiu até que ligações anônimas denunciassem os funcionários das embarcações de jogar todo o lixo originado dentro delas diretamente no mar, assim como o óleo utilizado na fritura. Mas eles não eram os únicos responsáveis pela sujeira, pois os próprios banhistas também contribuíam se livrando do lixo que produziam (latas de cerveja e sacolas plásticas), jogando-o no mar.

O fato é que, depois de muitas denúncias, os governos municipal e estadual atuaram de forma conjunta e proibiram os barcos-restaurante no local. Também foi estabelecido que qualquer banhista flagrado jogando lixo naquelas piscinas seria autuado e multado por crime contra o meio ambiente!!!

É importante lembrar que nessas piscinas naturais maceioenses vivem vários tipos de peixes, esponjas e crustáceos. Também costumavam ser vistos aí moluscos, porém, por causa da persistente poluição, tem se tornado cada vez mais raro encontrá-los...

E por falar em banhar-se na capital alagoana há mais de três anos a prefeitura desenvolveu um projeto muito interessante que é o Praia Acessível que disponibilizou sete cadeiras anfíbias adaptadas para facilitar o acesso de deficientes à praia.

São sete cadeiras para empréstimos gratuitos por até sete dias, que podem ser levadas pelo usuário para qualquer praia. Dois equipamentos foram comprados pela prefeitura e os demais doados pelo banco Itaú e estão disponíveis para os que vivem em Maceió ou para turistas.

Quando é que outras cidades litorâneas com belas praias vão imitar esse projeto que possibilita a todas as pessoas com deficiência ou com mobilidade reduzida banhar-se no mar?

No relevo do município de Maceió predominam as terras baixas, com altitudes inferiores a 100 m, sendo que na porção norte-noroeste existem áreas que alcançam mais de 160 m (como a serra da Saudinha, que chega a 300 m). Outros três tipos de relevo podem ser vistos na região: planícies ou baixadas litorâneas, tabuleiros costeiros e o maciço cristalino da Saudinha.

A **planície litorânea** compreende a área de menor expressão espacial e de menor altitude (até 10 m). Sua origem é bastante recente, e nela predominam as formas de acumulação marinha, fluvial, fluviomarinha, fluviolacustre e eólica. Essas formações são representadas por terraços, pontas arenosas, restingas, cordões litorâneos, ilhas fluviomarinhas, recifes e lagunas.

Os **tabuleiros costeiros** também são conhecidos como baixo planalto sedimentar costeiro. Eles apresentam relevo tipicamente plano, com suaves ondulações e atitudes, em geral inferiores a 100 m. São cortados transversalmente por rios que correm em cursos paralelos, separados por interflúvios tubuliformes, formando vales e encostas fluviais, várzeas e lagunas. Destacam-se o Pratagy e seu principal afluente Messias; o rio Meirim, e seu afluente Saúde; e o Estiva e o Sauaçuí (na divisa com Peripueira), além dos riachos Carrapatinho, do Silva (que já abasteceu Maceió até a década de 1950), Reginaldo, Jacarecica, Garça Torta e Doce.

Nos baixos cursos dos rios a ação das marés provoca o surgimento de manguezais, que se estendem ao longo de quase todo o litoral do Maceió, especialmente na foz dos rios Pratagy, Meirim, Estiva e Sauaçuí.

No extremo norte-noroeste do município de Maceió, cercado pelos **tabuleiros costeiros**, está uma área de **rochas cristalinas** – serra da Saudinha –, formada por um esporão granítico. Os cursos de água que drenam o município apresentam-se perenes, com uma extensão aproximada nele de 12 km. Suas principais cabeceiras localizam-se na serra da Saudinha (rios Meirim, Saúde e Pratagy), nos tabuleiros (rio Sauaçuí e os riachos Reginaldo, Jacarecica e Doce) – alguns próximos da área urbana do município, nas proximidades dos conjuntos residenciais Henrique Equelman, Moacir Andrade e do Parque Residencial Benedito Bentes I e II.

Estima-se que em 2020, a população de Maceió fosse constituída da seguinte forma: 48% de pardos; 44,4% de brancos; 6,3% de negros; 1,2% de asiáticos e 0,1% de indígenas. Segundo a ONU, o IDH de Maceió está em torno de 0,74, sendo considerado um índice médio. De fato, esse número poderia ser bem mais elevado se ocorresse a melhoria da renda e da longevidade dos habitantes da capital alagoana.

Vale ressaltar que, nos últimos anos, Maceió recebeu um grande número de imigrantes chineses, cuja única fonte de renda era o comércio de produtos nas chamadas **"lojas R$ 1,99"** (estabelecimentos que se popularizaram por vender artigos até esse preço máximo) ou a venda de produtos importados da China. As ruas que abrigam a maior concentração de chineses são a Cincinato Pinto, a Moreira Lima e a Boa Vista.

De acordo com os depoimentos dos comerciantes do centro da cidade, em poucos anos um número bem razoável de lojas novas foram abertas. Elas tinham como proprietários chineses ou descendentes deles. Por causa disso, e da dificuldade em competir com os preços baixos cobrados pelos imigrantes, muitos lojistas da região passaram a temer a possibilidade de terem de fechar suas portas. Além disso, havia ainda um outro fator assustador: a extrema dedicação dos estrangeiros com esse trabalho...

No âmbito **religioso**, existe uma grande variedade de cultos em Maceió. São muitas as denominações cristãs, divididas entre católicos, protestantes e evangélicos. Há também as testemunhas de Jeová, os mórmons e os adventistas, assim como os budistas, os espiritas, os xintoístas etc. Não obstante toda essa diversidade de credos, registra-se o evidente predomínio do catolicismo. Segundo estimativas de 2020, 60% da população de Maceió se identificava como católica; 21% se diziam evangélicos pentecostais ou afirmavam seguir outras denominações evangélicas; 11,4% não seguiam nenhuma religião (ateus, agnósticos, deístas), e o restante de 7,6% se dividia entre espíritas e seguidores de cultos afro-brasileiros etc.

A igreja católica possui diversos templos na cidade, sendo que os principais são a catedral metropolitana, a igreja de Nossa Senhora do Ó, no bairro Ipioca (a segunda mais antiga de Alagoas) e as igrejas de Nossa Senhora do Rosário dos Pretos, de São Gonçalo do Amarante, de Nossa Senhora do Livramento, do Nosso Senhor Bom Jesus dos Martírios e de Nossa Senhora Mãe do Povo.

Há muitas paróquias de destaque, como a de São Paulo Apóstolo; a de Nossa Senhora de Lourdes, a de Nossa Senhora das Dores e a Universitária Santa Teresinha.

Também existem algumas dezenas de templos dedicados a credos protestantes ou reformados (da igreja Universal do Reino de Deus, da Assembleia de Deus, da Igreja Adventista do Sétimo Dia, da Igreja Evangélica Assembleia de Deus, da Igreja Mundial do Poder de Deus etc.). Templos e espaços não cristãos também se destacam em Maceió, como os da Seicho-no-ie, dos cultos xintoístas, budistas e os terreiros, entre outros.

No que se refere a **economia**, estima-se que o PIB de Maceió em 2019 tenha sido de R$ 22,3 bilhões. O setor primário da economia, ou seja, o agrícola, encontra-se apoiado na monocultura da cana-de-açúcar. Embora praticamente irrelevante em termos econômicos (!!!), essa prática ocupa quase toda a área rural do município de Maceió, em especial o setor próximo ao bairro de Benedito Bentes.

Já no litoral, principalmente em algumas áreas isoladas do tabuleiro e das encostas, há muitos coqueiros, além de algumas culturas de pomar, como de caju, manga e jaca. Uma parte das terras do município é utilizada para lavouras permanentes e temporárias, de subsistência (em que várias famílias pequenas consomem o que plantam em suas propriedades), bem como para pastagens.

O município é muito rico em sal-gema, possuindo um setor industrial bem diversificado (indústrias químicas, açucareiras e de álcool, metalúrgicas, de plásticos, de cimento e alimentícias). Além disso, ele apresenta uma significativa atividade na extração de gás natural e petróleo.

Outros municípios que fazem parte da RMM têm uma economia parecida com a de Maceió, particularmente no que se refere à mineração (retirada do gás natural e do petróleo). A capital alagoana conta com o polo cloroquímico, que abriga a maior empresa instalada no Estado, a Braskem (exploradora e beneficiadora de sal-gema) e o distrito industrial Luiz Cavalcante, localizados, respectivamente, entre os bairros do Pontal da Barra e Tabuleiro do Martins.

O distrito industrial passou há pouco tempo por uma grande reforma e recebeu um novo nome, sendo agora chamado de polo multisetorial Governador Luiz Cavalcante. Nele foram feitas melhorias importantes, como os pórticos de entrada e saída, com 6 km de ruas pavimentadas; 4,5 km de linhas de abastecimento de água e 3 km de ciclovias. Isso fez aumentar bastante o interesse de diversas empresas em instalar-se no polo. Aliás, vários estabelecimentos industriais ampliaram suas instalações ou então construíram novas unidades dentro dele.

Acredita-se que em 2020 houvesse em Maceió aproximadamente 1.600 estabelecimentos industriais. E, de um modo geral, nesses últimos 15 anos Maceió tem vivenciado um *boom* (expansão) no **comércio** e no **turismo**, com o que foram abertos diversos hipermercados, hotéis, restaurantes, *shopping centers* e centros de convenções.

Entre os mais importantes centros comerciais da cidade de Maceió, destacam-se:

- **Parque** – Trata-se de um excelente *shopping* (inaugurado em novembro de 2013), espaçoso e com vista privilegiada, uma vez que está localizado bem próximo de uma praia, e possui um mirante que possibilita uma linda vista do mar. O local possui nove salas de cinema da rede Cinesystem, sendo duas delas *Vip*. Há também diversos bares e restaurantes (como o *Divino Fogão*). Esse centro comercial é amplo e limpo (em especial os banheiros), possui lojas com grande variedade de produtos e um espaço para as crianças brincarem.

- **Maceió** – Esse é um ótimo lugar para se fazer compras, pois dispõe de uma boa variedade de lojas e bons preços. O local também oferece

- bons restaurantes em sua praça de alimentação, além de agências bancárias, clínicas médicas, seis salas de cinema da rede Kinoplex.
- **Pátio Maceió** – O local oferece boas opções de compras, assim como uma boa praça de alimentação, cinco salas de cinema da rede Centerplex. Entretanto, o estacionamento é caro e a limpeza dos banheiros deixa a desejar...
- **Farol** – Dispõe de uma boa variedade de lojas, feminina e masculina, assim como lanchonete, café, restaurante e dois cinemas digitais.
- **Blue** – A variedade de lojas não é o seu forte, mas abriga uma boa quantidade de consultórios médicos.
- **Pajuçara** – Conta com uma boa variedade de lojas, assim como uma lanchonete bem simples, onde o almoço é delicioso...
- **Miramar** – Nele há muitas lojas pequenas e quiosques, mas nenhuma âncora. Em contrapartida, o local oferece uma grande variedade de serviços (banco, lotérica etc.).
- **Terreno Parque** – O local é espaçoso, alegre e dispõe de diversas lojas. A vista é maravilhosa, mas o estacionamento é cobrado, o que é um inconveniente...
- **Galeria 5ª Avenida** – Um empreendimento cheio de lojas comerciais, com estacionamento grande e gratuito.

Existem também em Maceió algumas galerias, como a Royal Center, a Class, a Maceió Mall e, apesar da crise econômica vivenciada pelo País, continuam sendo abertos outros centros comerciais, geradores de muitos empregos.

Como tem ocorrido com a maioria das grandes cidades brasileiras, também em Maceió vem ocorrendo nos últimos anos um crescimento significativo do comércio informal. Afinal, com a alta taxa de desemprego, o profícuo "quarto setor" produtivo (ou seja, do **comércio informal**) prolifera, uma vez que as pessoas envolvidas tentam sobreviver!?!? O problema é que ao fazê-lo elas não pagam nenhum tipo de imposto!?!?

Agora, o ponto forte da economia maceioense, com já foi dito, é o turismo!!! De fato, a capital alagoana possui um grande potencial para atrair turistas. Isso por conta de suas belezas naturais e da grande diversidade cultural aí existente. Além disso, Maceió oferece várias opções de lazer e espaços modernos para a realização de encontros de negócios, como os que ocorrem no novo Centro Cultural e de Exposições, no bairro de Jaraguá.

Já no que se refere a **gastronomia**, nesses últimos anos a cozinha maceioense vem ganhando bastante divulgação e tornando-se bem popular. De fato, alguns de seus cozinheiros foram alçados ao *status* de celebridade, como foi o caso da *chef* Simone Bert, que em 2018 participou do programa *Masterchef Brasil Profissionais* na TV Bandeirantes, e hoje comanda o restaurante *Wanchako*.

E é a própria *chef* Simone Bert que alerta seus clientes: "No meu restaurante ninguém vai encontrar pratos tradicionais." O cardápio desse restaurante é inspirado na culinária *nikkei*, reunindo as cozinhas japonesa e peruana. A diferença é que no lugar dos pescados do oceano Pacífico, a *chef* usa o robalo da foz do rio São Francisco. Mas quem for a esse restaurante deve provar o arroz de polvo Dom Manual e os ceviches (frutos do mar marinados no limão).

Outro *chef* bem afamado é o paraibano Wanderson Medeiros, que assumiu em Maceió o restaurante da família, *o Picuí*. Ele especializou-se no que se pode chamar atualmente de "**nova cozinha nordestina**", na qual imprimiu técnicas apuradas para tratar corretamente os ingredientes locais, que são servidos tendo uma grande preocupação com a estética.

O carro chefe do *Picuí* é a **carne de sol**, que é produzida pela família de Wanderson Medeiros desde 1890. Neste sentido, o *chef* procura dar muito destaque para esse ingrediente, cujo preparo exige que parte do contrafilé descanse embalado em sal fino. O *chef* Medeiros envolve-se pessoalmente com a produção de todos os alimentos que usa, e procura desenvolver um trabalho, antigo e consistente de ensinar as diferenças entre **carne do sol**, **charque** e **carne seca**!!!

De sabor suave e interior avermelhado, seu "**contrafilé de sol**" é geralmente acompanhado de pirão de queijo coalho (cuja produção atualmente está mais concentrada no Estado de Pernambuco). Essa utilização do queijo coalho evidencia o fato de que Alagoas mantém um intercâmbio com o receituário de Pernambuco.

Outro *chef* muito badalado em Maceió é o mineiro André Generoso, que juntamente com seu filho Vitor, comanda o restaurante *Divina Gula*. Nele os clientes ficam encantados com a linguiça de cordeiro flambada em cachaça artesanal. No *Divina Gula*, Generoso e seu filho elaboram muitos pratos incríveis, como o *ketchup* de tomate e açaí (em maior proporção).

Todavia, ambos não se preocupam apenas com a cozinha, mas com toda a engrenagem que a envolve. Por isso, eles utilizam ingredientes orgânicos cultivados no próprio sítio da família. Além disso, eles reciclam lixo e até implementaram um sistema de economia de água e energia.

Com relação aos ingredientes típicos de Maceió, na cidade o visitante tem a possibilidade de experimentar muitos alimentos que tem como base o **siri**. Aliás, boa parte dos siris consumidos nos restaurantes da cidade é pescada em armadilhas chamadas de covas ou cestos (as teteias), na lagoa Manguaba. Durante o dia os pescadores vão até os bancos de areia na lagoa, colocam as teteias debaixo da água, com isca, e esperam que os siris subam nelas para que possam puxar os cestos. Num dia bom, de vento fraco ou durante o inverno, cada pescador consegue pegar até 200 siris por dia.

Em Maceió, um excelente lugar para se comer siri é o *Sur*, capitaneado pelos *chefs* Felipe Lancet e Sérgio Jucá. Com eles, diversos produtos locais ganharam novas apresentações, em receitas contemporâneos. Assim, a carne de siri se tornou recheio de coxinha, enquanto o queijo coalho se transformou num *carpaccio* com molho *pesto*, com castanha-de-caju e folhas de hortelã. Já a tapioca pode ser usada como pincel, para que o cliente faça uma arte, inspirado em Delson Uchôa (artista plástico alagoano), com tinturas comestíveis feitas de pimentão amarelo, pimentão verde, azeitona e cheiro verde.

O restaurante *Akuaba* tem à frente o *chef* Jonatas Moreira, um cozinheiro jovem e promissor que estudou na França e trabalhou ao lado de Michel Bras, um dos mais prestigiados *chefs* do mundo. Aliás, Jonatas também comanda o *Espaço Vera Moreira* e o *Castro Bistrô Bar*. No *Akuaba*, é possível provar uma excelente moqueca, com filé de siri, siri mole e lagosta. Essa moqueca de siri fumegante é preparada com coentro, leite de coco e dendê. O objetivo de Jonatas Moreira com o dendê é dar corpo e aroma à receita, para compor uma cozinha que ele descreve como afro-brasileira, mas com traços da culinária baiana, e assim ressaltar um pouco da influência que ele recebeu de Salvador, onde nasceu.

Para o visitante que fica em dúvida diante de tantas boas opções de restaurantes em Maceió, uma saída para provar um pouco de tudo (e com preços acessíveis) é visitar a *Bodega do Sertão* e a *Casa da Mãinha*. Ambos cobram por quilo ou por pessoa. Esses restaurantes resumem a cozinha local e o visitante tem ao seu dispor pratos como: sarapatel, rubacão (arroz com feijão verde, charque e queijo coalho) e carne de sol com nata, entre outros pratos bem típicos.

Deu para entender como essa safra de *chefs* valoriza os ingredientes locais, tanto em pratos típicos do nordeste quanto em novas receitas? Um fato é certo: as influências de outras partes do País transformaram a cozinha de Maceió em uma grande atração turística!

Realmente, o que não falta em Maceió são bons restaurantes, particularmente os que se concentram na comida típica da região nordestina. Assim, a sugestão para o visitante é fazer pelo menos uma refeição num dos seguintes restaurantes (além dos já citados):

- *Massagueirinha* – Um ótimo lugar para quem procura qualidade, bom preço e comida maravilhosa, como por exemplo a moqueca de polvo e a casquinha de siri. O atendimento é excelente, com garçons bem simpáticos, e o ambiente é descontraído, tipo de um boteco com mesas externas!!!
- *Anamá* – Oferece uma vista privilegiada da praia de Ponta Verde, além de culinária regional *gourmet*. No café da manhã e almoço utiliza o estilo *self-service*.
- *Casa de Mãinha* – Serve um menu tipicamente nordestino e com serviço bufê em todas as refeições (café da manhã, almoço e jantar). O ambiente é charmoso. O local é bem decorado e possui uma varanda acolhedora.
- *Imperador dos Camarões* – Serve casquinhas de siri, bacalhau, lagosta e camarões de todas as formas. O camarão jangadeiro empanado com queijo coalho é incrível e, além disso, as sobremesas são deliciosas. Um bom exemplo é o sorvete de tapioca com abacaxi e coco queimado. O local conta com uma área externa, que oferece ao comensal uma linda vista do mar da praia de Pajuçara.
- *Vila Charmosa Ipioca* – Serve uma comida deliciosa, como a moqueca de peixe dourado com camarão ao molho baiano, acompanhada de farofa, pirão e arroz (um prato incrível!). O atendimento é impecável e a vista do local é belíssima.
- *Terraço* – É um espaço informal com música ao vivo, localizado na orla da cidade. Serve filés de peixe, saladas e petiscos, acompanhados de boas cervejas.
- *Dona Moça* – Serve pratos executivos variados, além de hambúrgueres e bebidas. O ambiente é simples e com uma atmosfera familiar.

- *Filé do Zezé* – Especializado em carnes grelhadas com acompanhamentos variados. Os pratos são bem servidos e custam preços justos. O bom espaço físico é colorido, charmoso e climatizado, e a música é agradável.
- *Outback Steakhouse* – Localizado dentro do *shopping* Parque, esse restaurante integra a cadeia internacional e conta com um ambiente descontraído e bom atendimento. Serve grelhados no melhor estilo "*aussie*" (estilo australiano). Entre os destaques está a famosa cebola empanada.
- *Basílico* – Trata-se de um excelente restaurante especializado em massas e comidas italianas. Duas ótimas pedidas são o espaguete com frutos do mar ou o talharim com lagosta. É considerado o melhor restaurante italiano de Maceió.
- *Parmegianno* – Oferece filés, massas, *pizzas*, hambúrgueres, *sushis* e frutos do mar, tudo em um ambiente descolado e contemporâneo. Quem já foi a esse restaurante (com dois endereços na cidade) costuma classificá-lo como o melhor de Maceió no que se refere a frutos do mar, por conta da qualidade e dos preços atraentes.
- *Massarella* – Trata-se de uma cantina tradicional, muito bem conduzida pela família Marzullo. Serve *pizzas* assadas em forno à lenha, *carpaccios* e massas.
- *Armazém Guimarães* – Serve uma variedade de *pizzas* feitas no forno à lenha, além de diversas massas com molhos incríveis. O ambiente é descontraído e o local possui um parque para as crianças. O atendimento é bom e os preços são acessíveis.
- *Maria Antonieta* – É um ótimo restaurante especializado em comida italiana. Serve diversas opções de *pizzas* e risotos (ótimas opções para quem não come carne ou frutos do mar). O local também conta com uma excelente adega.

Já no que se refere a **hospedagem**, em Maceió o visitante não pode reclamar, pois existem estabelecimentos nas mais diversas categorias. Dentre os cinco estrelas estão:

- **Pousada Casa Caiada** – Está hospedaria é refinada, com quartos e chalés de luxo, piscina aquecida, *spa* e restaurante (no qual a comida

é muito boa). Fica numa colina e oferece uma incrível vista para o oceano Atlântico, estando a 6 min a pé da praia mais próxima e a 17 km do centro de Maceió. O atendimento é bom e os funcionários são muito atenciosos!!!
- **Maceió Atlantic Suítes** – Trata-se de um hotel sofisticado, com quartos descontraídos, piscina externa, sauna e restaurante. A localização é boa, e fica de frente para a praia.
- **Best Western Premier** – Possui suítes e quartos modernos, alguns com vista para o mar. Além disso há duas piscinas, academia, espaço para crianças e salão de jogos.

Vale acrescentar que em todos esses hotéis 5 estrelas o hóspede conta gratuitamente com café da manhã e *Wi-Fi*. Em relação aos estabelecimentos classificados com quatro estrelas, alguns deles são:
- **Trópico Praia** – Localizado a 4 min de caminhada da praia e a 4,2 km da catedral metropolitana. Trata-se de um hotel moderno e casual, com piscina externa.
- **Pratagy** *Beach All Inclusive Resort* **(Wyndham)** – Construído entre palmeiras, este é um *resort* de luxo no estilo **tudo incluído**, localizado à beira-mar, a 16 km do centro de Maceió. Além das suítes e quartos bem modernos, o local dispõe de duas piscinas externas, além de *spa* e quadras de tênis.
- **Mar** – Dispõe de suítes e quartos bem estilosos, com uma espetacular vista para o mar. Oferece piscina, restaurante, bar e parquinho para as crianças, além de salas para a realização de eventos. Fica de frente para a animada praia de Ponta Verde, a 2,3 km do centro da cidade.
- **Matsubara** – Trata-se de um hotel bem sossegado e com quartos bem simples, mas dispõe de piscina externa, de um bom parque aquático e dois restaurantes. Fica à beira-mar e de frente para um calçadão, a 16 min de caminhada das areias da praia de Cruz das Almas.
- **Ponta Verde** – Este hotel é bem sossegado e dispõe de quartos simples, alguns com vista para o mar. Além disso o local possui restaurante, bar no *lobby* e piscina externa, e está localizado a 4,5 km do Museu Théo Brandão.
- **Pajuçara Praia** – É uma boa opção para quem realmente quer relaxar. Dispõe de três piscinas (uma no terraço), sauna, salão de beleza

e lojas de produtos da terra. Está localizado de frente para a praia de Pajuçara, a 1 km do Centro Cultural e de Exposições Ruth Cardoso.

- **Ritz Suítes** – Esse hotel descontraído dispõe de quartos contemporâneos, piscina, academia e um elegante restaurante/bar. Fica de frente para a praia Lagoa da Anta, a 0,4 km da rodovia BR-316 e a 11 min a pé do *shopping* Parque.
- **San Marino Suíte** – Trata-se de um moderno hotel *all suites*, localizado num majestoso complexo de prédios de tijolos aparentes. Dispõe de duas piscinas, *jacuzzi* e um restaurante estiloso. Está localizado a 250 m da praia de Ponta Verde e a 25 km do aeroporto internacional de Maceió.
- **Tropicalis Palms** – É um hotel moderno que ocupa uma propriedade contemporânea, com quartos arejados, vista para o mar, piscina e bar no terraço, e um restaurante discreto. Ele fica a 3 min de caminhada da praia de Ponta Verde, a 6 km de terminal rodoviário da cidade e a 6 km do estádio Rei Pelé.

Em praticamente todos os hotéis quatro estrelas citados, com poucas exceções, o hóspede dispõe gratuitamente de *Wi-Fi*, estacionamento e café da manhã. Porém, aqueles que desejarem gastar um pouco menos com hospedagem enquanto visitam Maceió, poderão ainda optar por um dos seguintes hotéis classificados como três estrelas:

- **Saint Patrick Praia** – Trata-se de um hotel sossegado, com quartos básicos que dispõe de TV a cabo. Ele ocupa um prédio moderno e colorido, a um quarteirão da praia, e a 6 km do Museu Palácio Floriano Peixoto.
- **Porto da Praia** – É um hotel tranquilo que ocupa um prédio bem moderno, com quartos básicos e vista para o mar. Possui piscina com *deck* sombreado e um bom restaurante. Está localizado na rodovia AL-101, a 2 min de caminhada da praia.
- **Praia Hotel Enseada** – Esse hotel possui academia e restaurante. Fica na praia de Pajuçara, a 3 min de caminhada do moderno museu projetado por Oscar Niemeyer, o Memorial Teotônio Vilela.
- **Aram Ouro Branco** – Esse hotel conta com piscina no terraço e vista para o mar. Fica a 2 min de caminhada da praia, a 2,5 km da estação de trem de Maceió e a 4,9 km do estádio Rei Pelé.

- **Lagoa Mar Inn** – Um hotel tranquilo, de quartos discretos e piscina, fica a 5 min de caminhada da praia de Ponta Verde, a 6 km do terminal rodoviário e do centro da cidade.
- **Tropicalis Slim** – Esse hotel casual, com quartos funcionais e uma piscina no terraço, oferece vista para o mar e está localizado a 3 min de caminhada da praia de Pajuçara, a 4 km do Instituto Histórico e Geográfico de Alagoas, e a 10 km do parque municipal de Maceió.
- **Ritz Praia** – Trata-se de um hotel moderno que ocupa um edifício sofisticado. Seus quartos são discretos, mas aconchegantes. Dispõe de piscina, bom restaurante e permite a presença de animais de estimação. Está localizado a 2 min de caminhada da praia de Ponta Verde e a 7 km do Museu Palácio Floriano Peixoto.
- **Marinas** – É um hotel com ambiente tranquilo à beira-mar, com fachada moderna e elegantes detalhes em mosaico. As acomodações são simples, mas possui piscina externa e um bom restaurante, tudo muito bem organizado. Fica a 6 min de caminhada da praia de Jatiúca e a 6 km das exposições folclóricas do Museu Théo Brandão.
- **Villas Supreme** – Esse tranquilo *resort* à beira-mar tem diversas acomodações espalhadas num terreno cercado por uma exuberante floresta. Dispõe de suítes bem iluminadas, algumas com banheira ao ar livre, de piscina, restaurante e academia. Ele está localizado a 3 km da praia da Sereia, a 5 km do mirante e a 34 km do aeroporto internacional.
- **Gogó da Ema** – É um hotel casual e sossegado que dispõe de apartamentos simples e de um bom restaurante. Está localizado a 2 min de caminhada da praia de Ponta Verde, a 6 km da estação de trem de Maceió e a 26 km do aeroporto internacional Zumbi dos Palmares.

O hóspede que opta pelos hotéis três estrelas há pouco citados, com poucas exceções, tem gratuitamente café da manhã, estacionamento e *Wi-Fi*!!!

Se o visitante quiser gastar menos ainda com sua hospedagem, poderá recorrer a alguns hotéis duas estrelas, como por exemplo o Expresso R1. Esse hotel fica em um prédio alto com quartos simples e piscina, e está localizado numa rua bem agitada, com muitas lojas e diversos serviços. Com uma caminhada de 5 min chega-se até a praia, e nele o estacionamento e *Wi-Fi* são gratuitos para o hóspede!!!

Maceió tem atraído muita gente que deseja se casar num dia de verão, sob o céu azul. Neste caso, um ótimo cenário é a faixa de areia entre a tranquila praia do Pratagy e o rio Meirim. Um dos *resorts* que promove esse tipo de cerimônia à beira-mar, combinada hospedagem, é o Pratagy Beach, que dispõe de um espaço capaz de comportar eventos relativamente pequenos, para até 50 convidados.

É verdade que na praia de Pratagy existem outros bons locais para os que querem casar-se ao ar livre, bem como para aqueles que acompanham essas cerimônias. Esse é o caso da pousada Casa Caiada, cuja decoração lembra uma casa de campo. Nela, os pacotes de lua de mel são para um mínimo de 3 dias, e neles estão incluídos seções de fotos e massagens no *spa*!!!

O bairro de Jaraguá recebeu muitos investimentos da prefeitura durante o final dos anos 1990, transformando-se numa região dotada de bancos, museus, faculdades e um intenso comércio.

E um bom motivo para a cidade atrair tantos visitantes é o fato de o seu calendário contar com muitas festas religiosas, dispersas ao longo do ano. Além disso, também são famosas as suas festas juninas, especialmente as de santo Antônio são João e são Pedro.

Nesses últimos 8 anos, com o desenvolvimento do projeto Viva Verão, idealizado e implementado pela secretaria municipal de Esporte e Lazer, em parceria com o Sesc (Serviço Social do Comércio), os hotéis do município chegaram a registrar praticamente 100% de ocupação nos meses de verão. Isso, aliás, também fez com que os restaurantes da cidade tivessem um grande movimento.

Na temporada de 2011/2012, Maceió recebeu muitos navios de turismo, ou seja, transatlânticos de luxo, que trouxeram para passear na cidade cerca de 100.000 cruzeiristas. Nesses últimos anos, entretanto, o número de cruzeiros de luxo que chegam ao Brasil caiu bastante, o que obviamente diminuiu a visitabilidade a Maceió. Assim, será preciso que as entidades nacionais que vivem da organização de viagens turísticas trabalhem arduamente para reverter essa situação.

A cidade de Maceió também é muito visitada por conta de alguns eventos musicais incríveis que acontecem na capital alagoana. Um bom exemplo disso é o *Maceió Music Festival*, criado para inserir a cidade no calendário dos importantes eventos nacionais de música. Esse evento atrai dezenas de milhares de espectadores. Mas também existem outros festivais de música alternativa, como o *Festival Anderson Freire*, que foi criado em 2005 e acontece todos os anos, contando com bandas locais e nacionais de música alternativa. Há também na cidade outros *shows* como o *Natal Oblíquo*.

No que se refere à **cultura**, em Maceió existem alguns museus bem interessantes, como:

- **Museu de Arte Brasileira** – Localizado no antigo armazém, no bairro de Jaraguá, esse museu conta com um acervo composto de imagens, em sua maioria nordestinas dos séculos XVII, XVIII e XIX, peças de cerâmica, prataria, mobiliário, desenhos e pinturas brasileiras e estrangeiras.

- **Museu do Instituto Histórico e Geográfico de Alagoas** – Seu rico acervo é composto basicamente por telas de pintores famosos, documentos históricos, utensílios indígenas, armas que pertenceram a Lampião, móveis em variados estilos etc. Aliás, nesse museu encontra-se também o mais completo acervo afro-brasileiro do País, com objetos e peças pertencentes aos cultos afro-brasileiros do começo do século XX.

- **Museu de História Natural** – Esse museu é parte da UFAL (Universidade Federal de Alagoas), e foi criado como um órgão suplementar de natureza técnico-cultural. Ele oferece apoio científico-cultural às atividades de ensino, pesquisa e extensão, assim como atenção e cooperação técnica no campo das Ciências Naturais a estudantes, professores, pesquisadores, técnicos e à comunidade em geral. Atualmente ele também recebe alunos do ensino médio, através do órgão de apoio à pesquisa do Estado de Alagoas.

- **Museu do Esporte** – Seu acervo é formado por fotografias do futebol alagoano, brasileiro e mundial, além de revistas, jornais, camisetas, taças, medalhas e outros objetos que contam a história desse esporte. Aí é possível conferir os melhores dribles, lances e gols, com os diversos vídeos que lá se encontram.

- **Museu da Imagem e do Som** – Em seu acervo encontra-se uma boa parte da memória maceioense registrada em fitas, vídeos, *CDs* etc. Aí se encontram os dados sobre os principais acontecimentos políticos, sociais e artísticos do Estado. O prédio onde está o museu foi construído no século XIX, mais precisamente em 1869. Ao fundo encontra-se um modelo da estátua da Liberdade, cuja original fica na baía de Nova York, feita pela fundição Val d'Osne na virada do século XIX para o XX.

- **Museu Palácio Floriano Peixoto** – Conta em seu acervo permanente com peças de mobiliário do final do século XIX e início do século XX, prataria, cristais e objetos decorativos. Há também pinturas de Rosalvo Ribeiro e de outros artistas alagoanos. Nesse local realizam-se exposições temporárias com temas variados, como por exemplo a de cartões postais com imagens da cidade, intitulada *Maceió já foi assim*.
- **Museu Théo Brandão** – Possui um grande acervo de arte popular, doado pelo seu próprio patrono. Além de peças nacionais, há também peças de vários países, como: Espanha, Portugal e México. Durante o período natalino, desde 2005, este museu tem recebido uma iluminação especial, que faz parte do programa Natal de Luz.

No segmento das **artes cênicas**, duas instituições tornaram-se muito importantes na cidade: o Teatro Gustavo Leite, o maior da cidade com capacidade para 1.251 pessoas sentadas, localizado no interior do Centro Cultural e de Exposições de Maceió; o segundo é o Teatro Deodoro, cuja construção foi iniciada em 1905 e terminada em 1910, que ostenta um belo aspecto arquitetônico em estilo neoclássico, com reflexos do barroco. Em cada um dos lados da fachada principal desse teatro encontram-se as seguintes frases em latim: *Ridendo castigat mores* ("**É rindo que se corrigem os costumes**") e *Ars longa, vita brevis* ("**A arte é longa e a vida é breve**").

Também localizam-se na cidade outros teatros, como: o de Arena; o Teatro do Sesc (Jofre Soares); o Teatro de Bolso Lima Filho (no centro da cidade); o do Colégio Marista; o Linda Mascarenhas (no bairro Farol); o da IFAL (no bairro Paço) e o do Sesi (no bairro Pajuçara).

Além disso, a **cultura** da cidade de Maceió, em especial no que tange aos aspectos folclóricos e musical, é **marcante**, e está muito bem representada por artistas, escritores e músicos do calibre de Djavan, Hermeto Pascoal, Graciliano Ramos, Jorge Lima etc.

E por falar em manifestações folclóricas, temos vários folguedos na cidade, como: Caboclinho, Carvalhada, Chegança, Coco Alagoano, Festa dos Reis, Guerreiro, Pastoril, Reisado, Quilombo e Zabumba.

Além disso, há também o artesanato representado pelo **filé** e pela **cerâmica**, que encanta a todos por sua criatividade, originalidade e beleza. Maceió conta com vários locais para a comercialização do seu artesanato, como a Feirinha de Pajuçara, a Feirinha do Mercado e o Cheiro da Terra. Vale lembrar que este último teve de ser transferido de Jatiúca para a Ponta Verde, após um incêndio em dezembro de 2005. Atualmente ele funciona em Jaraguá, mais especificamente na praça Visconde de Sinimbu, com o nome de Artesanato dos Guerreiros.

No âmbito das relações exteriores, em 13 de maio de 2009 a cidade de Maceió assinou um acordo com a de Gwangju, na Coreia do Sul, tornando-se "cidades amigas". O objetivo foi a troca de conhecimento técnico nas áreas de esporte, turismo, educação, cultura, artes e gastronomia. De lá para cá, Maceió já firmou novos acordos, tornando-se "cidade-irmã" de Moscou (na Rússia); Phoenix nos EUA; Lucca, Gênova, Trento e Milão (na Itália); e com outras cidades brasileiras, como Aracaju, Recife e João Pessoa.

A capital alagoana também abriga os consulados honorários de vários países (Espanha, França, Itália, Argentina, EUA, México, Canadá, Austrália e Portugal), o que, entre outras coisas, pode facilitar a intermediação para que Maceió se torne cidade-irmã de outras importantes cidades nesses países, com o que fica mais fácil garantir a manutenção de seu *status* de "**cidade da cultura**".

No que se refere a **educação**, estima-se que na cidade de Maceió em 2020 havia cerca de 700 escolas, entre públicas e privadas. Desse total, cerca de 50% estão voltadas para o ensino fundamental. No ano de 2020, matricularam-se em todos esses níveis de educação cerca de 250.000 alunos. O total de professores registrados, por sua vez, foi de aproximadamente 8.100.

Lamentavelmente, persiste ainda hoje em Maceió a seguinte realidade: cerca de 8,9% dos maceioenses com mais de 15 anos são analfabetos. Além disso, tanto no Ideb como no Enem, as posições que Maceió tem alcançado são bem baixas e, ao longo dos anos e a cidade tem ficado nas últimas posições entre as capitais brasileiras. De modo específico, no Enem, somente a IFAL (Instituto Federal de Educação, Ciência e Tecnologia de Alagoas) tem conseguido ficar entre as 10 melhores IEs de Maceió, o que indica a necessidade de se melhorar muito o ensino médio oferecido pela rede pública local.

Há em Maceió algumas creches-escola como é o caso da Leda Collor, especializada no cuidado com as crianças nas suas primeiros anos de vida, muito bem estruturadas, porém o seu número é insuficiente para que realmente se possa dizer que se oferece educação infantil para todos os maceioenses entre 0 e 5 anos de vida.

Já há dezenas de boas EMEFs, entre elas: Pompeu Sarmento, Cícera Lucimar, José Gonzaga, Selma Bandeira, entre outras. Há Muitas boas escolas estaduais, como: Professor José da Silveira Camerino, Jornalista Lafaiete Belo, Teotônio Vilela, Benedito de Moraes, Théo Brandão, Princesa Isabel, Professora Erotildes Rodrigues Saldanha, Professora Laura Dantas, Professora Maria José Loureiro, Noel Nutels etc.

Por sua vez na rede privada há várias escolas que oferecem educação infantil e o início do ensino fundamental, como: a Acalanto (muito bem avaliada); Pingo de Gente (muito bem avaliada); Nossa Senhora do Amparo, São Raphael e Santa Maria entre outras.

No segmento dos colégios particulares, há diversos e alguns muito bons em Maceió, como: Santíssimo Sacramento (considerada a melhor IE de Alagoas, que prepara os seus alunos para a vida e para darem um grande valor à família); São José (com excelente ensino e uma boa preparação para o Enem); Cristo Rei (desde 1976 uma referência em educação em Maceió); Nossa Senhora Aparecida (muito bem avaliada), Adventista; D'Lins; Maria Montessori (com uma proposta pedagógica que prepara o aluno para o mercado de trabalho e para a vida, ou seja com um ser bem humanizado); Santa Úrsula (uma das melhores IEs de Maceió); Marista (uma das mais tradicionais IEs do Estado); Dinâmico (excelente IE, e com professores preparados); Atheneu; Padrão (com mais de 50 anos de *expertise* em educação, busca desenvolver com excelência o processo de ensino e aprendizagem); Pontual (com uma proposta bem inovadora na educação), entre outros.

Já entre as várias IESs que existem em Maceió, destacam-se a Universidade Federal de Alagoas (UFAL), a Universidade Estadual de Ciências e Saúde de Alagoas (Uncisal) e a Universidade Estadual de Alagoas (UNEAL). O município também possui IESs particulares de grande reputação, como o Centro de Estudos Superiores de Maceió (CESMAC) e o Centro Universitário Tiradentes (UNIT).

A UFAL está instalada em Maceió, mas tem outros dois *campi* no interior do Estado, nas cidades de Arapiraca e Delmiro Gouveia. Trata-se da maior IES pública do Estado, e foi fundada em 25 de novembro de 1961, por um ato do então presidente Juscelino Kubitschek. Na ocasião, foram reunidas as faculdades de Direito (criada em 1931), de Medicina (de 1951), Filosofia (de 1952), de Economia (que surgiu em 1954), de Engenharia (de 1955) e de Odontologia (de 1957).

A UFAL tem por missão produzir, multiplicar e recriar o saber coletivo em diversas áreas do conhecimento, de forma comprometida com a ética, a justiça social, o desenvolvimento humano e o bem comum. Seu objetivo é tornar-se referência nacional nas atividades de ensino, pesquisa e extensão, firmando-se como suporte de excelência para as demandas da sociedade, em especial na formação de profissionais competentes e capacitados para atuar no mercado de trabalho.

Estima-se que no início de 2020 estivessem matriculados na UFAL cerca de 35.500 alunos, dos quais cerca de 33.600 nos cursos de graduação. Os 1.900 restantes cursavam a pós-graduação. Além disso, trabalhavam na IES cerca de 1.710 docentes. A UFAL ficou na 39ª posição no *RUF 2019*.

A UNEAL, por sua vez, foi fundada em 13 de outubro de 1970, com o nome de Fundação Educacional do Agreste Alagoano. Entretanto, em 12 de novembro de 1990 ela foi estadualizada e, cinco anos mais tarde (em 1995), passou a se chamar Fundação Universidade Estadual de Alagoas (FUNESA). Até essa época ela era uma típica IES do interior, tendo chegado à capital alagoana somente em 2006, com a abertura de uma turma presencial de bacharelado em administração.

Em outubro de 2006 a FUNESA foi reconhecida como universidade, surgindo daí a UNEAL. Embora tenha passado por algumas dificuldades, especialmente de ordem financeira, ela conseguiu se tornar uma das mais conceituadas do Estado. Atualmente, ela oferece 25 cursos de graduação em Maceió e nos seus 5 *campi* em cidades do interior – Arapiraca, Santana do Ipanema, Palmeiras dos Índios, São Miguel dos Campos e União dos Palmares –, que são muito concorridos. Estima-se que no início de 2020 a UNEAL contasse com cerca de 7.300 estudantes. Porém, a classificação da UNEAL não foi muito boa, ocupando a 104ª posição no *RUF 2019*.

Já o IFAL é uma IES que também oferece ensino técnico. O IFAL é um complexo de educação que engloba pesquisa, extensão e ensino desde a instrução básica até a pós-graduação. Assim ele proporciona ao aluno uma formação integral, através dos cursos de formação inicial e continuada, tecnicos, superiores de tecnologia, de bacharelado, de licenciatura e também de pós-graduação (*lato sensu* e *stricto sensu*).

Hoje o IFAL está espalhado por 15 cidades; Maceió (dois *campi*), Marechal Deodoro, Palmeira dos Índios, Penedo, Satuba, Arapiraca, Maragogi, Murici, Piranhas, Santana do Ipanema, Batalha, Viçosa, Coruripe, Rio Largo e São Miguel dos Campos. Estima-se que no início de 2020 estivessem matriculados no IFAL mais de 11.000 alunos, e que trabalhassem nele aproximadamente 1.300 servidores.

Entre as IES privadas, destaca-se em CESMAC. A história da Fundação Educacional Jayme de Altavila teve início em 1971, a partir da preocupação de seu fundador, o padre Teófanes Augusto de Araújo Barros, com as pessoas que trabalhavam durante o dia e não podiam frequentar um curso superior em Alagoas. Na época, não havia faculdades em funcionamento no período noturno, portanto, era impossível para os interessados conquistarem um diploma de ensino superior.

Em 5 de outubro de 1973, o então prefeito de Maceió, João Rodrigues Sampaio Filho, sancionou o decreto lei Nº 2.044, posteriormente aprovado pela Câmara dos Vereadores, que autorizava o funcionamento do que é hoje o CESMAC. No primeiro vestibular da IES, em 1975, ela já oferecia nove cursos distintos, com 450 vagas.

Atualmente, o CESMAC conta com 27 cursos de graduação, distribuídos entre seis faculdades. Ele dispõe de modernos laboratórios e oferece clínicas, nas quais se presta atendimento gratuito à população carente de Maceió e de outras cidades do Estado. Essas clínicas existem graças aos cursos da área de saúde do CESMAC (Medicina, Nutrição e Odontologia, Enfermagem, Biomedicina, Fisioterapia etc.)

O CESMAC apoia bastante o **empreendedorismo** e, neste sentido, criou uma incubadora empresarial. Além do ensino o CESMAC também atua em pesquisa, extensão e inovação, e estimula um programa no qual universitários são selecionados para receber bolsas de estudo e, sob orientação de professores, procuram desenvolver trabalhos científicos. Aliás, em 2015, criou-se na IES o Núcleo de Inovação Tecnológica, cujo objetivo era justamente apoiar as inovações realizadas pelos estudantes e seus orientadores.

No início de 2020 estima-se que estivessem matriculados na IES cerca de 16.000 alunos, dos quais 13.900 estavam nos cursos de graduação, e o restante (2.100) em cursos de pós-graduação. Trabalhavam na IES cerca de 920 professores.

O UNIT é uma IES localizada no bairro de Cruz das Almas, e mantida pelo grupo educacional Tiradentes. Ela foi criada em 1º de agosto de 2006 e, inicialmente, seu nome foi Faculdade Integrada Tiradentes. A IES funcionou durante um tempo no centro de Maceió, mas depois foi transferida para as suas atuais instalações no *campus* Cruz das Almas, cuja área total é de 57.465 m². A infraestrutura dessa IES é moderna, e, além das salas de aula ela possui laboratórios, bibliotecas, clínicas etc.

Em 11 de setembro de 2014, o ministério da Educação, através da portaria Nº 795, elevou essa IES à categoria de **centro universitário**, com o que ela ganhou autonomia para criar (ou fechar) cursos, aumentar ou diminuir vagas, abrir novas unidades, expedir diplomas etc. Assim, em agosto de 2015, foi inaugurado em Benedito Bentes um *campus* virtual oferecendo os cursos de EAD da UNIT. Também foram abertos novos cursos presenciais nas áreas de Arquitetura e Urbanismo, Engenharia Civil, Nutrição e Enfermagem.

Atualmente a UNIT também oferece diversos cursos de pós-graduação nas áreas de Gestão, Saúde e Direito, e seu corpo docente é formado praticamente por professores com título de mestre ou doutor.

Em todas essas IESs de Maceió, assim como acontece em quase todas que existem nas demais cidades encantadoras, nota-se que não está claro o que os professores devem ensinar aos alunos, em especial quando se trata de transformar os mesmos em empreendedores. Isso ocorre, pelo menos inicialmente, pelo fato de a esmagadora maioria dos professores não possuir as habilidades básicas e necessárias que caracterizam um empreendedor.

Além disso, esses profissionais do ensino têm muitas dificuldades para cativar as pessoas, não conseguindo dessa forma atrair a atenção dos jovens para o que ensinam... O maior problema de todos é que não está bem claro quais são as competências que devem ser ensinadas e desenvolvidas pelos estudantes para que estes sejam empreen07213dedores.

Pois é, capacitar os docentes para que estes saibam e consigam ensinar seus alunos a trabalhar num futuro o qual nem os próprios professores sabem exatamente como será, definitivamente não é uma tarefa simples. **Não é mesmo?** Quem já empreendeu com sucesso, mesmo sem ter adquirido as almejadas habilidades na faculdade, destaca que uma das características vitais do empreendedor é **saber lidar com os riscos**!!! Assim, aquele velho ditado que diz: "**Mais vale um passarinho na mão do que dois voando**" já não serve para quem é verdadeiramente um empreendedor. O profissional ativo mantém sua observação nos dois pássaros, para ser capaz de capturar ambos.

Quem fizer uma pesquisa rápida na Internet encontrará facilmente muitos textos sobre "**as profissões que deixarão de existir em poucos anos**". Basta procurar por títulos do tipo: "**Descubra se você terá emprego no futuro!**"... Mas, exageros à parte, a preocupação com o desemprego deve de fato ser cada vez maior!!!

E não se trata apenas de saber como abrir um negócio próprio, já que os empregos formais vão com certeza diminuir. O profissional do futuro terá de empreender, mesmo trabalhando na empresa dos outros!?!? Ele se destacará caso tenha novas ideias, saiba mobilizar as pessoas em torno delas e trabalhe bem em equipe.

Criatividade, liderança, capacidade de arriscar e colaborar, são características que estão no rol das competências atualmente denominadas **socioemocionais**, e alardeadas pelos mais entendidos, como habilidades essenciais para toda pessoa no século XXI. A grande questão aqui é que as nossas IESs, pelo menos em sua grande maioria, não têm em seus currículos disciplinas ou cursos específicos que ensinem tudo isso, apesar de já existirem no País algumas faculdades dedicadas apenas ao **empreendedorismo**!!!

É evidente que para se ter alunos inovadores e empreendedores é preciso mudar a forma como o conhecimento é transmitido para eles. Neste sentido, professores devem estar atentos e serem treinados para estimular tais comportamentos, de modo que eles entrem de forma transversal no processo da educação. Todavia, os melhores sistemas de ensino do mundo ainda não chegaram a um consenso a respeito de como deve ser essa nova forma de ensinar, e principalmente de como avaliar se as habilidades em questão foram assimiladas.

No Brasil já existem algumas experiências iniciais em faculdades que criaram incubadoras de *startups*. O próprio ministério da Educação também já tem recomendado aos docentes estimular nos alunos competências empreendedoras, em todos os cursos de graduação, a partir de mudanças nos currículos, mas tudo isso está caminhando de forma muito lenta, não é mesmo? Minha recomendação é para que se dê um destaque cada vez maior aos setores que constituem a EC, para que um número cada vez maior de jovens talentosos esteja devidamente preparado e treinado para atuarem neles.

Quando o assunto é **urbanização**, desde a metade do século XX a cidade de Maceió tem passado por um **intenso processo nesse sentido**, como, aliás, já aconteceu em muitas outras cidades brasileiras. Tal movimento, com a vinda de mais gente para Maceió, resultou numa grande demanda por espaços específicos para habitação. Vale lembrar que os núcleos habitacionais existentes são majoritariamente térreos, porém, já se tem uma boa presença de núcleos verticalizados, em especial nos bairros litorâneos centrais.

Planos ligados ao urbanismo até foram traçados nas administrações de Cícero Prado, entretanto, eles foram parcialmente esquecidos – e até bastante distorcidos. Dessa forma, Maceió difere bastante de outras capitais brasileiras, como BH e Goiânia, cuja expansão inicial seguiu as determinações de um plano e um projeto original, ou até mesmo de uma cidade como Brasília, cujo Plano Piloto fora inteiramente desenhado antes mesmo da construção da cidade.

Todavia, muitos estudiosos e urbanistas alegam que tais planos para a cidade foram produzidos visando o benefício exclusivo das camadas mais abastadas da população, enquanto aquelas mais populares – e desprovidas de recursos – ficaram relegadas e esquecidas no que se refere a ter uma boa moradia. De qualquer maneira, estima-se que em 2020 houvesse em Maceió cerca de 330.000 domicílios particulares, dos quais 76% eram casas e 21% apartamentos.

Outro problema que aflige Maceió, e também ocorre em outras cidades do mesmo porte, se refere aos enormes **congestionamentos** nas principais vias. Existe atualmente em Maceió uma frota de cerca de 1.700 unidades, entre ônibus comuns e micro-ônibus, o que permite às autoridades oferecer um razoável transporte coletivo aos maceioenses. A despeito disso, os maceioenses ainda reclamam da qualidade do serviço e do preço das passagens.

As empresas de ônibus permissionárias em Maceió são: a Real Alagoas, a Cidade de Maceió, a São Francisco e a Veleiro.

Os sistemas de transporte público que utilizam ônibus apresentam uma certa heterogeneidade, e, inclusive, alguma contradição em suas operações. Assim, as críticas a eles tornaram-se comuns, uma vez que os vários sistemas que o compõem não respondem a uma mesma autoridade de planejamento. Por exemplo, em Maceió tem-se um sistema semi-integrado de transporte público, constituído por três terminais de integração: um localizado no bairro Benedito Bentes; o outro no conjunto residencial Colina dos Eucaliptos, no bairro de Santa Amélia; e o terceiro na avenida Rotary, no bairro Gruta de Lourdes. Na prática, entretanto, a maioria das pessoas que vive longe de seu local de trabalho acaba pagando duas ou até três passagens para se locomover!?!?

Quando o assunto é **transporte ferroviário**, os trens da CBTU contam ainda hoje com vagões bem antigos. Mas o VLT de Maceió possui hoje um papel importante para o município, até porque, comparado ao preço da passagem de ônibus, esse meio de transporte se torna mais barato, e liga o centro da cidade a Rio Largo, passando pelos bairros históricos de Bebedouro e Fernão Velho, bem como pelo município de Satuba.

O sistema viário do município é notadamente heterogêneo, em especial do ponto de vista rodoviário. A cidade é cortada por três grandes vias, cujo papel é de estruturação. Elas são: as rodovias Fernandes Lima e Durval de Góes Monteiro (BR-104) e a avenida Menino Marcelo (BR-316). Essas três artérias são consideradas as principais vias estruturais ou expressas, do município. Estima-se que em 2020 circulasse na cidade de Maceió uma frota de 340.000 veículos, com o que, os congestionamentos são recorrentes, em especial nos horários de pico.

Apesar de só existirem cinco ciclovias na cidade – a beira-mar; a do polo multisetorial, a da orla lagunar, e as das avenidas Márcio Canuto e Josefa de Melo –, milhares de moradores da periferia dirigem-se ao trabalho pedalando. Eles trafegam juntamente com os carros em vias arteriais, como a avenida Fernando Lima e a Via Expressa. Por isso, diversos acidentes envolvendo ciclistas têm sido registrados na cidade, vários deles fatais.

A questão das ciclovias aparece no Plano Diretor da cidade, que prevê a construção de várias delas nas proximidades das principais avenidas. Em Maceió já foi apresentado um Plano Setorial de Transporte Não Motorizado, elaborado com o intuito de valorizar essa prática. Contudo, a população que se desloca a pé ou de bicicleta pela cidade só recentemente foi contabilizada, e chegou-se à conclusão de que 32,3% dos maceioenses se movimentavam dessa maneira.

Aliás, vários outros projetos estão sendo propostos em Maceió, inclusive aquele com o qual se busca, através da lei, dar prioridade para os pedestres nas calçadas e travessias... Os trabalhadores maceioenses que utilizam a bicicleta como meio de transporte, o fazem por causa de sua praticidade, baixo custo e para aliviar o orçamento doméstico, evitando assim os gastos com o transporte público. Porém, isso implica em circular entre outros veículos, o que obviamente envolve o risco de ser atropelado...

Hoje os bairros com maior concentração de bicicletas são: Clima Bom, Tabuleiro do Martins, Benedito Bentes, Vergel do Lago, Trapiche da Barra, Fernão Velho, Mangabeiras, Jacintinho e o centro da cidade. E especialmente nessa última década, aqueles que conseguiram manter-se empregados têm trocado as bicicletas por motocicletas (cujo número cresceu enormemente na cidade), sendo que já existe também um bom contingente de bicicletas elétricas em Maceió.

No que se refere aos táxis, não é difícil encontrá-los na cidade de Maceió (há cerca de 3.000 táxis habilitados). Entretanto, a tarifa é uma das mais caras do Brasil. Assim, na capital alagoana os táxis são mais usados pelos visitantes, em especial pelos usuários do aeroporto internacional de Zumbi dos Palmares, que é atendido por linhas especiais de táxis.

Esse aeroporto foi inaugurado em 16 de setembro de 2005, sendo hoje um dos mais modernos do País, com o que se tornou mais fácil para os visitantes oriundos de locais mais distantes chegarem a Maceió.

O Zumbi dos Palmares tem hoje capacidade para atender 5,3 milhões de passageiros por ano. Ele foi construído com recursos dos governos estadual e federal, assim como da Infraero. Os destinos diários diretos (sem escala ou conexão) para quem sai da capital alagoana são: Aracaju, BH, Brasília, Campinas, Fernando de Noronha, Paulo Afonso, Recife, Rio de Janeiro, Salvador, São Paulo e Vitória.

Esse aeroporto possui um sistema de cogeração de energia elétrica, estando plenamente habilitado para operar voos internacionais – que ocorrem com maior frequência na temporada de verão. Estima-se que em 2019 o movimento tenha chegado a 2,3 milhões de passageiros, dos quais mais de 90.000 eram provenientes de voos internacionais. Eles vieram da Itália, Argentina, Chile, Alemanha, Portugal, EUA, Inglaterra, França, Espanha, entre outros países.

No âmbito marítimo, o porto de Maceió está localizado no bairro de Jaraguá, entre as praias de Pajuçara e Avenida. Ele é administrado pela Companhia Docas do Rio Grande do Norte, por meio da Administração do Porto de Maceió. Esse porto possui **o maior terminal açucareiro do mundo**, além de ser um dos mais movimentados do nordeste do País. Esse porto conta com um equipamento capaz de operar os navios mais modernos do mundo, do tipo *Post-Panamax*, com cerca de 200 m de comprimento.

Antes de discorrer sobre a infraestrutura de Maceió, é importante esclarecer o significado da palavra. Trata-se de um conjunto de elementos essenciais para o desenvolvimento de qualquer cidade. Por isso, redes bem estruturadas de água, esgoto, drenagem, eletricidade, transporte e comunicação são imprescindíveis para que a população de um município possa ter uma **boa qualidade de vida!!!** Para uma cidade que cresce de maneira acelerada, como é o caso de Maceió, torna-se difícil para os órgãos governamentais aplicarem todos os recursos que o município necessita.

É bem verdade que a cidade de Maceió tem conseguido grandes avanços, ampliando a área de cobertura de suas redes de esgoto e água potável, entretanto, uma parte de sua população, em especial aquela de renda mais baixa, ainda não conta com diversos recursos básicos de infraestrutura. De fato, se em 1873 a população da cidade era de aproximadamente 28.000 pessoas, em 2020 esse número saltou para 1,05 milhão de habitantes. Ou seja, em 147 anos sua população cresceu mais de 37 vezes, o que provocou vários problemas para a cidade.

No que se refere a **habitabilidade**, nesses últimos anos a população de Maceió tem sofrido bastante, sendo que em 26 de março de 2019 a prefeitura precisou decretar **estado de calamidade** pública no bairro de Pinheiro, no qual muitas moradias apresentaram rachaduras e um grande afundamento.

A prefeitura precisou tomar essa medida porque teve acesso à análise de imagens de radar, no período de abril de 2016 a dezembro de 2018, que apontou que o bairro estava afundando em uma velocidade considerada expressiva, e que, em alguns pontos, chegou a 40 cm em dois anos. Isso estava acontecendo pelo fato de nesse bairro as moradias terem sido construídas sobre antigas lagoas aterradas, e o sistema de esgoto existente ser inadequado, com o que o problema se intensificou.

Em nota a prefeitura informou: "As áreas afetadas pelas fissuras abrangem 2.415 imóveis, e desses, 523 foram cadastrados para que sejam evacuados. Aliás, a evacuação já foi iniciada em 2018, com prioridade para a **área vermelha**, região que concentra o maior índice de fissuras. O decreto também se estende aos bairros de Bebedouro e Mutange, que estão sofrendo com o mesmo problema do bairro do Pinheiro, sendo que alguns dos seus moradores também já foram retirados de suas casas e alocados em abrigos. Outros receberam um auxílio-moradia no valor de R$ 1.000 mensais, para pagarem o aluguel de outra casa."

O pior é que, além desses problemas de afundamento nos bairros já mencionados, Maceió tem sofrido com alguns tremores de terra. O último deles foi em 3 de março de 2018, com magnitude 2,5 na escala Richter, e produziu danos estruturais em vários conjuntos residenciais...

E não se pode esquecer que na capital alagoana há um expressivo contingente de pessoas que, vivem em moradias construídas em ocupações irregulares (sobretudo em áreas de encostas), correndo o risco de serem atingidos por deslizamentos, em especial nos períodos de fortes chuvas. Isso levou o prefeito de Maceió, Rui Palmeira, a recorrer em 2019 ao governo federal para obter recursos que lhe permitam resolver os problemas de habitação, especialmente daqueles que vivem nos bairros do Pinheiro, Bebedouro e Mutange.

E para piorar, mais ainda essa situação dos que vivem em Maceió, infelizmente no dia 14 de novembro de 2019 a petroquímica Braskem anunciou o fim de suas atividades de extração de sal-gema em Maceió. O sal-gema é um insumo usado na produção de soda cáustica e de PVC (sigla inglesa de *polyvinil chloride*, que em português significa policloreto de polivinila ou policloreto de vinil), ou seja, de um plástico conhecido como **vinil**.

Em sua mina na cidade a empresa tem cerca de 35 poços, dos quais se extrai o sal-gema. Durante muitos anos essa operação fez com que ruas e casas em três bairros da cidade passassem a apresentar rachaduras e desníveis, e inclusive começassem a afundar. Isso, de acordo com as autoridades públicas, apesar de a empresa não admitir a existência de alguma relação entre esse fenômeno geológico e a extração do sal-gema!?!?

Mesmo assim a Braskem propôs a Agência Nacional de Mineração a criação de uma área de resguardo no entorno de 15 dos 35 poços. Com isso, serão desocupados 400 imóveis e removidas cerca de 1.600 pessoas, propondo a empresa que também os restantes 20 poços sejam daqui para frente monitorados.

A Braskem deve desembolsar R$ 400 milhões para a remoção desses moradores, se bem que na região toda a estimativa é que morem aproximadamente 40 mil pessoas. Ela contratou também R$ 6,4 bilhões em **seguro-garantia** para cobrir perdas, caso seja considerada culpada dos várias ações judiciais que correm contra a empresa que somam quase R$ 40 bilhões por conta de supostos prejuízos causados pela sua atividade de mineração em Maceió!?!?

Dá para acreditar que a petroquímica Braskem não é a grande responsável pelo afundamento que ocorreu em três bairros – Pinheiro, Mutange e Bebedouro – de Maceió?

Praticamente toda a cidade de Maceió é servida pela rede de abastecimento de água potável encanada, que chega a 92% dos seus habitantes. Já a rede elétrica atende a 99,8% das residências, enquanto a coleta de lixo domiciliar, apesar de cobrir todas as regiões do município, ainda só chega a 94,2% da demanda total.

Na área de **comunicação**, a cidade possui diversos desses meios e os serviços de Internet são oferecidos pelas operadoras Oi, Net, Big, JET, Vivo Fibra (anteriormente GVT) e Sky Banda Larga. Já no serviço de telefonia fixa estão atuando as operadoras Oi, Claro, Net e Vivo, e no setor de TV por assinatura, estão presentes a Sky, Claro TV, NET, Vivo e Oi TV.

Maceió é o centro de comunicação do Estado, sendo a sede dos maiores jornais impressos e *on-line*, como o jornal *Gazeta de Alagoas*, pertencente à organização Arnon de Mello; *Primeira Edição* e *Tudo na Hora*, entre outros. Além disso grande parte das emissoras de televisão abertas do Estado estão instaladas em Maceió: TV Alagoas, TV Gazeta, TV Pajuçara, TV Cidade, TV Maceió (que também tem outra por assinatura), boa parte delas afiliadas as mais importantes redes de TV do País. Note-se que ainda em 29 de novembro de 2010 a TV digital foi implantada no Estado, inicialmente em Maceió. Também é claro que existem na cidade várias emissoras de rádio, sendo a maioria em FM.

Vale a pena salientar que a organização Arnon de Mello é um dos maiores conglomerados de mídia do norte e nordeste do Brasil. Como já foi dito, ele é o proprietário do jornal *Gazeta de Alagoas*, o mais lido e influente do Estado, e de emissoras de rádio em Maceió – Gazeta FM e AM –, em Arapiraca (Gazeta FM), em Pão de Açúcar (rádio Gazeta AM); da TV Gazeta, uma das principais emissoras nordestina afiliadas à rede Globo (na qual se mantém até hoje), do portal Gazeta *Web* (que engloba os *sites* de veículos de comunicação); do Instituto de Pesquisa Gape (Gazeta Pesquisa), e do Instituto Arnon de Mello, na área de responsabilidade social.

O grupo foi fundado pelo ex-governador alagoano e ex-senador Arnon de Mello, que adquiriu a *Gazeta de Alagoas* em 1952, a rádio Gazeta em 2 de outubro de 1960 e a TV Gazeta em 27 de setembro de 1975 (outorgada através de decreto-lei Nº 74.077). Atualmente a organização é controlada pelos seus herdeiros, dentre os quais o ex-presidente da República, e atualmente senador, Fernando Collor de Mello.

Em 19 de junho de 2020 a *Gazeta de Alagoas* publicou: "O Estado de Alagoas está com 25.633 pessoas infectadas pela *Covid-19*, tendo 831 óbitos (a maioria em Maceió, onde 84% dos leitos da UTI estavam ocupados com doentes pelo novo coronavírus)."

No tocante a **saúde**, Maceió é o principal centro médico-hospitalar de Alagoas e um dos mais importantes da região nordeste do Brasil, com o que recebe muitas pessoas que chegam de outras cidades para tratar de seus problemas de saúde. Estima-se que em 2020 houvesse mais de 220 estabelecimentos de saúde na cidade, dos quais aproximadamente 25% eram públicos. Mais de uma dezena deles possibilitando a internação, disponibilizando cerca de 3.900 leitos, dos quais 81% eram acessíveis pelo SUS.

Entre os hospitais existentes em Maceió podemos citar:

- **Universitário Prof. Alberto Antunes** – Esse hospital público tem profissionais muito bons, sendo um dos melhores do Estado.
- **Geral do Estado** – São tantas as pessoas que recorrem a esse hospital público que ele tem dificuldades para atender casos clínicos de maior complexidade...
- **Escola Dr. Helvio Auto** – Faz parte da Uncisal (Universidade Estadual de Ciências da Saúde de Alagoas), ou seja, é um hospital escolar 100% público. É o único de referência em infectologia e doenças tropicais do Estado de Alagoas.
- **Do Coração** – É um hospital novo, com boa infraestrutura e excelente atendimento, o que faz com que até mesmo os momentos de tensão dos acompanhantes se tornem menos agitados...
- **Sanatório** – Esse hospital está sempre passando por reformas, o que desorienta quem recorre a ele. Além disso, o atendimento precisa melhorar muito...
- **Metropolitano** – Sua inauguração foi bastante celebrada, pois significou ter mais um nosocômio para prestar atendimento aos maceioenses. Sofreu uma grande reforma e agora em 2020 é um hospital de grande porte, com 180 leitos.
- **Portugal Ramalho** – Trata-se de um hospital referência no Estado de Alagoas. É especializado na internação de pacientes com distúrbios psiquiátricos, e desintoxicação de drogas ilícitas e lícitas. Ele é coordenado pela Uncisal, e recebe alunos de vários cursos da área de saúde para estágios.
- **Santa Casa de Misericórdia** – Segundo alguns é o melhor hospital de Alagoas, com elevado nível de atendimento nos casos clínicos de alta complexidade. Seus funcionários são muito atenciosos, e a equipe médica é bem qualificada. Além disso, os equipamentos (camas, por exemplo), são novos e confortáveis, e o ambiente é extremamente limpo.
- **Maternidade Nossa Senhora da Guia** – Um hospital muito bem organizado, desde a entrada da parturiente (na recepção) até sua saída após o parto.
- **Maceió** – Trata-se de um hospital particular, no qual o paciente recebe bom atendimento por parte dos recepcionistas, enfermeiros e da equipe médica.

- **Veredas** – Apesar de contar com ótimos profissionais, precisa melhorar sua gestão. Muitas pessoas com planos de saúde têm dificuldades de marcar suas consultas. Anteriormente esse hospital foi o Hospital do Açúcar.
- **Vida** – É um hospital no qual todos são superatenciosos e sua ouvidoria procura constantemente escutar as reclamações e sugestões dos pacientes.
- **Unimed** – Foi inaugurado em 1993 e tem hoje 86 leitos, dos quais 24 são UTI (10 para pacientes adultos, 5 para pediatria e 9 para neonatal). Está localizado na avenida Fernandes Lima, Nº 3.113, onde ficam o pronto-atendimento com várias especialidades (clínica médica, ortopedia, pediatria e cirurgia geral). Além disso há também o centro de diagnóstico por imagem e um laboratório de análises clínicas, na avenida Dr. Antônio Brandão, Nº 436. A Unimed tem ainda um ambulatório com atendimento médico, um serviço de quimioterapia, que também presta serviço domiciliar. Na rua Joaquim Nabuco, Nº 81, a Unimed conta com um centro de fisioterapia.
- **Memorial Arthur Ramos** – Passou a gerenciar a partir de 1º de dezembro de 1999 o antigo hospital do Sesi. Segue constantemente a sua missão de prestar assistência médico-hospitalar à comunidade com qualidade promovendo com isso seu crescimento e reconhecimento. É o único referenciado pelo consulados dos EUA para atender norte-americanos em Maceió.

Um dado bastante interessante a respeito da **saúde** – não apenas em Maceió, mas em todo o Brasil – é que, atualmente, com tantas dificuldades para se recorrer aos hospitais públicos e os altos custos para ser atendido na rede privada, especialmente nas consultas com os médicos, muitos cidadãos estão agora voltando-se bastante ao **dr. Google**!?!? Pois é, essas pessoas estão acessando a Internet, digitando os sintomas de suas "doenças", recebendo "diagnósticos" e, então, se "automedicando"!??!

Embora este não pareça ser o caminho correto a seguir, de acordo com um estudo divulgado pelo Instituto de Ciência, Tecnologia e Qualidade em 2018, 40,9% dos brasileiros praticavam o autodiagnóstico, ou seja, automedicavam-se após terem "conversado", com dr. Google. E o mais espantoso é que, ao contrário do que se poderia esperar, a maioria dessas pessoas era das classes A e B (51%), possuíam plano de saúde e, portanto, tinham acesso a médicos particulares. Em contrapartida, somente 26% dos indivíduos que se autodiagnosticam eram das classes C e D, o que significa que as pessoas de baixa renda são as que mais buscam ajuda médica nos prontos-socorros, em especial os mais idosos. E esse grupo também costuma ter mais dificuldade para obter informações no mundo virtual.

Além disso, dos que se autodiagnosticam, 63,84% possuíam formação superior, sendo, portanto, mais esclarecidos e também mais aptos a buscar informações na Internet. Todavia, eles não gostam de ir ao médico por acharem burocrático, cansativo e, às vezes, até mesmo inútil...

A coisa funciona mais ou menos assim, alguém que está com muita coceira digita no Google as palavras "coceira e manchas vermelhas no corpo". Aí vem a resposta: "Pode ser sífilis ou uma alergia e, para esses casos, o tratamento é Benzetacil." Depois de duas semanas – e apesar da Benzetacil – a coceira continua, bem como as manchas vermelhas... Daí o indivíduo sai correndo para o hospital e diz ao médico que a tal coceira e as manchas devem ser alguma bactéria. O médico então confirma o diagnóstico e recomenda que o paciente tome uma Benzetacil!?!?

Naturalmente esse é um caso hipotético, mas, o que não podemos deixar de ressaltar é que as pessoas estão deixando de recorrer aos médicos por conta do imediatismo, da pressa e da impaciência para esperar o agendamento e o tratamento médico. Assim, à medida que os *softwares* se tornarem mais baratos, particularmente os que oferecem "diagnósticos", as pessoas de todas as classes recorrerão cada vez mais a eles, mesmo sabendo que colocarão sua saúde em risco. E não se pode esquecer que isso está acontecendo pois, em diversas situações, os médicos erram em seus diagnósticos, nos procedimentos adotados e até mesmo nas cirurgias, **não é mesmo?**

No **âmbito esportivo**, atualmente, as duas grandes equipes de futebol em Maceió são: o Centro Sportivo Alagoano (CSA) e o Clube de Regatas Brasil (CRB). O CSA foi fundado em 7 de setembro de 1913, por um grupo de desportistas liderado por Jonas de Oliveira. O objetivo na ocasião foi criar uma agremiação que facilitasse a prática de esportes e o primeiro nome do clube foi Centro Sportivo Sete de Setembro, em homenagem à data de sua fundação.

No início ele funcionou na sede da Sociedade Perseverança e Auxiliar dos Empregados do Comércio, onde ficavam guardados os seus barcos. No local se formou uma grande academia, que deu origem a um vasto contingente de atletas: um corpo de lutadores de boxe, outro de luta greco-romana, lançadores de dardo e disco, esgrimistas etc.

Os esportes náuticos somente começaram a ser praticados no clube em 1917 e, durante muitos anos, seus associados usaram a lagoa Mundaú para os passeios e as competições náuticas. Não demorou muito para a sede do clube ser transferida para as dependências do palácio Velho, ou seja, o antigo endereço do governo do Estado. Em seguida, em 1915, ocorreu mais uma mudança e a sede foi transferida para um edifício na praça da Independência (antiga praça da Cadeia), que pertencia ao Tiro de Guerra.

Foi nesse local que o time de futebol do clube começou a treinar e fez seus primeiros jogos. Dois anos após a sua fundação, o nome do clube foi alterado para Centro Sportivo Floriano Peixoto (em 1915), numa homenagem a José Floriano Peixoto, um atleta alagoano que conquistou destaque nacional. Em 3 de abril de 1918 houve outra mudança de nome, dessa vez definitiva, quando o clube foi batizado como CSA (nome que continua até hoje)!!!

Em 22 de novembro de 1922 foi inaugurado o estádio Mutange, que foi considerado durante muitos anos o mais moderno do Estado. Na época ele era o único em condições de promover jogos noturnos, por conta de seus refletores. O local também foi o primeiro a sediar um jogo internacional em Alagoas, quando em 1951 o CSA enfrentou a equipe argentina do Vélez Sarsfield (jogo que terminou empatado em 1 a 1).

Atualmente o CSA disputa suas partidas no Trapichão, ou seja, no estádio Rei Pelé (propriedade do governo estadual), com capacidade para 19.105 espectadores, enquanto o Mutange foi transformado num centro de treinamento.

Entre os presidentes do CSA, um que se destacou foi o ex-presidente do Brasil e hoje senador da República, Fernando Collor de Mello, cuja ascensão foi fulminante. Ele assumiu o clube em 3 de setembro de 1973 (em seu 60º aniversário), tornando-se o mais jovem presidente da história do clube.

Aos 24 anos de idade, e mesmo antes de completar o primeiro ano no comando do clube ele conquistou a fama de vitorioso e bom administrador. Conhecido na época apenas como "**o filho do senador Arnon de Mello**", ou como "diretor do jornal *Gazeta de Alagoas*", ele não precisou nem de um mês para percorrer o caminho entre o Conselho Deliberativo até a presidência do CSA.

No dia da posse ele disse: "Não vou fazer política no CSA, mesmo sendo filho de político. Não sou político, sou um jovem que vai procurar desempenhar suas funções da melhor forma possível." E durante o seu primeiro ano de mandato ele conseguiu um saldo positivo na promoção do clube. Logo no segundo jogo – em 19 de setembro de 1973 – ele conseguiu que o famoso jogador Mané Garrincha (que na época já estava se despedindo do futebol, uma vez que suas pernas tortas já não corriam tanto quanto antes e seus dribles já não eram tão eficientes) vestisse a camisa do CSA, prestando-lhe uma homenagem.

Naquele ano o CSA conquistou o Campeonato Alagoano. Graças ao seu trabalho no Rio de Janeiro, ele conseguiu garantir para o clube o direito de disputar uma vaga no Campeonato Brasileiro. Devido ao seu estilo centralizador – e mesmo sem a ajuda de um diretor de futebol – ele conseguiu montar um time forte e contratar muitos bons jogadores, oriundos especialmente do Rio Grande do Sul. Por tudo isso, Fernando Collor de Mello caiu no agrado do torcedor.

Posteriormente, em agosto de 1974, por conta da candidatura de sua mãe, Leda Collor de Mello, para o cargo de deputada federal, ele resolveu se desvincular do cargo. Ele havia chegado até a metade do mandato, quando alegou que não queria usar de sua influência junto aos torcedores para favorecer a própria mãe. Mais tarde, porém, ele próprio esqueceria tudo o que havia dito, ao seguir a carreira política, tornando-se governador do Estado e, na sequência, presidente da República. Durante seu mandato como presidente, ele introduziu mudanças radicais no País, que na época descontentaram muitas pessoas, o que o levou a ser cassado em 1991...

O CSA ao longo de sua trajetória revelou vários jogadores de futebol, que alcançaram muita fama, como: Dida (campeão mundial em 1958, e que jogou bastante tempo no Flamengo), Peu, Souza, Cleiton Xavier, Adriano Gabiru (que em 2006 marcou o gol do Internacional na vitória de 1 a 0 contra o poderoso Barcelona, no Mundial de Clubes) etc. Aliás, o cantor Djavan (quando ainda garoto) jogou no CSA, mas a música o tirou do futebol.

Outro nome importante na equipe foi o luso-brasileiro Deco, após começar sua carreira profissional no Corinthians. Posteriormente ele transferiu-se para o CSA, onde se destacou. Mais tarde ele jogaria por equipes do porte do Barcelona, da Espanha e, inclusive, na seleção portuguesa.

O CSA é o único clube a disputar uma decisão internacional, ficando com o vice-campeonato da Copa Conmebol, em 1999. Ele também foi o único clube alagoano a conquistar um título de expressão nacional, o da Série C do Campeonato Brasileiro, em 2017. Anteriormente a equipe já havia "batido na trave" quatro vezes, acumulando três vice-campeonatos na antiga Taça de Prata (atual Série B), em 1980, 1982 e 1983. O CSA também foi vice-campeão da Série D, em 2016. O time disputou até agora dezoito edições do Campeonato Brasileiro; oito da Série B, treze da Série C e cinco da Série D.

O CSA possui 39 títulos estaduais, sendo assim o maior vencedor do Campeonato Alagoano. A equipe tem uma rivalidade histórica com o CRB, com o qual disputa o "**clássico dos multidões**", quando o estádio fica lotado. Há também certa rivalidade com uma equipe do interior do Estado, o ASA de Arapiraca. A bandeira oficial do CSA ostenta listas horizontais em azul. A mascote da equipe é a **águia**, e seus torcedores chamam o clube de "**azulão**" (que virou marca própria). Mas o time também tem outras alcunhas, como: "**o todo poderoso**"; "**papão de títulos**"; "**alviceleste**", "**o maior campeão de Alagoas**"; "**o maior de Alagoas**" e "**azulão do Mutange**".

Mas convém relatar a tremenda reviravolta que aconteceu na gestão e nas conquistas do CSA, que o levaram à Série A do Campeonato Brasileiro em 2019. Em 1973, o lateral direito Rafael foi convidado pela diretoria do CSA para assinar seu primeiro contrato como jogador profissional. Estando prestes a completar 18 anos, aquela seria sua grande oportunidade de jogar ao lado dos seus ídolos, gente que ele admirava desde que integrou as categorias de base do clube.

Porém, naquela época o jovem jogador precisou escolher entre ser um atleta profissional e ajudar a sua família. Neste sentido, Rafael lembrou: "Naquela época o salário de jogador não compensava. Por isso, a maioria dos atletas precisava ter uma outra fonte de renda!!!"

Então, de acordo com os colegas de time, mesmo sendo um jogador promissor, Rafael desistiu do contrato. Afinal, o dinheiro era muito curto e ele precisava contribuir com a família e ajudar a manter a sua casa. Cerca de 42 anos após ter desistido do seu contrato como jogador profissional, Cícero Rafael Tenório da Silva, tornou-se um dos empresários mais bem-sucedidos de Alagoas (sendo agora também o primeiro suplente do senador Renan Calheiros, que se reelegeu em 2018), dono de onze empresas do setor atacadista. Ele resolveu assumir o comando do clube em 2015 e aí ele provocou um choque de gestão no CSA. O resultado é que em apenas três anos, o time deu um **salto de qualidade**, passando da Série D para a Série A. A equipe foi a primeira no País a conseguir três acessos nacionais consecutivos!!!

Essa reviravolta na história do CSA começou após a eliminação da equipe no Campeonato Alagoano de 2015, pelo Coruripe. O CSA passou naquele momento a ser um time sem calendário esportivo, o que serviu para que os torcedores de seu maior rival – o CRB, campeão alagoano daquele ano – zombassem do azulão do Mutange. Eles diziam que o CSA era um time "**fora de série**", obviamente em uma referência ao fato de a equipe estar fora de todas as séries dos campeonatos do País.

O fato é que a eliminação da equipe no Campeonato Alagoano de 2015 provocou uma crise sem precedentes no CSA. Toda sua diretoria renunciou ao comando, deixando os jogadores com três meses de salários atrasados, sem depósitos do Fundo de Garantia por Tempo de Serviço (FGTS) e sem nenhum centavo de recolhimento.

Então, para tentar reverter a situação, empresários ligados ao clube e torcedores apaixonados pelo CSA se lembraram do nome de Cícero Rafael Tenório da Silva. O que ninguém se lembrava, no entanto, era do fato de se tratar do mesmo homem que 42 anos antes havia preferido trabalhar no lugar de assinar seu primeiro contrato como jogador profissional pela equipe!?!?

O ex-atleta passou de lateral-direito a comandante da equipe de maior torcida de Alagoas, enfrentando até então o que ele considerava como seu maior desafio. Cícero Rafael Tenório da Silva relembrou: "Quando cheguei ao CSA, a energia elétrica do clube estava cortada, e não havia sequer bola ou uniforme para treinamento. O time estava literalmente quebrado, com a possibilidade concreta de desaparecer do futebol."

Porém, tão logo assumiu a presidência do clube de fato, em 2016, Cícero Rafael Tenório da Silva tratou de mudar o estatuto, extinguindo os 11 cargos de vice-presidentes e limitando a diretoria a 4 cargos: presidência; vice-presidência; superintendência de futebol e superintendência administrativa. Além disso, o presidente levou para o clube o seu conhecimento como empreendedor e provocou um choque de gestão no clube, cortando tudo o que considerava como serviços supérfluos (vaidades e "vícios") para a equipe. A única coisa que manteve em segredo foi o aporte financeiro que fez qual clube.

É claro que ele também levou para lá toda a estrutura financeira e jurídica de suas empresas, para cuidar dos contratos dos jogadores, do passivo e ativo do clube, da receita e da despesa, como ele ressaltou: "O CSA não é uma ONG. Não vive de doações. Meu processo de gestão empresarial se baseia em três pilares: **fazer mais com menos**; **aplicar custo e benefício** e

valer-se do ganha-ganha. Ou seja, você me dá o que eu preciso e eu lhe devolvo aquilo o que você merece.

Obviamente que procurei quitar o passivo e investir no patrimônio do clube. Desde 31 de dezembro de 2017 não foi necessário mais injetar o meu dinheiro e a partir de 2018 o CSA tornou-se viável. A equipe deu certo porque aplicamos uma gestão empresarial. As remunerações dos jogadores dependem agora do desempenho deles dentro do campo.

Contratos de produtividade já não são novidade no futebol brasileiro, mas no CSA temos uma matemática toda especial para definir o salário do elenco. Assim os jogadores recebem bonificação de acordo com o número de partidas jogadas, pontos conquistados na tabela e a classificação ao longo de dez rodadas.

Acredito que muitos conheçam o caso de uma dona de casa quando o seu marido recebe salário mínimo, eles têm dois filhos e ela consegue alimentar toda a família. O CSA trabalha com planejamento desse tipo. Se temos X reais de orçamento, é aquilo que vamos gastar!!! Nada mais que isso. Além disso a administração do nosso clube tem algumas peculiaridades.

As decisões são colegiadas. Há uma discussão antes dos jogos para definir o time. A palavra final é do treinador do time, mas ele precisa explicar para a diretoria, departamento de futebol e médico porque fez determinadas escolhas. Antes das partidas, faço questão de ir ao vestiário para oferecer algumas palavras de motivação. Tudo isso é algo que pode até ser visto como não muito profissional nos grandes clubes de futebol do País, mas no CSA até agora está dando certo!!!"

Para 2019, a diretoria traçou os seguintes objetivos: "O primeiro é permanecer na Série A; o segundo é lutar por uma vaga no Sul-Americano; e o terceiro é chegar à Copa Libertadores." Pois é, para alguém que desistiu de assinar um contrato profissional em troca de melhores condições de vida, não dá para duvidar que **as chuteiras que ele usa são feitas de sonhos!!!**

Infelizmente, o desempenho da equipe na Série A do Campeonato Brasileiro de 2019 foi bem fraco, com o CSA rebaixado para a Série B, com o que o sonho de Cícero Rafael Tenório da Silva não vai se realizar já...

Em 1911, existia em Maceió o Clube Alagoano de Regatas, cuja sede ficava na rua do Comércio, Nº 138. Apesar do nome, entretanto, não havia nessa agremiação nem remadores nem baleeiros. Além disso, o valor obtido com as mensalidades era insuficiente para mantê-lo de maneira adequada.

Entre seus fundadores estavam os jovens Lafaiete Pacheco, António Bessa, Celso Coelho e Alexandre Nobre. Na ocasião, Lafaiete Pacheco tentou convencer os demais a aumentarem a mensalidade, porém, a ideia foi rejeitada pela maioria...

Lafaiete Pacheco procurou então por Antônio Vianna, e explicou a ele sua ideia de criar um clube de regatas na Pajuçara. A ideia foi aceita e, para o projeto, foram convidados outros sete rapazes. Assim, em 20 de setembro de 1912, fundou-se o Clube de Regatas Brasil (CRB), cujo lema é: **"Esporte pela Pátria forte"**. Na ocasião os jovens empreendedores assinaram a ata de sua fundação, na rua Jasmim, no bairro de Pajuçara.

Graças aos esforços de Lafaiete Pacheco, o CRB adquiriu em Santos sua primeira iole: uma barca de competição com oito remos, que foi trazida a Maceió no navio *Itapetinga*. Em seguida foram iniciados os treinamentos no trajeto marítimo da Ponte Verde até Pajuçara.

Os dirigentes do CRB tiveram que conseguir um local para a construção de uma garagem. O terreno encontrado para isso é o mesmo que atualmente abriga a sede social da equipe. No que se refere ao futebol, os primórdios do CRB contaram com a ajuda de Haroldo Zagallo, pai do famoso jogador e renomado técnico Mário Lobo Zagallo (que mais tarde acabaria se tornando tetracampeão mundial, duas vezes como jogador e duas vezes como técnico).

Em 1927, o CRB conquistou a primeira edição do Campeonato Alagoano de futebol, tornando-se o primeiro clube campeão de Alagoas. Esse título veio com uma campanha invicta e uma vitória sobre o arquirrival CSA, por 2 a 0. Três anos mais tarde o clube repetiu o feito, batendo mais uma vez o seu rival na final e conquistando seu segundo título estadual. Aliás, nas 492 partidas disputadas entre o CRB e o CSA, o primeiro obteve 180 vitórias, garantiu 161 empates e foi derrotado em 151 ocasiões. Isso mostra que até agora o CRB ainda leva uma boa vantagem sobre o oponente.

Por ter sido fundado no bairro litorâneo de Pajuçara, e ter como mascote **o galo de campina**, o CRB tornou-se conhecido em Alagoas como "**galo da praia**". A equipe já participou 11 vezes do Campeonato Brasileiro, sendo 29 vezes da Série B; 6 vezes da Série C; 15 vezes da Copa do Nordeste e outras 14 vezes da Copa Brasil.

Em 87 participações do Campeonato Alagoano, a equipe se tornou campeã em 30 edições, sendo o primeiro clube alagoano a conquistar o tetracampeonato estadual (entre os anos 1937 e 1940). O clube possui o maior artilheiro dos campeonatos alagoanos, Joãozinho Paulista, que vestiu a camisa alvirrubra nos anos 1980 e marcou 160 gols pelo **galo da praia**.

O recorde de gols em um único campeonato também pertence ao CRB, cujo jogador Inha marcou 37 gols numa única competição, em 1995. Os dois uniformes principais do CRB são: camisa vermelha e branca, com calção vermelho e meias vermelhas; ou camisa branca e vermelha, com calção branco e meias brancas.

A sede administrativa do CRB fica no bairro de Jaraguá, e o seu novo centro de treinamento, o Ninho do Galo, foi inaugurado em dezembro de 2015. O local conta com quatro campos oficiais, 24 apartamentos mobiliados, dois refeitórios, módulos com piscina, academia, fisioterapia e área de lazer. Esse centro, localizado na cidade litorânea de Barra de São Miguel, é utilizado para o treinamento e a concentração da equipe principal, mas serve também para a formação das equipes de base. O CRB, por causa de suas conquistas no futebol, também é chamado de **"o mais querido"**, **"o rei dos clássicos"**, **"esquadrão de aço"** e **"campeão dos centenários"**.

Apesar de o futebol ser sua principal atividade, o CRB também se destaca com suas equipes de vôlei, mantendo absoluta hegemonia, tanto no feminino como no masculino. O clube conquistou seu maior feito em 1969, quando a equipe feminina foi a campeã sul-americana na competição realizada em Santiago, no Chile. O CRB também possui títulos em outros esportes, como basquete, futsal e handebol, entre outras modalidades esportivas.

Ainda no que se refere a esportes, Maceió realizou em 2011 sua primeira Paraolimpíada. O objetivo foi reunir os atletas portadores de necessidades especiais, incentivando assim a prática de exercícios físicos. Esse evento foi apoiado pela secretaria municipal de Esporte e Lazer, e realizado no ginásio Tenente Madalena.

Outros esportes também se destacaram na cidade, como o *rugby*, cuja equipe Cães de Areia Rugby Clube já figurou entre as melhores nas disputas realizadas na região nordeste do País. Além disso, a natação, o atletismo, o ciclismo e o surfe também são muito praticados na cidade.

Manaus

Vista de Manaus com destaque para o Teatro Amazonas (à direita com a sua imponente cúpula).

PREÂMBULO

Manaus é uma mistura complexa de cenários que surgem continuamente: os modernos e caros prédios residenciais de Ponta Negra; sua ruidosa e tumultuada zona portuária; algumas obras suntuosas, como a ponte estaiada e a arena Amazônia... Em Manaus, o concreto se mistura com o verde, tanto na parte mais rica quanto naquelas mais pobre.

Há também o centro histórico manauara, e quem caminha nele faz uma verdadeira viagem no tempo, de volta ao **período áureo da borracha** – vivenciado entre o fim do século XIX e o início do século XX, quando o látex extraído das seringueiras da Amazônia se tornou o grande protagonista em nossas **exportações**, levando riqueza e desenvolvimento para a **região norte** do País!

Manaus foi uma das primeiras cidades brasileiras a contar com luz elétrica e linhas de bondes!!! Aliás, o centro da capital amazonense materializa alguns dos principais símbolos do ciclo da borracha. Naquela época, não bastava ter dinheiro; era necessário também ostentar sua posse. Foi assim que surgiram construções cheias de pompa, inspiradas na arquitetura europeia. Não por acaso, Manaus ganhou naquela época o apelido de "**Paris dos trópicos**"!!!

Entretanto, por volta de 1912, com a queda no preço do látex no mercado mundial, Manaus viu a sua *belle époque* (época exuberante) chegar ao fim!?!? Mas restaram ainda os majestosos casarões, as belas igrejas, os teatros e mercados – seus **tesouros** – para serem apreciados pelos turistas. Assim, todo aquele que vier a Manaus deve estar preparado e bem energizado para conhecer todas essas joias arquitetônicas, percorrendo a pé as ruas do centro da cidade. Com um planejamento dá para fazer isso em três dias e entender completamente a razão pela qual Manaus é realmente uma **cidade encantadora**.

Recorda-se que em 26 de março de 1976, na presença do então presidente Ernesto Geisel, foi inaugurado o hotel Tropical, às margens do Rio Negro envolto por belezas naturais e luxo. Recebeu hóspedes famosos como o príncipe britânico Charles e a princesa Diana, o ex-presidente dos EUA, Bill Clinton entre centenas de outros. Ele ficou fechado a partir de maio de 2019 por causa das dívidas que ultrapassavam R$ 20 milhões e foi a leilão, mas não foi arrematado...

Espera-se que o empresário Otacílio Soares de Lima, que arrematou o hotel no leilão por R$ 260 milhões, em 11 de fevereiro de 2020, faça nele uma reforma e ele volte a ser um espetacular lugar para acomodar turistas, **não é!?!?!**

A HISTÓRIA DE MANAUS

Manaus é a capital do Estado do Amazonas, e nela viviam no início de 2020 cerca de 2,2 milhões de habitantes. A cidade se tornou o principal centro urbano, financeiro e industrial da região norte do País, exercendo também um impacto significativo sobre o comércio e a educação, a mídia, as pesquisas, a tecnologia, o entretenimento etc., de toda a região amazônica.

A cidade está localizada na confluência dos rios Negro e Solimões, ou seja, praticamente no centro da maior floresta tropical do mundo, sendo por isso mesmo bastante visitada. Manaus é uma cidade portuária histórica, e ocupa o **décimo lugar** como maior destino turístico do País, tendo recebido em 2019 cerca de 700 mil visitantes.

Ela fica a 92 m acima do nível do mar, a 1.932 km da capital do País, Brasília, (em linha reta). Trata-se da sétima cidade mais populosa do país, e sua região metropolitana (RMM), com cerca de 2,7 milhões de pessoas, é a 11ª mais populosa do País.

Manaus possui atualmente um caráter bem cosmopolita, atraindo muitos imigrantes e turistas de várias nacionalidades. De acordo com um levantamento recente feito pela importante empresa de consultoria Mercer, a capital amazonense é a **quarta melhor cidade** para se viver no Brasil (!?!?), e a 127ª no mundo. Para chegar a essa conclusão, a Mercer valeu-se da análise de dez categorias, entre as quais saúde, educação, política, transporte, recreação e meio ambiente.

Isoladamente, o município possui o sétimo maior PIB do Brasil (cerca de R$ 98 bilhões em 2019), cuja cifra representa algo próximo de 1,2% do PIB nacional. De acordo com o *ranking* elaborado pela revista *América Economia*, Manaus faz parte das 30 melhores cidades da América Latina para se fazer negócios, ficando, inclusive, à frente de algumas capitais sul-americanas.

Manaus foi uma das 12 cidades-sede durante a realização da Copa do Mundo de Futebol no Brasil, em 2014, assim como uma das cinco subsedes dos Jogos Olímpicos, que aconteceram no Rio de Janeiro em 2016. O objetivo dessas escolhas foi claro: **promover a cidade internacionalmente!!!**

Voltando ao passado, Manaus foi fundada por portugueses que chegaram na região em 1669 e ergueram aí o forte de São José do Rio Negro. Antes da chegada dos portugueses, a região era habitada por numerosos povos indígenas que se dividiram em diferentes etnias. As diferenças estavam nas suas línguas e em seus costumes. Todas essas tribos, entretanto, dedicavam-se à pesca e à cultura de mandioca, existindo entre eles um intenso comércio intertribal.

Suas habitações eram amplas e arejadas, feitas de troncos de árvores e cobertas de palha. Dentre os povos que habitavam essa região, três se destacaram pelo elevado contingente: os manaós, os barés e os tarumãs. Os manaós constituíram o grupo étnico indígena mais importante da região, habitando as duas margens do rio Negro, e também do rio Solimões. Estima-se que no início do século XVII eles fossem cerca de 10.000 ao todo. Portanto, a origem do nome da cidade provém da tribo dos manaós. Na língua indígena, Manaus é a variação de Manaós, que significa "**mãe dos deuses**".

A região onde atualmente se encontra o Estado do Amazonas era parte integrante da Espanha, mas foi ocupada e colonizada por Portugal!!! Na realidade, o período de povoação europeia na Amazônia iniciou-se entre os anos 1580 e 1640, época em que Portugal e Espanha permaneceram sob uma só coroa. Assim, não houve nesse caso um desrespeito oficial aos interesses espanhóis por parte dos portugueses.

A ocupação do lugar onde se encontra hoje Manaus demorou bastante em função das dúvidas, por parte dos exploradores portugueses, quanto à facilidade de se obter grandes lucros a curto prazo. Isso por conta da dificuldade de acesso e do fato que se desconhecia no passado a existência de riquezas na região (ouro e prata)!!! A primeira tentativa de ocupação da região de Manaus ocorreu em 1657, quando tropas de resgate comandadas pelo cabo Bento Miguel Parente saíram de São Luís acompanhadas de dois padres: Francisco Veloso e Manoel Pires.

Durante algum tempo, a tropa fixou-se na foz do rio Tarumã, onde foi fincada uma cruz e, como de costume, realizou-se uma missa. Em 1658, outra tropa de resgate, também oriunda do Maranhão, chegou à região e procurou além de escravizar os indígenas, descobrir novas "drogas do sertão"!?!?

Os indígenas tiveram suas aldeias saqueadas pelos exploradores e os nativos que **resistiram à escravidão** foram **mortos**!!! O interesse em construir um forte na localidade surgiu somente em 1668, quando o capitão Pedro da Costa Favela, caçador de índios, retornou ao Pará e convenceu o governador Antônio Albuquerque Coelho de Carvalho da necessidade tática de guarnecer a região contra o assédio dos holandeses e dos espanhóis.

A missão de construir um simulacro de fortaleza foi dada a Francisco da Mota Falcão, que recebeu o auxílio de Manoel da Mota Siqueira. Desse modo, a colonização da região de Manaus começou em 24 de outubro de 1669 (data que até hoje é considerada como de fundação da cidade), com o estabelecimento do forte São José da Barra, erigido em pedra e barro, que possuía somente 4 canhões.

Na época, até houve um crescimento da população em torno deste forte, mas somente muito tempo depois, mais precisamente em 13 de novembro de 1832 o local foi elevado à categoria de **vila**, com o nome de Vila de Manaus – em homenagem à nação indígena. Esse nome seria mantido até 24 de outubro de 1848, quando pela lei Nº 145, da Assembleia Provincial Paraense, adquiriu o nome Barra do Rio Negro, com *status* de cidade. De fato, somente em 4 de setembro de 1856 voltaria a chamar-se Manaus.

Segundo o escritor Bertino de Miranda, o nome atual da cidade só foi grafado pela primeira vez em 1908. Não se pode esquecer que entre 1835 e 1840 ocorreu o grande conflito da região amazônica, chamado de Cabanagem – um movimento político e social iniciado no Pará e que envolveu homens livres e pobres, sobretudo indígenas e mestiços que se insurgiram contra a elite política local, tomando o poder.

A entrada da comarca de Alto Amazonas (hoje Manaus, que foi o berço do manifesto na Amazônia Ocidental) na Cabanagem acabou sendo fundamental para o nascimento do atual Estado do Amazonas. Como a borracha tornara-se matéria-prima de muitas indústrias mundiais, sendo cada vez mais requisitada, Amazonas orientou sua economia parar atender o crescimento dessa demanda, transformando-se num dos principais produtores do mundo, o que obviamente fez com que Manaus crescesse muito.

Intensificou-se, assim, o processo de migração para Manaus, tanto de brasileiros de outras regiões – sobretudo os nordestinos – como de estrangeiros. Estima-se que a partir da década de 1870 tenham chegado a Manaus mais de 15.000 brasileiros oriundos de outras regiões do País, além de 5.000 estrangeiros (portugueses, ingleses, franceses, italianos, bolivianos, peruanos etc.), todos atraídos pela produção da borracha.

Não se pode esquecer que no período de 1877 a 1878, o nordeste brasileiro foi atingido pela "Grande Seca". Acredita-se que isso tenha causado a morte de algumas centenas de milhares de pessoas, por conta de uma epidemia de cólera que se alastrou pela região. Desse modo, muitos nordestinos se mudaram para Manaus fugindo dessa doença.

Em 15 de novembro de 1889 foi proclamada a República Federativa do Brasil, no Rio de Janeiro. Com isso, extinguiu-se o império e a província do Amazonas passou a ser um Estado, cuja capital era Manaós. Em 1892, iniciou-se o governo estadual de Eduardo Ribeiro, que promoveu uma radical transformação na cidade. Aliás, o período entre 1890 e 1910 foi a época áurea da borracha. Foi no decorrer da administração de Eduardo Ribeiro que a cidade começou a se modernizar, inaugurando o transporte coletivo com bondes elétricos, oferecendo água encanada para seus moradores, introduzindo a telefonia e promovendo o desenvolvimento de seu porto, que passou a receber navios dos mais variados calados e de diversas bandeiras.

Assim, Manaus – a "**metrópole da borracha**" – iniciou o século XX com uma população superior a 50.000 habitantes. A cidade tinha ruas retas e longas, calçadas com granito e pedras de lioz (um tipo de pedra calcária branca trazida de Portugal); praças e jardins bem cuidados; belas fontes; monumentos; hotéis; estabelecimentos bancários; palacetes; teatro suntuoso, ou seja, atendia a vários requisitos de uma cidade moderna.

Na fase áurea da borracha, a cidade tornou-se referência internacional nas discussões sobre doenças tropicais, saneamento e saúde pública. Nesse período áureo foram executadas muitas ações nessas áreas, contando com a colaboração de cientistas internacionais. Isso culminou com a erradicação da febre amarela, em 1913!!!

Que estranho que mais de 100 anos depois, ou seja, em 2018, Estados como São Paulo, Minas Gerais, Rio de Janeiro etc. tenham registrado o retorno da febre amarela, o que representou um tormento para milhões de pessoas que precisam ser vacinadas. Na realidade, no início do século XX, as ações de saneamento estiveram restritas a Manaus, ou seja, não foram realizados em outras cidades do Estado.

Mas a situação mudou bastante após a criação do Serviço de Saneamento e Profilaxia Rural, que levou o saneamento para outras partes do Estado do Amazonas. A infraestrutura da época abrangeu bases fixas de operações nas calhas dos principais rios e embarcações que percorriam as comunidades ribeirinhas. Dessa maneira, o auge do ciclo econômico da borracha permitiu levar a Manaus as mesmas benfeitorias que já estavam implantadas no Rio de Janeiro, a então capital federal.

O desenvolvimento econômico da cidade permitiu que nela também circulassem as ideias mais criativas da época, como a ativação do controle de doenças tropicais. Isso também permitiu o surgimento de um núcleo de médicos envolvidos nas discussões mais avançadas a esse respeito, e de faculdades voltadas para a medicina tropical, com o que as recém-criadas IES de Londres e Liverpool (na Inglaterra) passaram a enviar seus especialistas para Manaus com frequência.

Em 1910, Manaus ainda vivenciava a euforia dos altos preços da borracha quando foi surpreendida pela fortíssima concorrência da borracha natural, extraída dos seringais nos países asiáticos. O produto invadiu de forma avassaladora o mercado mundial, provocando o fim do domínio de sua exportação a partir dos seringais naturais da Amazônia. Isso deflagrou o início de uma lenta agonia econômica de Manaus e da região.

O desempenho do comércio manauense foi piorando e com isso as importações de artigos de luxo e supérfluos, que desmoronaram... A capital amazonense foi sendo abandonada por aqueles que podiam partir para locais mais promissores. Ela mergulhou num profundo marasmo, enquanto assistia seus diferentes serviços públicos sendo executados de forma deficiente e muitos edifícios ficando vazios.

A cidade só começou a reagir quando na década de 1960 foi implantada a Zona Franca de Manaus (ZFM). A partir daí, ela pouco a pouco voltou a ostentar uma posição de destaque, e não apenas no Brasil, mas na América Latina. Aliás, pode-se dizer que ao lado de Cuiabá, capital do Estado do Mato Grosso, foi a capital estadual que mais cresceu nos últimos 40 anos.

Porém, a despeito de atrair milhares de migrantes, a ZFM infelizmente trouxe também alguns problemas para a cidade. As pessoas que migraram para lá ocuparam a periferia da cidade de forma desordenada, em especial nas décadas de 1970 e 1980, promovendo acentuadas degradações ambientais (a poluição dos rios e a perda da biodiversidade).

A ZFM é um modelo econômico de desenvolvimento estabelecido na cidade de Manaus em 1967, pelo decreto-lei Nº 288. Desse modo, ainda no governo do presidente JK, através da lei Nº 3.173, de 6 de junho de 1957, criou-se em Manaus uma **zona franca**, que, entretanto, somente seria efetivada 10 anos mais tarde!!!

O artigo 1º dessa lei estabeleceu que: "A ZFM é uma área de livre comércio de importação e exportação, e também de incentivos fiscais especiais, estabelecida com a finalidade de criar no interior da Amazônia um centro industrial, comercial e agropecuário, dotado de condições econômicas que permitam seu desenvolvimento, em face dos fatores locais e das grandes distâncias que se encontram os centros consumidores de seus produtos."

A ZFM tem vivido recentemente uma situação bastante turbulenta, em especial as empresas aí instaladas, que produzem xarope para refrigerantes.

O governo federal tem procurado mexer no crédito para elas pelo pagamento de imposto sobre produtos industrializados (IPI). Porém, no primeiro semestre de 2019, esse percentual ainda ficou em 12% da alíquota do IPI. Entretanto, já no segundo semestre de 2019 esse crédito foi reduzido para 8%, e em 2020 será somente de 4%!?!?

Os grandes fabricantes dizem que se isso acontecer, em 2020 haverá em Manaus um corte de pelo 15 mil empregos, além de um aumento de 8% no preço dos refrigerantes para os consumidores, o que provocaria um recuo de 15% em suas vendas.

Pois é, o governo federal precisou lidar com esse dilema, no que foi "auxiliado" pelo STF. Assim, no dia 25 de abril de 2019, o STF (por 6 votos a favor e 4 contra) decidiu que as empresas de fora de Manaus que comprassem insumos produzidos na ZFM teriam o direito de abater de seus impostos créditos do IPI, por conta da isenção tributária existente na área.

A Procuradoria-Geral da Fazenda Nacional está muito preocupada com essa decisão, pois a ampliação do subsídio na ZFM exercerá um grande impacto sobre as contas da União, num valor estimado em R$ 16 bilhões por ano!?!? O presidente do STF, José Antônio Dias Toffoli – que votou a favor do subsídio – comentou: "Os que votaram favoravelmente demonstraram que estão **a favor** da ZFM, tendo realmente a consciência de sua importância, e não somente para o Brasil, mas para toda a humanidade, na medida em que ela é um projeto do Estado que visa a preservação da floresta. Nessa decisão deve-se ter em mente a importância do federalismo de cooperação."

Todavia, convém pensar também um pouco no que disse o ministro Luiz Fux, também do STF, que votou **contra** o subsídio: "A prática do creditamento a médio e longo prazos vai acabar empobrecendo a variedade produtiva da região, uma vez que, com o incentivo, as grandes empresas tenderiam a sair da ZFM e manter nela somente uma parte de sua produção – a de **insumos**. Em outras palavras, a longo prazo, essa possibilidade de creditamento poderá transformar a ZFM numa região de concentração de produtores de insumos de menor valor agregado!?!?"

Caro (a) leitor (a), o que você acha: o argumento usado pelo STF para autorizar esse subsídio é de que, com ele, a Amazônia será preservada, pois as pessoas estarão trabalhando nas fábricas e, assim, não teriam de sobreviver valendo-se do desmatamento, entretanto, não seria este um argumento um tanto inocente? Em tempo, apesar de em proporção menor, o desmatamento continua existindo e revelando-se ainda bastante significativo na região (!!!).

E no final de 2019 divulgou-se que foi o maior da última década. E não se pode esquecer que as queimadas aumentaram também...

Em 10 de junho de 2019, o governo federal anunciou o plano Dubai para estimular o desenvolvimento de Manaus e região, alavancando cinco polos econômicos: **biofármacos, turismo, defesa, mineração e piscicultura**. O objetivo é óbvio: encerrar os incentivos para a ZFM no futuro!?!?

Porém, em 24 de junho de 2019, ao participar de um evento promovido pelo jornal *Folha de S.Paulo* e com o apoio do Centro da Indústria do Estado do Amazonas, o prefeito de Manaus, Arthur Virgílio, declarou: "O plano Dubai é bom, desde que venha para complementar e não para substituir a ZFM. A busca por alternativas para o desenvolvimento econômico da Amazônia depende de um interesse maior do brasileiro pela nossa principal floresta, que desperta preocupação mundial pelos recursos naturais que guarda – parte deles ainda sequer contabilizada por conta da falta de pesquisas científicas.

Imagine se a floresta amazônica fosse da Alemanha. Com certeza ela seria classificada como sua região mais estratégica... Sem a ZFM, a alternativa para quem vive na região será avançar sobre a floresta para explorá-la. Hoje não temos nenhum curso superior de engenharia de minas no Estado de Amazonas, e as áreas sensíveis para um crescimento sustentável como a biotecnologia, que pode auxiliar na criação de produtos com técnicas de extrativismo consciente, dependem de investimento para se desenvolverem aqui.

Poderíamos até usar um pouco da **indústria 4.0**, que já existe em Manaus. Mas é fundamental aprimorarmos a capacidade intelectual dos manauaras para que eles possam dar os passos corretos rumo às alternativas sugeridas, inclusive no plano Dubai. Não podemos ser um povo pobre cercado por tantas riquezas. Infelizmente, não só o atual ministro da Economia Paulo Guedes, mas muitos outros profissionais dessa área, enxergam a ZFM como uma distorção. Porém, o que acontece de fato é que, de cada cem economistas brasileiros, 110 nunca pisaram no Estado do Amazonas, a não ser para fazer turismo. Eles não estudam o tema, nem têm a humildade para aprender conosco!?!?"

Em 19 de novembro de 2019 foi apresentado ao ministério da Economia um estudo que prevê a criação de 100 mil empregos diretos na região da ZFM, a partir de um investimento público e privado de R$ 7 bilhões em **dez anos**!!! Esse levantamento foi elaborado pelo Instituto Escolhas, uma associação civil com foco em desenvolvimento sustentável.

Ele sugeriu um programa de estímulo econômico para toda a região norte do País, com foco em quatro áreas: **bioeconomia, implantação de uma polo de transformação digital, ecoturismo** e **psicultura**. O diretor-executivo do Instituto Escolhas, o advogado Sérgio Leitão, explicou:

"O custo que a ZFM cobre hoje é para trazer insumos de fora. É um contrassenso estimular para fora numa região cujo crescimento econômico foi retardado em relação a outras partes do País. Atualmente o subsídio ao polo industrial de Manaus, com forte presença dos setores mecânico, eletrônico e metalúrgico, soma cerca de R$ 25 bilhões ao ano, ou seja, 8% do concedido ao todo no País.

As fábricas instaladas em Manaus têm forte dependência de matéria-prima e de outros setores, o que acaba de fato contribuindo bastante para a geração de empregos e renda externos, mas não locais!!! Se tirarem o subsídio da região hoje ela **para**, justamente porque os seus insumos não vem dela!!!

Naturalmente o que se deve privilegiar é que aqui na Amazônia os estímulos sejam dedicados ao desenvolvimento, à ciência e à tecnologia sempre de forma respeitosa ao meio ambiente. Esse é o momento para se aproveitar a biodiversidade para conquistar a dianteira na bioeconomia, que é considerada atualmente a nova fronteira de desenvolvimento."

O plano apresentado pelo Instituto Escolhas, prevê a criação de laboratórios de pesquisa e desenvolvimento e a ampliação da produção de culturas regionais, como açaí, castanha e cacau – cultivados em cinco Estados da região norte numa área bem inferior à ocupada pela soja. Em paralelo, ele sugere a criação de polos, como o moveleiro (com produção de madeira "engenheirada", capaz de substituir o concreto), biofármacos de alimentos (à base de plantas e insetos) e de cosméticos.

De acordo com dados do ministério do Turismo, a bioeconomia tem sido responsável pela geração de cerca de R$ 3,2 bilhões por ano no Amazonas, porém, segundo o Instituto Escolhas, esse valor poderia subir até R$ 10 bilhões em apenas uma década!!!

O parque industrial da ZFM, como um todo, fatura R$ 90 bilhões ao ano e responde por 50% do ICMS no Estado, de acordo com os dados da Federação das Indústrias do Amazonas. Porém, considerando os outros setores como prioritários (polo de transformação digital, ecoturismo e piscicultura) no estudo, o impacto no PIB amazonense poderia passar de R$ 2,9 bilhões para R$ 15,5 bilhões.

Para isso, entretanto, seriam necessários R$ 7 bilhões de investimento em infraestrutura física pelos setores público e privado. Esse valor inclui até um satélite geoestacionário para dinamizar o acesso à banda larga, bem como a ampliação do aeroporto e a construção dos polos.

Realmente é uma grande ideia investir na **bioeconomia**, que valoriza a geração de valor sustentável em diferentes cadeias a partir de recursos biológicos locais. São bem interessantes as novas políticas do governo estadual, que defende um modelo de transição para a ZFM, porém, que **não exclua** as indústrias já instaladas nela.

Assim o governo estadual criou o programa Biópolis Amazonas, que colocou o bioma regional como lastro do desenvolvimento econômico. A ideia correta foi a de incentivar por meio de PPPs, o desenvolvimento de novas indústrias na região, como de biocosméticos e fitofármacos.

De forma inteligente os gestores não estão abrindo mão da política industrial, mas se adaptando aos novos tempos e mirando mais numa *biotech* 4.0, não tanto na indústria 4.0, inspirando-se na estratégia de Cingapura, que tornou-se um *hub* ("centro") de biomedicina!!!

No término de 2019 notou-se um aquecimento da produção dos fabricantes da ZFM, especialmente graças ao aumento de compras na *Black Friday* (última sexta-feira de novembro) e para o Natal especialmente de televisores, motocicletas, bicicletas, computadores, *smartphones*, aparelhos de ar-condicionado *split* e de fornos de micro-ondas.

Verificou-se em 2019 um fato bem auspicioso, ou seja, o incremento do uso da capacidade nas indústrias que produzem bens de consumo duráveis, ou seja, daquelas dos itens fabricados em Manaus, que em outubro ultrapassou 86% (!!!), quando elas atingiram sua maior produção mensal. Assim, tudo indica que daqui para frente haverá um contínuo crescimento da demanda por eletrodomésticos e também um avanço significativo na contratação de mais empregados.

Mas voltando a história da evolução da cidade, em 1991, o município de Manaus atingiu um total de 1 milhão de habitantes e, em 2014, conseguiu ultrapassar a marca de 2 milhões. Em 30 de maio de 2007 foi criada a RMM, pela lei estadual Nº 52, incluindo além de Manaus outros sete municípios: Careiro da Várzea, Iranduba, Itacoatiara, Manacapuru, Nova Airão, Presidente Figueiredo e Rio Preto da Eva. Em 2009, foram incluídos também os municípios de Autazes, Careiro, Itapiranga, Manaquiri e Silves, totalizando treze municípios na RMM.

Manaus é tida como a capital ambiental do Brasil, por conta de seus notáveis recursos naturais. Cerca de 98% dos 11.401,058 km² da área rural do município está intacta. No entanto, cerca de 9.600 ha de área verde, nos limites urbanos do município, já foram desmatados ou encontram-se em estado de degradação ambiental. Isso corresponde a 22% da área urbana manauara.

Toda a fauna da floresta tropical úmida presente na Amazônia pode ser encontrada no município de Manaus, em cujas áreas rurais é possível ver muitas plantas e muitos pássaros, assim como diversos anfíbios e milhares de insetos. Os grandes mamíferos da água, como o peixe-boi e o boto, podem ser observados em regiões sem muita movimentação no rio Negro, em lagos e reservatórios.

Existem no município importantes parque, reservas ecológicas, além de espaços públicos, como: o Parque Municipal do Mindú, localizado no bairro Parque 10 de Novembro, foi criado em 1993, onde se pode observar as árvores típicas da Amazônia, como a andiroba e a mafumeira; o Parque Estadual Sumaúma, criado em 2003 numa área urbana de 52 ha (onde a mafumeira é também chamada de sumaúma); o Parque Ponte dos Bilhares; o Jardim Botânico Adolpho Ducke, o maior jardim botânico do mundo, onde floresce a planta vitória-régia (cujas folhas circulares chegam a mais de 1 m de diâmetro) e nele existem 3 km de trilhas, onde habitam diversas espécies de animais em extinção como onças-pintadas, além de muitos tucanos, araras etc., dispersos numa área de 100 km²; o Parque Senador Jefferson Péres; o Parque Lagoa do Japiim, entre outros.

Por incrível que pareça, um grave problema com o qual convive-se hoje em Manaus é a intensa **poluição atmosférica**. Isso acontece por causa do grande número de automóveis e motocicletas que circulam no município (no início de 2020 eram cerca de 460.000 carros e 228.000 motocicletas) e das indústrias pertencentes ao polo industrial da cidade.

Além disso, os córregos de Manaus poderão desaparecer no futuro (!?!?) também por conta da crescente poluição advinda da irregularidade do sistema de esgoto dos domicílios da cidade, e do próprio processo de recuperação desses córregos. E o pior é que muitos trechos dos rios Negro e Solimões encontram-se também poluídos.

O problema no abastecimento de água potável na cidade continua sem solução, pois, apesar de possuir muitas fontes de água em seu próprio perímetro, os serviços de tratamento e distribuição de água em Manaus – pelo menos para uma parte de sua população (em especial nas regiões leste e norte) – são bastante **deficientes**. Todos esses problemas são agravados pela ocupação irregular das áreas de mananciais, provocada pela expansão urbana. Aliás, esse processo fez com que surgissem muitos **bodozais** na região.

O **bodó** é conhecido pelos amazonenses por ser um peixe muito resistente, capaz de respirar fora da água e **viver na lama**. Pelo fato de habitar áreas alagadas, esse peixe inspirou o nome pejorativo (!?!?) dado às favelas de palafitas no Estado do Amazonas: "**bodozal**"!!!

Assim como no caso do bodó, para viverem nos **bodozais** as pessoas precisavam ser resistentes. Isso porque, durante o período de enchentes (entre abril e junho), milhares delas passam meses vivendo em casas de palafita inundadas por água suja. De fato, estima-se que em 2020 o número de manauaras nessas condições superasse os 35 mil.

A elevação e o retorno às condições normais dos rios de Manaus, especialmente do rio Negro, acontecem lentamente!?!? Assim, os que vivem nos bodozais enfrentam entre 70 e 80 dias todos os anos de cheia, vivendo acima da cota de emergência do rio Negro. Para sobreviverem, as pessoas constroem **marombas**, ou seja, estrados de madeira apoiados no chão da casa, que funcionam como um piso elevado de cerca de 1 m. O maior problema é que, uma vez que as casas já são baixas, os moradores ficam espremidos entre a maromba e o telhado, sendo obrigados a permanecer agachados, ou seja, ajoelhados em suas próprias casas por quase dois meses!?!?

Além disso, as casas de palafita nessas favelas ficam apoiadas umas nas outras, lado a lado, formando corredores estreitos. Assim, o colorido das paredes e das roupas nos varais contrasta com o cheiro forte de lixo, esgoto e fezes de animais. A própria água fede muito!!! As casas costumam ter canos que levam os dejetos para fora, dispersando-os diretamente sobre a lama. Esse líquido escuro obviamente retorna para as casas durante as enchentes...

Infelizmente, ao longo de décadas, as populações mais pobres foram se instalando na beira dos 148 igarapés, que cortam o município. Assim, na época das enchentes a Defesa Civil de Manaus tem um trabalho fenomenal, não apenas com os resgates, mas principalmente para retirar e transportar os doentes. Isso porque nessa época aumentam muito os casos de hepatite, leptospirose, febre tifoide, diarreia crônica, dengue e parasitoses intestinais.

Os governos municipal e estadual estão desenvolvendo diversas ações, como a retirada de lixo da orla do rio Negro; a limpeza e dragagem dos igarapés, o cadastramento de famílias em situações de vulnerabilidade; a construção de pontes em áreas de alagamento etc. Porém, isso ainda não promoveu a diminuição dos bodozais. Portanto, para realmente merecer a denominação de cidade encantadora, Manaus deveria reduzir significativamente esse seu **problema de habitabilidade**, não é mesmo?

Na sua formação histórica, a **demografia** de Manaus resulta da miscigenação das três etnias básicas que compõem a população brasileira: indígenas, europeus e negros, que, por sua vez, deram origem aos mestiços (descendentes de duas ou mais etnias) da região: em especial os **caboclos** (mestiços de branco com índio). Mais tarde, com a chegada de outros imigrantes vindos da Europa, assim como de outras regiões do mundo (japoneses, árabes, marroquinos etc.) formou-se uma cultura de característica singular, percebida claramente nos valores e no modo de vida dos habitantes da cidade. Estima-se que em 2020 a população de Manaus fosse composta por pardos (68%), brancos (26%), pretos (9,5%), amarelos (1,2%) e indígenas (0,3%).

No que se refere a **religião**, acredita-se que em 2020 a população manauara fosse composta da seguinte forma: católicos (54%), protestantes (35%) e sem religião (7%). O 4% restantes estavam distribuídos entre espíritas, budistas, judeus etc. Existem muitos templos e diversas igrejas em Manaus, mas há uma peculiaridade na cidade: um templo mórmon, ou seja, a igreja de Jesus Cristo dos Santos dos Últimos Dias. Trata-se do único com essa denominação religiosa na região, sendo visitado pelos fiéis que vivem nos Estados do Acre, do Amapá, de Rondônia, de Roraima e do Pará!!!

Em Manaus estão instalados algumas dezenas de consulados de países da América do Sul e da América do Norte, assim como da Europa e da Ásia. De fato, a capital amazonense só não possui representações de países da África, Oceania e América Central. No âmbito das relações internacionais, Manaus já estabeleceu acordos de cooperação e constituiu uma relação fraterna com diversas cidades-irmãs, como Austin, Charlotte, Mesa e Salt Lake City (nos EUA); Airaines (na França); Jerusalém (em Israel); Perugia (na Itália); Hamamatsu (no Japão); Casablanca (no Marrocos); Braga (em Portugal); Santo Domingo (na República Dominicana) e Xangai (na República Popular da China). Além disso, no Brasil, Manaus tem como cidades-irmãs Belém, Goiânia e Rio de Janeiro.

O **setor primário** é o de menor expressão na economia manauara, sendo que a maioria das atividades agrícolas e agropecuárias se concentram próximas das principais rodovias que dão acesso à capital do Amazonas.

Mas na aquicultura, vale salientar que no ano de 2019 foram produzidos cerca de 1,8 milhão de quilos de peixes, principalmente o tambaqui, a matrinxã e o pirarucu.

Boa parte da população que vive em Manaus e também no seu entorno tem se servido do consumo de peixes durante quase toda a sua história. Agora, com o grave problema do desmatamento – provocado, entre outras coisas, por incêndios (em agosto de 2019 a Amazônia registrou uma quantidade de queimadas bem acima da média histórica para o mês, quando foram constatados 30.901 focos de incêndio, ou seja, quase 1.000 por dia) –, voltar-se para a **piscicultura** foi sem dúvida nenhuma uma excelente oportunidade para garantir um **futuro sustentável**, não apenas para o entorno de Manaus, mas para toda a região amazônica.

Assim, os governos das cidades e dos Estados amazônicos deveriam investir vigorosamente numa estratégia de desenvolvimento de negócios cujo foco fosse o **peixe**. Isso incluiria a piscicultura e a pesca manejada. Dessa maneira, ao atender a demanda crescente pela proteína animal, se utiizaria para a piscicultura uma área muito menor do que aquela ocupada pela pecuária. Os impactos também seriam bem menos drásticos, tanto para a floresta amazônica como para o clima da região. De fato, o foco na piscicultura ostenta quatro vantagens principais:

1ª) No que se refere ao uso da terra, a piscicultura é muito mais eficiente do que a bovinocultura, e gera uma quantidade menor de gases de efeito estufa. Por exemplo, 1 t de peixe pode ser produzida em apenas 3% da área utilizada para se produzir a mesma quantidade de carne bovina.

2ª) O consumo de peixe é muito melhor para a saúde das pessoas que o de carnes de animais mamíferos e aves.

3ª) Um modelo de desenvolvimento com base no peixe é bem mais compatível com a ecologia amazônica, pois conserva a floresta e suas funções na reciclagem da chuva.

4ª) O peixe pode dominar a produção e o comércio global da proteína animal. Ou seja, a piscicultura tem o poder de mercado necessário para guiar a transição regional para uma **economia rural focada no consumo de peixe**. Evidentemente, com a sua maior produtividade em termos de área e conversão alimentar, a piscicultura tem o potencial para ser mais rentável do que a produção da carne bovina.

Não é pois por acaso, que muitos empreendedores rurais amazônicos já estão investindo na piscicultura como estratégia para aumentar e diversificar suas rendas. Nas últimas décadas houve avanços importantes no manejo de recursos pesqueiros. Ainda nos anos 1990, o Ibama colaborou com os pescadores no sentido de desenvolver uma política de gestão pesqueira, quando diversos acordos de pesca intercomunitários foram desenvolvidos e legalizados.

Políticas semelhantes, incluindo uma específica para o manejo do pirarucu, foram adotadas por vários Estados amazônicos. No Amazonas, a produção de peixe manejado cresceu de 20 t em 2003 para cerca de 3.500 t em 2019 (segundo estimativas), podendo aumentar ainda muito mais no futuro...

A boa notícia é que durante um encontro em Brasília, em junho de 2019, os nove governadores da região amazônica votaram no sentido de se estabelecer a **colaboração** de todos na implementação de uma estratégia de desenvolvimento rural baseada no peixe.

Claro que isso não será fácil, uma vez que toda a região terá de ser preparada para uma transição da economia rural, dominada pela pecuária de corte, para uma economia mais diversificada, em que o peixe terá um papel cada vez mais importante. **Mas isso, sem dúvida, reduzirá radicalmente o desmatamento na região amazônica!!!**

O **setor secundário** proporciona uma grande contribuição para a economia do município, assim como muitos empregos. Ele está praticamente no mesmo nível do **setor terciário**. Nos limites territoriais do município encontra-se a refinaria Isaac Sabbá, pertencente a Petrobras, e cuja capacidade instalada é de quase 46.000 barris/dia.

Com o nome de Companhia de Petróleo da Amazônia, ela foi instalada às margens do rio Negro por Isaac Benayon Sabbá, em 6 de setembro de 1956. Porém, sua inauguração oficial ocorreu apenas em 3 de janeiro de 1957, pelo então presidente Juscelino Kubitschek. O objetivo foi estimular toda a região que ainda sentia os efeitos negativos da crise oriunda do término do período áureo da borracha.

Em 1971, a Petrobrás assumiu o controle acionário da companhia, que passou a se chamar Refinaria de Manaus e, em 1997, foi renomeada como refinaria Isaac Sabbá. Seus principais produtos são o querosene de aviação, a gasolina, o diesel, os óleos combustíveis, o gás de cozinha, o álcool e o asfalto.

Mas sem dúvida foi a criação da ZFM que levou Manaus a ter um grande polo industrial, em especial nas áreas de transporte e comunicações, e, ao mesmo tempo, também foi ela que permitiu um estímulo à preservação da biodiversidade e do meio ambiente. Estima-se que no início de 2020 houvesse em Manaus cerca de 630 indústrias que comercializavam vários tipos de produtos químicos, eletrônicos, automobilísticos etc. Estão na cidade, grandes empresas, como a Honda, a Whirpool, a Yamaha, a Siemens etc.

O governo brasileiro desejava obter com a ZFM uma maior integração da Amazônia com o resto do País e, ao mesmo tempo, garantir a soberania nacional sobre as suas fronteiras com os países andinos. Apesar da maioria das indústrias da ZFM estarem sediadas em Manaus, ela também se estende a cidades localizadas nos Estados do Acre, Rondônia, Roraima e Amapá.

Foi necessário criar e regulamentar a Suframa – Superintendência da Zona Franca de Manaus –, uma autarquia da administração pública federal vinculada ao extinto ministério do Desenvolvimento, da Indústria e do Comércio Exterior. Uma grande parte dos produtos das ZFM tem sido exportada para Argentina, Colômbia, México, Venezuela (atualmente bem pouco...), Índia, Alemanha, Hungria, Holanda etc. No início de 2020, acredita-se que a mão de obra empregada na ZFM fosse de aproximadamente 95 mil pessoas.

Porém, é o **setor terciário** que contribui com a maior parcela do PIB manauara. Encontram-se registrados na Abrace (Associação Brasileira de *Shopping Centers*) um total de 12 centros comerciais em Manaus, sendo que alguns deles são os maiores da região norte. Esse é o caso do Amazonas, inaugurado em 1991; do Manaus Via Norte; cuja área total é de 52.639 m²; o Manauara; o Ponta Negra e o Sumaúma *Park*. Os outros *shoppings centers* são o Millennium, o Manaus Plaza, o Grande Circular, o Cecomiz, o Studio 5 Festival Mall, o Cidade Leste e o Uai! São José.

Juntos, eles contam com uma ABL de aproximadamente 360.000 m², ocupados por lojas, praças de alimentação, cinemas, oficinas de reparos etc. Nesses empreendimentos trabalham muitos milhares de pessoas e circula diariamente uma **avalanche** de clientes.

Porém, o comércio em Manaus também acontece em muitos espaços populares, como os mercado e as feiras. Esses locais são administrados pela Secretaria Municipal de Produção e Abastecimento (Sempab), que já foi chamada de Secretaria Municipal de Mercados e Feiras.

A prefeitura de Manaus conta também com um departamento específico para supervisionar e controlar o **comércio informal** (!?!?) no município, conforme a lei Nº 674 de 2002. Estima se que no início de 2020 houvesse na cidade algo próximo de 10.000 vendedores ambulantes com cadastro na prefeitura, a maioria deles atuando no centro de Manaus, na praia de Ponta Negra e nos cinco terminais de ônibus locais.

De acordo com a Sempab, no início de 2020 havia na cidade 34 feiras, oito mercados populares e duas feiras volantes, sendo que as principais delas são a do Produtor, da Panair, do Mutirão, da Banana, do Coroado, da Manaus Moderna e da Compensa.

Um problema cada vez maior em Manaus é a **mobilidade urbana.** Isso se dá, obviamente, por causa de sua frota de veículos (automóveis, motocicletas, camionetes, caminhões, motonetas, ônibus, micro-ônibus, caminhões-trator etc.), que é muito grande. Segundo estimativas do início de 2020, o número de veículos na cidade era 740.000.

Foi somente em 30 de março de 2012 que surgiu uma **zona azul** na cidade, que permitia ao usuário estacionar seu carro mediante pagamento. Porém, o sistema se mostrou insuficiente e dificultou a identificação de vagas. A utilização de bicicletas como meio de transporte é ainda ineficaz e, além disso, há poucos quilômetros de ciclovias em Manaus.

O transporte coletivo, por sua vez, ainda exerce um papel fundamental no dia a dia da metrópole. Encontra-se em circulação uma frota de quase 2.300 ônibus, que se deslocam por centenas de linhas exploradas por diversas empresas. Para facilitar o transporte na cidade, a prefeitura permitiu a circulação de cerca de 1.000 micro-ônibus, *vans* e lotações, especialmente nas zonas norte e leste.

Como medidas para amenizar os problemas de transporte municipal, foram criados corredores exclusivos para ônibus e providenciado o alargamento das avenidas Torquato Tapajós, Max Teixeira e Cosme Ferreira, além da construção de viadutos e novas avenidas, como o complexo viário Gilberto Mestrinho, que interliga as zonas leste, sul e centro-oeste; o complexo viário de São José e as avenidas das Torres é das Flores.

Em Manaus atualmente os seus moradores e os visitantes, como ocorre também em muitas outras cidades encantadoras, estão recorrendo aos diversos serviços de transporte por aplicativos (a regulamentação pela prefeitura ocorreu em julho de 2019) para poderem se deslocar pela cidade gastando menos que se usarem um táxi.

A prefeitura de Manaus anunciou também a implantação de um *bus rapid transit* (*BRT*), ou seja, um ônibus de trânsito rápido. Além disso, sonha-se também com a construção de um monotrilho, porém, nenhum desses planos já se tornou realidade para os manauaras!?!?

O transporte fluvial é muito comum em Manaus. Aliás, vale ressaltar que a cidade possui **o maior porto flutuante do mundo**. O porto de Manaus fica na margem esquerda do rio Negro, a 13 km da confluência com o rio Solimões. Ele atende aos Estados do Amazonas, Pará, Rondônia e Acre e também áreas do norte do Mato Grosso, sendo administrado pela Sociedade de Navegação, Portos e Hidrovias do Estado do Amazonas, desde 1997. Esse porto é capaz de operar 4 navios simultaneamente, em qualquer período do ano, além de outros 3 navios durante a cheia do rio Negro.

Manaus também conta com um grande porto cargueiro, o Chibatão, que dispõe de um cais flutuante de 710 m de comprimento por 240 m de embocadura, e é responsável pelo embarque e desembarque de navios que chegam repletos de contêineres e cargas gerais.

Manaus possui **três aeroportos,** dos quais uma é bem grande e moderno, ou seja, o aeroporto internacional Eduardo Gomes, inaugurado pelo então presidente do Brasil, Ernesto Geisel, em 26 de março de 1976. Ele está localizado na zona oeste da cidade, a 14 km do centro, e é administrado pela Infraero.

Esse aeroporto possui dois terminais de passageiros e um complexo de logística de carga, e opera voos domésticos e internacionais diariamente. Sua boa infraestrutura fez dele o terceiro maior aeroporto do Brasil em movimentação de cargas. De fato, estima-se que em 2019 ele tenha movimentado cerca de 3 milhões de passageiros. Sua capacidade é para 13,5 milhões de passageiros por ano, sendo que os principais destinos internacionais atendidos são: Miami (nos EUA), Buenos Aires (na Argentina), a cidade do Panamá e os países caribenhos. Nas rotas domésticas destacam-se os voos diretos para Brasília, Rio de Janeiro, São Paulo, Fortaleza e Belém.

As principais companhias aéreas que operam nesse aeroporto são: MAP, TAP, American Airlines, Azul, Copa, Gol e Latam.

O segundo aeroporto é de caráter militar, ou seja, trata-se da Base Aérea de Manaus, localizada na zona sul da cidade. Ele se destaca no cenário nacional pelo seu desempenho na região amazônica, sendo também conhecido como aeroporto Ponta Pelada. Ele foi inaugurado em 1954 e, durante 22 anos, foi considerado o principal aeroporto da cidade, servindo como porta de entrada para a capital amazonense, pelo menos até a inauguração do aeroporto internacional. Até hoje ele serve como alternativa para o aeroporto internacional quando o mesmo se encontra fechado devido às condições climáticas ou por outras causas.

Já o terceiro aeroporto de Manaus está localizado no bairro de Flores. Ele foi criado em 1940, com o nome de aeroclube do Amazonas e, atualmente, é usado sobretudo para voos particulares e regionais, por aeronaves de pequeno porte. Operam nesse aeródromo diversas empresas de táxi aéreo.

Já no âmbito esportivo, o destaque vai para o **futebol**. Um dos principais clubes de Manaus, com maior número de títulos estaduais, é o Nacional Futebol Clube, fundado em 13 de janeiro de 1913. Mas existem outros clubes de futebol, como o Atlético Rio Negro Clube, também fundado em 1913; o São Raimundo Esporte Clube, fundado em 18 de novembro de 1918 (o único que possui estádio próprio, que é o estádio Ismael Benigno, ou estádio da Colina); o Nacional Fast Clube, fundado em 8 de julho de 1930 e o Sul América Esporte Clube (fundado em 1º de maio de 1932), dentre outros.

Mas nesses últimos anos surgiu um fenômeno no futebol manauense, ou seja, foi criado em 5 de maio de 2013 o Manaus Futebol Clube, ou simplesmente Manaus F.C., que obteve uma considerável lista de conquistas em apenas sete anos.

É o atual tricampeão amazonense (ganhando as edições de 2017 a 2019) e conseguiu o primeiro acesso em nível nacional da quarta (Série D) para a terceira divisão (Série C) em 2019 ao chegar à final com a equipe e Brusque de Santa Catarina.

Os dois jogos disputados terminaram empatados por 2 a 2. Porém o segundo foi disputado na Arena da Amazônia, que recebeu um público recorde de 44.896 espectadores e na decisão por pênaltis a equipe catarinense venceu por 6 a 5.

Bem, vamos torcer para que o Manaus FC continue com um desempenho excelente para quem sabe em breve esteja na Série A e aí definitivamente a Arena da Amazônia deixará de ser considerada como um dos **"elefantes brancos"** da Copa do Mundo de Futebol de 2014.

Aliás o Manaus F.C. e o Brusque fizeram história em fevereiro de 2020 pela Copa Brasil ao vencerem respectivamente as conhecidas equipes do Coritiba (1 a 0) e Sport de Recife (2 a 1) e avançaram para a próxima fase!?!?

Alguns eventos desportivos bem importantes já foram sediados na cidade, pois as instalações esportivas nela existentes são bastante adequados. O mais importante deles foi, sem dúvida, a participação da cidade na Copa do Mundo de Futebol de 2014, quando a Arena da Amazônia foi escolhida como uma das sedes dos jogos. Inaugurada em 2014, ela foi construída no mesmo local onde antes havia o estádio Vivaldo Lima, que fora demolido em julho de 2010.

Outros **espaços desportivos** de grande e médio porte são a Vila Olímpica Danilo Duarte de Mattos Areosa, o ginásio poliesportivo do Amazonas, o estádio Roberto Simonsen (conhecido também como o estádio do Sesi) e o estádio Carlos Zamith (o "Zamithão").

Aliás, no que concerne a **eventos esportivos**, não se pode esquecer que Manaus é uma das cidades onde acontece a Copa Indígena, uma competição de clubes de futebol cujos integrantes pertencem a diversas etnias indígenas!!!

No tocante a **segurança**, em Manaus está sediado o Comando Militar da Amazônia. Criado em 1969, conta com um efetivo de aproximadamente 22 mil homens, cuja principal missão é guarnecer o arco amazônico de fronteiras, que se estende por 11.248 km, acrescidos de 1.670 km de litoral.

Todavia, além das operações militares propriamente ditas, cabe ao Exército brasileiro na Amazônia cooperar com o desenvolvimento dos núcleos populacionais mais carentes na faixa de fronteira. Desse modo, em todos os pelotões de fronteira funcionam regularmente escolas de 1º grau e de 2º grau, subordinadas ao Comando Militar da Amazônia.

Por força da Constituição Federal do Brasil, a Guarda Municipal de Manaus possui a função de proteger os bens, os serviços e as instalações públicas. Ela atende aos interesses públicos e, no exercício de seu poder de polícia, atua também na prevenção e repressão de alguns crimes, especialmente os praticados contra bens e serviços públicos, podendo inclusive prender os infratores em flagrante delito e conduzi-los até a presença de um delegado de polícia, de acordo com o disposto na lei processual penal.

Naturalmente tem-se em Manaus a Polícia Civil e a Polícia Militar.

Infelizmente, Manaus é uma das cidades **mais violentas do mundo**. É uma das capitais brasileiras com uma taxa de homicídios bem elevada – mais de 45 em cada 100 mil habitantes. Uma medida da prefeitura que proporcionou um pouco mais de segurança para a cidade foi a grande expansão no número de luminárias *LED* (*light emitting diode*), em substituição às antigas lâmpadas de vapor e sódio. Atualmente elas são quase 48 mil, e estão instaladas em diversos pontos de Manaus.

Essas luminárias são mais econômicas, mais sustentáveis e oferecem maior claridade nos grandes corredores e nas áreas periféricas da cidade.

Além disso, com elas Manaus ganhou um centro colorido, e passou a ser chamada de "**Manaus das luzes**".

Ainda no campo da segurança, lamentavelmente a violência e o descontrole que existem nos presídios brasileiros emergiram mais uma vez no bárbaro massacre de 55 detentos, ocorrido em quatro penitenciárias manauaras. A matança teve início em 26 de maio de 2019 (um domingo), durante o horário de visita de familiares, o que permitiu que alguns visitantes testemunhassem o assassinato de parentes presos. A rebelião prosseguiu no dia seguinte (durou cerca de 48 h), enquanto as forças de segurança tentavam retomar as celas!?!?

O massacre resultou de uma briga entre integrantes da Família do Norte (FDN), apontada pela Polícia Federal como a terceira maior facção criminosa em atividade no País, atrás do Primeiro Comando da Capital (PCC) e do Comando Vermelho (CV). O macabro saldo de mortes se aproximou bastante daquele registrado em 1º de janeiro de 2017, quando 59 presos foram decapitados, esquartejados e carbonizados depois de uma briga entre membros da FDN (aliados ao CV) e do PCC, dentro do Complexo Penitenciário Anísio Jobim (Compaj) de Manaus.

E o pior é que episódios similares aos que acontecem em Manaus têm chocado os brasileiros de todo o País. Chacinas semelhantes ocorreram nos últimos anos nos presídios das cidades de São Luís, Boa Vista, Porto Velho, Rio Branco e Natal, o que apenas escancara o **fracasso** dos governos estaduais e federal na gestão carcerária.

A superlotação é a regra nas quatro penitenciárias de Manaus, mas a pior situação ocorria no Centro de Detenção Provisória Masculina 1, onde quase 1.300 presos se amontoavam num local onde só há 568 vagas!?!? Some-se a isso o tratamento subumano que lhes é dispensado.

Já no caso do Compaj, membros do Mecanismo Nacional de Prevenção e Combate à Tortura, um grupo ligado ao ministério da Justiça, apontaram em 2018 uma extensa lista de problemas. Verificou-se por exemplo que a água fornecida era insuficiente, e a comida de baixa qualidade. Além disso, não havia atendimento médico adequado, faltavam medicamentos e colchões, e abusos contra os presos eram rotineiros nos procedimentos de revista.

Como se não bastasse, o relatório apontou ainda a ausência de procedimentos destinados a apurar a responsabilidade de autoridades administrativas e judiciárias com relação à carnificina no Compaj em 2017, omissão que de resto também foi registrada nos massacres que aconteceram nas outras capitais estaduais das regiões norte e nordeste.

O que se deve fazer para se ter um bom comportamento e eliminar o caos no sistema prisional brasileiro? É muito difícil responder a essa questão, pois a crise que existe nele reflete, infelizmente, o que também acontece fora das penitenciárias, ou seja, nas nossas ruas e nos domicílios, nos quais os assaltos e assassinatos são cada vez mais frequentes e boa parte deles sem nenhuma solução!!!

No que se refere às **comunicações**, a capital amazonense foi a primeira da região norte a receber a tecnologia 4G, em julho de 2013. Se bem que em breve já se necessitará a 5G. Desde 2011, a cidade conta com serviços de Internet de banda larga fixa, por fibra ótica, e as operadoras ano a ano vem melhorando e ampliando seus serviços para muitos locais do Estado.

Manaus recebe sinais de TV de todas as principais emissoras brasileiras. Existem na cidade várias estações de rádio, tanto FM como AM. No âmbito das notícias, apesar de a maioria das pessoas obterem as suas informações e notícias cada vez mais frequentemente por meio dos próprios celulares (cada vez mais inteligentes), circulam na cidade vários jornais, inclusive o *Jornal do Commércio*, um dos mais antigos do País, cuja primeira edição foi publicada em 2 de janeiro de 1904, por J. Rocha dos Santos e hoje com uma circulação de 20 mil exemplares diariamente.

Algumas cidades encantadoras mencionadas nesse livro têm procurado, por intermédio de suas prefeituras, capacitar-se para a elaboração de projetos que permitam uma eficiente transição entre **pré-escola** e **ensino fundamental**. Uma dessas cidades é **Manaus**, cuja prefeitura entendeu que não existem duas infâncias distintas, ou seja, uma no que se refere à **saúde** e outra no que concerne à **educação**.

A criança, afinal, é uma só, e precisa de uma abordagem integrada por diferentes políticas públicas para que possa se desenvolver corretamente. Todavia, não se pode excluir desse trabalho a efetiva participação dos pais, uma vez que isso promoverá a ampliação e o fortalecimento dos vínculos afetivos destes para com seus filhos. Essa ligação se revelará justamente no apoio que os pais darão à saúde e à educação de suas crianças.

Vamos torcer para que a partir de 2020 não apenas todas essas cidades encantadoras comecem a implementar suas iniciativas no sentido de tornar **o marco legal da primeira infância** uma realidade tangível e que esse feito possa inspirar todas as outras do nosso País.

No campo da **educação**, no início de 2020 havia em Manaus cerca de 740 escolas de ensino básico. Desse total, praticamente 50% eram mantidas pela prefeitura e 27% administradas pelo Estado. Apenas uma escola tinha administração federal, e as demais escolas manauaras eram privadas. Também em 2020, havia no município 16.300 docentes, dos quais 12.500 trabalhavam no ensino fundamental e 3.800 no ensino médio.

Importante ressaltar que Manaus abriga **um** dos 12 **colégios militares** do Brasil, além do Instituto Federal do Amazonas (IFAM), voltado especificamente para os ensinos técnico e superior. Ele foi criado em 2008 e possui *campi* nos bairros do Centro, Distrito Industrial e São José Operário.

As duas universidades públicas de Manaus são a Universidade Federal do Amazonas (UFAM), criada em 17 de janeiro de 1909 – sendo a mais antiga do País – com o nome de Escola Universitária Livre de Manaós (ficou em 51ª posição no *RUF 2019*); e a Universidade do Estado do Amazonas (UEA), criada pela lei estadual Nº 2.637, de 12 de janeiro de 2001. Mas além delas, existem também várias IESs privadas na cidade, como: a Unip (com uma unidade); a Universidade Luterana do Brasil (com um *campus*); o Centro Universitário Nilton Lins; a Faculdade Metropolitana de Manaus; o Centro Integrado de Ensino Superior do Amazonas; o Instituto de Tecnologia da Amazônia; a Faculdade Salesiana Dom Bosco; o Centro Universitário do Norte e as Faculdades Marta Falcão, Táhiri e La Salle.

Naturalmente, para que se possa ensinar e atender adequadamente às dezenas de milhares de alunos, trabalham nessas IESs alguns milhares de docentes e funcionários administrativos. Boa parte desses estudantes são oriundos de cidades que fazem parte da RMM e de outras cidades do Estado do Amazonas ou até mesmo de outros Estados da região norte do Brasil.

Tive o prazer de participar de um **programa de Reeducação** oferecido aos novos professores contratados pela UEA, cujo objetivo foi de passar-lhes o que havia de mais moderno no processo de ensino e aprendizado nos cursos de nível superior. Mas segundo a *RUF 2019* a UEA ocupou a 68ª posição entre as universidades públicas, significando que pode e deve melhorar muito...

No campo do **empreendedorismo**, é interessante lembrar que nos últimos anos o Brasil, com bom humor e criatividade, testemunhou o surgimento de diversos polos de *startups* em muitas de suas cidades encantadoras. Esses polos foram inspirados no famoso *Silicon Valley* californiano, como é o caso do Jaraqui *Valley*. Essa comunidade surgiu em Manaus em abril de 2014, durante o evento global *Startup Weekend*, que reuniu 150 empreendedores na UEA.

Esse ecossistema de *startups* foi criado por Antônio Pinheiro Júnior, Daniel Goettenauer, Danilo Egle e Fredson Encarnação. Desde o início, foi consenso entre os cofundadores que o nome do empreendimento teria relação direta com a região, daí a escolha do termo **jaraqui**, um peixe do rio Negro. No início de 2018, a comunidade Jaraqui Valley firmou uma parceria com o Centro de Educação Tecnológica do Amazonas, com o que passou-se a oferecer a qualificação e apoio necessários às *startups* e incubadoras do Estado, incrementando-se com isso o **empreendedorismo** no Amazonas.

Um ecossistema empreendedor está sempre vinculado ou fundamentado na colaboração entre os agentes que interagem em um determinado meio, e que trabalham no sentido de fomentar a criação de empresas de sucesso, incentivando assim as pessoas a empreenderem.

A retroalimentação da cadeia ocorre quando algumas dessas empresas deslancham e atingem um patamar que lhes permita contribuir com novos empreendedores para, desse modo, acelerar o seu processo de desenvolvimento. Importante lembrar que os pilares de um ecossistema empreendedor são: **talentos**, **volume**, **cultura**, **capital** e **infraestrutura**.

O principal meio de integração entre os membros do ecossistema Jaraqui *Valley* são os *Meetups Jaraqui Valley*, encontros que ocorrem mensamente e são organizados de forma voluntária por participantes do próprio ecossistema. Até 2020 já haviam sido realizados mais de 50 *meetups*, nos quais a temática abordada foram: as comunidades de inovação; a cultura empreendedora; a aceitação dos erros cometidos pelos empreendedores; os incentivos para os jovens empreendedores e a apresentação de *cases* de sucesso.

Graças à comunidade Jaraqui *Valley*, surgiram nesses últimos anos algumas dezenas de novas empresas em Manaus. Com isso, algumas centenas de pessoas conseguiram bons empregos. É interessante destacar que já existem comunidades semelhantes em várias cidades encantadoras, como é o caso do Caju *Valley* (em Aracaju), do Açaí *Valley* (em Belém), do San Pedro *Valley* (em BH), do Floripa *Valley* (em Florianópolis), do Sururu *Valley* (em Maceió), do Cajaína *Valley* (em Teresina), entre outros.

No que se refere a **cultura**, em Manaus esse setor é administrado pela Fundação de Cultura, Turismo e Eventos (Manaus Cult), que se tornou a organização oficial de regulamentação da cultura por meio da lei Nº 25, de 31 de julho de 2013. As ações da Manaus Cult são voltadas para a coordenação, o planejamento e a promoção da política cultural manauense, sendo, pois, responsável pela administração direta do patrimônio histórico, artístico e arqueológico do município de Manaus.

Estão subordinados a Manaus Cult, o Conselho Municipal de Cultura; o Conselho Gestor do Fundo Municipal de Preservação do Patrimônio Cultural e o Centro de Atendimento ao Turista. Sem dúvida, os aspectos históricos e geográficos contribuem significativamente para a formação cultural da população de qualquer local. Naturalmente, no caso de Manaus, isso se traduz na presença dos **indígenas** – dos povos nativos da região –, e é percebido claramente nos vários costumes ou nas diversas práticas locais (na culinária, na linguagem e no artesanato).

A influência europeia pode ser facilmente percebida na **arquitetura**, enquanto a dos nordestinos se revela bastante visível na **música**, nos **ritmos** (como o forró, por exemplo). Manaus também tem procurado se destacar bastante no **artesanato** e, neste sentido, promoveu nos anos de 2012 e 2013 duas feiras mundiais que contaram com a presença de 16 países.

O Manaus Cult e o Conselho Municipal de Cultura são responsáveis pelas principais políticas no setor musical, se bem que várias iniciativas musicais, ou seja, os festivais que a cidade sedia, são organizados aí pela Secretaria Estadual da Cultura. Esse é o caso do Festival Amazonas de Ópera, no qual a orquestra oficial é a Filarmônica do Amazonas (criada por Júlio Medaglia, em 1997) e do Festival Amazonas de *Jazz*.

Em 2009 a UEA criou a **Orquestra Barroca**, cujo repertório luso--brasileiro representa o período colonial. No aniversário do município, em 24 de outubro, acontece o evento musical Boi Manaus, além de outros dois acontecimentos bem concorridos na cidade, o Festival do Mestiço e o Festival Folclórico de Manaus.

Além disso, também acontecem todos os anos na cidade o Carnaval, com destaque para o desfile das escolas de samba, realizado no sambódromo de Manaus (o maior do País, em capacidade de público). A cidade também sedia desde 2003 o Festival do Teatro da Amazônia, quando são apresentados espetáculos – de cunho competitivo – voltados para os públicos adulto e infantil. Eles acontecem no famoso Teatro Amazonas, durante três ou quatro dias do mês de outubro, e contam também com oficinas culturais de teatro, arte musical e expressão corporal.

Também ocorrem na cidade o Festival Breves Cenas de Teatro e o Amazonas Film Festival (um festival de cinema internacional que apresenta filmes, atuações e trabalhos relacionados em todas as suas manifestações, dando-se uma atenção maior para aqueles cujas produções tenham como cenário a Amazônia!!!

Vale lembrar que nasceram em Manaus diversos escritores, compositores, poetas etc., que, inclusive, se tornaram bastante conhecidos no Brasil. Esse é o caso de Aníbal Beça (1946-2009), autor dos livros *Folhas da Várzea* e *Folhas da Selva*; Milton Hatoum, que abordou parte da história de Manaus em suas obras e ganhou três vezes o prêmio Jabuti de literatura, com os livros *Relato de um Certo Oriente* (1989), *Dois Irmãos* (2000) e *Cinzas do Norte* (2005). Esse último foi adaptado por Luiz Fernando Carvalho e transformado em minissérie pela rede Globo. Mais tarde saíram três outros livros de Hatoum: *Órfãos do Eldorado* (2008), *Noite da Espera* (2017) e *Pontos de Fuga* (2019).

Também são de Manaus a poetisa Astrid Cabral, vencedora dos prêmios Olavo Bilac (1997), Nacional da Poesia Helena Kolody (1998) e Nacional de Poesia da ABL (2004); e o escritor e autor de telenovelas, Antônio Calmon.

E já que o assunto é escritores famosos manauaras, deve-se destacar que fica em Manaus a Biblioteca Pública Estadual do Amazonas, cujo acervo é de mais de 95.000 obras (algumas do século XVII). Ela foi fundada em 1870, e o seu edifício reformado em 2007 e 2012. Mas além dela existem também as bibliotecas do IPHAN, com obras dedicadas a vários períodos da história da Amazônia; a do Museu Amazônico; a do Parque Municipal de Mindu; a do Instituto Nacional de Pesquisas da Amazônia; a municipal João Bosco Pantoja Evangelista e a denominada Arthur César Ferreira Reis.

Manaus é o maior destino de turistas na Amazônia – estima-se que chegaram a 730 mil em 2019 –, sendo o oitavo destino brasileiro mais visitado por estrangeiros. Na RMM há um significativo número de hotéis de selva, que, aliás, são grandes atrativos turísticos. Esse foi o caso do Ariaú Amazon Towers, um dos hotéis de selva mais simbólicos da Amazônia. Localizado na margem de um afluente do rio Negro, esse hotel atraía turistas do mundo todo – inclusive alguns bem ilustres, como o ex-presidente dos EUA, Jimmy Carter; o bilionário Bill Gates; e o elenco do filme *Anaconda*, produzido em 1997 na região.

Infelizmente, desde o começo de 2006, como consequência de seu grande acúmulo de dívidas e brigas familiares, o empreendimento com 180 apartamentos fechou as portas e passou a ser ocupado apenas por insetos e macacos. Com isso instalou-se o desespero de muitos moradores da região, e não somente por parte daqueles que trabalhavam diretamente nele (camareiros, cozinheiros etc.), mas dos que de algum modo eram beneficiados pelo fluxo turístico. Muitos locais eram contratados pelos visitantes para a realização de passeios em diversos pontos da região, desempenhando o trabalho de guias para as comunidades.

Todavia, depois do fechamento do Ariaú, e desprovidos dessas receitas, os "caboclos" perceberam sua vocação para o **turismo comunitário**. Com o auxílio da Fundação Amazônia Sustentável (FAS), foram surgindo pequenos núcleos formados por grupos de 100 a 150 pessoas – os **ribeirinhos** –, onde os turistas podem fazer suas refeições (apreciando os deliciosos peixes tambaqui e pirarucu), comer as frutas típicas da região (como o cupuaçu e o tucumã).

Com a ajuda dos guias locais os visitantes podem se aventurar pelas incríveis trilhas aquáticas e/ou terrestres para praticar a observação de jacarés e pássaros; fazer passeios até as cachoeiras; observar a produção de farinha de mandioca, que por sinal é uma das delícias da Amazônia; e ainda ter a oportunidade de interagir com os botos, uma das experiências mais demandadas pelos turistas.

Uma das experiências mais incríveis para os turistas, a poucos quilômetros da urbanizada capital amazonense e do município metropolitano de Iranduba, é a visita à região de desenvolvimento sustentável do rio Negro, um pedaço preservado, belo e acessível da Amazônia. Trata-se de um verdadeiro refúgio, onde os visitantes têm um contato com o Brasil genuíno, onde a vida segue de um jeito simples, lento e conectado com a terra e com a água, em meio às frondosas árvores e aos encantadores igarapés amazonenses.

Mas além de passear pelos igarapés, também é possível fazer turismo no próprio rio Amazonas, que, de tão profundo, dá acesso inclusive a transatlânticos. Vale lembrar que, durante o ano todo, Manaus recebe uma grande quantidade de navios de cruzeiro (finalidade turística). O período de maior fluxo acontece entre abril e outubro de cada ano, quando Manaus é o destino de aproximadamente 25 navios por temporada.

Os europeus representam a maior parcela dos turistas, com destaque para os alemães. Porém, os norte-americanos têm vindo bastante, até porque eles adoram o chamado **turismo natural**. Entre as atrações que agradam bastante está o **encontro das águas**, ou seja, o fenômeno natural causado pelo choque das águas barrentas do rio Solimões com as escuras do rio Negro, que, embora sigam lado a lado por cerca de 6 km, não se misturam. Isso acontece por diversas razões: climáticas, termais e de composição química (acidez da água).

Mas é possível fazer esse passeio por conta própria, partindo do porto da Ceasa, um bairro na zona leste de Manaus. E, conforme a disponibilidade financeira do viajante, ele poderá inclusive visitar os igarapés e ver de perto as vitórias-régias na reserva de Janauari (a uma hora de barco de Manaus). Os visitantes também gostam bastante de passar algum tempo na praia fluvial de Ponta Negra, às margens do rio Negro, a 13 km do centro. Essa praia apresenta as melhores condições de banho durante a vazante do rio, no mês de setembro.

Já nos arredores de Manaus, a praia mais procurada é a da Lua, localizada na margem esquerda do rio Negro, a 23 km do centro da cidade. Seu nome vem do interessante formato de lua em quarto crescente. Ela é cercada por uma vegetação de rara beleza natural e conta com uma boa extensão de areia branca próxima das águas límpidas!!! Além dos turistas, os manauaras também aproveitam muito essa praia, em especial nos fins de semana e feriados. No local estão instaladas diversas barracas, nas quais a comida é muito boa.

E não se pode esquecer da praia Dourada, na zona rural de Manaus, a 20 km do centro, que é banhada pelo igarapé do Tarumã e pelo próprio rio Negro. Também na região fica a bela cachoeira do Paricatuba, num pequeno afluente na margem direita do rio Negro. Ela é formada por rochas sedimentares e cercada por uma vegetação abundante, e o acesso ao local é feito somente por via fluvial.

E por falar em cachoeira, na RMM (mais especificamente no município de Presidente Figueiredo, a 107 km de Manaus) os turistas podem admirar muitas delas, além de grutas. Além disso, a poucos quilômetros de Manaus, às margens do rio Negro, os turistas também podem entrar em contato com indígenas de tribos como a dessana, a tukana e a tuyuca, que são originárias de comunidades do alto rio Negro, perto da Colômbia.

Esses índios aproximaram-se da cidade para **viver do turismo** e, assim, estarem aptos a contar com alguns benefícios nas áreas da saúde e da educação. Os visitantes têm a oportunidade de ouvir do próprio pajé a história de cada povo e, em seguida, apreciar a realização de um ritual. Os turistas também podem degustar peixes preparados pelos indígenas, bem como adquirir o artesanato feito por eles.

Existem atualmente muitos passeios urbanos em Manaus, sendo que a região portuária da cidade está repleta de curiosidades para serem descobertas.

Nas proximidades da capital manauara existem rios fabulosos, o que torna o local bastante adequado para os apreciadores da **pesca esportiva**. De fato, existem nesses rios mais de 2.000 espécies de peixes – e a mesma quantidade ainda aguardando para ser catalogada!!! Além disso, esses roteiros de pesca esportiva estão entre os melhores do mundo em termos de estrutura, dispondo de barcos e hotéis confortáveis e bem equipados.

Por tudo isso, a pesca esportiva se tornou um importante **segmento turístico** para toda a região, possibilitando inclusive o desenvolvimento de áreas remotas da cidade. De fato, essa prática substituiu outras atividades econômicas que costumavam degradar o meio ambiente, e hoje gera muitos empregos e renda, tanto para as comunidades tradicionais como para as ribeirinhas.

A pesca esportiva dessa maneira, tem contribuído para uma melhor qualidade de vida dessas populações, fortalecendo outras atividades de apoio à promoção ao turismo de pesca, à conservação do meio ambiente, gerando a sustentabilidade dos recursos humanos, naturais e culturais. Afinal, são milhares de pessoas que chegam anualmente à cidade na época ideal para a pescaria, entre agosto e dezembro. Elas estão ávidas para selecionar o melhor roteiro de pesca e alcançar seu maior troféu: o registro em foto e a exibição do **tucunaré pescado!!!**

Isso, entretanto, não impede que depois de alcançar esse seu "objetivo", esses turistas passem algum tempo hospedados num dos **hotéis de floresta**, construídos em áreas não urbanas, em meio à selva e as belezas naturais, plenamente conservadas.

De fato, no início de 2020 havia quase cinquenta hotéis de floresta regularizados no Estado do Amazonas, com cerca de 2.000 leitos disponíveis. Os projetos arquitetônicos são adequados e perfeitamente integrados à paisagem local. Nesses hotéis os turistas podem desenvolver diversas atividades baseadas nos preceitos de **turismo sustentável**. Entre esses hotéis destacam-se:

> **Juma Amazon Lodge** – Está localizado em uma região remota e preservada, a 100 km a sudoeste de Manaus. A viagem até lá é feita em veículos e lanchas, e dura em média 3 h. O trajeto passa pelo encontro das águas dos rios Negro e Solimões. O Juma foi planejado para ser totalmente integrado à floresta, e oferece uma verdadeira experiência amazônica aos seus hóspedes. Ele foi construído sobre palafitas, em terra firme, mas às margens do lago Juma. São 8 banga-

lôs com vista para a floresta e 12 bangalôs especiais com vista para o lago, todos na altura das árvores (a 15 m de altura da água na época da seca), e oferecem total privacidade aos ocupantes.

E quem se hospeda no Juma tem ainda a oportunidade de observar de perto muitos jacarés, praticar a pesca esportiva do tucunaré e das piranhas, caminhar pela floresta e até conhecer (e, quem sabe, escalar) uma árvore como a sumaúma, a maior da Amazônia.

↠ **Evolução Ecolodge** – Trata-se de um hotel de selva idealizado para garantir aos seus hóspedes o acesso a um turismo ecológico diferenciado. Ele oferece aos visitantes um contato com as belezas naturais da região, com atividades de lazer e entretenimento em plena selva amazônica. Esse hotel está localizado às margens do rio Negro, em uma área nobre do Estado do Amazonas, na enseada de Acajatuba, a 69 km de Manaus. Para chegar até ele gasta-se aproximadamente 1 h 30 min de carro, pela estrada Manoel Urbano (AM-70), e mais cerca de 20 min de lancha rápida ou barco. Sua estrutura arquitetônica oferece conforto e segurança aos hóspedes, mantendo, entretanto, uma boa harmonia entre as instalações e as peculiaridades culturais e ambientais da Amazônia.

O hotel dispõe de 14 chalés para até 4 pessoas cada um, sendo que os quartos contam com ar-condicionado, chuveiro elétrico e varanda. No local também existe uma área de lazer, salão de leitura, salão para eventos, *playground*, bar, restaurante etc. Vale ressaltar que nesse hotel trabalham guias bilíngues e também especialistas em Biologia, Geografia e Antropologia regional.

↠ **Dolphin Lodge** – Localizado em Careiro, a 78 km de Manaus, ele ocupa uma região preservada, onde é possível encontrar botos, jacarés, macacos, muitos pássaros e outros animais típicos da floresta amazônica. Os hóspedes podem fazer excursões orientadas por guias da região, com amplo conhecimento sobre a fauna, a flora e a história da região.

Como já foi dito, é claro que existem muitos outros hotéis de floresta incríveis e próximos de Manaus!?!? **É só escolher**! Mas há excelentes hotéis para aqueles que querem ficar na cidade.

Entre os melhores hotéis onde os turistas podem se hospedar destacam-se:

- **Villa Amazônia** – É um cinco estrelas luxuoso, situado no centro, a 70 m do palácio da Justiça e a 200 m do Teatro Amazonas. O atendimento nele é também em inglês ou espanhol, tem uma piscina de borda infinita, academia, terraço e jardim. E no seu bistrô *Fitz Carraldo* o hóspede pode desfrutar tanto de iguarias exóticas da Amazônia, como de pratos internacionais.

- **Iberostar Grand Amazon** – É um navio-hotel cinco estrelas muito procurado pelos turistas que fica a 200 m do porto de Manaus e a 500 m do Mercado Municipal. Tem também atendimento em inglês ou espanhol, possui dois restaurantes, sendo uma churrascaria e o *Kuarup*, com pratos locais, disponibiliza um *spa* de luxo, tem uma piscina ao ar livre, academia, casa noturna com *DJ*, biblioteca etc.

- **Flat Millenium** – Está no bairro da Chapada, a 3 km da Arena da Amazônia e 3,8 km do Museu do Homem do Norte. Possui piscina, *spa*, academia, sauna e um restaurante com cardápio *à la carte*. Nele o hóspede tem *Wi-Fi*, café da manhã e estacionamento gratuitamente. Merece as cinco estrelas!!!

- **Intercity** – É um hotel quatro estrelas, localizado no bairro de Adrianópolis. Tem piscina ao ar livre, academia, sauna, sala de reunião, auditório e terraço. Admite a presença de *pets*, com um custo adicional, mas oferece *Wi-Fi*, estacionamento e café da manhã gratuitamente.

- **Nobile Suites** – É um quatro estrelas muito elegante, localizado no bairro Tarumã, distante 2,8 km do aeroporto internacional. Oferece *Wi-Fi*, café da manhã e estacionamento gratuitamente e os hóspedes podem também ser atendidos em espanhol ou inglês. Eles têm também a sua disposição piscina ao ar livre com bar, academia, terraço, jardim e *business center*, além de um bom restaurante.

- **Blue Tree Premium** – Está no famoso bairro de Adrianópolis, sendo um quatro estrelas no qual o hóspede tem piscina ao ar livre, academia, salão de jogos e um ótimo restaurante, o *Blue Garden*. Nele Wi-Fi e café da manhã são uma cortesia.

- **Adrianópolis** – Fica no bairro do mesmo nome e fica a 1,6 km do centro. Nesse quatro estrelas o atendimento do hóspede pode ser também em inglês ou espanhol. Possui piscina ao ar livre com espreguiçadeiras, academia, sala de reunião, auditório, sauna etc.

O hóspede tem *Wi-Fi* e café da manhã gratuitamente e pode fazer boas refeições no *Café Adrianópolis*.

→ **Quality** – Desse quatro estrelas o hóspede tem um visual incrível da cidade. O atendimento pode ser também em inglês ou espanhol, tem piscina ao ar livre com bar, academia, sauna e o ótimo restaurante *Aupabá*. Nele *Wi-Fi* e o café da manhã são gratuitos.

→ **Novotel** – É um hotel quatro estrelas com localização privilegiada, no Distrito Industrial, no qual fiquei hospedado diversas vezes quando fui a Manaus para ministrar palestras sobre qualidade para várias empresas. Tem apartamentos confortáveis, área de lazer com piscina, quadras de tênis, academia e um bom restaurante com sistema *buffet* no café da manhã e almoço e *à la carte* no jantar. Aos sábados nele acontece a tradicional e mais famosa feijoada da cidade com música ao vivo e *buffet* completo.

Bem, Manaus tem pelo menos mais de umas duas dezenas de bons hotéis nos quais os visitantes podem passar dias e noites muito agradáveis.

Já em relação aos **passeios e ao entretenimento**, aí vão algumas sugestões para quem vai a Manaus como turista:

→ **Teatro Amazonas** – Trata-se do principal cartão-postal manauara, sendo a mais significativa expressão da riqueza da região amazônica durante o ciclo da borracha. Esse teatro, de beleza imponente, existe desde 1896 e sua capacidade é para 700 pessoas. Nele, até hoje são apresentados os principais espetáculos cênicos da cidade. De fato, a agenda da casa é bem intensa e por isso, recebe por ano cerca de 300.000 visitantes.

O destaque arquitetônico é a bela cúpula recoberta por 36.000 azulejos importados da França, todos pintados em verde, azul e amarelo pelo artista brasileiro Lourenço Machado. Dentro do prédio o visitante não pode deixar de observar com atenção alguns detalhes impressionantes, como: os 198 lustres feitos com cristais venezianos, bem como as pinturas que retratam alegorias da música, da dança e da tragédia; e uma homenagem especial ao compositor brasileiro Carlos Gomes.

Já para os mais curiosos em relação a peculiaridades do teatro, é possível agendar uma visita guiada pelo preço de R$ 20,00 por pessoa. Nela são descritos em detalhes as proeminentes apresentações que já aconteceram na casa. Assim, em 23 de agosto de 2017, por exemplo, pela primeira vez na história da casa, apresentou-se aí a cantora indígena Djuena Tikuna. Ela interpretou músicas somente na língua ticuna (a maior etnia do País, com cerca de 54 mil integrantes), do seu álbum *Tchautchiuãne*.

Hoje, além de cantar e compor, Djuena Tikuna cursa jornalismo. Ela disse: "As letras das minhas músicas falam sobre o ambiente, a demarcação; os direitos indígenas etc. Minha opção de não cantar em português foi política, afinal, alguns povos indígenas já não falam sua própria língua. Já pensou se canto em português? Os jovens que estiverem assistindo vão querer me imitar. Mesmo vivendo hoje em Manaus, procuro de todas as maneiras manter a nossa língua e a nossa identidade vivas."

O famoso escritor Milton Hatoum, que nasceu na vizinhança do teatro, comentou: "Djuena Tikuna é muito talentosa e sua apresentação tem um forte significado. Muitos manauaras ignoram a importância da cultura indígena numa cidade que tem justamente o nome de uma dessas etnias."

Um evento muito interessante aconteceu em Manaus a partir do dia 26 de abril de 2019. Trata-se do Festival Amazonas de Ópera (FAO), que foi organizado por Flávia Furtado. Em palestras e debates realizados em todo o Brasil, ela tem difundido a ideia de que a apresentação de óperas permite movimentar muito a economia das cidades.

Já o diretor artístico do evento, o maestro Luiz Fernando Malheiro, comentou: "Manaus tem sido um verdadeiro laboratório para a apresentação de óperas. Com liberdade de criação, ao longo do tempo nos demos conta de que a ópera tem um enorme apelo junto a todos os públicos. Quem acompanhou o FAO teve na abertura uma versão em concerto da ópera *Ernani* (de Giuseppe Verdi), na qual encenou-se a dramática história de amor de Ernani e Elvira.

As demais apresentações operísticas foram *Tosca* (de Giacomo Puccini) – que conta a história da cantora lírica Floria Tosca, que está apaixonada pelo pintor Mário Caravadossi, que por sua vez é perseguido pelo chefe de polícia Baron Scarpia, sob a minha regência e direção de Jorge Takla; e *Maria Stuarda* (de Gaetano Donizetti) – na qual se narra a jornada da rainha da Escócia, que se vê obrigada a refugiar-se na Inglaterra e acaba se tornando prisioneira da própria prima, a rainha Elizabeth. Interessante notar que esse último espetáculo, com 3 h de duração, conquistou o público, que lotou o Teatro Amazonas no dia 5 de maio de 2019 para assistir sua estreia nacional. Ele contou com a apresentação da Amazonas Filarmônica, do Coral do Amazonas e do Núcleo do Teatro do Liceu de Artes e Ofícios Cláudio Santoro. Sua direção musical e regência ficou a cargo do maestro Marcelo de Jesus, e a direção foi de Davide Garattini.

Por fim, a ópera *Alma*, de 1985, escrita pelo maestro e compositor amazonense Cláudio Santoro (1919-1989), e regida pelo maestro Marcelo de Jesus, sob a direção de Julianna Santos. Essa ópera, que se passa no ano de 1920 em São Paulo, conta a conturbada história do amor não correspondido do escritor João do Carmo pela jovem Alma, de 20 anos, que se apaixona por Mauro, um cafetão. Este, por sua vez, a agride e a obriga a se prostituir em cabarés."

Bem, durante o FAO houve também a apresentação de outros espetáculos, inclusive em outros espaços, o que fez com que no decorrer do evento milhares de pessoas viessem para Manaus e confirmassem que a ópera já é um **motor da EC**.

→ **Igreja São Sebastião** – Essa é uma das igrejas mais antigas de Manaus, e pertence aos padres capuchinhos desde a sua fundação em 1888. A bela construção diferencia-se bastante das demais edificações da cidade, por conta dos elementos góticos que compõem seu estilo. O interior também chama muito atenção, por causa dos espetaculares vitrais e painéis europeus. Além disso, muitas pinturas centenárias de autoria de artistas italianos, que foram trazidas para o Brasil ao longo dos anos, estão exibidas na igreja e permanecem intactas!!!

Ao sair desse templo, o turista se depara com a beleza panorâmica do largo São Sebastião, no qual também fica o Teatro Amazonas. Os bares localizados nas imediações colocam suas mesas nas calçadas, em volta das quais podem ser vistas muitas pessoas famosas... No local há até cinema ao ar livre, e os transeuntes ainda podem deliciar--se com **o mais famoso tacacá da cidade, na barraca da Gisela**.

Uma curiosidade é que o largo é decorado com um piso de pedras portuguesas, cujo desenho em formato de "**ondas pretas**" teria servido de inspiração para a famosa calçada da praia de Copacabana, no Rio de Janeiro

→ **Palácio Rio Negro** – A fachada de cor amarelada desse edifício combina perfeitamente com o verde das palmeiras que o rodeiam. Logo na entrada do prédio, em meio ao jardim, há uma estátua em bronze da Medusa. Já no interior da mansão, a escadaria é decorada com uma escultura de ferro trazida da França. A peça representa um casal de índios que exibem nas mãos luminárias. A maioria dos móveis do palácio é original, sendo possível observar aí poltronas incríveis, além de relógios suíços, quadros etc.

Um símbolo de riqueza dos **barões da borracha**, o palácio Rio Negro foi construído no século XX como residência de um deles. Todavia, com o fim do período áureo da borracha, esse imóvel de 16 cômodos e dois andares, foi adquirido pelo governo e serviu até 1995 como sede do executivo estadual. A partir daí ele se transformou num centro cultural. Conhecê-lo é como mergulhar numa das histórias mais fascinantes de Manaus. O palácio Rio Negro está localizado na avenida 7 de Setembro e a visitação é gratuita.

→ **Centro Cultural Palácio da Justiça** – Trata-se de uma elegante mansão, cuja estrutura foi erguida sobre uma área elevada. Na parte superior destaca-se uma escultura que representa a deusa da Justiça, Têmis. Ela revela imediatamente a função do prédio, que, por mais de um século, funcionou como sede do poder judiciário do Estado do Amazonas.

Ao adentrar o edifício o visitante se depara com imponentes colunas e um teto de gesso todo decorado. Esse palácio abriga ainda um gabinete de leitura, cujo acervo reúne mais de 1.000 volumes (constituídos basicamente por obras de caráter jurídico). Mas não é só a bela arquitetura do edifício que impressiona. Atualmente ele é um **centro cultural**, com uma vasta programação (exposições de arte; sessões de júri simuladas, realizadas por estudantes de Direito; etc.) As visitas guiadas são **gratuitas** nas alas mais imponentes, como a sala que serviu de gabinete para o presidente e aquela que fora ocupada pelo tribunal do júri. O prédio fica em frente ao Teatro Amazonas.

→ **Palacete Provincial** – No interior dessa edificação existem **cinco museus** (!!!), assim como um acervo de mais de mil obras. São pinturas, esculturas, gravuras e desenhos, executados por aproximadamente 300 artistas, principalmente amazonenses, mas também de outras partes do Brasil e do mundo.

Os museus ali instalados, são: a Pinacoteca do Estado; o Museu de Numismática, com 8 mil moedas antigas; o de Imagem e do Som; o Museu Tiradentes, que homenageia os bombeiros e a polícia do Estado; e o de Arqueologia. A entrada no palacete e a visita aos museus são gratuitas.

E já que o assunto é museus, existem outros em Manaus, como o do Índio, com três mil peças e utensílios de diversos grupos indígenas da Amazônia; o Museu Amazônico, dedicado à pesquisa da Amazônia e de sua cultura; o Museu de Ciências Naturais da Amazônia, com exposição de animais e espécies de peixes da floresta amazônica empalhados; o Museu do Porto, dedicado à história da navegação e ao comércio no período da borracha.

→ **Paço da Liberdade** – Essa edificação representa outro marco da *belle époque*. Trata-se de um prédio de arquitetura neoclássica, tombado como patrimônio histórico do município. Ele já foi a sede do governo provincial, na época imperial, e anos mais tarde foi ocupado pela prefeitura manauara. Hoje esse amplo espaço abriga diversas obras de artistas locais.

Além disso, o visitante no Paço da Liberdade pode se aproximar do "cofre misterioso", fabricado pela empresa francesa Fichet-Bauche. Com cerca de 2 m de altura, 1,5 m de largura e 1 m de profundidade. Esse cofre encontra-se fechado há décadas, uma vez que sua chave foi perdida ... Especula-se que dentro dele existam barras de ouro, títulos de posse da época do império e, inclusive, um diário escrito por Eduardo Ribeiro, que foi deputado. Ele também foi primeiro governador negro do Amazonas, e morto em circunstâncias não esclarecidas. Entretanto, outro rumor na cidade dá conta de que o tal cofre esconda o corpo embalsamado (!?!?) de um rival de Constantino Nery, que foi outro governador do Estado.

Durante uma recente restauração, encontrou-se aí um sítio arqueológico que abrigava urnas funerárias e fragmentos cerâmicos do período pré-colonial. Hoje, o piso envidraçado permite ao visitante vislumbrar esses achados. Essa edificação fica na rua Gabriel Salgado, no centro da cidade. Todo segundo domingo acontece na praça em frente do Paço uma feira de artesanato e a venda de comida típica, com apresentações de dança e teatro.

→ **Museu da Casa Eduardo Ribeiro** – Nesse imóvel totalmente recuperado encontra-se uma exposição que narra a vida pessoal e política do ex-governador do Amazonas, Eduardo Gonçalves Ribeiro. Ele foi o responsável pela inauguração de diversas construções em Manaus no fim do século XIX e, por tais feitos, é ainda hoje considerado pela população como "**o grande transformador da cidade**"!?!?

Bem preservados, as salas e os aposentos dessa casa revelam uma coleção única de mobiliário residencial da época, contendo inclusive utensílios trazidos da Europa e pisos de madeiras brasileiras (como o pau-amarelo e o jacarandá). Também se encontram aí objetos de arte e de uso pessoal, que procuram recriar o dia a dia de Eduardo Ribeiro. São equipamentos de trabalho, lazer, peças de vestuário e o acervo textual e documentos digitalizados. A residência fica na rua José Clemente, Nº 322.

→ **Teatro Chaminé** – O edifício onde fica esse teatro foi construído em 1910 para abrigar uma **estação de tratamento de esgoto**. Entretanto, por conta de problemas na execução da obra (!?!?), o local nunca chegou a operar com essa função. Então, depois de décadas abandonada, a edificação foi tombada e, em 2003, se tornou um espaço para apresentações musicais e exposições.

Atualmente, nele são promovidos desde *shows* de *rock* até atividades voltadas para o entretenimento das crianças. Há também uma exposição permanente no espaço, intitulada *Os Sentidos da Amazônia*, que permite aos visitantes compreender as peculiaridades culturais da região amazônica. A tal chaminé que dá nome ao local tem 24 m de altura. Esse teatro fica bem perto do Mercado Adolpho Lisboa, na via Manaus Moderna.

→ **Mercado Adolpho Lisboa** – Esse "mercadão" está localizado na região portuária da cidade, e é um importante patrimônio do ciclo da borracha. Seu nome é uma homenagem ao prefeito de Manaus na época de sua construção, em 1883. O espaço, que foi reformado em 2013, abriga cerca de 180 *boxes* (espaços comerciais), onde são vendidos produtos típicos da Amazônia – preparados de ervas curativas, artesanato com preços acessíveis, além de peixes, carnes, frutas, verduras e diversas iguarias manauaras. Ele é frequentado tanto por moradores quanto por turistas.

Seu entorno é bastante heterogêneo, estando repleto de prédios antigos, lojas e pequenas feiras. As partes posterior (voltada para o rio Negro) e frontal (para a rua dos Barés) ostentam fachadas bem distintas entre si, sendo que nesta última – lugar onde viveu a família de Zana, citada no famoso romance de Milton Hatoum, Dois Irmãos –, fica a entrada principal.

A estrutura é formada por pavilhões de ferro fundido importados da Europa, que, aliás, se destacam no todo e contrastam com as cores chamativas da parte feita de concreto. Depois de sete anos de reforma, ele foi finalmente reaberto ao público em 2013.

E já que se falou do mercado, no qual pode-se comer boas iguarias manauaras, convém destacar que na região e na cidade têm-se excelentes restaurantes. Um deles é o *Flor do Luar*, localizado em Novo Airão, que fica a 194 km de Manaus. No comando desse restaurante está a *chef* paulistana Débora Shornik, que, aliás, possui outras duas casas: o *Caxiri* e o *Camu Camu*, ambos no Amazonas.

Na realidade, o *Flor do Luar* é um restaurante flutuante e, por isso, foi preciso criar uma estrutura de abastecimento de água não encanada, além de uma logística de estoque bem controlada. O nome do restaurante é uma homenagem à botânica inglesa Margaret Mee (1908-1988), que descobriu a rara **flor da lua** (*Selenicereus witti*), que abre e fecha durante uma só noite de lua cheia ao ano!!! Nessa casa, a *chef* Débora Shornic oferece pratos que aprendeu a fazer com os cozinheiros ribeirinhos. Ela usa receitas simples, apoiadas em produtos regionais.

Já o *Camu Camu* fica no luxuoso hotel de selva Mirante do Gavião, em Novo Airão. Nele o hóspede pode se deliciar com o tucupi, raiz com a qual a *chef* garante acidez a um ceviche de pirarucu fresco (o maior peixe de escamas de água doce do mundo), ousando utilizá-lo frio, ao contrário da forma tradicional. Em relação aos pratos do *Camu Camu*, a *chef* Débora Shornik comentou: "Nesse restaurante procuro ofertar a 'cozinha internacional amazônica."

Todavia, é no cardápio do *Caxiri* que ela mais exibe sua criatividade, e de maneira mais livre. O restaurante ocupa um casarão histórico em Manaus, com vista para o Teatro Amazonas. Seu nome deriva de uma bebida indígena feita de mandioca e nele o cliente pode comer o pirarucu cru curado, que resulta em um *carpaccio* servido na companhia de torradas de beiju de tapioca. Em sua cozinha destacam-se ainda peixes inteiros feitos na brasa, especiarias amazônicas (como o puxuri, que lembra a noz-moscada) e PANCs.

Por sinal, os elementos autóctones da Amazônia representam o eixo fundamental do trabalho de outro *chef*, o catarinense Felipe Schaedler, que ganhou projeção com sua pesquisa de cogumelos dos yanomami. Em Manaus esse profissional se divide entre seus restaurantes *Banzeiro* e *Moquém do Banzeiro*.

No primeiro, que já completou uma década, ele quebrou certos paradigmas ao oferecer uma cozinha clássica com pratos compartilháveis, num ambiente bastante sofisticado. Nele o *chef* prepara um prato à base de formiga saúva, servida *in natura* sobre uma espuma de mandioquinha. O inseto, com gosto acentuado de capim-limão, é coletado numa comunidade do alto rio Negro.

Já no *Moquém*, cujo nome remete a um tipo de grelha indígena antiga, feita de madeira e sustentada por forquilhas de pau fincadas no chão, o *chef* Felipe Schaedler oferece uma cozinha mais sofisticada e artesanal, como barriga de pirarucu assada na brasa, untada por sua própria gordura. O peixe é enriquecido com um molho de tucupi batido com cebola tostada, que lhe dá consistência de creme e um sabor adocicado. O equilíbrio do prato vem com a acidez do suco fermentado de mandioca-brava amarela. O conjunto é servido com purê de pacovã, que em outros estados é conhecida como banana-da-terra.

E em julho de 2019 o famoso *chef* catarinense inaugurou uma filial do *Banzeiro* em São Paulo. Nele, entre outros pratos exóticos, também é servido o creme de mandioquinha com formiga saúva!!! A respeito do menu ele comentou: "No *Banzeiro* paulistano, o cardápio terá um vocabulário próprio, como: batata-ariá (cuja textura lembra a pera), puxuri (uma semente aromática), mutuquinha (folha com gosto de cumaru) etc.

Naturalmente, a manutenção desse cardápio dependerá, além da sazonalidade, também da logística. Muita coisa virá de avião, como os peixes, por exemplo. Ícones amazônicos, os pescados de água doce preparados na brasa serão um pilar do *Banzeiro*, assim como a banda de tambaqui, que, apesar de não ter um apelo exótico, reproduz um costume afetivo dos manauaras.

Desde que me mudei para o Amazonas, ainda com 15 anos, me meti floresta adentro, percorri muitos rios, fiz visitas a tribos e comunidades isoladas. Isso me permitiu entrar em contato com uma gastronomia incrível, que procurei popularizar em meus restaurantes."

E quando o assunto são os ícones amazônicos, na cidade de Manaus reina em todos as partes o **tucumã**. Ele é basicamente o "**fruto da cidade**", e pode ser encontrado nas bancas do mercado municipal, nas quitandas, no comércio improvisado nas calçadas etc. Na região, come-se o tucumã com farinha, acompanhado de café, no beiju de massa ou na tapioca.

Além disso, saquinhos com a polpa já beneficiada e retirada em lascas do tucumã são vendidos em diversas partes da cidade. Essa é uma grande vantagem para o comprador, que já pode comer a fruta sem precisar cozinhá-la. Existem duas espécies conhecidas de tucumã, ambas do gênero *Astrocaryum*.

Em Manaus e seus arredores predomina a espécie *A.culeatum*, ou seja, o tucumã-do-amazonas. Ela é nativa das terras firmes da Amazônia, incluindo as porções peruana, colombiana, venezuelana e das Guianas. Entretanto, a fruta também está presente na Amazônia ocidental brasileira, chegando até o oeste do Pará, Mato Grosso e Roraima.

Trata-se de uma palmeira de um único caule, cheio de espinhos escuros e grandes, dispostos em anéis. Os frutos apresentam uma polpa mais carnuda do que aquela do tucumã-do-pará (*A.vulgare*), que cresce em touceira e, provavelmente, teve o Pará como centro de dispersão, mas aparecendo também na Guiana Francesa e no Suriname. Ambos têm usos semelhantes, com algumas particularidades.

Mas a despeito dos excelentes restaurantes, algo que atrai tanto os manauaras quanto os turistas – e que pode ser encontrado diretamente nas ruas de Manaus desde a década de 1990 – é o popular **X-caboquinho** (que é **patrimônio cultural** da cidade). Esse sanduíche irresistível, em que o pão é recheado com lascas de tucumã e queijo coalho, é um tipo de *fast food* que cativa pela simplicidade e pelo sabor delicioso. As lascas são retiradas depois que o coquinho do tucumã é descascado em torno do caroço, como se descasca uma laranja. Especialistas em gastronomia, como a *chef* Neide Rigo, dizem que **o tucumã representa para Manaus o mesmo que o açaí para Belém**!!! Aliás, o x-caboquinho é servido em todas as lanchonetes de Manaus, e pode ser incrementado com banana-da-terra frita.

E do tucumã são elaborados muitos outros produtos e alimentos, sendo um deles o óleo do bicho do tucumã, cujo perfume é bem agradável, uma mistura de *ghee* e coco. Aliás, por falar no bicho do tucumã, vale ressaltar que ele também é muito bem aproveitado. As pessoas que colhem o tucumã sempre observam os coquinhos cuidadosamente para ver se a fruta não tem pequenos furos, que sinalizam a presença dos bichos.

Os tucumãs perfurados, por sua vez, são abertos com um facão, mas com muito cuidado, para evitar que os bichos sejam esmagados. Isso porque as larvas do tucumã podem ser **comidas cruas** e até mesmo **vivas**, como se faz com as ostras!?!? Elas são branquinhas e roliças, afinal, engordaram com o puro coco de tucumã. Ao serem levados ao fogo, esses bichinhos soltam um óleo clarinho e perfumado, com sabor amendoado. Uma vez fritos, tornam-se gostosos e crocantes, como torresmos, para serem degustados com farinha. A gordura que fica na frigideira depois da fritura é farta, podendo ser usada para cozinhar ou até como um remédio caseiro para muitos males.

Também é possível fazer refresco de tucumã, batendo a sua polpa no liquidificador com água e uma goiabinha verde, para evitar que fique viscoso demais. Aliás, com as lascas do tucumã é possível fazer até um vinho, bastando para isso diluir com água – no liquidificador ou na mão – e depois peneirar a mistura.

Há um prato chamado **canhapira** no qual um dos ingredientes principais é o vinho do tucumã. Ele é usado para cozinhar bem a carne de porco. Por tudo isso é que o tucumã deveria inclusive fazer parte da merenda nas escolas da Amazônia, afinal, é um alimento nutritivo e com fortes laços identitários com a cultura local. Infelizmente, entretanto, isso ainda está longe de ser uma realidade. De qualquer modo, caso fizesse parte da merenda escolar, isso fortaleceria e muito o mercado local, e ajudaria a manter a floresta de pé. Afinal, a maior parte do tucumã provém do extrativismo florestal.

Para aqueles que não conhecem, mas estão loucos para provar o tucumã, a melhor sugestão é viajarem para Manaus, seu território de origem. Além de a capital amazônica estar repleta de atrações, ela encanta os visitantes com outras preciosidades. E quem sabe os turistas na volta consigam levar consigo muitos coquinhos e dessa maneira preparar a canhapira nas suas próprias casas!!!

Claro que Manaus tem pelo menos mais de uma centena de bons restaurantes, vários deles localizados nos seus hotéis e em alguns *shoppings*. Mas aí vão algumas sugestões:

→ *La Parrilla* – Foi inaugurado em 5 de junho de 2009 e o seu nome foi inspirado no sistema de preparo muito usado pelos uruguaios e argentinos na manipulação de carnes. Nele, os clientes têm experiência de comer um autêntico churrasco gaúcho.

- *Kawamura Lâmen Ya* – Seus pratos são muito bem elaborados. O ambiente é pequeno, simples e aconchegante. Sua proposta não é presunçosa, entretanto atende bem muitos paladares sutis e bem sofisticados.
- *Alentejo* – Esse é um lugar adequado para se comer bacalhau preparado de várias formas, porém os preços são bem salgados. Tem uma excelente adega de vinhos de várias nacionalidades (Portugal, Itália, França, Espanha, Chile, Argentina etc.)
- *Barollo* – Definitivamente um dos melhores restaurantes da cidade com pratos bem servidos de peixes e camarões frescos. Comida maravilhosa, ambiente impecável e atendimento magnífico.
- *Tambaqui de Banda* – É um restaurante sensacional que oferece um tambaqui incrível. O atendimento é ótimo também.
- *Felicori Gastronomia* – É um local muito agradável, com ótimos pratos (carne, massa, peixe ou frango) com combinação entre comida regional e internacional.
- *Adolpho* – É um local no qual se pode comer uma excelente picanha, um coração de frango perfeito e boas opções de guarnições. Seu ambiente é também bem agradável.
- *Picanha Mania* – Um local certo para ir para aqueles que apreciam um bom churrasco e desejam ser bem servidos.
- *Choupana* – O seu filé de tambaqui com castanhas é muito saboroso. O atendimento é ótimo.
- *Lenhador* – A comida é boa, porém o melhor deste restaurante é poder provar de tudo: jacaré, arraia, tucupi, peixes locais, tudo em sistema de *buffet*. Tudo é simples, mas o serviço é bom.

No campo da **saúde**, Manaus dispõe de cerca de 320 estabelecimentos de saúde básica de caráter público, sendo que 80% deles são municipais. O restante são estaduais e federais. Além disso, há aproximadamente 250 estabelecimentos de saúde básica privados, 95% dos quais com fins lucrativos.

Estima-se que no início de 2020 houvesse em Manaus algo como 4.400 leitos, distribuídos entre os cerca de 24 hospitais da cidade. Entre eles o maior destaque é o Hospital e Pronto-Socorro 28 de Agosto, uma unidade da secretaria estadual de Saúde, que foi inaugurado em 1986, e recebe cerca de 3.500 pacientes por mês. Ele está localizado em um das principais avenidas de Manaus, a Mário Ypiranga Monteiro (mais conhecida pelo antigo nome, como avenida Recife), no bairro de Adrianópolis, zona centro-sul, sendo o pronto-socorro mais antigo da capital amazonense. Seu nome foi escolhido em homenagem à data da anistia dos presos políticos brasileiros durante o período de ditadura militar, dentre os quais estava o ex-governador do Estado, Gilberto Mestrinho, que faleceu em 2009.

Em 2010, o 28 de Agosto foi ampliado, passando a ocupar uma área de 10.000 m², e sete pavimentos. Com isso o hospital passou a contar com 376 leitos, dedicados ao atendimentos de pacientes de clínica médica, UTI, oftalmologia etc. Além disso, ele é uma referência no atendimento e nas cirurgias de emergência e vascular, assim como nas áreas de ortopedia, urologia, nefrologia, oftalmologia e queimaduras, sendo que nessa última especialidade ele é considerado o melhor na região norte do País. O hospital realiza também exames de raio-X, tomografia, ultrassonografia, eletrocardiograma e ecocardiograma.

Entre outros bons hospitais que existem em Manaus, deve-se citar o Hospital Universitário Getúlio Vargas; o Hospital Dr. Aristóteles Platão Bezerra de Araújo; o Hospital Geral de Manaus (um hospital do Exército); o Hospital Infantil Dr. Fajardo; o Hospital e Pronto-Socorro Dr. João Lúcio Pereira Machado; o Hospital Geral Adriano Jorge; o Hospital Adventista; o Hospital da Polícia Militar; o Hospital Dr. Geraldo da Rocha, entre outros.

Apesar de ter esses hospitais, os moradores de Manaus e arredores, viveram, no 1º semestre de 2020, num clima desolador e aterrorizante quando precisaram recorrer ao sistema de saúde após terem sido infectados com o novo coronavírus.

Assim, por exemplo, o Hospital e Pronto-Socorro Delphina Rinaldi Abdel Aziz, que tem um bom espaço físico e organização dos prédios, que foi considerado como referência para o tratamento dos contaminados pela *Covid-19* rapidamente atingiu a sua capacidade máxima operacional, ou seja, a ocupação de todos os seus leitos de UTI.

Além disso, sofreu com a falta de profissionais da saúde (inclusive médicos) e equipamentos quando novos leitos foram criados...

O governador do Estado do Amazonas, Wilson Lima, numa ação emergencial até inaugurou em 18 de abril de 2020 o Hospital de Retaguarda Nilton Lins, ampliando os leitos para pacientes com coronavírus, porém ele não tinha equipamentos adequados, dotados de toda a tecnologia para cuidar bem deles!?!?

Realmente pode-se dizer que durante um período o sistema de saúde pública, em Manaus, **colapsou**.

Felizmente a partir de junho de 2020, começou a ocorrer uma significativa redução de casos com a *Covid-19* em Manaus (porém em 17 de junho de 2020 a cidade chegou a 1.660 óbitos provocados pela doença). Aliás, inclusive o Hospital de Campanha Municipal Gilberto Novaes (que surgiu da adaptação de uma escola), foi desativado em 15 de junho de 2020.

Quando se fala em **tecnologia**, é importante considerar que o nosso planeta está se tornando cada vez mais um grande ser vivo digital e, naturalmente, o Brasil também está sentindo tal mudança, embora ainda não a esteja vivenciando plenamente... Por exemplo, com o avanço da IoT, processadores podem ser colocados em produtos com as mais variadas finalidades.

Assim, a cada hora que passa, e nos locais mais diversos do planeta, sensores estão sendo embutidos em objetos capazes de medir a vibração, a temperatura, a composição química etc. Algumas das aplicações dessa **tecnologia** serão tão úteis que as pessoas pensarão de que modo conseguiram viver tanto tempo sem os benefícios e as vantagens proporcionados por ela. Aí vai um exemplo disso!!!

Um sensor colocado dentro de uma caixinha de leite pode avisar o consumidor quando o produto de fato azedou. Desse modo, no lugar de simplesmente se respeitar a data da validade indicada na embalagem (que se baseia em um cálculo estatístico, nem sempre preciso), será possível obter uma informação individualizada e precisa sobre a qualidade do leite, evitando-se assim malefícios e desperdícios.

Em especial no **campo da saúde**, há múltiplos desdobramentos e diversas possibilidades oferecidas pela IoT. A partir dessa ferramenta pode-se inclusive dizer que **4ª Revolução Industrial** já começou. Assim, surgiram, por exemplo, balanças que não só registram o peso de um indivíduo, mas também seu nível de hidratação e outros parâmetros sobre a saúde dessa pessoa, bem como as suas variações. Esses dados podem então ser enviados para um *app* (aplicativo) de celular capaz de oferecer à pessoa uma interpretação mais precisa do que está ocorrendo com a sua saúde!!!

Existem também atualmente relógios que servem bem mais do que registrar as horas!?!? Esse é o caso da nova versão do *Apple Watch*, capaz de realizar um eletrocardiograma e enviar o resultado para o seu celular. A partir daí, o cliente poderá compartilhar essa informação com o médico, se desejar!?!?

No **setor da saúde**, entretanto, é preciso ter um extremo cuidado nessa transição para a 4ª Revolução Industrial, uma vez que todo e qualquer serviço que pretenda utilizar as informações relativas à saúde deverão oferecer **conveniência, relevância, segurança e controle**.

Vivemos numa época em que é grande o entusiasmo com a IA aplicada ao campo médico, mas no Brasil, ela somente irá se consolidar em algo eficaz caso os dados dos pacientes estejam digitalizados e disponíveis de forma organizada e comparável. Só assim os algoritmos poderão contribuir para a melhoria dos diagnósticos por imagem e para a priorização dos pacientes em hospitais.

No caso específico dos agentes de saúde suplementar, que têm mais facilidade de envolver-se com os algoritmos que contribuem para uma melhor assistência médica, seu grande desafio será obter o **consentimento dos pacientes** para usar as informações relativas à saúde dos mesmos em suas ações, demonstrando-lhes antes que tal compartilhamento respeitará sempre a **privacidade** deles.

Note-se que em agosto de 2018 foi aprovada no País a Lei Geral de Proteção de Dados Pessoais, que exige isso!!! As primeiras iniciativas das operadoras têm demonstrado que as pessoas estão permitindo o acesso a seus prontuários eletrônicos, desde que recebam informações claras e entendam os benefícios oferecidos.

Seguramente, trabalhando com transparência, ética e respeito à legislação, esse enorme conjunto de informações (*big data*) relativas à saúde das pessoas será um grande aliado para que se possa reorganizar o sistema de saúde no País, tornando-o muito mais eficiente!!!

Sem dúvida nenhuma, em cidades como Manaus e muitas outras das regiões norte e nordeste do País (e não somente as encantadoras), deve-se começar a pensar na **telemedicina** e no uso de aplicativos para que as pessoas possam cuidar de sua saúde. Na metade de 2018, começou a funcionar o aplicativo *Teldoctor*, que inicialmente recebeu algo como 50 consultas médicas por dia. No início de 2020, entretanto, esse número subiu para mais de 2.500 consultas diárias!!!

A ideia original de Marcelo Callegari, criador do *app*, foi muito simples. Ou seja, o interessado respondia algumas perguntas *on-line*, fazia suas queixas a respeito de sua saúde e, em seguida, essas informações geravam um prontuário que seria analisado por um médico da *Teldoctor*. Ao final, o paciente *on-line* recebia a prescrição para seu problema de saúde, e **sem sair de casa**!?!?

De acordo com Marcelo Callegari, a telemedicina ainda é novidade no Brasil, mas em sua busca por mais inovação e eficiência, ele fechou uma parceria com uma rede de farmácias para aumentar seu leque de consultas. A finalidade era atender quem fosse a essa rede – a Forte Farma – sem uma receita, e fornecer-lhe orientações sobre como consegui-la *on-line*.

Ele comentou: "As pessoas ainda têm dificuldade em entender que um médico a 1.000 km de distância é capaz de descobrir o que está acontecendo com elas. Em 2019, cobramos R$ 69 por consulta, e sonho em ter mais de 1.000.000 delas até o fim desse ano. Queremos criar um número cada vez maior de relacionamentos com profissionais da saúde e laboratórios, com o quê poderemos contar com um serviço que nos possibilite abolir a necessidade de passar por um médico apenas para pedir exames. O paciente poderá ir diretamente ao laboratório e, já de posse dos resultados, ser atendido por ele no seu consultório."

Bem, na verdade, o *app Teldoctor* não é nenhuma novidade. Já há um bom tempo os brasileiros pesquisam e consomem conteúdos relativos à saúde pesquisando na plataforma de busca do Google e no YouTube, *site* que pertence ao mesmo grupo. De fato, o índice de brasileiros que se voltam para o "**dr. Google**" como primeira fonte de informação em casos de doença já se assemelha àquele dos que buscam imediatamente um médico, ou seja, são 28% contra os 33% que recorrem ao médico.

Vale lembrar que mais de 70% da população brasileira infelizmente não possue plano de saúde (estima-se que 22% possuíam esse benefício no início de 2020) e a maioria do nosso povo também não tem acesso a tratamento dentário. Porém, essa população está sedenta por informações sobre como recobrar sua boa saúde, e a Internet acaba sendo um aliado poderoso, principalmente para aquelas pessoas que estão nas classes C, D e E.

Claro que, ao mesmo tempo em que nos dá um certo alívio e alguma autonomia, esse cenário nos demonstra que o paciente está se submetendo a riscos que poderão provocar sérios prejuízos a sua saúde. Isso porque os conselhos disponíveis na plataforma de buscas poderão levar o indivíduo a adotar práticas ou tratamentos sem que haja evidências científicas para isso.

Outro problema é o surgimento de **cibercondríacos**, condição em que a pessoa se torna obsessiva ou angustiada com a ideia de ter uma doença grave, isso com base apenas nas informações obtidas pela Internet. É claro que isso não impede que haja conteúdo de qualidade a respeito da saúde na Internet, como é o caso do canal Doutor Ajuda! Criado por alguns médicos de São

Paulo, formados em medicina pela Universidade de São Paulo (USP), esse canal foi inaugurado em 2016 na plataforma YouTube, e conta atualmente com mais de 700.000 inscritos. No canal, entretanto, sempre se destaca que nenhuma informação fornecida substitui uma consulta médica!?!?

Lamentavelmente, esse tipo de alerta não é suficiente para convencer muitos pacientes que já tiveram experiências bem infelizes ao serem atendidos por médicos em pessoa. Segundo eles, os profissionais tendem a prescrever um monte de remédios, sem, entretanto, explicar nada a respeito da doença em questão!?!? Por isso, a linguagem acessível de diversos conteúdos *on-line* sobre saúde, bem como a abundância das informações disponíveis, têm levado um número cada vez maior de pessoas ao dr. Google, em vez de aos consultórios!?!?

Todavia, em 22 de fevereiro de 2019, o CFM infelizmente revogou a resolução que regulamentava a prática da telemedicina no País. A resolução permitia a realização de consultas, exames e até cirurgias a distância e, ao mesmo tempo, estipulava regras para o paciente. Este, por exemplo, teria de passar por uma primeira consulta com o profissional (em pessoa), e obter uma autorização assinada por ele para que as próximas consultas pudessem ser realizadas virtualmente e tudo isso ficar gravado em meio digital. Havia também outras normas para outros procedimentos, particularmente para as telecirurgias.

Aliás, algumas dessas regras se tornaram polêmicas antes mesmo de entrarem em vigor, como é o caso da gravação da teleconsulta!?!? Afinal, se não se exige gravação nos encontros presenciais, por quê fazê-lo quando se recorre a meios tecnológicos? Abre-se dessa forma uma brecha considerável para deslizes de privacidade e, ao mesmo tempo, reforça-se o preconceito retrógrado contra essa inovadora modalidade nos cuidados com a saúde.

Não há muita dúvida de que o setor de saúde se beneficiaria com a incorporação de tecnologias de comunicação e ação à distância, uma vez que, em tese, todos iriam ganhar. Médicos e pacientes economizariam muito tempo em deslocamentos desnecessários, e o SUS poderia atender mais gente, com os mesmos recursos. Assim, essa suspensão (espera-se que seja temporária ...) foi lamentada por diversas entidades que, diante da evolução do mundo digital, classificaram-na como "**uma tentativa muito estranha de frear a evolução**". Alguns especialistas em TICs que trabalham nas associações de medicina e entidades médicas ficaram perplexos com esse freio à telemedicina, creditando-o parcialmente ao zelo corporativo, que frequentemente resiste ao aumento de produtividade.

No que se refere à série de críticas feitas pelos vários conselhos regionais de medicina (o que levou o CFM à revogação), que alegaram principalmente o risco à qualidade do atendimento do paciente, a impressão que ficou foi de que eles priorizaram a **busca pelo ótimo** (que é sempre uma ilusão), impedindo (ou talvez só retardando...) a chegada do que já seria **bastante razoável** (e faria muita diferença na assistência à saúde dos brasileiros).

Apesar de o CFM ter decidido revogar a resolução que ampliava a prática da **telemedicina** no País, e permitir a realização de consultas, diagnósticos e cirurgias à distância, essa decisão não terá como impedir a evolução. Por outro lado, haverá sem dúvida uma pressão cada vez maior principalmente por parte dos integrantes das gerações Y e Z (grandes usuários das tecnologias digitais), no sentido de que essa resolução seja alterada e várias modalidades de atendimento médico a distância sejam permitidas e legais. Afinal, são eles os mais insatisfeitos com a efetividade do atendimento tradicional na saúde.

Nesse sentido deve-se destacar um fato auspicioso, ou seja, que em 16 de abril de 2020 o presidente Jair Bolsonaro sacionou uma lei que autorizou, em caráter excepcional a telemedicina, durante a pandemia do coronavírus, com certas restrições!!!

E aí vai um **glossário** para que possa entender melhor o que a era digital nos permite!!!

- **Telemedicina** – Um termo usado para definir o exercício da medicina mediado por tecnologias, para fins de assistência, educação, pesquisa, prevenção de doenças e lesões, e promoção da saúde.
- **Teleconsulta** – Trata-se de uma consulta médica mediada por tecnologias, com o médico e o paciente estando em diferentes locais.
- **Teleinterconsulta** – Ela ocorre quando existe troca de informações e opiniões entre médicos, visando auxiliar no diagnóstico, na terapia clínica ou na cirurgia.
- **Telediagnóstico** – Consiste na emissão de laudo ou parecer a respeito de exames, feito pela Internet.
- **Telecirurgia** – Procedimento realizado por um robô (ou outra tecnologia), manipulado por um médico à distância, desde que na presença de outro médico capaz de atuar no caso de intercorrências.

- **Teletriagem médica** – Acontece quando o médico faz uma avaliação dos sintomas à distância, define o que terá de ser feito e direciona o paciente para o tipo adequado de assistência.
- **Telemonitoramento** – Permite que um médico avalie à distância as condições de saúde do paciente. Esse mecanismo pode ser usado em casas de repouso para idosos.
- **Teleorientação** – Preenchimento à distância pelo médico de declaração de saúde para a contratação ou adesão de um indivíduo a um plano de saúde.

Para finalizar, é vital destacar a boa gestão que tem sido feita pela prefeitura de Manaus. Em 2016, uma das principais referências do País em avaliação de desempenho econômico, a Firjan, classificou Manaus como a capital estadual que **mais atendeu** às exigências da Lei de Responsabilidade Fiscal (LRF) naquele ano.

Nessa análise, a Firjan destrinchou as contas de 4.544 dos 5.570 municípios brasileiros, e concluiu que 2.091 prefeituras **não passaram** no teste, conforme os requisitos da LRF. Esse resultado foi uma consequência da política de austeridade imposta pela administração municipal, que em 2015 criou o programa **Manaus Enfrentando a Crise**, destinado a acompanhar melhor os gastos públicos e o equilíbrio das contas da cidade.

Aliás, uma das medidas do prefeito Arthur Virgílio do Carmo Ribeiro Neto foi diminuir a quantidade de secretarias municipais, de 32 para 24. Manaus foi uma das poucas cidades do Brasil que conseguiu manter o crescimento das receitas próprias, especialmente a arrecadação de IPTU, que passou de R$ 75 mi em 2012 para R$ 184 mi em 2016.

Essa situação positiva das contas municipais teve como consequência um aumento da capacidade de investimentos em relação à receita.

Além disso, deve ter influenciado bastante os munícipes para reelegerem o prefeito para um novo mandato, que está ocupando esse cargo pela terceira vez na sua brilhante carreira política.

Natal

SHUTTERSTOCK - BRASTOCK

Uma bonita vista aérea de Natal.

PREÂMBULO

Natal, além de ser uma cidade encantadora, é a bela capital do Rio Grande do Norte, sendo um bom ponto de partida para se conhecer locais incríveis no Estado potiguar. Aos visitantes cabe apenas escolher onde e como se divertir:
- Nos lagos ou nas praias?
- Nadando nas piscinas naturais ou na companhia dos golfinhos?
- Nas dunas ou nas falésias?
- Fazendo um passeio de barco ou de *buggy*?

Aliás, por falar em *buggies*, entre seus apelidos, a cidade de Natal é chamada de "**capital mundial do *buggy***", uma vez que a cidade possui a maior frota de *buggies* do mundo. Mas sem dúvida, o primeiro passo depois de chegar à cidade é hospedar-se em algum hotel na praia de Ponta Negra, o que lhe permitirá conhecer o morro da Careca, o principal cartão-postal de Natal. Nas proximidades, no canto direito da orla, é possível fazer um passeio de "jangalancha".

Outra passeio obrigatório é o de *buggy*, ou até mesmo de charrete. Nesse caso, o lugar mais adequado são as dunas de Genipabu, no município de Extremoz, a 40 min de carro de Natal, num trajeto que passa pela espetacular ponte Newton Navarro.

Também tem muita gente que se apaixona mais pelas lagoas que pelas próprias praias de Natal. Por isso, conhecer pelo menos uma delas é um dos programas imperdíveis da cidade. Elas possuem águas tranquilas, quentinhas e sempre dispõem de uma boa estrutura no que se refere a alimentação (especialmente se o visitante aprecia camarão!).

E não se pode esquecer que bem perto de Natal, mais especificamente em Pirangi, está o **maior cajueiro do mundo**. Com mais de 100 anos de existência, a árvore é considerada não apenas a maior em tamanho, mas também a maior árvore frutífera do planeta. E aí, o visitante não resiste para tirar uma foto pertinho dessa maravilha da natureza.

Os hotéis e pousadas de Natal e de outros lugares atraentes do Rio Grande do Norte, praticamente perderam todos os seus hóspedes a partir de 1º de abril de 2020 assim que o número de infectados pelo coronavírus começou a aumentar. Com isso foi severamente abalada a empregabilidade de cerca de 45 mil funcionários diretos da rede de hotéis de Natal, bem como 180 mil trabalhadores que indiretamente trabalham para ela.

Como isso se prolongou por alguns meses o turismo em Natal sofreu um prejuízo de mais de R$ 1,2 bilhão!!!

A HISTÓRIA DE NATAL

Natal tem como municípios limítrofes as cidades de Extremoz, Parnamirim, Macaíba e São Gonçalo do Amarante. Com uma área de 167,26 km², ela é banhada pelo oceano Atlântico.

Estima-se que no início de 2020 vivessem em Natal aproximadamente 910.000 pessoas. Já em sua região metropolitana (RMN), que é formada por outros 13 municípios, vivem aproximadamente 1,55 milhão de habitantes. Esse contingente representa a quinta maior aglomeração urbana do nordeste, e a 19ª do País.

Um fato interessante sobre Natal é que a cidade foi fundada justamente na data que lhe serve de nome, ou seja, em **25 de dezembro** de 1599. Vale ressaltar que a palavra "natal" vem do latim *"natali"*, e significa algo como **"local de nascimento"**. Todavia, existem duas teses a respeito da fundação da cidade. A primeira, segundo muitos historiadores, diz respeito ao local primitivo demarcado por Jerônimo de Albuquerque, na data já mencionada (25/12/1599). Já a segunda afirma que um capitão chamado Manuel Mascarenhas, chegou ao local hoje ocupado pela cidade com a missão de construir aí um forte e, posteriormente, uma cidade. O objetivo teria sido o de fortalecer a posição de Portugal, defendendo-a de qualquer tentativa de invasão.

Outro fato curioso a respeito do nome da cidade é o modo como ele aparece dentro das frases, ou seja, sendo antecedido pelo artigo masculino "**o**", algo que acontece quando se fala "do Recife" ou "do Rio de Janeiro", por exemplo. Aliás, em alguns *sites* de documentos oficiais, bem como no artigo Nº 11 da própria Constituição do Rio Grande do Norte, as referências à cidade são feitas com o artigo masculino. Assim, costuma-se dizer que "a capital do Rio Grande do Norte e a cidade **do** Natal."

No início do século XVI, a região atualmente ocupada por Natal era habitada pelos **potiguaras**, um dos povos tupis. A história da capitania do Rio Grande teve início a partir de 1535, com a chegada de uma frota comandada por Aires da Cunha, a serviço do donatário João de Barros e do rei de Portugal. O objetivo era claro: colonizar aquelas terras. Essa tarefa, entretanto, foi bastante dificultada pela forte resistência oferecida, tanto pelos nativos quanto pelos piratas franceses, que traficavam o **pau-brasil**.

Mas a despeito das dificuldades, foi com a chegada dessa frota que teve início histórica trajetória dessa área, que, como alguns dizem, está situada na **esquina da América do Sul**. Somente bem mais tarde, em 25 de dezembro de 1597, uma nova esquadra adentrou a barra do rio Potengi (também escrito como rio Potenji), dessa vez comandada por Manuel Mascarenhas Homem e Jerônimo de Albuquerque.

A primeira providência adotada pelos expedicionários foi tomar todas as precauções contra eventuais ataques por parte dos indígenas e dos corsários franceses. Assim, doze dias após a chegada (em 6 de janeiro de 1598), iniciou-se a construção de um forte sobre os arrecifes nos arredores da chamada Boca da Barra. Essa edificação foi chamada de fortaleza da Barra do Rio Grande. Ela foi concluída em 24 de junho de 1558.

Logo um povoado se formou na circunvizinhança e, segundo alguns historiadores, ele foi batizado como "Cidade dos Reis". Tempos depois esse povoado mudou de nome, passando a se chamar "Cidade do Natal". Então, após a expulsão dos franceses e a construção de uma fortaleza, foi a vez de se fundar realmente uma cidade.

Infelizmente, pelo fato de os invasores holandeses terem destruído todos os documentos daquela época, a verdadeira história da fundação da capital potiguar foi perdida... Assim, há muita discordância entre os historiadores potiguares que procuraram reconstituir ou até mesmo fixar uma data de fundação da cidade e definir quem de fato foi o responsável por isso.

Algumas pesquisas, entretanto, já comprovaram que Manuel Mascarenhas Homem **não designou** Jerônimo de Albuquerque para exercer a função de capitão-mor do Rio Grande. De fato, ele sequer encontrava-se presente na data da fundação da cidade e, portanto, não pode ser considerado como o fundador de Natal.

Porém, sabe-se que a data da fundação da cidade foi 25 de dezembro de 1599, havendo, inclusive, uma hipótese segundo a qual Natal teria sido fundada por João Rodrigues Colaço. Também se diz que, depois da fundação, teria sido celebrada uma missa no local que corresponde atualmente à praça André de Albuquerque.

De qualquer modo, a presença holandesa da Companhia das Índias Orientais na região, fez com que a cidade começasse a evoluir. A fortaleza local, que antes era de taipa, passou a ser de alvenaria e a chamar-se forte do Kenlen. Aliás, durante o período da invasão holandesa (de 1633 a 1645), Natal se tornou Nova Amsterdã.

Porém, no decorrer dos séculos seguintes o crescimento da cidade do Natal foi bem lento, tanto que o historiador Câmara Cascudo chegou a escrever que em 1805 a cidade contava com apenas 6.393 habitantes. No final do século XIX a capital norte-riograndense chegou a 16.000 pessoas e, apenas a partir de 1922, a cidade de fato começou a se desenvolver num ritmo mais acelerado.

Nessa época, além do crescimento populacional, a cidade começou a destacar-se na história da aviação. Isso aconteceu quando hidroaviões começaram a aterrissar sobre as águas do rio Potengi. Mais tarde chegaram os aviões, que inicialmente pousavam numa pista de terra batida. A primeira esquadrilha a chegar em Natal e aterrissar sobre as águas do rio Potengi foi a do exército dos EUA, comandada pelo major Herbert Dangue, em 1927.

No dia de Ano-Novo, em 1931, o navio italiano *Lazeroto Malocello*, comandado pelo capitão de fragata Carlo Alberto Coraggio, chegou a Natal. Ele trouxe consigo a *Coluna Capitolina*, uma coluna romana que fora doada pelo então chefe do governo da Itália, o fascista Benito Mussolini, com o objetivo de comemorar a travessia do Atlântico em 1928 pelos aviadores Carlo Del Prete e Arturo Ferrarin. Vale ressaltar que essa peça foi trazida das ruínas da Roma antiga.

Cinco dias mais tarde, no dia dos Reis Magos, em 6 de janeiro, a capital norte-rio-grandense foi visitada pela esquadrilha da Força Aérea Italiana. Aliás, em 1935 cidade foi alvo de rebelião e grande violência, por ocasião da Intentona Comunista, liderada principalmente pelos defensores desse regime. Tal rebelião foi gerada principalmente por setores da população que se mostravam descontentes com a atuação do então governador do Rio Grande do Norte, Mário Câmara.

O movimento teve início na noite de 23 de novembro de 1935, quando o atual Teatro Alberto Maranhão (antigo Teatro Carlos Gomes) era usado para a colação de grau do Colégio Marista. Dois dias depois a cidade foi dominada pelos rebeldes, responsáveis pela organização de um Comitê Popular Revolucionário, instalado na Vila Cinanto, residência oficial do governador do Estado!?!?

Durante esse movimento revolucionário a população natalense passou por grandes dificuldades. Várias pessoas foram assassinadas e algumas agências bancárias, lojas e armazéns sofreram saques e atos de vandalismo por parte dos rebeldes. Entretanto, assim como nas cidades do Recife e do Rio de Janeiro (na época capital do Brasil), essa revolta fracassou. Isso abalou muito os rebeldes de Natal, que precisaram sair da cidade e refugiar-se na região de Seridó...

Com o advento da 2ª Guerra Mundial (de 1939 a 1945), a cidade continuou seu ritmo de crescimento e inclusive evoluiu bastante com a presença de contingentes militares brasileiros e aliados (principalmente norte-americanos). Essa onda de progresso se consumou com a construção das bases aérea e naval, que se tornaram locais de partida para tropas que realizavam o patrulhamento, participavam de batalhas em defesa do Atlântico Sul e atuavam em campanhas militares no norte da África.

Em 1942, durante a operação Tocha, vários aviões de países aliados se reabasteceram em Natal, no lugar onde foi inaugurado depois o aeroporto internacional Augusto Severo. Nessa época, o departamento de guerra dos EUA classificou a cidade como **"um dos quatro pontos mais estratégicos do mundo "**, juntamente com o canal de Suez (no Egito) e os estreitos de Bósforo (na Turquia) e de Gibraltar (entre a África é a Europa).

Em 28 de janeiro de 1943, Natal foi a sede de uma conferência que contou com a participação dos presidentes do Brasil, Getúlio Vargas, e dos EUA, Franklin Delano Roosevelt. Nessa mesma data celebrou-se o acordo sobre a **entrada** do Brasil na 2ª Guerra Mundial e, posteriormente, iniciou-se a construção de uma base aérea estadunidense em Natal, que mais tarde receberia o apelido de **"trampolim da vitória"**. Isso fez com que a cidade e a própria população natalense crescessem, mas, ao mesmo tempo, precipitou a perda de muitos dos hábitos típicos de uma **cidade provinciana**. Ao longo da segunda metade do século XX, Natal continuou seu ritmo de crescimento, chegando a uma população de 700.000 habitantes na década de 1990.

Aliás em 1975, o poeta Jomar de Brito deu a Natal o apelido de **"Londres nordestina"** pois ela era bem mais moderna que as outras cidades importantes do nordeste e não tão presa as suas tradições. De fato Natal foi a cidade que ainda na época de base militar, na década de 1940, foi a primeira aonde seus moradores mascavam chicletes, usavam óculos *ray-ban* ou beberam Coca-Cola no País.

Atualmente Natal é uma cidade moderna, que apresenta alguns dos melhores índices socioeconômicos do nordeste brasileiro, uma das menores taxas de desigualdade social do País e uma economia bastante dinâmica.

Cortada pelo rio Potengi, que separa a zona norte das demais da cidade, Natal realçou sua beleza e se tornou cada vez mais **encantadora** – e bem diferente das demais capitais estaduais nordestinas. Embora bem pequena em tamanho – Natal é a **segunda menor** em território entre as capitais brasileiras, superando apenas o município de Vitória – a cidade conta com ruas e avenidas largas, em especial nos bairros de Tirol e Petrópolis.

O relevo do município, com altitudes inferiores a 100 m, é constituído pela planície costeira, que abrange uma série de terrenos de transição entre o mar e os tabuleiros da costa. Aliás, no que se refere a características geomorfológicas, esses **tabuleiros** são predominantes na região. Eles são formados por uma cobertura espessa de 2 m de areia, nas cores castanha ou avermelhada, e suas bordas são recobertas – e sempre alteradas – por dunas que se estendem por 20 km, chegando em alguns pontos a atingir 90 m de altura. Apenas no parque das Dunas é que elas são mais fixas e cobertas por vegetação nativa.

O território do município está dentro de um conjunto de quatro bacias hidrográficas, sendo a do rio Potengi a maior delas, cobrindo 31,2% da área total de Natal. Ela é seguida pela faixa litorânea oriental de escoamento difuso (com 30,9%), e pelas bacias dos rios Doce (23,4%) e Pirangi (15,3%). Aliás, os dois rios mais importantes de Natal são: o Potengi (que nasce no agreste do Rio Grande do Norte e percorre 176 km até desembocar no oceano Atlântico; e o Jundiaí, afluente do rio Potengi. Mas além desses também se destaca o rio Pitimbu, que nasce no município de Macaíba, corta o bairro natalense de Pitimbu (na zona sul) e deságua na lagoa do Jiqui, no município de Parnamirim. Os outros rios que cortam a cidade são o Guariju e o Jaguaribe.

Natal possui um clima tropical chuvoso, mas com um verão bem seco. As amplitudes térmicas são relativamente baixas e a umidade do ar é consideravelmente alta, isso por conta de sua localização junto ao litoral, o que gera um perceptível efeito de maritimidade, ou seja, de umidade proveniente do mar.

Por conta de sua elevada luminosidade solar a capital potiguar também ostenta o título de "**cidade do sol**" – embora muitos prefiram qualificá-la como "**noiva do sol**" – afinal, ela recebe mais de 2.900 h de sol por ano. Trata-se do maior nível dentre as capitais brasileiras!!!

E quando chove, as precipitações pluviométricas podem ser de grande intensidade, vindo inclusive acompanhadas de raios e trovoadas. O índice pluviométrico anual é superior a 1.700 mm, com a chuva se concentrando principalmente entre os meses de março a julho. Em algumas ocasiões pode acontecer a formação de nevoeiro na cidade. Já as frentes frias ainda são relativamente raras na cidade, mas podem acontecer. A menor temperatura já registrada em Natal foi de 15,4°C, no dia 5 de agosto de 1999, enquanto a maior foi de 33,8°C, em 9 de março de 1970.

No passado o município era todo recoberto pela mata atlântica. Atualmente, uma das poucas áreas remanescentes de mata atlântica no Rio Grande do Norte encontra-se no parque estadual das Dunas. Trata-se da primeira unidade de conservação do Estado, com 1.172 ha. Ela foi instituída pelo decreto estadual Nº 7.297, de 22 de novembro de 1977 e se constitui no segundo maior parque urbano do Brasil, sendo reconhecido pela Unesco como patrimônio ambiental da humanidade desde 1993.

Na região existem também os manguezais, típicos de solos inundados pelas marés, assim como os já mencionados tabuleiros litorâneos, nas áreas modificadas pela ação humana. Com todas essas belezas, nenhum visitante que chega a Natal deveria deixar de passar alguns dias na bela "**Londres nordestina**", tampouco perder a chance de visitar o parque das Dunas e vislumbrar incríveis espécies da sua fauna e flora.

No que se refere à constituição demográfica da cidade, a população natalense é miscigenada. De fato, segundo um estudo genético com base em ancestralidade, concluiu-se que 58% das pessoas que vivem na capital potiguar são de origem portuguesa, 25% africana e 17% indígena. Estima-se que em 2020 a população de Natal estivesse dividida da seguinte forma: pardos (51%), brancos (42%), negros (5,7%), amarelos (1,2%) e indígenas (0,1%). Além disso, 53% das pessoas que vivem em Natal são do sexo feminino, enquanto 47% são do sexo masculino.

No tocante a **religião**, no início de 2020 cerca de 61% dos natalenses se declaravam católicos apostólicos romanos. E no que se refere à igreja católica, o município é sede da arquidiocese de Natal, que possui 2 dioceses sufragâneas: Caicó e Mossoró. A sé arquiepiscopal fica na catedral da Nossa Senhora da Apresentação. Mas além da religião católica, há pessoas que seguem diversos credos protestantes ou reformados, que no total somam 31% da população do município. Outros 6,5% da população natalense afirmam não seguir qualquer religião, enquanto o percentual restante segue outros crenças: espiritismo, hinduísmo, islamismo etc.

No que diz respeito a **habitabilidade**, segundo a prefeitura de Natal existem muitos registros de loteamentos irregulares, favelas, mocambos, palafitas e similares. De fato, estima-se que em 2020 cerca de 14,6% da sua população natalense vivesse nesses locais. Isso ocorreu por causa da vinda para a capital norte-riograndense de muitas pessoas de outras cidades do próprio Estado ou de Estados vizinhos.

Toda essa gente estava à procura de melhores oportunidades de vida, porém, muitas dessas pessoas acabaram não conseguindo emprego e por isso precisaram residir em aglomerados subnormais (estima-se que sejam cerca de 100, concentrados principalmente na zona oeste da cidade e às margens da entrada a ela).

Várias tentativas têm sido feitas no sentido de reverter essa situação, como a construção de conjuntos habitacionais em espaços vazios da cidade (obras que estão de acordo com as diretrizes do Plano Diretor de Natal). Também se tentou remover os moradores das favelas e das áreas invadidas, levando-os para as novas residências construídas. Entretanto, as habitações erguidas ainda não foram suficientes para acabar com esse grave problema de habitabilidade.

Acredita-se que no início de 2020, 89% da população de Natal já estivesse vivendo **acima** da linha de pobreza. Porém, os 20% mais ricos contribuem com 68% da renda municipal, enquanto os 20% mais pobres, com apenas 3%. A população natalense encontra-se empregada em várias atividades econômicas, sendo que o PIB da cidade era de R$ 24,8 bilhões segundo estimativa de 2019.

Uma vez que quase toda a população natalense está vivendo em zona urbana, o município possui pouca tradição no **setor primário** (agrícola), o que torna a sua contribuição para o PIB praticamente irrelevante. Já no **setor secundário**, Natal conta com uma produção industrial bastante diversificada, com foco nas indústrias de construção civil e transformação. A cidade também possui um polo industrial voltado para confecção e artigos têxteis. Além disso, também existe atualmente na capital um **distrito industrial** bastante dinâmico, o primeiro do Estado, que abriga a sede da Federação das Indústrias do Estado do Rio Grande do Norte, organização criada em 27 de fevereiro de 1953.

A principal fonte econômica de Natal, entretanto, é o **setor terciário** (comércio e serviços), com seus diversos segmentos em várias áreas (educação, saúde e, especialmente, o turismo). Estima-se que em 2020 houvesse na capital norte-riograndense cerca de 27 mil estabelecimentos comerciais e empresas atuando no setor terciário, que empregava algo próximo de 530 mil pessoas. E vale lembrar que a modernização do comércio em Natal começou sobretudo a partir da década de 1940, quando muitos norte-americanos viviam na cidade, em especial no período da 2ª Guerra Mundial, como já foi dito.

Hoje a cidade se expandiu muito nos diversos setores de serviços, em especial no que concerne ao comércio. Surgiram na capital diversos centros comerciais, supermercados e hipermercados. Aliás, são tantos esses estabelecimentos que a cidade passou a ser chamada pelos empresários de "**paraíso dos supermercados**".

Natal também possui hoje diversos *shopping centers*, dentre os quais destacam-se:

- **Midway Mall** – Localizado no bairro do Tirol, trata-se do maior centro comercial do Estado (e um dos maiores do nordeste). Possui 231.000 m², dispostos em três grandes pavimentos. Nesses andares estão muitas lojas, mas o cliente nele também tem à sua disposição algumas boas opções de entretenimento, além de diversos serviços.
- **Cidade Jardim** – É um lugar bem agradável, com boas lojas e interessantes opções de gastronômicas. Aliás, existe uma creperia no local que serve panquecas, ou seja, *crepês* incríveis...
- **Natal** – Trata-se do mais antigo *shopping center* da cidade e que dispõe de uma boa estrutura, com estacionamento seguro, boas lojas e excelentes opções gastronômicas em ótimos restaurantes. O local possui também cinema e pista de patinação no gelo.
- **Praia** – O local conta com um estacionamento enorme e uma excelente academia no último piso do estacionamento, mas o número de lojas é pequeno. E um bom lugar para comer (há um bom restaurante), um cinema razoável e um setor de serviços (com banco, correios etc.).
- **Partage Norte** – É um excelente centro comercial, com boa variedade de lojas, ótima comida, boas opções de lazer (praça de alimentação, cinema etc.) e estacionamento gratuito para os clientes que fizerem compras no local (as pessoas que não fizeram compras, entretanto, pagam para estacionar nele).
- **Via Direta** – O lugar conta com boa infraestrutura e uma excelente localização. Os preços também são considerados adequados em suas lojas de calçados, cosméticos etc.

Além desses há ainda diversos outros *shoppings*, como: **Seaway**, onde o estacionamento é gratuito; **10**, em que a praça de alimentação é considerada muito boa; **Via Mar**, que é visto como uma boa opção para compras;

Dunnas, onde os cinemas e restaurantes são considerados bons; **Natal Sul**, que embora seja mais uma galeria que um *shopping*, é um bom lugar para deliciar-se com um bom sorvete; **Tirol**, que possui boas lojinhas, além de um excelente estacionamento; **Ayrton Senna**, embora ele não disponha de estacionamento e conte com poucas opções de lojas, e **Estação**, também com poucas opções de lojas.

Ainda no que se refere a compras, é importante ressaltar que o **artesanato** representa uma das formas mais espontâneas da expressão cultural natalense. Assim, em várias partes do município é possível encontrar uma produção artesanal diferenciada, feita com matérias-primas regionais e criada de acordo com a cultura e o modo de vida local. Aliás, alguns desses grupos reúnem diversos artesãos da região e disponibilizam para eles um espaço para a confecção, exposição e venda de seus produtos. Normalmente essas peças são vendidas em feiras, exposições ou lojas de artesanato

Nesse âmbito, destacam-se na cidade a Feira Internacional de Artesanato, que é realizada anualmente em parceria com o governo estadual. Nesse evento, além de se ter uma ampla exposição de produtos artesanais, também se desenvolve uma vasta programação, com apresentações culturais, *shows* com a presença de mais de 70 grupos folclóricos e até mesmo orquestras.

Natal possui ainda o Centro Municipal de Artesanato, que está localizado no bairro Praia do Meio. Nele estão diversas lojas de artesanato, além de lanchonetes e há algumas opções de lazer. Também se destaca o comércio no bairro Ponta Negra, que reúne uma grande variedade de peças de artesanato potiguar. Aliás, nesse bairro acontece também o Festival do Turismo, Artesanato e Cultura de Natal, mais precisamente no *shopping* Mãos de Arte. O evento inclui ainda uma vasta programação cultural, bem como a exposição da produção de artistas plásticos da cidade e a riqueza do folclore natalense. Aliás, existe também um centro comercial na zona leste da cidade que foi inaugurado em 2010, com mais de 300 lojas, que é considerado o maior *shopping* de artesanato da região nordeste.

Fora isso, a cidade conta com outros cinco grandes centros de vendas de produtos artesanais, a saber: o *shopping* de Artesanato Potiguar, que conta com mais de 200 lojas, que foi inaugurado em 2005 na zona sul da cidade, no bairro de Ponta Negra; o Centro de Artesanato; a Cooperativa de Artesanato e o Vilarte, onde além de compras de produtos artesanais é possível jantar e ouvir música (forró) ao vivo. Vale lembrar que nesses centros comerciais os produtos artesanais mais procurados são os bordados, além de roupas de praia feitas em crochê, objetos de decoração e guloseimas regionais.

Tem sede em Natal, a grande empresa Ale Sat que foi criada em 5 de abril de 2006 a partir da fusão da distribuidora mineira Ale Combustíveis e da potiguar Satélite Distribuidora de Petróleo, com 10 anos de atuação à época, tendo como presidente Marcelo Alecrim.

Daí para frente, ela foi se expandindo e tornou-se a **quarta maior distribuidora** de combustíveis do País.

Em setembro de 2018 ela passou para o comando do grupo Glencore, quando tinha cerca de 1.500 postos em 21 Estados e no DF, com 300 lojas de conveniência, gerando cerca de 15.000 empregos, dos quais, quase 1.300 diretos. A gigante mineradora suíça, pagou por ela cerca de R$ 1,7 bilhão.

O logotipo da rede de distribuição de combustíveis continuou o mesmo, ou seja, a letra A maiúscula nas cores azul, vermelho e branco, porém ganhou a expressão: *"by Glencore"* em letras pequenas.

A Glencore tem nos seus planos adicionar pelo menos 150 postos aos já existentes, ampliar em 20% as lojas de conveniência e expandir o AleExpress, de troca de lubrificantes, após assinar um acordo de exclusividade com a Moove, detentora da marca Mobil no Brasil.

O Núcleo de Relações Internacionais da prefeitura de Natal desenvolveu um projeto de integração entre a capital norte-riograndense e outras cidades brasileiras e do mundo. Com tal integração buscou-se firmar convênios de cooperação, cujo objetivo é assegurar a manutenção da paz entre os povos, procurando manter um sentimento de fraternidade e felicidade, assim como de amizade e respeito mútuo entre todos.

Oficialmente, Natal possui até agora as seguintes **cidades-irmãs**: as capitais estaduais Fortaleza e Porto Alegre; Lisboa (em Portugal); Guadalajara (no México); Córdova (na Argentina) e Belém (na Palestina). Além das cidades-irmãs, Natal conta ainda com **cidades parceiras**, ou seja, Rio de Janeiro e Salvador. Com ambas ela mantém um estreito relacionamento, em particular no que se refere ao desenvolvimento turístico local. Natal também abriga os consulados de oito países: Alemanha, Chile, Espanha, França, Itália, Noruega, Holanda e Portugal.

A responsável pelo setor cultural de Natal é a Fundação Cultural Capitania das Artes, cujo objetivo é acompanhar, planejar e executar a política cultural do município. Isso se dá por meio da elaboração de atividades e projetos em teatros, museus e espaços culturais da cidade, que visem promover o desenvolvimento cultural da região.

E por falar em teatros, Natal conta com seis bons espaços, que são:

- **Casa da Ribeira** – O local funciona desde 2001, e nele acontecem apresentações de espetáculos teatrais e musicais.
- **Complexo Cultural** – Ele funciona no local onde anteriormente ficava o Complexo Penal João Chaves (que foi demolido para dar lugar ao centro). Infelizmente esse espaço encontra-se atualmente subutilizado, mas, esporadicamente, acontecem ali alguns espetáculos, oficinas culturais e exposições de objetos.
- **Teatro Alberto Maranhão** – É um dos prédios mais bonitos da capital potiguar, em estilo *art nouveau*, cuja construção foi iniciada em 1898. O prédio foi tombado pelo Patrimônio Histórico e Artístico do Rio Grande do Norte
- **Teatro da Cultura Popular Chico Daniel** – Está localizado no bairro Petrópolis e tem capacidade para 200 pessoas. Ele funciona em parceria com a Fundação Estadual de Cultura José Augusto. Foi inaugurada em 2 de agosto de 2005 para permitir a manifestação artística de vários artistas de Natal (e do Rio Grande do Norte, como um todo) e de vários outros lugares.
- **Teatro Municipal Sandoval Wanderley** – Construído em homenagem ao escritor e dramaturgo assuense de mesmo nome, é o segundo teatro natalense, localizado no bairro de Alecrim. Ele foi construído em 1962 e tem capacidade para 150 espectadores e desde então foi bastante utilizado para a apresentação de peças infantis e grupos teatrais pequenos, gravação de programas de TV e espetáculos musicais de gêneros diversos. Infelizmente esse teatro permaneceu abandonado durante muitos anos. Foi reformado em 2005, porém, desde 2009 continua fechado...
- **Teatro Riachuelo** – Localizado dentro do *shopping Midway Mall*. Ele foi inaugurado em dezembro de 2010, sendo a mais nova e moderna casa de espetáculos de Natal, com capacidade para mais de 1.500 espectadores.

Além desses teatros, a cidade também conta com diversos bons museus e espaços culturais, dentre os quais estão:

- **Arquivo Público Estadual** – Ele possui diversos acervos de interesse público sobre Natal e o Rio Grande do Norte como um todo.
- **Balé da Cidade de Natal** – Ele ocupa a sede da Fundação Cultural Capitania das Artes, localizada na avenida Câmara Cascudo, que também abriga uma escola de balé. Foi fundado em 2002.
- **Biblioteca Pública Câmara Cascudo** – Trata-se da maior do Estado, com mais de 75 mil livros, que foi reinaugurada em dezembro de 2018, depois de ter ficado fechada desde 2012...
- **Capitania das Artes** – É um antigo prédio em estilo neoclássico no qual funcionou a capitania dos portos. O espaço está localizado no bairro da Cidade Alta, e nele existem diversas lojas de artesanato, palcos para *shows* e auditórios para a realização de eventos e convenções.
- **Casa Câmara Cascudo** – Local em que viveu o historiador potiguar Luís da Câmara Cascudo. Ela foi construída em 1900, pelo industrial Afonso Saraiva Maranhão e adquirida em 1910 pelo futuro sogro de Cascudo, o desembargador José Teotônio Freire (1858-1944). A casa foi restaurada a partir de 2005 e aberta a visitação pública em janeiro de 2010, possibilitando aos interessados conhecer um pouco mais sobre o mestre potiguar.
- **Centro de Lançamento da Barreira do Inferno** – É uma base aérea de lançamento de foguetes espaciais de pequeno e médio porte. Ele se encontra no município de Parnamirim, região limítrofe de Natal. Foi fundado em 1965, sendo a primeira base aérea de foguetes da América do Sul. O local recebe a visita de muitos turistas.
- **Centro de Artesanato e Turismo** – Localiza-se no bairro de Petrópolis e abriga cerca de 400 lojas. O local conta com exposições de objetos do artesanato potiguar e lembranças natalenses.
- **Fundação José Augusto** – Fundada em 1963, é a principal responsável pela política cultural do Estado do Rio Grande do Norte.
- **Instituto Histórico e Geográfico do Rio Grande do Norte** – Abriga diversos arquivos e acervos relacionados com a história e a geografia do Estado e do município de Natal.

- **Memorial Câmara Cascudo** – Nele encontra-se preservada boa parte da obra de Luís da Câmara Cascudo. São cerca de 10.000 volumes sobre diversos assuntos (biografias, folclore, religião etc.).
- **Museu de Arte Sacra** – Está instalado na igreja Santo Antônio, onde estão expostos objetos de arte de cunho religioso do Rio Grande do Norte.
- **Museu Café Filho** – Seu grande acervo inclui documentos e iconografia sobre Café Filho (o único norte-riograndense a exercer a função de presidente do Brasil, entre 1954 e 1955).
- **Museu Câmara Cascudo** – Trata-se de um museu de ciências naturais e antropológicas, mantido pela UFRN (Universidade Federal do Rio Grande do Norte), que abriga diversas exposições culturais.
- **Museu da Aeronáutica** – É uma antiga estação de passageiros e de transporte de correspondências, utilizada como base para hidroaviões. Ela foi muito utilizada pelos EUA durante a 2ª Guerra Mundial.
- **Museu de Cultura Popular** – É a antiga sede do governo estadual, possuindo vários acervos e instrumentos utilizados em manifestações populares.
- **Museu do Mar Onofre Lopes** – O local possui um acervo de espécies biológicas.
- **Palácio da Cultura** – Também já foi sede do governo estadual e abriga atualmente a Pinacoteca do Estado do Rio Grande do Norte.
- **Solar Bela Vista** – Trata-se de um palacete residencial administrado agora pelo Sesi. Ele foi construído em 1907, por um dos homens mais ricos do Rio Grande do Norte, o coronel Aureliano Medeiros. O local retrata a concepção arquitetônica do início do século XX.

Também existem na cidade cerca de três dezenas de cinemas. Eles estão localizados nos *shoppings* da cidade e são mantidos principalmente por três operadoras: Cinemark, Cinépolis e Moviecom.

Natal é considerada com uma ponta de entrada para o turismo no Rio Grande do Norte, recebendo mais de 2,5 milhões de turistas por ano. Vale ressaltar que a cidade possui diversas atrações turísticas espalhadas por seu território, como as seguintes:

- **Canto do Mangue** – Um local para se apreciar um dos mais belos pôr do sol da cidade.

- **Catedral metropolitana** – Inaugurada em 1988, ela possui um estilo de construção com linhas ascendentes na forma trapezoidal, bastante peculiar. Recebeu a visita do papa João Paulo II em 13 de outubro de 1991. Ela é dedicada a Nossa Senhora da Apresentação, padroeira da cidade.
- **Centro Histórico da cidade** – Aí se concentram diversos locais importantes da cidade, como: o Espaço Cultural Palácio Potengi; o Instituto Histórico e Geográfico do Rio Grande do Norte; o Memorial Câmara Cascudo; o Museu de Arte Sacra e o Museu da Cultura Popular.
- **Farol de Mãe Luiza** – Localizado no bairro Mãe Luíza. O nome do bairro é uma homenagem a uma velha parteira que, aliás, também emprestou seu nome ao farol.
- **Fortaleza dos Reis Magos** – Construída em 6 de janeiro de 1598 (dia dos reis magos), ela é considerada como o marco inicial da cidade.
- **Mercado da Redinha** – Uma das principais atrações de uma antiga vila de pescadores. Atualmente ela é muito frequentada por pescadores natalenses.
- **Parque das Dunas** – Um local espetacular para se fazer caminhadas e praticar atividades de lazer.
- **Praça das Flores** – Ela está localizada no bairro Petrópolis e também conta com vários pontos de lazer, em especial bares e restaurantes ao seu redor.
- **Praia de Ponta Negra** – Fica a 14 km do centro da cidade e nela se encontra o morro do Careca, um dos belos cartões-postais de Natal.

E por falar no morro do Careca, convém explicar que ele divide dois mundos. Enquanto de um lado na praia de Ponta Negra se concentra a maioria dos turistas que visitam Natal, do outro há um cenário de quase deserto. A visitação é restrita e controlada pela Aeronáutica. Nesse local se desenvolvem pesquisas na área de preservação ambiental, ciência e tecnologia. Desde 1965, a faixa de 8 km por trás do morro do Careca faz parte do Centro de Lançamento de Foguetes da Barreira do Inferno (CLBI).

Além do morro, existe outro limite natural que são as falésias. Aliás, é essa interessante formação avermelhada que dá o nome de Barreira do Inferno à região. As falésias – também chamadas de arribas ou costas altas – são na verdade um acidente geográfico, constituído de uma encosta íngreme ou vertical, ou seja, são escarpas que terminam ao nível do mar e encontram-se permanentemente sob a ação erosiva no mesmo. Quando uma falésia tem grandes dimensões ela se domina penhasco.

Entre essas duas limitações mencionadas – o CLBI e as falésias – existe um verdadeiro paraíso inexplorado. Trata-se de uma praia de águas mornas, boas ondas, dunas, pássaros e brisa!!! Ela é tão especial que, mesmo com toda a restrição no acesso, surfistas que vivem em Ponta Negra acabam adentrando o local pelo mar e curtindo essa bela praia inabitada. Isso apesar da fiscalização, que sempre os convida a se retirar...

Somente cerca de 50 pescadores artesanais da vila de Ponta Negra – uma área vizinha ao morro – têm autorização para entrar nessa praia. E é essa liberação que também querem os surfistas, mas o acesso continua restrito a apenas uns 200 militares que trabalham na área e também a alguns pesquisadores, que têm permissão de entrar aí. É importante explicar que tal restrição se faz necessária, pois, segundo os especialistas, "há risco de morte, uma vez que se trata de uma área de impacto de foguetes e até mísseis."

Aliás, essa área militar é uma das duas existentes no País para lançamento de foguetes, sendo que a outra fica em Alcântara, no Estado do Maranhão. Não há, portanto, nenhuma exploração turística ou imobiliária no local. E só uma construção – um posto avançado de observação do CLBI – é vista a pratir dessa praia...

Essa praia se tornou um ambiente ideal para a desova da tartaruga-de-pente, uma das espécies mais ameaçadas de extinção no mundo. Nesses últimos anos, mais de 100 ninhos já foram identificados e são monitorados pelo projeto Tamar. Todavia, mesmo com a proibição militar, é comum algumas pessoas se aproveitarem da maré baixa para contornar o morro pelo mar e invadir essa praia!?!?

E recentemente, além dos seres humanos desobedientes, um outro invasor tem incomodado bastante: uma raposa da espécie *Cerdocyon thous*, também conhecida como cachorro-do-mato. Assim, mesmo com os pesquisadores fazendo plantão até de noite para proteger o ninhos das tartarugas com redes e evitar os ataques, essas raposas não desistem!!!

E além dos pontos turísticos já mencionados, também estão em Natal as casas de Itajubá e do padre João Maria (no qual está o Museu do Patrimônio Histórico e Artístico Nacional); o casarão *Junqueira Aires*; a *Coluna Capitolina*; a igreja de Nossa Senhora dos Navegantes; o parque da Cidade;

a ponte Newton Navarro; o pórtico monumental; a praça de Santa Cruz da Bica; a Ponta do Morcego etc.

Mas não são apenas os pontos turísticos que atraem visitantes. Na cidade também são realizados diversos **eventos** anualmente, como: a **Festa dos Santos Reis** (que acontece entre os dias 1º e 6 de janeiro, e conta com uma programação de novenas, missas, apresentações e várias barracas gastronômicas); a **Festa de Nossa Senhora dos Navegantes** (que é comemorada na praia da Redinha, em 20 de janeiro); o Carnaval (que se comemora no bairro da Ribeira e na praia de Ponta Negra, conforme o calendário); *Micareme* (que acontece quarenta dias após o Carnaval e conta com muitas apresentações musicais); o **Festival de Quadrilhas de Natal** (realizado no período das festas juninas, e que conta com mais de 400 arraiais e mais de 100 quadrilhas natalenses, todas concorrendo a um prêmio em dinheiro e a um troféu); a **Festa do Boi** (realizada em outubro); a **Festa da Padroeira Municipal, Nossa Senhora da Apresentação** (que acontece em 21 de novembro); o *Carnatal* (ou seja, um Carnaval fora de época realizado desde 1991, que sempre acontece na primeira quinzena do mês de dezembro e, atualmente, é a maior micareta do Brasil); o **Natal em Natal** (realizado no centro da cidade, em Ponta Negra, assim como no bairro Praia do Meio, onde acontecem *shows* pirotécnicos e espetáculos folclóricos); o **Auto de Natal** (acontece em 22 de dezembro e engloba espetáculos de rua que revelam principalmente as manifestações culturais da cidade); o **Festival de Cinema**; o **Projeto Seis e Meia**; o **Projeto Cultural da Praia dos Artistas**; o **Forró com Turista**; **Muitos Carnavais**; **Viv'arte** etc.

A vida noturna natalense tem ficado bem mais intensa, tornando-se assim cada vez mais desenvolvida e valorizada, principalmente nas praias de Ponta Negra e dos Artistas e no bairro da Ribeira. Nesses locais apresentam-se agora bons artistas locais, nacionais e até internacionais, dos mais variados estilos, como acontece no Festival do Sol e também na ocupação do bairro, quando da iniciativa denominada Circuito Cultural Ribeira, na Via Costeira e em vários bairros do centro, como Petrópolis.

Na praia de Ponta Negra, um dos mais recentes centros de vida noturna da cidade, existe atualmente uma quantidade significativa de bares e restaurantes bem movimentados, nos quais inclusive se apresentam músicos ao vivo e cantores de diversos estilos: axé, forró, *jazz*, música latina, *rock* e MPB.

Na praia dos Artistas, os turistas também são atraídos pelos seus bares e restaurantes, e é nessa praia que está localizado o complexo de lazer *Chaplin*, ou seja, a discoteca mais conhecida de Natal. O local possui várias pistas de dança e dispõe inclusive de música ao vivo (brasileira e/ou estrangeira). Aí nessa praia está também o Centro de Turismo de Natal, onde todas as quintas-feiras se apresenta o tradicional **forró do turista** um evento no qual se destaca a música regional. Já no bairro da Ribeira, em especial na rua Chile, há vários estabelecimentos nos quais os visitantes podem curtir noites bem animadas, principalmente acompanhando as apresentações de grupos de *rock*.

Infelizmente uma das diversões que os visitantes que já vieram a Natal puderam desfrutar – o **passeio num dromedário** nas dunas de Genipabu, no município de Extremoz (a 20 km de Natal) – corre o risco de **desaparecer!?!?**

Ele foi implantado em 1998, mas agora enfrenta uma série crise e em junho de 2019 os passeios chegaram a ser suspensos por 20 dias por causa da baixa demanda por eles...

Cleide Batista, a proprietária da empresa Dromedunas, que oferece esses passeios, explicou: "No auge do turismo no Estado, no início dos anos 2000, a empresa chegou a fazer 120 passeios por dia. Porém no verão de 2018/2019, o máximo que se conseguiu foram 45 passeios por dia e na baixa estação a média diária ficou próxima de 20 turistas atendidos. Cobramos no início de 2020 por um passeio de 20 min, R$ 100 de cada pessoa e há também a opção se só tirar a foto montado no animal que custa R$ 50. Entretanto o custo diário para manter os animais que temos – eram 13 no início de 2020 – é da ordem de R$ 2.000, com o que quase não dá para pagar as contas para mantê-los, levando em conta que fizemos uma parceria com um *site* que auxiliou a captar os interessados no passeio, o qual porém oferece um desconto de 15%...

Além disso perdemos 70% do fluxo de turistas, pois a principal agência turística que atua na cidade decidiu mudar o local de parada de seus bugues que traziam os mesmos para as dunas.

E para complicar, não tem existido a necessária melhoria da infraestrutura turística da área – que de fato é um dos principais cartões-postais do litoral potiguar – para que os visitantes permaneçam mais tempo na mesma, na contemplação do cenário deslumbrante.

Não tomei ainda uma decisão final, mas a Dromedunas já teve 20 dromedários sendo usados diariamente nos passeios, porém cinco foram vendidos antes de 2018 e no decorrer de 2019 comercializei outros quatro.

Os primeiros dromedários foram comprados na Espanha, mas atualmente todos os animais da Dromedunas nasceram no Rio Grande do Norte e o mais recente integrante do grupo de 13 nasceu em setembro de 2019.

Já sofremos várias campanhas querendo proibir o uso dos dromedários nesses passeios. Porém o passeio foi legalizado pelos órgãos ambientais e os nossos animais são cuidados por uma equipe veterinária. Para a nossa legislação ambiental o dromedário é considerado um animal doméstico e assim não necessita de licença para a sua comercialização!!!"

Vamos torcer para que o Brasil se recupere economicamente e o reflexo disso seja um incremento de turistas em Natal, e especificamente mais gente queira divertir-se montando um dromedário e percorrendo as dunas da praia de Genipabu!!! Lamentavelmente isso não vai acontecer em 2020, um ano em que a pandemia do coronavírus abalou radicalmente o turismo.

Os turistas também são bastante atraídos para Natal pela sua **culinária**, que é bem diversificada. Na cidade existem restaurantes que oferecem uma boa variedade de pratos típicos. Aliás, vários deles têm como ingrediente básico os frutos do mar e os peixes, apresentando em sua constituição diversos tipos de temperos e ingredientes distintos. Alguns chamam Natal de **"terra do camarão"**. Várias dessas delícias pertencem à culinária nordestina, mas são preparados de forma semelhante àqueles da região sul do Brasil.

Entre os vários pratos típicos que a cidade oferece, destacam-se: o **baião de dois**, que consiste no preparo de arroz e feijão (dê preferência do tipo verde ou novo), acompanhados normalmente de **carne de sol**. Essa carne é salgada e seca ao sol, o que permite conservá-la por muito tempo. Aliás, vale ressaltar que essa técnica foi introduzida pelos nordestinos antes mesmo da invenção das geladeiras.

Também faz sucesso entre os turistas o **cuscuz com frango**, um prato feito com farelo de milho cozido, além de tempero com legumes e o próprio frango. Outro prato imperdível é a **galinha ao molho pardo**, também chamada de **galinha à cabidela**, considerado um dos pratos mais tradicionais da culinária brasileira. Ele consiste em pedaços de galinha caipira cortados e depois refogados num molho amarronzado (pardo) obtido do sangue da própria ave. E não se pode esquecer a paçoca, ou seja, uma farofa com pedaços desfiados de carne de sol, farinha de mandioca e temperos. A tapioca também não pode faltar. Ela é preparada com a fécula extraída da mandioca.

Além de todos esses pratos típicos, quem gosta de boa comida também vai a Natal para o *Festival Gastronômico do Beco da Lama*. O evento acontece normalmente entre o final de novembro e início de dezembro, no centro da cidade. Nele é servida uma variedade de pratos deliciosos, mas também é possível ouvir música e curtir artes plásticas e em 2019 aconteceu sua 13ª edição.

Em Natal, além de haver bons restaurantes nos hotéis, existem também diversos estabelecimentos espalhados pela cidade, nos quais os visitantes podem deliciar-se com pratos regionais e também da cozinha internacional. Entre as boas opções estão:

- ↠ *Farofa D'água* – Trata-se de uma casa ampla e descontraída, com o salão externo coberto. Oferece pratos da cozinha regional, com carnes diversas e frutos do mar, mas os preços de vários deles são considerados bem "salgados"...

- ↠ *Casa de Taipa* – É uma lancheria regional e pitoresca, com música ambiente e boas tapiocas, cuscuz etc. A proposta agrada muito aos turistas...

- ↠ *Totóia* – Esse é um lugar certo para quem busca comida caseira servida num local aconchegante. Uma boa opção é a galinha à cabidela, que, aliás, deve ser encomendada com antecedência pelo interessado... Os preços praticados são um pouco exagerados...

- ↠ *Camarões* – Fica na avenida Engenheiro Roberto Freire Nº 3980 e oferece uma gastronomia descontraída, servindo pratos elegantes com frutos do mar. O destaque são as especialidades da casa, preparadas com camarão. Um diferencial desse restaurante é o serviço de *transfer* (busca e devolução do cliente no hotel). O ambiente é agradável e os preços são bons.

- ↠ *Camarões no shopping Natal* – Esse restaurante localizado no *shopping*, oferece diversos pratos à base de camarão, além de *buffet* de saladas, peixes, carnes. No almoço e no jantar o serviço é *a la carte*. Infelizmente, a ótima comida servida provoca longas filas, em especial no almoço...

- ↠ *Camarões no Midway Mall* – Ir a esse restaurante é um excelente programa para depois de uma sessão de teatro ou cinema ali mesmo. A gastronomia é refinada, com base em frutos do mar, sendo que o destaque da casa são os pratos com camarão. O ambiente é contemporâneo e bem espaçoso.

- ↠ *Camarões Potiguar* – É um lugar fantástico para almoçar e jantar, pois aí são preparados pratos com ingredientes do mar. Para alguns clientes esse é um dos melhores restaurantes de Natal, cobrando preços justos pelo esse serviço oferecido. Fica em Ponta Negra, na rua Pedro Fonseca Filho Nº 8887.

- *Mina D'Água Ponta Negra* – Oferece sistema *buffet*, com *self-service* variado e cozinha mineira tradicional, preparada em fogão a lenha. Uma sugestão para a entrada é o caldinho de feijão com torresmo, acompanhado de cachaça. O atendimento é ótimo. Aliás, existe uma filial do *Mina D'Água* no bairro de Petrópolis, mas o sistema aí é por quilo, sendo que a comida é farta e deliciosa.

- *Dois Vinho & Gastronomia* – Serve pratos artesanais, como lagosta com *carpaccio* de cogumelos. O ambiente é intimista e excelente.

- *Nau Frutos do Mar* – É um restaurante lindo, com decoração temática. A culinária é contemporânea, com traços mediterrâneos. Os pratos são preparados com as delícias do mar, mas também há opções de carnes nobres no menu.

- *Mangai* – Pratica gastronomia clássica e contemporânea brasileira, servida de forma requintada, num ambiente bem elegante. Os pratos à base de peixes, frutos do mar, carnes e frituras, são excelentes.

- *Da Paolo* – Serve pratos tradicionais da culinária italiana, incluindo massas, *pizzas* e filés, tudo num espaço caseiro e acolhedor.

- *Buongustaio* – Seu menu variado consiste em gastronomia italiana, porém autoral e artesanal. O ambiente é sofisticado e moderno, com uma bela varanda coberta.

- *Piazzale Italia* – Serve *pizzas* variadas, espaguete com frutos do mar e muita comida italiana autêntica, com preços acessíveis. O ambiente é ótimo e conta com uma decoração rustica, com ampla varanda de frente para o mar.

- *Páprika* – Seu cardápio consiste em massas, risotos, grelhados, frutos do mar, além de drinques e petiscos. O local é bem aconchegante, com música e bela vista para o mar. Oferece ao cliente o serviço de *transfer*.

- *La Brasserie de La Mer* – Serve pratos *gourmet* da culinária francesa, considerados simplesmente deliciosos. Também serve bons vinhos e drinques, tudo num espaço elegante, decorado com lustres de cristal e com um *lounge* bar.

- *Lotus Japanese Fusion Cuisine* – Serve comida japonesa contemporânea, além de ostras e ceviche. Sua localização é boa, ocupando uma casa com uma bela vista para o morro do Careca. Os preços praticados, entretanto, são considerados elevados.
- *Salus Healthy Food* – É um pequeno restaurante, cuja proposta é servir excelentes pratos, todos com ingredientes saudáveis e preços justos.

O turista que vai a Natal tem uma ampla variedade de hotéis ao seu dispor. Obviamente os visitantes com mais recursos poderão optar pelo **Best Western Premier Majestic Ponta Negra Beach**, que é considerado um hotel cinco estrelas. Ele oferece uma incrível vista para o mar, boa piscina externa, academia, *spa* e um refinado restaurante francês. Além disso, o estacionamento, *Wi-Fi* e café da manhã são gratuitos para seus clientes. Esse hotel fica a 6 min a pé da praia de Ponta Negra, e a 2,7 km das dunas de areia do morro do Careca.

Mas também não se pode esquecer do espetacular e luxuoso **Ocean Palace Beach Resorts & Bungalows**, que dispõe de 5 restaurantes, 3 bares, 14 piscinas, parque aquático, banheira de hidromassagem, *spa*, academia e recreação infantil de cortesia. Ele fica a 4 min de caminhada da praia de Ponta Negra. Oferece café da manhã e *Wi-Fi* gratuitamente para os seus hóspedes. O prédio possui 315 quartos para não fumantes.

Há também o hotel **Marsol Beach Resort**, o único quatro estrelas *all inclusive* ("tudo incluído") de Natal. Ele fica de frente para o mar, na Via Costeira, e possui 144 apartamentos. São muitas as facilidades e os serviços oferecidos, dentre eles *Wi-Fi* gratuito e muitas opções de lazer para os hóspedes (são quatro piscinas, salão de jogos, quadras de tênis e futebol, espaço para a prática de vôlei na praia, bar nas piscinas, espaço para *shows* etc.).

Outros bons hotéis classificados como 4 estrelas são:
- **Coral Plaza** – Localizado de frente para a praia de Ponta Negra e a 8 km do estádio de futebol Arena das Dunas, esse hotel dispõe de apartamentos refinados, com varanda com vista para o mar, além de um bom restaurante e piscina externa com bar aquático.
- **Holiday Inn** – É um hotel moderno, com 216 quartos bem iluminados e aconchegantes, restaurante, uma piscina externa, espaço para recreação das crianças e vista para a Arena das Dunas. Ele fica a 3 km do parque das Dunas.

- **Golden Tulip** – Fica num duplo arranha-céu, com vista para o oceano Atlântico. É uma propriedade contemporânea, com piscina externa, restaurante e academia. Fica a 2 km do Centro de Convenções de Natal.
- **Aquaria** – Um hotel moderno e bem descontraído, com piscina externa com bar, um bom restaurante e apartamentos bem novos.
- **Othon Suítes** – Dispõe de uma boa estrutura para eventos, como palestras e cursos rápidos. Além de quartos luxuosos, conta também com quartos mais simples, mas com vista para o mar. Está situado no bairro central de Petrópolis, a 6 min a pé da praia e a 4 km da fortaleza dos Reis Magos.
- **Rifóles Praia Hotel & *Resort*** – Trata-se de um *resort* descontraído, com quartos simples e vista para o mar. Serve refeições durantes as 24 h do dia e dispõe de 5 piscinas externas e cinema. Sua localização é excelente, ao pé da areia da praia de Ponta Negra, próximo de ótimos restaurantes e lojas de artesanato.
- **Visual Praia** – É um hotel tranquilo, com quartos bem simples, mas ambiente limpo e agradável. Dispõe de piscina externa, *day spa*, restaurante (com boa comida) e bar. Fica no sul de Natal, com acesso direto à praia de Ponta Negra.
- ***Elegance Flat*** – Dispõe de apartamentos casuais, com minicozinha e piscina externa. Está situado no calçadão ao lado da praia de Ponta Negra.
- ***Paradise Flat*** – É uma opção moderna, com quartos bem iluminados, academia e piscina externa. O seu prédio é bem alto e está localizado a 2,3 km do Centro de Convenções.
- ***Quality Suítes*** – Ocupa um arranha-céu que dispõe de quartos bons, um bar, piscina externa e uma boa equipe de atendimento. Está muito bem localizado, a 5 min a pé da praia.
- ***Red Roof Inn*** – Hotel sofisticado e bem moderno, com quartos arejados e com vista para o mar. Dispõe de piscina e um salão de baile (!!!) Ocupa um edifício caiado, com um pórtico, a 5 min a pé da praia.
- **Praiamar Natal Hotel & *Convention*** – Trata-se de uma boa opção para quem gosta de água, pois dispõe de 3 piscinas externas e 2 banheiras de hidromassagem externas. Tem ainda 3 restaurantes, bar, *spa* e um bom espaço para eventos. Seus funcionários são bem atenciosos. Está localizado a 2 min a pé da praia.

- **Intercity** – Ocupa um arranha-céu à beira-mar, com uma impressionante fachada geométrica azulejada. Dispõe de piscina externa e academia. Está localizado nas proximidades de bons restaurantes, para almoço e/ou jantar.

Praticamente todos os hotéis quatro estrelas há pouco citados, com algumas poucas exceções, oferecem aos hóspedes *Wi-Fi*, estacionamento e café da manhã gratuitamente. Todavia, para quem quer gastar menos com hospedagem, é possível recorrer aos hotéis classificados como **três estrelas**, nos quais também se pode ter uma permanência tranquila, como:

- **Dunnas** – Trata-se de um hotel com fachada de tijolos vermelhos, com quartos simples, porém cômodos. Possui restaurante, piscinas interna e externa e um terraço, onde é possível desfrutar de momentos de tranquilidade. Está localizado a 1 min a pé da praia.
- **Comfort Hotel & Suítes** – Dispõe de quartos bem arejados, alguns com varanda com vista para o mar, restaurante e piscina externa. Um diferencial é que permite a presença de animais de estimação. Fica a 8 min a pé da praia de Maracajaú.
- **Natal Praia** – Hotel descontraído que dispões de piscina externa e restaurante *self-service*. Fica a 4 min a pé da praia de Areia Preta, e a 1,8 km do Teatro Alberto Maranhão.
- **Porto Suítes** – Trata-se de um hotel bem exótico, com fachada em pedra e vidro. Dispõe de quartos arejados com terraço com vista para o mar, piscina externa e bar/restaurante à beira do mar. Fica na praia dos Artistas, a 4,7 km do parque das Dunas.

Há obviamente outros bons hotéis três estrelas na cidade e, em quase todos eles, com poucas exceções, o hóspede tem estacionamento, *Wi-Fi* e café da manhã oferecidos gratuitamente.

A cultura musical natalense é constituída de vários ritmos, que influenciaram diversos grupos musicais e artísticos. O destaque vai para a banda Grafith, que é um dos conjuntos mais antigos (foi formada em 1988) em atividade na cidade. O grupo surgiu ainda na década de 1980, e apresentou um som de forte apelo popular, reunindo vários gêneros distintos, como o samba-*reggae*, o arrocha, o bolero, o brega e a pisadinha. Já no forró destacaram-se grupos como o Cavaleiros do Forró, que se apresentam em grandes eventos relacionados ao gênero, como as festas de São João, por exemplo.

Natal também é sede do Festival de Música Potiguar Brasileira, um evento realizado anualmente e organizado pela UFRN, no qual se premia por voto popular e avaliação de júri especializado as melhores obras da música potiguar.

No âmbito da **educação**, Natal possui um vasto sistema de ensino primário e secundário, tanto no setor público quanto privado. Também existem algumas escolas técnicas na cidade. Estima-se que em 2020 houvesse mais de 800 IEs, sendo que quase metade delas eram estabelecimentos de ensino fundamental; e havia 110 delas oferecendo ensino médio. Distribuídos por todos esses níveis havia mais 290 mil alunos matriculados, assim como cerca de 10 mil docentes registrados.

Na capital norte-riograndense encontram-se praticamente todas as melhores escolas do Estado, com algumas delas tendo figurado entre as 20 melhores nos exames do Enem nos últimos anos. Os maiores destaques são: o Centro de Educação Integrada, o Colégio Ciências Aplicadas, o Instituto Federal do Rio Grande do Norte (IFRN) – sendo que essas três primeiras IEs geralmente ocuparam os primeiros lugares –, o Colégio Salesiano São José, o Centro de Educação Integrada Mais, o Colégio Marista, o Complexo Educacional Henrique Castriciano, o Colégio Nossa Senhora das Neves, o Overdose Colégio e Curso Preparatório, o Impacto Colégio e Curso Preparatório, o Complexo Educacional Contemporâneo e a Facex. Todas elas têm aparecido na lista do Enem ao longo de vários anos sucessivos.

Na rede municipal a cidade também conta com IEs muito bem avaliadas, como é o caso das seguintes EMEFs: Prof. Mário Lira, Ferreira Itajuba, Profa. Adelina Fernandes, Celestino Pimentel, Ascendino de Almeida Jr., Prof. Antônio Severiano, Irmã Arcângela, Profa. Maria Alexandrina Sampaio, entre outras.

O governo estadual mantém várias escolas de ensino fundamental, e entre elas existem as que também oferecem ensino médio. Na lista destacam-se: Augusto Severo (com excelente avaliação), Conego Monte (com excelente avaliação), Profa. Ana Júlia Mousinho, Maria Luiza Alves Costa, Profa. Dulce Wanderley, Tiradentes, Soldado Luiz Gonzaga, Calazans Pinheiro, Berilo Wanderley, Aldo Fernandes de Melo, Dr. Manoel Villaça, Stela Wanderley, entre outras.

Já na rede privada, entre as IEs voltadas tanto para o ensino fundamental quanto para o ensino médio – algumas que inclusive aceitam crianças já a partir da pré-escola –, têm-se: o Instituto Educacional Casa Escola, que é muito bem avaliado pelo seu método de ensino, e cujo método de aprendizado se concentra na experimentação; NEC Pinguinho de Gente, uma IE que demonstra um cuidado especial com a formação cidadã; Centro Educacional Maanaim (muito bem avaliado); Jardim Escola Balãozinho Mágico (com excelente estrutura, talvez a melhor da cidade); Montessori (que utiliza uma das melhores pedagogias disponíveis); Ação (muito boa, apesar de ser pequena, o que comprova que tamanho não é documento...); Encanto (do jardim até o ensino fundamental); Cristo Rei (uma IE que se concentra na formação de valores); União; Incentivo (que se concentra em "educar para pensar"); Adventista (onde se tenta ensinar aos jovens a maneira correta e sensata de conviver em harmonia na sociedade atual); Executivo (com professores bem dedicados); Master (vai do jardim de infância até o ensino médio e oferece curso preparatório para ingresso no ensino superior); Centro Educacional Geração (com um ensino bem humanizado); Nossa Senhora de Fátima (ensino muito atencioso, humanizado e valorizando a religião); Centro Educacional Felicidade do Saber; Piaget (vai da educação infantil até o ensino médio, e o supletivo EJA); Renascer (que também tem um curso preparatório para o ingresso no ensino superior), entre outros.

Em Natal também existem várias importantes IESs, destacando-se entre elas a Universidade Federal do Rio Grande do Norte (UFRN), o Instituto Federal do Rio Grande do Norte (IFRN), a Universidade Potiguar (UnP), a Faculdade Maurício de Nassau e o Centro Universitário Facex.

A UFRN foi criada em 1958, oriunda da universidade do Rio Grande do Norte, e é atualmente a principal IES do Estado. Ela possui cinco *campi:* em Natal está o *campus* central, (no qual se concentra toda a sua estrutura administrativa, numa área de 123 ha) e nas cidades de Macaíba, Santa Cruz, Caicó e Currais Novos.

Além da graduação a UFRN mantém diversos programas de pós--graduação (*lato sensu e stricto sensu*) e projetos de pesquisa e extensão, bem como diversos polos de EAD, educação infantil, ensino técnico e três hospitais universitários (Onofre Lopes, Januário Cicco e Ana Bezerra).

Por conta de sua longa tradição e pioneirismo nas áreas de ensino, pesquisa e extensão, essa IES pública se mantém nas primeiras posições entre aquelas mais bem avaliadas das regiões norte e nordeste. Isso tem conferido a ela um dos maiores orçamentos entre as universidades federais do País.

A UFRN tornou-se um dos principais centros de estudo de **sismologia** do Brasil. Além disso, ela também oferece um curso de pós-graduação em Sistemas Complexos Aplicados às Ciências da Vida, o **único** na América Latina.

No vestibular a UFRN se utiliza de um sistema de bonificação, chamado **argumento de inclusão**. A ideia é ajudar os alunos provenientes da escola pública a passar no vestibular. Inicialmente esse bônus variava em termos de percentual, sendo sempre maior nos cursos nos quais ingressavam menos alunos da rede pública, indo de 0% a 7%. Entretanto, a partir do vestibular de 2010, o bônus foi padronizado em 10% para todos os cursos, desde que os solicitantes fossem alunos de escolas públicas do Estado do Rio Grande do Norte.

Para os seus defensores o argumento de inclusão é uma forma de equilibrar melhor as oportunidades entre os alunos provenientes de escolas públicas e particulares. Entretanto, existem aqueles que criticam muito essa bonificação, pois tira de muitos alunos que não recebem esse bônus, mas obtiveram notas suficientes, a oportunidade de serem aprovados no vestibular, sejam eles provenientes de escolas particulares ou de escolas públicas de outros Estados, que não recebem essa "ajuda"...

Assim, a partir do primeiro semestre de 2014, a entrada dos estudantes dos cursos de graduação da UFRN passou a ser feita exclusivamente através do sistema de seleção unificada da universidade, o qual utiliza as notas do Enem para selecionar os ingressantes. Estima se que no início de 2020 estudassem na UFRN cerca de 36.500 alunos e trabalhassem nela algo como 1.680 docentes. A UFRN chegou a constar entre as 1.000 universidades mais importantes do planeta, e isso só acontece quando uma IES comprovadamente realiza **pesquisas**, além é claro de oferecer uma excelente **educação**. No *RUF 2019* a UFRN ocupou a 20ª posição.

Recorde-se que foi Albert Einstein – que, para alguns, foi o grande gênio do século XX – o primeiro a calcular como os raios de luz de um distante objeto celeste se curvariam por força da gravidade de um segundo astro que se interpusesse entre ele e o observador. Trata-se da tal **lente gravitacional**, que se faz notar de forma mais aguda quando gerada por objetos com altíssima massa, como galáxias e aglomerados de galáxias.

As estrelas, contudo, também podem produzir esse efeito ainda que de maneira reduzida. São as **microlentes**. E se houver um planeta ao redor da estrela que gera essa tal lente, a gravidade dele também causará uma pequena distorção do resultado. Dessa forma, observando esse fenômeno, astrônomos têm descoberto diversas mundos lá fora, embora até o momento os achados sejam normalmente limitados a planetas maiores, em órbitas mais afastadas.

E essa foi justamente a grande sacada ou percepção de Leandro de Almeida, doutorando da UFRN e do seu orientador José Dias do Nascimento. Leandro desenvolveu um jeito de identificar com mais rapidez e maior precisão os padrões em microlentes gravitacionais ligados a uma estrela como o Sol com um planeta como a Terra numa órbita similar à terrestre.

Com isso, é possível agora vasculhar as grandes bases de dados de eventos de microlentes já registrados, e então identificar planetas que até então tenham passado despercebidos. Aliás segundo essa talentosa dupla da UFRN, o trabalho já começou e deverá produzir novas descobertas em breve!?!? Dá para perceber claramente que pessoas assim tão imaginativas e dedicadas como Leandro de Almeida e José Dias do Nascimento são relativamente raras nas nossas IESs, e aí está um dos motivos para termos tão poucas universidades entre as 1.000 melhores do mundo.

Já o IFRN oferece ensino superior, médio e técnico, além de outras modalidades. Está vinculado ao ministério da Educação e possui unidades em Natal (em cinco localidades) e em 17 cidades no Estado do Rio Grande do Norte. Atualmente estudam no IFRN cerca de 30.000 alunos em âmbito estadual. Ao todo são 109 os cursos oferecidos com 1.420 docentes empregados.

O IFRN atua também na formação inicial e continuada de professores, sobretudo nas áreas em que existe carência de docentes (Matemática, Química, Biologia e Física). O IFRN oferece também para a comunidade acadêmica programas de iniciação científica e tecnológica; de fomento a projetos de pesquisa e inovação, e incubação de empresas. Estes programas são executados com recursos próprios e oriundos de várias agências governamentais de fomento, permitindo desta forma que haja a difusão da produção científica em eventos, mostras tecnológicas e na publicação de artigos em periódicos especializados no Brasil e no exterior.

A UnP, por sua vez, é uma IES privada, mantida pela Sociedade Potiguar de Educação e Cultura Ltda. Com sede em Natal, ela foi fundada em 1981, inicialmente sob a denominação de Faculdade de Administração, Ciências Contábeis e Ciências Econômicas. Trata-se da maior e melhor universidade privada das regiões norte e nordeste, que desde 2007 integra a Laureate International Universities (maior rede de universidades privadas do mundo), o que lhe permite oferecer aos seus alunos os mais variados programas de intercâmbio em praticamente todas as partes do globo. Desse modo, além de estudar em outros países, esses alunos têm a oportunidade de vivenciar novas culturas.

A Laureate International Universities está presente atualmente em 29 países, tendo em sua rede algo como 50 universidades, nas quais estudam aproximadamente 650.000 alunos. Até agora, a UnP é a primeira e única universidade internacional da região nordeste. Com isso, seus alunos podem agora complementar sua grade curricular, obter dupla diplomação, fazer um estágio internacional, entre algumas das interessantes opções as quais têm acesso, tudo isso graças aos programas de intercâmbio oferecidos.

Hoje a UnP conta com mais de 70 cursos de graduação e 40 de pós-graduação, como os mestrados muito demandados nas áreas de Engenharia de Petróleo e Gás, Biotecnologia e Administração; e doutorado em Administração. Na graduação, os destaques são os cursos de Nutrição e Enfermagem, Computação e Publicidade & Propaganda, classificados entre os 30 melhores do País.

A UnP tem o primeiro – e único – curso de Medicina do Rio Grande do Norte em uma IES privada. Aliás, em 2011, ela inaugurou na cidade um moderno hospital simulado com robôs, que é considerado o maior do País. Em 2016, a UnP entrou para o rol das IESs estreladas no QS Stars 2016, que reúne as melhores do mundo com base na avaliação dos indicadores de desempenho. Atualmente, a UnP possui 6 unidades em diversos endereços de Natal, além de outros três *campi* nas cidades de Mossoró, Caicó e Currais Novos. No início de 2020 estudavam nos *campi* da UnP cerca de 43.000 alunos.

O Centro Universitário Facex – a Unifacex – surgiu em 25 de outubro de 1971, quando por determinação de sua mantenedora, o Centro Integrado para a Formação de Executivos, foi implantado o curso Secretariado Executivo.

Por meio dessa primeira ação pedagógica da mantida, surgiu a Faculdade para Executivos (Facex). Porém, como teve sua origem em um curso livre, a IES pautou o seu fazer educacional cumprindo o currículo pleno estabelecido pelo então Conselho Federal de Educação.

Então, através do decreto Nº 85.977, de 5 de maio de 1981, foi autorizado o curso de Secretariado Executivo e, daí em diante, a IES não parou de crescer, até tornar-se o Centro Universitário Facex. Atualmente ele conta com cerca de 200 professores qualificados (doutores, mestre e especialistas) em seu corpo docente. Esses profissionais dedicam-se muito ao seu trabalho, no sentido de preparar seus discentes cuidadosamente para o mercado de trabalho, oferecendo-lhes uma formação profissional e humana.

A Unifacex possui cinco unidades, com um total de 30.000 m² de área construída, mais de uma centena de salas, laboratórios especializados, auditórios, algumas salas reservadas para educação infantil etc. Todas as suas instalações são modernas, bem equipadas, adaptadas para indivíduos com necessidades especiais, o que permite o correto funcionamento de todas as atividades acadêmicas desenvolvidas no ensino, na extensão e na iniciação científica. Em seu programa de pós-graduação a IES oferece agora quase 40 cursos *latu sensu*.

O Centro Universitário Facex tem como seu objetivo incutir nos seu alunos a assimilação dos valores culturais, o desenvolvimento do se espírito crítico e, ao mesmo tempo, conscientizá-los em relação às realidades social, política e econômica, isso nos âmbitos estadual, nacional e global.

Em Natal há também uma unidade do Centro Universitário Maurício de Nassau, uma importante IES privada, mantida pelo grupo Ser Educacional. Ele foi criado pelo empreendedor José Janguiê Bezerra Diniz, um sonhador, empenhado no desenvolvimento de um projeto de educação superior de qualidade, que resolveu homenagear a figura do extraordinário empreendedor Maurício de Nassau, reconhecida por todos os brasileiros e que residiu no Recife.

Além dessas IESs, estão também em Natal a Faculdade Católica Nossa Senhora das Neves; a Faculdade Natal; a Faculdade Casa do Fera Ponta Negra; a Faculdade de Excelência Educacional do Rio Grande do Norte; o Instituto Natalense de Ensino e Cultura; o Instituto de Educação Superior Presidente Kennedy; a Faculdade Natalense para o Desenvolvimento do Rio Grande do Norte; o Instituto Natalense de Educação Superior; a Faculdade Câmara Cascudo e a Faculdade de Ciências Empresariais e Estudos Costeiros de Natal.

Muita gente vem de fora de Natal para estudar nessas IESs, que têm investido dentro de suas possibilidades em empreendedorismo e em inovação. Assim, em 2011, foi criado o Instituto Metrópole Digital (IMD), vinculado à UFRN e no qual foram desenvolvidas diversas pesquisas e ações de **inovação tecnológica** e **empreendedorismo**, na incubadora de empresas **Inova Metrópole**, de base tecnológica na área de TI. O IMD atualmente conta com duas unidades físicas: o Centro Integrado de Vocação Tecnológica e o Núcleo de Pesquisas e Inovação em Tecnologia da Informação, atuando na formação de nível técnico, superior e na pós-graduação.

Já no campo da ciência, uma iniciativa notável foi a criação do Instituto Internacional de Neurociências de Natal Edmond e Lily Safra, que foi inaugurado em 2006 na capital potiguar e idealizado pelo neurocientista brasileiro Miguel Nicolelis, considerado um dos 20 mais importantes neurocientistas da década de 2000 ainda em atividade no mundo. Um dos objetivos do instituto foi descentralizar a pesquisa nacional, muito concentrada nas regiões sul e sudeste do País. Infelizmente, devido a diversos conflitos, esse instituto não produziu até agora os resultados expressivos que se esperava dele...

Destaque-se que na RMN, mais precisamente no município de Macaíba está o Câmpus do Cérebro (CC), uma área gerida pelo Instituto de Ensino e Pesquisa Alberto Santos Dumont (ISD), que possui construções destinadas aos âmbitos da educação e pesquisa em neurociências e neuroengenharia. Um dos edifícios abriga o Instituto Internacional Edmond e Lily Safra (IIN-ELS). Desde 26 de março de 2018, a sede administrativa do ISD está localizada no CC.

Cerca de 100 pessoas frequentam essa infraestrutura, entre pesquisadores, alunos de pós-graduação, iniciação científica, ensino médio e profissionais do setor administrativo. Recorde-se que o IIN-ELS foi idealizado pelos neurocientistas Miguel Nicolelis, já mencionado, Sidarta Ribeiro e Claudio Mello, pesquisadores brasileiros que desenvolveram suas carreiras nos EUA, e decidiram depois montar no Brasil um centro de pesquisas em neurociências com referência internacional.

No livro *Made in Macaíba*, Miguel Nicolelis conta como foi a implantação do CC, que recebeu um grande apoio financeiro da instituição financeira Safra. Ele conta: "Fica claro que conseguimos transformar o que parecia utopia em realidade. Mostramos que o empreendedorismo científico é possível no Brasil."

Infelizmente, quando passou a contar com recursos públicos para a plena realização do projeto, o TCU nos últimos anos encontrou "irregularidades graves", com o que as suas obras foram interrompidas. No início de 2019, o que se via é que a sua grandiosidade destoa da escassa quantidade de pessoas que circula no CC. Das janelas avista-se o verde por todos os lados, pois o CC ficou, literalmente, no meio do nada!?!?

Causa um certo alívio constatar que ainda não se tornou um elefante branco por completo. Porém, é penoso ver um edifício com quase 15.000 m² no qual já se consumiram milhões de reais de verbas públicas tão subutilizado, em especial numa época em que os recursos para a pesquisa definham significativamente no País.

No âmbito da **saúde**, segundo os últimos levantamentos, no início de 2020 a cidade de Natal dispunha de cerca de 520 estabelecimentos voltados para o atendimento médico, dos quais 78% aproximadamente eram privados. Além disso, havia cerca de 3 mil leitos para internação. A cidade também contava com atendimento ambulatorial e médico em várias especialidades, além de tratamento odontológico, prestando serviço ao SUS.

Estima-se que em 2020 trabalhassem em Natal cerca de 23.000 profissionais de saúde distribuídos entre médicos gerais, médicos de família, clínicos gerais, cirurgiões gerais, anestesistas, cirurgiões dentistas, técnicos e auxiliares de enfermagem, farmacêuticos, fisioterapeutas, fonoaudiólogos, gineco-obstetras, pediatras, radiologistas, nutricionistas, psicólogos, psiquiatras etc. Muitos desses profissionais trabalham em um dos seguintes hospitais:

- **Hospital Universitário Onofre Lopes** – Com uma estrutura muito bonita e excelentes profissionais, ele se tornou referência em Natal.
- Ele é mantido pela UFRN e foi criado em 9 de setembro de 1909 antes mesmo dela existir!!!
- **Hospital Giselda Trigueiro** – É o principal hospital público para cuidar de doenças infectocontagiosas e toxicológicas do Rio Grande do Norte. Ele oferece um ótimo atendimento, pois conta com profissionais qualificados, mas precisa de uma reforma geral pelo governo.
- **Hospital Maria Alice Fernandes** – É um hospital público estadual de médio porte, sendo uma referência estadual em pediatria.
- **Hospital Municipal** – Oferece um atendimento razoável, no qual trabalham ótimos profissionais de saúde.
- **Hospital Municipal da Mulher e Maternidade Leide Morais** – Trata-se de uma excelente maternidade, onde todos trabalham de forma humanizada.
- **Complexo Hospitalar Monsenhor Walfredo Gurgel** – É o maior hospital público para atendimento de trauma do Estado. O complexo se refere a estrutura do Hospital Walfredo Gurgel juntamente com o Pronto-Socorro Dr. Clóvis Sobrinho. Ele foi inaugurado em 14 de março de 1973, e recebeu o nome de Hospital Monsenhor Walfredo Gurgel em homenagem ao ex-governador do Estado.

Tem ótimos profissionais e técnicos de enfermagem, todos bastante atenciosos, mas os seus gestores estão se descuidando de sua administração. O complexo está precisando urgentemente de novos equipamentos e diversas reformas em suas instalações. Aliás, em 2019 houve um período em que os serviços no hospital precisaram ser suspensos devido a falta de pagamento, especialmente dos médicos que atuam nele...

→ **Hospital Geral Dr. José Pedro Bezerra** – O atendimento dos profissionais da saúde é bom, a comida é razoável, mas as instalações carecem de uma reforma radical. É o segundo maior no Estado no atendimento de urgência e emergência.

→ **Hospital Infantil Varela Santiago** – É um hospital filantrópico fundado em 12 de outubro de 1917, que oferece ótimo atendimento para crianças.

→ **Hospital de Guarnição** – Conta com ótimos médicos, porém, em número reduzido. Os pacientes nele atendidos são bem tratados.

→ **Hospital Naval** – É exclusivo para militares da Marinha e seus dependentes.

→ **Hospital da Aeronáutica** – Oferece bom atendimento aos pacientes.

→ **Hospital Central Coronel Pedro Germano** – Excelente hospital, com bons profissionais.

→ **Hospital Colônia Doutor João Machado** – É o maior hospital psiquiátrico do Estado, mas conta com poucos médicos para oferecer um atendimento adequado.

→ **Maternidade e Unidade Mista Felipe Camarão** – Tem sido bem avaliado e até elogiado pelos pacientes, tanto no que se refere aos profissionais que trabalham nela, como ao atendimento prestado por eles.

→ **Hospital do Coração** – Tem uma boa infraestrutura. A despeito de contar com um número insuficiente de médicos, o atendimento é ágil e cordial, tanto no pronto-socorro como nas clínicas especializadas. Os exames são demorados.

→ **Hospital Rio Grande** – Conta com funcionários e médicos cuidadosos e atenciosos, e um corpo de enfermagem acima da média. Possui estacionamento e ótima localização na cidade. No entanto, precisa de maiores cuidados no que se refere a acomodações: a limpeza é insuficiente, falta água quente etc.

→ **Itorn** – Um ótimo hospital particular, talvez o melhor nas especialidades oferecidas, com médicos qualificados e excelente atendimento.

→ **Hospital Memorial** – Um ótimo hospital, com médicos muito bons e excelente equipe de enfermagem.

→ **Hospital Dia Angio Vascular** – Possui uma equipe médica altamente eficiente e todos são muito atenciosos com os pacientes.

→ **Casa de Saúde São Lucas** – Foi criada por um grupo de médicos em 1945. Suas obras foram iniciadas em 1948, e sua inauguração só ocorreu em 6 de janeiro de 1952. Suas instalações são simples e a qualidade de serviço tem sido criticada nos últimos tempos...

→ **Hospital Unimed** – Foi inaugurado em 2004 e conta com 93 leitos para internação (19 na UTI adulta). Dispõe ainda de um pronto-atendimento e centro de diagnóstico por imagem. Os associados da Unimed dispõem em Natal de três unidades de atendimento espalhadas pela cidade, de um laboratório, farmácia, remoção por ambulância, posto de coleta entre outros serviços. No seu hospital o atendimento é rápido, os funcionários são solícitos, os médicos são competentes e sua infraestrutura está bem conservada.

→ **Prontoclínica e Maternidade Dr. Paulo Gurgel** – Conta com ótimos médicos e um atendimento de qualidade.

→ **Hospital Antônio Prudente** – É um hospital particular que pertence ao grupo Hapvida, fundado em 1999, no mesmo local em que antes existiu o Hospital e Maternidade Santa Helena. Muitos dos que pagam planos de saúde ao recorrerem a esse hospital tem ficado decepcionados com o atendimento recebido...

→ **Promater Hospital e Maternidade** – Trabalham nele excelentes profissionais e um dia já foi o melhor hospital de Natal, mas nesses últimos anos parece que está passando por sérios problemas no que se refere a organização, higiene e especialmente no atendimento de crianças e idosos.

Como se nota, os natalenses de um modo geral não estão nada satisfeitos com a assistência que recebem, quando têm problemas de saúde, em especial quando devem recorrer aos hospitais públicos. E infelizmente estamos vivenciando uma época em nosso País em que tudo indica que tal situação só irá piorar. Isso porque as operadoras de convênios e as entidades de defesa do consumidor estão de acordo num ponto: **os planos de saúde se tornarão insustentáveis!?!?**

Com o envelhecimento da população, e a queda do número de usuários nesses últimos anos de crise econômica, as empresas têm reajustado muito os preços dos planos e inclusive pleitearam uma maior partilha das despesas com seus clientes!?!? Enquanto isso, o consumidor dispõe de um orçamento apertado e se queixa dos aumentos abusivos e da queda da qualidade do serviço prestado.

Assim, afetados pela crise, mais de 100 planos encerraram suas atividades entre o fim de 2014 e o final do 1º semestre de 2018, de acordo com os dados da Agência Nacional de Saúde Suplementar (ANS). Nesse mesmo período, cerca de três milhões de brasileiros perderam renda e tiveram de abrir mão de seus planos de saúde. Isso obviamente incluiu muitos natalenses, que agora precisam recorrer ao SUS e aos hospitais públicos. Em consequência disso, a demanda nesses locais aumentou e o atendimento ficou ainda mais complicado...

Dados da ANS apontaram que no 1º trimestre de 2018, as despesas dos planos com assistência subiram R$ 2,3 bilhões em relação ao mesmo período em 2017, chegando a R$ 36,8 bilhões. Porém, as receitas obtidas com as prestações pagas pelos usuários ainda foram maiores que as despesas, totalizando R$ 44,9 bilhões. Já os planos coletivos, como o Hapvida, tiveram lucro de R$ 34,3% nesse mesmo período. Segundo a empresa, isso ocorreu devido ao aumento de beneficiários e do valor médio do plano.

O que porém está se "prevendo" é que em breve as despesas dos planos de saúde vão superar suas receitas, o que os levará a falência. Por isso eles estão aplicando reajustes bem acima da inflação, afirmando que seus gastos são bem mais elevados, o que as pessoas não têm como pagar...

O pior é que as pessoas que ainda têm planos de saúde dizem que estes dificultam que tenham procedimentos de maior custo, que eles não cumprem as regras do contrato e demoram muito para autorizar exames e procedimentos. E os médicos também consideram que os planos de saúde colocam restrições ao seu trabalho, os pressionam para reduzir o tempo de internação e pagam-lhes valores muito baixos!!! Por todos esses fatores, será difícil que as pessoas tenham um atendimento de qualidade nos cuidados com a saúde, em qualquer cidade brasileira, não é?

No que se refere ao **trânsito**, a secretaria municipal de Mobilidade Urbana é a responsável pelo controle e manutenção do trânsito no município, assim como pela fiscalização das vias públicas e do comportamento dos motoristas e pedestres. Cabe a ela também a elaboração de projetos de engenharia de tráfego, pavimentação, obras viárias e gerenciamento de serviços, tais como os de taxis, ônibus, fretados e alternativos, bem como os oferecidos por meio de aplicativos de compartilhamento.

Estima-se que no início de 2020 a frota municipal tenha chegado a 425 mil unidades, sendo uns 265 mil automóveis e umas 130 mil motocicletas. O restante é formado por caminhonetes, caminhões, motonetas, ônibus, micro-ônibus, tratores etc. Nesses últimos anos, aumentou muito o número de veículos que transitam em Natal, o que tem gerado muitos congestionamentos na cidade, e não somente nos horários de pico.

Apesar dos problemas cada vez maiores causados por essa grande frota de veículos, lamentavelmente as intervenções para melhorar o tráfego – como a duplicação de avenidas, construção de passarelas, de estações de transferência nas linhas de ônibus, corredores exclusivos etc. – têm caminhado a passos de tartaruga...

O **sistema de transporte coletivo** de ônibus de Natal transporta atualmente cerca de 435 mil passageiros por dia e é constituído de cerca de 10 linhas, exploradas por seis empresas que operam uma frota de aproximadamente 785 ônibus (com idade média de 8,3 anos). O transporte coletivo de passageiros em *vans*, ou "peruas" (conhecido como **fretamento**), é permitido desde que os motoristas estejam cadastrados. Já o sistema de táxis possui uma frota de um pouco mais de 1.000 táxis padronizados na cor branca e com faixa azul, com o símbolo da cidade

A cidade de Natal está ligada a outros municípios do Rio Grande do Norte e a outros Estados do Brasil por meio de rodovias federais e estaduais. São elas:

- ➔ BR-101 – Ela começa no município de Touros, no litoral nordeste do Rio Grande do Norte, e se estende por 4.542 km, terminado em São José do Monte, no Estado de Rio Grande do Sul, no extremo sul do País.
- ➔ BR-226 – Começa em Natal, atravessa o Rio Grande do Norte de leste a oeste, passando por vários Estados, até terminar no Tocantins.
- ➔ BR-406 – Conecta Natal com a cidade de Macau, conhecida pela sua grande produção de sal marinho, tendo o apelido de **"terra do sal"**.
- ➔ RN-160 – Liga Natal à zona urbana de Extremoz.

→ RN-302 – Liga os bairros da zona norte de Natal.

→ RN-303 – Liga a zona norte de Natal à praia de Santa Rita, em Extremoz.

→ RN-304 – Começa na zona norte da cidade e termina no cruzamento com a RN-160, em Extremoz.

Para as conexões intermunicipais, Natal possui o terminal rodoviário Lavoisier Maia, inaugurado em 1981, que precisa passar por uma grande reforma estrutural para ser capaz de atender melhor aos viajantes. A capital potiguar também possui um sistema de metrô de superfície e, em maio de 2011, foi assinado pelo governo estadual um projeto para a restauração do trecho da linha férrea Ribeira-Extremoz.

Quando esse projeto de modernização da rede metroviária for concluído, a capital contará com 12 composições de VLT e terá capacidade para transportar cerca de 60 mil pessoas por dia. Vale lembrar que, atualmente, o metrô local conta com três composições.

O município de Natal é atravessado por uma única ferrovia. Ela começa no Estado da Paraíba, entra no Rio Grande do Norte pelo município de Nova Cruz, uma região agreste potiguar, passa por alguns outros municípios e chega à capital potiguar, prosseguindo até o município de Macau, no litoral norte do Estado. Essa ferrovia se estende por 479 km e está atualmente sob a responsabilidade da Transnordestina.

Em Natal está um dos dois portos do Rio Grande do Norte, localizado próximo à foz do rio Potengi. Seu projeto inicial foi aprovado em dezembro de 1922, por meio do decreto Nº 15.277, tendo sua execução iniciado no mesmo ano. Em 1932 o departamento nacional de Portos e Navegação passou a administrá-lo e explorá-lo. Em outubro do mesmo ano as primeiras instalações foram inauguradas e o porto entrou em operação, tendo como primeiro administrador o engenheiro Décio Fonseca. Desde 1983 o porto passou a ser administrado pela Companhia Docas do Rio Grande do Norte.

A evolução desse porto foi muito importante não apenas para Natal, mas também para o Estado como um todo. Sua área de influência também abrange os Estados do Ceará, Paraíba e Pernambuco. O porto possui como destaque principal a exportação de frutas (cerca de 35 % da movimentação total deste porto provém desse item), mas ele também recebe navios que trazem trigo e exportam açúcar. Ele possui linhas que vão para a Europa, tendo como paradas principais os portos de Vigo (na Espanha), Sheerness (na Inglaterra) e Roterdã (na Holanda).

Natal é servida pelo aeroporto internacional Governador Aluízio Alves, localizado em São Gonçalo do Amarante, a 25 km do centro de Natal e a 36 km da praia de Ponta Negra. Esse aeroporto foi construído para substituir o antigo aeroporto internacional Augusto Severo, em Parnamirim, que foi desativado para uso civil e devolvido à FAB, para operações exclusivamente de cunho militar.

O novo aeroporto passou a ser administrado pela Inframerica Aeroportos, tendo sido o primeiro do Brasil a ser cedido para a iniciativa privada, em 31 de maio de 2014. Entre os terminais de médio porte – com movimentação até cinco milhões de passageiros por ano – uma pesquisa divulgada em janeiro de 2016 colocou o aeroporto internacional Governador Aluízio Alves como o **melhor do Brasil**, considerando-se os seguintes critérios: conforto, atendimento, limpeza geral, transporte público etc. Aliás, em julho de 2018 essa classificação foi referendada, dessa vez pelo nosso ministério de Transportes.

Esse aeroporto também se tornou o maior exportador do nordeste, tendo movimentado em 2018 uma carga de cerca de 19.350 t. Vale lembrar que a capacidade atual do aeroporto internacional natalense é de 6,2 milhões de passageiros por ano, embora, segundo estimativas, em 2019 ele só tenha recebido 2,55 milhões de pessoas, ou seja, um número ainda distante do limite.

Ele foi concebido sob o conceito de "**aeroporto-cidade**", o que significa que a ideia é que a região no seu entorno funcione como uma **aerotróple** (aquela que vive em função do aeroporto). Assim, o objetivo é transformá-lo num polo de atração para o estabelecimento ao seu redor de empresas exportadoras, elevando assim o grau de competitividade do transporte de cargas e passageiros do Estado, por conta de sua proximidade com o continente europeu. Vale lembrar que essa iniciativa aconteceu de forma conjunta com a criação da Zona de Processamento de Exportações (ZPE) de Macaíba.

Esse complexo aeroportuário é visto pelas autoridades políticas como uma das alavancas para a economia popular, graças ao incremento que irá provocar no turismo nos próximos anos. O aeroporto está ligado a duas rodovias federais. O acesso norte é realizado pela BR-406, que leva diretamente à capital do Estado e até a BR-101. O acesso sul é feito pela conjunção das rodovias BR-226 e BR-304, que dá acesso ao município limítrofe de Parnamirim e a BR-101 sul. Ambos os acessos estão concluídos e funcionam plenamente, integrando o anel metropolitano de Natal. Também se encontra em implantação um sistema VLT, que interligará o aeroporto com o centro de Natal.

O aeroporto internacional Governador Aluízio Alves opera atualmente voos nacionais de passageiros e cargas, com frequências regulares 24 h por dia, durante os 7 dias da semana. Ele dispõe de um amplo saguão de embarques, 45 balcões de *check-in*, 12 totens de *self check-in, self bag tag*, Wi-Fi grátis para todos os passageiros e um sistema de bagagens 100% automatizado. Operam nele as companhias Latam, Gol, Azul, TAP Air Portugal, Lufthansa Cargo e AeroLogic.

O aeroporto tem uma área total de 15.000.000 m², uma pista principal de 3.000 m de extensão e 60 m de largura, 26 posições para aeronaves (sendo 8 em pontes de embarque com acesso direto do terminal), um estacionamento com 1.500 vagas, uma sala *VIP*, sendo totalmente climatizado. Ele é sem dúvida um aeroporto adequado para que venham para Natal muitos visitantes. Vale lembrar que nenhuma cidade encantadora pode almejar ter mais turistas se não tiver um excelente aeroporto, **viu**?

No dia 23 de dezembro de 2019, o aeroporto internacional de Natal, ficou lotado, quando uma multidão foi aplaudir a chegada do campeão mundial de surfe, Ítalo Ferreira.

Ele em final histórica venceu o brasileiro Gabriel Medina na etapa *Billabong Pipe Masters*, realizada no Havaí em 19 de dezembro de 2019, e conquistou o título da Liga Mundial de Surfe (WSL na sigla em inglês).

Destaque-se que além de Ítalo Ferreira, anteriormente Adriano de Souza (o "Mineirinho") e Gabriel Medina já venceram o campeonato mundial da WSL.

Do aeroporto, Ítalo Ferreira seguiu em carreata até a cidade onde nasceu, e onde desde cedo apaixonou-se pelo mar e pelas ondas (surfe), ou seja, na litorânea Baía Formosa que dista cerca de 110km de Natal.

Lá foi recebido por centenas de fãs (viviam no início de 2020 nessa pequena cidade cerca de 9.000 pessoas) e desfilou num caminhão de bombeiros exibindo o troféu de campeão mundial.

Foi um acontecimento incrível para a cidade que viu um filho seu alcançar o topo do mundo no surfe e que provavelmente a orgulhará novamente com outras conquistas, como nos Jogos Olímpicos de Tóquio em 2020...

Infelizmente no dia 6 de março de 2020, o grupo argentino Inframerica, decidiu devolver à União a concessão do aeroporto de São Gonçalo do Amarante. Um dos motivos para a entrega do terminal foi o baixo tráfego de passageiros, "negativamente impactado" pela crise econômica enfrentada pelo Brasil, justamente no período inicial da concessão. A expectativa da Inframerica era que o terminal movimentasse em 2019, 4,3 milhões de passageiros, entretanto o fluxo registrado foi de aproximadamente 2,3 milhões.

Jorge Arruda, presidente da Inframerica explicou: "A operação do terminal acabou se mostrando financeiramente deficitária. Estamos encerrando o contrato de forma amigável e devemos inclusive receber uma indenização devido aos investimentos feitos pela empresa e não amortizados".

No campo da **habitação**, estima-se que em 2020 houvesse em Natal 270.000 domicílios, entre apartamentos, casas e cômodos (muitos dos quais em favelas...), sendo que quase 70% eram imóveis próprios e perto de 20%, alugados. Grande parte do município conta com água tratada, energia elétrica, esgoto, limpeza urbana, telefonia fixa e celular.

O abastecimento de água é feito pela Companhia de Águas e Esgotos do Rio Grande do Norte.

Acredita-se que em 2020, cerca de 98,7% dos domicílios fossem atendidos pela rede geral de abastecimento de água; 99,1% das moradias possuíam coleta de lixo e 98, 90% das residências contassem com escoadouro sanitário. Entretanto, apenas 43% das casas da capital potiguar possuíam coleta e tratamento de esgoto por saneamento básico.

Atualmente, quase todo o lixo produzido na cidade de Natal, bem como dos municípios de Ceará-Mirim, Macaíba, Ielmo Marinho e São Gonçalo do Amarante, é alocado temporariamente na **estação de transbordo de resíduos sólidos** de Cidade Nova e, posteriormente, jogado no **aterro sanitário metropolitano**, em Ceará-Mirim, que é administrado pela empresa Braseco. Desse total, **apenas 3%** é separado para reciclagem!!!

O problema do saneamento nos leva a lembrar que idealmente todos nós vivemos numa sociedade civilizada, na qual todas as pessoas deveriam ter oportunidades iguais. Ou seja, independentemente do berço em que nasceram, todos os cidadãos devem ter o direito de iniciar suas vidas a partir de um mesmo ponto de partida!?!? Assim, mesmo gerados em situações bastante desiguais, os brasileiros devem ter a oportunidade de desenvolver seu aparato de apreensão do mundo **em condições iguais**!!!

E uma condição necessária para isso – ainda que não suficiente – é a existência de um sistema de saneamento que forneça nas nossas cidades (em especial nas que sonham com o título pleno de **encantadoras**) água limpa e esgoto tratado, para todos os munícipes. Isso dará particularmente aos nossos cidadãos mais saúde e maior capacidade de aprendizado, com custo menor. Já foi comprovado de maneira empírica, que tal investimento possui uma das mais elevadas taxas de retorno social.

Infelizmente, apesar do Plano Nacional de Saneamento Básica ser até razoável, a sua execução tem sido deplorável pelas prefeituras. O saneamento é uma atribuição municipal, porém, na maioria dos casos isso foi delegado a empresas estaduais, com contratos abertos nos quais não se fixam metas nem prazos para cumpri-las, e muito menos sanções para o não cumprimento. O pior é que eles são renovados de maneira automática, sem maiores exigências, e o tratamento de esgoto – no âmbito nacional, mais de 40% da população urbana não conta com isso – continua sem ser cumprido integralmente.

No que se refere a energia elétrica, o serviço de fornecimento é feito pela Companhia Energética do Rio Grande do Norte. Deve-se destacar que atualmente no Rio Grande do Norte tem-se a maior quantidade de parques eólicos do Brasil: eram 150, entre os 601 existentes no Brasil em 2019. A capacidade instalada no Rio Grande do Norte, alcançada em 2019, foi de 4.403 MW, um valor bastante significativo, considerando-se que em todo o País se tinha um total de 15.000 MW.

Os ventos que sopram forte na região nordeste do Brasil estimularam a instalação de muitas usinas eólicas, em especial a partir de 2010. Elas passaram de simples "experimentos" do setor elétrico para se tornarem a base de sustentação do abastecimento energético. Acredita-se que nos próximos cinco anos surgirão muitos outros parques eólicos, principalmente na RMN, o que impedirá que milhões de toneladas de CO_2 sejam lançados no ar.

Além disso, elas gerarão algumas dezenas de milhares de empregos diretos e indiretos. Diferentemente da fonte hidrica, cujo recurso é limitado para exploração – sendo que a maior parte dos projetos viáveis em rios brasileiros já foi executada –, o horizonte dos ventos, em especial na costa do Rio Grande do Norte, parece não ter fim...

E não se pode esquecer que Natal é chamada de **"cidade do sol"**, o que significa que o município ainda poderia ter uma grande produção de energia solar. Mas embora muitos países de todo o mundo já tenham criado incentivos para que os consumidores gerem sua própria energia em casa – por meio de painéis solares –lamentavelmente, as distribuidoras de energia elétrica estão travando uma batalha ferrenha contra as indústrias de fontes renováveis, principalmente a **solar**. Essa disputa, entretanto, não durará para sempre! Afinal, temos todas as condições para fazer com que geradores domésticos proporcionem uma grande economia nos custos energéticos, o que seria muito benéfico para todos os munícipes...

No tocante a **comunicação**, Natal ainda conta com alguns jornais impressos (que, entretanto, têm passado por dificuldades...), mas nenhum deles já ocupou uma posição entre os 50 de maior circulação no País. Na cidade há mais de uma dezena de estações de rádio AM e FM, com destaque para a Jovem Pan FM, Globo Natal FM e Satélite FM. Natal também possui diversas emissoras de TV, sediadas na própria cidade, como a Inter TV Cabugi (afiliada à rede Globo), a TV Potengi, o Sistema Ponta Negra de Comunicação, a TV Tropical (afiliada à rede Record), a TV União e a TV Ponta Negra (afiliada ao SBT) e a TV Band RN.

Em Natal há alguns jornais, sendo o *Tribuna do Norte* o mais importante (foi fundado por Aluízio Alves e circulou pela primeira vez em 24 de março de 1950). Em 19 de junho de 2020 a sua manchete foi: "No Estado do Rio Grande do Norte há 16.039 pessoas infectadas pela *Covid-19*, que já provocou 6.930 óbitos (cerca de 33% deles em Natal)."

No âmbito virtual, em Natal é atualmente bem fácil conseguir acesso a Internet, uma vez que ela está disponível em praticamente toda a cidade. Desde 2009 o governo estadual vem instalando redes *Wi-Fi* em diversos pontos de Natal, por meio de instalação de torres capazes de fornecer o serviço e, assim, permitir a integração digital de todos os munícipes.

Hoje em dia, graças a Internet e aos diversos aplicativos que as pessoas têm especialmente nos seus telefones celulares (a maioria deles *smartphones*); é que elas se comunicam e recebem inclusive as **informações** cujo conteúdo foi criado por jornais, revistas e as emissoras de rádio e televisão ou então por bilhões de seres humanos por meio das redes sociais.

O advento das novas TICs transformou bastante a realidade humana interferindo diretamente em questões culturais, políticas, sociais e econômicas.

Uma grande mudança é sem dúvida, o fato de que as pessoas consomem cada dia mais as notíciasi através do jornalismo eletrônico, valendo-se de computadores, *tablets*, *smartphones* etc.

A era digital também deu início a um novo tipo de jornalismo, no qual os cidadãos comuns passaram a desempenhar um papel importante no processo de produção de notícias, com o que surgiu o **"jornalismo cidadão"** por meio da Internet.

Assim por exemplo, por meio dos *smartphones* equipados com câmeras de vídeo, as pessoas podem gerar imagens de eventos de notícias e enviá-las para canais como o YouTube, muito usado como meio de comunicação.

Além disso, as pessoas hoje têm um fácil acesso as notícias provenientes de uma grande variedade de fontes como *blogs* (ferramentas colaborativas com as quais pessoas trocam informações e conhecimentos cooperativamente) e outras mídias sociais.

Vivemos numa época que uma pessoa pode escolher para se informar tanto as fontes oficiais com as não oficiais (correndo nesse caso o risco de receber *fake news*, ou seja, **notícias falsas**).

Presentes na vida da grande maioria das pessoas no mundo, as **redes sociais** tornaram-se um acessório vital para comunicação, informação, relacionamento e, claro para praticar o *marketing* digital.

O relatório *Digital in 2019* feito pela *We Are Social* em parceria com a *Hootsuite*, apontou que 70% da população brasileira (quase 149 milhões de pessoas) é usuária das redes sociais. E as 10 redes sociais preferidas dos brasileiros são pela ordem:

1º) **YouTube** – Essa plataforma de vídeos é usada para assistir programas, ouvir músicas, ver jogos, acompanhar *youtubers* e claro fazer *marketing* das próprias pessoas!!! O Brasil é o 2º maior usuário do YouTube no mundo.

2º) **Facebook** – Nele é possível criar um perfil pessoal *(fan page)* e interagir com outras pessoas conectadas ao *site*, através de trocas de mensagens instantâneas, compartilhamento de conteúdos e dar as famosas curtidas nas postagens dos usuários. O Facebook é atualmente a forma mais utilizada entre aqueles que acessam a Internet para se conectar com outras pessoas e também para realizar buscas rápidas de informações, além de funcionar como uma espécie de centralizador de contatos. Em fevereiro de 2020 o Facebook atingiu 2,55 bilhões de usuários ativos.

3º) **WhatsApp** – Se antes essa rede era usada apenas para conversar com os amigos e famílias, em 2020 tornou-se um dos principais aplicativos de mensagens no Brasil e no mundo. Em fevereiro de 2020 o WhatsApp ultrapassou a marca de 2 bilhões de usuários no mundo, tornando-se a 2ª plataforma de mídia social a ultrapassar esse marco. Recorde-se que o Facebook comprou o WhatsApp em

2014 quando essa plataforma se mostrava promissora, mas não tanto como agora, quando pode até ultrapassar o próprio Facebook.

4º) **Instagram** – Em 2020, tinha no Brasil cerca de 75 milhões de usuários e a rede tem inovado constantemente nos formatos de seus conteúdos e anúncios. Em 2012, foi adquirida também pelo Facebook e em 2020 superou a marca de 1 bilhão de usuários no mundo.

5º) **Messenger** – Ele pegou carona no sucesso do Facebook e permite que o usuário compartilhe um mesmo conteúdo com vários contatos ao mesmo tempo, ou seja, de uma só vez!!! É um aplicativo de troca de mensagens semelhante ao WhatsApp.

6º) **Twitter** – O Brasil tem o 2º maior número de usuários dessa rede no mundo, vindo logo depois dos EUA. Ela é muito interessante para se desenvolver as ações de *marketing* digital, ou seja, é um canal eficaz para o *branding* (construção de uma marca e/ou da imagem de alguém), bem como um excelente veículo de comunicação para expressar suas ideias diretamente com os seus seguidores.

7º) **LinkedIn** – É a maior rede social corporativa do mundo estimando-se que no Brasil em 2020, o número de seus usuários estava próximo de 35 milhões. Boa parte deles consegue estabelecer excelentes relacionamentos com outros profissionais ou empresas, ou seja, ela é muito boa para o *networking* e como base para o recrutamento.

8º) **Pinterest** – Esta rede cresceu muito no País e isso se deve aos seus investimentos em conteúdo visual, que é uma tendência cada vez mais intensa. No início de 2020, Pinterest tinha cerca de 340 milhões de usuários no mundo, sendo uma rede social que permite que as pessoas organizem suas inspirações em áreas como culinária, moda e decoração. Ela é muito mais que uma rede bonitinha, pois possibilita que seus usuários desenvolvam melhor suas ideias...

9º) **Skype** – É uma plataforma de mídia social, da categoria telefonia por meio da Internet com tarifas muito abaixo das cobradas pelas operadoras para os diversos tipos de ligações. Acredita-se que em 2020, 32% da população brasileira utilizava essa ferramenta principalmente para a comunicação profissional, mas também para entretenimento e o contato social através de mensagens ou videochamadas.

10º) Snapshot – Nos últimos anos a plataforma apresentou uma certa queda e estima-se que cerca de 8,5% dos brasileiros usam ainda a rede, sendo mais utilizada pelos integrantes da geração Y (os *millenials*). Ela permite exercitar a imaginação sobre cada postagem e isso torna o conteúdo mais leve e mais divertido de compartilhar e visualizar. Muitas pessoas, entretanto, não entendem como um programa que permite enviar e trocar fotos que **desaparecem após visualizadas** pode ser tão útil ou interessante!?!?

Naturalmente existem muitos outros *apps* que permitem que as pessoas se relacionem, recebam informações, adquiram conhecimentos etc., com o que as comunicações tradicionais têm sofrido sérios abalos, entre eles o desparecimento de muitos jornais e revistas impressas, bem como a queda na aquisição de livros de papel!!!

Quando o assunto é **qualidade de vida**, a OMS possui um programa denominado **Cidades Saudáveis**, algo que toda cidade encantadora deveria seguir, não é mesmo!?!? Todavia, para se ter uma cidade saudável é necessário obedecer a uma série de diretrizes que servem para orientar gestores, urbanistas e cidadãos em geral. De fato, para que se tenha uma cidade saudável, são **sete** os tópicos principais que devem ser abordados e priorizados pela sua prefeitura.

Assim, é crucial que se dê a devida importância aos seguintes aspectos: saúde mental, acidentes de trânsito, possuir um ambiente físico limpo, seguro e um ecossistema estável e sustentável, atividade física, dieta saudável, participação dos munícipes criando uma economia local diversificada e inovadora e cuidados especiais com a terceira idade. Claro que as medidas que uma prefeitura deve desenvolver para atender esses tópicos, ou seja, as intervenções que precisa implementar, fazem parte de um processo longo, complexo e custoso, voltado para a sua infraestrutura e para a malha urbana.

Apesar das ciências terem comprovado o que o senso comum sempre soube, o fato é que os exercícios físicos são essenciais para garantir uma boa saúde física e mental. Porém, manter-se fisicamente ativo é bem desafiador nas cidades do mundo todo, e a OMS estima que, no planeta, 3 em cada 4 adolescentes não se exercitem suficientemente. Por esse motivo, a possibilidade de o indivíduo manter-se fisicamente ativo deveria ser priorizada no planejamento urbano, para que as pessoas possam integrar o exercício físico em suas vidas, por exemplo, pedalando ou caminhando para ir ao trabalho. Além disso, as IEs deveriam possuir ambientes para que as crianças se exercitassem antes, durante e depois das aulas, mas infelizmente as **aulas de educação física** não têm recebido nenhum tipo de priorização!?!?

Especificamente em Natal existe algo bastante curioso: o complexo Presépio de Natal. Ele foi projetado para servir como um espaço de turismo e eventos religiosos – uma obra do famoso arquiteto Oscar Niemeyer (1907-2012), inaugurado em 2006, ao custo total de R$ 1,2 milhão (pagos pelo governo estadual). Ele tem cerca de 10.000 m^2 e quando foi entregue tinha previsão de abrigar seis lojas, uma lanchonete, área administrativa, dois banheiros públicos, praça, estacionamento e jardim!!! O local chegou a sediar algumas feiras de artesanato, mas com o passar dos anos foi abandonado pelo Estado (todas as portas, louça sanitária, iluminação e demais instalações foram arrancadas e furtadas).

Com tudo isso, o local virou uma pista de *skate* improvisada e, no fim do dia, dezenas de pessoas ocupam o vão central da praça para praticar patinação e *skate*. O mais incrível é que essa estrutura fica justamente numa das áreas mais valorizadas da capital potiguar e está bem em frente da Arena das Dunas, o estádio construído para a Copa do Mundo de Futebol de 2014.

Em setembro de 2017 surgiu uma movimentação para promover a recuperação dessa obra de Niemeyer, que a partir daí seria destinada principalmente para a prática de esportes. Porém, como sempre, o maior impedimento para a reforma foi a falta de recursos!?!? Desse jeito se torna difícil para Natal se transformar numa cidade saudável, quanto mais encantadora, **não é mesmo?**

Porém, esse não é um problema só de Natal. Ele afeta praticamente todas as cidades brasileiras, em especial as de maior porte e que não integram o *ranking* das melhores do mundo para se andar de bicicleta (o Rio de Janeiro, por exemplo, até já esteve nessa lista, mas desapareceu de lá desde 2013...). Além disso, no que se refere a violência urbana, muita coisa precisa ser aprimorada, em especial na RMN.

Um levantamento divulgado em agosto de 2018 pelo Fórum Brasileiro de Segurança Pública, sobre as mortes violentas intencionais no País, no período de 2016 a 2017), indicou que a maior taxa fora registrada no Estado do Rio Grande do Norte (com destaque para a RMN), sendo de 68 por cada 100 mil habitantes (a menor foi do Estado de São Paulo, com 10,7 mortes por 100 mil habitantes).

Mas o que é ainda mais grave, é o fato de que essa taxa de mortes violentas intencionais vem crescendo em Natal nos últimos anos. Isso significa que muitas ações precisam ser implementadas com urgência, entre elas: a capacitação das polícias para ações de inteligência, gestão de informações e análise criminal; o desenvolvimento de políticas para a juventude e de redução na evasão escolar; e, principalmente, a criação de sistemas de metas para a elucidação dos crimes.

Já no que se refere à busca de **hábitos alimentares** mais **saudáveis**, a prefeitura do município de Natal deveria desenvolver mais a agricultura urbana e as hortas comunitárias ou escolares – como recomenda a própria OMS – pois o estimulo à produção local de alimentos não processados, induz os cidadãos a planejarem para si dietas mais equilibradas.

Por fim, toda cidade atraente ou, pelo menos amistosa para os idosos, consegue incrementar a visitabilidade, pois muitos deles tomam a decisão de se mudarem para lá em busca de mais qualidade no restante de suas vidas. E isso acontecerá especialmente se nessa cidade houver boa qualidade do ar, for possível circular com segurança pelas ruas e calçadas (especialmente se elas forem perto da orla, como no caso de Natal) e o trânsito for menos acelerado.

No tocante ao **esporte**, existem em Natal três importantes clubes de futebol: o América Futebol Clube – ou simplesmente América de Natal –, o ABC Futebol Clube e o Alecrim Futebol Clube. Todos são conhecidos em todo o território nacional.

O **América de Natal** – cujo nome é uma homenagem ao continente americano – foi fundado em 14 de julho de 1915, numa quarta-feira, na residência do juiz Joaquim Homem de Siqueira, situada na rua Vigário Bartolomeu, na Cidade Alta. Essa data lembra os ideais da Revolução Francesa, cujo lema foi **"liberdade, igualdade e fraternidade"**. Aliás, inicialmente as cores do time eram o azul e o branco, mas em 1918 optou-se pelo vermelho e branco, com a personificação jurídica do clube, embora o azul ainda seja encontrado no terceiro uniforme da equipe. A sua sede social localiza-se no Tirol, enquanto o centro de treinamento, denominado Dr. Atílio Medeiros, fica em Parnamirim, e conta com instalações modernas e uma área de 22 ha.

O clube tem como o estádio Desembargador José Vasconcelos da Rocha, mais conhecido como Arena América, com capacidade para 5.000 espectadores. O título mais relevante do América foi o da Copa do Nordeste, em 1988. Entre os clubes potiguares é o que tem mais participações, e o único na Série A do Campeonato Brasileiro, com o destaque de ter sido o primeiro vencedor estadual em 1919 e ser o único do Rio Grande do Norte a participar de uma competição internacional, a extinta Conmebol.

Atualmente, além do futebol, outros esportes são praticados no clube: o futsal; o basquete paralímpico, com a equipe América Tigres; e o futebol norte-americano, com o América Bulls. No futsal, o América de Natal já conquistou muitos títulos no nordeste. Já no basquete paralímpico, entre outros títulos, a equipe foi tricampeã nordestina, e no futebol norte-americano a equipe já foi campeã do Estado em 2009.

O grande rival do América de Natal é o **ABC**. Quando jogam entre si, protagonizam o chamado "**clássico rei**", que atrai sempre dezenas de milhares de torcedores. Essa disputa acontece desde o início do século XX, existindo grande rivalidade entre as torcidas. O acirramento dessa rivalidade aconteceu na década de 1930, ganhando uma nuance política. Afinal, enquanto o América (único clube brasileiro fundado em memória da Revolução Francesa) era apoiado por facções mais progressistas – como os liberais, os integrantes da esquerda e da classe média, e os membros da família Faria –, o ABC (cujo nome é o acrônimo de Argentina, Brasil e Chile) era apoiado por políticos mais conservadores e populistas – integrantes de famílias tradicionais locais, como os Alves, os Maia e os Câmara Cascudo.

Esse clássico depois de ter ocorrido 451 vezes, teve o seguinte resultado: o América venceu 149 vezes, empatou 148 e acabou derrotado em 154 disputas. Os torcedores do América se referem à equipe por diversas alcunhas, dentre as quais: "**dragão**" – que é a mascote do time –, "**mecão**", "**o mais amado**", "**orgulho do RN**", "**alvirrubro**" e "**vermelhão da Rodrigues Alves**". Em 2018 o time disputou a Série D do Campeonato Brasileiro.

No dia 29 de junho de 1915, mais precisamente às 13 h, jovens da elite do Rio Grande do Norte se reuniram na avenida Rio Branco, nos fundos do Teatro Carlos Gomes – hoje Alberto Maranhão – para decidir sobre a criação da primeira equipe de futebol do Estado. Posteriormente, a reunião para oficializar a fundação do clube aconteceu na residência do coronel Avelino Alves Freire, um respeitado comerciante e presidente da Associação Comercial do Rio Grande do Norte.

No encontro foi primeiramente decidido o nome para a agremiação que nascia. Por sugestão de seu sócio-fundador, José Potiguar Pinheiro, ela foi batizada de ABC Futebol Clube, nome aprovado por unanimidade. Como já foi mencionado, esse conjunto de letras presta uma justa homenagem ao **pacto de amizade fraternal**, diplomaticamente amparado pela Argentina, o Brasil e o Chile, e que visava a **cooperação mútua**. Esse acordo foi sacramentado com a assinatura do Pacto do ABC.

Também ficou decidido, por proposta do filho do coronel Avelino Freire, João Emílio Freire, que as cores preto e branco seriam adotadas como oficiais pelo clube a partir daquele momento. O ABC é a equipe brasileira com o maior número de títulos estaduais conquistados: **55 no total**. Além disso, juntamente com o América, ele é o recordista em conquistas estaduais consecutivas, tendo sido campeão entre os anos de 1932 e 1941. O **alvinegro potiguar** é também a equipe com mais títulos numa mesma competição no mundo, superando o Rangers, da Escócia, que possui 54 títulos no Campeonato Escocês. Isso o torna o maior campeão em disputas de futebol no mundo!!!

O ABC é um dos dois clubes do Rio Grande do Norte – e um dos poucos da região nordeste – a possuir estádio próprio, o Maria Lamas Farache, conhecido como Frasqueirão, com capacidade para 18.000 espectadores. Inaugurado em 22 de janeiro de 2006, ele foi construído para ser a nova casa do clube. Ele foi projetado pelo arquiteto Gley Karlys e em 2007 foi eleito como uma das **"sete maravilhas"** do Rio Grande do Norte. A equipe conta com a maior torcida do Estado, e talvez por isso o historiador potiguar Luís da Câmara Cascudo tenha criado uma frase antológica sobre o time: **"Numa cidade chamada Natal, existe um povo chamado ABC."**

Em 21 de julho de 2008 foi sancionada na cidade de Natal a lei Nº 9.107, na qual ficou definido que no dia 29 de junho de cada ano seria comemorado o "Dia do ABC Futebol Clube", homenageando a data de fundação de mesmo!!! A mascote do ABC é o **elefante**, motivo pelo qual é chamado pela alcunha de **"elefante da frasqueira"**. Apesar disso, seus torcedores também se referem a ele como **"decacampeão"**, **"clube do povo"**, **"campeão das multidões"** e **"o mais querido"**!!!

O ABC já disputou 14 vezes o Campeonato Brasileiro (nas suas primeiras edições principalmente), 21 vezes a Série B; 11 vezes a Série C (tendo sido campeão em 2010), e em 2020 participou da Série D. Jogou ainda 21 vezes na Copa Brasil, 15 vezes na Copa do Nordeste e 101 vezes no Campeonato Potiguar. Entre os recordes que obteve vale ressaltar a maior invencibilidade em jogos de estreia de campeonatos estaduais, isto é, 52 anos (entre 1957 a 2008).

O **Alecrim Futebol Clube** foi fundado em 15 de agosto de 1915, por um grupo de rapazes, entre os quais estava Café Filho (que mais tarde se tornaria presidente da República), que, aliás, foi goleiro da equipe entre 1918 e 1919. A fundação aconteceu durante uma reunião realizada na casa do coronel Solon Andrade, no longínquo bairro do Alecrim – de onde veio o nome da equipe –, próximo da atual igreja de São Pedro.

A ideia inicial que motivou a fundação do clube esmeraldino – suas cores são o verde e o branco – tinha como principal objetivo oferecer apoio filantrópico a crianças pobres do bairro onde teve origem. A equipe natalense já foi heptacampeã estadual, além de ter participado 11 vezes dos campeonatos nacionais, sendo a última em 2011, na Série D. Agora encontra-se na 2ª divisão do Campeonato Potiguar. Sua mascote é um periquito e por essa razão o seu estádio, com capacidade para 5.000 pessoas, chama-se **Ninho do Periquito**.

Inaugurada em 22 de janeiro de 2014, a Arena das Dunas é atualmente o maior e mais moderno estádio da cidade. Ela foi construído no lugar do antigo estádio João Machado (o "Machadão") e do ginásio Humberto Neri (o "Machadinho"), e tem capacidade para 32 mil espectadores.

Através da lei estadual Nº 9.962, de 27 de julho de 2015, a arena teve o seu nome rebatizado para Arena das Dunas Marinho Chagas, em homenagem ao famoso ex-jogador natalense Francisco das Chagas Marinho (1952-2014), que atuou em grandes times do Brasil e, inclusive, na seleção brasileira.

O outro estádio de futebol de Natal é o Juvenal Lamartine (inaugurado em 1928), que foi o primeiro estádio natalense dedicado à prática exclusiva do futebol e do atletismo.

A capital potiguar foi uma das 12 cidades brasileiras escolhidas para sediar jogos do Campeonato Mundial de Futebol de 2014, sendo que na Arena das Dunas foram realizados quatro partidas. Além disso, a cidade tem abrigado importantes torneios e competições, nas mais variadas modalidades esportivas, como a Copa Natal de *Beach Soccer*, a Copa Natal de Vôlei, a Copa Natal de Ciclismo, a Meia Maratona do Sol, os jogos escolares municipais e estaduais, torneios de futebol de salão etc.

Obviamente, a cidade também tem sediado outros eventos esportivos de importância nacional e internacional. Em 2011, por exemplo, recebeu o Campeonato Mundial de Basquete *Master*, tornando-se a primeira cidade brasileira a sediar esse tipo de evento. Ele aconteceu no ginásio Nélio Dias, cuja capacidade é para 10 mil espectadores. Também em 2011 aconteceu na cidade o *Meeting*-Brasil de Ginástica Artística, e em 2014, o Campeonato Brasileiro de Judô Sub-13 e, em 2015, o Campeonato Brasileiro de Jiu-Jitsu.

Quem estiver em Natal deve programar uma visita ao município de Sítio Novo, a 106 km de Natal, onde é possível chegar de carro em aproximadamente 100 min!!! No local há um castelo que está sendo erguido desde 1984 (!?!?) pelo sargento aposentado José Antônio Barreto, conhecido com o Zé dos Montes.

Pois é, no meio do nada, no alto de uma rocha escondida na serra do Tapuia, em pleno agreste do Estado do Rio Grande do Norte, há um castelo com traços da arquitetura islâmica!!! Zé dos Montes, começou a construção sozinho, tijolo por tijolo, mas com o tempo precisou contratar ajudantes. Com o dinheiro de sua aposentadoria adquiria pedras e cimento na região, e, por 11 anos a obra nunca foi interrompida nem por um mês sequer. As torres – cerca de 150, com tamanhos variados – ocupam 90% de uma rocha de 30 m de altura. Existem 13 labirintos, e a construção toda está a 400 m acima do nível do mar.

Quando tinha 65 anos, ou seja, em 1997, e boa parte do castelo estava erguido, Zé dos Montes viajou para Portugal, Espanha, França, Inglaterra e Alemanha, pois quis saber se o seu empreendimento devia alguma coisa às construções similares que viu naqueles países. Foi então que percebeu que o seu castelo era no mínimo **exótico**!!! Dentro dele há uma nave principal com imagens de Nossa Senhora, além de réplicas de construções famosas, feitas em cal, como a igreja Sagrada Família, de Barcelona (na Espanha).

No local, que serviu de moradia para ele e sua família por mais de uma década, não há energia elétrica nem água encanada. Num dos andares o visitante pode ver uma cama de cimento e três quartos sem móveis. Além de janelas de madeira, aberturas na rocha permitem a entrada da luz do sol e o acesso até aí é feito por uma trilha que corta o terreno de 7 ha.

Depois de sofrer dois acidentes vasculares cerebrais, hoje Zé dos Montes vive na casa de um filho em Sítio Novo, a poucos quilômetros do seu castelo, mas por conta de dificuldades de locomoção não está mais acompanhando de perto a construção. Aliás, em maio de 2019, na comemoração de 87 anos, seu bolo teve o formato do castelo. Seu filho prometeu concluir a obra, e para isso tem uma planta para seguir.

Ainda falta revestir a parte de cima (dos 13 labirintos) e fazer uma ponte ligando a construção a uma pedra situada na lateral. Há sete anos o lugar foi aberto para **visitação** – o ingresso custava R$ 10 em 2019 – e a prefeitura de Sítio Novo, que tem cerca de 5.500 habitantes, espera que venham muitos turistas para admirar o castelo!!!

Niterói

Em primeiro plano o Museu de Arte Contemporânea (MAC) da cidade de Niterói, vista ao fundo.

PREÂMBULO

Quem vier a Niterói, a "**cidade sorriso**", realmente poderá se alegrar e se distrair bastante. O turista também poderá descansar enquanto admira os incríveis lugares que existem no município.

Na **Região Oceânica**, por exemplo, fica a praia de Itacoatiara, certamente a mais bonita de Niterói. Sua água é cristalina (e geladíssima), e não raro o visitante se depara aí com alguma competição de surfe (!!!). Daí, enquanto observa a disputa, ele pode apreciar um sanduíche natural e beber um mate gelado, que é uma delícia. Em seguida, o visitante poderá se exercitar durante a subida pelo Costão, uma trilha com 2 km de extensão.

Depois de tudo isso, vale a pena assistir ao belíssimo pôr do sol do mirante de Piratininga, do qual, aliás, se tem uma ampla vista panorâmica não apenas da própria praia de Piratininga, mas do Cristo Redentor, do Pão de Açúcar, no outro lado da baía de Guanabara. Já para quem deseja desfrutar de um mar tranquilo, com poucas ondas em comparação às demais praias da Região Oceânica, basta seguir para a praia do Sossego, cujo acesso por trilha é restrito.

Já no campo da **gastronomia**, a recomendação é o restaurante *Seu Antônio*, que se destaca pelo seu delicioso cardápio de frutos do mar, sendo que um de seus pratos mais famosos é o **camarão no coco**. De fato, o local é tão visitado que até abriu uma extensão do outro lado da rua, o "**bar da fila**", onde as pessoas comem um petisco enquanto esperam confortavelmente por uma mesa no restaurante.

E no centro de Niterói, bem pertinho do terminal rodoviário João Goulart, está um dos mais tradicionais e queridos botequins da cidade. Trata-se do *Caneco Gelado do Mário*, famoso pelo seu chope servido em canecas de alumínio e pelos bolinhos de bacalhau.

Como é, caro (a) leitor (a), está animado a vir a **Nikiti** (o apelido carinhoso que os locais dão à cidade de Niterói) e passar nela alguns dias inolvidáveis de sua vida?

A HISTÓRIA DE NITERÓI

Niterói é um município que integra a Região Metropolitana do Rio de Janeiro (RMRJ), no Estado do Rio de Janeiro, no sudeste do País. Aliás, como indicado pela coroa mural dourada em seu brasão (exclusiva das capitais), a cidade já foi capital do Estado nos períodos de 1834 a 1894 e, novamente, de 1903 a 1975, quando ocorreu a fusão entre os Estados do Rio de Janeiro e da Guanabara.

O município tem uma área de 129,3 km² e faz limites com São Gonçalo, Maricá e Rio de Janeiro. Estima-se que no início de 2020 vivessem em Niterói cerca de 520 mil pessoas. A cidade tem o mais elevado Índice de Desenvolvimento Humano Municipal (IDHM) – ou seja, 0,837 – do Estado do Rio de Janeiro e já foi o 2º município com a maior renda domiciliar média *per capita* mensal do Brasil.

Distante 15 km da cidade do Rio de Janeiro (a chamada "**cidade maravilhosa**"), Niterói possui três acessos à atual capital fluminense. O primeiro é pela majestosa ponte Rio-Niterói e avenida do Contorno, ambas trechos da BR-101; o segundo pela alameda São Boaventura, trecho urbano da RJ-104; e o terceiro pela avenida Everton Xavier, trecho urbano da RJ-108. Todavia, também é possível chegar ao Rio de Janeiro utilizando-se de linhas de *ferry boat*, ou seja, usando as barcas.

Niterói, cuja escrita no passado era "Nictheroy" ou "Nitheroy", era o nome indígena (tupi) do porto da cidade do Rio de Janeiro, por volta de 1554. Então, em 1834, o antigo topônimo indígena "Niterói" foi adotado como novo nome da até então "Vila Real da Praia Grande", quando esta se tornou a capital da província do Rio de Janeiro pela primeira vez. Existem várias explicações sobre o significado do termo Niterói na língua tupi, como: "água que se esconde", ou "porto sinuoso", ou ainda "rio verdadeiro frio", pela junção dos termos 'y (rio), *eté* (verdadeiro) e *ro'y* (frio).

No ano de 1555, o navegador francês Nicolas Durand de Villegaignon se aliou a índios tupinambás que dominavam a baía de Guanabara e instituiu uma colônia francesa na região, com a denominação França Antártica. Essa região foi evitada pelos portugueses por causa da hostilidade dos tupinambás e desenvolveu-se sob o comando de Villegaignon, que planejou construir aí uma cidade.

Porém, passado algum tempo, os calvinistas que haviam imigrado da França para essa colônia acabaram regressando e acusaram Villegaignon de preconceito contra os protestantes e de má administração. Aí o navegador francês precisou voltar a França para explicar-se... Na ausência do mandatário francês, em 1560, Mem de Sá atacou e destruiu o forte francês, denominado Coligny, que se localizava na baía de Guanabara, sem, contudo, conseguir expulsar definitivamente os franceses da região.

Estácio de Sá, sobrinho de Mem de Sá, continuou no comando da guerra e recorreu à ajuda do chefe dos índios temiminós, Arariboia (que é o termo tupi para cobra-papagaio), para expulsar os franceses da baía de Guanabara. A esperança de Arariboia era de reconquistar a ilha-mãe, ou seja, a ilha de Paranapuã, sua terra natal, de onde havia sido expulso pelos franceses. Neste sentido, depois de refugiar-se na capitania do Espírito Santo, Arariboia aliou-se aos portugueses, ajudando-os também a expulsar os invasores da região. Posteriormente, com o fim da guerra, em 1567, Arariboia recebeu o nome cristão de Martim Afonso.

A partir daí, com o objetivo de manter a segurança da baia de Guanabara, Estácio de Sá resolveu ocupar a ilha de Paranapuã, transformando-a assim na ilha do Governador (nome que ostenta até hoje). Neste sentido, ele insistiu com Arariboia para que este permanecesse no local e não retornasse à capitania do Espírito Santo. Ele também insistiu com o indígena para que ele ocupasse o lado direito da entrada da baía de Guanabara, ou seja, no lado oposto da cidade de São Sebastião do Rio de Janeiro, fundada por Estácio de Sá em 1565. Com essa ocupação, a entrada da baía ficaria totalmente protegida contra invasões.

O local onde Arariboia se fixou com sua tribo era conhecido como Banda d'Além, e aí foi fundada a Vila de São Lourenço dos Índios. Aliás, até hoje, um dos apelidos da cidade de Niterói é justamente "**terra de Arariboia**". No início, as atividades navais foram as maiores responsáveis pelo progresso da região, mas, com o passar do tempo, ela foi se desenvolvendo e adquirindo muita importância na colônia. Assim, em 1819 ela se tornou a Vila Real da Praia Grande, sendo reconhecida pelo reino de Portugal (cuja sede na época era na cidade do Rio de Janeiro).

Em 1834 um ato adicional à Constituição de 1824 fez da Vila Real da Praia Grande a capital da província do Rio de Janeiro, e transformou a cidade do Rio de Janeiro (então capital do império) num município neutro e não subordinado a qualquer província. Em 1835, a cidade passou a se chamar Nictheroy. Nove anos depois, o imperador dom Pedro II concedeu à cidade de Niterói o título de **imperial cidade** (!!!), uma denominação que somente era dada às cidades mais importantes, conferindo-lhes uma certa autonomia e poder regional.

No fim do século XIX, por volta de 1885, foram criados alguns sistemas de bonde, o que possibilitou a expansão da cidade, com o surgimento de bairros como Icaraí, Ponta d'Areia e Itaipu. Em 1893, ocorreu a Revolta da Armada, que prejudicou muito as atividades produtivas. Isso forçou, em 1894, a transferência temporária da sede da capital para Petrópolis!?!?

Então, em 1903, Niterói voltou a ser a capital do Estado, o que reimpulsionou a modernização na cidade, com o surgimento de praças, deques e parques. Também foram construídas uma estação hidroviária e uma rede de esgotos, além da execução do alargamento das principais ruas e avenidas da cidade.

Todavia, somente nas décadas seguintes é que seriam feitas obras que de fato alavancariam o progresso e o crescimento de Niterói. Isso se deu graças ao trabalho de vários intendentes. Um deles, Paulo Pereira Alves, foi o defensor do meio ambiente e um grande incentivador do potencial turístico da Região Oceânica (uma região administrativa do município de Niteroi, composta por diversos bairros), tendo sido inclusive o idealizador da avenida na praia de Icaraí.

Outro nome importante foi o de João Pereira Ferraz, que teve a sua gestão marcada pela urbanização. Coube a Feliciano Sodré continuar esse trabalho, com o objetivo de embelezar a cidade. Ele também foi o responsável pela implementação da rede de saneamento em alguns bairros.

Ernani do Amaral Peixoto era o governador do Estado quando foram feitos o aterro da Praia Grande e os parcelamentos de áreas na Região Oceânica, e foi construída a avenida que ganhou o seu nome. O aterro possibilitou a execução de grandes obras com potencialidades econômicas e turísticas, como o Caminho Niemeyer, a praça Juscelino Kubistchek e a estação Araríboia.

Porém, o maior feito para a cidade, e que de fato alavancaria seu crescimento econômico, ocorreu em 1974 – em plena ditadura militar, que durou entre 1964 e 1985 –, quando foi inaugurada a ponte Presidente Costa e Silva, mais conhecida como ponte Rio-Niterói. Sua inauguração foi ponto de partida para diversas mudanças: o redirecionamento dos investimentos públicos; o aumento da especulação imobiliária; o desenvolvimento da infraestrutura e a ocupação de bairros na Região Oceânica.

Em abril de 2010, houve uma grande tragédia em Niterói, quando 267 pessoas morreram depois que chuvas fortes de verão provocaram o desabamento das encostas no morro do Bumba. Isso ocorreu porque as casas naquele local haviam sido construídas num terreno bastante fragilizado, bem em cima de um lixão desativado. Vale ressaltar que os bairros próximos de onde aconteceu esse acidente são justamente os que ostentam o menor IDH da cidade!!!

Após o deslizamento do morro do Bumba a cidade passou a enfrentar um novo problema: o crescimento acelerado e desordenado iniciado na década de 2000, impulsionado principalmente pela chegada de novos moradores oriundos do Rio de Janeiro. Essas pessoas tentavam fugir da enorme violência urbana na cidade do Rio de Janeiro, provocada especialmente pelo aumento das atividades ilícitas praticadas pelas quadrilhas que dominavam as favelas cariocas... Com isso, bairros como Icaraí passaram a registrar um aumento exponencial no número de prédios de condomínios, ao mesmo tempo em que o crescimento populacional atingia também bairros mais afastados, como os da Região Oceânica, assim como da região de Pendotiba.

O prefeito Jorge Roberto Silveira, no seu mandato de 2009 a 2012, procurou inclusive implementar diversas medidas com o intuito de melhorar o fluxo de veículos nos horários de pico, como a conversão da avenida Roberto Silveira em via de mão única e a construção de um **mergulhão** (uma espécie de túnel que passa por baixo de uma rua para facilitar o escoamento do tráfego) ligando as avenidas Jansen de Melo e Marquês do Paraná – obra cercada de muitas controvérsias, e somente concluída no governo do atual prefeito Rodrigo Neves Barreto. Há também a construção do corredor metropolitano da alameda São Boaventura, que consiste em uma pista exclusiva para ônibus, com o objetivo de desafogar o tráfego no local.

Infelizmente em 10 de setembro de 2018, Niterói voltou a sofrer com os deslizamentos que atingiram vários imóveis no morro da Boa Esperança, quando cerca de 15 pessoas morreram.

Segundo um levantamento do Instituto Trata Brasil, com base no ano de 2014, a cidade de Niterói encontrava-se na **12ª posição nacional**, apresentando 100% do abastecimento de água tratada. Já em relação ao tratamento de esgoto, o município aparecia na **9ª colocação**, figurando entre as 10 cidades que tratam mais de 80% do seu esgoto.

Todavia, foi difícil melhorar na área de **saneamento** nesses últimos anos, uma vez que o município vivenciou uma intensa falta de recursos.

Mesmo assim, tal medida tornou-se uma prioridade, pois quanto melhor for o saneamento, maior a redução da taxa de mortalidade infantil e menor o número de internações por doenças infectocontagiosas. Além disso, o saneamento oferece melhores condições para o desenvolvimento urbano e turístico de uma cidade, ajuda criar empregos e a estimular o desenvolvimento tecnológico, entre outros benefícios.

Lamentavelmente, muitos dos investimentos em saneamento ocorridos no Brasil nas últimas décadas acabaram sendo interrompidos por falta de planejamento – inclusive nas cidades encantadoras. Assim, houve grande desperdício de dinheiro público – oriundo dos impostos pagos pelos contribuintes – em soluções ineficazes!?!?

Depois que o saneamento e o abastecimento de água em Niterói passaram para a empresa do grupo Águas do Brasil, fez-se um grande esforço no sentido de reduzir a perda de água. A rede de distribuição também foi bastante ampliada. Com isso, ainda em 2014, **todos** os moradores da cidade passaram a ter água encanada e 92,8% da população era atendida pelo serviço de esgoto.

Para reduzir as perdas a empresa construiu um centro de monitoramento e controle automatizado da rede de distribuição, rearranjou as equipes de manutenção de vazamentos, trocou o parque de hidrômetros (substituídos a cada 4 anos) e empreendeu uma cruzada contra ligações irregulares.

De acordo com os dados de 2014 do Sistema Nacional de Informações sobre saneamento, o percentual de perdas em Niteroi, físicas ou de faturamento, era de 19,55%, enquanto a média nacional chegava a 37,7%!?!?

A **Região Oceânica** é uma grande área repleta de muitas belezas naturais, com praias paradisíacas e bem tranquilas. Aí estão as praias de Imbuí e de Fora, com os seus valores históricos, assim como as de Piratininga, Camboinhas, Itaipu, Itacoatiara (as mais famosas e frequentadas da região), Prainha, Adão e Eva e do Sossego (locais paradisíacos). Há também duas lagoas de água salgada: Piratininga e Itaipu, ambas interligadas pelo canal do Camboatá, que foi aberto pelo Departamento Nacional de Obras e Saneamento em 1946. A lagoa de Itaipu se liga também ao mar, através do canal de Itaipu, construído em 1979.

O relevo do município de Niterói é constituído por terrenos cristalinos, divididos em maciços e colinas costeiras. Os **maciços** predominam no sul e formam as serras do Malheiro, do Calaboca e da Tiririca, onde está a pedra do Elefante o ponto mais alto do município, com 412 m de altura. Já as **planícies costeiras** são constituídas de sedimentos e, obviamente, estão localizadas bem próximas do mar, sendo que a mais extensa abrange toda a área das lagoas de Piratininga e Itaipu.

À época do descobrimento predominava na região em que hoje é o município de Niterói a **mata atlântica**, que agora só está preservada em poucos locais, sendo que um deles é a serra da Tiririca. Também existem no município áreas de restinga e de mangue. Entre as áreas com muito verde em Niterói destacam-se:

> **Horto Botânico** – Ele também é conhecido como Jardim Botânico, fica no bairro do Fonseca, tendo sido criado em maio de 1906 por decreto do governador Nilo Peçanha, com a finalidade de cultivar e distribuir a lavradores sementes e mudas frutíferas, e plantas medicinais. Com mais de um século de existência, esse horto conta com diversas espécies de plantas e de árvores, como: jatobás, jequitibás, jacarandás e sapucaias, assim como espécies raras, como o pau-mulato, só encontrado no Jardim Botânico do Rio de Janeiro e na Amazônia.

> **Parque da Cidade** – Trata-se de uma reserva biológica e florestal localizada a uma altitude de aproximadamente 270 m. Ela ocupa uma área de 150.000 m², e possui um mirante de onde se pode ter uma visão panorâmica das lagunas, da Região Oceânica, dos bairros de Niterói, da baía de Guanabara e do oceano. O local possui várias trilhas, adequadas para a prática de esportes como corrida, caminhada e *mountain bike*.

> **Parque estadual da serra da Tiririca** – Em 1992 esse parque foi declarado pela Unesco como "**reserva mundial da biosfera**". Em 2012 teve seus limites ampliados, pelo decreto estadual Nº 43.913, incorporando a reserva municipal Darcy Ribeiro, as ilhas Pai, Mãe e Menina, e o morro da Peça, passando a abranger uma área de 3.568 ha.

> **Parque nacional Darcy Ribeiro** – É uma área remanescente da mata atlântica, que reúne blocos rochosos, nascentes e belas paisagens. Ele abrange as áreas dos morros do Cantagalo e do Jacaré, além das serras do Malheiro e Grande.

O clima de Niterói é tropical, com temperatura média anual de 22,6°C. Os verões são quentes, com a temperatura chegando normalmente à média de 25,6°C, durante o mês mais quente do ano (fevereiro), embora recentemente tenha alcançado 41,4°1C, em janeiro de 2019. Já os invernos são moderados, com a temperatura média atingindo a média de 20,2°C, durante o mês mais frio do ano (julho). Todavia, a temperatura mais baixa registrada em Niterói até agora foi de 1°C, no inverno de 2000.

No que se refere à **pluviosidade**, a média é de 1.093 mm de chuva por ano. Não há estação seca no município, apenas uma redução no regime de chuvas durante o inverno, nos meses de junho, julho, agosto e setembro. Trata-se da chamada **estiagem**, quando é bastante comum que se passem semanas sem chover. Isso ocorre por conta de massas secas de origem polar e pela formação de centros de alta pressão atmosférica, que divergem os ventos e dessa maneira dificulta-se a formação de nuvens de chuva. No inverno também são comuns as frentes frias, causadas pelo avanço de massas polares, que provocam quedas bruscas de temperatura, amenizadas pela maritimidade.

Outra ocorrência bastante comum em Niterói é a formação de nevoeiros durante a madrugada. Isso acontece por causa do resfriamento atmosférico e da ausência de ventos, o que muitas vezes ocasiona o fenômeno de **inversão térmica**. No verão, compreendido pelos meses de dezembro, janeiro, fevereiro e março, a influência de massas equatoriais e de ventos provenientes da Amazônia forma um canal de umidade entre o norte e o sudeste, determinando o clima quente e úmido dessa época do ano, com suas típicas tempestades vespertinas.

As manhãs de Niterói costumam ser calorosas e abafadas, e durante a tarde costuma haver a formação de tempestades, com ventos fortes e pela noite o tempo volta a abrir. Há picos comuns de 30°C e, devido à alta umidade, as sensações térmicas são superiores a essa temperatura.

Na cidade de Niterói são seguidas diversas doutrinas religiosas. Estima-se que no final de 2020 cerca de 51% da população niteroiense era constituída por católicos apostólicos romanos; 36% eram evangélicos; 8% de espíritas e os restantes distribuídos entre aqueles seguidores do budismo, messianismo, religiões afro-brasileiras, entre outras, bem como daqueles não tendo nenhuma religião.

Note-se que a previsão é que nas próximas décadas os evangélicos superem os católicos, especialmente pela adesão das mulheres, que no País já são cerca de 52,2% da população.

No tocante a **economia**, Niterói é um dos principais centros financeiros e comerciais do Estado do Rio de Janeiro. O município vem acompanhando um alto de índice de investimentos na RMRJ, estando inclusive praticamente conurbado com a cidade do Rio de Janeiro.

Aliás em 2010, a cidade já teve a maior renda *per capita* domiciliar do Brasil, chegando a ser considerada como "**a cidade com a população mais rica do Brasil**". Atualmente ela se mantém entre as dez com a população mais rica!!!

Para uma cidade com um pouco mais de meio milhão de habitantes Niterói possui diversos e bons *shoppings centers*, como:

- **Plaza** – Está em uma ótima localização no centro da cidade, com todos os tipos de loja (Santa Lolla, Enjoy, Di Santinni, Dress To etc.) e inclusive com bons restaurantes.

- **Futura** – Um bom lugar, com bons serviços e funcionários bem atenciosos. Mas deveria ter mais lojas e opções de alimentação, inclusive mesas na calçada, para que as pessoas pudessem se distrair com o movimento da rua.

- *Bay Market* – Tem uma ótima localização, estando bem próximo ao terminal de ônibus e barcas. Tem muitas opções para compras, alimentação saudável e lazer, com bons cinemas.

- **Itaipu Multicenter** – Além de possuir lojas e supermercado, é um centro de diversões da Região Oceânica, inclusive com o seu cinema em 3D.

- **Pendotiba** – Com boas opções para compras e restaurantes bem agradáveis.

- **Ibiza Central** – Há algumas boas lojas, porém muitas fecharam recentemente...

- **Grafeteria** – Um excelente lugar para se comprar presentes, com preços bem atraentes nas lojas.

- **Niterói** – Nesses últimos anos caiu muito o movimento de clientes e algumas lojas fecharam.

Estima-se que em 2019 o PIB de Niterói tenha alcançado R$ 30 bilhões, figurando como o terceiro mais alto do Estado do Rio de Janeiro, depois das cidades de Rio de Janeiro e Duque de Caxias. O setor de comércio e serviços contribuiu com 78% desse PIB, enquanto o setor industrial com 21,5%. A participação do setor agrícola é bem pequena, ou seja, 0,5%

Os hotéis e os restaurantes são grandes empregadores na cidade, além de fundamentais para garantir diversas opções de acomodação para os viajantes e alimentação para todos que vivem ou visitam a cidade. Entre os melhores hotéis de Niterói, destaca-se o **H. Niterói**, que é um hotel *boutique* com vista panorâmica para a baia de Guanabara.

Ele está situado a 1 min de caminhada da praia das Flechas e a 9 min do Museu de Arte Contemporânea (MAC) de Niterói. Tem ótimas acomodações, uma piscina externa e um bom restaurante com gastronomia internacional. Além disso, o hóspede tem gratuitamente um delicioso café da manhã, bem como estacionamento e *Wi-Fi*.

É bem grande a oferta de hotéis classificados com três estrelas na cidade, entre os quais estão:

- **Solar do Amanhecer** – Possui quartos simples, alguns com vista para a baía de Guanabara. Dispõe de restaurante, piscina na cobertura e academia aberta 24 h. Está localizado a 2 min de caminhada da praia de Charitas e a 30 km do aeroporto internacional do Rio de Janeiro, Antônio Carlos Jobim.
- **Cantareira** – Hotel moderno com quartos práticos. Está localizado a 8 min de caminhada da praia mais próxima e a 13 min a pé da estação de barcas Arariboia.
- **Tower Icaraí** – Hotel informal em um edifício moderno e envidraçado. Seus quartos são descontraídos e as suítes contam com sauna privativa e um restaurante com vista para a praia.
- **Best Western Plus Icaraí Design** – Hotel bem atraente e talvez o melhor nessa categoria. Como diferencial permite a presença de animais de estimação.
- **Praia Grande** – Conta com boas acomodações e está localizado bem no centro da cidade, bem próximo dos *shoppings*.
- **Village Icaraí** – Hotel tranquilo que dispõe de sauna e banheira de hidromassagem externa. Está localizado no arborizado bairro de Icaraí, a 4 min de caminhada da praia.

- **Viareggio** – Hotel com boa localização e serviço discreto. Seus quartos precisam de reforma...
- **Niterói Palace** – Hospedagem despretensiosa localizada no centro da cidade. Dispõe de quartos e suítes simples, além de restaurante e espaços para reuniões.
- **Icaraí Praia** – Hotel discreto localizado a 3 min de caminhada da praia de Icaraí, numa rua bem arborizada. Seus quartos são pequenos, porém limpos e as camas são confortáveis. Dispõe de restaurante casual e bar.
- **Quality** – Hotel contemporâneo no formato de pirâmide. Seus quartos são bem modernos e arejados. Dispõe de uma agradável piscina e o café da manhã é servido no quarto. Fica a 2 min de caminhada da praia.
- **Quintal** – É um dos hotéis mais baratos em sua categoria.

Em quase todos esses hotéis três estrelas, com poucas exceções, o hóspede tem à sua disposição café da manhã, estacionamento e *Wi-Fi*, gratuitamente.

Em Niterói há também algumas boas pousadas, como é o caso da Icaraí Suites (com excelente café da manhã gratuito); da Camboinhas *Beach* (cercado por um muro de pedras, o local dispõe de ótimas acomodações e excelente localização, numa rua repleta de palmeiras); do Canto de Piratininga (bem próximo da praia), entre outras.

Para aqueles visitantes que desejam gastar menos e não se importam tanto com o conforto, há também alguns hotéis duas estrelas, como o Plaza (situado dentro do *shopping* Plaza) ou o Petit Village Icaraí (que tem piscina e oferece café da manhã e *Wi-Fi* gratuitamente aos hóspedes). Mas também existem alguns *hostels* bastante acolhedores na cidade, como o Nino's ou o Rio Casa. Eles são bem em conta e dispõem de boas acomodações.

Naturalmente, os turistas que se hospedam nos hotéis da cidade em geral desejam aproveitar e conhecer não apenas os pontos turísticos niteroienses, como também os bons restaurantes da cidade. E existem vários deles, como:

- *Olimpo* – Projetado por ninguém menos que Oscar Niemeyer, ostenta uma linda arquitetura. Está localizado de frente para a baia de Guanabara e serve menu brasileiro e internacional *gourmet*.

- *Siri de Niterói* – Seu cardápio é amplo e variado, servindo desde pastel de camarão com chope até lagosta e outros frutos do mar. O ambiente é aconchegante e familiar.
- *Buonasera U.N.O.* – Trata-se de um restaurante com ambiente agradável e bom serviço. Ele serve pratos internacionais que variam de massas, pescados, carnes e aves, e a comida é excelente. Também dispõe de uma boa carta de vinhos. O visitante deve aproveitar a promoção no almoço executivo, cujo preço é módico.
- *Paludo Gourmet* – É um espaço contemporâneo e familiar, com vista para a baia de Guanabara. O cliente tem acesso a um *buffet* gastronômico, churrasco, *sushi* bar e vinhos.
- *Tenore Gourmet* – Trata-se de um restaurante com ambiente bastante agradável, com uma bela vista para a praia de Icaraí. O *buffet* de saladas é farto, mas suas especialidades são a costelinha ao molho *barbecue* e o aipim gratinado com camarão.
- *7 Grill* – Excelente restaurante, com diversas opções de pratos no sistema *self-service*. Além disso, oferece um rodízio de *pizzas*.
- *Bistrô MAC* – Localizado dentro do museu, que é um verdadeiro marco arquitetônico da cidade, a casa serve gastronomia internacional e elegante. O espaço tem uma vista incrível, além de música suave executada ao vivo.
- *À Mineira* – O local trabalha com o sistema de *buffet* e serve comida tipicamente mineira, com e doces de Minas, além de diversas cachaças.
- *Mocellin* – Esse restaurante possui um ambiente agradável e fica de frente para o mar. Além do rodízio gaúcho, com mais de 30 tipos de carne, a casa dispõe de um *buffet* gastronômico e também serve *sushi*.
- *Família Paludo* – Ambiente agradável e ótimo atendimento. Serve churrasco de cortes nobres, nos estilos uruguaio e argentino.
- *Outback Steakhouse* – Esse restaurante segue o padrão da rede australiana. O espaço é confortável e limpo, e os funcionários são corteses. É um ótimo lugar para se reunir com familiares ou amigos, ou apenas tomar um chope numa caneca congelada.
- *Gruta de Santo Antônio* – Ambiente refinado e aconchegante. Trabalha com alta gastronomia lusitana, e os pratos são preparados com elegância e sofisticação. Um ótimo local para se apreciar um

bom vinho. Muitos o consideram o melhor restaurante de comida portuguesa de toda a RMRJ!!!

- *Casanova* – No que se refere a pratos preparados com bacalhau, muitos afirmam que esse é o melhor restaurante português de Niterói. O atendimento é impecável, e o ambiente super agradável.
- *Torninha* – Esse restaurante ocupa uma casa antiga e totalmente reformada, cujo ambiente é bastante acolhedor. O cardápio se constitui de pratos italianos contemporâneos, com toques franceses e orientais.
- *Da Carmine* – Trata-se de uma cantina italiana que serve incríveis antepastos, risotos e massas, e conta com uma ótima carta de vinhos. Suas *pizzas*, preparadas no forno à lenha, são consideradas como as melhores da Região Oceânica. O serviço é bom e o ambiente é agradável.
- *Buon Giorno* – É uma cantina aconchegante, com decoração caseira. É uma excelente opção para o almoço ou jantar, com um amplo cardápio de pratos regionais italianos e *pizzas*, tudo acompanhado por um bom vinho.
- *Noi São Francisco* – É um espaço elegante com vista para o mar. Seu foco é a ótima gastronomia italiana e, embora os pratos servidos *a lá carte* sejam um pouco caros, o *buffet* vale à pena. Além disso a casa serve diversas cervejas de fabricação própria.
- *Gendai* – Faz parte da conhecida cadeia de restaurantes japoneses, sendo especializada em *fast-food* oriental, com iguarias combinadas e pratos *à la carte*. É considerado o melhor e mais variado rodízio oriental da cidade!!!
- *Cervejaria Noi* – Espaço com ambiente acolhedor e vista para a fábrica de cervejas artesanais. Serve boas opções de petiscos, mas também trabalha no sistema *à la carte*, com um *buffet serf-service* bem variado.

Estimado (a) leitor (a), caso você tenha a oportunidade de ir a Niterói, sem dúvida não passará dificuldades no que se refere a alimentação, pois aí tem-se muitos bons restaurantes, não é mesmo?

No tocante à **educação,** Niterói tem o melhor nível de alfabetização do Estado do Rio de Janeiro. Em 2007, foi concluído um grande projeto municipal para erradicar o **analfabetismo**. Porém, apesar da redução do índice de analfabetismo niteroiense, que ficou em 3,55% (indivíduos acima dos 15 anos) – e muito abaixo da estarrecedora média nacional de 13,63%, que, aliás, não deveria ser usada para se comparar com a encantadora Niterói –, a cidade não alcançou seu objetivo, pelo menos na opinião das autoridades governamentais!!!

Obviamente deseja-se que não haja **ninguém** analfabeto na cidade e, neste sentido, estima-se que no início de 2020 esse índice tenha se reduzido a 2,9%, uma excelente conquista do município. Isso se deu principalmente graças aos cursos EJA, desenvolvidos pela Fundação Municipal de Educação.

Destaque-se que essa fundação atua em cerca de 120 unidades escolares da rede municipal de educação, incluindo cinco dezenas de creches comunitárias, quase sete dezenas de unidades para educação infantil e de ensino fundamental (sendo que em muitas delas foi oferecida a EJA) e pelo seu incrível programa educacional que estimula a **leitura** e a **escrita**.

A educação no município é marcada pela presença do Colégio Pedro II, a única escola secundarista federal da cidade, e pela Escola Técnica Estadual Henrique Laje (ETEHL). Ambos são considerados os melhores colégios públicos da região.

No que se refere ao Colégio Pedro II, vale ressaltar que ele é o terceiro mais antigo entre os colégios em atividade no País, depois do Ginásio Pernambucano e do Atheneu Norte Rio-Grandense. Essa IE com o nome de **Imperial Colégio de Pedro II** foi criada em 2 de dezembro (aniversário de dom Pedro II), em 1837 e, portanto, ainda no período regencial brasileiro. Sua criação integrava um projeto civilizatório mais amplo do império, do qual faziam parte a fundação do Instituto Histórico e Geográfico Brasileiro e o Arquivo Público do Império, seus contemporâneos.

No **plano de educação**, alguns historiadores acreditam que com a sua criação pretendia-se a formação de uma elite nacional. Contudo, pesquisas recentes indicam que a conversão do seminário de São Joaquim em Collégio de Pedro II (numa homenagem ao imperador) foi feita para que este servisse de modelo para as províncias. Segundo consta, após a reforma da Constituição de 1824, ocorrida em 1834, essas províncias deveriam sozinhas providenciar a instrução local, porém, muitas delas não o fizeram adequadamente, isso apesar de o governo ter-lhes remetido corretamente a verba orçamentária prevista para tal finalidade.

Muitos historiadores acreditam que a proposta da criação dessa IE foi para formar quadros políticos e intelectuais e que essas pessoas pudessem ocupar postos da alta administração, principalmente de caráter público.

As instalações deste colégio ficavam na antiga rua Larga (atual avenida Marechal Floriano), no centro histórico da cidade do Rio de Janeiro, e cujas salas de aula funcionam até os dias atuais. Um fato curioso a respeito dessa IE é que, certa vez, o imperador dom Pedro II declarou em uma carta endereçada a José Bonifácio: "Sou governo de duas coisas no Brasil: a minha casa e o Colégio Pedro II!!!"

Imbuídos dos valores europeus de civilização e progresso, os alunos do Imperial Colégio saíam dele com o diploma de bacharel em Letras. Conforme um decreto de 1843, esse colégio era o único a conferir esse título aos seus formandos, o que lhes garantia o privilégio do acesso direto aos cursos superiores, sem a necessidade de prestar exames.

A partir de 1857, essa IE dividiu-se em internato e externato, sendo a primeira modalidade instalada na Tijuca, em 1858. As dependências do internato permaneceram aí até 1888, quando foram transferidas para o *campus* de São Cristóvão. Durante 90 anos não foi permitido nesse colégio o ingresso de estudantes do **sexo feminino**, sendo que a primeira estudante a concluir o curso secundário aí foi Yvone Monteiro da Silva, em 1927.

Até a década de 1950 a IE foi considerada como "**colégio padrão do Brasil**", uma vez que o seu programa de ensino era referência de qualidade e modelo para os programas dos demais colégios da rede privada. Por conta disso, essas IEs solicitavam ao ministério da Educação o reconhecimento de seus próprios certificados, justificando a semelhança de seus currículos com aquele do Colégio Pedro II.

Com o passar do tempo, por causa do grande número de inscritos para o seu concurso de acesso, a IE precisou ampliar o número de vagas. Com isso, novas unidades da IE foram abertas no Rio de Janeiro, em 1952 e 1957. Assim, em 1979 o Colégio Pedro II já possuía cinco unidades escolares no Estado: a do centro da cidade e aquelas em São Cristóvão, Engenho Novo, Humaitá e Tijuca. Elas atendiam aos atuais ensino fundamental (da sexta a oitava série) e ensino médio.

Em 1984 foi instituída na unidade escolar de São Cristóvão, o primeiro segmento do ensino fundamental (do primeiro ao quinto ano), que, informalmente era chamada de "Pedrinho". Com o passar dos anos esses níveis também foram implantados em outras unidades. Em 1998, a tradição de excelência em educação dessa IE foi reconhecida pelo governo federal brasileiro, que outorgou ao Colégio Pedro II o **Prêmio Qualidade**, por causa de seu projeto de **qualidade total na educação**.

Em 6 de abril de 2004, fruto de um convênio entre a IE e a prefeitura do Rio de Janeiro, foi aberta a unidade de Realengo. O objetivo era atender à população da zona oeste da cidade, sendo que em 2010 ela passou a oferecer os níveis iniciais do ensino fundamental e, mais tarde, em 2012, se tornou a primeira a abrir turmas de educação infantil.

Só em 2006 é que surgiu a primeira unidade escolar descentralizada do Colégio Pedro II, **a de Niterói**, e posteriormente, em 2007, a de Duque de Caxias. Ambas oferecem apenas o ensino médio. Vale destacar que das oito unidades do Colégio Pedro II que participaram do Enem de 2017, a de Niterói ficou em **primeiro lugar**, com uma média de 673,02 pontos, o que, aliás, lhe rendeu a primeira posição no *ranking* estadual das escolas públicas do Estado do Rio de Janeiro, além do 158º lugar no *ranking* de todas as escolas de segundo grau do País.

Vale ressaltar que nenhum colégio do Brasil conseguiu em sua lista de formandos figuras que se tornariam tão importantes no cenário nacional como foi o caso do Colégio Pedro II. De fato, entre seus alunos ilustres (alguns milhares deles...) destacam-se cinco que foram presidentes do País: Floriano Peixoto, Hermes da Fonseca, Nilo Peçanha, Rodrigues Alves e Washington Luís.

Mas nessa IE também estudaram outros jovens que se tornaram pessoas renomadas, como: os escritores Alceu Amoroso Lima, Álvares de Azevedo, Alfredo d'Escragnolle Taunay, Manuel Bandeira, Mário Lago, Lima Barreto, Pedro Nava, Raul Pompeia; os diplomatas Joaquim Nabuco e José Maria da Silva Paranhos Júnior (o barão do Rio Branco); as atrizes Fernanda Montenegro e Denise Fraga; a jornalista e apresentadora de TV, Fátima Bernardes; os cantores e compositores Noel Rosa, Lamartine Babo, Leci Brandão e Cássia Eller; o violinista Turíbio Santos; o sanitarista Oswaldo Cruz etc. É fantástica essa pequena amostra da grande relação de pessoas notáveis e talentosas que se formaram no Colégio Pedro II, **não é mesmo?**

Mas não foram somente os alunos que estudaram no Colégio Pedro II que se destacavam na IE. Em diferentes épocas, ela também contou com docentes muito qualificados, como: Aurélio Buarque de Holanda (Língua Portuguesa); Antônio Gonçalves Dias (Latim e História); Capistrano de Abreu (Corografia e História do Brasil); José Maria da Silva Paranhos Júnior

(Corografia e História do Brasil); os mestres em Matemática, Cécil Thiré, Euclides Roxa e Júlio César de Mello e Souza – o "Malba Tahan"; Heitor Villa-Lobos (Música e Canto Orfeônico); Manuel Bandeira (Literatura Brasileira); Sílvio Romero (Filosofia); Euclides da Cunha (Lógica) etc. Portanto, muitos professores notáveis lecionaram no Colégio Pedro II, não é mesmo?

Já a ETEHL é uma IE de ensino público da rede Fundação de Apoio à Escola Técnica (FAETEC). Fundada em 1923, ela somente começou a operar em 1926, estando atualmente localizada no bairro do Barreto, em Niterói. A IE funciona em **tempo integral** (manhã e tarde, de segunda à sábado). Seu nome é uma homenagem ao importante industrial brasileiro Henrique Lage.

Os cursos oferecidos na ETEHL são: Construção Naval, Máquinas Navais, Edificações, Eletrônica, Eletrotécnica e Saneamento. Mas além disso, nela também podem ser feitos vários cursos complementares, como: idiomas (Inglês, Espanhol e Francês); teatro, dança (samba e outros ritmos) e música; esportes (xadrez, basquete, futebol, judô, handebol, natação e *taekwondo*). Estima-se que no início de 2020 estudassem nesses cursos cerca de 4.200 alunos.

Nesses últimos três anos, os alunos da ETEHL têm organizado e realizado protestos e passeatas para reclamar e chamar a atenção da cidade (e do País) em relação à atuação dos governos (estadual e federal) quanto à situação da IE. Suas principais reivindicações têm sido: a higienização da unidade, a falta de material escolar (que teria de ser fornecido pelo Estado) e a precariedade de suas instalações.

Mas a despeito das dificuldades, vários alunos dessa IE – em especial dos cursos de Eletrônica e Eletrotécnica – têm desenvolvido diversos projetos tecnológicos que vem se destacando e rendendo para a ETEHL prêmios nacionais e até internacionais (nos EUA). Além disso, no que se refere ao Enem, a ETEHL e outras IEs que fazem parte da FAETEC, têm ficado entre as dez melhores IEs no ensino estadual do Rio de Janeiro.

Infelizmente nos últimos anos tem havido um incremento no número de assaltos ao redor da ETEHL, com os meliantes atacando estudantes e levando seu dinheiro, seus celulares, suas joias etc. E isso tem ocorrido quase toda semana, apesar de a portaria da IE estar aberta apenas para alunos e veículos credenciados.

Quando o assunto é curso de formação de professores, foi também em Niterói que surgiu a primeira Escola Normal da América Latina, e uma das mais importantes da história do País. Desde 1835, sua principal função foi a de formar professores de nível médio e, atualmente, ela se chama Instituto de Educação Professor Ismael Coutinho, que funciona sob a administração do governo estadual. Trata-se de uma IE incrível, com excelentes professores.

A prefeitura de Niterói tem se preocupado bastante com a educação infantil e, atualmente, já conta com boas IEs voltadas para esse nicho educacional. Esse é o caso da Escola Alberto de Oliveira e de algumas EMEFs muito bem avaliadas, como é o caso das seguintes: Maria de Lourdes Barbosa Santos; Noronha Santos, Paulo Freire, Santos Dumont, Profª Paulo de Almeida Campos, entre outras.

Em Niterói há muitos colégios estaduais nos quais também se oferece o ensino fundamental. Dentre eles estão: o Pinto Lima (IE muito bem avaliada, na qual se tem educação especial); o Anne Sullivan (muito bem avaliada); o Baltazar Bernardino (ótima IE, mas que precisa controlar melhor o comportamento de seus alunos...); o Joaquim Távora; o Fernando Magalhães; o Menezes Vieira (conta com bons professores, mas precisa aprimorar sua gestão); o Almirante Tamandaré; o Raul Vidal; o Paulo Assis Ribeiro; o Ciep Dona Maria Portugal (com excelentes professores e direção competente); o Aurelino Leal etc.

A rede de ensino privada não apenas complementa a rede pública, mas também a supera, oferecendo uma qualidade de serviço melhor. Isso se nota em escolas, como: as creche-escolas Babylândia e Atuação (bilíngue e considerada excelente); o Jardim de Infância Aldeia Curumim (um espaço incrível e com professores fantásticos, e que deveria ter ensino médio...); Jardim Escola Lobinho (maravilhosa escola infantil); Estação do Aprender (uma IE excelente que conta com creche, ensino infantil e fundamental até a quinta série); Grafitinho Icaraí (uma IE excelente de ensino infantil até o ensino médio); Associação Educacional de Niterói (que é bem avaliada); Grupo de Ensino Miranda Barroso (bem avaliado); Centro Educacional de Niterói (uma IE referência, que desde a sua fundação em 1960 se mantém na vanguarda) etc.

Na cidade também existem muitos bons colégios particulares, sendo que talvez a maior referência entre eles seja o Colégio Salesiano Santa Rosa. Ele foi fundado em 1883 por dom João Bosco, sendo assim o primeiro colégio salesiano do Brasil. Localiza-se no bairro de Santa Rosa, e oferece um ensino tradicional, no qual os destaques são a **religião** e seu foco no **esporte**. Ele tem um enorme centro de treinamento, e as suas equipes que praticam diversas modalidades, participam de vários campeonatos.

Essa IE também possui salas e pátios bastante iluminados, distribuídos de forma bem aprazível aos olhos, o que cria uma sensação imediata de liberdade. Seu aluno vive imerso num ambiente propício à manutenção de relacionamentos e especialmente para garantir o desenvolvimento conveniente do processo de ensino e aprendizagem.

Na lista de bons colégios particulares também estão incluídos: Sininho de Ouro (com excelente avaliação); Ágora (que utiliza a metodologia montessoriana, e cuja preocupação é desenvolver no aluno um senso de responsabilidade, autonomia e cooperação); Educandário Pio XII (com docentes super competentes, desenvolvendo um ensino de qualidade e preparando muito bem os alunos para o ingresso no curso superior); Miraflores (bem avaliado); Fundamental (bem avaliado); Monsenhor Raeder (da educação infantil ao ensino médio); Adventista ("que forma cidadãos para a eternidade"); Centro Educacional Alzira Bittencourt (muito bem avaliado); Gomes Pereira (com ótimo ensino ministrado por bons professores); Opção (da educação infantil até o ensino médio) etc.

Apesar de todas essas boas IEs, para que o Brasil melhore no campo da **educação**, sem dúvida as autoridades governamentais, em especial as municipais, precisam dar mais atenção a uma agenda voltada para a **primeira infância** (de 0 a 6 anos). Porém, muitos gestores públicos infelizmente têm se confundido em relação a isso, achando que basta dar às crianças acesso aos serviços de creche até pré-escola. Essa prática, entretanto, desenvolve uma estratégia restrita do que de fato se deve fazer no âmbito da educação dos pequenos.

De acordo com Priscila Cruz, cofundadora e presidente-executiva da entidade Todos pela Educação: "É preciso que existam lugares de convivência para as crianças de 0 a 6 anos, e que esses locais obviamente estejam articulados com as instituições de educação infantil – creche e pré-escola. Neles, as crianças (e suas famílias) devem ter acesso aos serviços que irão de fato promover seu desenvolvimento cognitivo, físico, social e emocional. Bons exemplos disso são o acompanhamento pré-natal, a orientação para a amamentação, as salas de leitura e contação de histórias, a vacinação, a iniciação esportiva e a atividades físicas, o serviço nutricional etc.

Os bons resultados educacionais na primeira infância dependem desses e de muitos outros fatores. Mas, sem dúvida, se forem garantidas condições saudáveis para o desenvolvimento múltiplo das crianças de 0 a 6 anos, elas ingressarão no ensino fundamental bem mais desenvolvidas. Elas com certeza estarão já alfabetizadas quando iniciarem a segunda série, e se sentirão mais fortalecidas para continuar aprendendo durante o restante da educação básica."

Pois é, se o Brasil de fato deseja evoluir no setor da educação, precisa dar mais **atenção ao programa pré-escolar**, em que os recém-nascidos passem boa parte do dia ouvindo seus cuidadores nas creches ou os instrutores (ou monitores) nos jardins de infância.

Destaque-se que um estudo realizado nos EUA, em 1995, apurou que, ao chegar aos 4 anos, uma criança pode ter escutado **30 milhões de palavras** a menos que outra, e que tamanha **desigualdade** nessa escuta exercerá uma influência direta sobre sua alfabetização. Anos depois desse estudo surgiu em Chicago o **programa 30 Milhões de Palavras**. O seu objetivo era evitar esse déficit e, ao mesmo tempo, garantir que os bebês, em especial os oriundos de famílias mais pobres, em que pai e mãe geralmente trabalhem fora, passem muito tempo acordados sem escutar uma "conversa" com algum adulto.

No programa 30 Milhões de Palavras, após o parto no centro médico da Universidade de Chicago, as mães receberam a visita de duas pessoas que lhes oferecem uma apresentação de 15 min sobre o tema. No final elas perguntaram a cada mãe: **"Você quer ajudar a aperfeiçoar o cérebro do seu bebê?"** A grande maioria obviamente concordou em **colocar seu bebê no programa**, depois que ficou sabendo que, ao contrário de outros órgãos do corpo, **o cérebro está inacabado no nascimento!?!?**

Após décadas de propagação do **determinismo** da herança genética, essa concepção cedeu bastante território para a **janela da neuroplasticidade**, ou seja, o período em que o cérebro está sujeito a mudanças ao longo da vida. Nos estudos de hoje há um intenso foco sobre o período que vai do nascimento até os 3 anos, um tempo crucial para que a criança adquira a **condição de falar bem!!!**

Comparando crianças pobres de dois anos (que ficam muito tempo sem contato com adultos) e outras da mesma idade mais afluentes (cujos pais têm boa condição financeira e mais tempo para se dedicar a elas), pesquisadores verificaram que no primeiro grupo existe um atraso de 6 meses na aquisição de linguagem.

Hoje já se demonstrou que a arquitetura cerebral de um indivíduo alcança 80% de desenvolvimento até os 3 anos. Também se verificou que crianças pobres expostas constantemente a conversas demonstram um desempenho melhor do que as crianças afluentes que ficam em ambientes chamados pelos médicos de "pobres de linguagem". Assim, o programa 30 Milhões de Palavras permite que uma criança com acesso frequente a conversa com adultos fale melhor e seja alfabetizada de maneira mais rápida!!!

Cabe ressaltar, entretanto, que muitos especialistas defendem que o nome mais correto para o programa seria **3 Milhões de Palavras**, uma vez que qualquer coisa superior a isso representaria apenas ruídos nos ouvidos de uma criança. Além disso, o fato de um bebê escutar pessoas falando não significa que mais tarde ele escreverá redações com menos erros gramaticais no ensino médio, tampouco que terá mais sucesso num curso superior.

Quando será que no Brasil, e em particular em Niterói, surgirá um programa do tipo 3 Milhões de Palavras? Aliás, esse tipo de iniciativa deveria estar disponível em todos os nossos 5.570 municípios, não é mesmo?

No ensino superior, a grande IES da cidade é a Universidade Federal Fluminense (UFF), que foi criada pela lei Nº 3.848, de 18 de dezembro de 1960. Na época seu nome era Universidade Federal do Estado do Rio de Janeiro, e ela surgiu da integração de várias faculdades do município de Niterói. Então, através da lei Nº 4.831, de 5 de novembro de 1965, oficializou-se o nome atual.

Atualmente a UFF figura entre as 15 melhores universidades da América Latina, de acordo com uma pesquisa publicada recentemente pelo *Webometrics Ranking of World Universities*, o maior instituto público de pesquisas da Espanha, órgão ligado ao ministério da Educação daquele País. No *RUF 2019* ficou na 17ª posição.

Estima-se que no início de 2020 estivessem matriculados nos cursos presenciais de graduação da UFF cerca de 39.000 alunos, o que torna a UFF a terceira maior universidade federal (em matrículas presenciais) em cursos de graduação. Além disso, estudavam aí aproximadamente 15.000 alunos nos cursos de pós-graduação. Já nos cursos de graduação EAD, havia no início de 2020 cerca de 8.300 estudantes matriculados. Trabalhavam na UFF cerca de 3.400 docentes, e no seu corpo técnico-administrativo, algo próximo de 3.960 servidores.

A UFF teve um grande desenvolvimento a partir de 1977, quando uma área na parcela litorânea de Niterói, no trecho sul do aterro da Praia Grande, foi desapropriada pelo governo federal para a construção aí do *campus* da UFF. Na década de 1990, a UFF expandiu bastante sua estrutura, passando a oferecer novos cursos em *campi* espalhados por diversos municípios do interior do Rio de Janeiro. No total são 17 *campi* no Estado do Rio de Janeiro e 1 em Oriximiná, no Estado do Pará.

De acordo com as mais recentes atualizações, a UFF tem agora 136 cursos de graduação (a maioria deles em Niterói), aproximadamente 131 cursos de pós-graduação *lato sensu* (especialização), 30 cursos de doutorado, 43 cursos de mestrado e 5 cursos de mestrado profissionalizante. Além disso a UFF conta com 40 polos de EAD. A partir de 2015, o número de vagas nos cursos de graduação subiu para 11.200.

A UFF tem uma IE para o ensino básico secundário, que serve de campo de pesquisas e prática para seus graduandos e pós-graduandos, ou seja, o Colégio Universitário Geraldo Reis. Aliás, até 2008, houve na UFF dois colégios agrícolas: o Nilo Peçanha, (no município de Pinheiral) e o Ildefonso Bastos Borges, em Bom Jesus Itabapoana. Ambos foram transferidos para o Instituto Federal Fluminense.

A UFF possui em Niterói um prédio de moradia estudantil, que oferece estrutura física e condições de permanência para alunos matriculados que residem em locais distantes do *campus* e se encontram em situação de vulnerabilidade socioeconômica. O local tem capacidade para receber 314 alunos – desse total, 66 vagas são reservadas para estudantes com dificuldades de acessibilidade –, que residem a uma distância mínima de 32 km da unidade.

Aliás, a UFF também dispõe de uma moradia estudantil no seu *campus* em Rio das Ostras, com capacidade para abrigar 48 alunos. Fazem parte da estrutura acadêmica da UFF duas bibliotecas centrais e 26 setoriais; o Hospital-Escola Universitário Antônio Pedro, com 276 leitos; o laboratório universitário Rodolfo Albino; a farmácia universitária; o Espaço UFF de Ciências; o Centro de Assistência Jurídica; o hospital veterinário; a Policlínica Odontológica; o Serviço de Psicologia Aplicada; a creche UFF, o dispensário--escola Mazzini Bueno, a emissora universitária Unitevê e o Centro de Artes UFF, entre outras instalações.

Com tudo isso, fica claro o forte poder de estimular a visitabilidade a Niterói, ou seja, a vinda de muitos alunos e também de pessoas de outras cidades, não somente para estudar, bem como para recorrer aos serviços de saúde e culturais, oferecidos pela UFF!!! **E isso está claro, não é mesmo?**

A Faculdade de Direito da UFF foi fundada em 1912, mas somente passou a fazer parte da universidade em 1965. No decurso de sua existência formaram-se aí estudantes que mais tarde se tornariam importantes personalidades na sociedade brasileira, como **governadores**, dentre os quais: Roberto Silveira, Celso Peçanha e Geremias Fontes (todos do Estado do Rio de Janeiro); João de Seixas Dória (de Sergipe); Jorge Lacerda (de Santa

Catarina); Afonso Cláudio de Freitas Rosa (do Espírito Santo); José Carlos de Matos Peixoto (do Ceará); **ministros**, tanto de tribunais quanto de ministérios, como: Nelson Hungria, Geraldo Montedônio Bezerra de Menezes, José de Oliveira Vianna, Celso Barroso Leite, Waldemar Zveiter, João Augusto de Araújo Castro, Brígido Fernandes Tinoco, Ewald Sizenando Pinheiro e Mauro Vieira; **senadores, deputados federais, juristas renomados** (dentre os quais destacaram-se Evaristo de Morais e Arnoldo Wald); e **figuras notáveis**, como João Havelange (1916-2016), que dirigiu o futebol brasileiro durante muito tempo (entre 1958 e 1975), e depois o futebol mundial (entre 1975 e 1998), período durante o qual o Brasil venceu a Copa do Mundo quatro vezes, tornando-se a **equipe mais temida do mundo**...

Além da UFF, também estão presentes em Niterói diversas IESs privadas menos conhecidas nacionalmente, como, por exemplo, as Faculdades Integradas Maria Thereza, que há décadas têm oferecido cursos na cidade e, inclusive, foi a pioneira a disponibilizar o curso de Biologia Marinha na América Latina. Todavia, o que realmente tem proliferado na cidade de Niterói são os polos de EAD de IESs renomadas, como Uninter, Unicsul, Uniasselvi etc.

No âmbito da **saúde**, parece que de modo geral os dados corroboram a máxima de que "**notícia ruim nunca chega desacompanhada**". Afinal, além de haver um certo retrocesso no campo da saúde pública – e não apenas em Niterói, mas em todas as cidades encantadoras do País –, registrou-se também uma piora nos índices de mortalidade materna e infantil, assim como uma queda no índice de vacinação.

Em 2015 ocorreram 62 mortes para cada grupo de 100 mil nascidos vivos no Brasil, um número que já se revelava bastante elevado. Então, em 2016, o número de mulheres que morreram ao longo da gestação, durante o parto ou até 42 dias depois dele (por conta de diversos fatores associados à gravidez) aumentou, chegando a 64,4/100 mil. Isso representa praticamente o triplo do que se observa no Chile (22/100 mil), mas revela-se um absurdo se comparado aos índices verificados em países como a Finlândia e a Polônia, onde os números caem, respectivamente, para 4 e 3 em cada 100 mil pacientes.

E não é somente na comparação que esse índice de mortalidade materna preocupa nosso País. O Brasil havia assumido – e descumprido – a meta de reduzir esse índice em 75% até 2015, o que significaria um total de 35/100 mil. Posteriormente esse compromisso foi reformulado, caindo para 50%

(30/100 mil) até 2030. Porém, o que se vê é que o País não apenas tem se mantido distante desse último objetivo, como retrocedeu. **Você acredita que esse percentual será alcançado?**

Outro tema em debate, em especial em 2019, foi a negativa por parte de muitos pais em **vacinar** crianças e adolescentes!?!? Vale lembrar que a Constituição Federal estabelece o seguinte em seu artigo Nº 227: "É dever da família, da sociedade e do Estado assegurar à criança, ao adolescente e ao jovem, como absoluta prioridade, o direito à vida, à saúde..., além de colocá-los a salvo de toda forma de negligência..."

Dessa norma constitucional derivam os direitos e princípios explicitados e regulamentados no Estatuto da Criança e do Adolescente (ECA), mais especificamente na lei Nº 8.069/90. A partir dessas regras, todas as crianças e todos os adolescentes passaram a ser **sujeitos de direitos**, que têm prioridade absoluta e podem ser exigidos a qualquer tempo e de qualquer um, em detrimento de interesses conflitantes, inclusive de seus pais ou responsáveis.

Além disso, contam com o princípio da proteção integral e do melhor interesse da criança ou do adolescente, postas no ECA.

Partindo dessas premissas legais, chega-se aos seguintes artigos: Nº 14, que torna **obrigatória** a vacinação; Nº 22, que estabelece os deveres parentais; e Nº 249, que prevê aplicação de multas para os que descumprirem as regras. Desse modo, todo aquele que violar os direitos estabelecidos no ECA estará sujeito a ser **responsabilizado** por isso!!!

Portanto, cabe ao Estado, por intermédio de seus agentes, tomar todas as medidas no sentido de garantir às crianças e aos adolescentes o direito à saúde, inclusive promovendo busca e apreensão do menor para a aplicação de vacina. E, diga-se de passagem, esse é um procedimento bem mais efetivo que a multa propriamente dita.

O mais incrível é que praticamente todas as pessoas conhecem os benefícios que as vacinas têm proporcionado à humanidade. Afinal, esse tipo de intervenção representa uma das principais medidas na manutenção da saúde pública em todo o mundo, já tendo contribuído de maneira significativa para a redução no número de hospitalizações, mortes e até sequelas associadas a diversas doenças.

Todavia, nesses últimos dois anos, pais e responsáveis têm alegado diversos **motivos** para não vacinar seus filhos. Entre eles vale citar: as dificuldades logísticas encontradas; os horários limitados de funcionamento dos postos de saúde; e o desabastecimento neles de alguns imunobiológicos!?!? Além disso, o desaparecimento de algumas doenças fez com que as gerações mais jovens não tivessem a correta percepção quanto à real gravidades desses males, e assim subestimassem a importância da vacinação.

Mas, além de todos esses fatores, não se pode esquecer do efeito negativo provocado pela disseminação de notícias falsas nas redes sociais. Essas *fake news* têm sido propagadas por grupos antivacina, que afirmam que as vacinas são as verdadeiras responsáveis por provocar doenças graves e que, além disso, elas causam efeitos adversos!?!?

Para piorar ainda mais a situação, muitas das campanhas de vacinação realizadas nesses últimos anos **não atingiram** proporções significativas das populações que deveriam ser protegidas, e que assim deixaram de contar com essa importante **ação preventiva**. Curiosamente, as pesquisas epidemiológicas – realizadas em muitas das cidades encantadoras citadas nesse livro (não só em Niterói) – identificaram que, proporcionalmente, as maiores falhas de cobertura aconteceram entre as crianças das classes A e B, cujas famílias possuem boas condições socioeconômicas. Já entre as populações menos privilegiadas, o principal obstáculo para a vacinação foi mesmo a dificuldade de acesso aos serviços. E esse tipo de problema não será resolvido com a mera aplicação de mutas ou de outras medidas punitivas. Afinal, é o próprio sistema de saúde pública o grande responsável por isso!!!

No caso específico de Niterói, a cidade dispõe em sua rede pública de um razoável número de hospitais, clínicas e pronto-atendimentos etc., que é complementada por diversos nosocômios da rede privada. O grande destaque vai para o Hospital Universitário Antônio Pedro, da UFF, no qual os pacientes recebem de todos os funcionários um tratamento humanizado, saindo de lá bastante satisfeitos. Entre outros hospitais e unidades de saúde pública, destacam-se também:

- **Getúlio Vargas Filho** – A prefeitura de Niterói está de parabéns pela recente reforma desse hospital. Tudo foi feito com bom gosto e qualidade, e nele trabalham profissionais bem preparados e muito educados. Sem dúvida, os niteroienses têm agora um hospital de primeiro mundo!!!
- **Custódia e Tratamento Psiquiátrico** – Apesar de os pacientes desse hospital serem os detentos, eles recebem um tratamento digno e de qualidade.

- **Psiquiátrico de Jurujuba** – Para promover a reabilitação psíquica eficaz de seus pacientes, esse hospital precisa de mais investimentos em sua estrutura física. Além disso, também se faz necessário o aprimoramento de seu corpo multidisciplinar de funcionários.
- **Maternidade Alzira Reis** – Conta com médicos competentes e funcionários gentis e prestativos. É certamente o melhor hospital para gestantes em Niterói.
- **Orêncio de Freitas** – Oferece tratamento de excelente qualidade aos pacientes, não deixando nada a desejar em relação aos melhores hospitais particulares.
- **Policlínica Regional** – Apesar da falta de medicamentos e da demora no atendimento, tem oferecido aos niteroienses um serviço de assistência à saúde bem eficaz, particularmente no atendimento emergencial e na vacinação.
- **Azevedo Lima** – Tem sido criticado por muitos niteroienses insatisfeitos com o atendimento médico de baixa qualidade proporcionado no local.
- **UPA 24 Horas** – Sua infraestrutura precisa de boas reformas. Além disso, essa unidade já não disponibiliza medicamentos para os pacientes e alguns exames deixam de ser realizados por falta de material.
- **Carlos Tortelly** – O hospital tem sofrido com a falta dos recursos necessários para suas operações diárias. Isso acontece por conta do não recebimento de verbas da prefeitura. Esta, por sua vez, tem enfrentado dificuldades por causa da crise que abalou o Estado e a União!?!?
- **Hospital da Polícia Militar** – Os funcionários são muito atenciosos com os pacientes, mesmo numa época marcada pela falta de recursos e ineficiente comprometimento por parte do governo estadual (e não apenas em relação a essa unidade específica, mas à corporação como um todo).
- **Unidade de Urgência Mário Monteiro** – Esse pronto-socorro conta com bons profissionais e o atendimento costuma ser rápido. Porém, em alguns plantões o número de médicos é pequeno, o que compromete a qualidade do serviço.

Na rede privada existem os seguintes estabelecimentos à disposição dos niteroienses:

- **Rio *Home Care*** – Trata-se de um excelente serviço de cuidados com a saúde em ambiente domiciliar.
- **Placi** – Oferece um tratamento digno a todos os pacientes, em especial os idosos (60% deles com mais de 80 anos). Nesse hospital são realizadas cirurgias, sendo um *hospice*, termo inglês para instituições dedicadas a reabilitação e cuidados paliativos.
- **Casa de Saúde e Maternidade de Santa Martha** – Conta com funcionários dedicados e uma excelente equipe de enfermagem, oferecendo aos pacientes um bom atendimento.
- **Maternidade São Francisco** – Precisa rapidamente reformar suas instalações e consertar/repor seus equipamentos, assim como capacitar melhor sua equipe, principalmente os auxiliares de enfermagem...
- **D'Or** – Dispõe de um bom centro cirúrgico. Além disso, conta com bons médicos e enfermeiros, e atendentes atenciosos e competentes. Nos quartos o paciente tem acesso a *Wi-Fi* e TV a cabo.
- **Casa de Saúde Nossa Senhora Auxiliadora** – Suas instalações são boas e oferece atendimento de qualidade, tanto por parte dos médicos quanto do pessoal de apoio. Infelizmente a localização não é ideal, e o local não dispõe de estacionamento, o que dificulta a vida de quem precisa frequentá-lo.
- **Neotin Neonatal Terapia Intensiva** – Muito eficaz no atendimento voltado para bebês.
- **Icaraí** – Tem melhorado continuamente em vários aspectos, desde a limpeza até o atendimento por parte dos médicos, que se mostram cada vez mais humanizados e atenciosos.
- **São Sebastião** – Oferece um bom atendimento por parte dos médicos e enfermeiros, porém, durante os plantões, somente disponibiliza atendimento em clínica geral. Isso dificulta o atendimento a pacientes com fraturas ou emergência de caráter neonatal, por exemplo...
- **Hospital de Clínicas Alameda** – Trata-se de um hospital razoável, com médicos bons e enfermeiros sempre atentos, oferecendo bom atendimento. O plantão de emergências, entretanto, é falho. Isso por causa do número reduzido de médicos (ou até mesmo da falta deles).

- **Complexo Hospitalar de Niterói (CHN)** – Ele é voltado para a integralidade de assistência, oferecendo consultas para o acompanhamento, a prevenção e controle de doenças e tem um abordagem pré e pós-hospitalar de adultos e crianças. Conta com funcionários dedicados e uma excelente equiepe de enfermagem, oferecendo aos pacientes um bom atendimento. Na unidade I se concentram os serviços de alta complexidade, inclusive transplantes. Na unidade II o foco é o atendimento de pacientes externos na área de medicina diagnóstica por imagem e consultórios em especialidades. A unidade III é voltada para o atendimento materno-infantil. E nas unidades IV e V está o complexo de emergência.

E dentro do tema saúde deve-se lembrar que o prefeito de Niterói, Rodrigo Neves, acatou a orientação de especialistas da Fundação Oswaldo Cruz (Fiocruz), da UFF e da UFRJ e decretou, em 7 de maio de 2020, um *lockdown* na cidade para o período de 11 a 20 de maio de 2020, para se ter um combate mais eficaz a *Covid-19*, após uma série de outras medidas restritivas.

Lockdown é uma expressão em inglês que na tradução literal significa fechamento total.

Durante a pandemia da **Covid-19**, que o País precisou enfrentar, o termo começou a ser usado, assim que a contaminação se agravou muito.

Na prática as autoridades governamentais ao adotarem um *lockdown* numa cidade (ou Estado), tinham como objetivo impedir a circulação de pessoas, autorizando a movimentação daquelas que trabalhassem em serviços essenciais.

No caso de Niterói, todo cidadão que circulasse pelas ruas sem um vínculo com alguma atividade essencial (como trabalhar em supermercado, padaria, farmácia, posto de combustível, *pet shop* etc.) ficou sujeito a uma multa de R$ 180!?!?

O prefeito Rodrigo Neves disse: "Tive que tomar essa decisão drástica, pois estamos vivendo em uma situação crítica de propagação do coronavírus. Quero ganhar a guerra pela vida que estamos travando em Niterói com o menor número possível de mortes na cidade!!!"

Após o fim do *lockdown*, o isolamento foi estendido até 30 de junho de 2020, com um plano de transição gradual para uma certa normalidade. E com isso "acredita-se" que foram salvas milhares de vidas...

No que se refere ao **transporte**, o serviço de ônibus urbanos é o **único meio de transporte público** da cidade de Niterói. Há cerca de 50 linhas de ônibus em atividade, todas operadas por empresas particulares. O trajeto da maior parte das linhas municipais passa pelo centro da cidade ou faz ponto final no centro, mais especificamente no terminal rodoviário João Goulart.

Para a travessia marítima entre Niterói e o município do Rio de Janeiro há duas rotas, ambas tendo como destino a estação Praça XV de Novembro. As estações em Niterói localizam-se na praça de Arariboia, no centro da cidade, e no bairro Charitas. No primeiro caso a travessia é feita em barcas de grande porte, com capacidade para até 2.000 passageiros, que levam cerca de 20 min na travessia da baía de Guanabara. Aliás, desde 2006 essas barcas vêm sendo gradativamente substituídas por catamarãs grandes, que embora transportem menos passageiros (até 1.200 em cada viagem), percorrem o trajeto mais rapidamente (entre 12 min e 15 min). Já a travessia entre a estação Charitas e a praça XV é feita por catamarãs de pequeno porte, que oferecem um serviço considerado seletivo.

Já existiu na cidade um ramal ferroviário para transporte de passageiros, com 33 km de extensão. Ele ligava Niterói ao município de Itaboraí, passando por São Gonçalo em seu trajeto, mas foi desativado em 2003. Atualmente há uma proposta no sentido de utilizar o leito desse ramal para a implantação de parte da Linha 3 do Metrô Rio, entre Niterói e Itaboraí. Porém, até agora isso ainda é apenas uma intenção...

No âmbito do **turismo**, Niterói é a **terceira cidade que mais recebe turistas** do Estado do Rio de Janeiro, ficando atrás apenas da capital e de Búzios. Esse, aliás, é um dos motivos para existirem na cidade tantos hotéis e restaurantes. Basicamente, a cidade **atrai** visitantes não apenas por conta dos seus centros culturais e históricos, mas também pelas belas praias de Itacoatiara, Itaipu, Camboinhas e Piratininga.

Deve-se ressaltar que Niterói está tentando mudar o hábito de muitos turistas que vêm à cidade, incentivando-os a vê-la como uma extensão do seu passeio ao Rio de Janeiro. Em geral, os visitantes passam apenas um ou dois dias na cidade, mas se hospedam na capital fluminense... Muitos deles, entretanto, já estão percebendo que deveriam investir mais tempo em Niterói, pois a cidade possui muitos lindos pontos turísticos, como:

- → **Icaraí** – Com seu belo projeto urbanístico, trata-se do principal bairro de Niterói. Encontram-se aí dois famosos monumentos naturais, ou seja, "**tesouros da natureza**": as pedras de Itapuca e do

Índio, que são ótimos lugares para os pescadores locais e para os apreciadores da praia de Icaraí e do restante da baía de Guanabara.

→ **Caminho Niemeyer** – Trata-se na verdade de um **conjunto arquitetônico** projetado pelo famoso arquiteto brasileiro Oscar Niemeyer. Ele teve início com a construção do MAC, sendo que após sua conclusão o arquiteto foi convidado a realizar outros trabalhos na orla – que formam uma faixa contínua de cartões-postais – e em outros bairros da cidade, especialmente na orla.

Além do próprio MAC – o prédio mais famoso de Niterói –, esse conjunto se constitui de várias outras intervenções artísticas já construídas, sete das quais encontram-se em funcionamento (incluindo o MAC): a praça Juscelino Kubitschek, o Memorial Roberto Silveira, o Teatro Popular, a futurista estação hidroviária de Charitas, a Fundação Oscar Niemeyer e o Museu Petrobras do Cinema Brasileiro.

Existem outros projetos de Niemeyer que ainda não foram construídos, como, o Centro de Convenções de Niterói, o terminal integração multimodal e uma torre panorâmica. Mas há também um projeto que já está em fase de construção, ou seja, a nova catedral São João Batista.

O MAC foi inaugurado no dia 2 de setembro de 1996 e logo se tornou o principal cartão-postal de Niterói. Ele foi construído sobre o mirante da Boa Viagem, e possui um pátio externo que permite ao visitante vislumbrar um belíssimo cenário. O prédio, com 50 m de diâmetro, se destaca na paisagem pelo arrojo de seus traços contemporâneos e, ao mesmo tempo, futuristas – algo que se assemelha a um cálice ou até mesmo a um disco voador –, e por suas **linhas circulares**, que, aliás, se tornaram a marca registrada do arquiteto Oscar Niemeyer.

Essa verdadeira escultura de 16 m de altura, ao mesmo tempo suave e moderna, está inserida numa praça de 2.500 m², cercada por um espelho de água e iluminação especial, que conferem ao prédio uma grande leveza!?!? Foram necessários cinco anos para erguer sua estrutura de quatro pavimentos, na qual foram consumidos cerca de 3,2 milhões de m³ de concreto (quantidade suficiente para levantar um prédio de 10 andares). O edifício também recebeu tratamento térmico e impermeabilização.

Uma rampa externa e sinuosa conduz ao interior do edifício, que é composto de dois pavimentos divididos por um anel de janelas – formando uma espécie de "prato de concreto" –, de onde se tem uma bela visão panorâmica. No primeiro piso fica a administração do museu, enquanto no segundo estão a sala principal de exposições e a varanda panorâmica envidraçada, que também é reservada para mostras. O mezanino do prédio, que circunda o interior do museu, é dividido em salas menores e também destinadas a exposições. Já no subsolo há uma área para armazenagem de obras, além de um bar, um restaurante – o bistrô *MAC* – e um auditório para conferências.

O MAC Niterói abriga principalmente obras de **arte contemporânea** brasileiras, oriundas de diversos períodos (desde a década de 1950 até os dias atuais). O acervo de 1.217 obras – que representa a 2ª maior coleção desse estilo no Brasil (!!!) – foi reunido por João Sattamini, um dos maiores colecionadores do País, e conta com peças de nomes importantes, como: João Carlos Goldberg, Frans Krajcberg, Lygia Clark, Hélio Oiticica, Tomie Ohtake, Abraham Palatnik, Mira Schendel, Alfredo Volpi, Carlos Vergara entre outros. Infelizmente João Sattamini faleceu no dia 20 de novembro de 2018. Ele deu início a sua coleção em Milão (Itália), em meados dos anos 1960, época em que trabalhava no Instituto Brasileiro do Café. Foi bem próximo do artista paraibano Antônio Dias (que também faleceu em 2018), outro morador dessa cidade italiana nessa época, e de quem adquiriu 27 obras.

O diretor do MAC, Marcelo Velloso, comentou: "O acordo de comodato da coleção João Sattamini foi renovado em 2018 por mais quatro anos. Cabe ao museu agora resguardar essas obras e fazer jus à sua importância. O João sempre dizia que uma coleção era para ser vista, comparada e entendida. Ele sempre foi muito presente no MAC, se preocupava muito com a exibição do seu acervo e agora vai fazer muita falta."

Atualmente o acervo do MAC foi ampliado, depois de receber um conjunto de cerca de 375 obras de arte doadas por artistas que realizaram exposições nele!!! O MAC também disponibiliza atividades educacionais desde 1996, chamadas de Desafios Comunicativos da Arte Contemporânea. O intuito dessa prática, segundo a administração, é incentivar a "produção artística contemporânea, exposta num espaço público em que circulam indivíduos que não pertencem necessariamente ao mundo da arte".

→ **Cantareira** – Trata-se na verdade do popular apelido da praça Leoni Ramos e de seus arredores, no bairro histórico de São Domingos. O local – que também é chamado de "Lapa de Niterói", pois faz lembrar o bairro da Lapa, no Rio de Janeiro – é um verdadeiro recanto da boemia, pois abriga vários bares, *pubs* e restaurantes. Todos esses empreendimentos ocupam prédios históricos, frequentados por jovens e por estudantes universitários.

Nos imóveis que existem nas vizinhanças há dezenas de *ateliers* de artes plásticas. Juntos eles formam um corredor cultural e artístico, que lembra bastante o bairro carioca de Santa Teresa. Aí encontra-se o espaço cultural Estação Cantareira, um edifício histórico que no início do século funcionava como estaleiro e estação de barcas. O prédio foi reconstruído e restaurado, e hoje é usado para várias outras finalidades: *shows*, produções culturais, venda de artigos e até mesmo oferecer boa gastronomia.

→ **Fortaleza de Santa Cruz** – Trata-se de um complexo arquitetônico imponente, belo e grandioso, que num primeiro momento impacta e até assusta o observador. A visita às alas antigamente ocupadas pelos prisioneiros trazem à lembrança do visitante uma época em que havia ali grades impenetráveis, câmaras de tortura, a antiga forca vigiada por uma guarita interna, as marcas de fuzilamento no paredão e a capela de Santa Bárbara, em seu estilo colonial.

→ **Os fortes do Pico e de São Luís** – As construções do Pico ainda preservam sua imponência e grandiosidade, com suas guaritas e muros de pedra, recobertos por vegetação. No local há dois imponentes portões de acesso a largos pátios rochosos, corredores, galerias e túneis carregados de mistério.

→ **Campo de São Bento** – Trata-se oficialmente do parque Prefeito Ferraz, uma grande área verde de bairro de Icaraí, que é muito frequentado pelos niteroienses. O local abriga um pequeno parque de diversões e, nos fins de semana, há uma feira de artesanato. Também são promovidas aí vários eventos, como encontros do Clube do Curió, lançamento de livros, exposições, cursos e apresentações de filmes e vídeos, *shows* e retretas (concertos de bandas).

- **Costão de Itacoatiara** – É um monólito rochoso que adentra o oceano Atlântico, formando a ponta de Itacoatiara. Com aproximadamente 250m de altura, esta rocha pertence ao parque estadual da serra da Tiririca e possui uma vegetação predominantemente rupícula, com muitas bromélias e orquídeas, além de dois "oásis" de mata atlântica, sendo um em seu cume e outro em sua encosta leste.
- **Enseada de Jurujuba** – Possui 300 m de extensão, margeada por estreita calçada. Jurujuba é uma colônia de pescadores, e serve de cenário para a Festa de São Pedro dos Pescadores, realizada anualmente em 29 de junho que atrai milhares de visitantes. Além da igreja de São Pedro dos Pescadores, na orla há vários restaurantes típicos, oferecendo pratos com frutos do mar.
- **Igrejas católicas** – Ao visitá-las pode-se entender um pouco a cultura niteroiense, moldada ainda pela religião católica. Assim, a igreja São Lourenço dos Índios é o marco de fundação do município. Também vale a pena visitar as igrejas de São Sebastião de Itaipu, a de Nossa Senhora da Boa Viagem, a já citada São Pedro dos Pescadores, a catedral São João Batista e a basílica de Nossa Senhora Auxiliadora, que embelezam as ruas da cidade com suas arquiteturas barrocas, clássicas e coloniais.

Como se pode ver, a **arquitetura** de Niterói se caracteriza por um grande contraste entre o passado, o presente e a visão futurista de Niemeyer. Os edifícios históricos da cidade são: a Biblioteca estadual, o palácio da Justiça, o prédio dos Correios, o Teatro Municipal, o palácio Ingá, o *Solar do Jambeiro*, a Câmara Municipal etc. Também existem na cidade diversos museus, teatros, centros culturais, como:

- **Museu Socioambiental de Itaipu** – Ele foi inaugurado em 1977 e nele são desenvolvidos programas educativo-culturais voltados para as escolas e para a comunidade local. Seu tema central é a arqueologia pré-histórica e histórica. Seu acervo, composto por objetos dos povos indígenas que viveram no litoral fluminense antes de 1500, tem como destaques blocos-testemunho (entre os quais o do sambaqui de Camboinhas, datado de 6.000 a.C.); machados de pedra e material lítico em geral, pontas de ossos, lascas de quartzo, polidores, peças de cerâmica e conchas. Esse museu organiza cursos e exposições, recebe visitas guiadas e promove diversos eventos culturais.

- **Museu Antônio Parreiras** – Esse museu conta com o maior acervo do pintor Antônio Parreiras, e está instalado em sua antiga residência.
- **Museu do Ingá** – É um palácio neoclássico no bairro do Ingá. Esse museu abriga um acervo histórico, belas-artes e artes populares. Aí esteve instalada a sede do governo do Estado (palácio do Ingá) do Rio de Janeiro, antes da fusão com o Estado da Guanabara.
- **Museu de Arte Sacra** – Mantido com o acervo da arquidiocese de Niterói, esse museu está situado no salão nobre da igreja Nossa Senhora da Conceição, que fica no centro da cidade. Ele possui um rico acervo de valor histórico e religioso, como uma pia batismal em mármore, do século XVIII, pratarias do século XIX, imagens de arte imaginária dos santos esculpidas em madeira do século XIX, entre outras peças, sendo que aquela de maior importância é um relicário do século XVIII, com fragmentos da cruz de Cristo, que na Sexta-Feira da Paixão sai para veneração!
- **Teatros** – Além do já citado Teatro Popular, estão na cidade o Teatro Municipal João Caetano (um teatro antigo, mas totalmente restaurado e modernizado); o Teatro Abel, pertencente ao Instituto Abel; o teatro da UFF, pertencente ao seu Centro de Artes; o Teatro Eduardo Kraichete, provavelmente o melhor equipamento cultural de Niterói e o Teatro MPB-4, um espaço do Diretório Central dos Estudantes da UFF (que está atualmente, praticamente abandonado...)
- **Centros culturais** – Além da já citada Estação Cantareira, há outros espaços interessantes em Niterói. Esse é o caso do Reserva Cultural Niterói, que foi inaugurado em 24 de agosto de 2016 no antigo Centro Petrobras de Cinema e integra o **Caminho Niemeyer**. Trata-se do primeiro complexo cinematográfico do mundo assinado por Oscar Niemeyer. O prédio se adequa à filosofia de *Miniplex* do Reserva Cultural, que já possui uma unidade na avenida Paulista, em São Paulo, e conta com cinco salas de cinema, lojas, café, restaurante, bar e estacionamento.

Há também o Centro de Artes UFF, localizado no prédio da reitoria, no bairro de Icaraí. Esse local abriga também a Orquestra Sinfônica Nacional, a Galeria de Arte UFF, o espaço UFF de Fotografia, o espaço aberto UFF, o Cine Arte UFF, o teatro da UFF. É também relevante o Centro Cultural Abrigo dos Bondes – Espaço Antônio Callado (que além de fazer referência à história do imóvel – antigo abrigo de bondes –, homenageia o escritor niteroiense Antônio Callado).

Quando o assunto é **gastronomia**, a de Niterói é bastante marcante. Ela atende aos mais variados gostos, incorporando desde frutos do mar até itens da culinária mineira, passando pela cozinha internacional (portuguesa, italiana e australiana etc.).

De fato, a orla dos bairros de São Francisco e Charitas, assim como as ruas do Jardim Icaraí (no bairro de Icaraí), e também no bairro de Santa Rosa, tornaram-se um polo gastronômico e ponto de encontro para quem deseja comer bem, pois estão repletos de restaurantes e bares.

Os restaurantes de frutos do mar em Jurujuba simbolizam o intenso sistema pesqueiro da vila de Jurujuba, enquanto no centro e na Ponta d'Areia, no trecho conhecido como "Portugal Pequeno", há diversos restaurantes e bares especializados na culinária portuguesa e em comida de boteco.

Outra sugestão gastronômica é o Mercado São Pedro, um mercado público de dois andares, especializado em peixes e frutos do mar. Ele possui dois andares, sendo que no primeiro encontram-se as bancas de produtos do mar e temperos. Há também diversos restaurantes, mercearias, quiosques e lojas de conveniência. Do piso superior o visitante consegue apreciar os *boxes* e, inclusive, pedir que preparem seu prato com o **produto que acabou de comprar**!!!

Ainda no âmbito do **entretenimento**, além de passar alguns dias bem divertidos na cidade e se alimentar muito bem, todo turista que visita Niterói sai de lá compreendendo a razão do seu apelido "**cidade-sorriso**": o niteroiense é muito **hospitaleiro**! E isso, é claro, faz com que muita gente queira voltar outras vezes.

No **Carnaval**, por exemplo, a cidade marca sua presença com seus blocos e suas escolas de samba, principalmente a Acadêmicos do Cubango, que já foi várias vezes campeã do Carnaval de Niterói, até que nos anos 1980 passou a desfilar no Rio de Janeiro.

Aliás, o Grêmio Recreativo Escola de Samba Unidos do Viradouro (popularmente conhecido como Unidos de Viradouro ou apenas Viradouro) é outra escola de samba importante de Niterói, que foi fundada em 1946. Ela é oriunda do bairro do Viradouro e sua atual sede fica na avenida do Contorno, no bairro do Barreto. Ela se juntou à elite das escolas cariocas apenas em 1991, depois de ter sido 18 vezes campeã do Carnaval de Niterói disputando essa hegemonia com a Cubango. Foi campeã do Grupo Especial em 1997; da Série A, em 1990 (quando era denominada Grupo 1), 2014 e 2018; e da Série B (antigo Grupo 2) em 1989. Em 2011, Cubango e Viradouro, se reencontraram competindo entre si após 24 anos, quando disputaram o Grupo de Acesso A.

Quando venceu o Carnaval carioca em 1997, o enredo da escola foi *Trevas! Luz! A Explosão do Universo!* O desfile foi assinado pelo carnavalesco Joãosinho Trinta e a bateria comandada pelo mestre Jorjão apresentou uma inovação: a paradinha do *funk* na bateria, algo surpreendente na época e que ainda é bastante copiado por outras escolas.

Pela Viradouro já passaram artistas muito criativos e talentosos, como Dominguinhos da Estácio (intérprete do samba), Juliana Paes (rainha da bateria), mestre Ciça (direção de bateria) e o grande nome da nova geração de carnavalescos, Paulo Barros, que inovou muito na escola, posicionando a bateria em cima de um carro alegórico pela primeira vez.

A escola participou 11 vezes do desfile das campeãs, sendo oito consecutivas, de 1997 a 2004. A partir de 2008 a escola começou uma reformulação, demitindo Paulo Barros e Dominguinhos do Estácio. Em 2009 quem saiu da escola foi o mestre Ciça. Todas essas mudanças foram ruins para a Viradouro, que, depois de ter ficado 19 anos no Grupo Especial acabou sendo rebaixada em 2010 para o Grupo de Acesso, com o enredo *México, o Paraíso das Cores, sob o Signo do Sol*.

Para o desfile de 2018 a escola contratou o casal de mestre-sala e porta-bandeira Julinho Nascimento e Rute Alves (vindos da Unidos da Tijuca) e o carnavalesco Edson Pereira (da Unidos de Padre Miguel), em sua segunda passagem pela agremiação. O enredo daquele ano foi *Vira a Cabeça, Pira o Coração – Loucos Gênios da Criação*.

Durante sua preparação para o desfile a Viradouro promoveu algumas inovações, como a transmissão da escolha de seu samba-enredo na sua página no Facebook e o lançamento de um *CD (compact disc)* com releituras de sambas clássicos da agremiação, na voz do seu intérprete Zé Paulo Sierra, cujo repertório foi escolhido pelos seus "seguidores" por meio de uma enquete. O *CD*, intitulado *Os Sambas que Vão Tocar seu Coração*, contou com a participação de Alcione, Altay Veloso, Bibi Ferreira, Dudu Nobre, Quinzinho, Dominguinhos do Estácio, entre outros.

Com um belo e empolgante desfile, aplaudido por milhares de espectadores, a Viradouro teve como destaque as grandiosas alegorias e fantasias caprichadas, e conquistou o título da Série A, garantindo seu retorno ao Grupo Especial em 2019. A escola somou 269,7 pontos, **0,3 a mais** que a Unidos de Padre Miguel!?!?

Em sua preparação para 2019, a Viradouro trouxe de volta não apenas o experiente carnavalesco Paulo Barros (após uma década de afastamento), mas também coreógrafo Alex Neoral (vindo da Vila Isabel) e o mestre Ciça, para dirigir a bateria. Outros colaboradores vitais tiveram seus contratos renovados, como o casal de mestre-sala e porta-bandeira Julinho e Rute e o intérprete Zé Paulo Sierra.

Para celebrar as grandes transformações vivenciadas pela escola, a Viradouro levou para a Sapucai o enredo *Viraviradouro*. Seu desfile teve como fio condutor a fênix, uma figura da mitologia grega, que tem o poder de se regenerar das cinzas!!! E funcionou! A escola voltou a brilhar na Sapucaí pelo Grupo Especial, ficando em **2º lugar** no desfile de 2019, com **269,7 pontos** – coincidentemente apenas **0,3 a menos** que a grande campeã, a Mangueira, que obteve 270 pontos.

Pois é, a Unidos do Viradouro, no seu desfile no Carnaval, no dia 23 de fevereiro de 2020 apresentou o enredo *Viradouro de Alma Lavada* sobre as negras baianas escravizadas – as **Ganhadeiras de Itapuã** – dos carnavalescos Marcus Ferreira e Tarcísio Zanon.

Essas mulheres lavavam roupas na lagoa de Abaeté, em Salvador, além de fazerem outras tarefas como cozinhar, costurar e vender doces para comprar a própria alforria.

Depois de uma apuração emocionante a Unidos do Viradouro terminou empatada com a Grande Rio com 269,9 pontos. O desempate ocorreu graças ao questio **Evolução** e a Viradouro foi declarada campeã do Carnaval do Rio de Janeiro de 2020, na qual a vencedora de 2019, a Mangueira, ficou em 6º lugar.

No âmbito **esportivo**, Niterói já teve uma boa presença, particularmente no **futebol**. Afinal, ela é a cidade natal de craques como Leonardo, Gerson e Edmundo. Além disso, aí foi fundado o Canto do Rio Foot-Ball Club, o único clube fora da cidade do Rio de Janeiro a participar do Campeonato Carioca nos anos 1940. O hino do clube foi composto por ninguém menos que Lamartine Babo, que, aliás, por conta de uma campanha realizada por uma estação de rádio, também compôs os hinos das onze equipes cariocas em 1941: Vasco da Gama, Flamengo, Botafogo, Fluminense, América, entre outras.

O alvi-anil de Niterói está afastado da elite do campeonato estadual e da primeira divisão desde 1964, por conta de um incidente ocorrido no estádio Caio Martins, durante um jogo contra o Fluminense. A última participação do "cantusca" na terceira divisão do campeonato estadual foi em 2008. Em 2009, entretanto, uma nova confusão envolvendo o clube fez com que a Federação Carioca o impedisse de disputar o torneio daquele ano.

Os outros clubes de futebol da cidade são o Fonseca Atlético Clube, que recentemente anunciou seu retorno ao futebol profissional; e o Rio Cricket and Athletic Association, que inclusive participou do primeiro Campeonato Carioca!!!

O estádio Caio Martins, situado no bairro de Santa Rosa, foi por vários anos a casa do Canto do Rio. Nos anos 2000 ele passou a abrigar o Botafogo, mas, atualmente a equipe somente o utiliza para treinos. No estádio acontecem apenas os jogos das divisões inferiores do Campeonato Carioca. Ao lado dele existe um excelente ginásio, no qual já aconteceram alguns eventos esportivos de grande porte, como foi o caso da final da Superliga Feminina de Vôlei (em 2007), vencida pela equipe do Rio de Janeiro. O espaço também é usado para *shows* e apresentações.

Em 2018 o Campeonato Estadual de Basquete do Rio de Janeiro contou com a participação do Niterói Basquete Clube, que infelizmente não conseguiu fazer frente às poderosas equipes do Botafogo, Vasco da Gama e Flamengo, times que também disputavam o NBB (Novo Basquete Brasil) – competição que já foi vencida pelo Flamengo seis vezes até 2019.

O mais interessante a respeito da equipe de Niterói é que ninguém ali recebe salário (pelo menos até agora...), mas todos se dedicam dentro e fora da quadra pelo sucesso do projeto. Por enquanto ela ainda é uma equipe amadora, mas tem buscado patrocínio para que no futuro possa contar com jogadores renomados. O mentor da empreitada foi Thiago Brani, que além de presidente é também atleta do time, e sobrevive dando aulas de educação física!!!

Ele comentou: "Para que pudéssemos iniciar o projeto foi fundamental atrair interessados em garantir o aporte financeiro necessário, na casa dos R$ 30 mil, para o pagamento das taxas de inscrição na Federação de Basquete do Estado do Rio de Janeiro, e dos gastos durante a própria participação.

Temos agora o apoio da Honda Hayasa, da Rioport Seguros (que tem como um dos sócios o nosso ala Higor Lima) e a MR Assessoria de Condomínios. Estabelecemos também uma parceria com o Colégio La Salle Abel, que ajudou muito na questão de infraestrutura, pois a equipe manda seus jogos no Centro Esportivo dessa IE.

Nosso desejo é chegar um dia ao NBB. Naturalmente o caminho a ser percorrido é longo, mas acredito que alcançaremos esse objetivo em uns quatro anos. Daremos passos firmes neste sentido, mesmo que curtos, porém, sempre com muita paixão e dedicação. Assim, seguramente nossos sonhos vão se transformar em realidade..."

Pelo tamanho da cidade de Niterói, e pelo comprometimento exibido até agora pelos atletas e dirigentes do Niterói Basquete Clube, com certeza isso acontecerá. Afinal, isso já aconteceu de certa forma em 2019, com a chegada ao NBB da equipe da Unifacisa, de Campina Grande!!!

E o Niterói Basquete Clube já tem também uma equipe feminina que disputa o campeonato estadual!!!

Ouro Preto

Um aspecto da praça Tiradentes em Ouro Preto.

PREÂMBULO

Quem vier a Ouro Preto logo entenderá o porquê de a cidade recebeu das pessoas o carinhoso apelido de "**ourinho**" e, ao mesmo tempo, ser chamada pelos mais intelectuais de "**a cidade onde os sinos dobram**".

Um dos maiores atrativos de Ouro Preto é a **gastronomia**. Aí o visitante tem a oportunidade de deliciar-se com diversos práticos típicos da culinária de Minas Gerais, como: o tutu à mineira, o feijão tropeiro, o frango com quiabo, a goiabada com queijo minas, a ambrosia e diversas outras delícias.

Um dos bons restaurantes da cidade é o *Contas de Réis*, que funciona no mesmo local onde antes houve uma senzala. Ele oferece *buffet* de comida mineira, com cachaça e sobremesa incluídas num preço único. Nesse restaurante – geralmente lotado (!!!) – os garçons são sempre muito simpáticos, e os donos estão sempre presentes para garantir a boa organização e um ótimo atendimento.

Também vale muito a pena visitar o restaurante *Bene da Flauta*, vizinho da igreja São Francisco de Assis e da feira de artesanato local, cujo cardápio consiste em massas, peixes, carnes e, obviamente, comida mineira! Outro local bem recomendado para almoço e/ou jantar é a *Casa do Ouvidor*, que ocupa um casarão clássico da cidade e dispõe de um bonito salão, com ambiente acolhedor. Uma outra boa opção é o restaurante *Senhora do Rosário*, do hotel Solar do Rosário, cujo ambiente é aconchegante e a sua gastronomia é bastante elogiada.

Já para quem aprecia chocolates, uma ótima pedida é visitar uma das duas unidades da *Chocolates Ouro Preto*, onde, além de experimentar as guloseimas aí fabricadas, também é possível consumir lanches, cafés e outros doces.

Naturalmente, também existem na cidade – mais especificamente nos arredores da praça Tiradentes – diversas opções para quem deseja economizar nos gastos com alimentação. Nesse caso o turista poderá recorrer a algum dos restaurantes locais que oferecem serviço *self-service* e servem menu de comida tipicamente mineira.

Pois é, se você gosta de comida mineira, é certamente isso o que você mais irá encontrar na cidade de Outro Preto!?!?

A HISTÓRIA DE OURO PRETO

Ouro Preto é um município no Estado de Minas Gerais, localizado a 96 km da capital mineira, BH. Ele ocupa uma área de 1.245,11 km^2 e faz fronteira com Belo Vale, Moeda, Itabirito, Santa Bárbara, Mariana, Piranga, Catas Altas da Noruega, Ouro Branco e Congonhas. Segundo estimativas, viviam em Ouro Preto no início de 2020 cerca de 81 mil pessoas, sendo que 51% dessa população era de mulheres!!!

O relevo do município de Ouro Preto varia muito: de Amarantina, com 700 m de altura em relação ao nível do mar aos mais de 1.600 m em Antônio Pereira. O ponto mais alto é o pico do Itacolomi, com 1.722 m. Esse relevo bastante acidentado não favorece as atividades agropastoris.

Estão no município as nascentes de diversos rios, como Piracicaba, Gualaxo do Norte, Gualaxo do Sul, das Velhas, Mainart e do ribeirão Funil. A cidade também abriga campos rupestres, matas de araucária, florestas de candeias e possui grandes áreas remanescentes da mata atlântica, mas a vegetação predominante é o cerrado.

O clima predominante é o tropical de altitude, característico das regiões montanhosas, com chuvas durante os meses de outubro e abril. Ao longo do ano todo a precipitação pluviométrica chega a 1.552 mm e ocorrem geadas ocasionais em junho e julho (com temperatura mínima média de 8,3ºC (em julho), sendo que há relatos de que em 1843 houve queda de neve na cidade!?!? O mês mais quente é fevereiro, quando a temperatura máxima média é de 26,1ºC.

No que se refere a sua história, a partir do século XVI, exploradores luso-
-tupis, provenientes de São Paulo – os chamados bandeirantes –, começaram a percorrer a região do atual Estado de Minas Gerais em busca de ouro e pedras preciosas. Mas eles também procuravam por índios, como o intuito de transformá-los em escravos. Nesse processo, muitas nações indígenas acabaram sendo dizimadas.

Entre 1695 e 1696, descobriu-se a existência de ouro no ribeiro (uma pequena corrente de água) aurífero Gualaxo do Sul, o que aumentou significativamente o afluxo de aventureiros para a região. Na época, as leis diziam que o senhor do solo e do subsolo era o **rei**. Porém, uma vez que ele próprio não podia trabalhar e explorar a terra, esta era cedida em quinhões a indivíduos interessados em fazê-lo.

Tal exploração acontecia, é claro, mediante o pagamento ao rei da chamada "pensão enfitêutica", ou seja, do "**quinto**", que equivalia a 20% de tudo o que fosse obtido pelos exploradores. Foi por essa razão que em cada distrito de Minas havia a figura do guarda-mor, com escrivão, tesoureiro e oficiais para registrar cada arrecadação.

Para se ter uma nova lavra, esta precisava estar a pelo menos meia-légua (uma légua equivale a 6.600 m) de outra já conhecida. Assim, multiplicou-se o número de exploradores ao longo de muitos córregos auríferos locais, que, para sobreviver, acabaram erguendo abrigos ou então aproveitando as bocas de minas aí existentes, fazendo surgir assim muitos povoados.

Pelo sucesso obtido na descoberta de ouro, muitas dessas pessoas se tornaram famosas em todo o País, como Antônio Dias de Oliveira, Bartolomeu Bueno de Siqueira, Carlos Pedroso da Silveira etc., que estimularam a vinda para a região de gente da Bahia e de Pernambuco.

As expedições procuraram ora o rio das Velhas (principalmente os paulistas, que haviam acompanhado a bandeira de Fernão Dias Pais e dom Rodrigo de Castelo Branco), ora o rio Tripuí, onde já se havia encontrado o afamado "**ouro preto**", balizado pelo do topo enevoado do pico do Itacolomi, que se avistava logo depois de transpor a serra de Itatiaia. Esses exploradores, que seguiam sozinhos ou em grupos separados, orientavam-se pelos picos das diversas serras da região, como: Ouro Branco, Itatiaia, Ouro Preto, Cachoeira, Casa Branca etc.

Na época, vieram para a região – especialmente para os arraiais (pequenos lugarejos) de Ouro Preto e Antônio Dias, mas também para outros, como Bom Sucesso, Caquende, Passa-Dez etc. – muitos artífices de profissões diversas, que além de construir casas de moradia e capelas, fabricavam ferramentas usadas nas minas.

Em 8 de julho de 1711, um ato do primeiro governador da capitania de São Paulo e das Minas do Ouro, Antônio de Albuquerque, promoveu a fusão dos dois arraiais de mineradores de ouro, o de Ouro Preto e de Antônio Dias, com o que surgiu a Vila Rica de Albuquerque. A coroa portuguesa confirmou o ato do governador, mas suprimiu o nome dele da nova designação. Assim, a vila passou a se chamar Vila Rica de Nossa Senhora do Pilar do Ouro Preto, nomenclatura em que foram associados o nome da padroeira e do próprio minério de cor escura, fonte de sua riqueza.

Não se pode esquecer da **revolta de Filipe dos Santos**, episódio também conhecido como **revolta de Vila Rica**, que representou uma das primeiras reações negativas por parte dos descendentes de portugueses que viviam no Brasil contra a metrópole europeia. Ela aconteceu na então Vila Rica de Nossa Senhora do Pilar, em 1720, e teve como um de seus líderes o idealista Filipe dos Santos, que acabou dando nome à rebelião.

Entre outras causas diretas para essa revolta estavam: a criação das casas de fundição; proibindo a corte portuguesa dessa forma a circulação de ouro em pó e a manutenção do monopólio do comercio dos principais gêneros pelos reinóis (os lusitanos). Essa rebelião, entretanto, foi contida pelo então governador Pedro Miguel de Almeida Portugal e Vasconcelos, o conde de Assumar.

Ele, de forma sutil, enganou os rebelados e usou os dragões (soldados) de forma enérgica contra eles. Agindo com bastante violência, ele não apenas prendeu os cabeças do movimento, mas, num ato de pura vingança, ordenou que as casas deles fossem incendiadas, o que provocou a destruição de ruas inteiras do arraial de Ouro Podre, local atualmente chamado morro da Queimada!!!

Filipe dos Santos, tido como o principal líder do movimento, foi julgado sumariamente e enforcado em 15 de julho de 1720, sendo que já sobre o cadafalso ele proferiu a seguinte frase: "**Jurei morrer pela liberdade, cumpro a minha palavra!!!**"

Alguns historiadores acreditam que, após o esquartejamento, a cabeça decepada de Filipe dos Santos tenha sido pendurada num poste, e outras partes do corpo expostas ao longo das estradas!?!? A esse respeito, a famosa poetisa Cecília Meireles, em sua obra *Destruição do Ouro Podre* (ou *Romance V*), escreveu: "**Dorme, meu menino, dorme... que Deus te ensine a lição dos que sofrem neste mundo... violência e perseguição. Morreu Filipe dos Santos... outros, porém, nascerão.**"

Vencedor desse conflito, o conde de Assumar impôs as suas vontades, fazendo com que o povo ficasse submisso a uma legislação pesada e fosse vigiado por sua própria polícia. As casas de fundição foram instaladas e começaram a funcionar em Vila Rica a partir de 1725, assim como em outras cidades mineiras. Desse modo, o ouro saía de lá como "**ouro quintado**", o único que podia circular livremente, ou seja, já marcado com o sinete da coroa e sobre o qual já teria sido pago o tributo de um quinto!!! De qualquer modo, a revolta de Filipe dos Santos foi considerada pela historiografia brasileira como um **movimento nativista**, e um dos elementos precursores da chamada Inconfidência Mineira, que somente aconteceria no final do século XVIII.

A Inconfidência Mineira, que também ficou conhecida como Conjuração Mineira, foi uma conspiração de natureza separatista ocorrido na capitania de Minas Gerais. Entre outras causas defendidas pelos seus integrantes, estava a contrariedade à execução da **derrama** (uma contribuição coletiva, rateada entre todos os moradores ou não, para a cobrir os "prejuízos" do rei) e o domínio português, sendo reprimida pela coroa portuguesa em 1789.

Recorde-se que naquela época a corte portuguesa acreditava que as minas possuíssem uma quantidade ilimitada (!?!?) de ouro. Sendo assim, se dom João V não recebesse o que tinha por direito era porque os mineradores estavam escondendo o metal!?!? O rei de Portugal passou mesmo a achar que, independentemente de quanto ouro fosse obtido nas minas, seus súditos no Brasil estavam sonegando impostos e, assim, lesando a real fazenda.

Concluiu-se daí que as casas de fundição não estavam servindo adequadamente ao propósito para o qual haviam sido criadas. Por conta disso, elas foram erradicadas e substituídas por um novo sistema de arrecadação: a **capacitação**, na qual os impostos eram "**pagos por cabeça**".

Esse plano foi colocado em prática após o novo governador, dom André de Melo e Castro, o conde de Galveias, tomar posse em 1º de setembro de 1732. Estipulou-se assim que o valor pago seria de ordem de **17 g de ouro por escravo, a cada seis meses**!!! Consta que a arrecadação real em 1749 chegou a 1.800 kg do metal.

Entretanto, a coroa portuguesa não ficou satisfeita com isso e decidiu reestabelecer o regime dos **quintos arrecadados** nas casas de fundição da capitania. Em 1783 foi nomeado para governador da capitania de Minas Gerais dom Luís da Cunha Meneses, temido por sua arbitrariedade e violência.

Sem compreender a verdadeira razão para o declínio da produção aurífera – devido ao esgotamento das jazidas de aluvião – e, ao mesmo tempo, atribuindo essa queda ao "descaminho" (contrabando) do produto, Meneses estabeleceu uma cota mínima anual: **cem arrobas** (uma arroba representa 15 kg) de ouro. E caso esse valor não fosse atingido, a coroa lançaria a derrama.

Até 1766 essa cota foi atingida, contudo, com o esgotamento das minas não foi mais possível pagar o tributo, o que fez com que a dívida se acumulasse, ano após ano. Então, por volta de 1788, começou-se a falar que a derrama voltaria a ser cobrada e, desse modo, todos iriam à falência...

Estes fatos atingiram expressivamente a classe mais abastada de Minas Gerais – os proprietários rurais, os intelectuais, os clérigos e os militares – que, descontentes com a situação começaram a se reunir para **conspirar**!!!

Entre os descontentes estava o alferes Joaquim José da Silva Xavier, cujo apelido era "Tiradentes".

A Conjuração pretendia eliminar o domínio português sobre Minas Gerais, estabelecendo um País independente, para o qual a forma de governo escolhida fora a república, inspirada nas ideias iluministas provenientes da França e da independência dos EUA, em 1776!!!

Porém, não existia naquela época a intenção de libertar toda a colônia brasileira, pois naquele momento ainda não se havia formado uma identidade nacional. Também não havia uma intenção clara de libertar os escravos, uma vez que muitos dos envolvidos no momento libertário mineiro se utilizavam dessa mão de obra.

Entre outros locais, as reuniões aconteceram nas casas de Cláudio Manuel da Costa e Tomás Antônio Gonzaga, quando se discutiram os planos e as leis para a nova ordem. Também num desses encontros, foi desenhada a bandeira da nova república, que era branca e ostentava um triangulo com a expressão latina *Libertas Quae Sera Tamen*, cujo dístico foi aproveitado de um verso da primeira écloga (poesia pastoril) de Virgílio e interpretado pelos poetas inconfidentes como "**Liberdade, ainda que tardia**"!!!

O novo governador das Minas, Luis António Furtado de Castro do Rio de Mendonça e Faro, o visconde de Barbacena, foi enviado com ordens expressas para lançar a derrama, motivo pelo qual os conspiradores programaram que a revolução deveria irromper no dia em que fosse decretado o lançamento da mesma. Eles esperavam que nesse dia, com o apoio do povo descontente e da tropa sublevada, o movimento fosse vitorioso.

Todavia, essa conspiração foi desmantelada em 1789, mesmo ano da Revolução Francesa, em virtude da traição perpetrada por Joaquim Silvério dos Reis e um grande grupo de denunciantes, que alertaram o visconde de Barbacena. Tudo indica que Joaquim Silvério dos Reis fez essa denúncia para obter o perdão de suas dívidas com a coroa portuguesa...

Com isso, os líderes do movimento foram detidos, e muitos deles enviados para o Rio de Janeiro, onde foram acusados de crime de "**lesa-majestade**", materializado na forma de "inconfidência" – falta de fidelidade ao rei. Ainda em Vila Rica, Cláudio Manuel da Costa morreu na prisão, e suspeita-se que tenha sido assassinado a mando do próprio visconde de Barbacena.

Durante o inquérito judicial, todos os demais líderes negaram sua participação no movimento, menos o alferes Joaquim José da Silva Xavier, o Tiradentes, que inclusive assumiu a responsabilidade por chefiar a conspiração. Então, em 18 de abril de 1792 foi lida a sentença no Rio de Janeiro, e 12 dos inconfidentes foram condenados à morte.

No dia seguinte, entretanto, a rainha de Portugal, Maria I, decretou a comutação da pena de 11 desses condenados, exceto de Tiradentes. Os religiosos foram recolhidos por conventos de Portugal, enquanto os civis e militares foram degradados e enviados para colônias portuguesas. Alguns se reergueram, passando a atuar no comércio ou nas atividades administrativas na África; outros faleceram naquele continente, como foi o caso do poeta Alvarenga Peixoto, e houve aqueles que até conseguiram retornar ao Brasil após o cumprimento de suas penas.

Quanto a Tiradentes, ele foi condenado à morte por enforcamento, o que aconteceu em 21 de abril de 1792, no campo da Lampadosa. Após a execução, seu corpo foi levado em uma carreta do Exército para a Casa do Trem (hoje parte do Museu Histórico Nacional), onde foi esquartejado.

O tronco de seu corpo foi entregue à Santa Casa de Misericórdia, e enterrado como indigente. A cabeça e os quatro pedaços do corpo foram salgados para permanecerem preservados, acondicionados em sacos de couro e enviados para as Minas Gerais, onde foram expostos nos pontos onde Tiradentes havia pregado suas ideias revolucionárias.

A cabeça de Tiradentes foi exibida em Vila Rica, no alto de um poste defronte à sede do governo. As autoridades governamentais acreditavam que aquilo serviria de exemplo para os que ousassem questionar o poder da coroa portuguesa e dissuadi-los de participar de quaisquer outras conspirações.

O pintor Leopoldino de Faria (1836-1911) elaborou um óleo sobre tela retratando a **Resposta de Tiradentes à comutação da pena de morte dos inconfidentes**. Essa tela foi encomendada pela Câmara Municipal de Ouro Preto no final do século XIX para homenagear Tiradentes, o mártir da Inconfidência, como passou a ser chamado após a proclamação da República.

O jornalista Lucas Figueiredo, um especialista em Inconfidência Mineira, lançou em 2018 o seu livro **O Tiradentes**, no qual conta que Joaquim José da Silva Xavier era: "Um homem comunicativo, de boas palavras, embora não tivesse estudo formal, mas sabia ler e escrever melhor que muitos letrados da época. Vaidoso, gostava de cores vibrantes e tecidos finos, embora preferisse a moda inglesa à francesa, mas aceita naquele momento.

Tiradentes foi um revolucionário que queria a independência de sua terra natal e estava disposto a lutar por isso, disposto a matar e a morrer para alcançar seu objetivo. Ele despontou como um curioso difusor do que hoje se chama *fake news* (notícias falsas). Para reverberar a falsa informação de que a Conjuração Mineira era iminente, o alferes propalou a notícia em locais tradicionalmente propensos à disseminação de boatos, como, por exemplo, os prostíbulos de Vila Rica.

Em um período de grande obscurantismo e charlatanismo na área da saúde, Tiradentes conseguiu dominar técnicas que fizeram dele um dentista e médico prático de bastante sucesso. Ao longo de sua vida, porém, desempenhara atividades bastantes distintas, como mascate, fazendeiro, minerador etc.

Ele também desenvolvera projetos de infraestrutura para o Rio de Janeiro que posteriormente – no século XIX – seriam adotados, como o transporte de mercadorias e passageiros na baía de Guanabara e a canalização de água potável no subúrbio para venda no centro da cidade.

Mesmo entre seus companheiros de Conjuração, como o poeta e jurista Tomás Antônio Gonzaga, Tiradentes foi uma figura bastante diferenciada. Natural e morador de Vila Rica – que, na época, era mais populosa que o Rio de Janeiro e até mesmo que Nova York –, ele foi um personagem atraente, e esteve envolvido em tudo o que se tinha de mais importante no século XVIII. Por conta disso, acabou se transformando num modelo para os mais variados grupos, como por exemplo: tornou-se o patrono da Polícia Militar do Estado de Minas Gerais, bem como do Movimento Revolucionários Tiradentes, que praticou a luta armada contra a ditadura civil-militar de 1964 no País."

Que bom que em nossa história tivemos pessoas com a altivez de Joaquim José da Silva Xavier, especialmente diante daqueles homens que o investigaram, julgaram e condenaram, **não é?**

No que se refere a **arte**, foi principalmente no século XVIII e início do século XIX que surgiram em Ouro Preto (e também em outras cidades mineiras) as primeiras obras de duas figuras geniais: Antônio Francisco Lisboa, mais conhecido como **Aleijadinho**, que nasceu e morreu em Ouro Preto; e Manuel da Costa Ataíde, ou simplesmente **mestre Ataíde**.

Em relação ao Aleijadinho, sabe-se que nasceu escravo na então chamada Vila Rica (atual Ouro Preto), na freguesia de Nossa Senhora da Conceição de Antônio Dias, tendo como padrinho Antônio dos Reis. Era filho natural de um respeitado mestre de obras e arquiteto português, Manuel Francisco da Costa Lisboa, com sua escrava africana, Isabel, sendo libertado pelo pai no momento do nascimento. Mais tarde, em 1738, Manuel Lisboa se casaria com a açoriana Maria Antônia e teria outros quatro filhos, os meio-irmãos com os quais Aleijadinho cresceu.

Na certidão de batismo, de 29 de agosto de 1730, não consta a data de nascimento de Aleijadinho (que poderia ter ocorrido alguns dias antes...), porém, atualmente há fortes argumentos de que ele teria nascido em 1738. Essa data é inclusive considerada verdadeira pelo próprio Museu Aleijadinho em Ouro Preto, uma vez que na certidão de óbito do artista (de 18 de novembro de 1814) consta a informação de que ele teria 76 anos de idade quando morreu.

É importante ressaltar que muitos detalhes na biografia de Aleijadinho permanecem nebulosos, o que torna o trabalho de pesquisa um tanto árduo. As histórias são repletas de lendas e controvérsias, e acabaram por transformá-lo numa espécie de herói nacional. O que se sabe com certeza a respeito de Aleijadinho é que ele foi um importante escultor, entalhador e arquiteto do Brasil colonial e, neste sentido, a principal fonte documental sobre ele é uma nota biográfica, escrita cerca de quarenta anos depois de sua morte!?!?

Sua trajetória foi reconstituída principalmente com base nas muitas obras que deixou – na forma de talha, projetos arquitetônicos, relevos e estatuária –, todas no Estado de Minas Gerais, em especial nas cidades de Ouro Preto (na igreja de São Francisco de Assis, por exemplo), Sabará, São João del Rei e Congonhas (como o santuário de Bom Jesus de Matosinhos).

Dono de um estilo relacionado tanto ao barroco quanto ao rococó, uma vez que trabalhou justamente durante a transição entre esses dois períodos, Aleijadinho é praticamente um consenso entre a crítica brasileira, sendo considerado o **maior expoente da arte colonial no País**. Aliás, para vários estudiosos do exterior, ele até mesmo ultrapassa as fronteiras brasileiras, sendo visto como o maior nome do barroco nas Américas, e exercendo assim um destaque na história da arte ocidental.

Todavia, sua real contribuição na área artística também é bastante controversa, uma vez que a maior parte das mais de 400 criações associadas ao nome dele não possui qualquer comprovação documental, baseando-se apenas em critérios de semelhança estilística!?!?

O conhecimento que Aleijadinho tinha de desenho, arquitetura e escultura fora obtido de seu pai e talvez do desenhista e pintor João Gomes Batista. Tudo indica que ele teria frequentado o internato do seminário dos franciscanos donatos do Hospício da Terra Santa, de 1750 até 1759, em Ouro Preto, onde aprendeu gramática, latim, matemática e religião.

Acompanhou seu pai nos trabalhos que este realizou na igreja matriz de Antônio Dias e na Casa dos Contos e trabalhou com seu tio Antônio Francisco Pombal, que era entalhador. Colaborou também com José Coelho Noronha na obra da talha dos altares da igreja matriz de Caeté, um projeto do seu pai. Tudo indica que o seu primeiro projeto, um desenho para o chafariz do pátio do palácio dos Governadores em Ouro Preto, date de 1752.

O pai de Aleijadinho faleceu em 1767, porém, como filho bastardo ele não foi contemplado no testamento!?!? Em 1768 ele se alistou no Regimento da Infantaria dos Homens Pardos de Ouro Preto, no qual permaneceu por três anos, sem jamais interromper sua atividade artística. Aliás, nesse período ele recebeu encomendas de trabalhos muito importantes, como os púlpitos da igreja São Francisco de Assis.

Em torno de 1770 ele organizou sua própria oficina, que já estava em franca expansão, segundo o modelo das corporações de ofícios da época, regulado e reconhecido pela Câmara de Ouro Preto em 1772. No dia 5 de agosto desse mesmo ano, ele foi recebido como membro na Irmandade de São José de Ouro Preto, instituição que anos mais tarde ele assumiria formalmente como juiz, em 9 de dezembro 1787.

Ele teve um filho com a mulata Narcisa Rodrigues da Conceição, que recebeu o nome do avô paterno, Manuel Francisco Lisboa. Ele providenciou a averbação judicial da paternidade desse filho. Mais tarde Narcisa o abandonaria e se mudaria para o Rio de Janeiro, levando consigo o menino, que, aliás, também se tornaria um artesão.

Em relação a sua saúde, até 1777 Aleijadinho não tinha nenhum problema!?!? De fato, ele apreciava bastante os prazeres da mesa e as danças populares. Porém, a partir daí começaram a surgir os primeiros sinais de uma grave doença que, com o passar dos anos, deformou-lhe o corpo, o que prejudicou muito seu trabalho e lhe causou grande sofrimento.

Foi nessa época que ele ganhou o apelido de **Aleijadinho**, quando seu corpo progressivamente se deformou. Ele perdeu vários dedos das mãos, restando-lhe apenas o indicador e o polegar. Além disso ficou sem nenhum dedo nos pés, o que o obrigou a se mover apoiado nos joelhos (!?!?) Assim, para trabalhar precisava que alguém amarrasse os cinzéis nos cotos. Mais tarde, quando a situação se agravou, passou a precisar de escravos para o transportarem de um lugar para o outro, o que inclusive foi atestado nos recibos de pagamentos. Seu rosto também foi atingido, tornando sua aparência grotesca. Assim, para ocultar sua deformidade passou a se vestir com roupas amplas e folgadas, e a usar grandes chapéus para esconder o rosto.

Aleijadinho tinha plena consciência de seu aspecto e, por isso, tornou-se uma pessoa revoltada, colérica e desconfiada. Assim, até mesmo os elogios que recebia por suas realizações artísticas lhe pareciam escárnios dissimulados. Ele também passou a trabalhar à noite, em espaços fechados por toldos, o que não permitia que fosse visto facilmente. De qualquer modo, e mesmo com a crescente dificuldade, ele prosseguiu trabalhando de forma intensa, no regime de encomenda, ajudado por três escravos: Maurício, seu ajudante principal, com quem dividia os ganhos; Agostinho, auxiliar de entalhes; e Januário, que guiava o burro que o transportava. Dizem que em seus últimos dois anos de vida, quando já não podia trabalhar, Aleijadinho implorava constantemente a Jesus Cristo que o livrasse daquela vida de sofrimento, dando-lhe a morte...

Porém, várias testemunhas da época não concordam sobre a natureza nem sobre a extensão de suas deformidades. Muitos que o visitaram dizem que ele preservara as mãos, embora elas estivessem paralisadas. A exumação de seus restos mortais em 1930 não foi conclusiva. Não foram encontrados os ossos terminais dos dedos das mãos e dos pés, mas especialistas afirmam que eles podem ter se desintegrado após o enterramento, visto o estado de decomposição em que se encontravam os ossos maiores.

Quanto à doença que o acometera, vários diagnósticos foram propostos por médicos e historiadores, todos conjecturais. Entre eles estão a lepra (alternativa improvável, uma vez que ele nunca foi excluído do convívio social – algo normal entre os leprosos); reumatismo deformante, bouba, zamparina, intoxicação por "cardina" (uma substância pouco conhecida que teria o poder de ampliar seus dons artísticos, conforme um relato antigo), sífilis, escorbuto, traumas físicos decorrentes de uma queda, artrite reumatoide, poliomielite e porfiria (uma doença que produz fotossensibilidade, o que explicaria o fato de o artista trabalhar à noite ou protegido por um toldo).

Apesar de todos os problemas de saúde, em 1796 ele recebeu uma encomenda de grande importância: a realização das esculturas da *Via Sacra* e os *Profetas* para o santuário de Bom Jesus de Matosinhos, em Congonhas, um conjunto que é considerado sua obra-prima.

Como já se mencionou, as obras de Aleijadinho foram produzidas durante o período de transição do barroco para o rococó e, desse modo, a distinção entre elas nem sempre é clara. Vale ressaltar que para muitos críticos de arte o rococó representou a fase final do barroco, enquanto para outros era uma corrente autônoma e diferenciada.

Sabe-se que o barroco surgiu na Europa no início do século XVII, foi um estilo de reação ao classicismo do Renascimento, cujas bases conceituais eram a simetria, a proporcionalidade, a contenção, a racionalidade e o equilíbrio formal. Assim, a **estética barroca** primou pelo excesso, pela expressividade e pela irregularidade.

Todavia, além de uma tendência puramente estética, os traços barrocos constituíram uma verdadeira forma de vida. Eles inclusive deram o tom a toda a cultura de um período. Uma cultura que enfatizou o contraste, o conflito, o dinâmico, o dramático, o grandiloquente, a dissolução de limites, junto com o gosto acentuado pela opulência de formas e materiais.

Com tudo isso, o estilo barroco se tornou o veículo perfeito tanto para a Igreja Católica da Contrarreforma quanto para as monarquias absolutistas que estavam em ascensão naquela época, uma vez que ambas desejavam expressar de forma visível seus ideias de glória e, ao mesmo tempo, afirmar seu poder político.

Assim, no que se refere à arte como um todo, a correta compreensão do estilo barroco não pode ser obtida apenas pela análise de obras ou de artistas individuais. Faz-se necessário um estudo do contexto cultural e das estruturas arquitetônicas que foram erguidas naquela época. Todas essas construções – **palácios, grandes teatros e igrejas** – eram na verdade o arcabouço de uma "**obra de arte total**", que incluía a arquitetura, a pintura e a escultura, assim como as artes decorativas e performáticas (música, dança e teatro). O barroco buscou a integração de todas as formas de expressão num todo envolvente, sintético e aglutinador.

O **rococó**, por sua vez, pode ser descrito como a **suavização** e o **aligeiramento do barroco**. Ele se caracterizou por uma decoração mais aberta, fluente, luminosa e leve. Com ele, abandonou-se a decoração pesada e compacta dos templos litorâneos mais antigos e tipicamente barrocos, todos repletos de entalhes densos, muitas vezes recobertos de ouro, e de painéis compartimentalizados e pintados em cores sombrias (os chamados "caixotões").

Essa **suavização** também aconteceu na arquitetura, com o surgimento de fachadas mais elegantes e pórticos mais decorativos, assim como de janelas maiores que permitiam uma iluminação interna mais efetiva e os materiais usados eram mais dóceis, como a pedra-sabão, por exemplo. Nos ambientes internos predominava a cor branca, intercalada com talha, mais delicada e graciosa, mais expansiva e mais esparsa, recorrendo-se frequentemente aos padrões derivados da forma da concha, com policromias claras.

Aliás, no âmbito do entalhe – onde está documentada a participação de Aleijadinho em pelo menos quatro grandes retábulos (como projetista e executante) – o estilo pessoal do artista se desvia tanto do barroco quanto do rococó em alguns pontos bastante significativos.

Neste caso, sua obra mais importante é o retábulo da igreja de São Francisco de Assis, em Ouro Preto, no qual a tendência de povoar com figuras o coroamento chega ao seu ponto alto, com um grande conjunto de esculturas das três pessoas que compõem a Santíssima Trindade. E o grupo não apenas arremata o retábulo, mas se integra de forma bela e eficaz com os demais ornamentos da abóbada, promovendo assim uma perfeita fusão entre parede e teto, num vigoroso impulso ascendente.

Vale ressaltar que os entalhes desses retábulos não são apenas elementos decorativos. Eles revelam uma forte marca escultórica e um elemento distintivo de Aleijadinho, que, por meio de elementos estruturais, realizou um interessante jogo de planos diagonais. Aliás, a etapa final da evolução de seu estilo está ilustrada nos retábulos que executou para a igreja Nossa Senhora do Carmo, em Ouro Preto.

Projetados e executados pelo próprio Aleijadinho, entre 1807 e 1809, esses foram seus últimos trabalhos antes que a doença o obrigasse a apenas supervisionar a realização de suas ideias!!! Essas peças derradeiras apresentam um grande enxugamento formal, com a redução dos elementos decorativos a formas essenciais, porém, de grande elegância.

Os retábulos são marcadamente verticalizados, encaixando-se de maneira perfeita e integral aos cânones do rococó; abandonam por inteiro o esquema de arco do coroamento, empreendendo apenas formas derivadas da concha ("a rocalha") e da ramagem como motivos centrais das ornamentações. O fuste das colunas não mais se divide em dois por um anel no terço inferior e a sanefa, por sua vez, aparece integrada à composição por volutas sinuosas.

No que concerne aos trabalhos de Aleijadinho na **arquitetura**, a extensão e a natureza dessas atividades são bastante controversas. De fato, somente sobreviveu a documentação relativa aos projetos das fachadas de duas igrejas: Nossa Senhora do Carmo, em Ouro Preto, e São Francisco de Assis, em São João del Rei. Ambas foram iniciadas em 1776, todavia, os projetos foram alterados ao longo da década.

Diz-se que Aleijadinho também foi o autor do projeto da igreja de São Francisco de Assis, em Ouro Preto, porém, em relação a ela só está documentada sua participação como decorador, criando e executando retábulos, púlpitos, portada e um lavabo.

No tocante a **esculturas**, a maior realização de Aleijadinho, como já foi citado, são os conjuntos do santuário do Bom Jesus de Matosinhos, ou seja, as 66 estátuas da *Via Sacra* (também chamada de *Via Crucis* ou *Passos da Paixão*), que encontram-se distribuídas por seis capelas independentes, e os *Doze Profetas*, no adro da igreja.

Todas as cenas da *Via Sacra*, talhadas entre 1796 e 1799, são intensamente dramáticas. E esse efeito torna-se ainda mais forte por conta do colorido vivo das estátuas em tamanho natural. Aliás, de acordo com um contrato assinado em 1798, elas foram pintadas por outro mineiro famoso: o mestre Ataíde, que pode ter contado com a ajuda de Francisco Xavier Carneiro.

Em 1968 foi fundado em Outro Preto o Museu Aleijadinho, espacialmente dedicado à preservação de sua memória. Na cidade, promove-se regularmente a Semana de Aleijadinho, com encontros de pesquisadores e comemorações populares onde ele é o tema principal. O Centro Cultural Banco do Brasil do Rio de Janeiro, promoveu nessas últimas décadas muitas exposições espetaculares, vistas por um grande número de visitantes. Em 2007 foi montada nele a mostra denominada *Aleijadinho e seu Tempo – Fé, Engenho e Arte* que mantém até agora o recorde de público, com cerca de 970 mil visitantes.

Não é difícil, portanto, compreender a razão pela qual Ouro Preto e algumas outras cidades mineiras recebem tantos visitantes. Eles desejam apreciar as obras projetadas e executadas pelo incrível Antônio Francisco Lisboa – o Aleijadinho!!!

O segundo expoente mineiro foi o mestre Ataíde (1762-1830), que nasceu e faleceu em Mariana, na província de Minas Gerais. Militar de carreira, ele se tornou um famoso pintor e decorador do seu tempo, assim como um dos mais importantes artistas dos estilos barroco e rococó mineiro.

Documentos da época frequentemente se referem a ele como professor de pintura e, de fato, ele teve um grande número de alunos e seguidores. Influenciou bastante os pintores de sua região, que continuaram a fazer uso de seu método de composição (particularmente em trabalhos de perspectiva no teto de igrejas) até a metade do século XIX.

Porém, pouco se sabe a respeito de sua formação artística e, além disso, nem todas as suas criações estão documentadas. Mas o fato é que o mestre Ataíde deixou uma obra considerável, espalhada por várias cidades mineiras, em especial Ouro Preto. Uma das características de sua expressão foi o emprego de cores vivas em inusitadas combinações, normalmente associadas à exuberante natureza do País.

Em seus desenhos, os anjos, as madonas e os santos apresentam muitas vezes traços mestiços e, por isso, ele é tido como um dos precursores de um estilo de arte genuinamente brasileiro. Ele tornou-se um nome muito louvado tanto pela qualidade de seu trabalho quanto pela originalidade nas suas obras.

Como já mencionado, mestre Ataíde foi contemporâneo de Aleijadinho, cujas estátuas **encarnou**.

Sua vida privada também é pouco conhecida, mas foi um homem compreensivo e generoso com seus aprendizes e também com os escravos. De fato, é possível que ele tenha iniciado em 1808 um relacionamento duradouro com a mulata alforriada Maria do Carmo Raimunda da Silva, que nasceu em 1788. Ambos viveram em regime de concubinato, sem jamais se casarem ou morarem juntos. Mesmo assim tiveram seis filhos. É sabido que mestre Ataíde se preocupava bastante com o bem-estar de sua família, sempre provendo-lhe o necessário para o sustento.

Aparentemente foi um fiel devoto da Igreja Católica, sendo que vários documentos atestam sua frequência aos serviços religiosos junto com a família e os escravos. Ele também ingressou em várias irmandades religiosas, mas nunca foi aceito como irmão professo pelas Ordens Terceiras, ou seja, associações de leigos católicos, pelo fato de ser considerado "indigno", como ele mesmo chegou a declarar. Afinal, sua situação de **"concubinato renitente"** o impedia. Apesar disso, ele não tinha problemas em exibir publicamente essa união livre que mantinha – uma situação irregular, vista como **"fragilidade humana"** –, tampouco os filhos naturais que tivera.

O estilo do mestre Ataíde estava perfeitamente alinhado com as grandes tendências da Europa (de onde vieram, aliás, todas as referências visuais e conceituais da arte colonial brasileira). Embora essas tendências fossem bastante diversificadas, elas acabaram se aglutinando e se transformando naquilo o que se convencionou chamar de **estilo barroco**.

O mestre Ataíde é usualmente mais lembrado pela pintura de tetos de várias igrejas e capelas na região mineira. Há até hoje alguns dilemas mal resolvidos na caracterização do seu estilo.

Outra peculiaridade em relação ao mestre Ataíde foi o fato de que quando o artista começou a parte mais importante de sua carreira, no início do século XIX, tanto o barroco como o rococó já eram formulações obsoletas na Europa, onde já reinavam o **neoclassicismo** e o **romantismo**. Isso se deu pelo atraso cronológico com o qual as artes brasileiras recebiam as últimas novidades estéticas europeias. Mesmo assim, o pintor brasileiro permaneceu fiel aos cânones anteriores.

Para a concepção de suas composições, mestre Ataíde também adotou a praxe de seu tempo e lugar. Desse modo, na impossibilidade de ter contato direto com as grandes obras e com os grandes professores da pintura europeia, ele se **inspirou** principalmente nas reproduções de gravuras, que serviram de modelos mais ou menos prontos para suas obras.

O uso dessas reproduções também era adotado pelas academias da Europa, desde a Renascença, assim como por todos os artistas coloniais, e, portanto, era uma prática plenamente aceita no meio artístico, não implicando em qualquer demérito para o artista como criador!?!? Aliás, vários estudos já documentaram essa apropriação de modelos por parte do mestre Ataíde, que, entretanto, os adaptava às necessidades e possibilidades de cada local, assim como ao estilo de sua época no Brasil.

Um bom exemplo disso são os seis painéis da capela-mor da igreja de São Francisco de Assis, em Ouro Preto, executados entre 1803 e 1804. Eles derivam diretamente de gravuras publicadas em Paris, por Michel Demarne, entre 1728 e 1730, num compêndio em três volumes intitulado *Histoire Sacrée de la Providence et de la Conduite de Dieu sur les Hommes*, que se tornaria conhecido como a *Bíblia de Demarne*.

Entre todas as obras do mestre Ataíde, talvez o teto da igreja de São Francisco de Assis, em Ouro Preto, seja a mais afamada. O medalhão central trata da gloriosa *Assunção da Virgem Maria*, que aparece rodeada por uma orquestra de anjos de todas as idades. Vale ressaltar que Maria tem traços mulatos, assim como vários dos anjos. Ela apresenta uma postura de oração, assentada num trono de nuvens, rodeada por raios de luz e apoiada em um crescente lunar. A composição é complexa e ricamente colorida, estando perfeitamente integrada em si mesma e à arquitetura da igreja.

Porém, nem tudo na obra do mestre Ataíde foi celebração. Em outras partes do teto ele pintou medalhões e faixas com as seguintes advertências: *Vanitas vanitatum* ("Vaidade das vaidades") e *Memento mori* ("Lembre-se de que você é mortal"), significando que a vida na Terra é efêmera e ilusória; uma sofrida peregrinação antes da transcendência e da beatitude eternas.

Outros elementos doutrinais que emolduram a jubilosa cena central, que ilustra e recompensa a vida virtuosa, também reforçam a dialética simbólica que a pintura deveria transmitir: uma vela acesa simboliza o tempo que passa; uma ampulheta caída, a morte; um açoite, a necessidade de penitência. Os santos e mártires que fazem parte do conjunto também trazem consigo significados precisos, conforme a vida que levaram e a obra que deixaram. Tais convenções significantes já eram de domínio público na época, e não é de se admirar que os templos decorados dessa forma, com obras narrativas e alegóricas, fossem chamadas de "**a Bíblia dos analfabetos**".

Uma parte significativa da produção do mestre Ataíde está na **douração:** de talha em madeira e na pintura de estátuas, uma técnica conhecida como **encarnação** e **estofamento**. A encarnação se refere à imitação do efeito de carne humana nas partes do corpo que ficavam visíveis (como o rosto e as mãos), enquanto o estofamento era a imitação de tecidos e vestimentas.

Em várias igrejas mineiras o artista deixou sua marca em diversos aspectos da decoração, e projetou a arquitetura de retábulos e objetos litúrgicos, como castiçais e crucifixos. Ataíde fez a decoração da igreja da Ordem Terceira de Nossa Senhora do Carmo, em Ouro Preto, tendo projetado o altar-mor e dourado toda a talha do templo. Nesse trabalho fica clara a sua compreensão da decoração de interiores como uma obra unificada, na qual se integram a pintura, a talha e a escolha de objetos.

Mestre Ataíde como ilustrador pintou iluminuras em *Livros de Compromisso* de irmandades. Ele acabou conquistando elevado prestígio entre a crítica especializada e se tornou popular mesmo entre o grande público. Sua obra marca o ponto culminante da longa e rica trajetória da pintura barroca no Brasil, que, depois dele, entrou em inexorável declínio.

Ele foi uma importante referência para diversos outros pintores da região de Minas Gerais e, até hoje, inspira muitos novos artistas. Por isso deu nome a ruas e escolas e já foi inclusive tema de estudos por parte de intelectuais de outros países. Suas obras são objeto de projetos escolares e são infalivelmente mencionadas em guias turísticos, ao lado daquelas realizadas por Aleijadinho, constituindo-se nos principais atrativos de várias cidades da região.

Retornando ao **tema do ouro**, no decorrer do século XVIII foram oficialmente enviadas a Portugal 800 t do precioso metal. Isso sem contar o que circulou de maneira ilegal, tampouco o que permaneceu na colônia, sendo empregado, por exemplo, na ornamentação de igrejas. Como curiosidade, caro(a) leitor(a), que tal fazer a conta e descobrir quanto dinheiro valeriam hoje essas 800 t de ouro, utilizando para isso a sua cotação atual?

Em 1823, após a Independência do Brasil, Vila Rica recebeu o título de **cidade imperial**, conferido por dom Pedro I do Brasil, e se tornou oficialmente capital da então província das Minas Gerais. Desse modo, ela passou a ser designada como **imperial cidade de Ouro Preto**.

Em 12 de outubro de 1876, a pedido de dom Pedro II, Claude Henri Gorceix, fundou a Escola de Minas em Ouro Preto, a primeira escola de estudos mineralógicos, geológicos e metalúrgicos do Brasil, sendo atualmente uma das principais IESs de engenharia do País.

Num relatório enviado ao imperador dom Pedro II, o ilustre fundador da Escola de Minas, descreveu Ouro Preto da seguinte forma: "Em muito pequena extensão de terreno, pode-se acompanhar a série quase completa das rochas metamórficas que constituem grande parte do território brasileiro, e todos os arredores da cidade se prestam a excursões mineralógicas proveitosas e interessantes."

Desde que ocorreu a fixação de muita gente nas áreas mineradoras da região de Ouro Preto, no final do século XVII e início do século XVIII, a cidade teve várias imagens. Assim, ela passou de um "local no qual ocorriam muitos conflitos" a uma vila na qual viviam em 1730 cerca de 40 mil pessoas e, algumas décadas depois, mais de 80 mil – numa época em que a população de São Paulo não ultrapassava 8 mil habitantes.

A consolidação urbana e a presença da coroa portuguesa na cidade foi se efetivando em meados do século XVIII, com a construção do palácio dos Governadores (edificação hoje ocupada pela Escola de Minas), erigido pelo engenheiro-militar José Fernandes Alpoim, e dos arruamentos ligando os vários arraiais.

Naturalmente foi importante para Ouro Preto ter se tornado uma cidade imperial e capital da capitania, porém, com a proclamação da República, em 15 de novembro de 1889, surgiu a concepção de que ela estaria dificultando a modernização do Estado de Minas Gerais!?!?

Embora alguns defendessem a continuação de Ouro Preto como capital, apontando sua importância histórica para a evolução de Minas e do Brasil, e inclusive propondo vários planos de revitalização, a cidade passou a ser vista, especialmente pela elite mineira, como símbolo de atraso. Por conta disso, muitos passaram a defender a mudança da capital e, neste sentido, a construção de BH representava o ideal republicano de modernização.

A mudança da capital mineira para BH ocorreu em 12 de dezembro de 1897, o que provocou um esvaziamento da cidade (cerca de 45% da população a abandonou) e acabou inibindo muito o seu crescimento nas décadas seguintes. Isso, em contrapartida, contribuiu bastante para a preservação **do centro histórico** de Ouro Preto, o que foi um ponto positivo.

Depois disso, as igrejas barrocas e o casario colonial de ouro Preto só voltaram a ganhar evidência positiva com o movimento modernista, na década de 1920. Nesse momento, as obras de Aleijadinho e do mestre Ataíde ganharam atenção e voltaram a ser vistas como manifestações fundamentais de uma cultura genuinamente brasileira.

O próprio tombamento da cidade, em 1933, quando ela passou a ser considerada patrimônio estadual, fez parte do projeto de construção de nacionalidade brasileira, sendo o primeiro local do País a ser considerado **monumento nacional**, em 1938!!!

Aliás, em 1980, a Unesco declarou a cidade histórica de Ouro Preto como **patrimônio mundial da humanidade**, enfatizando a autenticidade, integridade e originalidade de seu panorama urbano, qualificado como uma obra do gênio humano. Além disso a Unesco também destacou Ouro Preto por sua importância como sede da Inconfidência, e por ter sido um florescente polo cultural. De fato, a cidade um verdadeiro "**museu a céu aberto**"!!!

Atualmente, entretanto, Ouro Preto tem demonstrado dificuldades para conservar seu patrimônio colonial e também sofre com alguns problemas urbanos, entre eles o aumento da violência. Note-se que a igreja de Bom Jesus de Matosinhos está fechada para restauro desde 2014, seu teto corre o risco de desabar e o muro do adro, próximo de uma encosta, cedeu....

Nesse "tesouro arquitetônico" está uma escultura atribuída a Aleijadinho e a reforma está estimada em R$ 4 milhões, porém, até agora não terminou!?!? Contudo, o Instituto Estadual do Patrimônio Histórico e Artístico de Minas Gerais, informou que isso deverá ser resolvido em breve!?!?

Já na igreja de Nossa Senhora da Conceição de Antônio Dias (uma iniciativa do bandeirante Antônio Dias, que a construiu em 1699), na qual

Aleijadinho foi sepultado (em 1814) as obras no templo já foram finalizadas em agosto de 2017.

Em 2005, foi alterado o lema histórico da cidade na sua bandeira. Segundo os movimentos dos direitos dos negros, o lema *Proetiosum tamem nigrum*, cujo significado é "**Precioso, ainda que negro**", tinha uma conotação racista. Dessa forma, o novo lema inscrito na bandeira da cidade passou a ser *Proetiosum aurum nigrum* (que significa "**Precioso ouro negro**").

Em 2018, uma grande preocupação era a de conservar cada vez melhor esse patrimônio, controlando as atividades de mineração na região, o movimento de turistas – a cidade recebe em média 42 mil visitantes por mês – e a circulação dos quase 37 mil automóveis que se movem diariamente pelas ruas da cidade. Aliás, o trânsito é cada vez mais um problema muito sério, pois as ruas são bem estreitas e se enchem facilmente com os carros estacionados, o que torna difícil para os pedestres caminhar por elas ou sequer atravessá-las.

O governo federal até elaborou alguns programas de alocação de recursos para as cidades históricas, contudo, eles têm sido insuficientes para manter muitos dos "tesouros" que existem nelas, como suas igrejas!!!

No tocante à **economia** de Ouro Preto, ela depende muito do **turismo**, sendo que as principais atividades econômicas estão ligadas à hotelaria, aos restaurantes, ao transporte e ao comércio. Também existem importantes indústrias metalúrgicas e de transformação no município. A mineração é forte na região, e atua nas reservas minerais do subsolo, de onde extrai ferro, bauxita, manganês, talco e mármore, além é claro de pedras preciosas – ouro, hematita, dolomita, turmalina, pirita, muscovita, topázio e topázio imperial, este último uma pedra preciosa encontrada apenas em Ouro Preto.

No âmbito da **educação**, há em Ouro Preto na rede pública escolas que vão da creche municipal Pedro Aleixo até boas escolas da prefeitura, como a Tomás Antônio Gonzaga, a Professora Juventina Drummond, a Simão Lacerda e a Aleijadinho (todas bem avaliadas) e IEs sob administração estadual, como a Dom Veloso, a Marília de Dirceu, a Dom Pedro II, a Santo Antônio (todas com avaliação razoável).

Por sua vez, na rede de ensino privada, tem-se IEs como os Centros Educacionais Mundo Mágico e Cecília Meireles, ambos comprometidos em oferecer ensino de qualidade, valendo-se do construtivismo, do interacionismo, de práticas lúdicas e do humanismo, e apoiando-se em projetos estimulantes, inovadores e multidisciplinares.

Há ainda na cidade bons colégios particulares, como Sinapse, Opvest, Renascer, Arquidiocesano etc. Aliás, para muita gente, o Colégio Arquidiocesano é o melhor da cidade, possuindo professores incríveis e trabalhando com a melhor rede de ensino de todo o Estado de Minas Gerais: a Bernoulli. Ao estudar no Arquidiocesano os alunos desenvolvem também diversas habilidades, como perseverança, autoavaliação, paciência, trabalho em equipe, autoexpressão e participação ativa na sociedade!!!

Uma importante frente de recursos para o município é a Universidade Federal de Ouro Preto (UFOP). Nela estão matriculados milhares de alunos, oriundos principalmente da região sudeste do Brasil. Poucas cidades do País tem uma proporção tão grande de universitários como a que existe em Ouro Preto (quase 20% da população). Isso é o que se pode chamar de **visitabilidade** provocada pela busca de uma excelente carreira, tendo como lastro o diploma de um curso superior!!!

Sem dúvida, o que atraí muita gente para Ouro Preto são as diversas faculdades da UFOP, que atualmente tem também unidades nas cidades de Mariana e João Monlevade, se bem que a maioria dos seus cerca de 20.200 estudantes, matriculados em 2020 (em cursos presenciais e no sistema EAD) vivem em Ouro Preto.

A UFOP foi criada através do decreto-lei Nº 778 do governo federal, em 21 de agosto de 1969, a partir da incorporação de duas IESs bem mais que centenárias, ou seja, a Escola de Farmácia e a Escola de Minas. A primeira foi criada em Ouro Preto a partir da lei Nº 140, de 4 de abril de 1839, que foi sancionada pelo conselheiro Bernardo Jacinto da Veiga, presidente da província de Minas Gerais. Iniciou-se dessa forma o ensino farmacêutico no Brasil, que não existia até então nos tempos coloniais, em nenhum outro lugar do País. Hoje ela é uma das mais conceituadas do Brasil. Posteriormente, em 1876, surgiu a Escola de Minas!!!

A UFOP foi se expandindo muito em Ouro Preto e em 1982 foi criado o Instituto de Ciências Exatas e Biológicas; em 1994 foi a vez do Instituto de Filosofia, Artes e Cultura; em 2003 surgiu o Centro de Educação Aberta e a Distância; em 2012 veio a Escola de Medicina e em 2013 a Escola de Direito, Turismo e Museologia. Na cidade de Mariana, instalou-se em 1979 o Instituto de Ciências Humanas e Sociais e, em 2008, o Instituto de Ciências Sociais Aplicadas; já em João Monlevade, surgiu o Instituto de Ciências Exatas e Aplicadas em 2009.

No que se refere a EAD, a UFOP estabeleceu convênios com a Universidade Aberta do Brasil e com várias prefeituras, contemplando cidades dos Estados de Minas Gerais, São Paulo e Bahia. Assim, são oferecidos atualmente os cursos de graduação em Administração Pública, Matemática, Pedagogia e Geografia, havendo cerca de 41 polos no total. Já os cursos de especialização (em EAD) acontecem nas áreas de Gestão Pública, Práticas Pedagógicas, Mídias na Educação e Escola de Gestores da Educação Básica.

A UFOP oferece hoje 37 cursos de graduação na modalidade presencial, contando com 27 departamentos. Entre os vários cursos de destaque estão o de Engenharia Ambiental, oferecido pelo departamento de Engenharia Ambiental da Escola de Minas, que teve início em 2000 e foi reconhecido pelo ministério da Educação em 2004.

Trata-se do segundo curso de Engenharia Ambiental mais antigo do Estado de Minas Gerais, já tendo formado cerca de 350 engenheiros. Em sua concepção, visa formar profissionais com visão holística, capazes de entender as questões técnicas e socioambientais de projetos de engenharia e da ocupação e uso dos recursos ambientais, assuntos que preocupam a sociedade cada vez mais nesse início de 2020.

Estima-se que em 2020 a UFOP empreguasse 850 docentes ativos e outros quase 220 profissionais, entre inativos e substitutos. Seu corpo técnico-administrativo é composto por algo como 1.200 funcionários, dos quais quase 15% têm nível superior. Quanto ao corpo discente, até o início de 2020 havia algo como 11 mil estudantes distribuídos pelos cursos presenciais de graduação e uns 4 mil no sistema EAD. Na pós-graduação (especialização, mestrado e doutorado) havia aproximadamente 5.300 alunos.

Nos últimos anos a UFOP tem desenvolvido projetos que visam torná-la mais independente e autônoma. Seu objetivo é contribuir cada vez mais para o progresso econômico de Ouro Preto e da região como um todo. Assim, com o seu Centro de Artes e Convenções – um espaço que foi premiado em 2003, localizado no antigo parque Metalúrgico da Escola de Minas –, a UFOP vem consolidando **a importância econômica do turismo em Ouro Preto**. O local se concentra em abrigar eventos culturais, científicos e educativos, organizando frequentemente conferências, seminários e espetáculos envolvendo artes cênicas e *shows* musicais.

Na UFOP os professores têm excelentes condições para desenvolver atividades de pesquisa, e os alunos, além de se envolverem em seminários de Iniciação Científica, podem participar de atividades extracurriculares como o projeto Rio Vivo, que os leva até o vale do Jequitinhonha para combater a doença de Chagas ou para trabalhar no laboratório piloto de Análises Clínicas, que atende gratuitamente cerca de 60 ouro-pretanos por dia.

No escritório piloto da Escola de Minas, a população de Ouro Preto tem acesso a cursos de **soldagem industrial, prática de obras** e **supletivo dos ensinos fundamental e médio**. Em mais de 70 projetos relacionados ao patrimônio histórico de Ouro Preto, a UFOP orientou iniciativas para preservar da melhor forma possível a memória da cidade.

De fato, a UFOP tem buscado trazer para o século XXI uma cidade com mais de 300 anos. Essa proposta de preservação se reafirma através de projetos interessantes, como a Oficina de Cantaria (que recupera importantes monumentos históricos) e o Fórum das Artes (que promove a reflexão sobre artes e patrimônio).

O Museu da Ciência e Técnica, o Museu de Pharmacia e o Observatório Astronômico, todos da UFOP, são importantes centros de conservação da memória e da cultura nos quais se guarda um legado do conhecimento para a sociedade.

Desde 2006 funciona a TV UFOP, como veículo de conteúdo público--educativo, mas além dela há também a rádio educativa UFOP. A universidade conta com 12 bibliotecas, distribuídas nos *campi* de Ouro Preto, Mariana e João Monlevade. São cerca de 90 mil títulos e algo como 180 mil volumes, excluídos os do Centro de Educação Aberta e a Distância.

Além dessas, há também a Biblioteca de Obras Raras, localizada na Escola de Minas, no centro histórico, que conta com um acervo de 20 mil volumes. Entre eles estão livros dos séculos XVIII e XIX, escritos por pesquisadores e naturalistas estrangeiros que estudaram no Brasil. Com o apoio da empresa Açominas, a biblioteca está desenvolvendo um projeto de restauração desses livros raros.

E por falar em bibliotecas, uma pergunta que surge é: "As que possuem livros impressos, particularmente as que existem nas instituições educacionais, desaparecerão ou se transformarão em locais para atividades diferentes das que desempenham atualmente?"

Deve-se ressaltar, porém, que estamos rumando de fato para a seguinte situação: **bibliotecas sem livros impressos**. Embora isso ainda não seja uma realidade plena, mas considerando que os estudantes estão abandonando a busca de informações em estantes, em prol dos materiais de referência *on-line*, muitas bibliotecas – especialmente nas IESs particulares – já estão querendo se livrar de muitas dezenas de milhares de volumes raramente consultados, e estão promovendo assim uma limpeza radical!!!

Está começando a prevalecer a seguinte reflexão: "**Se ninguém está lendo os livros, qual é o sentido em mantê-los?**" Dessa maneira, muitas IESs brasileiras já estão **armazenando** os livros pouco lidos e especialmente muitas revistas que se tornam rapidamente obsoletas em outros locais, pois não têm mais espaço para manter esse material em suas instalações. Com isso, eliminam-se ou reduzem-se vários custos (funcionários e outras despesas gerais).

A outra opção é o seu **simples descarte**, ou seja, o envio para reciclagem do papel!?!? Há estudos que mostram que manter um livro numa biblioteca ao longo do ano, controlando sua circulação e conservação, custa em média R$ 12,00 por exemplar. Basta, portanto, multiplicar o que há numa biblioteca para saber o custo de mantê-la!!! É por isso que nos EUA, por exemplo, já existem vários repositórios digitais que estão guardando o acervo de centenas de bibliotecas.

Dessa forma, a alternativa mais inteligente (e a menos condenável...) é ter os livros preservados digitalmente na nuvem. É assim que muitas bibliotecas estão procurando continuar existindo, ou seja, garantindo que que cópias impressas sejam mantidas por alguém, em algum lugar, ou então que os alunos recorram aos textos digitais.

Isso, entretanto, não está agradando muitos dos acadêmicos que vivem uma parte do tempo que estão nas IESs nas suas bibliotecas e argumentam que grandes coleções e muitos outros livros de consulta devem estar à sua disposição para as pesquisas que realizam...

Porém, é indiscutível que a digitalização de livros e outros materiais impressos afetou dramaticamente a forma como os alunos pesquisam atualmente e a circulação de livros impressos tem diminuído ano após ano!!! Por isso, as bibliotecas necessitam fazer melhor uso do espaço que possuem. Os estudantes ainda se reúnem nelas, mas utilizam o espaço de modos distintos.

As estantes de livros estão dando lugar a salas de estudo em grupo e centros tutoriais, locais para trabalhos artesanais e cafeterias, e com isso as bibliotecas estão tentando se reinventar nessa era digital.

Como já destaquei, sempre gostei de ler e escrever, devo estar aqui terminando com esse livro (em três volumes) a minha atividade de escritor de livros de papel. Espero, porém, que ele ainda sirva de orientação para algumas pessoas, especialmente para os responsáveis pela gestão pública, mostrando-lhes como melhorar a qualidade de vida nas nossas cidades, tornando-as locais com uma grande **empregabilidade** (!!!) graças à **visitabilidade**!!!

Claro que o interesse pelo livro ainda não desapareceu, e o melhor exemplo é o livro de memórias de Michelle Obama, ex-primeira-dama dos EUA, *Becoming – A Minha História*, que, no final de abril de 2019, estava em vias de se tornar a autobiografia mais vendida da história (a editora Bertelsmann informou que foram vendidas 11 milhões de cópias desde a sua publicação em novembro de 2018).

O diretor executivo da Bertelsmann, Thomas Rabe, explicou: "Esse livro foi o nosso maior sucesso criativo de 2018. Ele permitiu um aumento de 2,8% na receita anual da nossa editora, que já tem 183 anos, inclusive justificando o adiantamento de U$ 60 milhões que fizemos para a autora. Esperamos que com as memórias do ex-presidente dos EUA, Barack Obama, que serão publicadas num livro ainda em 2019, tenhamos o mesmo sucesso!!!"

Uma coisa bem marcante em Ouro Preto é que os estudantes da UFOP têm à sua disposição uma "forma de moradia peculiar", um modelo que não existe em nenhuma outra IES ou cidade do País. A grande maioria das "**repúblicas federais**" (casas públicas pertencentes à União) e as particulares (casas de proprietários privados) de Ouro Preto estabeleceu um sistema de seleção de novos moradores (os calouros) conhecido como "**batalha**". Essa "batalha da vaga" consiste num período de avaliação pelo qual os candidatos devem passar para comprovar sua responsabilidade com a república!?!?

Esse processo é crucial para a continuidade das casas e também para a união de seus moradores. Com ele, os estudantes conseguem manter esse patrimônio histórico com o seu trabalho, organizando inclusive eventos para arrecadação de fundos que são integralmente investidos na manutenção e nas melhorias das próprias repúblicas, para que futuros alunos possam continuar a utilizá-las. Além disso, os próprios estudantes que já moram ali muitas vezes ajudam com trabalho de pintura e até nas reformas. Isso é necessário, pois as casas não têm as características de um alojamento e a UFOP teria um gasto muito alto para mantê-las, perdendo assim sua capacidade de investir na qualidade de ensino.

Foi por isso que seus moradores fizeram um acordo com a UFOP para terem autonomia na escolha de novos moradores, oferecendo em contrapartida uma manutenção impecável dos imóveis pertencentes a ela. Os critérios usados na batalha são principalmente **responsabilidade, honestidade** e **companheirismo**.

Essa é uma das formas mais democráticas de assistência estudantil, pois basta que o interessado seja honesto, saiba respeitar a diferença entre seus pares e esteja disposto a manter a casa para que possa se beneficiar dela, ou seja, ser aceito na república.

Como em toda sociedade, as repúblicas mantêm uma hierarquia por ordem de chegada à casa. Ela serve principalmente para promover a organização do grupo. Ao longo de mais de um século as repúblicas desenvolveram uma cultura própria – são administradas pelos próprios estudantes, que definem as regras de admissão e mantêm laços estreitos com os ex-alunos e os ex-residentes.

Esse laço é fortemente percebido entre as repúblicas federais, tradicionalmente nas "**festas republicanas**" (em especial no dia 21 de abril, em homenagem a Tiradentes, e 12 de outubro, aniversário da Escola de Minas), com a presença de muitos antigos alunos que comparecem para relembrar e reviver os tempos que passaram na UFOP.

As repúblicas federais são compostas por 67 unidades, sendo 51 delas masculinas, 15 femininas e uma mista. Com já foi dito, os calouros, conhecidos como "**bixos**", passam pelo período de testes, chamado de batalha – que dura cerca de seis meses – quando são aplicados pelos veteranos diversos trotes, tais como raspar o cabelo e espalhar as roupas dos novatos pelas demais repúblicas.

Os interessados em ingressar na UFOP, que necessariamente precisarão viver em Ouro Preto, podem acessar algumas *homepages* de várias repúblicas para saber um pouco sobre elas, sentir seu espírito, conhecer seus moradores e suas programações!?!?

Essa forma peculiar de organização dessas repúblicas mobilizou nos últimos anos diversas discussões sobre o possível caráter autoritário no processo de escolha. Por esse motivo, em 2009, o Ministério Público Federal de Minas Gerais recomendou à UFOP que adotasse critérios bem mais objetivos para a escolha dos que podiam viver nelas (os novos moradores) nas repúblicas, dando preferência de acesso a alunos carentes, visto que os critérios subjetivos como os utilizados na chamada "batalha" não estavam permitindo um acesso justo da comunidade estudantil à moradia pública.

Esse tema continua em discussão, e, embora alguns avanços tenham sido alcançados, isso não impediu o surgimento de penalidades jurídicas, por conta do que continua ocorrendo nessas propriedades federais...

No *RUF 2019* a UFOP ocupou a 34ª posição.

Outra IES importante instalada em Ouro Preto é o Instituto Federal de Minas Gerais, que, além de possuir alguns cursos superiores, oferece qualificação técnica no modo integrado ao ensino médio e o subsequente.

Ainda no que se refere à **educação**, num sentido mais amplo, nossos professores (educadores) deveriam não apenas aplicar a **pedagogia positiva**, mas também a **negativa**, para que seus alunos aprendessem a lidar bem com os desapontamentos, os fracassos e a se tornarem mais resilientes.

Neste sentido, é importante o que escreveu o professor e filósofo Luiz Felipe Pondé em seu artigo *Pedagogia Positiva* (publicado no jornal *Folha de S.Paulo* em 9 de abril de 2018). Ele disse: "Considero a **pedagogia**, entre todas as ciências humanas, a mais **perdida**!!! Ela só não deixou de existir, pura e simplesmente, porque ainda existem crianças e precisamos deixá-las nas escolas para aprenderem algumas coisas essenciais como fazer contas de matemática, ler e escrever (pelo menos por enquanto...). E é a pedagogia a 'ciência' que dá um tom sério para essa atividade de ocupação das crianças.

Infelizmente uma nova modinha assola a pedagogia, que é chamada de positiva, que recomenda que se **ensine apenas elogiando os alunos**!!! É fato que ninguém consegue muita coisa humilhando as pessoas no processo de ensino e aprendizagem. Apesar disso, infelizmente existem muitos professores que ainda exercem sua função a partir do **ressentimento** (tanto pelo fato de se sentirem irrelevantes e anônimos, como pela pobreza material, provocada pelos salários miseráveis pagos especialmente na rede pública).

A tese central parece ser que o professor não deve constranger um(a) aluno(a) apontando seus erros!!! É evidente que devemos apontar os erros com cuidado, porque eles ferem a autoestima dos estudantes, qualquer que seja sua idade. Porém, dizer que devemos **sempre** ver tudo do '**ponto de vista positivo**' ou esconder qualquer forma de **negatividade** na experiência de formação das crianças e dos jovens é um **grande equívoco**!!!

Qualquer pessoa minimamente madura e racional sabe que a **negatividade** é um elemento essencial de preparação de uma pessoa para a vida adulta. Isso porque os ruídos, as contradições, os fracassos, os momentos de desespero e de derrota **nos ensinam mais que o sucesso**. Aliás, o sucesso, ao contrário, pode fazer de alguém uma pessoa retardada mental, que pensa que tudo pode ser possível de enquadramento em alguns poucos passos '**positivos**'.

Por isso a **negatividade**, de forma alguma pode ser eliminada da equação pedagógica, pois isso reduziria a educação a um vazio de humanidade. Por sinal, a humanidade é muito mais humana no contato com a negatividade que com a positividade!!!"

Será que os gestores municipais que lidam com a educação e os administradores das IEs privadas (especialmente nas cidades encantadoras) estão cientes de que para se ter um processo de ensino e aprendizagem de qualidade os professores devem incluir a negatividade na experiência de formação das crianças e dos jovens?

Acredito que isso em Ouro Preto seria até bem simples, uma vez que a cidade possui muitos exemplos históricos de fracassos ou derrotas, como foi o caso da Inconfidência Mineira.

Apesar de o maior fluxo turístico estar focado na arquitetura e na importância histórica de Ouro Preto – a cidade é considerada um dos melhores destinos históricos do Brasil, uma cidade repleta de "tesouros", especialmente religiosos, bem como de interessantes museus, com acervos incríveis –, o município também possui um rico e variado ecossistema em seu entorno, com cachoeiras, trilhas seculares e uma enorme área de mata nativa. Esta felizmente foi protegida com a criação de parques estaduais, sendo que o mais recente deles situa-se próximo ao distrito de São Bartolomeu.

Além das igrejas já citadas, não se pode deixar de destacar outras pela sua importância histórica e artística como a de Nossa Senhora do Rosário dos Homens Pretos, mais conhecida apenas como Nossa Senhora do Rosário, a matriz do Pilar e a capela do Padre Faria.

Ouro Preto também tem se destacado pelas suas atividades culturais, que atraem muitos visitantes. Assim, todos os anos a cidade sedia o Festival de Inverno de Ouro Preto e Mariana, ou seja, o Fórum das Artes. Aliás, em 2010 homenageou-se nesse festival o mestre Ataíde. Na ocasião vieram para Ouro Preto muitos cantores bem populares do País, como Sá e Guarabyra, Roberta Sá. Chico Cesar, Gabriel o Pensador etc. Atividades culturais, como teatro, música, artesanato, literatura, discussões em mesas redondas e palestras sobre o meio ambiente e incentivo à leitura para crianças também entraram no calendário desse festival.

Seguramente é em Ouro Preto que acontece o maior Carnaval estudantil do País, no qual as festas são organizadas pelos moradores das repúblicas. A cidade tem várias instituições que guardam acervos variados e além dos museus já mencionados, existem ainda o Museu do Chá, o Museu das Reduções, o Museu da Inconfidência, o Museu da Música, o Museu Casa dos Contos, o Ludo Museu, o Museu do Oratório, o Museu Casa Guignard, o Museu de Arte Sacra do Pilar, o Museu Aberto Cidade Viva e o Museu do Ouro (no qual se pode ver uma grande variedade de pedras preciosas).

Ouro Preto abriga o mais antigo teatro em funcionamento da América Latina, o Teatro Municipal. Após passar por restauração, no ano de 2007, a Casa da Ópera (seu nome original) foi reaberta ao público. Ela foi construída pelo contratador português João de Souza Lisboa, com apoio do conde de Valadares, governador da capitania, e de seu secretário, o poeta Cláudio Manuel da Costa.

Situado próximo à igreja do Carmo, em um terreno íngreme, foi inaugurado no dia 6 de junho de 1770 (a construção foi iniciada em 1746...), na comemoração do aniversário do rei de Portugal, dom José I. Esse teatro recebeu inclusive um certificado do *Guinness Book* – o famoso livro de recordes –, sendo reconhecido como o mais antigo teatro do Brasil.

Com tudo o que ocorreu, o que foi construído e está sendo conservado em Ouro Preto, não é de espantar que a cidade já tenha sido escolhida como uma das **Sete Maravilhas Brasileiras** por instituições reconhecidas por seu julgamento equilibrado. **Você concorda com essa escolha?**

Os turistas que chegam a Ouro Preto encontram muitas boas opções de **hospedagem**. Há na cidade um grande número de hotéis, pousadas e *hostels*, aptos a suprir bem as necessidades de todo tipo de visitante. Todavia, como a cidade é totalmente voltada para o turismo, infelizmente esses locais costumam oferecer diárias bem salgadas, especialmente nos fins de semana, feriados prolongados e férias escolares. Claro que existem opções relativamente baratas, entretanto, é difícil o turista resistir ao charme dos quartos nos casarões coloniais ou com uma bela vista para as igrejas da cidade.

A melhor localização para se hospedar em Ouro Preto é no entorno da praça Tiradentes, que é o coração do centro histórico. Quem se hospedar em locais mais distantes do centro também ficará longe das principais atrações, dos restaurantes e do agito de Ouro Preto. Porém, quem quiser gastar pouco na hospedagem poderá encontrar facilmente *hostels* bem localizados.

O turista também deve ficar atento para o fato de que em muitos hotéis **não há estacionamento**. Por outro lado, as ruas da cidade dispõem de poucas vagas para os visitantes deixarem os veículos. Assim, haverá um gasto extra para o turista que vier com o próprio automóvel... Além disso, outro detalhe importante, especialmente para quem tem dificuldade de locomoção, é que boa parte dos hotéis e pousadas fica em ladeiras, o que complica a vida dessas pessoas na hora de acessá-los (na subida e na descida...).

Há ainda um outro fato a ser considerado pelo visitante. Infelizmente, nem todos os hotéis de Ouro Preto passaram por um processo de renovação e reforma recente. Por conta disso, vários deles se enquadram no conceito **"por fora bela viola, por dentro, pão bolorento"**. O visitante, portanto, não deve se deixar levar apenas pelas fotos do hotel, mas prestar atenção aos comentários dos que já se hospedaram neles para saber se o mesmo oferece de fato condições de conforto, higiene e limpeza. Somente assim o hóspede poderá evitar chateações de estar em um lugar inadequado...

Para muitos, a hospedaria de maior destaque em Ouro Preto é a pousada do Mondego. Isso acontece por conta de diversos aspectos: seu ar romântico; seus quartos espaçosos; o luxo aliado à rusticidade do local; e a vista incrível para a igreja de São Francisco de Assis. Ela possui ainda um restaurante sofisticado, uma cafeteria, e uma galeria de arte, e oferece café da manhã gratuito para seus hóspedes.

O hotel Solar do Rosário – que possui duas piscinas cobertas (uma delas aquecida), restaurante sofisticado, bar acolhedor, academia etc. – e a pousada Douro, também seguem a mesma linha das hospedarias mais requisitadas, ostentando um clima da época colonial.

Já o Grande Hotel de Ouro Preto (inaugurado em 1940) é uma ótima opção para quem curte arquitetura e *design*, afinal, ele foi projetado por Oscar Niemeyer. O local tem excelente localização, oferece belas vistas da cidade e das montanhas, possui um restaurante panorâmico e uma excelente piscina. Nele o estacionamento e *Wi-Fi* são gratuitos.

Para quem deseja um hotel histórico de luxo, com um visual incrível, mas, ao mesmo tempo, afastado do centro e tranquilo, a melhor opção é o Vila Relicário, que dispõe de acomodações elegantes e uma deslumbrante vista para as montanhas. Fica a 5,5 km da praça Tiradentes, oferece *Wi-Fi* e estacionamento gratuitos e ainda aceita animais de estimação. Entre as atividades de entretenimento que oferece aos hóspedes, estão: o bilhar, as trilhas a pé e uma piscina ao ar livre.

Claro que existem em Ouro Preto muitos outros hotéis recomendáveis, como: Mirante (a 10 min de caminhada da UFOP); Le Ville (bem próximo de várias igrejas); Priskar (próximo do centro histórico e com arquitetura colonial); Boroni Palace (que ocupa uma antiga casa de mineração); Luxor; Muller; Solar de Maria, entre outros.

Há também dezenas de boas pousadas na cidade, entre elas: Chão de Minas (com excelente restaurante e uma bela piscina); Chico Anjo (com apartamentos simples, mas com varanda, além de *Wi-Fi* e estacionamento gratuitos); Solar da Ópera; Colonial; Marotta; Horta dos Contos; Solar Nossa Senhora das Mercês; Solar Cláudio Manuel; Simone; Laços de Minas; Arcádia Mineira; Minas Gerais; Inconfidência Mineira, Turismo etc. Já no tocante aos albergues, os melhores de Ouro Preto são: Varanda, Uai, Trilhas de Minas, Goibada com Queijo e É, mas evidentemente existem outros.

Naturalmente, todos os que visitam Ouro Preto precisam se alimentar, podendo fazê-lo em quase todos os locais de hospedagem mencionados anteriormente. Vale ressaltar que Ouro Preto não é um grande destaque gastronômico entre as cidades históricas mineiras, como é o caso de Tiradentes, que ocupa um patamar superior nesse aspecto.

Ainda assim, existem bons lugares na cidade para o visitante saciar sua fome e repor suas energias. Um deles, como já foi citado no preâmbulo, é o *Bene da Flauta* (que homenageia um antigo morador que tocava flauta pelas ruas da cidade), no qual as refeições são embaladas por clássicos de *jazz* ou MPB. Aliás, nesse local as receitas típicas mineiras são servidas apenas durante o almoço... No jantar, como boas opções tem-se a truta com alcaparras ou o filé com espaguete na sálvia. A vista do restaurante é deslumbrante. De um lado o cliente poderá apreciar a portada da igreja assinada por Aleijadinho, e de outro, um jardim e o pico do Itacolomi.

Outro lugar recomendado é o **"dois em um"** Café Geraes/Escadabaixo, a opção mais vibrante da noite ouro-pretana, localizado na rua Direita. No andar térreo fica o *Café Geraes*, com pegada mais tradicional, com ares retrô e trilha sonora embalada pelo som do *jazz* e da MPB. O local é o preferido dos casais, especialmente no período noturno, quando as velas nas mesas reforçam o clima romântico. Massas, carnes e peixes compõem o amplo menu, sendo que um dos pratos mais requisitados é o risoto à parmegiana com filé.

Descendo as escadas do fundo do salão chega-se ao *Escadabaixo*, um *pub* com decoração mais moderna e uma clientela mais juvenil. Aí os fregueses podem apreciar cervejas (existem mais de 100 rótulos disponíveis) ou vinhos e consumir petiscos, *pizzas* e costelinha ao molho *barbecue*, tudo ao som do *rock & roll*.

Outro restaurante bastante concorrido é o *Chafariz* (que ocupa a casa onde nasceu o poeta Alphonsus de Guimarães), localizado na São José, uma raríssima rua plana do centro histórico. Logo ao se sentar os clientes são convidados a provar um bambá de couve (caldinho) e uma cachacinha para abrir o apetite. A partir daí, a ideia é se refestelar com o *buffet* de comida típica (são mais de 30 pratos e diversas sobremesas). A decoração do lugar – composta de quadros, lanças, mobiliário antigo e muitas e muitas garrafas – pode a princípio parecer exagerada, mas combina bem com a proposta do ambiente.

Os apreciadores de uma boa cerveja têm a sua disposição a cervejaria artesanal *Ouropretana*, que se encaixa muito bem com o astral jovem que permeia a cidade, por conta da intensa e movimentada vida universitária local. Ela foi fundada em 2011 e daí para frente foi evoluindo e se expandindo, até que no final de 2019 lançou sua Linha OP de Cervejas Experimentais, cujas principais características são a fermentação mista e os diversos sabores.

E além das cervejas deliciosas, essa joia cervejeira também oferece aos seus clientes – em seu próprio bar – saborosos petiscos (torresmos e almondegas picantes), hambúrgueres, *pizzas* etc. Quem for até o estabelecimento pode aproveitar para visitar a igreja de Nossa Senhora do Rosário, que fica bem próxima.

Além desses restaurantes, em Ouro Preto há algumas dezenas de outras opções interessantes, como: *O Passo, Bem Te Vi, Le Chalet Fondue & Bistrô, Senhora Gastronomia, Parada do Conde, Vila Boots, Tropea, Pierino, Empório Lavras Novas, House Ad'vinho, La Cucinetta, Vila Koa Boutique Café, O Sótão, Zé Trembeco, Palavras Novas, Tenente Pimenta Rock Bar, Pimenta Rosa, Chão de Minas, Café das Flores, Taberna Music Bar, Mr. Cheff Hamburgueria, Biz & Bin, Santa Matula – Casa Bistrô, Gloria Bistrô, Adega de Minas, Spaghetti* etc.

Para se chegar a Ouro Preto, deve-se inicialmente chegar a BH. A partir daí o condutor do veículo deve seguir por cerca de 20 km pela BR-40, no sentido Rio de Janeiro. Chegando ao trevo de Alphaville, basta entrar à direita e seguir pela rodovia dos Inconfidentes (BR-356) até a cidade. O trajeto é de aproximadamente 100 km, e a viagem demora cerca de 100 min. De São Paulo até Ouro Preto são 620 km e a viagem dura em média 8 h de automóvel. Já quem sair do Rio de Janeiro deverá percorrer 403 km, em cerca de 6 h, para chegar à "**cidade onde os sinos dobram**", outro apelido carinhoso de Ouro Preto.

No âmbito da **saúde**, os ouro-pretanos têm na cidade alguns locais mantidos pela prefeitura e, assim, podem recorrer por exemplo ao centro médico público PSF Andorinhas, que lhes oferece um excelente atendimento. Para situações mais graves, há o Hospital Santa Casa Misericórdia, que tem um quadro médico bem robusto e de um modo geral todos os profissionais que nele trabalham são bem engajados e prestativos. As instalações são boas, apesar de que a sua infraestrutura precisa urgentemente de reformas.

Também não se pode esquecer que Ouro Preto não está muito distante de BH, assim, muitos ouro-pretanos, em especial os que possuem planos de saúde, acabam indo até a capital mineira para se tratar. Afinal, esses planos não são tão ruins assim!?!? O conceito de utilização de planos de saúde privados está previsto na Constituição de 1988, como **atendimento suplementar da saúde pública**!!! A saúde é uma prerrogativa intransferível do Estado, e que deve ser oferecida à população através do SUS – uma boa ideia que, como tantas outras, **na prática não funciona tão bem!?!?** E é aí que está o nó do problema!!! O governo não oferece serviços de saúde pública em quantidade e com a qualidade sonhadas pelos cidadãos.

Assim, menos de 40% dos recursos destinados à saúde pública de todos os brasileiros saíram dos cofres públicos em 2017!?!? Mais de 60% foram injetados pelas operadoras de planos de saúde privados, que, entretanto, atenderam apenas 25% da população. Essa **distorção**, que é sistematicamente esquecida, é a **responsável primária** por todas as mazelas e por todos os mal-entendidos que afetam o atendimento da saúde dos brasileiros, incluindo aí a dos ouro-pretanos.

As operadoras têm por seu turno cometido muitos deslizes, exigindo especialmente do governo uma normatização criteriosa e uma severa fiscalização, mas deve-se estar ciente de que o setor de saúde privado, em 2017, faturou R$ 180 bilhões, dos quais 85% foram destinados ao atendimento dos segurados. Ou seja, apenas 15% dos recursos custearam as despesas administrativas, comerciais, tributos e resultados das operadoras. A consequência é que atualmente grande parte das operadoras não tem escala, nem recursos para manter o bom atendimento de seus clientes, e estas têm grande probabilidade de entrar em colapso nos próximos anos!?!? Para tentar prolongar a vida do sistema, as operadoras vão se adaptando como podem e a ANS tem agido no sentido de permitir esse ajuste.

Um movimento que foi deflagrado em 2018 e gerou grande gritaria foi a tentativa por parte dos planos de saúde de contaram com a participação do segurado para cobrir os seus gastos com os tratamentos, ou seja, uma franquia. A ideia foi uma cópia do que já existe nos EUA, porém, até agora ela não foi aprovada...

O fato é que os planos de saúde alegam que têm custos altíssimos, em função da medicina não ter praticamente nenhuma relação com a inflação no País, pois mais de 80% dos insumos e equipamentos são importados e pagos em dólares, cuja valorização tem sido mais alta que a inflação nesses últimos anos...

Pois é, a cidade na qual o morador tiver acesso ao menos a um atendimento razoável por parte da rede pública de saúde sem dúvida já poderá ser qualificada por ele como **encantadora**, se bem que existem outros elementos que permitam tal qualificação!?!?

E no que se refere à saúde, lamentavelmente em 2020 o Brasil todo sofreu muito com a pandemia do coronavírus. Foi decretada pelo prefeito de Ouro Preto, Tulio Pimenta, a proibição da entrada e circulação de ônibus turísticos na cidade...

Habitualmente lotada, a praça Tiradentes de Ouro Preto, virou um campo aberto e na porta do Museu da Inconfidência via-se um segurança de máscara e o aviso de que ele estava fechado. Nas ruas calçadas de pedra, só se ouvia o badalar dos sinos das igrejas barrocas marcando as horas. As lojas tiveram que fechar, a UFOP suspendeu as aulas e os ouro-pretanos ficaram em suas casas, em isolamento social.

Na Semana Santa de abril, Ouro Preto viveu uma situação totalmente atípica sem a presença de turistas e sem as tradicionais celebrações religiosas – procissões, missas solenes e as encenações da paixão de Cristo que atraem multidões!!!

Aliás o famoso jornal inglês *The Guardian*, classificou a Semana Santa de Ouro Preto, como uma das dez mais importantes do mundo, sendo um período de muita beleza, emoção, fé e movimentação ligado ao turismo religioso.

Zaqueu Astoni, o secretário de Cultura de Ouro Preto, comentou: "No ano de 2020 vai ocorrer a comemoração do tricentenário da capitania de Minas (em dezembro). Sem dúvida as atividades econômicas ligadas ao **turismo**, à **cultura** e à **educação**, empregam atualmente mais pessoas em Ouro Preto do que a **mineração** e elas foram severamente afetadas e interrompidas. Mas isso foi necessário para salvaguardar a vida das pessoas. A pandemia passará e aí se voltará de novo o foco para retomar-se o fluxo turístico e cultural."

Pois é, em 2020, Ouro Preto iria comemorar festivamente 250 anos da Casa da Ópera (em junho), 300 anos da Sedição de Vila Rica (em julho), quatro décadas da conquista do título de **patrimônio da humanidade** etc. eventos que foram cancelados, protelados ou bem prejudicados!?!?

Palmas

SHUTTERSTOCK - GIOVANNI ZACCHINI

A bonita ilha Canela, um oásis para repousar e divertir-se no meio do rio Tocantins, em Palmas.

PREÂMBULO

Cravada no centro do País, em meio a uma paisagem de cerrado, Palmas oferece diversão para todos os gostos. Para os fãs da natureza, a região é repleta de trilhas com cachoeiras, e suas praias fluviais são um encanto.

Em Taquaruçu, um distrito de Palmas, há muito verde exuberante, além de cachoeiras imensas (cerca de 80). Um bom exemplo é a cachoeira do Roncador, com seus 70 m de altura e águas supergeladas. Há também a cachoeira do Escorrega Macaco (com 55 m), sendo que o passeio até ela é bem tranquilo. E com o calor que faz em Palmas, não há quem resista a um mergulho no lago que se formou depois da construção da hidrelétrica Luís Eduardo Magalhães.

A praia da Graciosa, a principal de Palmas, dispõe de algumas barracas com teto de palha, assim como de alguns barzinhos e até restaurantes. Do seu píer é possível partir num passeio de barco até a ilha Canela. Já nas águas escuras e frescas do rio Tocantins vivem as temidas piranhas, por isso, nas áreas destinadas aos banhistas (moradores e turistas) foram colocadas cercas para que todos possam entrar na água em segurança.

Mas além das praias, a cidade também ficou famosa pelos seus parques e praças destinadas a caminhadas e atividades ao ar livre. Esse é o caso, por exemplo, da praça dos Girassóis, a maior praça urbana da América Latina e a segunda maior do mundo, com 571.000 m² (perdendo apenas para a praça Merdeka, em Jacarta, na Indonésia). Trata-se de um local muito agradável para passear, rodeado não apenas de muito verde, mas de monumentos e museus, estando aí também a sede dos três poderes públicos estaduais, o palácio Araguaia.

Palmas abriga um incrível festival gastronômico, além de festas juninas bastante animadas e locais espetaculares para se fotografar, bem curiosas e interessantes, em especial perto de seus monumentos, como o *Súplica dos Pioneiros*, dedicado à *Bíblia*; e do *Relógio do Sol*, considerado o maior relógio de sol horizontal do País, com 6 m de altura e 60 m de diâmetro.

Como é, caro (a) leitor (a), ficou interessado em visitar **a mais brasileira de todas as capitais**, que também é chamada "**caçula das capitais**" ou ainda de "**terra das oportunidades**"?

A HISTÓRIA DE PALMAS

Palmas é um município do Estado de Tocantins, além de sua capital, sendo a maior cidade deste novo Estado criado pela Constituição Federal, em 1988. Ela ocupa hoje uma área de 2.218,094 km², tendo como municípios limítrofes Aparecida do Rio Negro, Lajeado, Miracema do Tocantins, Monte do Carmo, Novo Acordo, Porto Nacional e Santa Tereza do Tocantins.

Estima-se que no início de 2020 vivessem em Palmas cerca de 310 mil pessoas. Recorde-se que antes da chegada dos europeus ao continente sul-americano, no século XVI, a porção central do Brasil foi ocupada por indígenas do tronco linguístico macro-jê, como os acroás, os xacriabás, os xavantes, os caiapós, os javaés, entre outros povos indígenas.

A história de Palmas está intimamente relacionada com aquela do próprio Estado do Tocantins, cuja área pertencia na verdade ao norte do Estado de Goiás e, desde o século XIX, houve alguns movimentos separatistas. Em 1809, um desses movimentos, ocorrido numa região de Goiás denominada Vila de Palma (hoje cidade de Paranã), foi instalado. Esse local ficava na barra do rio Palma com o rio Paranã, que se caracterizava pela grande quantidade de palmeiras.

Em 1821, o isolamento daquela região – provocado pelo rei dom João VI, de Portugal – causou outra revolta separatista. Na ocasião, o desembargador Joaquim Teotônio Segurado proclamou um governo autônomo para aquela região. Todavia, após três anos essa revolta foi contida por Caetano Mário Gama, presidente daquela província, nomeado por dom Pedro I, então imperador do Brasil.

A divisão de Goiás se manteve latente até os anos 1970, quando o tema voltou a ser discutido. A separação foi aprovada pelo Congresso Nacional em 1988, quando ocorreu finalmente o desmembramento do Estado do Tocantins em relação ao Estado de Goiás.

No dia 10 de janeiro de 1989 a cidade de Miracema do Tocantins foi definida como capital provisória do Estado. Em 15 de fevereiro de 1989, a Assembleia autorizou o então governador Siqueira Campos a desapropriar as áreas da serra do Carmo e ao leste do povoado de Canela para a criação da nova capital do Estado.

No dia 6 de março de 1989, foi criada por decreto a Comissão de Implantação da Nova Capital e, em 20 de maio de 1989, foi lançada a pedra fundamental da cidade, numa solenidade que reuniu cerca de 10.000 pessoas na praça dos Girassóis. No mesmo dia, o governador acionou o trator que deu início à abertura da avenida Teotônio Segurado, primeira via arterial da cidade.

Em seguida, mediante contrato, o governador encarregou os arquitetos Luís Fernando Cruvinel Teixeira e Walfredo Antunes de Oliveira Filho para desenvolver o projeto arquitetônico e urbanístico da cidade. A partir daí a cidade começou a ser construída por trabalhadores oriundos não apenas do interior do Estado de Tocantins, mas de vários outros Estados do País.

No dia 19 de julho de 1989, a Assembleia Estadual Constituinte aprovou o projeto de lei do poder executivo que criava o município de Palmas. A lei foi sancionada em 1º de agosto de 1989, quando Siqueira Campos confirmou a transferência da capital de Miracema do Tocantins para Palmas. Porém, somente em 1º de janeiro de 1990 é que Palmas assumiu efetivamente sua função de capital do Estado, e os poderes constituintes foram de fato transferidos da capital provisória para o Plano Diretor da nova cidade.

Todavia, as repartições do governo ainda não existiam, tampouco espaço para acomodar o pessoal administrativo. Na época, o primeiro prefeito do município foi Fenelon Barbosa Sales.

O Estado do Tocantins – e particularmente a cidade de Palmas – deve muito ao político José Wilson Siqueira Campos, que acabou se tornando mais conhecido apenas pelo sobrenome. Ele foi o primeiro governador do Estado (entre 1989 e 1991), mas depois voltou a governar o Tocantins em três outras oportunidades: entre 1995 e 1998 (terceiro governador), entre 1999 e 2003 (quinto governador) e entre 2011 e 2014 (oitavo governador).

José Eduardo Siqueira Campos, filho de José Wilson S. Campos, foi o primeiro prefeito eleito de Palmas, entre 1993 e 1997. José Wilson Siqueira Campos era empresário e pedagogo, e começou a se envolver com a política em 1965, quando se tornou vereador da cidade de Colinas (atualmente Colinas de Tocantins). Entre 1971 e 1988 exerceu vários mandatos consecutivos como deputado federal, representando o norte goiano.

Defensor da causa separatista, ele chegou a fazer uma greve de fome de 98 h em favor do movimento, tendo sido o responsável por redigir e entregar ao presidente da Assembleia Nacional Constituinte, Ulysses Guimarães, o projeto de fusão de emendas, conhecida como emenda Siqueira Campos. Aprovada, essa emenda, ela deu origem ao Estado de Tocantins, com sua promulgação na Constituição Federal de 1988.

Siqueira Campos foi o responsável direto pela construção da capital Palmas, que, em tese, foi a **última cidade planejada do século XX**. Vale ressaltar que, na época, essa decisão foi bastante criticada não somente pelos prefeitos das maiores cidades de Tocantins, mas também pelos principais líderes políticos do Estado, que enxergavam nessa proposta um desperdício de recursos.

Siqueira Campos executou em Palmas um grande programa de obras que incluiu a construção de uma ponte sobre o lago de Palmas, com 8 km de extensão; da praça dos Girassóis; de um memorial para a Coluna Prestes; do Hospital Geral de Palmas, e da usina hidroelétrica Luís Eduardo Magalhães (que hoje tem 902,5 MW de potência), entre outras obras. Palmas foi construída com avenidas largas, bons espaços públicos e um cuidado especial com a preservação ambiental.

Ele renunciou ao cargo de governador em 5 de abril de 2014, juntamente com o vice-governador João Oliveira. Lamentavelmente, ambos se envolveram em malfeitos em suas gestões. Aliás, José Wilson Siqueira Campos chegou inclusive a ser levado coercitivamente para depor durante a operação Ápia, deflagrada em 13 de outubro de 2016 pela Polícia Federal. O objetivo da operação foi desarticular uma organização criminosa (!?!?) que atuava no Tocantins, fraudando licitações públicas e a execução de contratos administrativos firmados para a terraplanagem e pavimentação de diversas rodovias estaduais.

A investigação apontou um esquema de direcionamento de concorrências envolvendo órgãos públicos de infraestrutura e agentes públicos, com um desvio total de R$ 1,2 bilhão em contratos que teriam sido fraudados no Estado do Tocantins. Com isso, o prejuízo aos cofres públicos foi em torno de R$ 200 milhões. Por incrível que possa parecer, José Wilson Siqueira Campos, com 91 anos, assumiu em 16 de julho de 2019 o cargo de senador da República, na vaga deixada pelo senador Eduardo Gomes!?!? Com isso, ele se tornou o senador mais velho da história do Brasil.

No que se refere ao tamanho da cidade, se em 1991 a população era de 24.261 habitantes, seu crescimento ao longo dessa década foi muito expressivo e, em 2000, Palmas já contava com 130.528 habitantes. Esse grande aumento se deu pela vinda de muitos migrantes para o local, atraídos pelas oportunidades de negócio que se abriram por conta naturalmente da implantação do Estado e da capital.

Sua urbanização continuou aumentando nos últimos anos. Aliás, ela foi a capital estadual com o maior crescimento demográfico nos primeiros 19 anos do século XXI. A capital do Tocantins também teve um crescimento económico médio de 8,7% nos últimos anos, ou seja, bem maior do que os índices estadual e nacional.

Em sua história até agora, Palmas já teve 6 prefeitos, sendo que o penúltimo foi Carlos Enrique Franco Amastha, que nasceu em Barranquilla, na Colômbia e chegou ao Brasil em 1982. Primeiramente ele se fixou em Curitiba, onde conheceu a sua esposa Glô, com a qual teve 3 filhos. Lá ele se tornou um empreendedor no ramo da EAD e de *shopping centers*, sendo inclusive diretor-presidente do grupo Skipton.

Naturalizou-se brasileiro em 1990 e, a partir de 2007, fixou residência em Palmas. Em 2012 disputou as eleições para a prefeitura da cidade, que venceu, tornando-se o quinto prefeito eleito da capital do Tocantins. Posteriormente, por conta de sua boa gestão, acabou sendo reeleito ainda em primeiro turno para um segundo mandato, em 2016.

Essa foi a primeira vez que um cidadão naturalizado brasileiro foi eleito para governar uma capital estadual, algo bastante incomum no Brasil. Essas vitórias consecutivas de Carlos Amastha em Palmas repercutiram em diversos portais de notícias do Brasil e da Colômbia, assim como de toda a América Latina.

Infelizmente nessa segunda vez o prefeito acabou se tornando alvo de alguns inquéritos. Em 3 de abril de 2018 ele deixou a prefeitura de Palmas para concorrer ao cargo de governador do Tocantins, mas não foi eleito. Em 12 de setembro de 2019 foi condenado por improbidade administrativa e teve seus direitos políticos suspensos por três anos.

De qualquer modo, por conta da origem de Carlos Amastha, um consulado honorário da Colômbia foi aberto em Palmas. A cidade também iniciou o seu projeto de firmar acordos de **cidade-irmã**, já tendo celebrado esse vínculo não apenas com Araguaína – no próprio Estado do Tocantins -, mas também com o Colorado Springs, nos EUA. Isso é muito pouco, não é?

Palmas fica 260 m acima do nível do mar. O relevo do município é caracterizado pelas serras do Carmo e do Lajeado, sendo basicamente escarposo. A cidade se mantém numa espécie de "planície" entre as montanhas e o lago represado, formado pela hidrelétrica de Lajeado (também chamada de Luís Eduardo Magalhães), a pouco mais de 54 km ao norte da cidade, no município do Lajeado.

O principal rio que banha o município é o Tocantins, sendo que o trecho dele que passa pelo município faz parte do próprio lago. Além do rio Tocantins existem outros cursos de água que passam pelo município, destacam-se o rio das Balsas, os ribeirões Taquaruçu, Taquaruçu Grande e das Pedras, e o córrego Macaco.

Atualmente Palmas é considerada a capital estadual mais quente do Brasil (!!!), sendo que a maior temperatura já registrada na cidade foi de 43ºC, em 24 de outubro de 2017. A mais baixa, em contrapartida, foi verificada em duas ocasiões, nos dias 21 de agosto de 1994 e em 12 de julho de 1996, quando os termômetros marcaram 11,5ºC.

A distribuição sazonal das precipitações pluviais está bem caracterizada ao longo do ano, apresentando dois períodos bem definidos: a estação chuvosa, entre outubro e abril, quando a temperatura média é de 26°C, e os ventos são fracos e moderados; e a estação seca, entre os meses de maio e setembro, época em que a temperatura média varia entre 23ºC e 27°C. O índice pluviométrico é superior a 1.800 mm ao ano. Durante o período seco a umidade do ar pode ficar abaixo dos 15%, o que obriga os palmenses a tomar muita água e buscar meios de umidificar os ambientes que utilizam para dormir.

Além da região do Plano Diretor, da região de Taquaralto e dos Aurenys (a sede municipal), o município de Palmas também possui dois distritos localizados ao longo da rodovia TO-30: Taquaruçu e Buritirana. Além dessas localidades há também o distrito de Luzimangues, localizado na margem esquerda do rio Tocantins, às margens da rodovia TO-80. Embora ocupe parte do território do município vizinho de Porto Nacional, ele está intrinsecamente ligado à Palmas.

Palmas foi concebida e projetada para ser o centro administrativo e econômico do Estado do Tocantins, o que fez com que o seu setor de serviços se tornasse o principal da economia palmense. Estima-se que no final de 2019 a composição do PIB de Palmas tenha sido a seguinte: quase 61% do setor terciário (serviços e comércio); em torno de 31% do setor primário (agropecuário); e os 8% restantes do setor secundário (indústria) e ele ficou próximo de **R$ 11 bilhões**.

E no que se refere ao comércio, encontram-se atualmente instalados em Palmas alguns *shopping centers*. Dentre eles destacam-se os seguintes:

→ **Capim Dourado** – Tem várias opções de lojas, ótimo cinema, supermercado, uma praça de alimentação muito boa e uma ampla quantidade de vagas no estacionamento.

- → **Palmas** – Possui supermercado e é provavelmente o melhor da cidade. Conta com praça de alimentação, tanto para lanches quanto para almoço e jantar, e excelente cinema, mas oferece poucas opções em termos de lojas.
- → **NMB** – Tem boa localização e é um excelente local para se conseguir uma refeição rápida.
- → **Cidade** – Um bom lugar para se divertir com a família, além de oferecer aos clientes uma boa variedade de produtos bacanas.
- → **Pop** – Não é muito movimentado, mas tem uma excelente praça de alimentação e muitas lojas com excelentes opções de compra no varejo.
- → **Centro Empresarial Tukana** – Dispõe de muitas lojas e oferece diversos serviços, especialmente no mundo da costura.

Claro que atualmente muitas pessoas já vão aos *shoppings* para se **distrair** e se **alimentar**, e não apenas para comprar. De fato, há muita gente que preferiria não ter que sair de casa para adquirir produtos e, na realidade, isso já não é mesmo necessário. Afinal, praticamente todas as pessoas possuem um dispositivo incrível – o *smartphone* –, que lhes permite ver os produtos desejados e encomendá-los (comprá-los) apenas com alguns cliques, sem precisar ir até os centros comerciais.

E tudo indica que esse método de fazer as compras poderá se tornar o principal na terceira década do século XXI, o que obviamente diminuirá muito a visitabilidade aos *shopping centers*. Isso, por sua vez, também provocará a diminuição do número de pessoas que trabalharão nesses centros comerciais!?!?

No que se refere ao conceito dos *shoppings centers*, vale recordar que um dos grandes feitos de Carlos Francisco Ribeiro Jereissati foi ter convencido muitas pessoas em nosso País de que todas as compras (desde as mais essenciais àquelas feitas apenas por capricho) poderiam acontecer dentro das mesmas quatro paredes – e, no caso dele, ou mais especificamente do *shopping* Iguatemi (em São Paulo), adornadas por colunas em estilo neoclássico e por um belo teto de vidro. Atualmente Carlos Jereissati é o proprietário de 16 centros comerciais instalados em várias das cidades encantadoras que recebem aproximadamente 10 milhões de consumidores por mês. Aliás, segundo levantamento da agência imobiliária Cashman & Wakefield, ele é o dono do metro quadrado mais caro do mundo!!!

Já o seu filho, Carlos Jereissati Filho, que agora é o presidente do grupo Iguatemi Empresa de *Shopping Centers* S.A., acredita que doravante o consumidor irá preferir fazer suas compras utilizando apenas seu *smartphone*. Desse modo, ele lançou em 2019 a primeira plataforma brasileira de vendas *on-line* com a bandeira de um *shopping center*. Esse *e-commerce* inclusive abrigará uma parte das marcas, entre etiquetas nacionais e internacionais, que já se encontram sob guarda-chuva do grupo.

Neste sentido, Carlos Jereissati Filho explicou: "Sempre fomos um grande lançador de operações no varejo no País. Essa incursão *on-line* será na realidade uma extensão do negócio dos nossos *shoppings*, e irá atender a pessoas que dispensam o ritual de entrar na loja, escolher, pagar e carregar. **Eles querem ter a possibilidade de evitar essa chatice!!!**"

Note-se que nos seus *shoppings* o grupo Iguatemi busca agora atrair seus clientes oferecendo-lhes palestras com nomes grandiosos, em especial do mundo da moda, como: Gildo Zégna, Eva Chen, Diane von Furstenberg, Christian Louboutin etc., o que certamente fará com que os consumidores, após terem conhecido os criadores de diversos produtos do vestuário, queiram adquiri-los com mais paixão. Além disso, são oferecidas dentro da rede de *shoppings* Iguatemi diversas outras opções de **entretenimento**, o que faz com que as pessoas queiram ir até eles mais para se entreter do que para comprar!!!

Em Palmas, não há nenhum *shopping* Iguatemi, mas os que existem na cidade devem prestar atenção nessa tendência lançada por Carlos Jereissati Filho, e procurar implementar mudanças para garantir a própria sobrevivência. Neste sentido, o ideal é ampliar as opções e os atrativos para os visitantes, oferecendo a eles diferenciais que vão além de apenas comercializar produtos com preços justos!!!

Ainda no âmbito das compras, também se encontram em Palmas lojas de importantes redes varejistas, como Casas Bahia, Lojas Americanas, Havan etc. Além disso foram abertas filiais de famosas redes de supermercados, como Atacadão, Macro, Extra etc.

A participação da agropecuária palmense na economia baseia-se na presença de pequenas chácaras no entorno da cidade e das rodovias que dão acesso a Palmas, e também de grandes fazendas de plantação de soja e de criação de gado, no distrito de Buritirana. A cidade possui hoje quatro distritos industriais, a saber: Tocantins I, Tocantins II, Palmas e Taquaralto. Todos eles ficam às margens das rodovias TO-50 e TO-10. A economia palmense é predominantemente formal, constituída principalmente por sociedades limitadas e firmas individuais. As microempresas são as mais comuns no município, sendo que elas compõem mais de 85% das cerca de 6.400 empresas palmenses.

O desenvolvimento de Palmas fez com que ela se tornasse uma cidade-polo, cuja influência socioeconômica abrange, além de todo o Estado do Tocantins, o sudeste do Estado do Pará, o nordeste do Estado do Mato Grosso e o sul do Estado do Maranhão. Não é, portanto, por acaso que o lema de Palmas é *Co Yvy ore retama* ("Essa terra é nossa"!!!), pois parece que a cidade se espalhou, tornando-se referência e atração para muita gente que não vive nesse município, conhecido também como a **"terra de oportunidades"** e **"a mais bela das capitais"**.

No que se refere à **educação**, os resultados do Ideb, divulgados em 2015, revelaram que Palmas já havia alcançado naquela época a meta inicialmente prevista pelo ministério da Educação para 2021, tanto nas séries iniciais (4º e 5ª anos) quanto nos finais (8º e 9º anos).

Esse mesmo *ranking* de 2015 mostrou ainda que Palmas obteve o melhor índice entre as capitais estaduais nas séries finais, conseguindo uma nota média 5,6, superando inclusive Curitiba. A cidade também ficou em 2º lugar nas séries iniciais, atrás apenas da capital paranaense.

Aliás, o ministério da Educação concedeu ao município de Palmas o selo de Município Livre do Analfabetismo, colocando a cidade entre os cerca de 200 municípios (no Brasil existem 5.570) que atingiram mais de 96% de alfabetização. Reconheceu-se, desta forma, o esforço desenvolvido na cidade para alcançar esse objetivo, com jovens e adultos acima de 15 anos.

Dentro do IDHM, o fator educação alcançou a marca de 0,934 – um patamar considerado relativamente elevado, em conformidade com os padrões do PNUD. Em Palmas o IDHM foi de 0,788, o maior do Estado do Tocantins (com 139 municípios) e o primeiro em toda a região norte (com cerca de 449 municípios).

Palmas tem um sistema de ensino primário e secundário, público e privado, e várias escolas técnicas profissionalizantes nas quais estima-se que estivessem matriculados em 2020 cerca de 40.000 alunos, para os quais lecionavam algo próximo de 1.830 professores. Segundo estimativas no início de 2020, havia em Palmas perto de 240 IEs, distribuídas entre aquelas de ensino fundamental (quase 50% delas), unidades pré-escolares e de nível médio. Infelizmente nos resultados mais recentes do Enem nenhuma escola de Palmas apareceu no *ranking* entre as 50 melhores do País!?!?

Palmas possui diversas EMEFs, entre as quais estão algumas escolas de tempo integral (ETIs), como: Vinícius de Moraes, Luiz Gonzaga e Eurídice Ferreira de Mello, todas bem avaliadas pelos alunos. Na ETI Eurídice Ferreira de Mello, por exemplo, além de se oferecer um bom ensino, a escola dispõe de piscina, quadra de esportes, biblioteca e auditório.

Entre as EMEFs palmenses, têm-se outras opções, como: Darcy Ribeiro, Daniel Batista, Anne Frank, Aurélio Buarque de Holanda, Beatriz Rodrigues Silva, Maria Julia Amorim Soares Rodrigues, Henrique Talone Pinheiro, todas essas recebendo boas avaliações e boa classificação no Ideb.

Infelizmente há outras EMEFs em Palmas que precisam urgentemente de atenção por parte da prefeitura. Elas sofrem com a ausência de professores e principalmente com problemas nas instalações. Esse é o caso das IEs: Jorge Amado, Benedita Galvão, Francisca Brandão Ramalho, Sávia Fernandes Jácome, entre outras.

Existem também em Palmas algumas IEs estaduais, como: a Madre Belém, a do Setor Sul (muito bem avaliada), e o Centro de Ensino Médio Castro. Já a rede de ensino privada cobre desde a creche até o ensino médio, passando é claro pelos ensinos infantil e fundamental até chegar ao médio. Entre essas IEs destacam-se as seguintes:

Centro Educacional Caminho Certo (ensino infantil e fundamental); Centro Educacional Infantil e Berçário Encanto (com excelente avaliação e, provavelmente, o melhor berçário de Palmas), Escola Genesis (com excelentes professores e um eficiente processo de ensino e aprendizado), Escola Aquarela (muito boa), Escola Adventista (com ensino diferenciado na educação infantil e fundamental), Escola Comecinho de Vida (na qual se respeita as fases de desenvolvimento de cada criança), Dom Bosco Júnior Sul (atende crianças a partir de 2 anos, até o 5º ano do ensino fundamental), Maple Bear Palmas (uma escola bilíngue com excelente avaliação, que oferece uma educação focada no desenvolvimento integral das crianças e dos adolescentes), Colégio Santa Marcelina (com unidades em outros seis Estados, além de Tocantins, onde é muito bem avaliada), Colégio Dom Bosco (uma referência em educação no Estado de Tocantins), Colégio Madre Clélia Merloni (atende desde a educação infantil até o 9º ano do ensino fundamental, oferecendo uma estrutura educacional humanista e cristã), Colégio Batista (muito bem avaliado), Centro Pedagógico Princípio da Sabedoria (com uma excelente proposta educacional, muito bem aceita pelos alunos e avaliada como excelente), Colégio Albert Einstein (que conta com um material didático muito bem elaborado), Colégio Presbiteriano Mackenzie (que oferece um ensino muito bom e conta com professores dedicados e talentosos), Colégio Marista (no qual os alunos participam de jogos educacionais, têm aulas de robótica e recebem um ensino adequado para as demandas na 3ª década do século XXI), Centro Educacional São Francisco de Assis (para alguns alunos é a melhor IE de Palmas) e o Colégio Supremo (que oferece diversos cursos técnicos).

Não se pode deixar de citar que em Palmas, tem-se a Fundação Escola de Saúde Pública na qual se procura dar um ensino que permita aprimorar a qualificação dos profissionais na atenção primária de saúde. Esse é um programa de **educação permanente**. É importante também citar o que oferecem na cidade as boas escolas profissionalizantes do Senai e do Senac

E quando o assunto é o **aprendizado**, vale ressaltar que vivemos numa época em que muitas pessoas estão afirmando que o livro impresso irá **desaparecer**; que haverá uma transição para os livros digitais, que serão lidos com o auxílio de *tablets* ou até dos *smartphones*!!!

Essa mudança naturalmente tornará inúteis as bibliotecas onde ainda estão guardados os livros impressos usados pelos alunos. O mais incrível é que em muitas cidades, em especial nas IEs e IESs públicas e/ou privadas, as bibliotecas ainda sequer se tornaram presentes e, quando existem, são bastante modestas – e agora já correm o risco de se tornarem **obsoletas** ou até **supérfluas**!?!?

O fato é que hoje no Brasil vivemos em dois mundos: o **conservador** (no qual se têm os livros impressos) e o **moderno** (onde eles são digitais). Aliás, recentemente saiu uma pesquisa feita pelo Instituto Ecofuturo, que revelou que nas cidades onde existiam bibliotecas comunitárias instaladas graças a um projeto do instituto, os alunos que estudavam nelas tiveram uma melhoria nas notas obtidas no Ideb. Essa pesquisa contemplou 107 bibliotecas instaladas em 12 Estados da União.

No Estado de Pernambuco, por exemplo, estavam 27 dessas bibliotecas que integravam o projeto, uma de cada município. Entre 2005 e 2015, foram observados e comparados os Idebs nas localidades onde havia esses equipamentos e aqueles de outros municípios (cujas características eram semelhantes aos analisados, mas que ainda não possuíam bibliotecas do Instituto Ecofuturo). Segundo o estudo, houve uma melhora de 7,8% nas notas dos anos iniciais do ensino fundamental. Especificamente na cidade de Cabo de Santo Agostinho, o Ideb passou de 3 (em 2005) para 4,6 (em 2015) nos anos iniciais; e de 2,6 para 3,5 nós anos finais.

Apesar de ser uma melhoria considerável, naturalmente muita coisa precisa ser feita, uma vez que essas notas ainda são muito baixas. Todavia, fica claro que quando mais alunos frequentam bibliotecas e emprestam livros para ler, aumentam sua proficiência, e não só no que se refere à leitura, mas também em matemática.

Em Alagoinha, cidade no agreste do Estado de Pernambuco, a biblioteca comunitária Givanildo Paes Galindo também integra a rede do Ecofuturo. Ela fica no centro da cidade e funciona nos três turnos, de segunda a sexta-feira. Para estimular a vinda de leitores, sua coordenadora Simone Galindo usou de criatividade. Ela explicou: "Eu faço cartazes e os coloco, por exemplo, nos postos de gasolina, com uma frase dizendo que: '**As pessoas devem ir até a biblioteca se reabastecer de conhecimento**'. Já num hospital, a frase colocada é: '**Lendo um livro a pessoa manterá sua mente saudável.**'

Sei que não é fácil concorrer com a tecnologia digital, então tento aproveitá-la. Divulgo os novos livros que chegam nos grupos de WhatsApp, e as atividades que ocorrem na biblioteca no Facebook. Tenho cerca de 11.000 livros e por mês já estão sendo emprestados cerca de 120 exemplares."

No Centro Integrado de Educação Pública (Ciep) Glauber Rocha, que fica na zona norte do Rio de Janeiro, a filosofia é: "**Um livro na mão, uma ideia na cabeça**". Apesar de as turmas terem muitos alunos (o Ciep tem cerca de 550 estudantes, desde a pré-escola até o quinto ano do ensino fundamental) a nota média deles é 8,5 (numa escala de 0 a 10). Na avaliação dos professores e funcionários, isso é o reflexo dos pilares do projeto pedagógico da IE, que são: **leitura, aulas de reforço** e **família**.

Essa unidade escolar está aberta à comunidade em horário integral, e nela 80% dos professores têm **dedicação exclusiva**. A IE também contratou estagiários para as aulas de reforço, e na sua biblioteca há cerca de 5.500 títulos, livros que são emprestados aos alunos e aos familiares deles. É por isso que o Ciep Glauber Rocha tem obtido tantos resultados positivos, inclusive ainda no Ideb em 2009, já tinha conseguido uma nota 6,7, antecipando sua meta prevista para 2021.

O incentivo à **leitura** e a manutenção dos mesmos professores e de funcionários também são praticados na EMEF Carmélia Dramis Malaguti, na cidade de Itaú de Minas, em Minas Gerais, o que permitiu que a IE obtivesse uma nota muito alta no Ideb, ou seja 8,6. Ela tem cerca de 250 alunos distribuídos desde a educação infantil até o 5º ano. Os seus alunos são, em sua maioria, pertencentes à classe média.

Sua diretora, Maria Flávia de Oliveira, declarou: "Há um entrosamento muito grande da escola com as famílias dos alunos, que entre outras coisas cooperam no sentido de que estes leiam bastante; nossos professores continuamente se reeducam, se capacitam mais, além disso, criou-se entre todos os ligados a IE um forte espírito de pertencimento. Foi isso o que permitiu que tivéssemos um excelente desempenho no Ideb, comprovando que nossos alunos, entre outras coisas, entendem bem o que estão lendo!!!"

Por outro lado, entretanto, não se pode esquecer que nesse início dos anos 2020, os livros físicos adquiridos ou consultados pelas pessoas são cada vez mais escassos, ou isso é feito, com menor frequência... Naturalmente, isso fez com que muitas editoras e livrarias fechassem as portas e que as bibliotecas sejam cada vez menos procuradas!?!?

A realidade é a seguinte: assim como os nossos antepassados vivenciaram a revolução proporcionada pela impressão de livros – com a invenção de Johannes Gutenberg, que imprimiu a primeira *Bíblia* em 1455 –, o que permitiu que a partir daí surgissem milhares, milhões e bilhões deles (!!!), hoje vivemos a **desmaterialização da cultura**!!!

Mas não é apenas a **cultura** que está se desmaterializando, e deixando cada vez mais vazias as nossas bibliotecas, salas e estantes. É a nossa relação com a cultura que está mudando!?!? Não somos mais proprietários de coisas, somos apenas consumidores. Nesse contexto, a palavra que se tornou mais importante é **assinante**. Isso, aliás, foi relatado com ênfase por Tien Tzuo em seu livro *Subscribed* ("*Assinado*"), no qual ele desenvolveu suas reflexões sobre a "**economia de assinaturas**" que já conquistou a economia global.

O autor destacou ainda que em poucas décadas mais da metade das mais importantes empresas do mundo que apareciam na famosa lista das 500 primeiras do mundo, da revista *Fortune*, sumiram dela... A explicação é clara: elas vendiam coisas – muitas "**coisas**", para muita gente –, como sempre aconteceu desde os primórdios do capitalismo.

Hoje em seu lugar surgiram aquelas que souberam se adaptar à **economia digital** e vender seus **serviços** ou, de forma mais precisa, comercializar

acessos!!! Neste nicho há vários exemplos de sucesso, como a Amazon (que vende *e-books*); a Spotify (que fornece aos assinantes uma discoteca imensa); ou a Netflix (que permite aos assinantes assistir centenas de filmes e séries famosos, como foi o caso de *House of Cards*, por exemplo). Aliás, a Netflix, que até 2007 comercializava *DVDs*, optou sensatamente pelo serviço de *streaming* (transmissão) e conseguiu já em 2018 mais de 120 milhões de assinantes. E no início de 2020 o número de seus assinantes superou 167 milhões...

Naturalmente, ler no papel não é a mesma coisa que ler numa tela. Por isso, a maioria daqueles que têm hoje mais de 35 anos não tem a intenção de se desfazer de suas bibliotecas(!?!?!). Mas isso já não é o que pensam os indivíduos das gerações Z e Alfa, ou seja, os que nasceram depois de 1994 e 2010, respectivamente. Para essas pessoas a experiência cultural é mais importante que a mera posse de objetos.

E talvez isso seja uma vitória do **espírito** sobre a **matéria**, o que no fim das contas é a vocação mais autêntica da própria cultura. Por isso, esse livro também poderá ser lido em sua **versão digital, viu?**

Mas voltando ao tema principal, a conclusão é uma só: quem **lê livros** impressos, sejam eles comprados ou emprestados nas bibliotecas, recorrendo ou não aos digitais, se desenvolve mais e se torna inclusive mais criativo!!! Dessa forma, especificamente em Palmas, onde tantas coisas são muito novas, é vital que em suas IEs e IESs os professores insistam bastante para que os alunos leiam muitos livros, independentemente de eles serem obtidos nas bibliotecas ou estarem disponíveis nos computadores, *tablets* ou *smartphones*.

No que se refere a universidades, encontram-se instaladas na cidade algumas boas IESs, com destaque para as públicas, como Universidade Federal do Tocantins (UFT), a Universidade Estadual do Tocantins (Unitins) e o Instituto Federal do Tocantins (IFTO). Uma boa IES com *campus* em Palmas é a Universidade Luterana do Brasil (ULBRA), assim como a Faculdade Católica de Tocantins, ambas privadas.

A UFT tem sede em Palmas, mas possui *campi* em outros seis municípios tocantinenses: Araguaína, Arraias, Gurupi, Miracema do Tocantins, Porto Nacional e Tocantinópolis. Ela oferece mais de 50 cursos presenciais de graduação, entre licenciaturas, bacharelados e tecnológicos; 5 cursos pelo sistema EAD e ainda cursos na modalidade semipresencial, específicos para a formação de professores. Tem também programas de pós-graduação *stricto sensu*, com 31 cursos de mestrado (19 acadêmicos e 12 profissionalizantes) e 6 doutorados; além de diversas opções de pós-graduação *lato sensu* (especializações e MBAs).

A UFT foi criada pela lei Nº 10.032 de 23 de outubro de 2000, mas suas atividades só tiveram início em 15 de maio de 2003, com a posse dos primeiros professores efetivos. Ela foi a primeira universidade brasileira a estabelecer cotas para estudantes indígenas em seus processos seletivos, já no primeiro vestibular da IES, realizado em 2004. Também foi a primeira a estabelecer cotas para estudantes quilombolas, em 2013. Estima-se que no início de 2020 estivessem matriculados nessa IES cerca de 18.700 alunos, e trabalhassem nela quase 680 docentes. A UFT ocupou a 72ª posição no *RUF 2019*.

A Unitins, por sua vez, iniciou sua história em 1990, com a criação da Universidade do Tocantins. Em 1996 ocorreu a criação da Fundação Universidade do Tocantins, que se uniu em 2000 com a Unipalmas, com a qual coexistiu até 2004, ano em que foi extinta. Finalmente, em 2016, a Fundação passou a ser Universidade Estadual do Tocantins (Unitins) e, através de uma lei estadual, se tornou uma autarquia.

A missão da Unitins é: "Produzir, difundir e socializar cooperativamente conhecimentos científico, tecnológico e cultural para a contribuição do desenvolvimento e do progresso das múltiplas comunidades presentes nos espaços tocantinense e da Amazônia legal."

Além do *campus* em Palmas, a Unitins possui *campi* em Araguatins, Augustinópolis e Dianópolis. Em 2015, essa IES foi a que obteve o melhor desempenho no exame da Ordem dos Advogados no Estado do Tocantins, ultrapassando a UFT, que era detentora dessa posição já há muitos anos consecutivos. Entretanto, no seu todo a Unitins precisa melhorar muito, pois no *RUF 2019* ficou no último lugar, ou seja, na 105ª posição.

A ULBRA, cuja sede fica na cidade de Canoas, no Estado do Rio Grande do Sul, é uma IES privada, filantrópica e confessional, que tem muitas dezenas de milhares de alunos matriculados em suas unidades espalhadas por muitas cidades brasileiras. Ela possui um *campus* em Palmas. A ULBRA, além de oferecer um bom ensino para seus estudantes, presta serviços à comunidade em suas unidades de atendimento médico. Ela também busca estimular a prática de esportes e tem uma rede de televisão.

Quando o assunto é **qualidade de vida**, a cidade apresenta um cenário bastante animador. Em abril de 2017 foi divulgada uma pesquisa do ministério da Saúde, que apontou que a população de Palmas ostenta o **menor índice de obesidade** entre as capitais estaduais do País e nela se verificam bons resultados quanto à hipertensão arterial, também a menor do País e além disso tem o **terceiro menor índice de diabetes do País** (empatada com a cidade de Rio Branco, no Estado do Acre).

Aliás, no âmbito da **saúde**, a rede pública de Palmas tem conseguido oferecer cobertura a 100% da população no serviço de atenção básica. Quanto à saúde bucal, essa cobertura alcança cerca de 87% e estima-se que em 2019 tenham sido realizadas cerca de 650 mil consultas.

Estima-se que no final de 2019, Palmas também dispusesse de praticamente duas centenas de estabelecimentos de saúde, dos quais 67% eram privados. Havia ao todo cerca de 500 leitos para a internação, dos quais aproximadamente 360 eram públicos!!! De fato, Palmas parece estar bem servida em termos de assistência médica, dispondo dos seguintes locais:

- **Hospital Infantil Público** – É uma referência pelos serviços prestados à comunidade, mas precisa melhorar suas instalações e também o suporte oferecido aos acompanhantes, que muitas vezes precisam passar muito tempo na recepção enquanto aguardam o atendimento dos filhos.
- **Hospital e Maternidade Dona Regina Siqueira Campos** – Tem uma boa estrutura, um bom quadro de profissionais e no refeitório para os acompanhantes são servidas ótimas refeições.
- **Centro de Saúde da Comunidade Alto Bonito** – Na realidade é um posto de saúde comunitário, que oferece bom atendimento aos palmenses.
- **Centro de Saúde da Comunidade da 1103 Sul** – Os palmenses também recebem aí um bom atendimento.
- **Unidades de Saúde da Família 307 Norte, 806 Sul e 1004 Sul** – Essas UBSs têm boa estrutura, sendo a porta de entrada do cidadão para o SUS.
- **Centro Oncológico** – É muito bem avaliado pelos pacientes, que se mostram satisfeitos com o atendimento recebido dos funcionários e dos médicos.
- **Hospital Geral Dr. Francisco Ayres** – O atendimento não é perfeito, mas o pessoal que trabalha nele é competente.
- **CSC 603 Norte** – É um hospital público que precisa passar por diversas melhorias para atender adequadamente os que recorrem a ele.

Na rede privada tem-se os seguintes estabelecimentos:

- **Hospital Urológico** – Com estrutura excelente, profissionais capacitados e atendimento nota 10, sendo por isso muito bem avaliado. Tem como missão oferecer soluções para todas as patologias urológicas, adotando meios e diagnósticos rápidos e confiáveis, dentro de uma estrutura ampla e inovadora.
- **Hospital Santa Thereza** – Há quem diga que esse hospital é o melhor de Palmas. Ele oferece ao paciente um espaço bem equipado, tranquilo e completo, com bom atendimento por parte dos que trabalham nele.
- **Hospital Palmas Medical** – O paciente recebe nele um atendimento de qualidade durante o seu tratamento, desfrutando de conforto e segurança.
- **Hospital Unimed** – Foi inaugurado em 2014. Possui cerca de 44 leitos e oferece pronto-atendimento nas seguintes especialidades: clínica médica e pediátrica. Os profissionais que trabalham nele são considerados bem competentes. Num outro endereço da cidade funciona um centro de especialidade médicas.
- **Hospital de Olhos** – É um ótimo hospital especializado no tratamento dos olhos, e bem avaliado pelos pacientes.
- **Life Center Hospital** – Oferece um ótimo atendimento, infraestrutura completa e praticamente tudo novo.
- **Medimagem Diagnósticos Médicos por Imagem Ltda.** – Trata-se de um dos melhores lugares em Palmas para a realização de exames de imagem. O local é bem limpo e conta com funcionários atenciosos e muito capacitados.
- **Hospital Cristo Rei** – O ambiente é agradável e o local conta com uma equipe multiprofissional, mas há reclamações sobre a forma de atendimento da equipe de enfermagem.
- **Hospital Otorrino** – Por causa da grande demanda, até mesmo as consultas agendadas acabam atrasando e muitas vezes isso aborrece muito aos que recorrem a ele.
- **Hospital Oswaldo Cruz** – O local é limpo e atende a vários planos de saúde. Conta com ótimos profissionais, sempre disponíveis, além de um corpo de médicos de diferentes especialidades.

- **Instituto Ortopédico** – A estrutura desse hospital é muito boa e, segundo os pacientes, os serviços ambulatoriais e de internação são de padrão internacional.
- **Hospital Padre Luso** – O hospital tem convênio com a UFT. Seus funcionários são muitos bons, mas precisa melhorar em termos de limpeza e contratar recepcionistas mais educadas.

Estima-se que no início de 2020 a cidade de Palmas tivesse cerca de 81 mil domicílios, entre apartamentos, casas e cômodos, sendo que cerca de 58% deles eram imóveis próprios e algo como 48% deles estavam totalmente quitados. Grande parte do município conta com água tratada, energia elétrica, esgoto, limpeza urbana, telefonias fixa e celular.

Aliás, no âmbito do saneamento básico, em 17 de março de 2017 a prefeitura de Palmas recebeu o selo comemorativo de universalização do serviço de coleta e tratamento de esgoto, uma vez que a capital tocantinense atingiu a meta de levar o serviço a mais de 80% dos seus moradores!!!

Também se estima que no início de 2020, 97% dos domicílios já fossem atendidos pela rede geral de abastecimento de água; 98% possuíssem coleta de lixo e 95,7% contassem com escoadouro sanitário. Atualmente o lixo da capital tocantinense é levado para o aterro sanitário de Palmas, criado em 2001, que é considerado um modelo nacional.

Quando o assunto é **acesso rodoviário**, deve-se destacar que Palmas está localizada próxima da rodovia BR-153, que também é conhecida como Belém-Brasília. Isso lhe permite conectar-se às principais cidades do Estado do Tocantins e também com as demais regiões do País, em especial com o centro-sul e os Estados do Maranhão, Pará e Amapá.

A TO-50 também é uma importante via de acesso a Palmas, sendo responsável por ligar a cidade com o município vizinho de Porto Nacional; à região sudeste do Estado; ao nordeste de Goiás; ao Estado da Bahia e ao DF.

Por Palmas também passa a BR-10, que apesar de ser uma rodovia federal, é administrada pela prefeitura no trecho urbano da cidade e pelo governo do Estado no trecho rural. Dentro do município, a BR-10 segue o mesmo percurso das rodovias TO-20 e TO-50. Fora essas, existem ainda as rodovias TO-10, TO-30, TO-40, TO-70, TO-80, TO-365 (no distrito de Taquaruçu) e TO-453 (no distrito de Buritirana), que passam por Palmas.

As empresas de ônibus que operam o sistema de transporte coletivo na cidade são: Expresso Miracema, Viação Capital e Palmas Superurbano. Na cidade existem seis terminais de integração, sendo que cada um deles recebe o nome de uma das tribos indígenas de Tocantins. São eles: Apinajé, Xambioá, Krahô, Xerente, Karajá e Javaé. Deles partem todas as linhas de transporte coletivo da cidade, sendo que aquela que interliga todos eles, recebe o nome de Eixão.

A frota de veículos de Palmas (especialmente carros e motocicletas) tem crescido muito nesses últimos 15 anos e estima-se que no início de 2020 ela fosse constituída por cerca de 195 mil veículos.

No quesito **realizações** e **eventos relevantes**, entre os acontecimentos que têm atraído para a capital tocantinense muitos visitantes e também a atenção da mídia brasileira, destacam-se:

→ **Primeiros Jogos Mundiais dos Povos Indígenas (JMPI)** – A 1ª edição dos JMPI foi realizada no período de 23 de outubro a 1º de novembro de 2015, quando houve a participação de dois mil atletas, distribuídos em 24 etnias brasileiras e 23 delegações internacionais. As modalidades esportivas foram divididas em jogos de integração (arremesso de lança, arco e flecha, cabo de força, canoagem, corrida, corrida de fundo, corrida de tora, natação e futebol masculino e feminino) e jogos de demonstração (*jikunahati, jawari, akô, kagút, kaipy, ronkrân* e *peikrãn*). O *slogan* do evento foi: "**O importante não é ganhar, e sim celebrar**", e além das competições esportivas, ele possibilitou a interação e integração cultural entre os povos de modo a enriquecer as culturas existentes e proporcionar a valorização dos povos indígenas no cenário mundial. Em comemoração ao Dia Internacional dos Povos Indígenas – 9 de agosto – a prefeitura de Palmas inaugurou o Parque dos Povos Indígenas. O local, cujo paisagismo contempla a cultura indígena, conta com pistas de *skate*, de caminhada e de corrida, além de diversas quadras esportivas e uma praça de alimentação.

→ **A novela: *O Outro Lado do Paraíso*!!!** – Em 23 de outubro de 2017, estreou essa telenovela da rede Globo, cuja trama foi escrita por Walcyr Carrasco e o elenco contou com nomes bem conhecidos na mídia nacional e internacional. Ela teve como cenário a cidade de Palmas, o que ajudou bastante a divulgar a capital tocantinense e inclusive aumentou muito a visitabilidade à região. Coincidentemente, o primeiro capítulo da novela foi apresentado exatos dois anos depois da abertura da 1ª edição dos JMPI.

→ **Plano de Ação Palmas Sustentável** – Esse plano foi lançado pela prefeitura de Palmas em 26 de junho de 2015, com o apoio do Banco Interamericano de Desenvolvimento (BID), da CEF e do Instituto Polis, por meio da iniciativa Cidades Emergentes e Sustentáveis do BID. O processo envolveu várias etapas – diagnóstico priorização e desenvolvimento de soluções – e visou sobrepujar os desafios de se alcançar progresso de médio e longo prazos na cidade. Palmas foi a quarta cidade brasileira que desenvolveu um plano de ação dentro da parceria com a CEF, e isso ocorreu pelo fato de ela ter bons indicadores socioeconômicos quando comparada com outras cidades da América Latina e do Caribe. Entretanto, existem desafios importantes que ainda precisam ser vencidos para garantir a sustentabilidade de seu território no longo prazo. Afinal, embora a cidade apresente potencialidades para o crescimento econômico – abundância de recursos hídricos e grande potencial para geração de energia limpa, bons índices de conectividade, gestão adequada da dívida e das obrigações fiscais, alta expectativa de vida e baixa taxa de mortalidade infantil –, alguns indicadores merecem atenção imediata para propiciar o desenvolvimento sustentável. Isso se aplica a itens como: mobilidade urbana, competitividade da economia, uso do solo, ordenamento territorial, desigualdade urbana, gestão pública moderna e autonomia financeira. Aliás, uma pesquisa recente de opinião pública demonstrou também que existe grande preocupação entre os palmenses no que concerne a **emprego, saúde, educação e segurança**. E essa pesquisa acabou servindo para balizar, ou seja, estabelecer os elementos para a priorização dos temas que deverão ser trabalhados e melhorados em Palmas. Além disso, esse estudo indicou que para alcançar seus objetivos a cidade de Palmas deve estimular seu **potencial turístico**, ainda não explorado adequadamente. Também será necessário incentivar novas modalidades de negócios, com a finalidade de incrementar a economia do município e do seu entorno. Para poder realizar esses objetivos é preciso buscar sinergias e somar esforços com diferentes esferas do governo e da sociedade, o que permitirá a governabilidade e a implementação de soluções concretas para os problemas prementes e de grande impacto na qualidade de vida dos palmenses, como a mudança no ordenamento territorial visando tornar a cidade mais compacta.

→ *Palmas – Capital da Fé* – Esse é um evento grandioso que acontece anualmente na época do Carnaval. Foi instituído pelo prefeito Carlos Amastha e reúne muitos visitantes vindos de diversas partes do Estado do Tocantins e de outras regiões do País. Na ocasião, o público tem a oportunidade não apenas de assistir apresentações de diversos convidados famosos – cantores e figuras importantes do cenário cristão – mas de aproveitar uma programação saudável e tranquila, diferente daquela oferecida pelas escolas de samba e pelos blocos carnavalescos. A primeira edição do *Palmas – Capital da Fé* aconteceu em 2015, quando contou com a apresentação de 23 artistas e bandas. Já no ano de 2019 (na 5ª edição) o evento ganhou maior destaque ainda, tanto que a cidade passou a ser chamada de "**capital da fé**". Na ocasião participaram dela figuras nacionalmente conhecidas, no segmento da música religiosa católica e evangélica, como: padre Fábio de Melo, Anderson Freire, padre Antônio Maria, Damares, Davidson Silva, Gabriela Rocha, Bruna Karla, Aline Barros, Sandro Nazireu, Gil Monteiro, entre outros. O evento que ocorreu entre 1º e 5 março, atraiu mais de 250 mil visitantes, tendo sido realizado na Arena Olímpica ao lado do estádio Nilton Santos. Durante essa semana foram gerados mais de 500 empregos diretos e indiretos. Deve-se ressaltar que, apesar da resistência da prefeitura em 2019, o distrito de Taquaruçu voltou a ter o Carnaval de rua, entre 2 e 5 de março, com o desfile dos bonecos gigantes, o que também atraiu muita gente.

→ *Natal dos Sonhos* – Anualmente a cidade de Palmas faz lindas decorações natalinas, promovendo assim a alegria de crianças e adultos que vem de todos os lugares para prestigiar o que se denominou *Natal dos Sonhos*. Por sinal a cidade conta nessa época com o maior túnel de lâmpadas *LED* do Brasil. No *Natal dos Sonhos* de 2019 (que, no Brasil, só perde para o *Natal Luz* de Gramado), foi instalado na avenida Teotônio Segurado um túnel de lâmpadas de *LED* com 15 km de extensão, o que encantou a todos que passaram por ele. Esse encanto do Natal invadiu também a avenida LO-11, próxima ao parque Cesamar, com o *Desfile de Natal*, no qual havia anjos estilizados, Papais Noéis gigantes, bonecos de patins, quebra-nozes, soldadinhos de chumbo, Marias e Josés, além de muitas outras novidades. Em dezembro, o parque Cesamar, transformou-se na Vila Encantada do Papai Noel, que mudou temporariamente para lá com a Mamãe Noel, junto com diversos duendes, muitas renas e outros animais, além de toda a família sagrada.

Palmas é hoje um dos destinos turísticos mais **convidativos** do País. Como já mencionado, a cidade está encravada na exuberante paisagem do cerrado, bem no centro do Brasil, e conta com um grande lago artificial, cercado pela serra do Lajeado. Este se formou a partir da construção da usina hidrelétrica de Lajeado, no rio Tocantins. Com uma extensão de 172 km e área total de 626 km^2, ele banha 54 km do município de Palmas, chegando a apresentar 8 km de largura em determinado ponto, e profundidade que varia entre 3 m e 22 m. Esse lago também se destaca por suas águas de cor azul-esverdeada, em cujas margens prevalece uma vegetação típica do cerrado, com destaque para as figueiras, as cajazeiras, os marmeleiros e os ingazeiros.

A fauna aquática é outro destaque da região, e tem promovido o crescimento da pesca esportiva, em especial do tucunaré-azul, como acontece no evento denominado Campeonato Nacional de Pesca Esportiva de Palmas. Além disso, esse lago proporcionou o surgimento de várias praias que atraem não só os palmenses, mas especialmente turistas oriundos de outras regiões. Entre elas destacam-se as seguintes:

- **Graciosa** – Essa é a principal praia da cidade, tendo boa estrutura para receber turistas e moradores. É um local muito utilizado para a realização de diversos eventos, em especial nas temporadas de férias. A contemplação do pôr do sol e os encontros para as *happy hours* de famílias e amigos, além da oferta gastronômica transformaram a praia de Graciosa em um dos lugares mais frequentados da cidade.
- **Arnos** – É a principal atração para os visitantes na região norte de Palmas, cujo cenário é belíssimo. O local conta com uma boa estrutura, oferecendo um certo conforto aos banhistas.
- **Prata** – Trata-se de uma praia com um ambiente bem organizado, embora rústico. Os restaurantes aí localizados atraem moradores e turistas com seus diversos pratos que têm como base os pescados. O local também abriga alguns eventos.
- **Caju** – Essa praia fica mais ao sul da cidade. Embora sua estrutura seja bem simples, é um bom lugar para quem gosta de aproveitar as águas do lago na companhia de amigos.

→ **Buritis** – Fica mais distante do centro da cidade e está sendo preparada para oferecer uma estrutura que garanta aos frequentadores mais conforto. O lugar, porém, se destaca pelo maravilhoso cenário de fim de tarde, quando toda a beleza natural de Palmas pode ser contemplada.

O lago também abriga a ilha da Canela, uma propriedade privada que ocupa uma área de 45.000 m² e se destaca pela ótima praia do local. Além disso, a ilha oferece ótima gastronomia. Ela fica a 3 km da margem e o acesso é permitido apenas aos que utilizam o transporte oferecido na praia da Graciosa. O local também é bastante utilizado por turistas adeptos do *camping*, desde que um contrato seja celebrado diretamente com os gestores do lugar.

No lago de Palmas também existem os chamados "**serviços flutuantes**", ou seja, embarcações que atendem pequenos grupos de turistas que desejam aproveitar melhor a natureza. Neles existem bares e restaurantes, que ficam à disposição dos viajantes.

A canoagem no lago de Palmas também é um sucesso. Turistas e famílias palmenses gostam de desfrutar da oportunidade e do prazer de remar em suas águas, sendo que os principais pontos de saída para essa prática são as praias da Graciosa e do Prata. E não se pode esquecer da evolução da atividade esportiva *stand up paddle* (em que a pessoa rema enquanto tenta manter o equilíbrio sobre uma prancha), que conta com um número cada vez maior de praticantes.

E para quem deseja aproveitar tudo isso, o que não falta em Palmas são opções em termos de **hospedagem**. De fato, existem algumas dezenas de hotéis na cidade, como os seguintes que são considerados quatro estrelas:

→ **Girassol Plaza** – Situado a 1,5 km do palácio do Araguaia, e a 1,6 km do Memorial Coluna Prestes (que documenta a vinda do capitão Luís Carlos Prestes para a região), esse é um hotel bem moderno, com quartos bem arejados. Possui piscina interna e externa, além de um ótimo restaurante e um bom salão para eventos. Oferece café da manhã gratuitamente.

→ **Italian Palace** – Esse hotel possui quartos tranquilos e fica a 10 km do Museu Histórico do Tocantins, a 12 km da praia da Graciosa e tem uma excelente localização para quem vai pegar um avião. Oferece *Wi-Fi*, estacionamento e café da manhã gratuitamente para os hóspedes.

→ **Rio do Sono** – Fica bem de frente da catedral metropolitana do Divino Espírito Santo. Trata-se de uma propriedade discreta, mas dispõe de quartos bem confortáveis, piscina e sauna. Os hóspedes contam com estacionamento, *Wi-Fi* e café da manhã gratuitamente.

Na categoria três estrelas há uma quantidade bem maior de hotéis, entre os quais estão:

→ **Pousada dos Girassóis** – Um hotel com fachada bem colorida e boa localização. Dispõe de quartos com camas confortáveis e piscina externa.

→ **Casa Grande** – É um hotel bem prático, situado num edifício baixo, bem cercado e localizado a 2,7 km do parque Cesamar. Seus quartos têm ótimo padrão. O local dispõe de piscina e oferece bom atendimento aos hóspedes.

→ **Castro** – É um hotel bem simples, que fica a 8 min a pé do *shopping* Palmas.

→ **Jalapão** – Localizado à beira da rodovia TO-80, num bairro residencial a 2 km do Espaço Cultural José Gomes Sobrinho. Seus quartos são discretos, mas adequados no caso de pernoite. É ideal para quem viaja a trabalho, e o hóspede tem a opção de ir a pé ao *shopping*.

→ **Lago da Palma** – Possui quartos descontraídos, alguns com varanda, além de um bom restaurante. Fica a 6 min a pé da principal praça da cidade.

→ **Munart** – É um hotel bem moderno, com fachada elegante e boa estrutura. Está localizado a 13 min a pé da catedral metropolitana do Divino Espírito Santo e possui quartos minimalistas e algumas suítes.

→ **Estrela Palmas** – Localizado no centro da cidade, esse hotel possui quarto e banheiro bem espaçosos, e permite a presença de animais de estimação.

→ **Arco Iris** – Esse hotel descontraído e com ambiente bastante familiar dispõe de apartamentos bem claros, com quartos simples.

→ **Fit** – É um hotel bem discreto, mais adequado para quem viaja a negócios. Fica numa área comercial da cidade, a 5 km do *campus* da UFT.

- **10 Palmas** – É um hotel novíssimo, com ótimo atendimento e excelente garagem.
- **Roma** – Hotel com boa localização, a partir do qual o custo de uma viagem utilizando o aplicativo Uber é bem pequeno se o hóspede quiser passear nos *shoppings* e nas praias da cidade!!!
- **Araguaia** – Oferece ao hóspede um ambiente bem confortável, assim como um bom atendimento nos diversos serviços.
- **Victória Plaza** – Dispõe de quartos básicos, um bom restaurante e uma piscina externa. Ocupa uma torre bem moderna, e está localizado a 15 min a pé da praça dos Girassóis.
- **Turim Palace** – Trata-se de um hotel bem iluminado, num edifício de pedras brancas. Dispõe de piscina externa e academia, e está localizado bem perto da praça dos Girassóis.

Deve-se lembrar que em praticamente todos esses hotéis três estrelas o hóspede tem acesso gratuito à rede *Wi-Fi*, além de estacionamento e café da manhã de graça.

Já para aqueles que procuram gastar o mínimo possível com hospedagem, a recomendação é optar por um dos hotéis duas estrelas a seguir:

- **Palmas** – Um hotel prático, com quartos simples e dormitórios, sendo que em alguns há uma pequena cozinha. Nele é possível alugar uma bicicleta para transitar pela cidade.
- **Select** – Os quartos dispõem de camas bem macias, e os banheiros, de ótimos chuveiros. O local também possui uma boa academia.
- **Ibis Styles** – Possui restaurante, bar e oferece gratuitamente aos hóspedes *Wi-Fi*, estacionamento e café da manhã.

Quem visita Palmas tem à disposição pelo menos algumas dezenas de boas opções para se alimentar, como é o caso dos restaurantes e das lanchonetes citadas a seguir:

- *Adelaide Bistrô* – É um restaurante acolhedor e charmoso. Serve pratos individuais, elaborados com base na culinária francesa. No local há um terraço com vista para jardins e, enquanto come, o visitante tem a oportunidade de escutar uma trilha sonora muito bem escolhida...

- *Quadra Contemporânea* – Especializado em uma cozinha contemporânea de carnes, frutos do mar e massas. Dispõe também de uma boa carta de vinhos e boas opções de cervejas e drinques.
- *Dom Vergílio* – É um restaurante que serve diversas opções de *pizzas*, além de grelhados e pratos quentes variados. Sua decoração é sóbria e clássica.
- *Ecológico* – Local muito charmoso e aconchegante, onde o visitante tem contato direto com a natureza. A comida é ótima, feita em fogão à lenha!!!
- *Fogão à Lenha* – É um restaurante espaçoso e animado, que serve pratos da culinária brasileira preparados em fogão à lenha, além de um *buffet* de saladas e sobremesas. Quem for nele não pode deixar de experimentar a carne seca com banana!!!
- *Cabana do Lago* – Serve comida regional refinada e variada, à base de pescados de água doce, mas também oferece um *buffet* completo. Possui um grande salão com mezanino, no qual cabem cerca de 400 pessoas.
- *Portal do Sul* – Trata-se de uma churrascaria com um bom rodízio de carnes e *buffet self-service*.
- *Sarandi* – Uma excelente churrascaria em Palmas, com uma boa variedade de bebidas e sobremesas.
- *Flutuante Graciosa* – Serve uma comida deliciosa à base de picanha, tucunaré e pirarucu. É um bom lugar para levar as crianças e, apesar de estar sempre lotado, o atendimento é rápido.
- *Divino Fogão* – Faz parte da cadeia de restaurantes especializado em cozinha mineira servida por peso, para consumo nas mesinhas da praça de alimentação do *shopping* Palmas.
- *Tabu* – Esse é um dos melhores lugares de Palmas para se comer peixes, como o surubim no espeto, por exemplo. Seu pãozinho com o alho (servido como entrada) é um verdadeiro *show*!!!
- *Kazara* – O local é agradável e conta com música ao vivo. Serve uma comida deliciosa e boas bebidas, mas o destaque são os ótimos pratos tipicamente árabes servidos no *buffet*!!!
- *Cerrados* – Alguns dizem que esse restaurante serve a comida mais saborosa de Palmas, com muita variedade de peixes em saladas. É uma excelente opção gastronômica por quilo, e nele são preparadas boas *pizzas*.

- *Mercatto Empório Gourmet* – Trata-se mais de um barzinho que um restaurante. É aconchegante e bem bonito, e serve *pizza* de massa fina, além de várias opções de petiscos, drinques, chope e cerveja.
- *Espetos Pôr do Sol* – É uma boa churrascaria (!?!?) – para alguns a melhor da cidade –, com serviço *self-service* bem completo.
- *Boamassa* – Uma cantina com excelente ambiente, com boa música e comida de dar água na boca. Dispõe de um bom espaço infantil, o que ajuda bastante na permanência de famílias no local.
- *Muralha Chinesa* – Nesse restaurante, além da comida chinesa, servem-se também pratos da culinária japonesa. Os pratos clássicos são servidos num *buffet* fumegante e em outro frio, num ambiente simples e climatizado. É sem dúvida a melhor comida oriental por quilo em Palmas.
- *McDonald's* – Segue o padrão da famosa rede de lanchonetes norte-americanas.
- *Casa das Tortas* – É um ambiente boêmio e repleto de objetos antigos. Especializado em tortas, esse restaurante também serve diversos sucos e drinques incríveis, como a "caipiroska de morango".
- *Sucos Pali Palam* – Oferece uma grande variedade de sucos e opções de comida natural. Pela qualidade dos salgados, que são integrais e usam recheios saudáveis, pode-se considerar que o preço cobrado é justo.
- *Köwa* – É uma hamburgueria que ocupa um espaço rústico e descontraído onde são servidos hambúrgueres artesanais, fritas e criativos aperitivos, além dos excelentes *milk-shake*s.

Em tempo, cabe destacar que Palmas e outras cidades do Estado de Tocantins, foram **pouco** afetadas pela pandemia do coronavírus. A prefeita de Palmas, Chintia Ribeiro, explicou: "Isso foi possível pois estabelecemos bem cedo o isolamento domiciliar, os palmenses são bem jovens e não tivemos um número significativo de visitantes, especialmente turistas estrangeiros que poderiam ter chegado infectados! Mas fui obrigada a decretar a lei seca em 15 de maio de 2020 e impor uma série de outras proibições para minimizar o número de vítimas da *Covid-19*."

Mesmo assim, no final de junho de 2020 ocorreram em Palmas, cerca de duas dezenas de mortes, provocadas pelo novo coronavírus.

Paraty

SHUTTERSTOCK - PAMELA TOLEDO

Um bucólico aspecto de histórica cidade de Paraty.

PREÂMBULO

Paraty é uma das cidades mais antigas do Brasil, e um local por onde muito do nosso **ouro** foi levado para Portugal durante o período colonial, guardando assim em sua existência um pedaço da história do País. Quem a visita percebe logo nas esquinas de seus casarões antigos e casas de pescadores que a cidade transpira **cultura**, sempre com um belíssimo cenário natural ao redor.

Livre da presença de carros, explorar o **Centro Histórico** de Paraty deve ser a primeira parada do visitante. Sendo uma das primeiras cidades planejadas do Brasil, suas ruas chamam bastante atenção por permitirem a invasão da maré cheia, um sistema desenvolvido para limpar e escoar o esgoto da cidade nos séculos passados!?!?

Suas belíssimas igrejas, dedicadas aos cultos dos abastados, da classe média e para os escravos, emolduram o cenário, exibindo suas riquezas e acabamentos em estilos colonial e barroco. Artistas de rua e artesãos vendem em suas lojas e barracas uma série de lembranças da cidade e até obras de arte, objetos de decoração e uma variedade de artigos bem interessantes. A Casa de Cultura no Centro Histórico oferece uma mostra de artes e de relíquias culturais.

Com um belíssimo litoral, mata preservada e ilhas com águas cristalinas, a baía de Paraty é um ótimo local para as atividades aquáticas. Escunas e pequenas traineiras, veleiros, lanchas e outros tipos de embarcação possibilitam interessantes passeios e permitem aos turistas entrar em contato com as belezas existentes no município, bem como no seu decorrer poder alimentar-se com uma comida caiçara tradicional.

E não se pode esquecer da cachoeira do Tobogã, uma das mais magníficas do município, distando 7,5 km do trevo de acesso à cidade, na Estrada Real, que liga Cunha a Paraty. Essa cachoeira conquista os visitantes por causa de uma grande pedra lisa, que acaba funcionando como um tobogã, deixando a pessoa escorregar gostosamente no fluxo de água até chegar a uma piscina natural. Para chegar até a cachoeira do Tobogã o visitante precisa percorrer uma pequena trilha que começa atrás do Centro de Informações Turísticas do Caminho do Ouro.

A HISTÓRIA DE PARATY

Paraty é um município do litoral sul do Rio de Janeiro. Está localizado a 258 km da capital do Estado fluminense e tem como municípios limítrofes Angra dos Reis, no Estado fluminense, e Cunha e Ubatuba no Estado de São Paulo. O município ocupa uma área de 928,47 km², e estima-se que no início de 2020 sua população fosse de 57.000 habitantes. Portanto, Paraty pode ser considerada pequena quando comparada às demais cidades encantadoras descritas neste livro. Seu IDH é de 0,693, um índice "mediano", o que significa que precisa melhorar bastante...

Durante o período colonial brasileiro (de 1530 a 1815), a cidade foi sede do **mais importante porto exportador de ouro do Brasil**!!! Em 28 de fevereiro de 1667, teve a sua emancipação política decretada após várias revoltas populares contra o centralismo que Angra dos Reis exercia sobre a cidade, em especial após a revolta liderada por Domingos Gonçalves de Abreu, tornando-se, assim, independente.

O tupinólogo Eduardo de Almeida Navarro aponta para o topônimo "Paraty" a etimologia tupi antiga *parati'y*, com o significado de "rio dos paratis", pela junção de *parati* e *'y* (rio). O termo "parati" representa ao mesmo tempo uma espécie de peixe e de mandioca. Mas em vez de Parati a prefeitura se decidiu por utilizar a grafia Paraty, **incorreta**, segundo a ortografia vigente. O gentílico, porém, escreve-se com "i", ou seja, seus habitantes são denominados paratienses.

O longo do processo de estagnação vivenciado por Paraty no decorrer do século XX, permitiu manter o casario colonial, conservado especialmente um conjunto que passou a ser conhecido como **Centro Histórico**, e que acabou por mais paradoxal que possa parecer ajudando muito para que a cidade se tornasse um dos destinos turísticos mais procurados do País!!!

Atualmente, pelas ruas de pedra irregular, circulam a pé – a entrada de veículos é proibida na maior parte do Centro Histórico – turistas do mundo inteiro, atraídos pela beleza da arquitetura típica do tempo em que o Brasil foi colônia. É verdade que muitas casas históricas foram requalificados e se transformaram em pousadas, restaurantes, lojas de artesanato e pequenos museus, no meio das quais ocorrem com frequência ao longo do ano, apresentações de músicas populares.

No entanto, Paraty é hoje muito mais que apenas uma pequena cidade histórica. Costeada por montanhas recobertas pelo denso verde da mata atlântica, a cidade é rodeada de parques e reservas ecológicas, o que faz da região uma das mais preservadas do Brasil.

Fazem parte do município de Paraty cerca de 60 ilhas, onde existem aproximadamente 90 lindas praias. Boa parte delas é acessível somente por trilhas, mas a uma, a praia da Lula – cuja mata é bem preservada e as águas cor de esmeralda – somente se consegue chegar de barco ou escuna. Algumas dessas praias, em especial as do bairro de Trindade, são uma atração à parte, sendo que em 2009 o governo federal delimitou a praia do Meio (em Trindade), como uma parte integrante do parque nacional da serra da Bocaina.

Muita gente vem a Paraty para praticar esportes de aventura. As trilhas existentes no município permitem que o visitante caminhe durante muitos dias... O roteiro mais tradicional entre os amantes da caminhada, é a travessia da Joatinga, que costeia toda a península da Joatinga, em trilhas de servidão que datam do tempo dos escravos e passam por diversas comunidades caiçaras, responsáveis pela hospedagem e alimentação das turistas.

Dentre outras modalidades esportivas, pode-se praticar em Paraty a canoagem oceânica, a vela, o surfe e o mergulho autônomo. Aliás, as águas calmas, cristalinas e sempre tépidas da baía da Ilha Grande são ideais para o mergulho autônomo, atraindo por isso em grande número de praticantes.

Várias operadoras de mergulho oferecem seus serviços na cidade e nas marinas, atendendo não apenas às escolas de mergulho, mas também aos turistas interessados em conhecer a Paraty subaquática. A canoagem também é muito praticada nas águas calmas da baía, destacando-se os roteiros de mais de um dia, que explorem a baía da Cajaíba e a praia do Saco do Mamanguá.

Aliás, o Saco de Mamanguá é o único fiorde brasileiro, ou seja, uma formação geográfica em que um braço do mar (geralmente estreito) avança entre altas montanhas. É um local bem interessante que vale a pena conhecer. Chegando-se aí de barco, é possível apreciar montanhas cobertas de vegetação e ainda parar em uma das 33 praias do Saco do Mamanguá. Com oito comunidades caiçaras ao longo de sua extensão, os turistas podem parar em alguns dos pequenos bares e restaurantes para saborearem uma refeição fresquinha, ou aproveitarem para comprar peixes e frutos do mar, direto das embarcações. Ao fundo do fiorde tem-se uma área de manguezal.

Já o surfe é praticado na costa aberta ao mar, que se inicia na ponta da Joatinga e engloba as praias da Sumaca, de Martim de Sá, de Antigos, do Sono (uma das praias com natureza selvagem) e todas da Vila de Trindade. Aliás, um dos bairros mais procurados da cidade, Trindade, fica localizado cerca de 30 km do trevo de Paraty, sendo acessível pela BR-101. Ele é repleto de belas praias, trilhas cheias de aventura e muitas cachoeiras escondidas. Essa pequena vila tem também um interessante conjunto de restaurantes, com opções para quem gosta de acampar e para aqueles que preferem uma pousadinha...

Entre as praias de destaque está a do Meio, com águas limpas e uma bonita formação rochosa. Nela, os turistas ainda podem atravessar um pequeno rio e, por meio de uma pequena trilha, chegar à praia do Cachadaço.

Existe hoje na cidade um importante evento, a Festa Literária Internacional de Paraty (Flip), um festival literário lançado em 2003 e realizado anualmente em Paraty, cujo financiamento é assegurado por um sistema hierarquizado de patrocinadores, e conduzido pela organização sem fins lucrativos Associação Casa Azul, responsável pela realização do evento.

Durante a Flip, além de palestras, também são realizadas discussões, oficinas literárias e eventos paralelos para crianças (Flipinha) e jovens (Flipzona). O sucesso mundial desde o seu ano de fundação se deve, principalmente, ao envolvimento e à participação ativa de autores de vários países reconhecidos internacionalmente.

O festival foi idealizado pela editora inglesa Liz Calder, da Bloomsbury, que morou no Brasil durante quatro anos, entre 1960 e 1964, depois que seu marido foi transferido para o País por sua empresa, a Rolls-Royce. Ela retornou ao Brasil, em 1990 – e continuou voltando nos anos vindouros –, agenciou diversos autores brasileiros e, em 2003, finalmente conseguiu realizar seu grande sonho: criar um festival literário em algum lugar agradável e relaxante. Ela escolheu para isso a cidade de Paraty.

Liz Calder inspirou-se para isso no festival literário de Hay-on-Wye, uma pequena cidade do País de Gales, no Reino Unido. Mas vale lembrar que o festival de Paraty também é associado a outros semelhantes, tais como o Festival Internacional de Autores, em Toronto, no Canadá, e o Festival de Literatura de Mântua, na Itália, o que demonstra a interculturalidade na literatura.

Ao longo das edições, e valendo-se do cargo que ocupava na famosa editora britânica Bloomsbury – onde fez fortuna depois que descobriu e publicou a série de livros *Harry Potter* –, Liz Calder sempre ajudou muito para que a Flip tivesse a presença de escritores famosos, convidando e sugerindo autores estrangeiros.

A cada ano, a festa é dedicada à memória de um grande escritor brasileiro já falecido. Em 2003 o homenageado foi Vinícius de Moraes; em 2004, Guimarães Rosa; em 2005, Clarice Lispector; em 2006, Jorge Amado; em 2007, Nelson Rodrigues; em 2009, Manoel Bandeira; em 2010, Gilberto Freyre; em 2011, Oswald de Andrade; em 2012, Carlos Drummond de Andrade; em 2013, Graciliano Ramos; em 2014, Millôr Fernandes; em 2015, Mário de Andrade; em 2016, Ana Cristina Cesar; em 2017, Lima Barreto; em 2018, Hilda Hilst; em 2019, Euclides da Cunha e, em 2020, Elizabeth Bishop.

Em 2017, quando a organização da Flip convidou Josélia Aguiar para a sua segunda curadoria, ouviu da jornalista que ela gostaria de homenagear uma autora mulher – Hilda Hilst –, uma vez que desde 2003, dos 13 escritores homenageados houve apenas duas do sexo feminino (Clarice Lispector e Ana Cristina Cesar). A sugestão foi aceita, principalmente por conta das questões que ela abordou em sua obra e que estavam em foco na época.

Hilda Hilst (1930-2004) nasceu na cidade paulista de Jaú, mas viveu boa parte de sua vida na *Casa do Sol*, em Campinas. Ela escreveu prosa, poesia e crônica – e tentou captar os sons dos mortos em seu sítio –, e sua obra chegou completa e bem editada à 16ª Flip. O evento, que aconteceu entre a quarta-feira e o domingo (25 a 29 de julho), teve uma ampla programação literária e uma série de debates sobre a autora e suas obras, como *A Obscura Senhora D* (nesta novela em prosa, Hilda Hilst é radical tanto na forma quanto no conteúdo, e sem paralelo na literatura brasileira).

Entre os anos de 2001 e 2017, Hilda Hilst foi publicada exclusivamente pela editora Globo, mas a partir daí diversas editoras – Companhia das Letras, Nova Fronteira, L&PM, Quelônio, Tordesilhas – publicaram seus livros, e para todos os tipos de público, procurando com isso romper o mito de que Hilda Hilst é difícil de ler e de compreender!?!?

A Flip 2018 teve 33 convidados, dos quais 17 eram mulheres e 16 eram homens. Além disso foi mantido o percentual de autoras e autores negros de 2017, quando houve um recorde de participação (30%). E é possível resumir o que eles disseram em apenas 10 palavras-chave (ou frases), a saber:

- **Emoção** – Foi muito emocionante a apresentação de Fernanda Montenegro, que leu trechos da obra de Hilda Hilst
- *Show* – A escritora russa Liudmila Petruchévskaia, de 80 anos, deu um *show* em sua apresentação, fazendo o público rir bastante.

- ↠ **Feminismo** – Djamila Ribeiro foi muito aplaudida quando afirmou: "Não dá para ser feminista sem ser antirracista, sem lutar contra a opressão por conta da orientação sexual."
- ↠ **Aula** – Foi com muitos aplausos que terminou a mesa-aula dedicada a Hilda Hilst, com a leitura de trechos de suas obras pela atriz Iara Ferreira Jamra.
- ↠ **Cachaça** – O biógrafo britânico Simon Sebag Montefiore, no final de sua participação, sacou uma garrafa de cachaça – uma bebida popular na cidade – e serviu uma dose para si mesmo e para seus dois entrevistadores, propondo um brinde ali no palco...
- ↠ **Despedida** – O poeta Ricardo Domeneck, em sua participação, afirmou: "São muitos os poetas desperdiçados que, por motivos sequer literários, mas talvez até políticos, caíram por uma brecha... Qualquer escritor que não se encaixe no estilo que foi escolhido pela crítica como o 'do momento' cai por essas brechas."
- ↠ **Corpo** – Foi a descontraída escritora portuguesa Isabela Figueiredo, autora do romance de inspiração autobiográfica *A Gorda*, que divertiu bastante o público da mesa *Obscura, de tão lucida*, falando de forma bem-humorada sobre o tema.
- ↠ *Rock* – Foi o cantor e compositor Zeca Baleiro que lembrou que Hilda Hilst tinha o "germe provocativo, era "boca-suja" e totalmente "*rock'n'roll*".
- ↠ **Copa do Mundo de Futebol de 2018** – O autor franco-angolês Alain Mabanckou, aplaudido muitas vezes pelo seu bom-humor, fez lembrar que: "Foi a África que ganhou a Copa, não é? A África e a França, porque a França também é África!!!"
- ↠ **Desejo** – O autor norte-americano de origem egípcia, André Aciman, e a escritora Franco-marroquina Leïla Slimani, discutiram o lugar do amor em suas obras, falando especialmente sobre o sentimento que havia entre duas garotas num colégio, e que foi narrado no livro *Me Chame pelo seu Nome*, de Aciman.

Mais uma vez, todos aqueles que participaram da Flip 2018 perceberam como **ler é importante**, em especial os grandes escritores de diversas vertentes, pois é isso que forma uma pessoa crítica e criativa. Nada é melhor para **desenvolver a criatividade** de uma pessoa do que ler vários (muitos, se possível...) livros, e dos mais diversos gêneros, tanto de ficção quanto de não ficção.

E não se pode esquecer nunca que uma pessoa deve buscar se tornar cada vez mais culta, o que é bastante facilitado para aqueles que leem muito. A cultura é a busca da nossa perfeição pela tentativa de conhecer o que já foi dito ou pensado no mundo.

No que se refere à **criação de riqueza**, de acordo com um relatório encomendado pelo ministério da Cultura, a 16ª edição da Flip (a de 2018) gerou para o município de Paraty um valor **13 vezes superior aos seus custos**. É como se para cada R$ 1 investido no festival, outros R$ 13 retornassem para a economia local.

A organização do evento realizado em 2018 investiu nele cerca de R$ 3,5 milhões e, em contrapartida, o impacto econômico nos negócios da cidade alcançou um total de R$ 46,9 milhões, número que incluí os gastos dos turistas com hotéis, restaurantes, compras, transportes, assim como as despesas referentes ao atendimento dessa demanda (fornecimento de comida, serviços bancários, geração de empregos temporários etc.).

Esse estudo foi realizado por pesquisadores da Fundação Getúlio Vargas (FGV), que circularam pela cidade durante os 3 dias do evento, com um aplicativo e um questionário, indagando os visitantes sobre seus gastos.

Mesmo ao se considerar apenas o aspecto público, isto é, o quanto o governo federal contribuiu para a realização do evento e o quanto arrecadou em impostos, as contas também fecharam no verde (ou no azul, se preferir...), pois o Estado recebeu 50% a mais do que o investido!!! Isso porque o Rio de Janeiro bancou R$ 3 milhões do total do orçamento, e recebeu em troca em torno de R$ 4,7 milhões em tributos federais, estaduais e municipais, decorrentes das atividades da festa.

O então ministro da Cultura, Sérgio Sá Leitão, comentou: "Tudo o que foi observado no decorrer da Flip 2018 demonstra claramente que, além do evento ter um impacto significativo na promoção da leitura e do pensamento, ele exerce também um incrível **impacto econômico**!!! Isso inclusive estimula o ministério a conduzir estudos semelhantes e bem sérios para medir o retorno econômico de outros setores da EC. Vamos realizar levantamentos similares em relação à lei Rouanet e ao Fundo Setorial do Audiovisual. Dessa forma poderemos comprovar, principalmente para os governos federal, estadual e municipal, assim como para a sociedade, o quanto as atividades culturais contribuem para a economia do País, permitindo que novas cidades se beneficiem com investimentos nesse setor."

O estudo feito pela FGV ainda calculou que o total de participantes na Flip 2018 foi de 26.400 pessoas, das quais 2% eram estrangeiras e 45% brasileiras que não viviam em Paraty. Além disso, gerou cerca de 3 mil empregos indiretos e resgatou uma atividade – a **carpintaria** – muito usada na construção de palcos e pavilhões. Criaram-se também dezenas de pequenas bibliotecas e incluiu-se nas escolas municipais uma hora de leitura toda semana.

Vale lembrar que, nos últimos anos, Paraty sentiu bastante o baque do caos financeiro e social que se instalou no Estado do Rio de Janeiro, e isso se refletiu bastante no turismo dessa cidade histórica, fazendo com que diversos restaurantes e pousadas fechassem as portas, e a criminalidade aumentasse no município.

E para piorar, dois eventos afetaram bastante e de forma negativa o turismo na cidade na primeira metade de julho, período de férias escolares: o primeiro foi a greve dos caminhoneiros (deflagrada em 21 de maio de 2018), que prejudicou muito o movimento nas pousadas locais ao longo do feriado de *Corpus Christi*; o segundo foi a realização dos jogos finais da Copa do Mundo de 2018, na Rússia.

Por tudo isso, foi um alívio para os paratienses (especialmente os donos de hospedarias, restaurantes e outros negócios que vivem do turismo) o que aconteceu durante os cinco dias da Flip encerrada no domingo 29 de julho: o sol brilhou todos os dias e os turistas lotaram a cidade!!! Mais do que isso: Paraty pareceu ter recuperado o clima de alegria e descontração que sempre fora a marca dessa cidade encantadora que está localizada entre as duas maiores metrópoles do País. Durante quatro dias, as ruas do Centro Histórico ficaram repletas de famílias. As bandinhas tocaram nas esquinas enquanto o público correu de casa em casa para assistir aos debates e às palestras. Foi bonito ver a multidão lotando a orla da praia na noite de sexta-feira, 27 de julho, para presenciar o **eclipse lunar**.

Lamentavelmente, o orçamento da Flip vem diminuindo a cada ano e, com ele, o tamanho do evento. Mas a triplicação do número de casas parceiras – em 2018 elas foram 22 – compensou, e houve atrações para todos os gostos. Desse modo, editores pequenos e/ou independentes, que sempre reclamaram do domínio das grandes editoras, conseguiram atrair bons públicos para seus espaços.

E alguns desses espaços foram de fato bem especiais, com aquele montado numa unidade do Sesc, no bairro Caboré, às margens do rio Perequê-Açu, um local que impressiona pela beleza; ou o cinema da praça da Matriz, que foi reaberto para abrigar parte do evento, depois de mais de 40 anos fechado!?!? Para quem mora há bastante tempo em Paraty, a sensação foi de orgulho de ser habitante dessa incrível cidade!!! Muitos paratienses lotaram a praça da Matriz, ainda cheia de bandeirinhas juninas, e pelo som das latinhas de cerveja que eram abertas, percebeu-se que ela se tornou um boteco a céu-aberto.

Pois é, o povo de Paraty que estava na tenda, de frente para o grande telão, bebendo diante das imagens de tantos escritores famosos, pareceu estar também inebriado pelas palavras que foram lançadas ao vento...

Já na 17ª edição da Flip, que aconteceu a partir do dia 10 de julho de 2019, Euclides da Cunha (1866-1909) foi o principal tema das discussões. Para ser homenageado, o autor foi apresentado tanto por suas qualidades como por suas contradições. Afinal, Euclides da Cunha era devoto dos determinismos raciais e geográficos, hoje tão condenados pela sociedade.

Porém, ao retornar da cobertura que fizera sobre a guerra de Canudos (1896 a 1897) para o jornal *O Estado de S.Paulo*, ele se revelou um homem coberto de dúvidas. Assim, em seu livro *Os Sertões*, procurou destacar esse tema, demonstrando que havia modificado bastante suas opiniões em relação àquilo que escrevera sobre a guerra em seus artigos para o jornal.

Foi a estudiosa de Euclides da Cunha, a crítica literária e professora emérita Walnice Nogueira Garcia, que já escreveu 12 livros sobre Euclides da Cunha e a guerra de Canudos, que numa palestra afirmou: "O livro *Os Sertões* ainda reflete o que hoje acontece no Brasil. A diferença é que enquanto os miseráveis moradores de Canudos se voltaram para dentro, indo se esconder nos sertões, atualmente os sem-terra invadem os espaços do poder. Eles são **ativos**, enquanto os canudenses se mostraram **passivos**. A cobertura da guerra de Canudos foi uma das maiores fraudes da história do Brasil, e o próprio Euclides da Cunha acabou desmentindo isso no seu livro *Os Sertões*."

A jornalista e editora Fernanda Diamant, que foi a curadora da 17ª Flip, comentou: "Não planejei de forma alguma para que o foco da Flip tivesse uma certa vertente política. Mas acredito que consegui oferecer a todos os participantes uma variedade ideológica e, neste sentido, a discussão sobre Euclides da Cunha agradou a um amplo leque de posturas ideológicas."

A Flip 2019 recebeu cerca de 42 autores em seu programa principal, dos quais 24 eram mulheres e 18 eram homens, de 13 nacionalidades. O público presente superou em cerca de 10% aquele que compareceu ao evento em 2018. Só pelo auditório da praça da igreja matriz passaram em 2019 cerca de 9 mil participantes.

A editora inglesa Liz Calder esteve mais uma vez presente no evento e se disse muito feliz pelo fato de nesta edição haver uma grande participação de **escritoras**. Um destaque da 17ª Flip, e cuja palestra foi uma das mais concorridas, foi o neurocientista brasileiro Sidarta Ribeiro. Ele falou sobre o conteúdo de seu livro *O Oráculo da Noite: a História e a Ciência do Sonho*. Nesse livro, com base em dados históricos, antropológicos e de campos das ciências médicas, o pesquisador procurou descrever e explicar a história do sono e dos sonhos, bem como relacioná-los com outras áreas do conhecimento da **teoria da evolução**, à psicanálise e às artes criativas.

Em relação a isso, Sidarta Ribeiro disse: "No meu livro, convido o leitor a reaprender a lembrar o que sonhou!!! Infelizmente, a rotina do trabalho diário e a falta de tempo para dormir e sonhar são coisas que estão acometendo atualmente a maioria dos trabalhadores. Daí, no meu entender, deriva um intenso mal-estar da civilização contemporânea. Sonhar não é irrelevante, tanto que a indústria focada em garantir um bom sono para as pessoas já movimenta cerca de U$ 48 bilhões em todo o mundo!!! Por isso o sonho não pode ser encarado ou relegado pelas pessoas como algo curioso ou extravagante, que ocorreu com elas ao longo da noite!!!"

Note-se que nos dias de hoje já se sabe que o sonho é um fenômeno neurológico experimentado majoritariamente durante a fase *REM* (*rapid eye movement*, ou movimento rápido dos olhos) do sono.

Outra conferência que atraiu muita gente foi aquela que reuniu os escritores Jarid Arraes e Kalaf Epalanga, e a própria editora Liz Calder, para lerem trechos de seus livros preferidos. Também esteve presente o famoso navegador e escritor brasileiro Amyr Klink que, em sua conversa com o público, fez um histórico de sua juventude em Paraty. Afinal, foi nessa cidade que ele descobriu o mar e a leitura.

Ele afirmou: "Eu tive onze namoradas e um namorado: **o mar**! Entre meu namorado e minhas namoradas tive muito tempo para ler, e um dos livros que li foi *A Lua Vem da Ásia*, de Campos de Carvalho. Procurei homenagear a cidade de Paraty batizando dois dos veleiros com os quais percorri milhares de quilômetros no oceano: *Paratii* e *Paratii 2*. Veja que foi necessário acrescentar o segundo 'i', pois não foi possível registrar os mesmos só com um!?!?"

A curadora da Flip 2020, Fernanda Diamant, (que foi mantida), provocou grandes críticas, pois escolheu a poeta norte-americana Elizabeth Bishop como homenageada na 18ª edição do festival. Na ocasião, muitos escritores se manisfestaram contra essa homenagem, contra o valor da poeta ou essa celebração no momento em que se vive no País um certo embate na cultura...

Recorde-se que Elizabeth Bishop chamou o golpe de 1964 de "revolução rápida e bonita" em carta que enviou ao colega Robert Lowell nos anos 1960. Mais ainda, ela escreveu e disse: "A suspensão dos direitos políticos, a cassação de boa parte dos integrantes do Congresso etc., isso tinha que ser feito, por mais sinistro que pareça. Depois de ser da esquerda a minha vida toda, me vejo agora tomando o partido do Exército. Vejam só isso!!!"

Por sua vez, Fernanda Diamant explicou: "A decisão de homenagear Elizabeth Bishop não foi só minha. Existe um conselho que está discutindo isso e a indicação pode até ser cancelada... Acredito que o que mais incomodou as pessoas foi o fato de Bishop ser estrangeira, afinal, até hoje a Flip só havia celebrado escritores brasileiros. Mas ela desembarcou aqui em 1951 e viveu no Brasil com a arquiteta Lota de Macedo Soares (1910-1967) por cerca de 15 anos."

Mas além da Flip, quem visita Paraty ao longo do ano tem oportunidade de participar de muitos outros eventos culturais, folclóricos e religiosas realizados na cidade. No caso dos religiosos, tem-se a Semana Santa, a Festa do Divino Espírito Santo (um patrimônio cultural do Brasil, que acontece cerca de 50 dias depois da Páscoa), a Festa de Santa Rita de Cássia, o *Corpus Christi* e as muitas festas em homenagem a são Pedro, a Nossa Senhora dos Remédios, a são Benedito e a outros santos. Vale lembrar que em Paraty há lindas igrejas, como a da Nossa Senhora das Dores, de Nossa Senhora do Rosário, de São Benedito, de Santa Rita de Cássia e, especialmente, a matriz de Nossa Senhora dos Remédios.

Há também na cidade muitos eventos musicais, que atraem milhares visitantes, como o Carnaval, o Festival de Música Sacra, o Bourbon Festival.

Outros eventos que atraem visitantes para Paraty são: o Festival da Cachaça (realizado num final de semana de agosto); o Encontro de Teatro de Rua, o Festival Internacional de Fotografia Paraty em Foco; o Encontro de Ceramistas; o Paraty Eco Festival etc.

Mas além dos eventos, Paraty também oferece diversos lugares interessantes para o turista conhecer, como:

- **Mercado do Peixe** – Localizado à beira-mar, é onde também são comercializados frutos do mar, frutas e verduras.
- **Antiga cadeia pública** – Local que abriga atualmente a secretaria municipal de Cultura, Turismo e Esportes, e o Instituto Histórico e Artístico de Paraty.
- **Engenhos** – Como o do Bom Retiro, cuja aguardente recebeu em 1908 a medalha de ouro na Exposição Nacional comemorativa do 1º Centenário da Abertura dos Portos no Brasil; o da Boa Vista, um antigo engenho onde residiram os avós dos escritores Heinrich e Thomas Mann, e que adquiriu fama por aguardentes como a *Azulina* (produzida em alambique de barro e destilada com folhas de tangerina); o da Muricana etc.
- **Oratório de Santa Cruz das Almas** – O local também é conhecido como oratório Santa Cruz dos Enforcados, fica no caminho para o pelourinho da cidade.
- **A Casa da Pólvora do forte Defensor Perpétuo** – O forte abriga atualmente o Centro de Artes e Tradições Populares de Paraty.
- **Capela Santa Cruz da Generosa** – Localizada no Beco do Propósito, na margem do rio Perequê-Açu, representa o lugar onde morreu afogado um ex-escravo liberto, que se atreveu a pescar durante uma sexta-feira santa. Em memória do fato, uma senhora chamada Maria Generosa mandou erguer no local a capela, sob a invocação da Santa Cruz, que recebeu o nome de sua benfeitora.

Também vale a pena fotografar alguns outros pontos interessantes da cidade, como a praça do Imperador; o prédio da prefeitura; um dos muitos sobrados coloniais – como é o caso do sobrado dos *Bonecos*, no qual se destaca o beiral com telhas de louça, e cujo nome veio das estátuas que encimavam sua platibanda – ou o prédio da Santa Casa de Misericórdia.

Em Paraty também existem várias ruas características, como a da Praia, que leva ao Mercado do Peixe à beira do rio Perequê-Açu). O interessante é que em determinadas luas essa rua é inundada pelas águas da maré alta, que refletem o casario local e criam um belo espetáculo que atrai a atenção dos turistas. Mas há também a rua do Fogo, uma das poucas da cidade que conservam o seu nome primitivo e liga um dos vértices do largo de Santa Rita à rua Maria Jácome de Melo; a rua Dona Geralda, uma benemérita [diz a lenda que Geralda Maria da Silva, que nasceu em Paraty em 1807, teria herdado de seu pai uma grande fortuna, proveniente da descoberta de um tesouro de piratas (!?!?)]; a rua Fresca, que já foi antigamente chamada de rua das Dores, por abrigar a igreja de Nossa Senhora das Dores; a rua do Mar, na qual há um sobrado pertencente aos Orleans e Bragança, e que fica próximo também da igreja Nossa Senhora das Dores; a rua Alegre etc.

A cidade de Paraty possui atualmente cerca de 50 bairros e localidades, sendo que os mais populares são o Parque da Mangueira e a Ilha das Cobras. Mas é no **Centro Histórico**, em Laranjeiras e Mambucaba, que vivem as pessoas mais abastadas. Outros bairros importantes do município, e que ficam próximos do Centro Histórico, são: Chácara, Chacara da Saudade, Fátima, Patiba, Parque Ipê, Portão de Ferro I, Portão de Ferro II, Portão de Ferro III, Vila Colonial, Parque Imperial, Caboré, Pontal, Jabaquara, Portal das Artes e Dom Pedro.

Os muitos outros bairros do município ficam mais distantes, porém, quem chega na cidade logo se depara com o lindo chafariz do Pedreira, todo em mármore, cuja construção foi iniciada em 1851 e a inauguração se deu em 1853, pelo conselheiro Luís Pedreira do Couto Ferraz, então presidente da província do Rio de Janeiro, que para celebrar a ocasião bebeu a sua primeira água num **copo de ouro**!!!

Nos arredores da cidade localizam-se as aldeias guaranis de Araponga e Paratimirim. Entretanto, para visitá-las, o turista precisa conseguir uma autorização no posto da Fundação Nacional do Índio, que fica nas próprias aldeias.

Paraty iniciou no século XXI a assinatura de acordos com outras cidades no sentido de garantir um maior intercâmbio cultural e adquirir outros benefícios. Assim, ela é atualmente cidade-irmã de Ilhavo, em Portugal (acordo firmado em 2007); de Capri, na Itália (assinado em 2011) e de sua vizinha Cunha (celebrado em 2013).

A cidade é cortada pela rodovia Rio-Santos, ou seja, a BR-101, que é a via principal para se ter acesso ao Estado do Rio de Janeiro e ao litoral norte do Estado de São Paulo.

Em Paraty o visitante encontra diversas pousadas bem luxuosas, sem serem pretensiosas. Esse é o caso da Casa Turquesa e da Literária. Ambas estão localizadas no Centro Histórico da cidade, que completou 353 anos em 2020. Apesar das bonitas praias desse trecho do litoral fluminense, essa é sem dúvida a melhor área – Centro Histórico – para se hospedar, em vista da preservação dos sobrados e da proximidade dos restaurantes, dos museus, das galerias e do próprio cais.

A empresária Tetê Etrusco, relatou: "Quando eu abri a Casa Turquesa, em 2008, busquei montar um lugar onde as pessoas se sentissem em casa. Claro que ela é bem confortável e relativamente luxuosa, mas sem pretensões exageradas. Tenho apenas 9 suítes, o que facilita criar um ar acolhedor, sendo que todo o casarão foi restaurado pelo arquiteto Renato Tavolaro, especialista no estilo colonial."

Já a pousada Literária foi aberta em 2011, onde antes funcionava a pousada Cochicho, de propriedade da atriz Maria Della Costa (1926-2015), e possui 24 quartos e três espaços batizados como "vilas" (casas com acesso interno à pousada). A dona da fazenda Bananal, Jane Assis, uma das sócias da pousada Literária, explicou: "Sim, nós quisemos oferecer na pousada um certo luxo e despertar certa curiosidade, ou seja, para que o hóspede veja algo intrigante em cada detalhe, e vá descobrindo sua função aos poucos... Na verdade, o nosso foco foi fazer com que qualquer percepção que o hóspede tivesse em relação ao serviço oferecido aqui dentro o deixasse no mínimo curioso. Procurou-se criar uma situação na qual ele se perguntasse: 'De onde veio isso?' ou 'O que é que estou vendo exatamente?'"

Além de uma boa biblioteca, a pousada Literária deixa obras de autores brasileiros e estrangeiros à disposição dos hóspedes nas suítes. E quando eles vão embora, recebem como um mimo uma sacola com produtos colhidos na fazenda Bananal!!!

O problema com as pousadas Turquesa e Literária é o custo para se hospedar nelas, que é **bem alto**. Alguns turistas em tom de brincadeira dizem que os preços estão de acordo com a altura das montanhas da serra do Mar, que fica bem perto...

Paraty possui, porém, uma boa rede hoteleira, constituída por muitas outras pousadas – várias situadas no Centro Histórico – alguns hotéis e *hostels*, com o que o visitante tem opções para se hospedar bem e não gastar demais. Entre as pousadas convém citar:

→ **Ouro** – Localizada a 8 min a pé da praia de Paraty, e a 3,9 km da marina Porto Imperial, é uma hospedaria bem avaliada pelos hóspedes, em especial pelos serviços oferecidos. Dispõe de piscina externa, restaurante e bar.

- **Aurora** – Fica no bairro de Caboré, e conta com piscina externa. Oferece aos hóspedes gratuitamente os serviços de Wi-Fi, café da manhã e estacionamento.
- **Villa del Sol** – Ocupa um complexo de edifícios bem arejados no estilo colonial. Fica a 12 min de caminhada do Centro Histórico e a 15 min a pé da praia mais próxima. Dispõe de piscina externa, restaurante e bar.
- **Condessa** – Esta pousada tranquila e discreta é constituída por uma série de prédios em estilo colonial, e está localizada à beira do rio, a 5 min a pé da praia mais próxima e a 7 min do centro de Paraty. Dispõe de quartos arejados com quintal e vista para um deque onde existe uma boa piscina externa. Nela os hóspedes têm Wi-Fi, estacionamento e café da manhã gratuitamente.
- **Príncipe das Mares** – Possui bons quartos, com banheiros grandes. Também dispõe de piscina e oferece café da manhã e Wi-Fi gratuitamente para os hóspedes.
- **Estrela de Paraty** – Está situada entre lojas e casas coloniais, no Centro Histórico da cidade, a 8 min a pé da igreja de Nossa Senhora dos Remédios e a 16 min a pé do forte Defensor Perpétuo. Essa pousada possui uma piscina externa e oferece aos hóspedes Wi-Fi, estacionamento e café da manhã gratuitamente.
- **Villaggio** – É um estabelecimento familiar e bem tranquilo, situado em meio ao um belo jardim tropical. Dispõe de piscina externa com serviço de bar e oferece gratuitamente aos hóspedes Wi-Fi, estacionamento e café da manhã. Fica a 8 min a pé do Teatro Espaço e do Museu de Arte Sacra.
- **Flor da Terra** – Muito bem localizada, essa pousada oferece boas acomodações e um café da manhã que é uma delícia.
- **Litoral Paraty** – Dispõe de quartos limpos e o atendimento é excelente. Oferece um café da manhã delicioso. Os preços estão abaixo das demais hospedarias!?!?
- **Ipê Paraty** – Possui quartos confortáveis, bom café da manhã (gratuito) e funcionários bem atenciosos.
- **Brisa Mar** – É um estabelecimento bem simples. Oferece gratuitamente um café da manhã maravilhoso (especialmente o seu pão caseiro...), além de Wi-Fi.

→ **Casa do Mar** – Também é bem simples, mas dispõe de restaurante, quartos com frigobar e acesso a Internet. Além disso, o local permite a presença de animais de estimação.

Entre as hospedarias classificadas como hotéis, estão:

→ **Imperatriz Paraty** – Situado no bairro Caboré, a 1 km do terminal rodoviário intermunicipal e a 2km da praia do Pontal, é um hotel três estrelas bem casual. Dispõe de quartos e chalés bem arejados, piscina externa e oferece aos hóspedes gratuitamente *Wi-Fi*, café da manhã e estacionamento.

→ **Velejador** – Está classificado como três estrelas, tem obtido boas avaliações dos hóspedes, que destacam o café da manhã farto, com muitas opões de frutas, pães, bolos, tortas, sucos etc. Tem um bom restaurante e piscina externa.

→ **Sunrise Bela Vista** – Trata-se de um estabelecimento qualificado como duas estrelas, que está bem localizado. O atendimento é bom e o café da manhã é servido na varanda, em frente aos quartos.

Já entre os *hostels* (albergues) mais recomendados, encontram-se:

→ **Aracy** – Localizado bem próximo do Centro Histórico, ele conta com atendentes prestativos e um delicioso café da manhã gratuito, assim como é o *Wi-Fi*.

→ **Bem Te Vi Paraty** – Segundo os comentários dos hóspedes, é um lugar onde: "O preço é muito bom para se ter café, *Wi-Fi*, piscina, churrasqueira, sinuca, redes etc."

→ **Maracujá** – Está situado em uma rua residencial de paralelepípedos, em frente ao rio Parequê-Açu, sendo um local bem simples e descontraído.

→ **Nautilus** – É bem descontraído e fica a 8 min a pé do Museu de Arte Sacra e a 15 min a pé da praia do Pontal. Os dormitórios são simples e coloridos, mas o local oferece café da manhã e *Wi-Fi* gratuitamente.

Seguramente, o que não falta para quem visita Paraty são bons restaurantes, tanto com culinária brasileira como internacional. Um deles é o *Ponto*

Divino, com culinária italiana. Aliás, não há nenhuma cidade litorânea brasileira, do porte de Paraty, com tantas boas opções. Entre elas destacamos:

- *Maria Fulô* – Oferece uma comida deliciosa e entre os pratos incríveis do seu cardápio estão a moqueca de siri, isso sem falar de suas especialidades com tapiocas.
- *Borogodó* – É um local pequeno, porém aconchegante, com comida saborosa, atendimento ótimo, boa música e preços justos.
- *Quintal Verde* – Local de clima intimista, comida excelente e a música, um *show* à parte. Oferece também bons pratos vegetarianos e uma boa recepção para as crianças.
- *Bendita's* – Ambiente super agradável, linda decoração e comida muito gostosa. Aliás, o peixe ao molho de ervas com *mousseline* de banana verde é divino, e justifica o preço cobrado.
- *Quiosque São Francisco* – É um lugar bonito, de frente para a praia, onde o serviço é excelente e os pratos bem generosos.
- *Sancho Pança* – É um espaço *gourmet*, adequado para o comensal deliciar-se com pescados e massas. Sua costela no bafo é a melhor de Paraty.
- *Banana da Terra* – Oferece comida brasileira com culinária local e deliciosa. Tem um *chef* premiado e garçons muito atenciosos. Uma sugestão de prato é camarões ao creme de leite fresco no vinho do Porto, que é espetacular!!!
- *Via Marine* – O lugar é lindo, o atendimento excelente e a comida deliciosa, mas as porções servidas são pequenas...
- *Celeiro Armazém Tropical* – Boa comida, com pratos incríveis, como o filé de peixe ao limão siciliano com risoto primavera. O ambiente é bem acolhedor, inclusive para quem vai apenas para tomar coquetéis e degustar petiscos. Os preços são justos.
- *Margarida Café* – Cozinha de bistrô e toque brasileiro, como o forno à lenha. Tem um jardim de inverno e música ao vivo agradabilíssima no almoço e no jantar. Porém, oferece poucas opções para casais, uma vez que a maioria dos pratos são individuais e os preços um pouco salgados.
- *Casa do Fogo* – A atmosfera é intimista e o local conta com chorinho ao vivo. Os preços são um pouco salgados, mas o preparo dos pratos

flambados (uma especialidade da casa) pode ser acompanhado pelos comensais. Vale a pena visitá-lo para curtir um jantar especial.

- *Quintal das Letras* – É o restaurante da pousada Literária. O local é muito bonito e o ambiente é ao mesmo tempo clássico, moderno e requintado. Oferece um menu contemporâneo, bem alinhado à cultura paratiense, que se baseia no consumo de peixes e pupunha. Para algumas pessoas, que elogiaram muito os pratos – como o risoto de polvo – essa é a melhor opção gastronômica de Paraty.
- *Da Cidade* – Tem forno à lenha e serve *pizzas* bem criativas, com diversas opções e sabores compartilhados. O ambiente é intimista lembra um bistrô.
- *La Luna* – Trata-se de um espaço rústico e descontraído, junto à praia, no qual se oferece uma excelente picanha na chapa, além de vários pescados e caipirinhas incríveis. O que assusta um pouco são os preços...
- *Refúgio* – É um restaurante especializado em frutos do mar, com sabores brasileiros e europeus. Ocupa uma casa elegante, que permite aos clientes vislumbrar o mar, a serra e as casas coloniais. A melhor pedida é o peixe grelhado ao molho de ervas.
- *Vittorio Trattoria* – É um restaurante especializado em massas, mas também serve carnes, peixes e saladas. Os pratos são todos bem saborosos e a carta de vinhos muito boa. O atendimento é bem gentil!!!
- *Oui* – É um restaurante francês no qual o atendimento, o ambiente e a comida são muito bons, inclusive os preços cobrados pelos pratos são justos.
- *Thai* – É um restaurante tailandês, no qual os pratos são bem servidos. Há uma boa variedade de opções e a comida é maravilhosa!!!
- *Thai Brasil* – Seus pratos são sofisticados e apresentam combinações inesquecíveis. A elaboração das receitas é perfeitamente fiel às receitas tailandesas e, para quem não gosta de pimenta, o preparo pode ser feito sem esse tempero. As porções, entretanto, são individuais e não são grandes, ou seja, ideais para uma pessoa sem muita fome.
- *Istambul* – Embora o ambiente seja aconchegante, o local é bem pequeno e se torna bem apertado quando há muitos clientes. Nesse restaurante é possível comer sanduíches turcos e pratos de comida integral, além de tomar um cafezinho típico daquele país.

Obviamente, muita gente que gosta de comer bem também aprecia uma boa bebida alcoólica. Neste sentido, Paraty é também o local adequado para se visitar. Isso porque uma das cachaças brasileiras mais famosas no exterior, a *Maria Izabel*, é produzida no município, mais especificamente no sítio Santo Antônio, desde 1996.

Feita de maneira artesanal, ela está no *ranking* nacional das melhores aguardentes. Desde a plantação da cana-de-açúcar, passando pela fermentação, destilação e armazenamento, em todas as etapas de sua produção ela tem o envolvimento de sua proprietária, Maria Izabel Prata. Aliás, os apreciadores de cachaça podem visitar o alambique para conhecer um pouco mais como a bebida é produzida, experimentar e comprar uma garrafa. Para chegar no local é fácil. Ao chegar no trevo de Paraty basta seguir no sentido de Angra dos Reis e depois viajar 8 km até o sítio.

Paraty, esse brinco do litoral brasileiro, realizou entre 30 de outubro a 4 de novembro de 2018 sua *10ª Folia Gastronômica*. O evento atraiu para a cidade milhares de visitantes e nele se procurou dar visibilidade aos produtos e ingrediente locais e, obviamente, aos seus produtores.

A coordenação coube à *chef* Ana Bueno e pela secretária municipal da Cultura, Cristina Maseda. Percebeu-se nele o aumento do número de pequenos produtores familiares na região, que ocuparam uma grande área com suas barracas montadas em frente ao mar, próximas de uma tenda principal na qual ocorreram aulas, debates e degustações. Nessa área de exposição da agricultura familiar o público conseguiu adquirir muitos produtos por preços baratos.

Como não podia deixar de ser, na *Folia Gastronômica* ocorreu uma verdadeira celebração da "comida oriunda da roça", sendo boa parte dos ingredientes típicos da mata atlântica. Além dos pescados, que já são famosos na cidade, também estavam à mostra produtos como banana, inhame, hortaliças, farinhas, cacau, palmito, mel, pato, galinha caipira e seus subprodutos, como banana passa, tapioca, doces de frutos e temperos processados.

Como Paraty tem um tipo de turismo que inclui visitantes de alto poder aquisitivo, o que se comprova pela presença de luzidios barcos de todos os tamanhos alojados em sua marina, a cidade abriga um bom número de restaurantes sofisticados, cujos ambientes são bonitos e sofisticados, e a cozinha é moderna e bem elaborada, como foi descrito há pouco... Esses restaurantes participaram da *Folia Gastronômica*, preparando menus com preços especiais durante o evento, paralelamente aos cardápios normais.

Em 2018, por exemplo, entre os 36 restaurantes participantes, no *Banana da Terra*, da *chef* Ana Bueno, foi oferecida a bisteca de porco marinada em limão e ervas com salada de abacate com tomate, ovo *mullet* e farofa crocante de *focaccia*.

Já no *Gastromar*, a *chef* Gisela Schmitt criou o camarão flambado ao gim, com arroz amanteigado no seu molho com castanha do Pará, mandioca palha e salada de maxixe. Outro local pitoresco foi o elegante *Quintal das Letras*, no qual o *chef* Bertrand Materne criou para o evento uma entrada de peixe crocante com minialface, *chutney* de banana, rabanete e brotos.

A *Folia Gastronômica* é um exemplo concreto de como é possível e desejável essa convergência entre as duas pontas, ou seja, a cozinha sofisticada dos restaurantes – oferecendo pratos com os mais diversos produtos – e os ingrediente vindos da agricultura familiar.

E quem mais se delicia com essa cooperação e esse trabalho conjunto são os milhares de visitantes que podem experimentar pratos incríveis dos menus de grandes *chefs*!!! Em 2019, a *Folia Gastronômica* se transformou em *Festival Gastronômico de Paraty*, e o evento aconteceu entre os dias 24 e 27 de outubro de 2019, sendo ainda mais intenso.

Uma boa notícia para aqueles que visitam Paraty é que uma de suas mais antigas fazendas – a Murycana, do fim do século XVII – foi reaberta ao público no início de 2018. A propriedade foi adquirida em 2014 pelo casal Jane Assis e Roberto Pinheiro, que tem como sócio o empresário José Roberto Marinho, do grupo Globo. Desde então, a propriedade foi rebatizada como Bananal, restaurada e transformada num complexo de ecoagriturismo. Ao longo de quase três anos a casa grande foi recuperada sob a supervisão do IPHAN. Para se ser uma ideia do trabalho, para possibilitar a troca de parte das vigas de madeira, as paredes de taipa de pilão tiveram de ser envolvidas por cintas de aço e elevadas com o auxílio de macacos hidráulicos. Já o imóvel onde ficavam a cozinha original (com fogão à lenha) e uma roda d'água, foi transformado em museu.

Roberto Pinheiro explicou: "Antes a fazenda funcionou como um entreposto de ouro, produziu café, cachaça, açúcar e farinha de mandioca. Então, quem visitá-la conhecerá um pouco de como foi a agricultura no Brasil colônia. Caminhando por ela os visitantes acabam entendendo o que é uma fazenda sustentável. Ou seja, eles passam pelo galinheiro e pelos currais de bovinos e caprinos, e veem como funciona o sistema agroflorestal (no qual plantas alimentícias crescem ao lado de árvores nativas); circulam por uma horta e terminam na queijaria, onde o leite é ordenhado e lá mesmo transformado em queijo, manteiga e iogurte.

Há um passeio mais completo conduzido por agrônomos, e nesse caso a distância percorrida é mais longa. O trajeto é feito com carrinho elétrico, terminando com um giro pelas áreas maiores da agrofloresta, na qual já foram replantadas cerca de 21 mil espécies. Temos aí frutas da mata atlântica que são raras de encontrar, como grumixama, cambucá e cabeludinha. Já está sendo planejada a oferta dessa experiência para alunos de escolas públicas, para os quais, evidentemente a visita será **gratuita!!!**"

A fazenda Bananal recebe atualmente muitos visitantes, que adoram observar os pássaros que vivem aí. Por meio de agendamento e pagamento de uma taxa, essas pessoas fazem um passeio guiado e recebem explicações do ornitólogo Luciano Lima, que disse: "No *tour* Passarinhada, com 2 h de duração, os turistas usam binóculos para admirar mais de 50 espécies de aves. Os mais aficionados pelo assunto podem ainda participar de uma sessão de anilhamento (marcação de aves para pesquisa)."

Naturalmente quem visita a fazenda Bananal não pode deixar de fazer uma refeição no seu restaurante, com cardápio assinado pelo *chef* belga Bertrand Materne. Ele segue o conceito "*farm to table*" ("da fazenda para a mesa"), no qual a maioria dos ingredientes de seus pratos são produzidos ali mesmo. Um bom exemplo disso está em receitas como a salada da horta, com molho de mostarda com laranja, iogurte, hortelã e ervas frescas, ou na omelete verde de queijo, com tomate e coalhada, que podem ser acompanhadas de suco de abiu roxo.

A partir de 31 de outubro de 2017, Paraty passou a fazer parte da RCC da Unesco, na qual foi aceita na categoria **gastronomia**. Aliás, a gastronomia sempre teve muita importância na cultura e na história da cidade, em especial no seu desenvolvimento consistente ocorrido ao longo dos últimos 20 anos.

Deve-se recordar, por exemplo, que um produto específico já exerceu muito destaque na cidade desde os tempos coloniais, no século XIX: a **cachaça**, sendo que havia no município cerca de 150 alambiques. Outro ícone da cidade é a **farofa de feijão**, que já era apreciada há muito tempo, inclusive pelos tropeiros, que a consideravam uma iguaria incrível...

Mais recentemente, em eventos como o *Festival Gastronômico*, tem havido bastante aprendizado no que se refere à preparação de diversas "gostosuras". Além disso, tem ocorrido nos *workshops* (que são oferecidas paralelamente ao festival), voltados para o aprimoramento da culinária de modo geral, uma grande troca de experiências entre os que sabem mais e os que sabem menos.

Também não se pode esquecer do programa de qualificação da merenda escolar denominado Escola de Comer, que abrangeu os mais de 6.000 alunos do município. Além disso, tem havido nas escolas de Paraty a utilização da produção de alimentos provenientes da agricultura familiar orgânica local.

Portanto, não há dúvidas de que foi bem merecida a escolha de Paraty como **cidade criativa**, em especial no âmbito da gastronomia, **não é mesmo?**

De fato, nessas últimas duas décadas, a cidade de Paraty acabou conquistando um lugar de destaque no turismo temático nacional. Isso porque, como já foi exemplificado, o calendário oficial de atrações no município é dos mais ecléticos. Alguns dos eventos já mencionados fazem com que a população da cidade inche bastante. Por exemplo, durante a Flip chegam a Paraty cerca de 30 mil turistas, lotando todas as suas pousadas.

Desde 2018, o governo municipal decidiu que gostaria de ver a cidade cheia de turistas também nos intervalos entre eventos.

Neste sentido, a secretária municipal da Cultura, Cristina Maseda, afirmou: "Agora que Paraty é uma **cidade criativa**, com destaque para sua gastronomia, precisamos atrair muita gente para nossos cerca de 200 restaurantes, esperando que passem alguns dias conosco e hospedando-se em alguma de nossas 600 pousadas. Vamos oferecer experiências gastronômicas o ano todo.

Entre os pratos mais famosos da cidade estão o camarão casadinho, composto de dois camarões graúdos fritos e recheados com farofa; e o manuê de bacia, um bolo feito com melado de cana. E o foco da prefeitura não está somente no estímulo para que as pessoas visitem mais os restaurantes paratienses. Há também um incremento do agroturismo, como o que se pode fazer na fazenda Bananal, no sítio agroflorestal Zé Ferreira e em outros locais da cidade. E a partir do final de 2018 Paraty ganhou um excelente Mercado de Peixe, no qual os pescadores artesanais vendem diretamente ao consumidor final."

No tocante à **educação**, a cidade tem algumas boas IEs municipais e estaduais. Entre as municipais destacam-se a José Carlos Porto (muito bem avaliada, oferecendo educação infantil e ensino fundamental); Pequenina Calixto (com excelente avaliação) e Parque da Mangueira (com avaliação razoável).

Entre as IEs estaduais, destaca-se principalmente o Colégio Estadual Eng. Mario Moura Brasil do Amaral (conhecido como CEMBRA), que oferece ensino fundamental (anos finais) e ensino médio. Sendo o maior da região, ele possuía em 2020 quase 900 alunos, aos quais era oferecida educação de qualidade. Há também o Colégio Estadual Almirante Álvaro Alberto (bem arrumado e com bons professores) e o Ciep 999 Dom Pedro de Alcântara Bragança I Imperador do Brasil (ensino fundamental II e ensino médio), com cerca de 550 alunos.

Entre as IEs particulares deve-se citar o Centro de Ensino Integrado, que foi criado em 1978 e ao longo de sua existência caracterizou-se pela sua competência, qualidade e criatividade na área educacional. Ele atende desde a creche até a educação infantil e os ensinos fundamental e médio (incluindo EJA). Há também o Centro Educacional de Mambucaba, no qual se procura educar inspirando-se nos princípios da liberdade e nos ideais da solidariedade humana. O objetivo dessa IE é o pleno desenvolvimento do educando, que é preparado para o exercício da cidadania e qualificação para o trabalho. Essa escola atende a cerca de 500 alunos nos ensinos infantil, fundamental e médio.

Encontram-se também em Paraty o Colégio Plante (bem avaliado e que há mais de duas décadas tem transformado vidas através de uma educação de excelência); o Colégio Objetivo (ensinos infantil, fundamental e médio) e o Centro Educacional Millenium (com uma boa proposta pedagógica).

Ainda no campo da educação, existem em Paraty alguns projetos incríveis, como é o caso da Escola Comunitária Cirandas. Trata-se de um projeto educativo cujo objetivo é promover uma transformação social. Seu foco está na diversidade de pessoas, ideias e caminhos, desse modo, a IE não é organizada por séries, mas por ciclos que respeitam os diferentes ritmos de aprendizagem de cada estudante. Os alunos dessa IE são agrupados por projetos, maturidade ou afinidade de conhecimentos. Assim, promove-se um aprendizado autônomo, criativo, colaborativo, democrático e integral.

Essa escola está vinculada ao Instituto Socioeducativo Oju Moran, que inclusive faz campanhas para receber doações que lhe permitam a oferta de bolsas tendo como objetivo ter 50% do seus alunos com elas (25% deles com bolsa integral e 25% com bolsa parcial), privilegiando aqueles com as idades entre 6 e 12 anos. Ela nasceu em fevereiro de 2014, a partir de uma demanda local por uma escola mais humanizada, significativa e em consonância com as necessidades da comunidade.

Um outro trabalho educacional muito interessante em Paraty é o realizado pelo Instituto Trilha de Arte e Educação, que é uma ONG localizada no Parque da Mangueira, oferecendo oficinas e projetos paralelos para crianças, jovens e pais de alunos, sem esquecer de desenvolver várias ações voltadas para as comunidades do entorno. Ele foi fundado em 19 de agosto de 1987, sendo que para esse instituto a arte e a educação promovem o crescimento profissional e pessoal. Nessa IE, que sobrevive principalmente graças a doações, as atividades e as oficinas são gratuitas.

E não se pode esquecer que na cidade há ainda o projeto Casa Escola, do qual já participaram mais de 150 alunos da rede pública!!! Seu foco é no desenvolvimento de atividades socioeducativas de complementação escolar, e suas prioridades são o meio ambiente e a preservação do patrimônio público de Paraty,

Nossos gestores educacionais deveriam preocupar-se não apenas com a implementação da Base Nacional Comum Curricular (BNCC), mas principalmente com o fato de vivermos numa época de grande mudança tecnológica, que alguns já chamaram de 4ª Revolução Industrial. Nela, o que mais assusta são as alterações no cenário laboral, com efeitos profundos sobre a relação entre seres humanos, máquinas e algoritmos de trabalho.

Com a emergência da IA, a velocidade da extinção de muitos empregos se acelerou e passou a atingir mesmo os trabalhos (ou tarefas) que demandam competências cognitivas não rotineiras. Quando os seres humanos passaram a lidar com máquinas que aprendem, não basta mais eles terem maior escolaridade ou terem aprendido a pensar. **O que se faz necessário é ensiná-los a pensar diferente!!!**

Em seu livro *Robot-Proof: Higher Education in the Age of Artificial Intelligence* ("*À Prova de Robôs: Educação Superior na Era da Inteligência Artificial*"), Joseph Aoun destacou: "É preciso ensinar mais aos alunos as competências que são especificamente humanas, em que os seres humanos são melhores que os robôs, como o pensamento crítico ou a resolução criativa e colaborativa de problemas, e promover ao máximo duas características interligadas: **imaginação e curiosidade**."

Em um estudo recente do Fórum Econômico Mundial (WEF, na sigla em inglês), *The Future of Jobs Report 2018* (relatório de 2018 sobre o *Futuro dos Empregos*), está destacado que com toda a **inovação tecnológica** disponível, até 2022 devem ser eliminados no mundo todo cerca de 75 milhões de vagas de emprego e, ao mesmo tempo, nesse período as novas tecnologias deverão ocasionar a criação de 133 milhões de empregos.

O resultado da conta é francamente positivo, com mais de 58 milhões de postos de trabalho "novos", que, porém, vão exigir das pessoas novas habilidades e melhor qualificação. Tudo indica que as tecnologias que devem ser amplamente difundidas nos próximos cinco anos são a Internet móvel de alta velocidade, a IA, a análise de *big data* (grande conjunto de dados) e o armazenamento em nuvem.

Em relação aos postos de trabalho, deve haver um aumento de demanda em ocupações relacionadas à tecnologia, como analista de dados, desenvolvedor de *software* e aplicativos, especialista em comércio eletrônico e em mídias sociais.

O WEF projeta também um crescimento de vagas de trabalho em áreas de claro perfil humano, como profissionais de atendimento ao cliente, gerentes de inovação, especialistas em treinamento e desenvolvimento organizacional. E essa é uma observação muito importante, pois o **futuro do trabalho** não está enclausurado em áreas estritamente tecnológicas.

As vagas com maior projeção de **declínio** estão concentradas em áreas mais administrativas, como contabilidade e auditoria. Segundo o relatório do WEF, em 2018 a proporção entre o trabalho realizado por seres humanos e por máquinas/algoritmos era de 71% para 29%, já em 2022 essa relação deverá ser de 58% para 42%.

A maior expansão da participação das máquinas deve ocorrer em tarefas administrativas, de análise e tomada de decisões e de busca de informações. Porém, mesmo as tarefas ainda realizadas predominantemente por seres humanos – como comunicação, gerenciamento e aconselhamento – também começarão a ser executadas por máquinas e algoritmos. De fato, até 2025, mais de metade do trabalho dos seres humanos deverá ser executado por máquinas e algoritmos.

Aliás, nos próximos cinco anos deverá ocorrer uma mudança em 42% das habilidades hoje exigidas em muitas tarefas. Por isso, a previsão é de um aumento da importância de habilidades já citadas como pensamento crítico e criatividade, e em competências tipicamente humanas, como flexibilidade, resiliência, capacidade de persuasão, empatia, atenção aos detalhes, humor etc.

Por isso, o WEF ressaltou a importância da **atuação dos governos dos países** na preparação para essa nova ordem do trabalho. Como não poderia deixar de ser, são essas novas tecnologias que trazem os maiores desafios para a reforma dos currículos escolares, a formação dos professores e especialmente para o ensino profissionalizante.

É isso que o nosso ministro da Educação, os secretários estaduais e municipais da educação (e seus assessores) devem estudar e planejar com muita responsabilidade, no sentido de garantir que seja possível desenvolver daqui para frente todas as habilidades necessários em nossos jovens, de modo a torná-los aptos a ocupar os postos de trabalho que surgirão no futuro!!!"

No âmbito da **saúde**, em 19 de setembro de 1990, pela lei Nº 8080, o SUS passou a dar acesso integral, universal e gratuito a todos brasileiros, atuando sob a gestão e supervisão do ministério da Saúde. Essa foi sem dúvida uma ideia muito boa, porém, que não tem funcionado muito bem na prática. O problema é que não há recursos suficientes para se oferecer um serviço de boa qualidade – com atendimento bom, rápido e eficiente – a toda a população brasileira, e, em particular, aos paratienses.

É verdade que há em Paraty o Hospital Municipal São Pedro de Alcântara, que não é perfeito, como nenhum hospital público do País, mas certamente está bem acima da média. Ele oferece bom atendimento médico graças aos profissionais competentes que trabalham nele, e tem uma recepção bem prestativa, inclusive em casos de urgência no pronto-socorro.

Ha também a UPA Sibel dos Santos Barros, que, embora sofra com a falta de um maior número de médicos e enfermeiros, oferece um atendimento razoavelmente bom aos que recorrem a ela. É claro que também existem diversos consultórios com médicos e dentistas, porém, quando alguém tem um problema mais sério com a saúde deve pensar em ir para São Paulo ou Rio de Janeiro, pois as cidades próximas também carecem de uma melhor estrutura para resolver ou até mesmo atenuar essas situações.

No que se refere a **segurança**, de certa forma, a **violência** e o **perigo** vivenciado pelos fluminenses também está presente em Paraty e em Angra dos Reis (município vizinho), havendo em ambas cidades muitos assaltos e conflitos armados, em especial entre traficantes de drogas. O policiamento ostensivo da cidade está a cargo da 3ª Companhia do 33º Batalhão da Polícia Militar do Estado do Rio de Janeiro, com sede no centro da cidade. Ela também é responsável pela guarda do Fórum municipal, estando subordinada a ela o Destacamento do Policiamento Ostensivo no distrito de Patrimônio, próximo à divisa com o Estado de São Paulo, na estrada de acesso à Vila de Trindade, um bairro de Paraty.

Há ainda uma unidade do Policiamento Ambiental da Polícia Militar, localizada em Paraty-Mirim, responsável pela repressão a crimes ambientais no município. As ações de salvamento e combate a incêndios e sinistros no município ficam por conta do 26º Grupamento do Corpo de Bombeiros Militar do Estado do Rio de Janeiro, cujo quartel fica no bairro Centro Histórico, que possui ainda um destacamento no distrito de Mambucaba.

A rodovia BR-101 possui um posto da Polícia Rodoviária Federal (PRF), a cerca de 2 km da entrada da cidade, no sentido Santos, subordinado à delegacia da PRF em Itaguaí. A Polícia Civil do Estado do Rio de Janeiro mantém, no município, a 167ª Delegacia Policial subordinada ao 5º Departamento de Polícia de Área, instalado no Centro Histórico. A prefeitura também possui uma equipe de defesa civil, para monitoramento e auxílio da população em caso de desastres naturais e uma Guarda Municipal, responsável pela organização do trânsito na cidade.

A notícia auspiciosa que foi divulgada em outubro de 2018 pelo Instituto de Segurança Pública, ou seja, no Estado do Rio de Janeiro, como um todo houve uma diminuição no número de mortes violentas, bem como uma redução nos roubos de carga e de rua, comparando-se com os três primeiros semestres de 2017. E isso significa que as pessoas ficaram mais tranquilas para viajar, fazendo turismo doméstico para uma série de cidades fluminenses como Petrópolis, Cabo Frio, Teresópolis, Angra dos Reis e Paraty, entre outras.

Paraty tornou-se foco da atenção nacional quando um pequeno avião bimotor *Beechcraft King Air* – que procurava descer no seu pequeno aeroporto, sofreu um acidente no qual morreu o ministro do Supremo Tribunal Federal (STF), Teori Albino Zavaski, então relator da operação Lava Jato, que levou à prisão muitos políticos e empresários.

Também morreram nesse acidente aéreo o empresário Carlos Alberto Fernandes Filgueiras (dono dos hotéis Emiliano), o piloto Osmar Rodrigues (que possuía muita experiência nos voos a Paraty) e duas mulheres, Marilda Ilda Panas e Maíra Lidiane Panas Helatczuk.

O avião registrado em nome da Emiliano Empreendimentos e Participações Hoteleiras Ltda, estava em situação normal de aeronavegabilidade, e possuía certificado de autorização de voo válido até 12 de abril de 2022, ou seja, era considerado seguro e por isso surgiram boatos sobre algum tipo de conspiração.

O voo saiu do aeroporto Campo de Marte, na cidade de São Paulo, às 13 h, em 19 de janeiro de 2017, com destino a Paraty. Porém, a aeronave caiu no mar, próximo à ilha Rasa, cerca de meia hora depois de decolar, momento em que chovia bastante na região do acidente. A Polícia Federal e o Ministério Público Federal abriram no mesmo dia inquéritos para investigar as causas do acidente, e a Corte Interamericana de Direitos Humanos pediu que fosse realizada uma rápida e cuidadosa investigação sobre as **circunstâncias da queda**.

Em 22 de janeiro de 2018 (mais de um ano depois...), o Centro de Investigação e Prevenção de Acidentes Aeronáuticos apresentou o relatório final sobre o acidente. A conclusão foi de que não houve falha da aeronave nem falta de combustível, ou seja, o acidente foi causado por três fatores principais:

- **Condições climáticas adversas para o pouso visual**, único modo de operação no aeroporto de Paraty!!! Concluiu-se que no momento do acidente, a visibilidade horizontal era de 1.500 m e a precipitação pluviométrica era de 25 mm/h, condições não recomendadas para operações de pouso e decolagem.
- **A cultura operacional dos pilotos**. A investigação concluiu que havia entre os pilotos uma cultura de valer-se de sua "experiência operacional" diante de condições adversas, o que os levava a deixar de seguir as recomendações de segurança para a operação em voo visual e a adotar práticas informais que interferiam na percepção e na análise adequada dos riscos envolvidos naquela operação de pouso.
- **Desorientação espacial**, que provavelmente aconteceu em consequência da baixa visibilidade, da curva executada sobre a água, da baixa altura e das condições de estresse em que se encontrava o piloto. Todos esses fatores levaram à perda do controle da aeronave e ao acidente.

Caro (a) leitor (a), você concorda com essas explicações?

Provavelmente, com apenas uma só: de que apenas é **seguro** aterrissar um avião no aeroporto de Paraty quando as condições meteorológicas estiverem boas, bem como a visibilidade.

Com tudo o que foi dito até agora, percebe-se claramente que a economia da cidade é praticamente toda dependente do **turismo** – estima-se que o PIB da cidade em 2019 tenha ultrapassado os R$ 750 milhões – e tudo indica que ela tenha tudo para crescer mais. Aliás, apesar de o comércio ainda estar concentrado em pequenas lojas, já estão surgindo alguns centros comerciais maiores na cidade, como é o caso do *shopping* Martins Paraty.

De qualquer modo, são os turistas brasileiros e estrangeiros que dão um ar cosmopolita ao bem restaurado Centro Histórico da cidade. São esses visitantes que nos restaurantes da cidade acabam consumindo a famosa "*Gabriela*" – uma mistura de cachaça com cravo e canela. E, se a "malvada" descer bem, eles não deixam de ir a diversas lojas que vendem aguardentes dos alambiques locais para garantir que no retorno às suas casas possam preparar essa bebida, e assim se recordar de sua passagem por Paraty.

Em 2019 Paraty alcançou uma outra grande conquista. Pois é, na reunião que ocorreu em 5 de julho de 2019, em Baku, no Azerbaijão, o comitê do Patrimônio Mundial da Unesco reconheceu a cidade histórica de Paraty e a região da Ilha Grande (ambos no Estado do Rio de Janeiro) como **patrimônio histórico e natural da humanidade**, sendo esse o primeiro **sítio misto** do Brasil, que abrange 149.000 ha, quatro APAs e 187 ilhas.

A presidente do IPHAN, Kátia Bogéa, comentou: "Paraty e Ilha Grande receberam o título em grande parte, pela interação da presença humana com o ambiente natural. A região de mata atlântica tem 36 espécies vegetais consideradas, duas terras indígenas, dois territórios quilombolas e 28 comunidades caiçaras. Além disso, tem-se o Centro Histórico da cidade, bem conservado, bem como uma parte do antigo Caminho do Ouro, por onde escoou o minério vindo de Minas para seguir para Portugal.

Recorde-se que essa foi a terceira vez que Paraty disputou o título. Na primeira, em 2004, não seguiu critérios formais. A segunda candidatura, em 2009, foi rejeitada pelo comitê da Unesco após recomendação contrária do Icomos, um conselho associado a ONU, que avaliou a inscrição. O motivo principal foi o baixo índice de saneamento na cidade (de fato o esgotamento sanitário chegava a apenas 56,4% da população da cidade).

Em 2019, o sistema de água e esgoto foi novamente citado pelo Icomos como um dos principais desafios a serem solucionados, bem como as pressões relativas ao aumento desordenado do turismo em uma cidade que já enfrenta intensa violência urbana, com uma taxa de homicídios próxima de 60 por 100 mil habitantes – o que a coloca entre as 50 maiores do País. Porém, apesar desses problemas que precisam ser eliminados (ou ao menos bastante reduzidos), conquistamos esse inédito e importante título."

A secretária de Cultura de Paraty, Cristina Maseda, reconheceu que existem vários entraves urbanos, mas declarou: "Essa conquista seguramente trará mais investimentos para a região e também nos abre a oportunidade de obtermos financiamentos tanto nacionais como internacionais. Paraty tem recebido atualmente cerca de 350 mil a 450 mil turistas por ano, sendo que aproximadamente 30% deles vem do exterior. Agora que temos esse carimbo da Unesco, a tendência é atrairmos um turismo maior e mais qualificado."

Sendo um patrimônio do Brasil – e agora da humanidade –, e abrigando ruas de piso irregular e casario colonial, Paraty já está no imaginário de muitos visitantes, em especial dos cinéfilos. De fato, quando a ideia é rodar produções ambientadas no período colonial, as belas paisagens da cidade estão entre as mais vistas nos filmes brasileiros, competindo de igual para igual com outras cidades mineiras.

Já foram rodados aí 25 longas, mais nove curtas e nada menos que 21 minisséries e novelas, dentre as quais estão *A Marquesa de Santos, O Sorriso do Lagarto, Mulheres de Areia* etc. No âmbito dos filmes, no fim dos anos 1960, por exemplo (época do governo militar), Nelson Pereira dos Santos descobriu na cidade uma forma de se manter distante da censura e filmou aí *Azyllo Muito Louco*, baseado no romance *O Alienista*, de Machado de Assim. Mais tarde ele também filmou no local *Como Era Gostoso meu Francês*.

Luiz Carlos Lacerda, que foi assistente de Nelson Pereira dos Santos, também utilizou a cidade de Paraty como cenário para *O Princípio do Prazer*, o que também aconteceu com Paulo César Saraceni, que usou a cidade como pano de fundo em seu filme *Anchieta, José o Brasil*. Outro bom exemplo foi a adaptação de Bruno Barreto do romance de Jorge Amado, *Gabriela Cravo e Canela* (produzido em 1983), quando os atores Sônia Braga e Marcello Mastroianni caminharam pelas ruas de Paraty. Aliás, até filmes estrangeiros, como *A Floresta das Esmeraldas*, de John Boorman, e *Luar sobre Parador*, de Paul Mazursky, foram feitos aí.

Foi bem difícil para Paraty executar a travessia da pandemia devido a **Covid-19**. Aliás deve-se saber que a palavra **pandemia** tem uma semântica interessante coma raiz grega *pan* significando "todos" ou "na íntegra", e *demos*, se refere a "povo".

Dessa forma pandemia é algo que se relaciona a todos nós, indistintamente. E o que onda pandêmica produziu em Paraty pode ser chamado de "pandemônio" (que pode ser interpretado como a reunião de "todos os demônios", isto é, sinônimo de muita confusão, balbúrdia, desentendimento...)

E isso aconteceu não só em Paraty, mas no Brasil todo, com o contágio da população pelo novo coronavírus, de várias maneiras e contextos!!!

Em Paraty a ação devastadora da *Covid-19* não foi tão intensa pois já em 13 de março de 2020 instituiu-se nela o isolamento social, bem antes do que se fez em outras cidades.

Entre as medidas adotadas pela prefeitura de Paraty estavam: suspensão das aulas, restrição de circulação de pessoas e veículos, proibição de acesso às praias e cachoeiras, fechamento da maior parte do comércio, pousadas e equipamentos municipais.

Não houve a Festa do Divino (em maio) e a 18ª edição da Flip (quando as pousadas da cidade têm um nível de ocupação de 90%) foi adiada para novembro, porém...

Dependente do turismo, Paraty teve mais de 75% de paralisação na sua economia provocada pela pandemia do novo coronavírus.

Felizmente muitos moradores de Paraty que trabalhavam nos vários setores do turismo conseguiram sobreviver graças ao auxílio emergencial do governo federal de R$ 600 por mês durante o período de três meses.

Entre outras medidas para mitigar os nefastos efeitos econômicos houve a distribuição de cestas básicas aos habitantes mais vulneráveis de Paraty e a criação de linhas de crédito e financiamento para agentes culturais e profissionais autônomos.

Lamentavelmente, até a metade de junho de 2020, aconteceram em Paraty algumas mortes provocadas pela *Covid-19*.

Parintins

SHUTTERSTOCK - TARCISIO SCHNAIDER

Uma vista do ancoradouro na cidade de Parintins.

PREÂMBULO

A encantadora Parintins é carinhosamente chamada de a "**capital nacional do boi-bumbá**", porém, a cidade possui diversos outros apelidos, como: "**capital mundial do folclore**", "**ilha da alegria**", "**ilha paraíso**", "**ilha azul**", "**ilha vermelha**" e "**ilha encantada**". E todo aquele que já visita Parintins, cujo lema é "*In hoc signa vinces*" ("**Por este sinal conquistarás**"), entende perfeitamente a razão pela qual ela merece todos esses apelidos.

De fato, quem chega à exótica Parintins precisa saber que um dos grandes programas na capital do boi-bumbá é banhar-se, por exemplo, no balneário Cantagalo, localizado na comunidade do Aninga. O local é considerado uma verdadeira atração ecológica, e abriga uma linda praia, além de bares, restaurantes e a oportunidade de o visitante poder contemplar o belíssimo pôr-do-sol da ilha Tupinambarana.

Outro programa obrigatório para o visitante de Parintins é visitar a catedral de Nossa Senhora do Carmo, o maior símbolo religioso da cidade. Sua construção foi iniciada em 1961, com a obra tendo sido assinada pelo engenheiro italiano Giovanni Butori. Sua torre, entretanto, que foi concluída em 1981, traz a assinatura do engenheiro José Ribeiro e a orientação do engenheiro parintinense Simão Assayag. No topo está a imagem da padroeira Nossa Senhora do Carmo, como a olhar para todos, locais e visitantes, que suplicam pela sua ajuda e por seus milagres.

Perto da catedral, na tradicional avenida Amazonas, encontra-se um complexo de bares, o "*point*" (local de maior atração) noturno da cidade, que está sempre lotado. E eles "incham" ainda mais durante o Festival Folclórico da cidade (sobre o qual falaremos adiante...) Esse complexo foi reformado recentemente, assim mudaram as características dos bares locais. Um bom exemplo é o *Amazonas*, que de rústico passou a ter uma estrutura mais turística e agradável.

E quem visitar a Parintins não deve partir sem experimentar uma das atividades mais legais da ilha: **passear de triciclo**!!!

A HISTÓRIA DE PARINTINS

Parintins é um município localizado no extremo leste do Estado do Amazonas, a cerca de 370 km (em linha reta) da capital estadual, Manaus. Sua população estimada no início de 2020 era de 115 mil habitantes, o que o tornou o segundo município mais populoso do Estado.

A área total ocupada pelo município é de 5.952 km², o que representa cerca de 0, 3789 % da área total do Amazonas. Todavia, apenas 13 km² do município ficam no chamado perímetro urbano. Os municípios limítrofes de Parintins são: Urucurituba (a oeste); Nhamundá (ao norte); Terra Santa e Juriti (a leste, no Estado do Pará) e Barreirinha (ao sul).

Parintins, como quase todos os demais municípios brasileiros, foi primitivamente habitada por indígenas. Sua "descoberta" se deu em 1749, quando ao descer o rio Amazonas o explorador José Gonçalves da Fonseca reparou numa ilha (na realidade são quatro ilhas...) que, por sua extensão, se sobressaía das demais que ficavam à direita do grande rio.

A fundação da localidade ocorreu em 1796, por José Pedro Cordovil, que ganhou a ilha de presente da rainha dona Maria I. Ele veio para a região com seus escravos e agregados para se dedicar à pesca do pirarucu e também à agricultura, chamando o local de Tupinambarana. Ali ele instalou e fundou sua fazenda de cacau, dedicando-se à cultura desse produto em grande escala.

Algum tempo depois, entretanto, ele saiu da região e ofertou a ilha de volta à rainha (!?!?), que a aceitou e a entregou ao capitão-mor do Pará, conde dos Arcos. Este, por sua vez, a elevou à categoria de **missão religiosa** em 1803, e entregou sua direção ao frei José Álvares das Chagas, que a denominou Vila Nova da Rainha.

A eficiente atuação do frei José das Chagas, que organizou a comarca do Alto Amazonas, provocou um surto de progresso e desenvolvimento na localidade. Então, em 25 de junho de 1833, pelo decreto-lei Nº 28, o local passou à condição de **freguesia**, agora com o nome de Nossa Senhora do Carmo de Tupinambarana.

Essa situação e nomenclatura ainda eram vigentes quando teve início a revolução dos Cabanos, no Pará, que se alastraria por toda a província. Na ocasião, o vigário da freguesia, o padre Torquato Antônio de Souza, teve uma atuação destacada durante a sedição, servindo inclusive como delegado dos legalistas no Baixo Amazonas.

Talvez por estar muito bem defendida, Tupinambarana foi poupada dos ataques dos cabanos. Então, em 24 de outubro de 1848, pela lei provincial do Pará de Nº 146, a freguesia passou à categoria de **vila**, ganhando a denominação de Vila Bela da Imperatriz, e constituiu o município até então ligado a Maués.

Em 24 de agosto de 1858, foi criada pela lei provincial a comarca que compreendia os termos judiciários de Vila Bela da Imperatriz e Vila Nova da Conceição. Então, finalmente em 30 de outubro de 1880, pela lei provincial Nº 499, a sede do município recebeu foros de município e passou a denominar-se **Parintins**. Em 1881, foi desmembrado do município de Parintins um território que passou a ser o município de Vila Nova de Barreirinha.

Na divisão administrativa de 1911, o município de Parintins possuía quatro distritos: a sede (Parintins), Paraná de Ramos, Jamundá e Xibuí. Todavia, em 1933, aparecia no quadro da divisão administrativa apenas um distrito: o de Parintins. Em 1º de dezembro de 1938, criou-se pelo decreto-lei estadual Nº 176 o novo distrito de Ilha das Cotias, o que fez com que o município voltasse a ter dois distritos.

Em 24 de agosto de 1952, pela lei estadual Nº 226, a comarca de Parintins perdeu os termos judiciários de Barreirinha e Urucará, que foram transformados em comarcas. Alguns anos mais tarde, em 19 de dezembro de 1956, o distrito de Ilha das Cotias foi novamente desmembrado de Parintins pela lei estadual Nº 96, passando a constituir o município de Nhamundá. Finalmente, em 10 de dezembro de 1981, pela emenda constitucional Nº 12, o território de Parintins foi acrescido do distrito de Mocambo.

Com cerca de 200 km de extensão, a ilha de Tupinambarana é parte integrante do município. Na realidade trata-se de um **arquipélago**, uma vez que na **época das cheias** do rio a região é entrecortada por lagos, furós, restingas, paranás e igapós. A sede municipal fica numa dessas ilhas do arquipélago, a uma altitude de 50 m em relação ao nível do mar. O município tem sua cota máxima em seu relevo no lado leste, na chamada Serra Valéria (serra de Parintins), com aproximadamente 150 m de altura, enquanto no lado oeste ficam as terras altas do Paurá.

A temperatura média anual no município gira em torno dos 28°C, com baixas amplitudes térmicas ao longo do ano. A média das máximas é de 32°C, e das mínimas de 24°C. A menor temperatura já registrada em Parintins foi de 9°C, em 19 de julho de 1975, enquanto a maior atingiu 39°C, em 7 de janeiro de 1998.

O índice pluviométrico anual é de 2.475 mm, sendo que nos meses de janeiro a maio acontecem as maiores precipitações, e no mês de setembro, a menor. O maior nível acumulado de precipitação pluviométrica em 24 h foi de 173 mm, em 29 de novembro de 1972. A insolação anual é de aproximadamente 2.150 h, com o maior registro no mês de agosto.

O município de Parintins faz parte do maior sistema fluvial do mundo: a **bacia amazônica**. Aliás, o rio Amazonas é o maior do mundo em volume de água, com um deflúvio médio anual estimado em **250 m³/s**. Vale lembrar que no trecho compreendido entre a foz do rio Nhamundá e Parintins a largura do rio Amazonas é de aproximadamente **50 km**!!! E esse grande rio é a via de escoamento e abastecimento da região, a grande estrada hídrica que liga Parintins à capital amazonense, Manaus, e também ao oceano Atlântico.

Além do Amazonas, os rios mais importantes do município são o Paraná do Ramos, o Paraná do Espírito Santo, o Paraná do Limão, o Uiacurapá e o Mamurú.

Além disso no município existem diversos lagos, como o Macuricanã, o Aninga, o Parananema, o Macurani e a lagoa da Francesa, sendo que a preservação desses quatro últimos é de vital importância para toda a região, uma vez que banham a sede municipal e estão mais suscetíveis a degradação e poluição.

A vegetação do município é bem característica, espalhando-se por boa parte da bacia amazônica com diferentes denominações: floresta de terra firme, floresta de terras periodicamente inundadas (mata de várzea), floresta permanentemente inundada (mata de igapó) e uma área ocupada pela sede municipal, denominada Campo Grande, que abriga uma pequena mancha de cerrado.

A cidade de Parintins está marcada por traços culturais, políticos e econômicos herdados de portugueses, espanhóis, italianos e, inclusive, de japoneses, tendo em vista que a cidade possuiu uma relevante colônia desses imigrantes. Todavia, não se pode esquecer da importância dos ameríndios em sua contribuição étnica. Afinal, foram eles que iniciaram a ocupação humana na Amazônia. Seus descendentes caboclos (mestiços de índia com branco) desenvolveram-se em contato íntimo com o meio ambiente, adaptando-se às peculiaridades regionais e às oportunidades oferecidas pela própria floresta.

Em sua formação histórica, a **demografia** da cidade resultou, portanto, da miscigenação de três etnias básicas: o **índio**, o **negro** e o **europeu**. Essa mistura, aliás, compôs também em outras regiões a população brasileira.

Só mais tarde, com a chegada dos imigrantes japoneses é que se formou o caldo cultural singular que tão bem caracteriza a população da cidade, assim como seus valores e seu modo de vida.

Acredita-se que no início de 2020 a população parintinense fosse composta da seguinte forma: 84% de pardos [caboclos, cafuzos (mistura de negros com índios) e mulatos (mestiços de negros com brancos); 12,3% de brancos; 2,2% de negros; 1% de índios e 0,5% de amarelos. Também em 2020, estimou-se que 50,9% da população de Parintins fosse de mulheres.

Tal qual a variedade cultural, são também diversas as manifestações **religiosas** em Parintins, com grande predomínio de católicos (80,5%), seguidos pelos evangélicos (16,2%). O restante se divide entre ateus e seguidores de outras crenças.

A cidade está dividida por uma linha imaginária que vai desde a catedral de Nossa Senhora do Carmo até o Centro Cultural e Esportivo Amazonino Mendes (o Bumbódromo), o que acabou criando duas zonas distintas: a **azul** (Boi Caprichoso) e a **vermelha** (Boi Garantido). O visitante da ilha nota facilmente essa divisão de cores, observando apenas a pinturas das casas, as placas turísticas indicativas e as faixas de pedestres.

Do lado azul ficam os seguintes bairros: Raimundo Muniz, Centro, Palmares, Francesa, Santa Clara, Santa Rita, Macurany e Castanheira. Já do lado vermelho localizam-se os bairros de São José, Djard Vieira, Itaúna, Lady Laura, Distrito Industrial, Paulo Corrêa, São Benedito, João Novo e Emílio Moreira. Também ficam no lado vermelho Itaúna I e Itaúna II, e os bairros mais novos da cidade, como: União, Jacareacanga, Tonzinho Saunier, Teixeirão, Val Paraíso, Pascoal Allagio, Vila Cristina, Aningas Residenzas e Santoca.

Na zona rural do perímetro urbano do município localizam-se diversas vilas e bairros, como: Macurany, Aninga e Parananema. Atualmente Parintins possui os seguintes distritos: Vila Amazônia, Mocambo, Caburi, Zé-Açu e Maranhão, e para fins administrativos e de segurança, a cidade está dividida em cinco zonas (regionais): Sudoeste, Oeste, Sul, Leste e Norte.

Nesses últimos 15 anos, foi grande a influência na administração municipal do ex-deputado estadual Frank Luiz da Cunha Garcia (conhecido como Bi-Garcia), que foi inicialmente eleito como prefeito da cidade para o mandato de 2005 a 2008 e, em seguida, reeleito para um novo mandato, de 2009 a 2013. Em 2 de outubro de 2016 ele foi eleito para o atual mandato, obtendo 63,30% dos votos válidos, o que o tornou o prefeito com votação mais expressiva de toda a história do município. Além disso, essa escolha demonstra de forma evidente que os parintinenses estão bastante satisfeitos com a forma como ele tem gerenciado Parintins!!!

No âmbito da **economia**, estima-se que em 2019 o PIB do município tenha chegado a R$ 1,25 bilhão. Nele há uma boa contribuição do **setor primário**, ou seja, da agricultura, pecuária, pesca, avicultura e extrativismo vegetal. No que se refere especificamente à **agricultura**, tem-se no município diversas culturas temporárias: abacaxi, juta, arroz, batata-doce, cana-de--açúcar, feijão, fumo, mandioca, macaxeira, maracujá, maracujá do mato, melancia, soja (orgânica) melão e milho. Mas existem também as culturas permanentes: abacate, banana, cacau, café, cajá, coco, laranja, limão, guaraná e tangerina.

A atividade de maior peso no setor primário, entretanto, é a **pecuária**, que compreende principalmente a criação de bovinos e, em segundo lugar, a de suínos. A produção de carne e leite destina-se ao consumo local e à venda para outros municípios. Aliás, Parintins já ocupou o posto de **maior rebanho bovino e bubalino do Estado**, com aproximadamente 160 mil bois e 60 mil búfalos.

Nesses últimos anos Parintins também despontou como um dos principais entrepostos de **pesca** na Amazônia, visando o consumo local. Em relação à **avicultura**, também voltada para o criatório em moldes domésticos, ela é representada principalmente pela criação de galinhas, perus, patos, marrecos e gansos. Já o **extrativismo vegetal** é pouco representativo na formação do setor primário, havendo, entretanto, um certo destaque para a exploração de borracha, cumaru, gomas não elásticas, madeira, óleo de copaíba e puxuri.

O **setor secundário** é composto basicamente por micro e pequenas empresas, voltadas para o aproveitamento de produtos naturais. Dentre as indústrias locais estão: a **madeireira** (focada no beneficiamento de madeiras para venda a outros Estados e na confecção de móveis e esquadrias); a **alimentícia** (concentrada na fabricação de doces e compotas regionais, sorvetes, embutidos e laticínios, e na produção de soja e cana-de-açúcar); a **oleira** (especializada na fabricação de tijolos, telhas e artesanatos em cerâmica); a **química** (aplicada na produção de cumaru, óleo de copaíba e andiroba); a de **vestuário** (especializada na confecção de roupas em geral); a **gráfica** (focada na produção de impressos em geral); e a **naval** (voltada para a construção de embarcações diversas e reparos de máquinas marítimas).

Mas é o **setor terciário** que mais contribui com o PIB municipal. Ele se divide em prestação de serviços e comércio, e nele se destacam os cabeleireiros, as oficinas (mecânicas e eletrônicas), os hotéis, as pousadas, os bares, os restaurantes, as clínicas médicas e odontológicas, os contabilistas e os centros comerciais. Aliás, a cidade de Parintins possui hoje mais de 1.800 estabelecimentos comerciais, varejistas e atacadistas, vendendo os mais diversos produtos.

Assim, é no terceiro setor que trabalha a maior parte da população (!?!?), que em sua maioria é constituída de funcionários públicos nas três esferas (federal, estadual e municipal) e por empregados no comércio local, nos hotéis, nas pousadas e nos restaurantes. Isso também ocorre, é claro, pela escassez de empregos nos demais setores.

No que se refere à **gastronomia**, os visitantes de Parintins podem desfrutar de muitos pratos típicos da culinária local, uma vez que a cidade possui vários estabelecimentos de boa qualidade. As receitas mais conhecidas (e demandadas) utilizam peixes de rio e carne de búfalo. Entre os pratos mais populares da região estão: o tambaqui moqueado, a caldeirada de tucunaré com pirão, a maniçoba, o pirarucu assado, os bolinhos de piracuí, o peixe no tucupi, o pato no tucupi, a caldeirada de bodó, o bodó assado no vinho, o tacacá etc.

Naturalmente, a maior parte da culinária da ilha tem o peixe como ingrediente central. Dentre as espécies mais apreciadas estão o curimatã, o jaraqui, o pirarucu, a matrinxã, a pescada, o tambaqui, o tucunaré, o pacu, o bodó e o tamuatá, que são servidos em moquecas, postas, bolinhos, assados, fritos e em caldeirada.

Aí vão algumas sugestões de restaurantes para os que vão passear na cidade, e que também são frequentados pelos parintinenses.

- *Mirante* – Um ótimo lugar para ir com a família, com comida excelente e uma vista incrível do rio Amazonas.
- *Flutuante da Soraya* – Um dos melhores restaurantes da cidade. O local é muito tranquilo, oferece excelente atendimento. Uma ótima pedida, em especial no período do Festival Folclórico.
- *Sabor da Terra* – Serve comida caseira com excelente sabor.
- *Coroa's Peixaria* – Um ótimo restaurante localizado às margens do rio Amazonas. Possui um ambiente pitoresco e serve comida excelente, porém o atendimento precisa ser melhorado...

- *Lanchonete do Fadão* – Como o próprio nome já diz, é um local para se fazer um bom lanche. Serve sanduíches saborosos, mas os preços são relativamente altos.
- *Vânia* – Um local aconchegante, com um bom *buffet*, uma boa variedade de carnes e peixes, e um atendimento de primeira.
- *Knoeiro's* – É um bar e restaurante bem conveniente para se comer bons petiscos e tomar uma cerveja gelada.
- *Du'Preto* – Oferece tudo de bom que há na culinária amazônica.
- *Top10* – Um bom lugar para se comer uma *pizza* saborosa.
- *McDave's* – Prepara uma *pizza* excelente e um sorvete de outro mundo. O ambiente é agradável e nele se tem acesso *Wi-Fi*.
- *Viva* – Para alguns clientes, o local oferece o melhor atendimento e a melhor experiência gastronômica de Parintins.
- *Toca da Onça* – Um restaurante que serve comida simples, mas o local é aconchegante.
- *A Birosca* – Serve boa comida e oferece um bom atendimento. Os preços são justos e a localização é ótima, no centro da cidade.
- *Pedaço de Paz* – Esse restaurante oferece bom atendimento e fácil acesso. Dele se tem uma vista panorâmica para o rio Amazonas, e o pôr do sol que se observa dali é incrível!!!
- *Pra'Gourmet* – É um bom serviço de entrega de *pizzas*.
- *Kuiu* – Possui um ambiente agradável, bom atendimento e preços justos.
- *Harumi* – Uma excelente lanchonete, com bom atendimento.

Naturalmente quem vai a Parintins, seja a passeio ou a negócios, precisa de um bom lugar para descansar ou pernoitar. Claro que não se poderia esperar encontrar na cidade hotéis e pousadas tão sofisticadas como as que existem em Paraty, por exemplo, mas os visitantes podem ter certeza de que nos locais indicados a seguir desfrutarão de uma boa hospedagem.

Um bom exemplo é o **Amazonas River Resort**, um hotel quatro estrelas e, provavelmente, o melhor de Parintins. O local dispõe de piscina, restaurante (no qual a comida é muito boa), e muito verde. Para os hóspedes, o café da manhã é gratuito, mas o uso do *Wi-Fi* é cobrado!?!?

A cidade também é bem servida de hotéis duas e três estrelas. Entre eles, destacam-se:

- **Avenida** – Fica no bairro Francesa e tem uma excelente avaliação na plataforma Trip Advisor.
- **Icamiabas** – Um local bem acolhedor, no qual se percebe muito cuidado com os detalhes, inclusive em seu café da manhã, que é gratuito para os hóspedes.
- **Brito** – Hotel três estrelas, rústico e com pátio colorido, localizado à beira do rio. Fica no centro da cidade, a 12 min a pé da catedral de Nossa Senhora do Carmo e a 1,3 km do Bumbódromo. Dispõe de bons quartos e café da manhã simples, mas a avaliação na plataforma Trip Advisor é boa.
- **Pérola** – Um hotel simples e aconchegante, com quartos climatizados, no qual se pode desfrutar de uma estada tranquila. Oferece aos hóspedes *Wi-Fi* e café da manhã gratuitos, e permite a presença de animais de estimação.
- **Camila** – Um bom hotel, de acordo com os padrões do município. Oferece acomodações nas quais os hóspedes podem desfrutar de um descanso restaurador.
- **Palace** – Fica no centro da cidade, e está classificado como o 12º melhor de Parintins, entre os 28 avaliados.

Já entre as pousadas (que cobram preços módicos) estão as seguintes:

- **Amigão** – Possui um restaurante e oferece *Wi-Fi* e estacionamento gratuitos. Permite animais de estimação.
- **Nina** – Bem localizada (no centro da cidade), dispõe de restaurante e oferece *Wi-Fi* e café da manhã gratuitos.
- **Doce Lar** – Fica próxima do Bumbódromo e da catedral, sendo possível ir a pé até os dois locais. É uma hospedaria ideal para quem viaja com crianças. Conta com um bom restaurante e oferece *Wi-Fi* e café da manhã gratuitamente para os hóspedes.
- **Du Cardoso** – O ambiente é muito agradável e, conforme divulga o próprio estabelecimento, é "a extensão de sua casa na ilha Tupinambarana", com ótimos preços.

→ **Sonho Dourado** – Nesse estabelecimento o atendimento, as acomodações e o café da manhã são excelentes.

→ **Paris** – Fica no bairro Palmares, a 1 km do Bumbódromo. Tem boas instalações, inclusive com ar-condicionado nos quartos.

Vale lembrar que a maioria dos hotéis e pousadas de Parintins não dispõe de muitas estrelas, porém, esse tipo de classificação deverá **acabar em breve no Brasil**. Conforme previsões do ministério do Turismo, o único órgão autorizado a classificar instalações no País. De fato, desde 2016 foram suspensas a emissão e a renovação dessas certificações, o que significa que nenhum hotel inaugurado depois dessa data possui "estrelas", ainda que ostente esses símbolos (seja na recepção ou em sua página na Internet).

Por sinal, o próprio ministério concluiu que o atual sistema de classificação – cuja adequação era opcional – já não atende mais nem às demandas dos hóspedes nem da iniciativa privada. Por isso, o Sistema Brasileiro de Classificação dos Meios de Hospedagem (SB Class) está sendo reestruturado para se adaptar à nova realidade do mercado, em que o consumidor e as empresas estabelecem um canal direto de comunicação por meio de plataformas digitais, como o Trip Advisor, o Decolar, o Booking, Hoteis.com etc.

De acordo com o ministério, a ideia é que os critérios do SB Class passem a servir apenas como orientação ao setor hoteleiro e, desse modo, as estrelas deixem de ser uma marca exclusiva do governo federal. O discurso de que o ministério vai passar de classificador a orientador pode talvez estar "escondendo" o real motivo da mudança, que é a falta de orçamento da pasta e de pessoal para fiscalizar todos os hotéis do País!?!?

Não se pode, entretanto, deixar de reconhecer que a classificação oficial por estrelas era boa para o setor, pois inclusive oferecia uma maior segurança ao hóspede. Porém, no mundo todo esse tipo de classificação foi perdendo espaço para os comentários e as resenhas publicadas por viajantes em *sites* de avaliação de hotéis e serviços.

Antes do advento da Internet, fazia sentido que um técnico se deslocasse até um estabelecimento para classificá-lo, uma vez que o turista contava com poucas informações na hora de escolher a hospedagem. Assim, o número de estrelas pelo menos dava a ele alguma noção sobre o nível de estrutura e serviços que seria encontrado. Hoje, porém, o hóspede pode fazer essa pesquisa sozinho, diretamente nos *sites* dos hotéis e nas plataformas de avaliação.

Vivemos na era da **economia colaborativa**, e a experiência de quem efetivamente se hospedou no lugar tem muito mais veracidade do que um parecer técnico, **não é mesmo**? Claro que é, se bem que existe sempre o risco de se buscar ou deparar com avaliações falsas ou mal-intencionadas, que podem inclusive ter sido dadas por concorrentes...

Neste sentido, o próprio Trip Advisor divulgou que trabalha para detectar avaliações inverídicas, sejam elas pagas, feitas por pessoas com alguma ligação com o estabelecimento ou que, ao contrário, trabalhem na concorrência!?!?

Por exemplo, a plataforma Decolar só recebe opiniões daqueles que fizeram a reserva num hotel por intermédio dela, e que efetivamente se hospedaram no estabelecimento. Essas pessoas dão notas para o hotel em relação a vários aspectos, e então a nota final é apresentada ao *site* para ser calculada por meio de uma fórmula que privilegia as avaliações mais recentes. Já no caso da plataforma Trip Advisor, o usuário pode enviar uma avaliação de forma espontânea. Esta vai de "horrível" a "excelente", e classifica vários aspectos do estabelecimento: quartos, custo-benefício e o hotel em geral.

No quesito compras, há em Parintins o *shopping* Catedral, que possui boas lojas, cinemas, restaurantes e é todo climatizado. Além disso, no local existem boas opções em termos de serviços médicos, agência de viagem etc., o que justifica o fato de ser bastante frequentado ao longo de todo o ano.

Os visitantes no período de 28 de junho e 1º de julho, têm a oportunidade de comprar diversos itens artesanais no *shopping* do Artesanato, no qual são vendidos, por exemplo, os belos cocares que enfeitam a cabeça dos torcedores dos bumbás Garantido e Caprichoso.

A primeira exposição e comercialização de artesanato ocorreu em 2001, durante o terceiro mandato do governador Amazonino Mendes, e contou com a participação de trinta artesãos dos municípios de Parintins, Nhamundá e Barreirinha. Eles expuseram seus produtos ao público e mais de 2.000 peças foram comercializadas, levando a arte amazonense para todo o Brasil e o mundo!!! Em 2016 não aconteceu o *Shopping* do Artesanato, o que certamente atrapalhou bastante os negócios dos artesãos locais, que ficaram sem apoio e sem um espaço privilegiado para vender seus produtos.

Em 2018 o *Shopping* do Artesanato, instalado na praça da Catedral e sob a coordenação da secretaria do Estado do Trabalho voltou!!! Todo reestruturado, com um número maior de artesãos – cerca de 65 – e também com maior variedade de mercadorias, com o objetivo de agradar os gostos dos consumidores mais exigentes. Aliás, também na área interna do Bumbódromo, foram montados dois estandes para a venda de biojoias, cestarias, quadros e adornos para vestuário (*com tecidos e tintas extraídas de seivas de plantas, que somente o caboclo nativo conhece) confeccionadas por artesãos locais. Esses estandes foram montados na área de acesso aos camarotes, com o objetivo de atrair a atenção do público que chegava para assistir as apresentações dos bois Garantido e Caprichoso.

No que se refere à **educação**, é nesse setor que trabalham cerca dos 1.700 docentes dos ensinos infantil, fundamental e médio, na vasta rede pública municipal e estadual, e numa rede privada modesta. Estima-se que no início de 2020 houvesse em Parintins cerca de 4.100 crianças matriculadas no ensino infantil, 23.700 no ensino fundamental e 8.200 no ensino médio (cerca de 92% desses alunos estudavam em IEs estaduais, e o restante numa IE federal.)

A maioria das IEs públicas do ensino fundamental são municipais, sendo que entre elas destacam-se as seguintes: Claudemir Carvalho (com excelente avaliação); Walkíria Viana Gonçalves (com excelente avaliação); Lila Maia (com boa avaliação); Fernando Carvalho; Luz do Saber etc.

Entre as IEs com a administração estadual, destacam-se: Araújo filho (com excelente avaliação); Senador João Bosco (com excelente avaliação); Brandão de Amorim (com excelente avaliação), Ryota Oyama (com excelente avaliação); Prof. Aderson de Menezes (com boa avaliação); Susana de Jesus Azedo (com boa avaliação); São José Operário (com boa avaliação); Padre Jorge Frezzini (com boa avaliação); Geny Bentes de Jesus (com boa avaliação); Irma Sa (com avaliação razoável) e Nossa Senhora do Carmo (com boa avaliação).

Está localizado em Parintins o Centro de Educação Indígena, que oferece educação indígena, ensino fundamental, médio e EJA. Além disso, a cidade dispõe de algumas IEs privadas, que incluem o Centro Educacional Infantil Gurilândia e o Colégio Batista (com boa avaliação).

Na cidade há também unidades independentes do Sesi, Senai e Senac, e, inclusive, uma unidade do Centro Integrado Sesi-Senai (inaugurada em 23 de dezembro de 2017), no qual os jovens recebem capacitação profissional. Também está na cidade uma unidade do Instituto Federal de Educação, Ciência e Tecnologia do Amazonas (IFAM), que oferece cursos dos ensinos médio e técnico.

Em relação ao ensino superior, Parintins abriga um *campus* da Universidade do Estado do Amazonas (UEA) que, por intermédio do seu Centro de Estudos Superiores, oferece na cidade os cursos superiores de: Pedagogia, História, Geografia, Física, Matemática, Letras (Português), Química, Ciências Biológicas, Direito, Saúde Coletiva, Ciências Econômicas e Tecnologia em Gestão Pública e em Turismo.

Em 2007, foi instalado em Parintins um *campus* da Universidade Federal do Amazonas (UFAM), no qual se oferecem os cursos de: Serviço Social, Comunicação Social-Jornalismo, Administração Organizacional, Pedagogia, Zootecnia, Educação Física e Artes Plásticas. Outros cursos estão em processo de implantação.

No campo da **saúde**, no início de 2020 havia cerca de 30 estabelecimentos de saúde na cidade, sendo que 80% deles eram públicos municipais, entre hospitais, prontos-socorros, postos de saúde e serviços odontológicos, dispondo de aproximadamente 150 leitos para internação.

O maior destaque na cidade, em termos de atendimento, é o Hospital Regional Dr. Jofre Matos Cohen, que inclusive se tornou uma referência nessa parte da Amazônia. Mas existem outros locais voltados para o atendimento médico, como o Hospital Padre Colombo; a policlínica municipal Padre Vitório; alguns bons consultórios médicos (como o Vitarium); postos de saúde como o Galiani, onde o atendimento é excelente.

No âmbito da **habitabilidade**, Parintins tem como característica casas com grandes quintais. Na parte central da cidade há uma prevalência de residências em **alvenaria**, mas nos bairros predominam as casas de **madeira**. Porém, nos últimos anos o êxodo rural vem ocasionando algumas ocupações irregulares, notadamente na região sudoeste da cidade.

Já na zona rural, normalmente as habitações são pequenas, feitas com madeira e cobertas com palha ou com telhados de fibrocimento, fabricados pela empresa Brasilit. Mas também são encontradas nessas áreas casas totalmente de palha.

Quanto ao **saneamento básico**, atualmente são utilizados para a coleta de esgotos sanitários ("águas negras") diferentes sistemas (sumidouros, fossas sépticas e privadas higiênicas), conforme a localização das residências. Vale lembrar, entretanto, que a maioria das famílias nas comunidades rurais ainda utiliza **sanitários rudimentares**, conhecidos como **fossa negra**, que são construídos fora da casa principal e constituídos por um buraco no chão, uma casinha de madeira – que pode ser coberta ou não (!?!?) – com piso de madeira.

O uso da fossa séptica vem em segundo lugar, embora nos últimos tempos tenha ganhado bastante destaque como destino de dejetos humanos, fruto de um trabalho realizado pela unidade de saneamento da prefeitura, que, inclusive, tem promovido a doação de materiais para a população de baixa renda.

Existem hoje no centro da cidade apenas cerca de 3.600 m de rede de captação de águas pluviais. O abastecimento de água da população de Parintins está a cargo do Serviço Autônomo de Águas e Esgotos (SAAE). Já a captação subterrânea é feita nos mananciais da região, através de poços artesianos com profundidade média de 80 m. Atualmente há muitos poços na área urbana, com grande capacidade de produção, inclusive acima da demanda. Já na área rural, os poços estão instalados nos distritos de Mocambo, Caburi e Vila Amazônia.

O tratamento dado a essa água retirada dos poços é a **cloração por contato**, e a sua distribuição de acordo com a SAAE atinge 97% dos domicílios na sede municipal, ou seja, cerca de 68% de todos os moradores de Parintins. Fora do perímetro urbano, a água consumida em vários lugares é retirada diretamente do rio.

Quanto ao abastecimento de energia elétrica, em Parintins ele é feito pela Amazonas Energia, valendo-se de uma usina termoelétrica.

No tocante ao **transporte**, pelo fato de a sede do município estar situada em uma região com um número considerável de lagos e ilhas – o que dificulta a construção de estradas e/ou rodovias –, o acesso a Parintins se dá atualmente apenas por **via fluvial** ou **aérea**.

Por conta disso, o transporte fluvial na cidade é bem comum e justifica a existência aí de um grande e movimentado porto, considerado o segundo maior do Estado e o maior do interior em movimentação de passageiros. O porto de Parintins localiza-se numa margem do rio Amazonas, na zona central da cidade, e atende quase toda a região norte, servindo aos Estados do Amazonas, Pará, Rondônia e a região norte do Estado do Mato Grosso.

Entre algumas as embarcações que faziam o percurso entre Parintins e Manaus (e vice-versa, deve-se citar: *Parintins I, Coronel Tavares, Nova Aliança, Anna Karoline II, Oliveira V* e o barco *Príncipe do Amazonas*. Todos faziam duas viagens por semana, uma em cada sentido. Mas existem outros barcos que atendem Parintins, conectando-a a outros municípios do Pará, ou que são oriundos deles, porém, cujo destino final é a capital amazonense, onde atracam para embarcar ou desembarcar cargas e passageiros.

Nos últimos anos cresceu no município a utilização de lanchas rápidas, que fazem o trajeto até Manaus ou a municípios vizinhos, tanto no Estado do Amazonas quanto no Pará. É um serviço bastante requisitado por quem geralmente quer evitar as demoradas viagens dos barcos grandes.

Vale lembrar que enquanto a viagem de lancha de Parintins a Manaus (subindo o rio) dura entre 8 h e 10 h, o trajeto em barcos de grande porte demora entre 18 h e 24 h. Já o trajeto de volta (descendo o rio) é mais rápido, levando entre 6 h e 8 h de lancha e 16 h e 18 h em embarcações grandes.

As lanchas também são usadas por quem quer desfrutar de um serviço de bordo semelhante ao oferecido no transporte aéreo (**bem simples**) e, inclusive, pagar menos por isso. Entre as lanchas que faziam a linha Parintins-Manaus, estavam: *Ajato Aliança*, *Princesa Ellen*, *Iacy*, *Nova Aliança* e *Estrela de Nazaré*. Mas existem outras que só fazem escala no município, mas tem como destino final municípios do Estado do Pará, ou são oriundas de lá e levam até Manaus.

O aeroporto regional Júlio Belém (inaugurado em 20 de setembro de 1982) está situado na zona urbana do município (no bairro de Palmares), a sudoeste da cidade, estando inserido na área de expansão do perímetro urbano. Ele é de propriedade da prefeitura, que o administra, e sua área é utilizada por três empresas não comerciais, duas de aviação agrícola e uma de instrução de voo. Quanto aos voos comerciais, só uma empresa tem voos regulares, que é a MAP (Manaus Aerotáxi Participações) para Parintins.

Durante o Festival Folclórico de Parintins a Gol Transportes Aéreos estende seus voos até a cidade, que recebe também muitas aeronaves fretadas e particulares. Nesses últimos três anos, cerca de 20 mil visitantes por ano têm chegado a Parintins por via aérea para participar do evento, e a Gol chega a ter 60 voos para a cidade.

Como curiosidade, vale a pena recordar que esse aeroporto já recebeu um voo emergencial de um *Boeing 727*, cargueiro da empresa TAF (Transportes Aéreos de Fortaleza), em 17 de dezembro de 2009. A aeronave, que fazia o trajeto Salvador-Manaus, enfrentou condições meteorológicas adversas e acabou tendo uma das asas e *flaps* danificados ao chocar-se com árvores em sua quinta tentativa frustrada de pousar na capital amazonense. Isso obrigou o piloto a arremeter e seguir para o aeroporto mais próximo, ou seja, o de Parintins, visto que não tinha combustível suficiente para aterrissar em Santarém, no Pará.

Posteriormente, outro avião *Boeing 720* e um *Búfalo* da FAB também pousaram em Parintins para reparos, depois de enfrentar dificuldades. Isso demonstrou que o aeroporto parintinense já tinha condições de receber grandes aeronaves. Aliás, utilizando recursos federais esse aeroporto sofreu uma boa reforma. Ganhou um novo estacionamento (passando de 65 vagas para 180 vagas); uma nova torre de controle (em alvenaria); ampliação do pátio de aeronaves de grande porte (de 3 para 7 aviões); melhorias na pista de taxiamento e instalação de esteira para retirada de bagagens.

O fato é que Parintins está se esforçando cada vez mais para receber muitos visitantes, em especial aqueles que gostam de ouvir **música, dançar** e **cantar**. Aliás, no campo musical, os grandes destaques parintinenses são a **toada** e o **forró**, além de outros ritmos nacionais.

A **toada** é um estilo musical proveniente da cidade, que consiste em danças folclóricas com temática **indígena, cabocla** e **ribeirinha**. É executada principalmente na época do Festival Folclórico, e nos ensaios dos bois Garantido e Caprichoso, porém, também é tocada o ano inteiro, havendo inclusive grupos que se dedicam apenas a esse estilo. Há até mesmo louvores a Deus que já foram gravados nesse estilo musical.

O **forró**, por sua vez, é um estilo musical que foi trazido para Parintins pelos nordestinos que vieram para a região na época áurea da exploração da borracha e depois dela. Esse ritmo recebeu uma nova roupagem, passando a contar com danças acrobáticas que somente são encontradas no Estado do Amazonas. Existem atualmente várias bandas locais especializadas nesse estilo, que inclusive tocam uma mistura do forró tradicional com músicas caribenhas.

Os visitantes de Parintins se encantam com as muitas feiras de artesanato caboclo e ameríndio que são organizadas na cidade, especialmente entre os meses de junho e outubro. As peças são feitas em sua maioria com matérias-primas encontradas em vilas e comunidades próximas da cidade, como Vila Amazônia e Mocambo, mas também podem ser encontradas e adquiridas nas feiras livres na cidade e no Bumbódromo.

Os materiais usados são madeira, raízes de árvores, cipós, palhas, sementes, fibras naturais e penas artificiais. Mas também são utilizados outros materiais, como as frutas da cuieira (para fazer as cuias) e a juta. Essa última foi trazida pelos japoneses no passado, e hoje é usada na fabricação de utensílios e acessórios para os dançarinos durante o Festival Folclórico de Parintins.

O artesanato indígena é elaborado com penas e uma grande variedade de sementes, com os quais se fazem colares, brincos, cocares e outros tipos de adereços. As sementes usadas são de açaí, cupuaçu, castanha e pupunha, todas frutos típicos da região. As miniaturas dos bois-bumbás Garantido e Caprichoso, esculpidas em isopor e gesso, também podem ser encontradas em várias lojas da cidade.

Parintins é uma cidade encantadora pois, entre outras atrações, conta com um extenso calendário de festas populares, distribuídas ao longo do ano:

JANEIRO
- Festa de Soltura dos Quelônios

FEVEREIRO
- Carnailha

ABRIL
- Encenação da Paixão de Cristo
- Temporada de festas e ensaios dos bois-bumbás Caprichoso e Garantido

JUNHO
- Festival de Quadrilhas na comunidade do Zé Açu (de 12 a 30 de junho)
- Festival Folclórico de Parintins, com repercussão em todo o Brasil, no fim de junho
- Campanha Jesus, Água da Vida

JULHO
- Festa de Nossa Senhora do Carmo, padroeira da cidade (de 6 a 16 de julho)

AGOSTO
- Festival de Pesca do Peixe Liso, na comunidade do Paraná do Espírito Santo

SETEMBRO
- Festival de Verão do Uaicupará
- Festival de Verão do Caburi
- Festival de Música Sacra
- Festival do Beijú, na agrovila do Mocambo

OUTUBRO
- Aniversário da fundação do município de Parintins (no dia 15), com o Festival de Toadas (de 13 a 15 de outubro)

DEZEMBRO
- Festival de Pastorinhas (de 27 a 28 de dezembro)

Bem, o Festival Folclórico de Parintins, por lei municipal, deve acontecer sempre na última semana de junho e durar **três dias**. Esse evento projetou a cidade para o Brasil todo e para o mundo todo. Na realidade, o que se vê é uma disputa cênica entre os bois azul e vermelho, que é uma adaptação da tradição levada à Amazônia por nordestinos há mais de 200 anos, portanto bem antes do ciclo da borracha.

A história é a mesma do boi-bumbá. Grávida e com desejo de comer a língua de um boi, a escrava Catirina pediu ao marido, Pai Francisco, que mate um boi do patrão. Ele atende ao pedido, mas enfurece o seu senhor. Porém, com a ajuda de feiticeiros (de um pajé, na adaptação amazônica) ele consegue ressuscitar o tal boi!?!?

Nesses três dias de festival ocorrem as farras do boi, quando competem duas agremiações: uma delas é a Associação Folclórica Boi-Bumbá Garantido, ou simplesmente Boi Garantido, que foi criada pelo descendente de escravos Lindolfo Monteverde, no bairro popular de São José. Quando criança, Lindolfo só brincava com o seu boi de madeira, e costumava dizer que nos confrontos com o boi adversário, a cabeça de seu animal nunca quebrava ou ficava avariada, "isso era garantido", daí o apelido de Boi Garantido.

Já a Associação Cultural Boi-Bumbá Caprichoso, ou simplesmente conhecida como Boi Caprichoso, em contrapartida, surgiu nos bairros Francesa e Palmares, sendo que seus fundadores descendem de imigrantes do nordeste. Seu nome se refere ao capricho com que seus integrantes se dedicam à agremiação. Para eles o sufixo "oso" significa provido ou cheio de glória. Ou melhor, somados "capricho" mais "oso" poderia-se dizer que é o mesmo que **extravagante e primoroso na sua arte**.

O Festival Folclórico de Parintins começou oficialmente em 1965, apesar de que a história do boi-bumbá foi trazida do Maranhão para Parintins. A cada noite, uma agremiação tem 2 h e 30 min para se apresentar. A decisão de qual grupo abrirá cada noite é feita por sorteio, 15 dias antes do festival. As galeras, ou seja, os apoiadores de cada boi, também são avaliadas pelos juízes e não podem se manifestar durante a apresentação do boi contrário, e se o fizerem sua agremiação perderá pontos!!!

Os jurados avaliam 21 itens das apresentações (ou desfiles): apresentador; levantador de toadas; batucada; ritual; porta-estandarte; amo de boi; sinhazinha da fazenda; rainha do folclore; cunhã-paranga (a moça mais bonita da tribo); boi-bumbá (evolução); toada (letra e música); pajé; tribos indígenas; tuxauas; figuras típicas regionais; alegorias; lenda amazônica; vaqueirada; galera; coreografia e organização do conjunto folclórico.

Essas apresentações acontecem hoje no Bumbódromo (Centro Cultural e Esportivo Amazonino Mendes), uma arena localizada na avenida Nações Unidas, sem número, exatamente na divisa entre os lados vermelho e azul da ilha. Ela foi inaugurada em 1988, e tem capacidade atualmente para receber 35 mil pessoas, sendo que na arquibancada norte fica a galera **vermelha**, que defende o Boi Garantido, enquanto na sul, fica a galera **azul**, que defende o Caprichoso. De fato, a arquitetura do Bumbódromo é ao mesmo tempo curiosa e excêntrica, uma vez que o espaço foi concebido literalmente no formato de uma cabeça de boi. Os bois são acompanhados por seus grupos, que reúnem cerca de 4 mil integrantes cada.

Ressalte-se, que os muitos visitantes que chegam alguns meses antes do festival podem ter uma boa ideia de como serão as apresentações, visitando os **currais dos bois**, ou seja, os locais de ensaios que se tornam verdadeiros palcos de *minishows*, onde se pode escutar as baterias – a Marujada do Caprichoso e a Batucada do Garantido – e acompanhar as partes cênicas (tribos e alas sincronizadas), quando as agremiações procuram acertar todos os detalhes do que será mostrado nos dias do festival!!! Para esse fim o

Boi Garantido tem a Cidade Garantido, e o Boi Caprichoso, o curral Zeca Xibelão, cujo nome é uma homenagem a um dos seus brincantes (tuxauas) mais famosos.

Aliás, o Boi Garantido teve um curral na avenida Lindolfo Monteverde (antiga rua Vicente Reis) na Baixa do São José, onde vivem até hoje os familiares do próprio Lindolfo Monteverde, seu fundador. Esse antigo local de ensaios da associação folclórica **vermelha** e **branca** continua ativo, sendo que ali acontecem eventos tradicionais do boi, como os festejos de Santo Antônio, em 13 de junho, e a festa de São João Batista, em 24 de junho, quando acontece a famosa ladainha, em cumprimento à promessa de Lindolfo que, para se curar de uma enfermidade, prometeu a são João que sairia com um boi pelas ruas de Parintins.

Nos três dias do festival a população de Parintins aumenta muito, estimando-se que a cidade receba mais de 120 mil visitantes, fazendo ela "**ferver**"!!! Os turistas ficam curiosos, pois ao mesmo tempo em que veem a cidade dividida entre azuis e vermelhos, não se sentem excluídos... Na prática, as ruas acabam dissolvendo qualquer tipo de distanciamento ou estranhamento dos visitantes em relação aos parintinenses, notando logo que apesar do incrível volume de cerveja que azuis e encarnados consomem nesses dias, não ocorrem agressões ou entreveros entre os grupos, tampouco envolvendo os turistas!!!

Embora seja muito difícil imaginar (aliás, quase impossível...) um palmeirense cantando na chuva abraçado a um corinthiano, ou um flamenguista confraternizando com um vascaíno depois de uma final de campeonato, esse tipo de harmonia entre as galeras rivais de Parintins é **comum**, mesmo depois que o resultado do boi-bumbá é divulgado.

Ao longo dos dias do festival, os visitantes notam nas calçadas muitos vendedores de bodó assado (um peixe típico) e tacacá, que não têm tempo para muita conversa com os clientes, ordenadamente enfileirados. Eles não param de encher as cuias com os camarões, a goma, o tucupi e o jambu dos seus tacacás. A tradição local reza que só se pode oferecer a iguaria após as 15 h, e os vendedores chegam a vender 150 cuias por dia, entre as 15 h e 18 h.

Boa parte dos visitantes que vem para o festival chega a Parintins em grandes barcos, oriundos de Manaus. Essas embarcações, como por exemplo a *Anna Karoline II*, transporta quase 500 pessoas, e nelas viajam também muitos mascates que chegam à cidade para vender camisetas, colares, artesanato de outras partes do Estado e, obviamente, muita cerveja e churrasco.

Considerando que o número de turistas é enorme, estes precisam ficar mais de 3 h na fila para conseguir entrar na **arquibancada** do Bumbódromo, onde o acesso é **gratuito**. Esse tempo até que é curto (!?!?), se comparado às 12 h de fila que se costumam enfrentar aqueles que desejam uma melhor posição na arena.

Nessa época, percebe-se três tipos de pessoas em Parintins: os que **não querem gastar dinheiro com ingressos**, os que **não têm paciência para ficar na fila** e entrar de graça e os **terceiros**, que **só querem mesmo é diversão na rua**!!! Este último grupo fica principalmente na avenida Clarindo Chaves, que brota no rio Amazonas e "deságua" no Bumbódromo, e se transforma num espetáculo à parte.

Os moradores dessa rua instalam aparelhos de televisão em suas garagens para que o público (especialmente os turistas) possa assistir à disputa entre os bois na arena e aproveitam para vender cerveja e petiscos. Essa rua fica superlotada... Incluindo-se o festival de 2019, que aconteceu nos dias 28, 29 e 30 de junho, a disputa foi vencida 32 vezes pelo Boi Garantido e 22 vezes pelo Boi Caprichoso.

As pessoas que vem a Parintins fora do período do Festival Folclórico costumam concentrar-se no Chapão, um local no centro da cidade onde é montado um palco para as apresentações dos artistas dos bois. Mas elas não devem se espantar ao ver muita gente circulando pelo local vestindo sungas e biquinis, uma vez que o calor que faz na cidade justifica o uso desses trajes durante a diversão, desde que com moderação, **é claro**!!!

Antes do Festival Folclórico de 2019 – a 54ª edição –, aconteceu a Festa dos Visitantes de Parintins, que antecedeu a disputa entre os bois-bumbás. Nela, tanto os turistas quanto os moradores dançaram do início ao fim do evento ao som de Anitta (certamente a mais badalada cantora desse ano), do *DJ* Vintage Culture (Lucas Ruiz Espanhol) e sua música eletrônica; dos cantores locais David Assayag (do Boi Caprichoso) e Sebastião Junior (do Boi Garantido), de Uendel Pinheiro (que encantou a todos com suas toadas, seu pagode e até samba) e do cantor de arrocha Guto Lima.

E vale lembrar que a contratação da cantora Anitta por R$ 500 mil gerou na época muita indignação por parte da promotora Lilian Nara Pinheiro de Almeida, da 2ª Promotoria de Parintins, que solicitou explicações ao prefeito Bi Garcia. Segundo ela, não fazia sentido pagar um cachê tão alto para a cantora – que cobra em média R$ 200 mil por apresentação – quando a cidade passava por uma época de grande falta de verbas, até mesmo para resolver o problema dos lixões da cidade!?!?

O prefeito Frank (Bi) Garcia, que já sofreu outras acusações por desvio de verbas públicas, justificou o valor pago dizendo que para trazer a cantora Anitta e seu grupo rapidamente para a cidade foi necessário **fretar** um avião. Ele também disse: "O custo da Festa dos Visitantes subiu de 12 mil em 2018 para 50 mil em 2019. O evento não cobra ingressos, ou seja, ninguém paga nada, só se pede 1 kg de alimento não perecível. Tudo o que é recolhido, é depois entregue para as famílias que vivem em áreas de vulnerabilidade social."

Mas voltando ao Festival Folclórico de 2019, na contagem final das três noites, a agremiação vermelha, com seu tema *Nós, o Povo*, alcançou 1258,4 pontos contra os 1257,6 de seu oponente azul, o que significou uma diferença de apenas 0,8 pontos.

O **folclore** é sem dúvida o elemento de identidade mais genuíno de uma nação, pois traduz ao vivo a alma de seu povo. Desse modo, com significado, identidade, cidadania, intensidade, criatividade e alegria, o tema *Nós, o Povo* possibilitou um espetáculo que foi concebido não apenas a partir de um senso estético, mas também voltado para os costumes e, especialmente, para o sentido de pertencimento e dignidade do povo parintinense.

O Boi Garantido, que possui história, trajetória e muitos títulos, foi buscar esse tema no local mais apropriado, ou seja, no meio de sua nação vermelha e branca. Com um discurso emocionado de Maria do Carmo Monteverde, filha de Lindolfo Monteverde, quando o boi-bumbá estava no meio de sua galera vermelha e branca, teve início o espetáculo *Nós, o Povo*, no dia 28 de junho.

Nesse mesmo dia, Naiandra Amorim, jornalista da TV A Crítica, compartilhou vocais com as cantoras Marcia Siqueira e Raci Mendonça, na toada *Rosas Vermelhas*. No segundo dia do evento, o Boi Garantido abriu sua apresentação com a toada *Povo do Garrote*, na voz do apresentador Israel Paulain, e em seguida fez uma bela homenagem a são João.

Assim, o *Viva São João* foi uma celebração folclórica que trouxe personagens alegóricos gigantes para esse festejo junino, como o célebre sanfoneiro Luiz Gonzaga, "**o rei do baião**", os dançarinos de quadrilhas, o batuqueiro do Boi Garantido, duas fogueiras e o próprio homenageado, são João, encarnado pelo tripa oficial Denildo Piçanã.

No dia 30, o estreante pajé Adriano Paketá, protagonizou um grande momento. Depois de participar de uma coreografia com as tribos do Boi da Baixa de São José, ele inovou ao comandar a exibição **tocando tambor!!!** O Boi Garantido apostou bastante no seu repertório de toadas tradicionais para emocionar o público e de fato levantou a galera vermelha e branca com uma deliciosa sequência musical.

Dos sucessos de Chico da Silva a toadas de 2019, esse passeio musical mexeu até com a emoção do levantador Sebastião Junior. Quem acompanhou o Festival notou que o Boi Garantido destacou lutas, alegrias e a liberdade do povo brasileiro. Ressaltou-se a necessidade de por **"fim à violência, ao machismo e a homofobia".**

O "boi encarnado" dessa maneira, fez um clamor pela liberdade, que foi possível observar na cerimônia das místicas tribais. Fez também uma homenagem ao caboclo amazônico, em sua luta diária pela subsistência e resgatou com brilhantismo a memória do seu fundador Lindolfo Monteverde.

O espetáculo *Nós, o Povo* foi concebido a partir da genialidade artística do coordenador da Comissão de Artes do Garantido, Júnior de Souza, que recebeu todo o apoio do presidente da agremiação, o advogado Fábio Cardoso. E não se pode esquecer que a apresentação contou com a voz inconfundível de Sebastião Júnior, o **"uirapuru da Amazônia".**

Os troféus que o Boi Garantido conquistou foram criados pelo *designer* parintinense Fram Canto, que elaborou essas peças pelo terceiro ano consecutivo. As peças que mediam 0,7 m por 0,7 m e pesavam cerca de 35 kg, foram confeccionadas em madeira e acrílico, e os acabamentos foram feitos em ferro. A concepção apresentou elementos regionais, como as penas, os bois e seus símbolos, além de grafismos indígenas.

Por sua vez, o boi-bumbá Caprichoso apresentou o enredo *O Brasil que a Gente Quer Reinventar*, e levantou a bandeira da esperança, arte e fé com o tema *Um Canto de Esperança para a Mátria Brasilis*, num espetáculo maravilhoso!!! Fazendo um belo uso de hinos da MPB, o boi preto fez ode a Chico Buarque de Holanda e Milton Nascimento, ao declamar os clássicos *Deus lhe pague* e *Nos bailes da vida*.

O Boi Caprichoso usou todo o seu espetáculo para jogar luz sobre a intolerância que impera hoje no País e nas questões sociais atualmente em pauta. Um dos pontos altos ocorreu quando todos os componentes entraram encapuzados ao som de *hip hop*.

O "boi azul", que foi criado em 1913 e tem como símbolo a estrela na testa, homenageou ainda as lavadeiras e a padroeira de Parintins, Nossa Senhora do Carmo. A agremiação na 54ª edição buscava o tricampeonato, mas não conseguiu seu objetivo...

Em 2019, compareceram ao Festival Folclórico cerca de 65 mil turistas, 5.000 a mais que no ano anterior. Entre esses visitantes houve alguns bem famosos no País, como o apresentador e humorista Fábio Porchat, o senador e ex-jogador de futebol (campeão do mundo em 1994) Romário Faria, a atriz e modelo Aline Riscado, a ex-miss Brasil, a amazonense Mayra Dias (noiva do prefeito Bi Garcia), o influenciador digital David Brasil, a modelo e apresentadora de TV Vivian Amorim, entre outros.

O secretário estadual de Cultura, Marcos Apolo Muniz, explicou: "Para realizar esse evento, o governo do Estado do Amazonas precisou envolver mais de 1.000 servidores, entre policiais civis e militares (cerca de 700), bombeiros, agentes de trânsito, profissionais da saúde, da área social e ambiental, além da equipe de organização do evento (aproximadamente 60 pessoas).

O governo estadual antecipou a venda de patrocínio para o Caprichoso e o Garantido, que começaram a receber recursos a partir de abril de 2019. O valor total para os dois bois-bumbás foi de R$ 5,1 milhões, que eles receberam até o início de junho. Isso só aconteceu porque houve um trabalho prévio de planejamento, e a orientação por parte do governador Wilson Lima para que se desse atenção especial para os artistas envolvidos com as apresentações.

Também foi dada uma atenção especial aos turistas, que tiveram pela primeira vez a sua disposição o Turistódromo. Nesse local eles foram atendidos pelas agências de turismo, bem como por profissionais voltados para a recepção dos visitantes. A Amazontur ofereceu o *workshop Bem Receber*, que foi realizado em duas etapas e capacitou cerca de 300 pessoas (principalmente aqueles que trabalhavam em bares, restaurantes e hospedagens em Parintins), para proporcionar um melhor atendimento aos visitantes.

Entre 2005 e 2018, o Festival Folclórico injetou mais de R$ 426 milhões na economia do Estado e atraiu cerca de 720 mil turistas, sendo, portanto, um evento muito importante para o calendário cultural do Estado do Amazonas. Aliás, esse evento vai muito além de uma simples atividade cultural, revelando-se acima de tudo uma atividade econômica,

São muitas as frentes abertas e muitos os empregos gerados, direta e indiretamente. Os comércios local e regional se movimentam. Uma série de serviços são demandados, o que acaba exercendo um impacto direto sobre a economia. Assim, todo o investimento que o governo estadual fez no Festival Folclórico retornou multiplicado para o Estado, para o município de Parintins e para o seu entorno.

Para 2019, o governo estadual promoveu várias melhorias no Bumbódromo. Foram feitos reparos em toda a estrutura da arena e das arquibancadas; instalados gradis mais altos; implementada a impermeabilização de várias salas; a limpeza e a manutenção da subestação e dos grupos geradores e demais instalações elétricas, a troca dos refletores principais e das demais lâmpadas por *LED* (o que resultou numa economia de 30% no gasto com energia elétrica); e providenciados reparos nas instalações hidráulicas!"

No que se refere a **comunicações**, Parintins já é servida há muito tempo pelo serviço de telefonia fixa, feita pela operadora Oi (antiga Telemar). Na área rural e nos distritos de Mocambo, Caburi, Zé Açu e Vila Amazônia, bem como na comunidade do Bom Socorro, existem centrais telefônicas. Já no âmbito do sistema móvel (celulares), Parintins é servida pelas operadoras TIM, Oi, Vivo e Claro.

Ha duas agências dos correios na região, sendo uma na sede do município e outra no distrito de São Sebastião do Caburi, onde se disponibiliza uma caixa coletora e se prestam todos os serviços postais que são oferecidos nas agências das cidades mais desenvolvidas.

Encontram-se instaladas na cidade afiliadas das principais emissoras de TV com sinal aberto – Globo, SBT, Record e Bandeirantes. Mas também existem outros canais, alguns deles dedicados à programação religiosa. Em Parintins também existem quatro emissoras de rádio – Alvorada, que opera em AM (amplitude modulada), em OM (ondas médias) e FM (frequência modulada); a Clube (só AM), e a Tiradentes e a Novo Tempo (ambas FM). Mas existe a perspectiva de que sejam inauguradas novas emissoras de rádio na cidade.

Quanto à mídia impressa, há alguns jornais em circulação em Parintins, como *Gazeta Parintins*, *Folha de Parintins*, *O Jornal da Ilha* etc., além de chegarem diariamente à cidade os principais jornais que circulam em Manaus.

Finalmente, no âmbito do **esporte**, Parintins teve como grande destaque no futebol o torneio intermunicipal de Seleções da Copa dos Rios, do qual foi um dos campeões, o que permitiu revelar talentosos jogadores para as equipes profissionais do Estado. Entre eles o jogador Clóvis, que se tornou o maior goleiro do Rio Negro; Delmo, que chegou ao estrelato defendendo a camisa do São Raimundo, e Michel "Parintins", que se sagrou artilheiro do Campeonato Brasileiro de Futebol da Série D, em 2009.

Atualmente Parintins é o município do interior do Amazonas que mais possui jogadores atuando no futebol profissional do Estado. Aliás, Parintins tem um forte campeonato distrital, disputado desde 1948, sendo que seus principais clubes também foram fundados nessa época. Os maiores campeões do município são:

- Atlético Sul América Clube (campeão 23 vezes).
- Amazonas Esporte Clube (campeão 16 vezes).
- Esporte Clube Parintins.
- Nacional Esporte Clube.
- São Cristovão Esporte Clube.
- Juventude Atlética Católica.
- Estrela do Norte Esporte Clube.

Por vezes se cogitou a ideia de disputar o Campeonato Amazonense de Futebol. A última foi em 2009, quando um torcedor símbolo do Sul América levantou essa hipótese. Entretanto, ela foi abandonada sob o argumento de que se um clube do interior disputasse esse campeonato teria que ser atendido pela torcida da maioria, ou seja, seria preciso criar um clube totalmente novo, **que não estivesse ligado a qualquer outra agremiação parintinense**.

O estádio principal de Parintins é o Tupy Cantanhede, inaugurado em 1957. Ele é de propriedade dos clubes, podendo acomodar adequadamente até 4 mil espectadores. Um novo estádio foi projetado para a cidade, e deve ser construído no futuro para atender públicos de até 10 mil pessoas.

De fato, o estádio Tupy Cantanhede já ficou superlotado em várias ocasiões, principalmente quando recebeu partidas das equipes cariocas do Flamengo e Botafogo. Aliás, na década de 1960 o famoso jogador Mané Garrincha jogou num clássico, disputado entre o Sul América e o Amazonas, vestindo a camisa de cada time durante um tempo do jogo!!!

Devido a grande devastação que a pandemia do novo coronavírus causou em Manaus e por ter chegado a Parintins (com uma intensidade bem significativa, provocando até 17 de junho de 2020 cerca de 77 óbitos) a 55ª edição do Festival Folclórico de Parintins foi adiada, devendo ocorrer em novembro de 2020, apesar de muita gente não concordar com isso...

Note-se que ainda no dia 10 de março de 2020, a operadora oficial do evento, a Amazon Best, anunciou que os ingressos para ele estavam esgotados!!!

Isso é lamentável, pois 65% da economia anual do município é oriunda da época do Festival Folclórico e a sua não realização representaria uma diminuição radical na renda da população local.

É por isso que não se pensou no seu cancelamento, mas apenas no adiamento!?!? Ressalte-se que esse festival começa a ser planejado pelo menos um ano antes...

Lugares incríveis
nas próximidades de cidades
encantadoras ou em outras regiões do País,
que atraem muitos visitantes durante o ano todo

1º) **Todas as cidades encantadoras deveriam inspirar-se em São Paulo e definir um calendário repleto de grandes eventos focados em negócios!!!**

Garantir a qualquer cidade uma grande **visitabilidade** depende de se oferecer aos seus visitantes um **calendário completo**, no qual em praticamente a cada semana do ano algo importante aconteça. A ideia é atrair a maior quantidade de púbico possível – sejam profissionais dos mais variados setores, como outras pessoas interessadas –, de todas as localidades do País (inclusive do exterior), oferecendo-lhe sempre novidades.

Um bom exemplo disso foi a *ABC Casa Fair*, organizada pela Associação Brasileira de Artigos para Casa, Decoração, Presentes, Utilidades Domésticas, Festas e Flores, que já se tornou o maior evento do setor na América Latina. Sua 4ª edição ocorreu entre os dias 21 e 25 de fevereiro de 2019, no Expo Center Norte, em São Paulo, e contou com mais de 400 expositores. No evento, foram apresentadas todas as novidades para a casa, além de produtos para festas e utilidades domésticas. Mais de 60 mil visitantes (cerca de 55% deles vindos de fora da capital paulista) participaram de uma programação pensada em inovação do mercado, expectativas econômicas e estratégias para os negócios desse setor para os próximos anos.

Note-se que nas semanas seguintes de 2019, seja nesse espaço específico ou em tantos outros existentes na capital paulista, aconteceram diversos outros eventos do mesmo porte (ou até maiores) voltados para os setores de alimentos, automóveis, calçados, cosmética e estética, *design*, empreendedorismo, livros, saúde, turismo, *videogames* etc. Eles atraíram muitas pessoas, que, ao longo de sua permanência na cidade, naturalmente injetaram muito dinheiro na economia paulistana, não apenas se utilizando dos meios de transporte, mas realizando gastos nos *shoppings*, restaurantes e hotéis, assim como nas muitas casas de entretenimento da capital paulista.

Assim, especialmente cidades distantes do mar – como Brasília, BH, Goiânia, Cuiabá, Campo Grande etc. – deveriam criar calendários voltados para o **turismo de negócios**, que atraíssem para elas muitas centenas de milhares de visitantes!!!

2º) A Rota do Sol Nascente merece ser percorrida!!!

Para aqueles que já estiverem em Fortaleza, e tiverem pelo menos uma semana disponível, sem dúvida vale a pena alugar um carro e percorrer os 130 km da rodovia CE-40, ou seja, da **Rota do Sol Nascente**. Ela conecta a capital cearense com a famosa praia de Canoa Quebrada, passando-se por diversas atrações, como logo no início, em Porto das Dunas. Ali está localizado o *Beach Park*, um parque aquático que abriga entre outras atrações um escorregador de nada menos que 41 m de altura, chamado *Insano*. Do seu topo os surfistas se parecem com pequenos pontinhos no mar, deslocando-se sobre as ondas...

A apenas 20 km de Porto das Dunas fica a praia de Barro Preto, na qual os turistas podem aproveitar o mar azul-claro e observar as dunas amareladas da região. A areia é bem branquinha, quase prateada por conta dos cristais nela misturados, que refletem o sol forte do litoral cearense.

Já entre as cidades de Pindoretama e Cascavel fica a praia de Águas Belas, onde os visitantes podem divertir-se num terreno acidentado, mergulhando nas piscinas naturais que se formam durante a seca. Aliás, próxima de Águas Belas fica a praia de Barra Nova, que ainda encontra-se um pouco afastada do enxame de pousadas e do agito das barracas de praia, o que permite que os turistas até mesmo cochilem sob o céu estrelado. Outra boa pedida é praticar *stand-up-paddle* em paz, no mar ou no rio Choró, ou apenas observar os diversos barcos lagosteiros, balançando suas gaiolas de ferro.

O litoral da cidade de Beberibe atrai muita gente para a praia das Fontes, próxima da qual há vários hotéis e *resorts*. Com a maré baixa, é possível entrar na gruta da Mãe D'água, esculpida nas rochas à beira-mar.

Mais à frente, ainda na CE-40, passa-se por muitos outros locais interessantes, dentre os quais destacam-se Morro Branco, onde se pode observar grandes paredões alaranjados, que lembram paisagens como as do Grand Canyon, nos EUA, ou até mesmo a superfície de Marte...

Uma praia que merece ser visitada durante essa viagem é a do Canto Verde, que é administrada pelo ICMBio. Trata se de um lugar onde se preserva o estilo de vida de pescadores. Outras praias incríveis são a Pontal de Maceió, no município de Festim, e, próximo dela, a das Agulhas. Esta última, onde não há energia elétrica (!?!?), é ideal para turistas que desejam se isolar, como os mochileiros ou casais em busca de um cantinho entre as pedras.

A apenas 20 min de Canoa Quebrada, última parada na Rota do Sol Nascente, está Cumbe. O local costuma ficar lotado aos domingos, com turistas de várias partes do País e famílias que vem de Fortaleza para fazer um "bate e volta" e se deliciar nos restaurantes locais, abastecidos por camarões criados em viveiros locais.

Finalmente quando a estrada chega ao município de Aracati, todos os caminhos levam o turista diretamente à praia de Canoa Quebrada, muito badalada na região, repleta de hotéis e restaurantes, principalmente na rua Broadway. Porém, são os entornos que mais encantam. Eles podem ser acessados em passeios de bugue (veículo que permite acelerar nas dunas), parar nas piscinas naturais e até finalizar a viagem despencando por uma tirolesa dentro de uma lagoa de água doce.

3º) Em Jericoacoara o turismo é de luxo, mas satisfaz quem pode pagar por ele!!!

Para aqueles que já vivem há muito tempo em Jericoacoara, o lugar certamente mudou muito nessas últimas seis décadas. Localizada a 280 km de Fortaleza, Jericoacoara, que pertence à cidade de Jijoca de Jericoacoara, já foi uma vila de pescadores.

Foi então, que entre os anos 1970 e 1980 chegaram aí os mochileiros, a maior parte estrangeiros, que acampavam na praia e até mesmo nos quintais das casas. Mais tarde, entre 1990 e os anos 2000, foi a vez dos esportistas e praticantes de *kitesurf*, o que estimulou a instalação de pousadas mais bem estruturadas para acomodá-los.

Pode-se dizer que a partir de 2010 teve início a **terceira fase do turismo** de Jeri, como a vila é carinhosamente chamada. Nessa época já se podia encontrar aí hotéis com piscinas nas varandas, barracas na praia cobrando R$ 100 (ou mais) pelo uso de um espaço *VIP*, com direito a *Wi-Fi* e um bangalô para ser usado para descansar ou dar festas com champanhe, em plena luz do dia.

E em julho de 2017, foi inaugurado no município de Cruz (vizinho de Jijoca de Jericoacoara) o aeroporto regional Comandante Ariston Pessoa, do qual em 46 min de carro chega-se a Jeri. Com essa facilidade, evita-se a jornada de mais de 4 h de carro a partir de Fortaleza. Aliás, hoje o aeroporto Comandante Ariston Pessoa recebe voos que partem de grandes cidades, como: São Paulo, Campinas, Rio de Janeiro, BH, Fortaleza, Recife etc.

Claro que isso gerou um *boom* no turismo na vila de Jeri, onde vivem cerca de 3 mil pessoas. Para se ter uma ideia, só em julho de 2018 o local recebeu 120 mil visitantes, e acabou sendo eleito como um dos 15 destinos mais legais do País!!!

Naturalmente, todo esse charme provocou o encarecimento da vida dos moradores e da própria estada dos turistas no local. Os aluguéis triplicaram e muitos dos que viviam aí tiveram de se mudar para comunidades vizinhas, como Preá, Mangue Seco e Guriú. Todos esses locais se tornaram vilas--dormitório, onde as pessoas que trabalham em Jeri apenas pernoitam. Há inclusive quem chame essas comunidades de "parte da região metropolitana de Jericoacoara".

Mas foi no *réveillon* de 2018 que se chegou ao ápice do *glamour* em Jeri. Nessa época, aconteceram *shows* incríveis ao longo de cinco dias (entre 27 e 31 de dezembro de 2018). Entre as atrações estiveram presentes as cantoras Ivete Sangalo e Anitta, além do *DJ* Alok e, embora os ingressos custassem milhares de reais, eles atraíram milhares de espectadores!!! E a passagem de 2019 para 2020 foi também muito concorrida, com Jeri repleta de visitantes...

Note-se que o asfaltamento de uma via que possibilitou chegar através da CE-85 até a praia vizinha, do Preá, facilitou muito o acesso a Jeri por carro. Assim, não é por acaso que muitas pessoas de maior poder aquisitivo dizem: "Agora, com toda essa simplicidade para se ter acesso ao conforto que se tem em Jeri, não é preciso mais pensar em visitar qualquer outra praia do mundo, pois está em Jeri a mais bonita do planeta!!!"

A questão agora é: por quanto tempo isso ainda continuará dessa forma?

4ª) O rio Araguaia atrai muitos turistas-pescadores.

Quem for a Goiânia e gostar de pescar, poderá (especialmente no período de junho a agosto) visitar Aruanã, localizada a 314 km da capital goiana. Nessa cidade existem alguns hotéis onde o visitante terá a oportunidade de contratar os serviços de barcos cadastrados na associação local de barqueiros e, desse modo, pescar no rio Araguaia. A diária do serviço gira em torno de R$ 700, e inclui combustível, material de pesca e o próprio piloto.

O que se vê em Aruanã, especialmente no mês de julho, é que antes mesmo de o sol nascer, dezenas de barqueiros já estão prontos para transportar os turistas-pescadores até os melhores pontos para a prática da **pesca esportiva**. Os barqueiros, por sua vez, apresentam-se para a aventura carregados de mantimentos, bebidas e outros apetrechos.

Logo no início do passeio, os amantes da pescaria recebem dos pilotos orientações sobre a legislação do Estado de Goiás, que exige a devolução dos peixes depois da captura!?!? Caso, entretanto, a pretensão seja o consumo, o limite estabelecido é de 5 kg por pessoa. O intuito dessa cota é proteger as espécies ameaçadas de extinção, como o pirarara, o piraíba, o jaú e o dourado. Aliás, a palavra aruanã também designa um peixe.

Perto da hora do almoço, o barco para numa das pequenas praias que se formam no leito do rio, em especial no período entre junho e agosto (época da seca do rio Araguaia) quando se prepara a refeição para os pescadores. Trata-se de uma refeição simples: **arroz, salada e peixe**!!! A parada também é um momento para se observar os muitos pássaros que se aproximam para devorar as vísceras dos peixes que são atiradas na água. Antes de partir, todo o lixo tem de ser recolhido e levado para o barco!!!

Aruanã é conhecida como a praia do goiano. Nos meses de seca o lugar fica lotado e, na ocasião, estruturas completas – incluindo em alguns casos geradores, chuveiros e até mesmo helipontos – são montadas em suas praias. A cidade conta ainda com uma Casa de Cultura Indígena, mantida pelo cacique da tribo dos carajás. No local são confeccionadas as *Ritxòkò* (*bonecas de cerâmica*, no dialeto feminino *iný*), um símbolo da identidade cultural do povo indígena que já foi reconhecido como patrimônio cultural imaterial pelo IPHAN. A boneca e outros produtos artesanais feitos pelos índios carajás são vendidos numa lojinha mantida por eles próprios.

Poucos lugares do mundo possibilitam aos turistas-pescadores tanta ação como o rio Araguaia. Nele, além de pescar, uma boa pedida é tomar um banho, evidentemente prestando atenção para a possível presença de jacarés ou de piranhas nas águas!?!?

5º) Está crescendo no Brasil o número de praias de naturismo!!!

Dizem que a praia de **naturismo** mais famosa do Brasil fica em Tambaba, no sul do Estado da Paraíba. Ela se tornou uma vitrine internacional da prática, para além de estimular o **nudismo**, também preconiza a **vida saudável** e o **retorno à natureza**.

Atualmente o acesso principal à área nudista – que se estende por uma faixa de 800 m – acontece num trecho ocupado pelos "**têxteis**", apelido pelo qual são conhecidos os banhistas que ainda não se converteram à filosofia naturista e, portanto, resistem em abandonar o uso de sungas, maiôs e biquinis. Desse modo, ainda que possam frequentar Tambaba, os não convertidos não podem invadir o espaço reservado.

Para evitar confusão, há uma separação entre os banhistas. Trata-se de uma passarela fechada por tapumes, que impede que os têxteis bisbilhotem os pelados. Essa divisória funciona como uma espécie de portal intergaláctico para um setor que possui regras próprias de funcionamento. Desse modo, caso ultrapassem o limite pré-estabelecido, os visitantes serão imediatamente informados pelos monitores da Sonata (Sociedade Naturista de Tambaba) – que, embora nus, estão identificados por um colete verde – sobre a obrigatoriedade de adesão ao *dress code* ("**código de vestimenta**") e a necessidade de "livrar-se" das roupas. De acordo com o regulamento interno da Sonata, não é permitida a entrada de homens desacompanhados de mulheres, porém, infelizmente alguns têm burlado essa norma, adentrando a faixa dos naturistas pelo portão principal ou chegando pela mata...

É preciso destacar que os naturistas têm uma filosofia de vida. Assim, a nudez faz parte de um estilo pautado pela harmonia com a natureza. Neste sentido, já são vistas atualmente na praia de Tambaba famílias com suas crianças e os adolescentes, avós e grupos de amigos, todos **completamente pelados** (!!!) desfrutando um clima de tranquilidade, seja estirados ao sol, caminhando pelo areal, jogando uma partida de futebol ou vôlei, tomando um banho de mar ou simplesmente curtindo a natureza. Aliás, o que não falta em Tambaba é natureza: a faixa de areia é bem fofa e na maré baixa afloram piscinas naturais de águas quase mornas. Falésias, mata atlântica, vegetação de restinga e coqueiros completam a paisagem.

A Sonata infelizmente tem convivido com alguns problemas, como é o caso da presença de *voyeurs* no local. Essas pessoas são apelidadas de "**fresteiros**", pois tentam bisbilhotar – e até fotografar – os nudistas por entre os galhos de árvores. É lamentável que isso esteja acontecendo, uma vez que o nudismo tem muitos adeptos não apenas no Brasil, mas em todo o mundo. Já existem inclusive cruzeiros nudistas, como os que são realizados no Caribe nos navios *Carnival Sunshine* (com 3 mil passageiros) ou *Big Nude Boat* ("*Grande Barco para Nudistas*", que comporta 2.618 passageiros pelados).

E vale lembrar que já existem diversas praias exclusivas para nudistas no nosso País, destacando-se as praias do Pinho, no Balneário Camboriú (considerado o primeiro reduto nudista oficial do Brasil) e da Galheta, em Florianópolis, na qual desde 1997 a nudez é permitida, embora não seja obrigatória...

6º) No Brasil também podem ser vistos *canyons* impressionantes!!!

Sem dúvida Santa Catarina é o Estado brasileiro mais bem **estruturado** para **atrair** e **agradar turistas**. Hoje ele está dividido em diversas regiões turísticas, cada qual possuindo atrações específicas relacionadas à natureza. Este é o caso do **Caminho dos *Canyons***, localizado no Parque Nacional de Aparados da Serra e na serra Geral.

O Caminho dos *Canyons* é uma região onde são encontrados diversos desfiladeiros impressionantes, e na qual vivem muitos descendentes de italianos, portugueses e alemães. Ela é bastante procurada, em especial pelos amantes do **ecoturismo**, e conta com expedições que adentram as grandes montanhas que aí existem.

Com cerca de 60 mil habitantes, Araranguá é a cidade mais populosa da região e conta com uma boa infraestrutura hoteleira. Ela oferece ao visitante atrações naturais de grande beleza, como é o caso do morro dos Conventos. Os *canyons* do Parque Nacional Aparados da Serra marcam o limite entre os Estados de Santa Catarina e Rio Grande do Sul.

As demais regiões turísticas de Santa Catarina são: **Grande Florianópolis** (centralizado na capital); **Costa Verde e Mar** [com destaque para o Balneário Camboriú (BC) e o parque Beto Carrero *World*]; **Serra Catarinense** (com as cidades em que se tem as menores temperaturas do Brasil); **Encantos do Sol** (com destaque para Gravatal); **Vale Europeu** (que inclui Blumenau, Brusque, Nova Trento, Pomerode etc.); **Caminho dos Príncipes** [inclui Joinville e São Francisco do Sul (a terceira cidade mais antiga do Brasil)]; **Vale do Contestado** (com locais incríveis, como Joaçaba, Fraiburgo, Treze Tílias etc.); **Grande Oeste** (em que se destacam Chapecó e Xanxerê); **Caminhos da Fronteira** (inclui muitas atrações em São Miguel do Oeste e

Itapiranga, que é vizinha da Argentina); **Caminhos do Vale** (com um roteiro incrível para os amantes de cervejas artesanais) e **Vale das Águas** (no qual o turista pode optar por diversos roteiros distintos: termal, histórico, religioso, cultural, gastronômico, de lazer, aventura e/ou ecoturismo).

7º) As incríveis belezas da Serra Catarinense!!!

Localizada a apenas 2 h de carro do litoral do Estado de Santa Catarina, e sede dos primeiros hotéis-fazenda do País, a região da Serra Catarinense oferece aos visitantes a incrível experiência de desfrutar de paisagens belíssimas. É composta por 17 municípios (a maioria deles com menos de 20 mil habitantes), com destaque para os de São Joaquim e Urubici, e em todos eles o **turismo rural** predomina!!!

A beleza natural da Serra Catarinense impressiona os visitantes pela paisagem, formada por florestas de araucárias, rios, cachoeiras, vales, campos de altitude e grandes *canyons*. Lugares como as serras do Rio do Rastro e do Corvo Branco, bem como o morro da Igreja, são passeios obrigatórios. No trajeto o turista passa por estradas sinuosas que cortam as montanhas, algumas com os picos mais altos do País (como o morro da Boa Vista, em Urupema, com 1.827 m de altura). A vista é simplesmente espetacular, sendo que em dias de céu claro é possível até vislumbrar o litoral, a dezenas de quilômetros de distância.

Vale ressaltar que a Serra Catarinense é uma das regiões mais frias do Brasil, e a única onde **neva em quase todos os invernos**, ainda que por poucos dias. Aliás, as cachoeiras congeladas e as nevascas fazem a alegria de turistas de todas as partes do País. Nessa época do ano a paisagem ganha um toque todo especial, com as geadas, os nevoeiros e o granizo.

Hoje a região conta com uma vasta oferta de hotéis, pousadas e estâncias, que oferecem aos visitantes todo o conforto e a infraestrutura de lazer desejados. Cavalgar ao ar livre, respirando o ar puro da montanha, é apenas uma das opções disponíveis. Para os adeptos do ecoturismo, por exemplo, a Serra Catarinense é o lugar perfeito para a prática de diversos esportes radicais, como *trekking*, rapel, *canyoning*, *mountain bike*, tirolesa etc.

Também há divertimento garantido para quem aprecia a pesca esportiva da truta. Aliás, na região há muitos "**pesque-pague**", além de locais para a observação de pássaros, e todos contam com boa infraestrutura para os visitantes.

Recentemente a Serra Catarinense testemunhou o crescimento de suas indústrias vinícolas, com a produção de vinhos de alta qualidade. Visitá-las é um passeio incrível para os apreciadores de vinhos finos e de espumantes, alguns já premiados nacional e internacionalmente. Mas além das bebidas, o que também irá surpreender a todos os visitantes da Serra Catarinense é a gastronomia regional campeira, repleta de pratos típicos à base de pinhão, truta e carne bovina, todos muito fartos e saborosos.

8º) Você já bebeu a água do rio Acre?

Inicialmente, deve-se explicar que o nome do Estado do Acre deriva da palavra indígena *aquiri*, cujo significado na língua da etnia apurinã é "**rio dos jacarés**". O Estado do Acre está localizado na Amazônia Ocidental, sendo rico em biodiversidade. Sua história está entrelaçada a um passado de muitas lutas sociais. A primeira delas foi a Revolução Acreana, no século XX, que acabou resultando na anexação do Estado ao território brasileiro.

Já na década de 1970, o que repercutiu foram os vários embates entre ativistas ambientais e os extrativistas. O movimento, que foi organizado pelo líder seringueiro Chico Mendes, procurou impedir o avanço da pecuária e a expulsão dos extrativistas da floresta, e acabou ganhando repercussão mundial. Isso demonstra que, antes mesmo de o mundo começar a discutir políticas ambientais, o acreano já sonhava com o dia em que o homem viveria em harmonia com a natureza, sem que para isso necessitasse abrir mão da qualidade de vida.

E é exatamente dentro desse contexto que o **potencial turístico** do Estado se apresenta. Na verdade, o Acre não é uma região para se conhecer, mas para se **vivenciar**. Participar de um festival indígena, caminhar pela floresta, "andar" nas alturas por entre os galhos das árvores e, para os mais radicais, sobrevoar a Amazônia e seus geóglifos dentro de um balão, vislumbrando uma paisagem que já foi classificada entre as três mais impressionantes do mundo (ao lado da Capadócia, na Turquia, e do deserto australiano), essas são experiências indescritíveis que somente no Acre se pode experimentar em sua real plenitude!!!

A capital do Estado do Acre é Rio Branco, onde, segundo estimativas, viviam no final de 2020 cerca de 380 mil pessoas. A cidade se destaca pela sua recente urbanização, pela hospitalidade do seu povo e, ao mesmo tempo, pela existência de muitas áreas verdes voltadas para a convivência e a contemplação. Mas, além disso, os outros destaques da capital são a gastronomia e a cultura popular.

Um passeio pela cidade faz com que o visitante logo se apaixone pela beleza e a singularidade histórica da mesma. Entre as opções estão: passear pelo sítio histórico do Segundo Distrito; andar pelo calçadão da Gameleira, localizado na margem direita do rio Acre, onde encontra-se uma frondosa e centenária **gameleira**, símbolo da perseverança e da resistência do povo acreano (e que também serviu como referencial para a fundação de Rio Branco, no fim do século XIX); passar um tempo de descontração no complexo do Mercado Velho (construído no fim da década de 1920), curtindo um *happy hour* com os amigos e observando a moderna passarela Joaquim Macedo; tirar uma foto em frente ao majestoso palácio Rio Branco, antiga sede do governo e hoje um museu (que se destaca pelo estilo inspirado na arquitetura grega); passear pelo parque da Maternidade, que em seus mais de 6 km de extensão abriga equipamentos esportivos, restaurantes e espaços destinados a manifestações artísticas e culturais; visitar o parque Chico Mendes, o maior parque natural da cidade, que representa a já mencionada luta dos seringueiros em defesa da Amazônia; ou caminhar pelo Horto Florestal, que em seus 17 ha de área preservada hospeda uma rica variedade de espécies da flora acreana.

Bem, depois do visitante ver essas atrações (e muitas outras...), acabará se tornando verdadeiro para ele o dito popular acreano: **"Quem bebe da água do rio Acre, acaba voltando à cidade. Sempre!!!"**

E você, quer confirmar essa afirmação? Então programe logo um passeio ao Acre, começando por Rio Branco!!!

9º) Você já foi a um lugar místico, exótico e inexplorado no Brasil?

Bem, esse lugar existe, e é Roraima. O Estado ganhou os holofotes nos últimos três anos, por conta de uma invasão de refugiados da Venezuela, um país que está enfrentando uma séria crise social e econômica, com o seu povo vivendo sob um regime ditatorial.

Mas o fato é que Roraima possui muitas atrações incríveis para quem admira a natureza. Por exemplo, o Estado abriga 44% de todas as aves encontradas no Brasil, e 57% das espécies da região norte, sendo que o lindo galo-da-serra é a ave símbolo de Roraima. Essas aves estão distribuídas pelos cerca de 225 mil km^2 do território do Estado. São cerca de 806 espécies, cada qual vivendo em seu hábitat, numa extensa faixa de fronteira na qual há pouca presença humana – o que obviamente contribui para essa abundância e variedade. Um dado interessante é que boa parte dessa região é bem plana e recebe a incidência de luz intensa durante nada menos que 8 meses do ano, o que é perfeito para a observação de aves (*birdwatching*).

Em Roraima a diversidade étnica e cultural pode ser observada nas diferentes peças produzidas pelas etnias indígenas que habitam a região. Produtos das etnias macuxi, wai-wai, wapichana, yanomami, taurepang, ingarikó, wai miri-atroari e maiagong podem ser encontrados nos diversos centros de artesanato distribuídos pela encantadora capital do Estado, Boa Vista.

Os indígenas se utilizam de matérias-primas do cerrado e das florestas, para confeccionar uma grande variedade de produtos. As técnicas, formas, concepções estéticas e motivos dos trabalhos são bem diversificados, o que lhes confere o valor de verdadeiras peças de arte.

Um bom exemplo disso é a **cerâmica** produzida pelos macuxis, em que a produção obedece a um ritual de retirada do barro da natureza, com a finalidade de evitar a sua quebra durante a confecção. Aliás, o não cumprimento desse ritual pode ocasionar inclusive problemas de saúde ao produtor das peças no momento de sua execução.

Mas existem outros bons exemplos do artesanato indígena regional, como: os adornos feitos com sementes de embaúba (as biojoias) dos wai-wai; os cestos de fibra confeccionados pelos yanomamis e os diferentes trabalhos em madeira, fibras de arumã e corantes naturais produzidos em outras terras indígenas. Dentre os frutos e algumas espécies florestais que são também utilizadas para o artesanato em Roraima, destacam-se: o jatobá, a bacaba, o tucumã, o buriti, entre outras.

Quem visita Boa Vista (na qual vivem cerca de 400 mil pessoas), a capital do Estado, também nota em sua **gastronomia** uma forte influência indígena, marcada pela interferência dos colonizadores e pelos mestiços que habitaram a região, oriundos de todas as partes do Brasil. Assim, nos restaurantes, em especial aqueles localizados em hotéis, os pratos ou alimentos servidos no café da manhã são: tapioca, diversos mingaus (de banana comprida, milho, mungunzá), bolos, pé de moleque (servido na palha de bananeira), derivados de macaxeira ou mandioca, e o tradicional cuscuz.

No almoço e no jantar, atendendo a todos os gostos, têm-se os pratos à base de carne de sol; carne assada servida com chibé (bebida típica tupi);

galinha caipira; diversos preparos de peixes (pirarucu desfiado), caldeiradas, escabeches, fritos, porções de filés, moqueado e regado com o caldo de folhas de pimenta moídas), além da paçoca com banana.

Por falar em carnes, sua origem pode ser variada: de bode, de carneiro ou bovina. Nesse último caso, em Roraima é bem comum o consumo do típico churrasco gaúcho, por causa da forte influência provocada pela corrente migratória gaúcha para Boa Vista na década de 1980.

Finalmente, os sucos consumidos em Roraima são bem revigorantes, e agradam muito aos visitantes pelo fato de possuírem certos **efeitos afrodisíacos**. Aliás, resultados de pesquisas científicas recentes indicam a existência desses "poderes" no caçari e no mirixi, que são encontrados nas savanas roraimenses. Outros sucos bem comuns em Roraima são os de graviola, bacaba, buriti, açaí, goiaba, abacaxi e manga.

Em Roraima tem-se uma **região de transição** entre savanas e montanhas, na qual existem muitos atrativos voltados para os segmentos de ecoturismo, turismo de natureza e turismo de aventura. Está aí, por exemplo, o ponto mais extremo do País, o monte Caburaí (com 1.465 m de altitude), que se localiza na fronteira com a República Cooperativa da Guiana, no município de Uiramutã, dentro do Parque Nacional do Monte Roraima.

Aliás, com seus 2.734 m de altitude, o lendário monte Roraima (fica no município de Pacaraima) é um dos principais atrativos do Estado. Ele está localizado na tríplice fronteira entre Brasil, Venezuela e Guiana, e tem atraído a atenção de turistas, aventureiros, biólogos, místicos, cientistas e esotéricos de todo o mundo, sendo um dos lugares mais antigos do planeta.

De fato, estima-se que sua formação rochosa tenha ocorrido há mais de 2 bilhões de anos e, por isso, muitos chamam o local de "**o mundo perdido**". O local apresenta flora e fauna endêmicas, além de formações rochosas moldadas pelos ventos, que lembram dinossauros e dão aos turistas a impressão de estarem em outro planeta... E por falar em plantas, Roraima possui a maior diversidade de orquídeas do País!!!

Há ainda a serra do Tepequém, no município de Amajari, que é repleta de cachoeiras. Do seu platô, a mais de 1.100 m de altitude, pode-se contemplar a planície e vislumbrar toda a região, até onde se enxerga a linha do horizonte. É um lugar perfeito não apenas para a prática da meditação, mas também para aventuras extraordinárias.

Na fronteira com a Guiana e a Venezuela, já em solo venezuelano, estão algumas importantes quedas d'água da região, como o salto Angel (a cachoeira mais alta do mundo, com 979 m de altura) e o monte Kukenán. Aliás, quem vier a Roraima poderá tirar uma foto com um pé no hemisfério sul e outro no hemisfério norte, uma vez que a região é cortada pela linha do Equador.

As belezas são tantas que, ao divulgar o turismo no Estado as autoridades fazem a seguinte provocação: "**Venha conhecer Roraima, antes que o mundo todo apareça por aqui!!!**"

E aí, o que você achou desse convite?

10º) **Você já parou para pensar o porquê de Porto Velho já ter sido tão importante?**

A capital do Estado de Rondônia, Porto Velho, é a única capital estadual brasileira que faz divisa com outro País – a Bolívia –, sendo que já houve um tempo em que ela vivenciou uma época de ouro, ou seja, no **ciclo da borracha** (entre 1879 e 1912). Por causa dos enormes seringais ali existentes, a região recebeu durante esse período milhares de pessoas e se tornou bastante povoada.

De fato, devido à riqueza representada pela borracha, construiu-se aí a Estrada de Ferro Madeira-Mamoré (EFMM), em cujo entorno nasceu a cidade de Porto Velho, em 1914, onde atualmente vivem, segundo estimativas, cerca de 540 mil pessoas.

A construção da EFMM foi uma verdadeira odisseia, e trouxe para a região mais de 20 mil trabalhadores, de 50 nações. Assim, juntamente com os índios, foram os seringueiros (a maioria deles nordestinos) e os ferroviários que originaram a cultura e o **"jeito de ser"** porto-velhense.

Porto Velho é, portanto, uma **cidade-cabocla**, mas que já nasceu cosmopolita e falando diversos idiomas. De fato, o primeiro jornal que circulou na cidade foi editado por norte-americanos, que na época controlavam a edificação da ferrovia. Posteriormente, a partir de 1960, com a abertura da BR-364, vieram para a cidade migrantes de todo o Brasil, em busca da terra prometida. Por essa razão, alguns ainda chamaram Porto Velho de "**Nova Canaã**".

Os turistas (estrangeiros e brasileiros) que chegam a Porto Velho de avião utilizam o aeroporto internacional Governador Jorge Teixeira, que opera mais de 250 voos domésticos por semana. E chegando, eles se deparam com muita história. O lugar é um verdadeiro caldeirão de influências, e abriga um cenário cultural bastante interessante e diversificado, que permite às pessoas não apenas admirar a região, mas também ampliar seus conhecimentos.

Um bom passeio é visitar a praça da EFMM, onde, além da antiga estação, há várias locomotivas. Dalí se pode observar o mais belo pôr do sol do planeta, que inclusive garantiu a Porto Velho a fama de "**a cidade do sol**". Essa praça está localizada à margem do rio Madeira, o principal afluente do Amazonas, e o que tem a maior quantidade de espécies de peixes do planeta – mais de 800 –, além, é claro, dos botos cor-de-rosa, que tanto encantam os turistas.

No atracadouro na praça, o turista pode tomar um dos barcos que o levarão à monumental usina hidrelétrica de Santo Antônio. Aliás, nessas embarcações, além de contar com serviço de bordo o turista poderá escutar histórias sobre a grandiosa ponte Rondon-Roosevelt, que interliga Rondônia ao Estado do Amazonas.

E se o assunto é história, o visitante não pode deixar de conhecer o centro antigo e a arquitetura clássica do Mercado Cultural, no qual ficam um teatro de arena, bares com música ao vivo e feira de artesanato. Também vale a pena tirar uma foto em frente ao palácio Presidente Vargas, que foi inaugurado em 1954 e já serviu de sede para o governo estadual.

A capela de Santo Antônio de Pádua, em que foi celebrada a primeira missa em 1915, está localizada a 7 km do centro da cidade. Trata-se de um ponto bucólico, ladeado por um mirante que oferece uma vista incrível do rio Madeira e da usina Santo Antônio. Nas imediações fica o Memorial Rondon, mantido pelo Exército brasileiro em homenagem ao herói nacional que, inclusive, empresta seu nome ao Estado (é a "**terra de Rondon**").

Quem visita Porto Velho tem a oportunidade de sentir a magia dos sabores típicos porto-velhenses, que, aliás, são uma atração à parte. Aí se tem os cafés regionais, que incluem mingaus de tapioca com banana e canela, geleias, bolos de tapioca e milho, sucos de frutas amazônicas (pupunha, açaí, buriti, jumbo, ingá etc.) e pratos preparados com peixes [sendo que os mais populares são o pirarucu (conhecido como "bacalhau da Amazônia"), o dourado, o tucunaré, o tambaqui, o jatuarana etc.).

A noite de Porto Velho é sempre animada!!! O local mais divertido e que atrai mais gente na cidade é a "**calçada da fama**", como é conhecido o trecho da avenida Pinheiro Machado que concentra boates e barzinhos da moda, onde se toca música eletrônica e ao vivo. Mas também vale a pena dar um "giro" pelas imediações e conhecer o tradicional bairro Caiari, onde existem excelentes restaurantes, inclusive com pratos da culinária internacional.

Para os que preferem o dia, eis o que Porto Velho oferece de melhor: **banhos refrescantes** nos balneários localizados ao longo do rio Madeira e dos igarapés, e cuja infraestrutura inclui bares e lanchonetes. Já entre as festas da capital rondoniense, a mais tradicional é a **Flor do Maracujá**. Ela é considerada magnífica por conta de sua grandeza, das cores vivas de seus adereços e dos ritmos amazônicos que embalam as quadrilhas. Em 26 de julho de 2019 iniciou-se a sua 38ª edição. A festa durou até 4 de agosto e compareceram a ela no total mais de 200 mil pessoas.

O Carnaval de Porto Velho ainda conserva muito das velhas festas do Rei Momo. Blocos de caricatos somam-se às brincadeiras de rua, aos trios elétricos e às escolas de samba locais. Aliás, a Banda do Vai Quem Quer é o segundo maior bloco de rua do Brasil, com mais de 85 mil brincantes.

Existem atualmente em Porto Velho mais de 75 hotéis, para todos os bolsos e gostos, mas não se pode esquecer do hotel-de-selva (em especial o Aquarius Selva) e dos hotéis-fazenda da região, cujas paisagens são paradisíacas. Neles se pode praticar esportes radicais, cavalgadas, passeios de barcos e ainda curtir um bom sono em suas confortáveis acomodações.

Pois é, do barzinho da esquina aos forrós e às gigantescas casas de *shows*, o turista certamente irá amar Porto Velho. E você, caro (a) leitor (a), está animado para passar suas próximas férias na capital rondoniense? Essa experiência certamente fará com que você queira retornar à região para explorar muitas outras cidades incríveis do Estado de Rondônia, como Guajará-Mirim, Ouro Preto do Oeste, Vilhena, Ji-Paraná etc.

11º) Você já imaginou passar suas férias em São Miguel do Gostoso?

Pois é, todo aquele que for ao Rio Grande do Norte, deve saber que no norte do Estado, a 101 km da capital Natal, existe um simpático município chamado São Miguel do Gostoso.

E parece que nessa última década a cidade entrou de vez na rota turística nacional. O problema é que esse incremento turístico provocou aí uma explosão de pousadas, bares, restaurantes e receptivos de viagem, o que de certa forma abalou a antiga tranquilidade do local e vem, inclusive, agredindo sua beleza natural.

Uma das praias de "Gostoso", o carinhoso apelido dessa cidadezinha, poderia ser facilmente classificada entre as mais lindas do País. Trata-se da praia de Tourinhos (!!!), uma enseada de águas claras e mornas que abriga uma duna de areia petrificada de aproximadamente 8 m de altura, de cujo topo se tem uma vista deslumbrante da baía.

Porém, nota-se lamentavelmente no local a presença desordenada de muitas barracas espalhadas pela areia, algumas das quais não acatam exigências mínimas de higiene. Também trafegam por ali vários quadriciclos pilotados por pessoas que não respeitam nem a faixa de areia, nem os banhistas. E para piorar, bugueiros e motoristas de automóveis com tração 4x4 também transitam livremente pela praia.

O poder público municipal deve se manifestar o quanto antes em relação ao impacto que vem sendo provocado por esse turismo predatório. Afinal, isso pode destruir um dos recantos mais belos do nosso País, o que certamente prejudicaria enormemente o próprio município, que perderia muito com o afastamento dos turistas!!!

12º) Que tal passar férias incríveis em Tibau do Sul?

O visitante da encantadora Natal também não pode deixar de conhecer o distrito de Tibau do Sul, a 87 km ao sul da capital norte-riograndense, que abriga diversas praias bonitas, como Pipa, do Curral, da Ponta do Madeiro, de Sibaúma, do Giz, do Porto, do Amor, de Cacimbinhas etc.

E o recém-concluído recapeamento da RN-3, melhorou bastante o acesso a esse balneário, que atrai tanto mochileiros como viajantes de luxo, uma vez que o lugar possui as mais variadas opções em termos de acomodação e gastronomia.

Os mochileiros, por exemplo, costumam optar pelo *hostel* Carioca, ou então ficar num quarto coletivo no Lagarto na Banana, nos quais os preços cobrados são módicos. Já os turistas de maior poder aquisitivo têm outras alternativas, que evoluem desde o hotel Pipa's Bay até a pousada Toca da Coruja, chegando por fim ao hotel Boutique Marlin's (onde as diárias podem ultrapassar os R$ 1.000...). Já no âmbito da alimentação, o visitante poderá recorrer às barracas *Flor do Caribe* ou *do Tonho*, ou então sentar-se à mesa de um dos vários bons restaurantes locais, como o *Caxangá, Oca Joca, Cicchetti, Camamo* ou o *Ú. Bristrô*.

Mas, naturalmente, quem for a Tibau do Sul não irá apenas aproveitar os banhos na praia e comer deliciosas porções de peixes, camarões e caranguejos. O turista também poderá se divertir numa prancha de *sandboard*, ao descer as montanhas de areia da região; observar bandos de golfinhos e/ou passear pelas trilhas de mata nativa do Santuário Ecológico de Pipa.

13º) O excelente passeio turístico dos que percorrem o Caminho dos Diamantes!!!

Rota turística com quatro caminhos distintos, que cruzam os Estados do Rio de Janeiro, São Paulo e Minas Gerais, a **Estrada Real** surgiu ainda no século XVII, quando a coroa portuguesa decidiu oficializar os caminhos para possibilitar e facilitar o trânsito de ouro e diamantes até os portos do Estado do Rio de Janeiro. O trecho da Estrada Real que segue de Diamantina a Ouro Preto, é conhecido como **Caminho dos Diamantes**, e nele está uma pequena capelinha construída em madeira e barro, no século XVIII, de uma beleza incrível.

Quem decide fazer esse percurso, a 9 km do centro histórico de Diamantina, tem como primeira atração o lugarejo de Curralinho, onde encontra-se a gruta do Salitre, um monumento natural que desponta na paisagem com um relevo de rochas quartzíticas em forma de ruínas, revelando desfiladeiros, fendas e paredões de até 80 m de altura. Aliás, essa gruta é considerada um dos principais atrativos naturais da região, e já foi palco de documentários, filmes e novelas.

Ainda no início da viagem, o turista passa pela capela Nossa Senhora do Rosário, uma espécie de cartão-postal do minúsculo distrito da cidade de Serro (famosa pelo queijo artesanal produzido ali), conhecido como Milho Verde. Conta-se na região que esse nome teria sido uma homenagem ao único alimento que os bandeirantes tiveram à disposição quando chegaram ao local.

Porém, antes de chegar a Milho Verde, o visitante também passa por São Gonçalo do Rio das Pedras, a 10 km de Diamantina, outro distrito da cidade histórica de Serro. Aí o destaque é a igreja matriz, cuja arquitetura mescla traços do barroco e do rococó. Aliás, quem estiver de costas para o seu portal poderá avistar um dos mais belos espetáculos da viagem: **o sol submergindo por detrás das montanhas!!!**

Os 395 km do Caminho dos Diamantes (dos quais mais da metade são de terra) são emoldurados pela serra. O ideal, portanto, é percorrê-lo sem pressa, ao longo de mais ou menos 15 dias. Isso permitirá ao turista sair um pouco da rota principal e visitar cidades próximas, como Itabira (onde fica o memorial e museu a céu aberto em homenagem ao poeta Carlos Drummond de Andrade, filho mais ilustre da cidade).

Outras cidades estão no Caminho dos Diamantes como: Conceição do Mato Dentro, Morro do Pilar, Itambé do Mato Dentro, Ipoema, Cocais (onde existe uma grande quantidade de coqueiros), Catas Altas (de onde se tem uma impressionante vista da serra do Caraça), Mariana (a primeira cidade planejada de Minas Gerais, recentemente abalada por um grande desastre ambiental) e, finalmente, a encantadora Ouro Preto (que, como já mencionado em um capítulo desse livro, é uma cidade histórica e detentora do mais preservado acervo colonial do País, onde o turista poderá observar profundamente o período barroco ao visitar a basílica de Nossa Senhora do Pilar).

Como é caro (a) leitor (a), quando é que você vai encarar essa viagem incrível pelo Caminho dos Diamantes?

14º) Cachoeiras, dunas e o incrível capim dourado da região do Jalapão!!!

Localizado no Tocantins, a 190 km de Palmas (capital do Estado), e na divisa dos Estados da Bahia, Maranhão e Piauí, o Jalapão é um conjunto de cinco áreas de conservação, incluindo um parque estadual com mais de 34.000 km², uma área maior que do Estado de Sergipe ou de Alagoas. Ele engloba oito municípios, entre eles Mateiros, Rio da Conceição e Ponte Alta do Tocantins, onde, aliás, encontram-se os atrativos turísticos mais relevantes.

O cenário do Jalapão é exuberante, repleto de rios e cachoeiras (que impressionam por sua cristalinidade), piscinas naturais, imponentes chapadões de arenito com até 1.000 m de altura, formações rochosas, serras com clima de savana e dunas alaranjadas aos pés da serra do Espírito Santo.

Não foi por acaso que a rede Globo escolheu essa região como cenário para a novela *O Outro Lado do Paraíso* (trama escrita por Walcyr Carrasco), exibida no horário nobre, da qual participaram atores famosos, como Bianca Bin, Sergio Guizé, Rafael Cardoso, Grazi Massafera, Fernanda Montenegro, Glória Pires, Lima Duarte e Marieta Severo.

Várias cenas da novela foram gravadas nas cidades de Ponte Alta de Tocantins, Mateiros, Porto Nacional e São Félix; nas veredas de capim dourado e nos povoados de Mumbuca e Prata – comunidades remanescentes de quilombos.

Como já mencionado, depois da grande promoção gerada pela novela *O Outro Lado do Paraíso*, o número de turistas cresceu muito na região. Porém, o acesso a ela ainda é relativamente complicado, uma vez que a maioria das estradas da região são de terra, o que demanda o uso de veículo com tração nas quatro rodas, preferencialmente. O calor também é bem forte na região, e é impossível utilizar o celular, uma vez que não há sinal...

Apesar disso, o esforço vale à pena! Afinal, o que não falta aí é **aventura**. A prática do ecoturismo e de esportes relacionados à natureza pode acontecer durante o ano todo, inclusive no período de chuvas. O local é ideal para a prática de *cannoying*, rapel, boia-*cross*, *acquaride* (descida de corredeiras dentro de uma boia individual) e há muitas trilhas para serem percorridas a pé ou de *bike*.

Outra atividade bastante procurada é o *rafting*, realizado nas corredeiras do rio Novo, principalmente de maio a setembro, período de seca no rio Tocantins. Aliás, são duas as opções disponíveis para a prática do *rafting*: o **percurso rápido** – escolhido pela maioria dos turistas –, que consiste num trajeto de 6 km que pode ser percorrido em 3 h de descida; e o **percurso longo** – ideal para aventureiros –, com até 4 dias de duração, em que os participantes enfrentam um trajeto de alto nível de dificuldade, deparando-se inclusive com cachoeiras. Nesse caso o grupo costuma parar nas prainhas de areia branca e fina que se formam às margens do rio.

São as águas do rio Novo que despencam em grande quantidade em duas quedas em formato de ferradura, com mais de 15 m de altura e 100 m de largura, constituindo a cachoeira da Velha. E os visitantes conseguem chegar bem perto dela utilizando-se das passarelas que foram construídas ali, porém, por questões de segurança, não é permitido banhar-se ali.

Outro cenário cinematográfico no Jalapão é proporcionado pelas fantásticas dunas, em Mateiros, formadas pela ação dos ventos. A areia fina e alaranjada se amontoa, chegando em alguns casos a 40 m de altura. A luz do sol garante tons variados de acordo com o período do dia, e transforma o local num verdadeiro monumento natural.

Porém, o que projetou o Jalapão nacional e internacionalmente foi o **capim dourado**. No Jalapão, como já foi dito, alguns povoados são remanescentes de quilombos, como Mumbuca, a 36 km de Mateiros. E foi aí que surgiu o popular artesanato utilizando capim dourado – o "ouro do Jalapão" – uma importante fonte de renda e símbolo da região e do Estado de Tocantins.

Atualmente a comunidade tem cerca de 230 habitantes, que ainda preservam aspectos culturais e tradicionais de seus antepassados. O capim dourado com sua haste fina e de intenso brilho metálico **só brota nas veredas da região**. As mãos habilidosas das mulheres do lugar transformam essa matéria prima em uma ampla variedade de peças artesanais. O capim literalmente vira bolsas, brincos, pulseiras, chapéus, mandalas, cestos e diversos objetos para a decoração. São peças de incrível beleza, que já conquistaram o mercado brasileiro e chegaram a diversos outros países.

A arte de trabalhar com o capim dourado foi ensinada às mulheres locais por dona Miúda, uma matriarca do povoado de Mumbuca. Aliás, conta-se no povoado que foram os índios que habitavam a região que ensinaram a técnica à avó de dona Miúda, que por sua vez ensinou à sua mãe, e, a partir daí, a habilidade de transformar o capim dourado em artesanato foi sendo repassada de geração para geração, e não apenas no povoado de Mumbuca, mas também nas cidades de Mateiros, Ponte Alta do Tocantins, Novo Acordo, Santa Tereza, Lagoa do Tocantins e em São Félix, no povoado Prata.

E para celebrar a importância do capim dourado e da cultura local, os moradores de Mumbuca realizam a **Festa da Colheita**, que abre oficialmente a colheita do capim dourado, uma prática que apenas é permitida legalmente entre os dias 20 de setembro a 30 de novembro de cada ano. Já no Prata, acontece em julho a **Festa da Rapadura**, que celebra a cultura quilombola.

O fato é que nos últimos anos essas comunidades estão se abrindo cada vez mais ao turismo, com o que mais pessoas têm a oportunidade de experimentar a gastronomia local, baseada nos produtos do cerrado – como o baru (uma castanha), o buriti, a guariroba (boa para preparar salada), o pequi e muitos tipos de peixes –, e ainda voltar de lá com maravilhosos objetos feitos com o capim dourado!!!

15º) Quem vai a Paraty não pode deixar de visitar Angra dos Reis!!!
Com certeza a natureza caprichou muito ao criar Angra dos Reis, que, provavelmente, é o local mais belo do Estado do Rio de Janeiro. A cidade é um celeiro de praias belíssimas e cristalinas, rodeadas por montanhas. Chega-se a ela pelas rodovias BR-101 e RJ-155, assim como pelo mar ou utilizando o aeroporto localizado a 5 km do centro da cidade.

Quem visita Angra dos Reis sempre quer voltar a ela ao recordar como foi mágico caminhar pelas trilhas, mergulhar, ouvir o barulhinho do mar, conhecer os manguezais e comer peixe com banana. De fato, a cidade de Angra dos Reis é especial!!! Sua rica **cultura caiçara** resiste até hoje, e está presente no modo de viver de sua gente, que caminha calmamente e vive de forma tranquila, o que lhe permite usar sua criatividade. As pessoas que vivem nela constroem suas histórias, embaladas pela brisa do mar e pelos saberes dos povos que a criaram: **indígenas**, **negros** e **europeus**.

O município tem um mar tranquilo, belas cachoeiras e um rico patrimônio histórico. Além disso, abriga verdadeiras preciosidades, como uma aldeia guarani, população quilombola e pescadores. Nele promovem-se muitas festas, como a da padroeira Nossa Senhora da Conceição, de São Benedito, do Divino Espírito Santo, assim como outros eventos, tais como a Procissão Marítima do Ano, o Teatro de Rua, a Festa Internacional do Teatro, o Festival do Mexilhão etc.

Um lugar incrível na cidade é o Mercado Municipal, também chamado de Mercado do Peixe ou, popularmente, de Mercado Redondo. Ele foi construído em 1914 pelo engenheiro militar Rosalvo Mariano da Silva, na antiga praça Duque de Caxias, e ainda hoje abastece os restaurantes e hotéis da cidade. Ele sofreu uma grande revitalização em 2008. Nesse mercado também se contam muitos "causos" populares envolvendo a rotina dos pescadores, assim como histórias sobre a fundação da cidade.

Quem visita Angra dos Reis também deve ver as diversas igrejas, em especial a matriz, que data de 1624; os conjuntos arquitetônicos, com destaque para o edifício do Paço Municipal, inaugurado em 24 de maio de 1876; ver as ruínas do engenho de Bracuhy; o farol Castelhanos, na Ilha Grande; percorrer e admirar todo o acervo do Museu de Arte Sacra etc.

Mas é claro que a maior atração da cidade está no seu litoral. Há cerca de 365 ilhas e praias espetaculares no município, como da Figueira, da Enseada, Secreta, da Tartaruga, do Dentista, do Caxadaço, das Goiabas, Vermelha etc. E quem estiver passeando de carro em Paraty, conseguirá em pouco menos de 1 h e 30 min percorrer os 96,8 km que separam as duas cidades, e então fazer passeios incríveis e curtir momentos de muita descontração em Angra.

SUGESTÕES DE LEITURA:

ECONOMIA CRIATIVA:
FONTE DE NOVOS EMPREGOS
Volume I

ENCANTADORAS
CIDADES BRASILEIRAS
Volume I

ECONOMIA CRIATIVA:
FONTE DE NOVOS EMPREGOS
Volume II

CIDADES CRIATIVAS:
TALENTOS, TECNOLOGIA,
TESOURO, TOLERÂNCIA
Volume I

CIDADES CRIATIVAS:
TALENTOS, TECNOLOGIA,
TESOURO, TOLERÂNCIA
Volume II

CIDADES PAULISTAS
INSPIRADORAS
Volume I

CIDADES PAULISTAS
INSPIRADORAS
Volume II

DVS EDITORA

www.dvseditora.com.br